U0216152

吉林人民出版社

简体字本二十六史

清史稿

卷一——卷二四

（一）

［民国］ 赵尔巽等 撰

许凯等 标点

目 录

清史稿卷二一五　列传第二

清史稿卷二一六　列传第三

清史稿卷四八六　列传第二七三

清史稿卷四九九　列传第二八六

清史稿卷一
本纪第一

太　祖

　　太祖承天广运圣德神功肇纪立极仁孝睿武端毅钦安弘文定业高皇帝,姓爱新觉罗氏,讳努尔哈齐。其先盖金遗部。始祖布库里雍顺,母曰佛库伦,相传感朱果而孕。稍长,定三姓之乱,众奉为贝勒,居长白山东俄漠惠之野俄朵里城,号其部族曰满洲。满洲自此始。元于其地置军民万户府,明初置建州卫。

　　越数世,布库里雍顺之族不善抚其众,众叛,族被戕,幼子范察走免。又数世,至都督孟特穆,是为肇祖原皇帝,有智略,谋恢复,歼其仇,且责地焉。于是肇祖移居苏克苏浒河赫图阿喇。有子二:长充善,次褚宴。充善子三:长妥罗,次妥义谟,次锡宝齐篇古。

　　锡宝齐篇古子一:都督福满,是为兴祖直皇帝。兴祖有子六:长德世库,次刘阐,次索长阿,次觉昌安,是为景祖翼皇帝,次包朗阿,次宝实。

　　景祖承祖业,居赫图阿喇。诸兄弟各筑城,近者五里,远者二十里,环卫而居,通称宁古塔贝勒,是为六祖。景祖有子五:长礼敦,次额尔衮,次界堪,次塔克世,是为显祖宣皇帝,次塔察篇古。时有硕色纳、加虎二族为暴于诸部,景祖率礼敦及诸贝勒攻破之,尽收五岭东苏克苏浒河西二百里诸部,由此遂盛。

　　显祖有子五,太祖其长也。母喜塔喇氏,是为宣皇后。孕十三月而生。是岁己未,明嘉靖三十八年也。

太祖仪表雄伟，志意阔大，沈几内蕴，发声若钟，睹记不忘，延揽大度。邻部古勒城主阿太为明总兵李成梁所攻，阿太，王杲之子，礼敦之女夫也。景祖挈子若孙往视。有尼堪外兰者，诱阿太开城，明兵入歼之，二祖皆及于难。太祖及弟舒尔哈齐没于兵间，成梁妻奇其貌，阴纵之归。途遇额亦都，以其徒九人从。

太祖既归，有甲十三。五城族人龙敦等忌之，以畏明为辞，屡谋侵害，遣人中夜狙击，侍卫帕海死焉。额亦都、安费扬古备御甚谨，尝夜获一人，太祖曰："纵之，毋植怨也。"使人愬于明曰："我先人何罪而歼于兵？"明人归其丧。又曰："尼堪外兰，吾仇也，愿得而执之。"明人不许。会萨尔虎城主诺米纳、嘉木瑚城主噶哈善哈思虎、沾河城主常书率其属来归，太祖与之盟，并妻以女，于是有用兵之志焉。是岁癸未，明万历十一年也，太祖年二十五。

癸未夏五月，太祖起兵讨尼堪外兰，诺米纳兵不至，尼堪外兰遁之甲版。太祖兵克图伦城，尼堪外兰遁之河口台。兵逐之，近明边，明兵出，尼堪外兰遁之鹅尔浑。兵出无功，由于诺米纳之背约，且泄师期也。杀诺米纳及其弟奈喀达。五城族人康嘉、李岱等纠哈达兵来劫瑚济寨，太祖使安费扬古、巴逊率十二人追之，尽夺所掠而返。

甲申春正月，攻兆佳城，报瑚济寨之役也。途遇大雪，众请还。太祖曰："城主李岱，我同姓兄弟，乃为哈达导，岂可恕耶！"进之，卒下其城。先是龙敦唆诺米纳背约，又使人杀噶哈善哈思虎，太祖收其骨归葬。六月，讨萨木占，为噶哈善哈思虎复仇也。又攻其党讷申于马儿墩寨，攻四日歼之。九月，伐董鄂部，大雪，师还，城中师出，以十二骑败之。王甲部乞师攻翁克洛城，中道赴之，焚其外郭。太祖乘屋而射，敌兵鄂尔果尼射太祖，贯胄中首，拔箭反射，殪其一人。罗科射太祖，穿甲中项，拔箭镞卷，血肉迸落，挂弓徐下，饮水数斗，创甚，驰归。既愈，复往攻，克之。求得鄂尔果尼、罗科。太祖曰："壮士也。"授之佐领，户三百。

乙酉春二月，太祖略界凡。将还，界凡、萨尔浒、东佳、把尔达四城合兵四百人来追，至太兰冈，城主讷申、巴穆尼策马并进，垂及，太祖返骑迎敌，讷申刃断太祖鞭。太祖挥刀斫其背坠马，回射巴穆尼，皆殪之。敌不敢逼，徐行而去。夏四月，征哲陈部，大水，令诸军还，以八十骑前进。至浑河，遥见敌军八百凭河而阵。包朗阿之孙扎亲桑古里惧，解甲与人。太祖斥之曰："尔平日雄族党间，今乃畏葸如是耶！"去之。独与弟穆尔哈齐、近侍颜布禄、武陵噶直前冲击，杀二十余人，敌争遁，追至吉林冈而还。太祖曰："今日之战，以四人败八百，乃天祐也。"秋九月，攻安土瓜尔佳城，克之，斩其城主诺一莫浑。

丙戌夏五月，征浑河部播一混寨，下之。秋七月，征服哲陈部托漠河城。闻尼堪外兰在鹅尔浑，疾进兵，攻下其城，求之弗获。登城遥望，一人毡笠青棉甲，以为尼堪外兰也，单骑逐之，为土人所围，被创力战，射杀八人，斩一人，乃出。既知尼堪外兰入明边，使人向边吏求之，使斋萨就斩之。以罪人斯得，始与明通贡焉。明岁犒银币有差。

丁亥春正月，城虎兰哈达南冈，始建宫室，布教令于部中，禁暴乱，戢盗窃，立法制。六月，攻哲陈部，克山寨，杀寨主阿尔太。命额亦都帅师取把尔达城。太祖攻洞城，城主扎海降。

戊子夏四月，哈达贝勒扈尔干以女来归，苏完部索尔果率其子费英东等、雅尔古寨扈拉虎率子扈尔汉、董鄂部何和礼俱率所部来归，皆厚抚之。秋九月，取完颜城王甲城。叶赫贝勒纳林布禄以女弟那拉氏来归，宴飨成礼，是为孝慈高皇后。

已丑春正月，取兆佳城，斩其城主宁古亲。冬十月，明以太祖为建州卫都督金事。

辛卯春正月，遣师略长白山诸路，尽收其众。叶赫求地，弗与。叶赫以兵劫我东界洞寨。

壬辰冬十月二十五日，第八子皇太极生，高皇后出也，是为太宗。

癸巳夏六月，叶赫、哈达、辉发、乌拉四部合兵侵户布察，遣兵击败之。秋九月，叶赫以不得志于我也，乃纠约扈伦三部乌拉、哈达、辉发，蒙古三部科尔沁、锡伯、卦尔察，长白二部讷殷、朱舍里，凡九部之兵三万来犯。太祖使武里堪侦敌，至浑河，将以夜渡河，逾岭驰以告。太祖曰："叶赫兵果至耶？其语诸将以旦日战。"及旦，引兵出，谕于众曰："解尔蔽手，去尔护项，毋自拘絷，不便于奋击。"又申令曰："乌合之众，其志不一，败其前军，军必反走，我师乘之，靡弗胜矣。"众皆奋。太祖令额亦以百人挑战。叶赫贝勒布齐策马拒战，马触木而踬，我兵吴谈斩之。科尔沁贝勒明安马陷淖中，易骝马而遁。敌大溃，我军逐北，俘获无算，擒乌拉贝勒之弟布占泰以归。冬十月，遣兵征朱舍里路，执其路长舒楞格，遣额亦都等攻讷殷路，斩其路长搜稳塞克什，以二路之助敌也。

甲午春正月，蒙古科尔沁贝勒明安、喀尔喀贝勒老萨遣使来通好，自是蒙古通使不绝。

乙未夏六月，征辉发，取多壁城，斩其城主。

丙申春二月，明使至，从朝鲜官二人，待之如礼。秋七月，遣布占泰归乌拉，会其贝勒为部人所杀，遂立布占泰为贝勒。

丁酉春正月，叶赫四部请修好，许之，与盟。九月，使弟舒尔哈齐贡于明。

戊戌春正月，命弟巴雅拉、长子褚英率师伐安祺拉库，以其贰于叶赫也。冬十月，太祖入贡于明。十一月，布占泰来会，以弟之女妻之。

己亥春正月，东海渥集部虎尔哈路路长王格、张格来归，献貂狐皮，岁贡以为常。二月，始制国书。三月，开矿，采金银，置铁冶。哈达与叶赫构兵，送质乞援，遣费英东、噶盖戍之。哈达又私于叶赫，戍将以告。秋九月，太祖伐哈达，攻城克之，以其贝勒孟格布禄归。孟格布禄有逆谋，噶盖未以告，并诛之。

辛丑春正月，明以灭哈达来责，乃遣孟格布禄之子吴尔古岱归主哈达。哈达为叶赫及蒙古所侵，使诉于明，明不应，又使哈达以饥告于明,亦不应。太祖乃以吴尔古岱归,收其部众,哈达亡。十二月,太祖复入贡于明。是岁定兵制,令民间养蚕。

癸卯春正月,迁于赫图阿喇,肇祖以来旧所居也。九月,妃那拉氏卒,即孝慈高皇后也。始妃有病,求见其母,其兄叶赫贝勒不许来,遂卒。

甲辰春正月,太祖伐叶赫,克二城,取其寨七。明授我龙虎将军。

乙巳,筑外城,蒙古喀尔喀巴约忒部恩格德尔来归。

丙午冬十二月,恩格德尔会蒙古五部使来朝贡,尊太祖为神武皇帝。是岁,限民田。

丁未春正月,瓦尔喀斐悠城长穆特黑来,以乌拉侵暴,求内附。命舒尔哈齐、褚英、代善及费英东、扬古利率兵徙其户五百。乌拉发兵一万遮击,击败之,斩首三千,获马五千匹。师还,优赍褚英等。夏五月,命弟巴雅拉、额亦都、费英东、扈尔汉征渥集部,取二千人还。秋九月,太祖以辉发屡负约,亲征,克之,遂灭辉发。

戊申春三月,命褚英、阿敏等伐乌拉,克宜罕阿林城。布占泰惧,复通好,执叶赫五十人以来,并请婚。许之。是岁,与明将盟,各守境,立石于界。

己酉春二月,遗明书,谓:"邻朝鲜而居瓦尔喀者乃吾属也,其谕令予我。"明使朝鲜归千余户。冬十月,命扈尔汉征渥集呼野路,尽取之。

庚戌冬十一月,命额亦都率师招渥集部那木都鲁诸路路长来归。还击雅揽路,为其不附,又劫我属人也,取之。

辛亥春二月,赐国中无妻者二千人给配,与金有差。秋七月,命子阿巴泰及费英东、安费扬古取渥集部乌尔古宸、木伦二路。八月,弟舒尔哈齐卒。冬十月,命额亦都、何和里、扈尔汉率师征渥集部虎尔哈,俘二千人,并招旁近各路,得五百户。

壬子秋九月,太祖亲征乌拉,为其屡背盟约,又以鸣镝射帝女也。布占泰御于河。驻师河东,克六城,焚积聚。布占泰亲出乞和。

太祖切责之,许其纳质行成,而戍以师。师还。

癸丑春正月,布占泰复贰于叶赫,率师往征。布占泰以兵三万来迎。太祖躬先陷阵,诸将奋击,大败之,遂入其城。布占泰至城,不得入,代善追击之,单骑奔叶赫,遂灭乌拉。使人索布占泰,叶赫不与。秋九月,起兵攻叶赫,使告明,降兀苏城,焚其十九城寨。叶赫告急于明,明遣使为解。师还,经抚顺,明游击李永芳来迎。与之书曰:"与明无嫌也。"

甲寅夏四月,帝八子皇太极娶于蒙古科尔沁部莽古恩之女也,行亲迎礼。明使来,称都督。上语之曰:"吾识尔,尔辽阳无赖萧子玉也。吾非不能杀尔,恐贻大国羞。语尔巡抚,勿复相诈。"冬十一月,遣兵征渥集部雅揽、西临二路,得千人。

乙卯夏四月,明总兵张承胤使人来求地,拒之。令各佐领屯田积谷。秋闰八月,帝长子褚英卒。先是太祖将授政于褚英,褚英暴忧,众心不附,遂止。褚英怨望,焚表告天,为人所告,自缢死。冬十月,遣将征渥集部东格里库路,得万人。是岁,厘定兵制,初以黄、红、白、黑四旗统兵,至是增四镶旗,易黑为蓝。置理政听讼大臣五,以扎尔固齐十人副之,于是归徕日众,疆域益广,诸贝勒大臣乃再三劝进焉。

天命元年丙辰春正月壬申朔,上即位,建元天命,定国号曰金。诸贝勒大臣上尊号曰覆育列国英明皇帝。命次子代善为大贝勒,弟子阿敏为二贝勒,五子莽古尔泰为三贝勒,八子皇太极为四贝勒。命额亦都、费英东、何和里、扈尔汉、安费扬古为五大臣,同听国政。谕以秉志公诚,励精图治。扈尔汉巡边,执杀盗参者五十余人。明巡抚李维翰止我使者纲古里、方吉讷。乃取狱俘十人戮于境上,纲古里等得归。

秋七月,禁五大臣私家听讼。命扈尔汉、安费扬古伐东海萨哈连部,取三十六寨。

八月,渡黑龙江,江冰已合,取十一寨,徇使犬路、诺洛路、石拉忻路，并取其人以归。

二年丁巳春正月，蒙古科尔沁贝勒明安来朝，侍之有加礼。
是岁，遣兵取东海散居诸部负险诸岛，各取其人以归。

三年戊午二月，诏将士简军实，颁兵法。壬辰，上伐明，以"七大恨"告天，祭堂子而行。分兵左四旗趋东州、马根单二城，下之。上帅右四旗兵趋抚顺。明抚顺游击李永芳降，以为总兵官，辖辑降人，毁其城。明总兵张承胤等来追，回军击斩承胤等，班师。
五月，复伐明，克抚安等五堡，毁城，以其粟归。
七月，入雅鹘关，明将邹储贤等战死。
冬十月，东海虎尔哈部部长纳哈哈来归，赐赉有差。使犬各部路长四十人来归，赐宴赏赉，并授以官。

四年己未春正月，伐叶赫，取二十余寨。闻有明师，乃还。明经略杨镐遣使来议罢兵，覆书拒之。杨镐督师二十万来伐，并征叶赫、朝鲜之兵，分四路进。杜松军由东路渡浑河出抚顺、萨尔浒，刘𬘭军由南路入董鄂。侦者以告。上曰："明兵由南来者，诱我南也。其北必有重兵，宜先破之。"命诸贝勒先行。
三月甲申朔，清旦，师行。大贝勒代善议师行所向。四贝勒皇太极言："宜趋界凡，我有筑城万五千人，役夫多而兵少，虑为所乘。"额亦都曰："四贝勒之言是也。"逐趋界凡。向午，至太兰冈，望见明兵，分千人援界凡。界凡之骑兵已乘明师半渡谷口，击其尾，回守吉林崖。杜松留师壁萨尔浒，而自攻吉林崖。我军至，役夫亦下击，薄明军。是时，上至太兰察兵势，命大军攻萨尔浒，垂暮堕其垒，入夜夹攻松军。松不支，及其副王宣、赵梦麟等皆死。追北到匀琴山，西路军破。是日，马林军由东北清河、三岔至尚间崖。乙酉，代善闻报，以三百骑赴之。马林敛军入壕，外列火器，护以骑兵，别将潘宗颜屯飞芬山相犄角。上率四贝勒逐杜松后队，歼其军，闻马林军驰至。上趋登山下击，代善陷阵，阿敏、莽古尔泰麾兵继进，上下交击，马林遁，副将麻岩战死，全军奔溃。移攻飞芬，上率骑突入，斩宗颜，西北路军破，叶赫兵遁。是时刘綎南路之军由宽甸间道败我戍将五百人，乘势深入。上命扈尔汉将千兵往援，戍将托保以余兵会之。丙戌，复命阿敏将二千人继往。上至界凡，邦八牛祭纛。丁亥，命大贝勒代善、四贝勒皇太极南御，遇綎精骑万余前进。四贝勒以突骑三十夺阿布达里冈，代善冒杜松衣帜入其军，军乱。四贝勒驰下会战，斩綎，又败其后军。乘胜至富察，綎监军道崔应乾以火器迎战，大风起，烟焰返射，复大破之，应乾遁，朝鲜兵降。凡四日而破三路明兵。其北路李如柏之军，为杨镐急檄引还，至虎栏，遇我游骑二十人，登山鸣螺，呼噪逐之，如柏军奔进，践毙又千余人。甲辰，释朝鲜降将姜弘立归，以书谕其国主。

四月，逐筑界凡。遣兵徇铁领，略千人。

五月，朝鲜使来报谢。

六月，先是遣穆哈连收抚虎尔哈部遗民，至是得千户，上出城抚之，赐以田庐牛马。上率兵攻开原，克之，斩马林等，歼其军，还驻界凡。

秋七月，明千总王一屏等五人来降，暨前降守备阿布图，各予之官。上攻铁岭，克之。是夕，蒙古喀尔喀部来援叶赫，败之，追至辽河，擒其贝勒介赛。

八月己巳，征叶赫。叶赫有二城，贝勒金台什守东城，其弟布扬古、布尔杭古守西城。分军围之，隋其郭，穴城，城摧，我军入城。命四贝勒领金台什之子德尔格勒谕降再四，金台什终不从，乃执而缢之。布尔杭古降。布扬古不逊，杀之。叶赫亡。师还驻界凡。

冬十月，蒙古察哈尔林丹汗使来，书辞多嫚，执其使。喀尔喀五部来使约伐明，上使大臣希福等五人莅盟。旋有五部下属人来归，上却之。

是岁，明以熊廷弼为经略。

五年庚申春正月，上报书林丹汗，斥其嫚。执我使臣。上亦杀其使。

二月，赐介赛子克什克图、色特希尔裘马，令其更代为质。

三月，论功，更定武爵。丙戌，左翼都统总兵官、一等大臣费英东卒，上临哭之。

夏六月，谕树二木于门，欲诉者悬其辞于木，民情尽达。

秋八月，上伐明，略潘阳，明兵不战而退，乃还。

九月甲申，皇弟穆尔哈齐卒，车驾临奠，因过费英东墓赐奠。

冬十月，自界凡迁于萨尔浒。

是岁，明神宗崩，光宗立，复崩，熹宗立，罢经略熊廷弼，以袁应泰代之。

六年辛酉春二月，上伐明，略奉集堡，至武靖营。

三月壬子，上大奉攻明沈阳，以舟载攻具，自浑河下。沈阳守御甚备，环濠植签，我军拔签猛进，明军殊死战，阵斩总兵贺世贤以下。乙卯，入沈阳。复败其援军总兵陈策等于浑河，败总兵李秉诚于白塔铺，援军尽走。庚申，乘胜趋辽阳。袁应泰引水注濠，环城列炮，督军出战，不支而退，守城楼。壬戌，我右翼军毁闸，左翼军毁桥，右翼传西城升陴，左翼闻之，毕登。明军犹列炬巷战，达旦皆溃，袁应泰自焚死，御史张铨被执，不屈死。癸亥，入辽阳。辽人具乘舆鼓乐迎上，夹道呼万岁。命皇子德格类徇辽以南，所至迎降，兵宿城上，不入民舍。

六月，左翼总兵官、一等大臣额亦都卒，上临奠，哭之恸。

秋七月壬寅，宴有功将士，酌酒赐衣。镇江城人杀守将佟养真，降于明将毛文龙。

十一月乙卯，命阿敏击毛文龙，败之。喀尔喀部台吉古尔布什来降。明复以熊廷弼为经略。

七年壬戌春正月甲寅，上伐明，攻广宁。丙辰，克西平堡。明军三万来御,击败之,斩其总兵刘渠、祁秉忠,巡抚王化贞遁,游击孙得功以城降。庚申,上入广宁,降其城堡四十,进兵山海关,熊廷弼尽焚沿途村保而走。乃移军北攻义州,克之。还驻广宁。蒙古厄鲁克部十七贝勒来附,上宴劳之,授职有差。喀尔喀五部同来归。

二月癸未,上还辽阳。辽阳城圮,迁于太子河滨。

秋七月乙未朔,一等大臣安费扬古卒。

八年癸亥春正月壬辰朔,蒙古扎鲁克部巴克来朝,遣与质子俱还。

夏四月癸酉,遣皇子阿巴泰、德格类、皇孙岳托率师讨扎鲁特贝勒昂安,以其杀我使人也。昂安携弩遁。达穆布逐之,中枪卒。我军愤,进杀昂安父子,并以别部桑土妻子归。

六月,戒诸女已嫁毋凌其夫,违者必以罪。

冬十月丁丑,一等大臣扈尔汉卒,上临哭之。

九年甲子春正月,喀尔喀贝勒恩克格尔来朝,求内迁,许之,以兵迁其民。

二月庚子,皇弟贝勒巴雅拉卒。上遣库尔禅等与科尔沁台吉奥巴盟,勿与察哈尔通。

四月,营山陵于东京城东北阳鲁山,奉景祖、显祖迁葬焉,是曰永陵。

五月,毛文龙寇辉发,戍将楞格礼、苏尔东安追击歼之。

秋八月壬辰,总兵官、一等大臣何和里卒,上闻之恸,曰:“天何不遗一人送朕老耶!”毛文龙之众屯田于鸭绿岛,使楞格礼袭其众,歼之。

十年乙丑春正月癸亥,命皇子莽古尔泰率师至旅顺,击明戍兵,隳其城。

二月,科尔沁贝勒寨桑以女来归四贝勒皇太极为妃,大宴成礼。

三月庚午，迁都沈阳，凡五迁乃定都焉，是曰盛京。遣喀尔达等征瓦尔喀，归，降其众三百。

夏四月己卯，宗室王善、副将达朱户、车尔格征瓦尔喀，凯旋，宴劳备至。

六月癸卯，毛文龙兵袭耀州，戍将扬古利击败之。

秋八月，遣土穆布城耀州，明师来攻，击走之，获马七百。命博尔晋征虎尔哈，降其户五百，雅护征卦察部，获其众二千。毛文龙袭海州张屯寨，戍将戒沙击走之。上著《酒戒》颁于国中。

十月己卯，皇子阿拜、塔拜、巴布泰征虎尔哈，以千五百人归。

十一月庚戌，科尔沁奥巴告有察哈尔之师，遣四贝勒皇太极及阿巴泰以精骑五千赴之，林丹汗遁。

是年，明使高第为经略，驱锦西人民入山海关。宁前道袁崇焕誓守不去。

十一年丙寅春正月戊午，上起兵伐明宁远。至右屯，守将遁，收其积谷。至锦州，戍将俱先遁。丁卯，至宁远。宁前道袁崇焕偕总兵满桂、副将祖大寿婴城固守。天寒土冻，凿城不隳，城上放西洋炮，颇伤士卒，乃罢攻。遣武讷格将蒙古兵攻觉华岛，夺舟二千，尽焚其军储，班师。

二月壬午，上还沈阳，语诸贝勒曰：“朕用兵以来，未有抗颜行者。袁崇焕何人？乃能尔耶！”

夏四月丙子，征喀尔喀五部，为其背盟也。杀其贝勒囊奴克，进略西木轮，获其牲畜。

五月，毛文龙兵袭鞍山驿及萨尔浒，戍将巴布泰、巴笃礼败之，擒其将李良美。丁巳，科尔沁贝勒奥巴来朝，谢援师也。上优礼之，封为土谢图汗。

六月，上书训辞与诸贝勒。

秋七月，上不豫，幸清河汤泉。

八月丙午,上大渐,乘舟回。庚戌,至爱鸡堡,上崩,入宫发丧。在位十一年,年六十有八。天聪三年,葬福陵。初谥武皇帝,朝号太祖,改谥高皇帝。累谥承天广运圣德神功肇纪立极仁孝睿武端毅钦安弘文定业高皇帝。

论曰:太祖天锡智勇,神武绝伦。蒙难艰贞,明夷用晦。迨归附日众,阻贰潜消。自摧九部之师,境宇日拓。用兵三十余年,建国践祚。萨尔浒一役,翦商业定。迁都沈阳,规模远矣。比于岐、丰,无多让焉。

清史稿卷二
本纪第二

太宗一

　　太宗应天兴国弘德彰武宽温仁圣睿孝敬敏昭定隆道显功文皇帝,讳皇太极,太祖第八子,母孝慈高皇后。上仪表奇伟,聪睿绝伦,颜如渥丹,严寒不栗。长益神勇,善骑射,性耽典籍,谘览弗倦,仁孝宽惠,廓然有大度。

　　天命元年,太祖以上为和硕贝勒,与大贝勒代善、二贝勒阿敏、三贝勒莽古尔泰为四大贝勒。上居四,称四贝勒。

　　太祖崩,储嗣未定。代善与其子岳托、萨哈廉以上才德冠世,与诸贝勒议请嗣位。上辞再三,久之乃许。

　　天命十一年丙寅九月庚午朔,即位于沈阳。诏以明年为天聪元年。初,太祖命上名,臆制之,后知汉称储君曰"皇太子",蒙古嗣位者曰"黄台吉",音并阄合。及即位,咸以为有天意焉。

　　辛未,誓告天地,以行正道,循礼义,敦友爱。尽公忠,勖诸大贝勒等。甲戌,谕汉官民有私计逭逃及令奸细往来者,虽首告勿谕,后惟已逃被获者论死。丙子,谕曰:"工筑之兴,有妨农务,前以城郭边墙,事关守御,有劳民力,良非得已。兹后止葺颓坏,不复兴筑,俾民专勤南亩。满洲、汉人,毋或异视,讼狱差徭,务使均一。贝勒属下人,毋许边外行猎。市税为国费所出,听其通商贸易,私往外国及漏税者罪之。"丁丑,令汉人与满洲分屯别居。先是汉人十三壮丁为一庄,给满官为奴。至是,每备御止留八人,余悉编为民户,处以别屯,择汉官廉正者理之。设八固山额真,分领八旗。以纳穆泰为正黄旗固山额真,额驸达尔汉为镶黄旗固山额真,额驸和硕图为正红旗固山额真,博尔晋为镶红旗固山额真,额驸顾三泰为镶蓝旗固山额真,托博辉为正蓝旗固山额真,彻尔格为镶白旗固山额真,喀克笃礼为正白旗固山额真。又设十六大臣,赞理庶政,听八旗讼狱。又设十六大臣,参理讼狱,行军驻防则遣之。乙未,蒙古科尔沁土谢图汗奥巴遣使来吊。

冬十月己酉,以蒙古喀尔喀札鲁特部败盟杀掠,私通于明,命大贝勒代善等率精兵万人讨之,先贻书声其罪,上送至蒲河山而还。癸丑,别遣楞额礼、阿山率轻兵六百入喀尔喀巴林地,以张军势。丙辰,科尔沁土谢图汗奥巴及代达尔汉等十四贝勒各遣使来吊。达朱户征卦尔察部,获其人口牲畜以归。明宁远巡抚袁崇焕遣李喇嘛及都司傅有爵等来吊,并贺即位。甲子,大贝勒代善等大破札鲁特,斩其贝勒鄂尔齐图,获贝勒巴克及其二子并拉什希布等十四贝勒而还。

十一月辛未,上发沈阳,迎大贝勒代善,师次铁岭樊河界。癸酉,行饮至礼,论功,颁赉将士。戊寅,上还沈阳。察哈尔阿喇克绰忒部贝勒图尔济率百户来归。乙酉,遣方吉纳、温塔石偕李喇嘛往报袁崇焕,且遗书曰:“顷停息干戈,遣使吊贺,来者以礼,故遣官陈谢。昔皇考往宁远时,曾致玺书言和,未获回答。如其修好,答书以实,勿事文饰。”崇焕不以闻,而令我使赍还。卓礼克图贝勒之子卫徵巴拜催其家属来归。科尔沁贝勒青巴图鲁桑阿尔齐、台吉满珠什哩各赍鞍马牛羊来吊。

十二月庚子,禁与蒙古诸藩售卖兵仗。壬戌,黑龙江人来朝贡。

天聪元年春正月丙子,命二贝勒阿敏,贝勒济尔哈朗、阿济格、杜度、岳托、硕托率兵征朝鲜。上曰:“朝鲜累世得罪,今明毛文龙近彼海岛,纳我叛民,宜两图之。”复遣方吉纳、温塔石遗书明袁崇焕,言兴师由七大恨,并约其议和,及每岁馈报之数。

二月己亥,以书招谕蒙古奈曼部衮出斯巴图鲁。

三月壬申,阿敏等克朝鲜义州,别遣兵捣铁山,明守将毛文龙遁走。又克安州,进至平壤城,渡大同江。朝鲜国王李倧遣使迎师。阿敏等数其七罪,仍遣使趣和。倧惧,率妻子遁江华岛,其长子李溰遁全州。阿敏复遣副将刘兴祚入岛面谕倧。倧遣其族弟原昌君李觉献马百匹、虎豹皮百、绵苧各四百、布一万五千。庚子,与朝鲜盟,定议罢兵。壬申,明袁崇焕遗杜明忠偕方吉纳等以书来,并李喇嘛书,欲释恨修好,惟请减金币之数,而以我称兵朝鲜为疑。辛巳,阿敏等遣使奏捷。乙酉,命留满洲兵一千,蒙古兵二千,防义州,满洲兵三百、蒙古兵一千,防镇江城。并谕李倧曰:"我留兵义州者,防毛文龙耳。"阿敏等旋师,以李觉归。

夏四月甲辰,遗袁崇焕书曰:"释恨修好,固所愿也。朝鲜自尊轻我,纳我叛亡,我迟之数年,彼不知悔,是以兴讨。天诱其衷,我军克捷。今已和矣,而尔诡言修好,仍遣哨卒侦视,修葺城堡。我国将帅,实以此致疑。夫讲信修睦,必藉物以成礼,我岂贪而利此,使尔国力不支,可灭其半。岁时馈答,当如前议,则两国之福也。"书成,闻崇焕方筑塔山、大凌河、锦州等城,逐罢遣使,而以书付杜明忠还。更责崇焕曰:"两国修好,当分定疆域。今又修葺城垣,潜图侵逼。倘战争不息,天以燕、云界我,尔主不幸奔窜,身败名裂,为何如也。自古文臣不更事者徒为大言,每丧师殃民,社稷倾覆。前者辽左任用非人,而河东西土地尽失,今尚谓不足戒而谋动干戈耶?"癸丑,阿敏等自朝鲜凯旋,上迎于武靖营,赐阿敏御衣一袭,余各赐马一匹。乙卯,论征朝鲜将士功,擢赏有差。戊辰,上还沈阳。乙丑,以书谕察哈尔台吉济农及奈曼衮出斯巴图鲁来和。

五月戊辰,遣朝鲜国王弟李觉归国,设宴饯之,并赐鞍马裘带等物。辛未,上闻明人于锦州、大凌河、小凌河筑城屯田,而崇焕无报书,亲率师往攻之。乙亥,至广宁,乘夜进兵。丙子,明大凌河、小凌河兵弃城遁,逐围锦州。明室堡兵二千余人来降,悉纵之归。丁丑,明镇守辽东太监纪用、总兵赵率教遣人诣师请命。上开诚谕之,并许纪用亲来定议。用不答,逐攻锦州。垂克,明援兵至,退五里而营,遣人调沈阳兵益师。庚寅,固山额真博尔晋等以兵至。癸巳,攻宁远城,歼其步卒千余人。既,明总兵满桂出城而阵,上欲击之,三大贝勒均谏止。上怒,趣诸将戴兜鍪,率阿济格疾驰而进,败其前队,追至宁远城下,尽歼之。诸贝勒不及胄而从,济尔哈朗、萨哈廉、瓦克达俱被创。锦州守兵亦出城合战,我军复迎击之。游击觉罗拜山、备御巴希阵殁,上临其丧,哭而酹之。我军还驻双树铺。乙未,复至锦州。

六月己亥,攻锦州,值天溽暑,士卒死伤甚众。庚子,班师。丁未,上还沈阳。是岁,大饥,斗米值银八两,银贱物贵,盗贼繁兴。上恻然曰:“民饥为盗,可尽杀乎!”令鞭而释之,仍发帑赈民。

秋七月己巳,蒙古敖汉琐诺木杜棱、塞臣卓礼克图、奈曼衮出斯巴图鲁举国来附。朝鲜国王李倧遣使报谢,并献方物,命阿什达尔汉等往报之,寻以义州归朝鲜。是月,明袁崇焕罢归。

八月辛亥,察哈尔阿喇克绰忒部贝勒巴尔巴图鲁、诺门达赉、吹尔扎木苏率众来归。是月,明熹宗崩,其弟信王嗣位,是为庄烈帝。

九月甲子朔,谕国家大祀大宴用牛外,其屠宰马骡牛驴者悉禁之。

冬十一月庚午,察哈尔大贝勒昂坤杜棱来降。辛巳,萨哈尔察部来朝贡。

十二月甲午朔,察哈尔阿喇克绰忒贝勒图尔济伊尔登来降。

二年春正月戊子,格伊克里部长四人率其属来朝。

二月癸巳朔,以额亦都子图尔格、费英东子察哈尼俱为总兵官。朝鲜国王李倧遣其总兵官李兰等来献方物,并米二千石,更以一千石在中江平粜。庚子,以往喀喇沁使臣屡为察哈尔多罗特部所杀,上率师亲征。丁未,进击多罗特部,败之,多尔济哈谈巴图鲁被创遁,获其妻子,杀台吉古鲁,俘万一千二百人还。丁巳,以战胜,用八牛祭天。

三月戊辰，上还沈阳，贝勒阿敏等率群臣郊迎，行抱见礼。以弟多尔衮、多铎从征有功，赐多尔衮号墨尔根戴青，多铎号额尔克楚虎尔。庚寅，以赐名之礼宴之。戊子，给国人无妻者金，使娶。以贝勒多尔衮为固山贝勒。

夏四月丙辰，巴林贝勒塞特尔，台吉塞冷、阿玉石、满朱习礼率众来归。明复以袁崇焕督师蓟、辽。崇焕素弗善毛文龙。时文龙据皮岛，招集辽民，有逃亡则杀以冒功，遂得擢总兵，便宜行事。后更致书与我通好。上遣科廓等赍书往报。既，文龙执科廓等送燕京。崇焕以文龙私通罪绐杀之。

五月辛未，明人弃锦州。贝勒阿巴泰等率兵三千略其地，隳锦州、杏山、高桥三城毁，十三站以东墩台二十一。先是顾特塔布囊以其众自察哈尔逃匿蒙古地，遇归附者辄杀之。辛巳，命贝勒济尔哈朗、豪格率兵讨顾特塔布囊。乙酉，顾特伏诛，俘其人口牲畜以万计。长白山迤东滨海虎尔哈部头目里佛塔等来朝。

八月辛卯，与喀喇沁部议和定盟。乙未，赐奈曼贝勒衮出斯号达尔汉，札鲁特喀巴海号卫徵。乙卯，朝鲜来贡。

九月庚申，征外藩兵共征蒙古察哈尔。癸亥，上率大军西发。丙寅，次辽阳。敖汉、奈曼、喀尔喀、札鲁特、喀喇沁诸贝勒、台吉各以兵来会。己巳，驻师绰洛郭尔。甲戌，宴来会诸贝勒。科尔沁诸贝勒不至。土谢图汗额驸奥巴、哈谈巴图鲁、满朱习礼如约，请先侵掠而后合军。上怒，遣使趣之。时奥巴违命，径归。满朱习礼及台吉巴敦以所俘来献，上赐满朱习礼号达尔汉巴图鲁，巴敦号达尔汉卓礼克图，厚赍之。丙子，进兵击席尔哈、席伯图、英、汤图诸处，克之，获人畜无算。

冬十月辛卯，还师。丙申，谕敖汉、奈曼、巴林、札鲁特诸贝勒，毋得要杀降人，违者科罚。壬寅，上还沈阳。以刘兴祚诈称缢死，逃归明，系其母及妻子于狱。

十二月丁亥朔，遗土谢图汗额驸奥巴书，数其罪。巴牙喇部长伊尔彪等来朝贡。蒙古郭界尔图、札鲁特贝勒塞本及其弟马尼各率部来归。

三年春正月庚申,土谢图汗奥巴来请罪,宥而遣之。辛未,敕科尔沁、敖汉、奈曼、喀尔喀、喀喇沁诸部悉遵国制。丁丑,谕诸贝勒代理三大贝勒直月机务。

二月戊子,谕三大贝勒、诸贝勒、大臣毋得科敛民间财物,犯者治罪。己亥,合葬太祖高皇帝、孝慈高皇后于沈阳之石嘴头山,妃富察氏附。喀尔喀札鲁特贝勒戴青、桑土、桑古尔、桑噶尔寨等率众来附。甲辰,上南巡,阅边境城堡,圮薄者修筑之。戊申,次海洲,有老人年一百三岁,妻一百五岁,子七十三岁,召见赐牛种。辛亥,上还沈阳。

三月戊午,申蒙古诸部军令。

夏四月丙戌朔,设文馆,命巴克什达海及刚林等翻译汉字书籍,库尔缠及吴巴什等记注本朝政事。

五月丁未,奈曼、札鲁特诸贝勒越界驻牧,自请议罚,上宥之。

六月乙丑,议伐明,令科尔沁、喀尔喀、札鲁特、敖汉、奈曼诸部会兵,并令预采木造船以备转饷。丁卯,喀喇沁布尔噶都戴青、台吉卓尔毕,土默特台吉阿玉石等遣使朝贡。辛巳,土默特台吉卓尔毕泰等来朝贡。

秋七月辛卯,喀尔喀台吉拜浑岱、喇巴泰、满朱习礼自科尔沁来朝。甲午,孟阿图率兵征瓦尔喀。乙未,库尔喀部来朝贡。

八月庚午,颁八旗临阵赏罚令。乙亥,谕曰:"自古及今,文武并用,以文治世,以武克敌。今欲振兴文教,试录生员。诸贝勒府及满、汉、蒙古所有生员,俱令赴试。中式者以他丁赏之。

九月壬午朔,初试生员,拔二百人,赏缎布有差,免其差徭。癸未,贝勒济尔哈朗等略明锦州、宁远诸路还,俘获以三千计。丙戌,阿鲁部杜思噶尔济农始遣使来通好。癸卯,喀喇沁布尔噶都来朝贡。

　　冬十月癸丑，上亲征明，征蒙古诸部兵以次来会。庚申，次纳里特河，察哈尔五千人来归。壬戌，次辽河。丙寅，科尔沁奥巴以二十三贝勒来会。上集诸贝勒大臣议征明与征察哈尔孰利，皆言察哈尔远，于是征明。辛未，次喀喇沁之青城。大贝勒代善、三贝勒莽古尔泰止诸贝勒帐外，入见密议班师。既退，岳托等入白诸将在外候进取。上不怿，因曰："两兄谓我兵深入，劳师袭远，若粮溃马疲，敌人环攻，无为归计。若等见及此，而初不言，朕既远涉，乃以此为辞。我谋且隳，何候为？"岳托坚请进师。八固山额真诣代善、莽古尔泰议，夜半议定。谕曰："朕承天命，兴师伐明，拒者戮，降者勿扰。俘获之人，父母妻子勿使离散。勿淫人妇女，勿剥人衣服，勿毁庐舍器皿，勿伐果木，勿酗酒。违者罪无赦。固山额真等不禁，罪如之。"乙亥，次老河，命济尔哈朗、岳托率右翼兵攻大安口，阿巴泰、阿济格率左翼兵攻龙井关。上与大贝勒代善、三贝勒莽古尔泰率大兵继之。丁丑，左翼兵克龙井关，明副将易爱、参将王遵臣来援，皆败死。汉儿庄、潘家口守将俱降。戊寅，上督兵克洪山口。辛巳，上至遵化。莽古尔泰率左翼兵自汉儿庄来会。遗书明巡抚王元雅劝降。

　　十一月壬午朔，右翼诸贝勒率师来会。先是济尔哈朗等克大安口，五战皆捷，降马兰营、马兰口、大安营三城，明罗文峪守将李思礼降。山海关总兵赵率教以兵四千来援，阿济格迎击斩之。甲申，诸贝勒攻遵化，正白旗小校萨木哈图先登，大兵继之，逐克其城。明巡抚王元雅自经死。上亲酌金卮赐萨木哈图，擢备御，世袭罔替，赐号巴图鲁，有过赦免，家固贫，恤之。蒙古兵扰害罗文峪民，令曰："凡贝勒大臣有掠归降城堡财物者斩，擅杀降民者抵罪，强取民物，计所取倍赏之。"己丑，叙克城功，将士赏赉有差。壬辰，参将英俄尔岱、文馆范文程留守遵化，大军进逼燕京。有蒙古兵杀人而剥其衣，上命射杀之。甲午，徇蓟州。乙未，徇三河。丙申，左翼贝勒赴通州视渡口。明大同、宣府二镇援兵至顺义，贝勒阿巴泰、岳托击败之。顺义降。上至通州，谕明士民曰："我国夙以忠顺守边，叶赫与我同一国耳，明主庇叶赫而陵我，大恨有七。我知终不相容，故告天兴师。天直我国,赐我河东地。我太祖皇帝犹愿和好,与民休息。尔国不从,天又赐我河西地。及朕即位,复徇尔国之请,逐欲去帝称汗,趣制国印,而尔国不从。今我兴师而来,顺者抚,逆者诛。是尔君好逞干戈,犹尔之君杀尔也。天运循环,无往不复,有天子而为匹夫,亦有匹夫而为天子者。天既佑我,乃使我去帝号。天其鉴之!"辛丑,大军逼燕京。上营于城北土城关之东,尔翼营于东北。明大同总兵满桂、宣府总兵候世禄屯德胜门,宁远巡抚袁崇焕、锦州总兵祖大寿屯沙窝门。上率右翼大贝勒代善,贝勒济尔哈朗、岳托、杜度、萨哈廉等,领白甲护军、蒙古兵进击桂、世禄,遣左翼大贝勒莽古尔泰、阿巴泰、阿济格、多尔衮、多铎、豪格等领白甲护军、蒙古兵迎击崇焕、大寿,俱败之。癸卯,遣明归顺王太监赍书与明议和。乙巳,屯南海子。戊申,袁崇焕、祖大寿营于城东南隅,树栅为卫,我军逼之而营。上率轻骑往视。诸贝勒请攻城,谕曰:"路隘且险,若伤我士卒,虽得百城不足多也。"因止弗攻。初,获明太监二人,令副将高鸿中,参将鲍承先、宁完我等受密计。至是鸿中、承先坐近二太监耳语云:"今日撤兵,乃上计也。顷上单骑向敌,敌二人见上语良久乃去。意袁都堂有约,此事就矣。"时杨太监佯卧窃听。翌日,纵之归,以所闻语明帝,逐下崇焕于狱。大寿惧,率所部奔锦州,毁山海关而出。诸贝勒大臣请攻城,上曰:"攻则可克,但恐伤我良将劲卒,余不忍也。"遂止。

十二月辛亥朔,大军经海子而南,且猎且行,趣良乡,克其城。壬子,总兵吴讷格克固安。辛酉,遣贝勒阿巴泰、萨哈廉以太牢祀金太祖、世宗陵。丙寅,复趋燕京,败明兵于卢沟桥,歼其众。明总兵满桂、孙祖寿、黑云龙、麻登云以兵四万栅永定门之南。丁卯黎明,师毁栅入,斩桂、祖寿及副将以下三十余人,擒黑云龙、麻登云,获马六千,分赐将士。戊辰,遣达海赍书与明议和。壬申,贝勒阿巴泰、济尔哈朗略通州,焚其舟,攻张家湾,克之。达海赍议和书二分置安定、德胜门外。乙亥,复遣人来书赴安定门。俱不报。丙子,驻师通州。丁丑,岳托、萨哈廉、豪格率兵四千围永平。逐克香河、马兰峪诸城,复叛去。己卯,大军趣永平。

四年春正月辛巳朔,大军至榛子镇、沙河驿,俱降。壬午,至永平。先是,刘兴祚自我国逃归,匿崇焕所。至是,率所携满洲兵十五人、蒙古兵五百欲往守沙河。闻大兵至,改趣永平之太平寨,袭杀喀喇沁兵于途。上怒其负恩,遣贝勒阿巴泰等禽斩之,裂其尸以徇。癸丑,上授诸将方略,乘夜攻城。城中火药自发,敌军大乱,黎明克之。贝勒济尔哈朗等入城安抚。丙戌,上率诸将入城,官民夹道呼万岁。贝勒济尔哈朗、萨哈廉守永平。以降官白养粹为永平巡抚,孟乔芳、杨文魁为副将,纵乡民还其家。是日,上率大军趣山海关。敖汉、奈曼、巴林、札鲁特诸部兵攻昌黎,不克。台头营、鞍山堡、迁安、滦州以次降。建昌参将马光远来归。丁酉,明兵攻遵化,贝勒杜度击败之。明兵入三屯营,先所下汉儿庄、喜峰口、潘家口、洪家口复叛。庚子,达海等复汉儿庄,贝勒阿巴泰守之。辛丑,喀喇沁布尔噶都为明兵所围,遣军往救,未至,布尔噶都自击败之。其帅明兵部尚书刘之纶领兵至,树栅。我军炮毁其栅。我军炮毁其栅,之纶屯山中。大贝勒代善围之,劝之纶降,不从。破其营,之纶被箭死。壬寅,移师马兰峪,毁其近城屯堡。丙午,喀喇沁苏布地上书明帝,论和好之利,且劝以爱养边民、优恤属国之道。不报。乐亭复叛。

二月辛亥朔,谕贝勒诸臣,凡将士骁勇立功者,勿与攻城之役。甲寅,宴明降将麻登云等于御幄,谓之曰:"明主视尔等将士之命如草芥,驱之死地。朕屡遣使议和,竟无一言相报,何也?"登云对曰:"明帝幼冲,大臣各图自保,议和之事,倘不见听,罪且不测,故惧不敢奏。"上曰:"若然,是天赞我也,岂可弃之而归。但驻兵屯守,妨农时为可悯耳。且彼山海关、锦州防守尚坚,今但取其无备城邑可也。"己未,遗书明帝,仍申和好,并致书明诸臣,劝其急定和议,至是凡七致书矣。甲子,明榆林副将王世选来降。上班师,贝勒阿巴泰、济尔哈朗、萨哈廉及文臣索尼、宁完我等守永平,鲍承先守迁安,固山额真图尔格;那木泰等守滦州,察喀喇、范文程等守遵化。

驻滦三日，论功行赏。壬申，谕曰："天以明土地人民予我，其民即吾民，宜饬军士勿加侵害，违者治罪。"上至永平，降官郎中陈此心谋遁，事觉论斩，上赦之，听其所往。

三月壬午，上还沈阳。庚寅，遣二贝勒阿敏、贝勒硕托率兵五千往守永平四城，贝勒阿巴泰等还。庚子，阿鲁四子部遣使来盟。

夏四月壬子，明兵攻滦州，不克。己卯，贝勒阿巴泰、济尔哈朗等自永平还。上问是役俘获较前孰多？对曰："此行所获人口甚多。"上曰："财帛不足喜，惟多得人为可喜耳。"

五月己丑，谕诸臣厚抚俘众。壬辰，阿敏、硕托等弃永平四城归。时明监军道张春、锦州总兵祖大寿等合兵攻滦州。那穆泰、图尔格、汤古代等出战，屡败明兵，然兵少，阿敏、硕托畏不往援，明兵用炮攻滦州，那穆泰等不能支，弃城奔永平。会天雨，我军溃围出，无马被创者死四百余人。阿敏、硕托闻之恐，逐杀降官白养粹等，尽屠城中士民，收其金币，乘夜出冷口。察哈喇等亦弃遵化归。上方命贝勒杜度趋永平协守，且敕阿敏善抚官民，无侵暴，将整兵亲往。庚子，闻阿敏弃城，且大肆屠戮，乃止。

六月甲寅，收击弃城诸将，数其罪。乙卯，御殿宣阿敏十六罪。众议当诛。上不忍致法，幽之。硕托、汤古代、那穆泰、巴布泰、图尔格等各夺爵、革职有差。诸将中有力战杀敌者释之，先是阿敏既屠永平官民，以其妻子分给士卒。上曰："彼既屠我归顺良民，又奴其妻子耶！"命编为民户，以房舍衣食给之。

秋九月戊戌，申谕诸大臣满、汉官各勤职业。

冬十月辛酉，谕编番各旗壮丁，隐匿者罚之。

十一月甲午，那堪泰部虎尔噶率家属来归，阿鲁四子部诸贝勒来归。壬寅，阿鲁伊苏忒部闻上善养民，留所部于西拉木轮河，而偕我使臣察汉喇嘛来朝。

十二月戊辰，科尔沁贝勒图美卫徵来朝。

五年春正月庚辰，谕已故功臣无后者，家产给其妻自赡。壬午，铸红衣大炮成，镌曰"天佑助威大将军"。军中造炮自此始。乙未，以额驸佟养性总理汉人军民事，汉官听其节制。己亥，幸文馆，入库尔缠直房，问所修何书。对曰："记注所行政事。"上曰："如此，朕不宜观。"又览达海所译《武铨》，见投醪饮河事，曰："古良将体恤士卒，三军之士乐为致死。若额驸顾三台对敌时，见战士殁者，以绳曳之归，安能得人死力乎？"庚子，朝鲜贡物不及额，却之，以书责其罪。

二月庚申，敕边臣谨斥堠。甲戌，孟阿图征瓦尔喀，奏捷。

三月乙亥朔，镶蓝旗固山额真、额驸顾三台罢，以太祖弟之子篇古代之。书谕大贝勒代善、三贝勒莽古尔泰及贝勒诸大臣，求直言过失。丁亥，阅汉兵。甲午，诛刘兴祚、兴治家属，赦其母。丁酉，朝鲜复遣使来贡。辛丑，遣汉达尔、董讷密遗朝鲜王书，索战船助攻明。不许。

六月癸亥，定功臣袭职例。黑龙江伊札讷、萨克提、伽期讷、俄力喀、康柱等五头目来朝。

秋七月甲戌，黑龙江虎尔哈部四头目来朝贡。庚辰，始设六部，以墨勒根戴青贝勒多尔衮，贝勒德格类、萨哈廉、岳托、济尔哈朗、阿巴泰等管六部事。每部满、汉、蒙古分设承政官，其下设参政各八员，启心郎各一员，改巴克什为笔帖式，其尚称巴克什者仍其旧。更定讦告诸贝勒者准其离主例，其以细事讦诉者禁之。谕贝勒番事冤抑不公者坐罪。除职官有罪概行削职律，嗣后有罪者，分别轻重降罚有差。并禁官民同族嫁娶，犯者男妇以奸论。又谕贝勒诸大臣省过改行，求极谏。甲申，闹雷虎尔哈部四头目来朝贡。癸巳，定小事赏罚例，令牛录额真审理，大者送部。明总兵祖大寿等筑大凌河。檄诸蒙古各率所部来会征之。己亥，大军西发，命贝勒杜度、萨哈廉、豪格留守。庚子，渡辽河，申诫诸将恤士卒。

八月壬寅朔，次旧辽河而营，蒙古诸部率兵来会。癸卯，集蒙古诸贝勒，申前令，无擅杀掠。于是分兵两路，贝勒德格类、岳托、阿济格以兵二万由义州入屯锦州、大凌河之间，上自白土场入广宁。丁未,会于大凌河,乘夜攻城。令曰:"攻城恐伤士卒,当掘壕筑垒困之。彼若出,与之战,外援至,迎击之。"乃分八旗兵合围,令蒙古兵承其隙。辛亥,明马步兵五百人出城,达尔哈击败之。壬子,射书城中,招蒙古人出降。癸丑,明兵出城诱战。图赖先入,达尔哈继之,四百环攻,贝勒多尔衮亦率兵入。城内炮矢俱发,图赖被创,副将孟坦、屯布禄、备御多贝、侍卫戈里战殁。上以图赖等轻进,切责之。以红衣炮攻明台,兵降者相继。乙卯,遗祖大寿书曰:"往者我欲和,尔国君臣以宋为监,不我应。尔国非宋,我亦非金,何不达若此。朕今厌兵革,更以书往,惟将军裁之。"大寿不答。丁巳,明松山兵二千来援,阿山、劳萨、土鲁什击败之。甲子,贝勒阿济格、硕托遮击明援兵。丁卯,明锦州兵六千来攻阿济格营。会大雾,觌面不相识。忽有青气冲敌营,辟苦门,我军乘雾进,大战,败之,擒游击一,尽获其甲仗马匹。辛未,上诣贝勒阿济格营,酌金厄劳诸将。明兵突出,师夹击,又大败之。

九月丁亥,上以兵趋锦州,见尘起,上命诸军勿行,自率摆牙喇兵二百,与贝勒多铎缘山潜进。明锦州兵七千突出进上前。上甫环甲,从者不及二百人,渡河冲敌军。敌不能当,溃走。诸军继至,又大败之,斩一副将而还。己丑,复以书招祖大寿。庚寅,上设伏山内,诱大寿出,将擒之,大寿惊遁自是闭城不出。时城中谷止百石,马死尽,煮马肉为食,以鞍代步。乙未,明太仆寺卿监军道张春,总兵吴襄、钟纬等,以马步兵四万来援,壁小凌河。戊戌,明援兵趋大凌河,距城十五里。上率两翼骑兵冲击之,不动。右翼兵猝人张春营,敌逐败,吴襄及副将桑阿尔寨先奔。张春等复集溃兵立营,会大风,敌乘风纵火,将及我军,天忽雨,反风,复战,逐大破之,生擒张春及副将三十三人。春不屈,乞死,上赦不杀。是役也,祖大寿仍以我为诱敌,故城中无应者。是夕黑云龙遁去。

冬十月丁未,以书招祖大寿、何可刚、张存仁。己酉,再遗大寿书。壬子,以红衣炮攻于子章台。台最固,三日台毁,守台将王景降,于是远近百余台俱下。甲寅,遣降将姜新招祖大寿。大寿亦遣游击韩栋来会。癸亥,议三贝勒莽古尔泰上前持刃罪,降贝勒,夺所属五牛录。乙丑,祖大寿约我副将石廷柱议降。丙寅,大寿遣其子可法为质。戊辰,大凌河举城降,独副将何可刚不从。大寿掖可刚至军前杀之,夜至御营,上优遇之,大寿遂献取锦州策。己巳,遣兵随大寿夜袭锦州,会大雾,失伍,还。

十一月庚午朔,纵大寿还锦州。戊寅,毁大凌河城。己卯,班师。乙酉,上还沈阳。丙戌,察哈尔侵阿鲁西拉木轮地,贝勒萨哈廉、豪格移师征之,会察哈尔已去,乃还。

闰十一月庚子朔,谕曰:"我兵之弃永平四城,皆贝勒等不学无术所致。顷大凌河之役,城中人相食,明人犹死守,及援尽城降,而锦州、松、杏犹不下,岂非其人读书明理尽忠其主乎?自今凡子弟年十五岁以下、八岁以上,皆令读书。"遣库尔缠等责朝鲜违约罪。庚戌,禁国中不得私立庙寺,喇嘛僧违律者还俗,巫觋星士并禁止之。

十二月壬辰,参将宁完我请设言官,定服制。上嘉纳之。丙申,用礼部参政李伯龙言,更定元旦朝贺行礼班次。

六年春正月癸亥,阅汉兵。

二月壬申,定仪仗制。丁丑,谒太祖陵,行时享礼。戊子,谕海州等处城守官,三年一赴沈阳考察。丁酉,谕户部贝勒德格类以大凌河汉人分隶副将以下,给配抚养。给还贝勒莽古尔泰所罚人口。

三月戊戌,赉大凌河诸降将有差。命达海分析国书音义。庚戌,定讦告诸贝勒者轻重虚实坐罪例,禁子弟告父兄、妻告夫者,定贝勒大臣赐祭葬例。丁巳,征察哈尔,征蒙古兵,颁军令。

夏四月戊辰朔,上率大军西发,阿巴泰、杜度、扬古利、伊尔登、佟养性留守。己巳,次辽河。丙子,次西拉木轮河。己卯,次札滚乌达,诸蒙古部兵以次来会。乙酉,次哈纳崖。察哈尔汗林丹闻我师至,大惧,驱归化城富民牲畜渡河西奔,尽委辎重而去。庚寅,次都勒河,闻察哈尔林丹远遁,上趋归化城。丙申,大军自阿济格和尔戈还,趋察哈尔。

五月癸卯，谕诸部贝勒大臣勿轻进，勿退缩，勿杀降，勿分散人妻子，勿夺人衣服财物。甲辰，次布龙图布喇克。丁未，劳萨奏报察哈尔遁去已久，逐北三日无所见。上自布龙图旋师。戊申，定议征明。丙辰，次朱儿格土。时粮尽，忽逢黄羊偏野，逐合围杀数万，脯而食之。无水，以一羊易杯水而饮。上命各牛录持水迎给之。庚申，次木鲁哈喇克沁，贝勒阿济格率左翼略宣府、大同，贝勒济尔哈朗率右翼略归化城，上与大贝勒代善、贝勒莽古尔泰统大军继进。甲子，上至归化城，两翼兵来会。是日，大军驰七百里，西至黄河木纳汉山，东至宣府，自归化城南至明边境，所在察哈尔部民悉俘之。

六月丁卯朔，蒙古部民窜沙河堡，上以书谕明守臣索之。明归我男妇三百二十、牲畜千四百有奇。辛未，宁完我、范文程、马国柱合疏言：“伐明之策，宜先以书议和，俟彼不从，执以为辞，乘衅深入，可以得志。”上嘉纳之。甲戌，大军发归化城，趋明边。丁丑，明沙河堡守臣使赍牲币来献。己卯，库尔缠等自得胜堡，爱巴礼等由张家口，分诣大同、宣府议和。书曰：“我之兴兵，非必欲取明天下也。辽东守臣贪黩昏罔，劝叶赫陵我，逐婴七恨。屡愬尔主，而辽东壅不上闻。我兵至此，欲尔主察之也。及攻抚顺，又因十三省商贾各遗以书，虑其不克径达，则各以书进其省官吏，冀有一闻。乃纵之使去，寂焉不复。语云：‘下情上达，天下罔不治；下情上壅，天下罔不乱。’今所在征讨，争战不息，民死锋镝，虽下情不达之故，抑岂天意乎？我今开诚相告，国虽褊小，惟欲两国和好，互为贸易，各安田猎，以享太平。若言不由衷，天其鉴我。前者屡致书问，愤疾之词，固所不免。此兵家之常，不足道也。幸速裁断，实国之福。我驻兵十日以待。”庚辰，驻大同边外。库尔缠偕明得胜堡千总赍牲币来献。上不纳。复遗书明守臣曰：“我仰体天意，愿申和好。尔果爱民，宜速定议。若延时不报，纵欲相待，如军中粮尽何。至书中称谓，姑勿论，我逊尔国，我居察哈尔之上可耳。”癸未，趋宣府，守臣以明主所给察哈尔缎布皮币一万二千五百归我。庚寅，驻张家口外，列营四十里。癸巳，明巡抚沈启、总兵董继舒遣人赍牛羊食物来献。上宴之,遂定和议,大市于张家口。科尔沁部兵三人潜入明边,盗牛驴,斩其首者,鞭二人,贯耳以徇。甲午,明巡抚沈启遣使来请盟。命大臣阿什达尔哈等莅之,刑白马乌牛,誓告天地。礼成,遣启心郎祁充格送明使归。明以金币来献。晋封皇子豪格为和硕贝勒。是月,辽东大水。

秋七月丁酉朔,复以书约明张家口守臣信誓敦好,善保始终,且谓和议辽东地方在内,尔须遣官往告。上率大军还。庚子,至上都河,明以和议成,来馈礼物,酌纳之。辛丑,蒙古诸贝勒辞归。庚戌,次摆斯哈儿。游击巴克什达海卒。庚申,上还沈阳。

八月丁卯,召明诸生王文奎、孙应时、江云入宫,问以和事成否。三人皆言,明政日紊,和议难必。且中原盗贼蜂起,人民离乱。劝上宣布仁义,用贤养民,乘时吊伐,以应天心。癸酉,六部署成,颁银印各一。甲午,命固山额真察民疾苦,清理刑狱。察哈尔寿纳楚虎尔来归。

九月癸卯,修复盖州城,移民实之。甲寅,命户部贝勒德格类、兵部贝勒岳托展耀州旧界至盖州迤南。

冬十月乙丑朔,幸开原。甲戌,还沈阳。遣卫徵囊苏喇嘛赴宁远,赍书致明帝曰:"我国称兵,非不知足而冀大位,因边臣欺侮,致启兵衅。往征察哈尔时,过宣府定和议,我逐执越境盗窃之人戮之塞下,我之诚心可谓至矣。前边臣未能细述,今欲备言,又恐疑我不忘旧怨,如遣信使来,将尽告之。若谓已和,不必语及往事,亦惟命。又与明诸臣书曰:"宣府守臣与我盟时,约我毋侵辽东,誓诸天地。今尔乃有异议,天可欺乎?执政大臣宜通权变,慎勿徒事大言,坐失事机。若坚执不从,惟寻师旅,生灵荼毒,咎将谁归?"

十一月壬寅,明宁远守臣以我所遗书封固,不敢以陈,请露封,许之。辛亥,阿禄部都思噶尔济农所属祁他特吹虎尔台吉来附。壬子,遣使往朝鲜定岁贡额。

十二月乙丑,定朝服及官民常服制。三贝勒莽古尔泰卒。乙亥,吴巴海征兀札喇遣使告捷。

七年春正月庚子，谕各牛录额真以恤贫训农习射。辛丑，朝鲜来贡，不及额。丁未，复书责之。戊申，皇长女下嫁敖汉部贝勒都喇尔巴图鲁子台吉班第。乙卯，征兀札喇师还。

二月癸亥朔，阿鲁科尔沁汗车根率固木巴图鲁、达尔马代衮等举国来附。己卯，库尔缠有罪，诛。癸未，土鲁什、劳萨等略宁远。

三月丁酉，筑卤场、揽盘、通远堡、岫严四城。辛丑，郭尔罗斯部台吉固木来朝。丙辰，明故总兵毛文龙部将孔有德、耿仲明遣使来约降。

夏四月乙丑，察哈尔两翼大总管塔什海虎鲁克寨桑来附。乙亥，使将军英俄尔岱等借粮朝鲜济孔有德军，不从。

五月乙未，吴喇忒台吉土门达尔汉等来朝。壬子，贝勒济尔哈朗、阿济格、杜度率兵迎孔有德、耿仲明于镇江，命率所部驻东京。

六月壬戌，谕将士毋侵扰辽东新附人民，违者孥戮之。癸亥，召孔有德、耿仲明入观，厚赉之。丙寅，遣英俄尔岱遗朝鲜王书曰："往之借粮，贵国王以孔有德等昔隶毛氏，无输粮养敌之理。今有德归我，粮已足给。惟兵卒守船，转运维艰，近距贵国，以粮给之甚便。朕思王视明为父，视朕为兄，父兄相争数年，而王坐观成败，是外有父兄之名，而内怀幸祸之意。若力为解劝，息兵成好，不惟我两国乐见太平，即贵国亦受其福。若仍以兵助明，合而御我，则构兵实自王始。"己巳，谕官民冠服遵制画一。癸酉，以孔有德为都元帅，耿仲明为总兵官，并赐敕印。戊寅，英俄尔岱奏报朝鲜用明人计，借兵倭国，又于义州南岭筑城备我。集诸贝勒大臣议之，皆言宜置朝鲜而伐明。己卯，贝勒岳托、德格类率右翼楞额礼、叶臣，左翼伊尔登、昂阿喇及石廷柱、孔有德、耿仲明将兵攻明旅顺口。甲申，东海使犬部额驸僧格来朝贡。丁亥，谕曰："凡进言者，如朕所行未协于义，宜直言勿讳。政事或有愆忌，宜开陈无隐。六部诸臣，奸伪贪邪，行事不公，宜行纠劾。诸臣有艰苦之情，亦据实奏闻。苟不务直言，远引曲喻，劝袭纷然，何益于事？"

秋七月辛卯朔,谕满洲各户有汉人十丁者受棉甲一,以旧汉军额真马光远统之。壬辰,阿禄部孙杜陵子台吉古木思辖布,塞桑吴巴什、阿什图、巴达尔和硕齐等,吴喇忒部台吉阿巴噶尔代皆来朝贡。甲辰,贝勒岳托等奏克旅顺口。

八月庚申朔,英俄尔岱等自朝鲜还,以复书充粮济我守船军士。壬戌,贝勒阿巴泰、阿济格、萨哈廉、豪格等略明山海关外。庚辰,贝勒德格类、岳托师还。丁亥,以副将石廷柱为总兵官。

九月庚子,贝勒阿巴泰等师还。上以其不深入,责之。癸卯,英俄尔岱等往朝鲜互市。庚戌,明登州都司蔡宾等来降。

冬十月壬戌,遣使外潘蒙古各部,宣布法令。丙寅,大阅。丁卯,发帑赍八旗步兵。已巳,谕曰:"置官以来,吏、户、兵三部办事尽善,刑部讯狱稽延,罔得实情。礼部、工部皆有缺失。夫启心郎之设,欲其随事规谏,启乃心也。乃有差谬而不闻开导,何耶?"又曰:"尔等动以航海取山东,攻山海关为言。航海多险,攻坚易伤,是以空言相赚,不帝为敌计耳。兵事无藉尔言,惟朕与诸贝勒有过,当极言耳。"又谕文馆诸儒臣曰:"太祖始命巴克什额尔德尼造国书,后库尔缠增之。虑有未合,尔等职司纪载,宜悉心订正。朕嗣大位,凡皇考行政用兵之大,不一一详载,后世子孙何由而知,岂朕所以尽孝道乎?"丙子,授明降将马光远为总兵官,王世选、麻登云为三等总兵官,马光先、孟乔芳等各授职有差。癸未,明广鹿岛副将尚可喜遣使来约降。

十一月甲辰,英俄尔岱复赍书往朝鲜,责以违约十事。戊申,遣季思哈,吴巴海往征朝鲜接壤之虎尔哈部。辛亥,上猎于叶赫。

十二月辛未,上还沈阳。

八年春正月庚寅,谕蒙古诸贝勒令遵我国定制。黑龙江羌图里、嘛尔干率六姓来朝贡。癸巳,诏宗人,自兴祖直皇帝出者为六祖后,免其徭役。乙未,正黄旗都统、一等总兵官楞额礼卒。癸卯,汉备御诉汉人徭役重于满洲,户部贝勒德格类以闻。上命礼部贝勒萨哈廉集众谕其妄。汉总兵官石廷柱等执用御八人请罪,上曰:"若加以罪,则后无复言者。"并释之。戊申,塔布囊等征察哈尔溃众于席尔哈、席伯图。己酉,蒿齐忒部台吉额林臣来归。丁巳,免功臣身故无嗣者丁之半,妻故始应役,著为令。

二月壬戌,定丧祭例,妻殉夫者听,仍予旌表;逼妾殉者,妻坐死。遣贝勒多尔衮、萨哈廉往迎降将尚可喜,使驻海州。丁卯,都元帅孔有德劾耿仲明不法状,谕解之。戊辰,遣阿山等略锦州。

三月丁亥朔,日有食之,绿虹见。辛卯,命谭泰、图尔格略锦州。壬辰,副将尚可喜率三岛官民降,驻海州。己亥,大阅。甲辰,遣英俄尔岱往朝鲜互市。令孔有德、耿仲明、尚可喜帜用白镶皂,以别八旗。壬子,考试汉生员。

夏四月辛酉,升授太祖诸子汤古代等副将、参将、备御有差。又以哈达、乌喇二部之后无显职,授哈达克什内为副将,乌喇巴彦为三等副将。诏以沈阳为"天眷盛京",赫图阿喇城为"天眷兴京"。改定总兵、副将、参将、游击、备御满字官名。丁丑,尚可喜来朝,命为总兵官。乙亥,以太祖弟之子拜尹图为总官。辛巳,初命礼部考试满洲、汉人通满、汉、蒙古书义者,取刚林等十六人为举人,赐衣一袭,免四丁。乙酉,金继孟等自明石城岛来降,以隶尚可喜。

五月丙戌朔,黑龙江巴尔达齐来贡。庚寅,察哈尔台吉毛祁他特来朝。定满、汉马步军名。丙申,议征明,诸贝勒请从山海关入。上曰:"不然,察哈尔为我军所败,其贝勒大臣将归我,宜直趋宣、大以逆之。"乃集各都统部署军政,遣国舅阿什达尔哈征科尔沁兵,以书招抚遗众之在明境者。壬寅,定百官功次,赐敕书,其世袭及官止本身者,分别开载有差。甲辰,季思哈、吴巴海征虎尔哈部奏捷。命贝勒济尔哈朗留守盛京,贝勒杜度守海州,吏部承政图尔格等渡辽河,沿张古台河驻防,并扼敌兵,俱授方略。毕,上率大军前发。己酉,次都尔鼻,诸蒙古外藩兵以次来会。甲庚,次讷里特河。

六月辛酉,颁军令于蒙古诸贝勒及孔有德、耿仲明、尚可喜,曰:"行军时勿离蘦,勿喧哗,勿私出劫掠。抗拒者诛之,归顺者字之。勿毁朝宇，勿杀行人，勿夺人衣服，勿离人夫妇，勿淫人妇女。违者治罪。"先是，察哈尔林丹西奔图白特，其部众苦林丹暴虐，逗留者什七八，食尽，杀人相食，屠劫不已，溃散四出。至是，络绎来附者前后数千户。辛未，次库黑布里都，议觉罗布尔吉、英俄尔岱擅杀察哈尔布颜图部众罪，并夺其赐。甲戌，次喀喇拖落木，命贝勒德格类率兵入独石口，侦居庸关，期会师于朔州。戊寅，谕蒙古诸贝勒曰："科尔沁噶尔珠塞特尔等叛往索伦，为其族兄弟等追获被杀，朕心恻然。朕欲宣布德化，使人民共登安乐。今诸贝勒虽以罪诛，亦朕教化所未洽也。"又命减阿鲁部达喇海等越界驻牧罪。壬午，察哈尔土巴济农率其民千户来归。喀尔喀部巴噶达尔汉来归。甲申，命大贝勒代善等率兵入得胜堡，略大同，西至黄河，副都统土鲁什、吴拜等经归化抚察哈尔逃民，俱会师朔州。

秋七月己丑，命贝勒阿济格、多尔衮、多铎等入龙门，会宣府，上亲统大军自宣府趋朔州，期四路兵克期并进。辛卯，毁边墙。壬辰，入上方堡，至宣府右卫，以书责明守臣负盟之罪，仍谕其遣使议和。癸巳，驻城东南。时阿济格攻龙门，未下，令略保安。丁酉，营东城，遗明代王书，复约其遣使议和。代善攻得胜堡，克之。明参将李全自缢死。进攻怀仁、井坪，皆不克，逐驻朔州。丙午，上围应州，令代善等趣马邑。土鲁什至归化城，察哈尔林丹之妻率其八寨桑以一千二百户来降。庚戌，阿济格等攻保安州，克之。壬子，德格类入独石口，取长安岭，攻赤城，不克，俱会师于应州。

八月乙卯，命诸将略代州。萨哈廉袭崞县，拔之。丙辰，硕托入圆平驿。甲子，阿巴泰等取灵丘县之王家庄，克之。礼部承政巴都礼战殁。又攻应州之石家村堡，克之。丙寅，上发应州，闻明阳和总督张宗衡、大同总兵曹文诏驻怀仁，度是夜必奔大同，令土鲁什、吴拜伏兵邀之。师行迟，宗衡等逸去。上怒责之。戊辰，上至大同，遗书文诏，令赞和议。又遗书众官，索察哈尔余孽之在明者。文诏挑战，击败之。贝勒阿巴泰等拔灵邱。明代王母杨氏与张宗衡，曹文诏以书来请和。辛未，遣使以书报之。壬申，代善率师来会。癸酉，驻师大同,遣明宗室朱乃廷及俘获僧人入城。三索报书,俱不答。纵乃廷妻子及朱乃振还。丁丑,营四十里铺,得明间谍书北楼口,为书报之曰:"来书以满洲为属国,即予亦未尝以为非也。惟辽东之官欺凌我国,皇帝惑于臣下之谎,虽干戈十数年来,无一言询及,使我国之情不达,若遣一信使判白是非,则兵戈早息矣。欲享太平,只旦暮间事。不然,两国臣僚壅蔽欺罔,虚报斩伐,以吾小国果受伤夷,讵能数侵,岂皇帝之聪明独不能一忖度耶?愿和之诚,黑云龙自知之,虑其恐结怨于大臣不尽告耳。"己卯,大军至阳和。明总兵曹文诏诡以书诳张宗衡,伪言炮伤我兵,得系一杆等语,为我逻者所获。上乃遗宗衡书曰:"予谓尔明当有忠臣义士实心谋国者,乃一旦虚诳至此,岂不愧于心乎?今与公等约,我兵以一当十,能约期出战,当勒兵以俟。若诳言欺君,贻害生灵,祸业将无穷矣。"壬午,次怀远。癸未,驻左卫。

闰八月丙戌,以书责明定宣太监欺君误国罪。丁亥,副都统土鲁什被创卒。攻万全左卫,克之。庚寅,班师。察哈尔噶尔马济农等遣使乞降,言其汗林丹病殂,汗子及国人皆欲来归,于是命阿什达尔哈等往侦之。丁酉,移军旧上都城。庚戌,移军克蚌。辛亥,察哈尔寨桑噶尔马济农等率其国人六千奉豆土门福金来归。

九月戊辰,留守贝勒济尔哈朗疏报季思哈、吴巴海征虎尔哈俘一千三百余人。阿鲁部毛明安举国来附。辛未,渡辽河。壬申,上还盛京。

冬十月己丑,建太祖陵寝殿,树松,立石兽。壬辰,论征宣、大将士功罪。己亥,科尔沁台吉吴克善来归其妹,纳之。庚戌,以八年征讨克捷,为文告太祖。壬子,朝鲜国王李倧遣使以书来。上以其言不逊,复书切责之。

十一月乙丑,六部官考绩,升授有差。

十二月癸未朔,朝鲜国王以书来谢罪。壬辰,命副都统霸奇兰、参领萨木什喀征黑龙江未服之地。丙申,分定宗室、额驸等专管佐领有差。丁酉,墨勒根喇嘛以嘛哈噶喇金像来贡,遣使迎至盛京。癸卯,察哈尔祁他特车尔贝、塞冷布都马尔等各率所部人民来归。遣吴巴海、荆古尔代征瓦尔喀。甲辰,佐领刘学诚疏请立郊坛,勤视朝。上曰:“疏中欲朕视朝勤政是也。至建立郊坛,未知天意所在,何敢遽行,果成大业,彼时议之未晚也。”

九年春正月丁卯,上亲送科尔沁土谢图济农等归国。癸酉,免功臣徭役。丁丑,诏太祖庶子称“阿格”,六祖子孙称“觉罗”,觉罗系红带以别之。有詈其祖父者罪至死。

二月壬午,令诸臣荐举居心公正及通晓文艺可任使者。丁亥,编喀喇沁部蒙古壮丁为十一旗,每旗设都统一员,下以副都统、参领二员统之。戊子,谕曰:“迩来进言者皆请伐明,朕岂不以为念。然亦须相机而行。今察哈尔新附,人心未辑,城郭未修,而轻于出师,何以成大业。且大兵一举,明主或弃而走,或惧而请和,攻拒之策,何者为宜?其令高鸿中、鲍承先、宁完我、范文程等酌议以闻。”己丑,沈佩瑞请屯田广宁、闾阳,造舟挽粟,为进取计。上嘉纳之。乙未,范文程、宁完我请荐举不实宜行连坐法。丁未,命多尔衮、岳托、豪格、萨哈廉将精骑一万,收察哈尔林丹之子额尔克孔果尔额哲。

三月戊辰,谕曰:“顷民耕耨愆期,盖由佐领有事筑城,民苦烦役所致。嗣有滥役妨农者治其罪。”庚午,察哈尔寨桑巴赖都尔等一千四百余人来归。

五月乙卯,霸奇兰、萨木什喀征黑龙江虎尔哈部,尽克其地,编所获人口以归,论功升赏有差。癸亥,上以西征诸贝勒经宣、大境,度明必调宁、锦兵往援,遣贝勒多铎率师人宁、锦挠之。己巳,命文馆译宋、辽、金、元四史。壬申,贝勒多铎奏报歼明兵五百人于锦州松山城外,杀其副将刘应选。丙子,贝勒多尔衮、岳托、萨哈廉、豪格等奏报兵至西喇朱尔格,遇察哈尔囊囊太妃暨台吉琐诺木等以一千五百户降,遂抵额尔克孔果尔额哲所居,其母率额哲迎降。

六月乙酉,贝勒多铎凯旋,赐良马五,赏从征将士有差。丁酉,吴巴海、荆吉尔代师还,论功亦如之。明登州黄城岛千总李进功来降。辛丑，谕曰："太祖以人民付朕，当爱养之。诸贝勒非时修缮，劳苦百姓，民不得所，浸以逃亡，是违先志而长敌寇也。今朝鲜宾服，察哈尔举国来附，苟不能抚辑其众，后虽拓地，何以处之？贝勒大臣其各戢骄纵以副朕意！"壬寅，察哈尔台吉琐诺木率其属六千八百人来归。癸卯，谕曰："太祖禁贝勒子弟郊外放鹰，虑其践田园、扰牲畜也。今违者日众。语曰：'涓涓不塞，将成江河'。其严禁之。"

秋七月癸酉，论汉人丁户增减，擢参领李思忠等六员官，高鸿中等十一员黜罚有差。

八月庚辰，贝勒多尔衮、岳托、萨哈廉、豪格以获传国玉玺闻。先是元顺帝北狩，以玺从，后失之。越二百余年，为牧羊者所获。后归于察哈尔林丹汗。林丹亦元裔也。玺在苏泰太妃所。至是献之。时岳托以疾留归化城，多尔衮等率兵略明山西，自平鲁卫入边，毁长城，略忻州、代州，至崞县。甲申，绘《太祖实录图》成。乙巳，上率大贝勒代善及诸贝勒多尔衮等师次平虏堡。丁未，渡辽河，阅巨流河城堡。

九月癸丑，贝勒多尔衮等师还，献玉玺，告天受之。额尔克孔果尔额哲及其母来朝。庚午，上还宫。壬申，召诸贝勒大臣数代善罪。众议削大贝勒号及和硕贝勒，夺十佐领，其子萨哈廉夺二佐领，哈达公主降庶人，褫其夫琐诺木济农爵号。上皆免之。

冬十月己卯，以明议和不或，将进兵，遣使赍书谕明喜峰口、董家口诸边将。管户部事和硕贝勒德格类卒。癸未，命吴巴海、多济里、札福尼、吴什塔分将四路兵征瓦尔喀。

十一月丁未朔，命额尔克孔果尔额哲奉母居孙岛习尔哈。

十二月辛巳，哈达公主莽古济之仆冷僧机首告贝勒莽古尔泰生时与女弟莽古济、弟德格类谋逆，公主之夫琐诺木及屯布禄、爱巴礼与其事。会琐诺木亦自首。讯得实，莽古济、莽古尔泰子额必伦及屯布禄、爱巴礼皆伏诛。莽古尔泰余子、德格类子俱为庶人。琐诺木自首免罪。授冷僧机三等副将。丁酉，谒太祖陵。甲辰，贝勒萨哈廉与诸贝勒及大贝勒代善盟誓，请上尊号。上不许。会蒙古贝勒复来请。上曰:"朝鲜兄弟国,宜告之。"

十年春正月壬戌,皇次女下嫁额尔克孔果尔额哲。

二月丁丑,八和硕贝勒与外藩四十九贝勒各遗书朝鲜,约其国王劝进尊号。戊子,遣使至明边松棚路、潘家口、董家口、喜峰口、赍书致明帝,索其报书。定诸臣帽顶饰。庚寅,宁完我以罪免。

三月丙午朔,清明节,谒太祖陵。辛亥,改文馆为内国史、内秘书、内弘文三院。乙卯,遣贝勒阿济格、阿巴泰筑噶海城。庚申,吴什塔等征瓦尔喀,遣使奏捷。谕曰:"蒙古深信喇嘛,实乃妄人。嗣后有悬转轮结布幡者,宜禁止之。"乙丑,英俄尔岱等自朝鲜还,言国王李倧不接见,亦不纳书,以其报书及所获倧谕边臣书进。诸贝勒怒,欲加兵。上曰:"姑遣人谕以利害,质其子弟,不从,兴兵未晚也。"丁卯,外藩蒙古十六国四十九贝勒及孔有德、耿仲明、尚可喜俱以请上尊号至盛京。

夏四月己卯,大贝勒代善,和硕贝勒济尔哈朗、多尔衮、多铎、岳托、豪格、阿巴泰、阿济格、杜度率满、汉、蒙古大臣及蒙古十六国四十九贝勒以三体表文诣阙,请上尊号曰:"恭维我皇上承天眷佑,应运而兴。当天下昏乱,修德体天,逆者威,顺者抚,宽温之誉,施及万姓。征服朝鲜,混一蒙古。逐获玉玺,受命之符,昭然可见,上揆天意,下协舆情。臣等谨上尊号,仪物俱备,伏愿俞允。"上曰:"尔贝勒大臣劝上尊号,历二年所。今再三固请,朕重违尔诸臣意,弗获辞。朕既受命,国政恐有未逮,尔等宜恪恭赞襄。"群臣顿首谢。良辰,礼部进仪注。壬午,齐戒,设坛德盛门外。

清史稿卷三
本纪第三

太宗二

　　崇德元年夏四月乙酉,祭告天地,行受尊号礼,定有天下之号曰大清,改元崇德,群臣上尊号曰宽温仁圣皇帝,受朝贺。始定祀天太牢用熟鹿。遣官以建太庙,追尊列祖,祭告山陵。丙戌,追尊始祖为泽王,高祖为庆王,曾祖为昌王,祖为福王,考谥曰承天广运圣德神功肇纪立极仁孝武皇帝,庙号太祖,陵曰福陵;妣谥曰孝慈昭宪纯德贞顺成天育圣武皇后。追赠族祖礼敦巴图鲁为武功郡王,追封功臣费英东为直义公,额亦都为弘毅公,配享。丁亥,群臣上表贺。谕曰:“朕以凉德,恐负众望。尔诸臣宜同心匡辅,各共厥职,正己率属,克殚忠诚,立纲陈纪,抚民恤众,使君明臣良,政治咸熙,庶克荷天之休命。”群臣顿首曰:“圣谕及此,国家之福也。”以受尊号礼成,大赦。己丑,多济里、扈习征瓦尔喀师还,赏赉有差。朝鲜使臣归国。初,上受尊号,朝鲜使臣罗德宪、李廓独不拜。上曰:“彼国王将构怨,欲朕杀其使臣以为词耳,其释之。”至是遣归,以书谕朝鲜国王责之,命送子弟为质。丁酉,叙功,封大贝勒代善为和硕兄礼亲王,贝勒济尔哈朗为和硕郑亲王,多尔衮为和硕睿亲王,多铎为和硕豫亲王,豪格为和硕肃亲王,岳托为和硕成亲王,阿济格为多罗武英郡王,杜度为多罗安平贝勒,阿巴泰为多罗饶余贝勒;诸蒙古贝勒巴达礼为和硕土谢图亲王,吴克善为和硕卓礼克图亲王,固伦额驸额哲为和硕亲王,布塔齐为多罗札萨克图郡王,满朱习礼为多罗巴图鲁郡王，衮出斯巴图鲁为多罗达尔汉郡王，孙杜稜为多罗杜稜郡王，固伦额附班第为多罗郡王，孔果尔为冰图王，东为多罗达尔汉戴青，俄木布为多罗达尔汉卓礼克图，古鲁思辖布为多罗杜稜，单把为达尔汉，耿格尔为多罗贝勒，孔有德为恭顺王，耿仲明为怀顺王，尚可喜为智顺王。辛丑，朝鲜使臣置我书于通远堡，不以归。札福尼征瓦尔喀师还。

五月丙午，以希福为内弘文院大学士，范文程、鲍承先俱为内秘书院大学士，刚林为内国史院大学士。壬子，贝勒萨哈廉卒，辍朝三日。癸丑，始鹿樱桃于太庙。丁巳，设都察院，谕曰："朕或奢侈无度，误诛功臣；或畋猎逸乐，不理政事；或弃忠任奸，黜陟未当；尔其直陈无隐。诸贝勒或废职业，黩货偷安，尔其指参。六部或断事偏谬，番谳淹迟，尔其察奏。明国陋习，此衙门亦贿赂之府也，宜相防检。挟仇劾人，例当加罪。余所言是，即行；所言非，不问。"壬戌，追封萨哈廉为和硕颖亲王。己巳，以张存仁为都察院承政，祖泽洪为吏部承政，韩大勋为户部承政，姜新为礼部承政，祖泽润为兵部承政，李云为刑部承政，裴国珍为工部承政。都统伊尔登罢。以图尔格为镶白旗都统。庚午，武英郡王阿济格、饶余贝勒阿巴泰、公扬古利等率师征明。上御翔凤阁面授方略，且诫谕之。癸酉，师行。

六月甲戌朔，授蒙古降人布尔噶都等世职有差。己卯，命豫亲王多铎管礼部事，肃亲王豪格管户部事。甲申，封萨哈廉子阿达礼为多罗郡王。丙戌，以国舅阿什达尔汉为都察院承政，尼堪为蒙古承政。

秋七月己未，檄外藩蒙古兵征明。辛酉，阿济格等会师出延庆州，俘人畜一万五千有奇。

八月丁丑，遣官祭孔子。辛巳，成亲王岳托、肃亲王豪格以罪降多罗贝勒。癸未，睿亲王多尔衮，豫亲王多铎，贝勒岳托、豪格举师征明。

九月戊申，明兵入碱场，命吴善、李思哈率兵御之。己酉，阿济格等奏我军经保定至安州，克十二城，五十六战皆捷，生擒总兵巢丕昌等人畜十八万。庚申，伊勒慎等追明兵至娘娘宫渡口，见敌船甚众，不敢进，奏闻。命宜苏往援，复遣杜度率师助之。辛酉，蒙古达赖、拜贺、拜音代等自塔山来降。己巳，阿济格等师还。

冬十月癸酉，多尔衮等师还。丁亥，遣大学士希福等往察哈尔、喀尔喀、科尔沁诸部稽户口，编佐领，谳庶狱，颁法律，禁奸盗。戊戌，朝鲜国王李倧以书来。却之。

十一月戊申，复命岳托管兵部事，豪格管户部事。己酉，卫寨桑等自蒙古喀尔喀部还，偕其使卫征喇嘛等来贡。辛亥，征兵外藩。癸丑，谕曰："朕读史，知金世宗真贤君也。当熙宗及完颜亮时，尽废太祖、太宗旧制，盘乐无度。世宗即位，恐子孙效法汉人，谕以无忘祖法，练习骑射。后世一不遵守，以讫于亡。我国娴骑射，以战则克，以攻则取。往者巴克什达海等屡勤朕易满洲衣服以从汉制。朕惟宽衣博兜，必废骑射，当朕之身，岂有变更。恐后世子孙忘之，废骑射而效汉人，滋足虑焉。尔等谨识之。"乙卯，《太祖实录》成。乙丑冬至，大祀天于圜丘。以将征朝鲜告祭天地、太庙。己巳，颁军令，传檄朝鲜。

十二月辛未朔，外藩蒙古诸王贝勒率兵会于盛京。郑亲王济尔哈朗留守，武英郡王阿济格驻牛庄备边，饶余贝勒阿巴泰驻噶海城收集边民防敌。壬申，上率礼亲王代善等征朝鲜，大军次沙河堡，睿亲王多尔衮，贝勒豪格分兵自宽甸入长山口。癸酉，遣马福塔等率兵三百为商贾装，潜往围朝鲜国都，多铎及贝子硕托、尼堪以兵千人继之，郡王满朱习礼、布塔齐引兵来会。己卯，贝勒岳托、公扬古利以兵三千助多铎军。上率大军距镇江三十里为营，令安平贝勒杜度、恭顺王孔有德等护辎重居后。庚辰，渡镇江至义州。壬午，上至郭山城。其定州游击来援，度不敌，自刎死。郭山降。癸未，至定州。定州亦降。乙酉，至安州，以书谕朝鲜守臣劝降。己丑，多铎等进围朝鲜国都。朝鲜国王李倧遁南汉山城。多铎等复围之，并败其诸道援兵。辛卯，瓦尔喀叶辰、麻福塔居朝鲜，闻大军至，以其众来归。丁酉，上至临律江，会天暖冰泮，不可渡，忽骤雨，冰结，大军毕渡。己亥,命都统谭泰等搜剿朝鲜国都,留蒙古兵与俱。上以大军合围南汉城。

是岁,土默特部古禄格楚虎尔,鄂尔多斯部额林臣济农、台吉土巴等俱来朝。

二年春正月壬寅,朝鲜全罗道总兵来援,岳托击走之。遣英俄尔岱、马福塔赍敕谕朝鲜阁臣,数其前后败盟之罪。甲辰,大军渡汉江,营于江浒。丁未,朝鲜全罗、忠清二道合兵来援,多铎、扬古利击走之。扬古利被创卒。庚戌,多尔衮、豪格军克长山,连战皆捷,以兵来会,杜度等运炮车亦至。朝鲜势益蹙,李倧以书数乞和。上许其出降。倧上书称臣,逡巡不敢出。壬戌,多尔衮军入江华岛,得倧妻子,护至军前。复谕倧曰:“来则室家可完,社稷可保,朕不食言,否则不能久待。”倧闻江华岛陷,妻子被俘,南汉城旦夕且下,乃请降。庚午,朝鲜国王李倧率其子淏及群臣朝服出降于汉江东岸三田渡,献明所给敕印。上慰谕赐坐,还其妻子及群臣家属,仍厚赐之。命英俄尔岱、马福塔送倧返其国都,留其子淏、溰为质。

二月壬申,班师。贝子硕托、恭顺王孔有德等率朝鲜舟师取明皮岛。朝鲜国王李倧表请减贡额。诏免丁丑、戊寅两年贡物,自己卯秋季始,仍贡如额。甲戌,谕多尔衮等禁掠降民,违者该管官同罪。辛卯,上还盛京。癸巳,谕户部平籴勤农。

三月甲辰,杀朝鲜台谏官洪翼汉、校理尹集、修撰吴达济,以败盟故。丁未,武英郡王阿济格率师助攻皮岛。戊午,罢盖州城工。

夏四月己卯,睿亲王多尔衮以朝鲜质子李淏、李溰及朝鲜诸大臣子至盛京。辛巳,阿济格师克皮岛,斩明总兵沈世魁、金日观。甲申,安平贝勒杜度率大军后队还。丁酉,命固山贝子尼堪、罗托、博洛等预议国政。增置每旗议政大臣三人,集群臣谕之曰:“向者议政大臣额少,或出师奉使,而朕左右无人,卑微之臣,又不可使参国议。今特择尔等置之议政之列,当以民生休戚为念,慎毋怠惰,有负朝廷。前蒙古察哈尔林丹悖谬不道,其臣不谏,以至失国。朕有过失,尔诸臣即当面诤。使面从而退有后言,委过于上,非纯臣也。"又谕曰:"昔金熙宗循汉俗,服汉衣冠,尽忘本国言语,太祖、太宗之业遂衰。夫弓矢我之长技,今不亲骑射,惟耽宴乐,则武备浸弛。朕每出猎,冀不忘骑射,勤练士卒。诸王贝勒务转相告诫,使后世无变祖宗之制。"

闰四月癸卯,蒙古贡异兽,名齐赫特。壬子,武英郡王阿济格师还。

五月庚午,朝鲜国王李倧遣使奉表谢恩赎俘获。丁亥,遣朝鲜从征皮岛总兵林庆业归国,以敕奖朝鲜王。丁酉,章京尼堪等征瓦尔喀,降之,师行经朝鲜咸镜道,凡两月始达,至是还。

六月辛丑,授喀喇沁归附人阿玉石等官。明千总王国亮、都司胡应登、百总李忠国等自海岛来降。莽古尔泰子光衮获罪,伏诛。乙卯,谕曰:"顷朝鲜之役,兵行无纪,见利即前,竟忘国宪。自今宜思所以宣布法纪修明典制者。"丙辰,以臣朝鲜,克皮岛,祭告太庙、福陵。丁巳,朝鲜国王李倧请平值赎俘,不许。甲子,论诸将征朝鲜及皮岛违律罪。礼亲王代善论革爵,宥之。郑亲王济尔哈朗以下论罚有差。

秋七月己巳,遣喀凯等分道征瓦尔喀。癸酉,户部参政恩克有罪,伏诛。辛巳,诫谕汉官以空言欺饰者。智顺王尚可喜自皮岛师还。壬午,大赦。癸未,优恤朝鲜、皮岛阵亡将士扬古利等,赠官袭职有差。乙酉,明都司高继功等自石城岛来降。庚寅,追封皇后父科尔沁贝勒莽古思为和硕福亲王。壬辰,以朝鲜及皮岛之捷宣谕祖大寿。乙未,分汉军为两旗,以总兵官石廷柱、马光远为都统,分理左右翼。

八月丙申朔,再恤攻皮岛、朝鲜阵亡将士洪文魁等,赠官袭职有差。癸丑,贝勒岳托以罪降贝子,罚金,解兵部任。丙辰,命睿亲王多尔衮、饶余贝勒阿巴泰筑都尔鼻城。己未,遣阿什达尔汉等往蒙古巴林、札鲁特、喀喇沁、土默特、阿鲁诸部会理刑狱。

九月辛未,出猎抚安堡,以书招明石城岛守将沈志祥。己丑,兵部参政穆尔泰以罪褫职。贝勒豪格以逼勒蒙古台吉博洛罪,罚金,罢管部务。

冬十月乙未朔,初颁满洲、蒙古汉字历。丙午,厄鲁特顾实车臣绰尔济遣使来贡,厄鲁特道远,以元年遣使,是年冬始至。庚申,遣英俄尔岱、马福塔、达云齐敕册李倧为朝鲜国王。

十一月庚午,祀天于圜丘。朝鲜国王李倧遣使来贡,复表请归其世子,并陈国中灾变困穷状。上不许,敕谕赐赉之。丁丑,乌朱穆秦济农闻上善养民,率贝勒等举国来附。癸未,追封扬古利为武勋王。庚寅,出猎打草滩。

十二月甲辰,叶克书、星讷率师征卦尔察。癸丑,征瓦尔喀诸将奏捷。戊午,蒿齐忒部贝勒博罗特、托尼洛率属来归。阿济格遣丹岱等败明兵于清河。

是岁,虎尔哈部托科罗氏、克益克勒氏、耨野勒氏、黑龙江索伦部博穆博果齐,黑龙江巴尔达齐,精格里河扈育布禄俱来朝。

三年春正月辛未,命贝子岳托仍为多罗贝勒、管领旗务。丁亥,以德穆图为户部承政。甲午,皇第九子生,是为世祖章皇帝。

二月丁酉,亲征喀尔喀,豫亲王多铎、武英郡王阿济格从,礼亲王代善、郑亲王济尔哈朗、睿亲王多尔衮、安平贝勒杜度居守。丁未,次喀尔占,外藩诸王贝勒等以师来会。喀尔喀闻之,遁去。上行猎达尔那洛湖西,驻跸。乙卯,次奎屯布喇克。庚申,明东江总兵沈志祥率石城岛将佐军民来降。壬戌,遣劳萨以书告明宣府守臣趣互市,且以岁币归我。

三月甲子朔,次博硕堆,命留守诸王筑辽阳城。甲戌,次义奚里。庚辰,至登努苏特而还。壬午,次上都河源,河西平地涌泉高五尺。

夏四月甲午朔,次布克图里,叶克书等征黑龙江告捷。乙未,至辽河。丁酉,次杜棱城,明山海关太监高起潜遣人诡议和。戊戌,次札哈纳里忒。己亥,次察木哈。庚子,次俄岳博洛。都尔鼻城工竣,改名屏城。辛丑，杜尔伯特部卦尔察札马标等来朝贡。壬寅，至辽阳，阅新城。乙巳，上还盛京。叶克书、星讷征黑龙江师还。癸丑，命明降将沈志祥以其众居抚顺。甲寅，尼噶里等征虎尔哈师还。

五月癸酉，修盛京至辽河道路，以睿亲王多尔衮、饶余贝勒阿巴泰董其役。乙亥，礼亲王代善属下人觉善有罪，郑亲王济尔哈朗等请诛之，议削代善爵。以细故不许，并贷觉善。

六月庚申，始设理藩院，专治蒙古诸部事。

秋七月壬戌朔，谕诸王大臣曰："自古建国，皆立制度，辨等威，今亲王、郡王、贝勒、贝子、公主、额驸名号等级，均有定制，乃皆不遵行，违弃成宪，诚何心耶？昔金太祖、太宗兄弟一心，克成大统。朕当创业之时，尔等顾不能同心体国恪守典常乎？"诸王皆引罪。丁卯，喀尔喀使臣达尔汉囊苏喇嘛归，谕之曰："朕以兵讨不庭，以德抚有众。天以蒙古诸部与朕，喀尔喀乃与兵犯归化，甚非分也。尔不获已，有逃窜偷生耳。尔所能至，我军岂不能至？其速悔罪来归，否则不尔宥也。"壬申，达雅齐等往明张家口议岁币及互市。丁丑，谕礼部曰："凡有不遵定制变乱法纪者，王、贝勒、贝子议罚，官击三日，民枷责乃释之。出入坐起违式，及官偕名号已定而仍称旧名者，戒饬之。有效他国衣冠、束发裹足者，治重罪。"又谕大学士希福等曰："朕不尚虚文，惟务实政。今国家殷富，政在养民。凡新旧人内穷困无妻孥马匹者，或勇敢可充伍、以贫不能披甲者，许各陈诉，验实给与。"禁以阵获良家子女鬻为乐户者。丙戌，更定部院官制，专设满洲承政，以阿拜为吏部承政，英俄尔岱为户部承政，满达尔汉为礼部承政，宜孙为兵部承政，郎球为刑部承政，萨木什喀为工部承政，贝子博洛为理藩院承政，阿什达尔汉为都察院承政。命布颜为议政大臣。

八月甲午，礼部承政祝世昌以罪剥职，谪戍边外。丙申，吴拜、沙尔虎达连击败明兵于红山口、罗文峪，又败其密云兵，歼之。丁酉，地震。戊申，授中式举人罗硕等十名佐领品级，免四丁，一等至三等秀才授护军校品级，免二丁，各赐朝衣绸布有差，未入部者免一丁。庚戌,阿鲁阿霸垓部额齐格诺颜等、蒿齐忒部博洛特诺木齐等并来朝贡。癸丑,以睿亲王多尔衮为奉命大将军,统左翼兵,贝勒豪格、阿巴泰副之,贝勒岳托为扬武大将军,统右翼兵,贝勒杜度副之,分道伐明。谕之曰:“主师为众所瞻,自处以礼,而济之以和,则蒙古、朝鲜、汉人之来附者,自心悦而诚服。若计一己之功,而不恤国之名誉,非所望焉。”丁巳,岳托、杜度师行。已未,以巴图鲁准塔为蒙古都统。

九月癸亥,多尔衮、豪格、阿巴泰师行。壬申,上亲向山海关以挠明师。征孔有德、耿仲明、尚可喜兵。丁丑,定优免人丁例。丁亥,幸演武场,阅兵较射。

冬十月丁酉,岳托师自墙子岭入,遇明兵。明总兵官吴国俊败走。戊戌,多尔衮军入青山关。己亥,上统大军发盛京。甲辰,次浑河,科尔沁、喀喇沁各率兵来会。丙午,遣沙尔虎达等率师趣义州。己酉,命济尔哈朗、多铎各率师分趣前屯卫、宁远、锦州,上亲向义州。辛亥,索海率师围大凌河两岸十四屯堡。壬子,上次义州,遣孔有德、耿仲明、尚可喜、石廷柱、马光远以炮克其五台。乙卯,次锦州。丙辰,多铎克桑噶尔寨堡,杀其守将。孔有德等攻石家堡、戚家堡,并克之。戊午,孔有德等攻锦州西台,台中炮药自发,台坏,克之。

十一月己未朔,多铎将与济尔哈朗合师径中后所,会祖大寿往援北京,乘夜袭我师。庚申,多铎、济尔哈朗还至中后所。大寿惧,不敢出。石廷柱、马光远攻李云屯、柏士屯、郭家堡、开州、井家堡,俱克之。孔有德招降大福堡,又攻大台,克之。辛酉,大军入山海关。壬戌,上次连山。癸亥,攻五里河台,明守备李计友等率众降。丁卯,上至中后所,遇祖大寿收兵入城。使告之曰:“别将军数载,甚思一见。至于去留,终不相强。将军与我角胜,为将之道应尔。朕不以此介意,亦愿将军勿疑。”戊辰,再遣使谕大寿,皆不答。已巳,济尔哈朗攻摸龙关及五里堡屯台。庚午,班师。庚辰,次图尔根河,遣蒙古军各归其部。丙戌,上还京。丁亥,地震。

十二月戊戌，刑部承政郎球有罪解任，以都察院参政索海代之。

是岁，土默特部古禄格，杜尔伯特部卦尔察札马奈，席北部阿拜、阿闵、兀札喇部井瑠、马考、札标、桑吉察，鄂尔多斯部额林臣济农，阿鲁阿霸垓部额齐格诺颜，蒿齐忒部博洛特诺颜齐，黑龙江博穆博果可、瓦代噶凌阿均来朝贡。

四年春正月乙丑，贝子硕托以罪降辅国公。甲戌，皇第三女固伦公主下嫁科尔沁额驸祁他特。己卯，封沈志祥为续顺公。蒙古喇克等自锦州来归。丁亥，苏尼特部台吉噶布褚等率部人来归。是月，明以洪承畴总督蓟、辽。

二月丁酉，命武英郡王阿济格率师征明。壬寅，上亲统大军继之。丙午，次翁启尔浑。阿济格遣使奏捷。蒙古奈曼等部率十三旗兵来会。庚戌，营松山。孔有德、耿仲明、尚可喜、石廷柱、马光远以炮击城外诸台，克之。遣塔布囊布颜率师防乌欣河口。壬子，上登松山南冈，授诸将方略。癸丑，列炮攻城，雉堞悉毁。明副将金国凤拒守不下。上命竖云梯急攻之。代善请俟明日，上从之。明人复完城堞，我军不得入。乙卯，命阿济格、尼堪、罗托等师围塔山、连山。

三月戊午朔，明军援杏山，我兵邀击之，斩五十人。己未，穿地道攻松山城。乙丑，命纳海等驰略杏山。石廷柱、马光远攻观民山台，降之。丙寅，多尔衮、杜度等疏报自北京至山西界，复至山东，攻济南府破之，蹂躏数千里，明兵望风披靡，克府一州三县五十七，总督宣、大卢象升战死，擒德王朱由枢、郡王朱慈顶、奉国将军朱慈党、总督太监冯允升等，俘获人口五十余万，他物称是。是役也，扬武大将军贝勒岳托、辅国公玛瞻卒于军。上闻震悼，辍饮食三日。乙亥，多尔衮、杜度又报自迁安县出青山关，遇明兵，二十四战皆胜。己卯，复攻松山城。明太监高起潜、总兵祖大寿自宁远遣副将祖克勇、徐昌永等率兵趋锦州。阿尔萨兰等击败之。上闻，驰赴锦州督师，斩徐昌永于阵，擒祖克勇。甲申，解松山围。乙西，驻锦州。多尔衮等师还盛京。

夏四月戊子朔,阿济格略连山。壬辰,会于锦州。癸巳,渡大凌河驻跸。己亥,杜度等师还。辛丑,上还盛京,哭岳托而后入,辍朝三日。戊申,以赖库鲁克达尔汉、马喇希为蒙古都统。甲寅,以索浑、萨璧翰为议政大臣。丙辰,追封多罗贝勒岳托为多罗克勤郡王。

五月戊午,以贝子篇古有罪,削爵。己未,郑亲王济尔哈朗率兵略锦州、松山、杏山。辛酉,苏尼特台吉莽古斯、俄尔寨率众来归。丁卯,席特库、沙尔虎达等败明兵于锦州。辛未,济尔哈朗奏入明边,九战皆捷。丙子,济尔哈朗师还。庚辰,以镇国公艾度礼为都统。辛巳,召豫亲王多铎数其罪,宥之,惟坐其征明失利,及不亲送睿亲王出师,降多罗贝勒。

六月戊子,蒙古阿兰柴、桑噶尔寨等告岳托生前与其妻父琐诺木谋不轨。代善、济尔哈朗、多尔衮皆请穷治。上以岳托已死,不问,并贷琐诺木勿治。庚寅,遣马福塔、巴哈纳册封朝鲜国王李倧妻赵氏为朝鲜王妃,其长子浔为世子。丙申,分汉军为四旗,以石廷柱、马光远、王世选、巴颜为都统,改纛色。辛亥,焚哈达、叶赫、乌喇、辉发前所受明敕书于笃恭殿。壬子,以伊尔登、噶尔马为议政大臣,星讷兼议政大臣。

秋七月丁巳,遣官赍书与明帝议和,并令朱由检等各具疏进,许其议成释还。辛未,朝鲜国王李倧克熊岛,执加哈禅来献。乙亥,谕满、汉、蒙古有能冲锋陷阵先登拔城者,以马给之。

八月己丑,授宗室固山贝子、镇国公、辅国公、镇国将军、奉国将军等爵有差。甲午,命贝勒豪格管户部事,杜度管礼部事,多铎管兵部事,萨尔纠等率兵征库尔喀部。己巳,归化城土默特诸章京以所得明岁币来献。

九月乙卯朔,以孙达理等八十三人从睿亲王入关有功,各授官有差,赐号巴图鲁。乙丑,都统杜雷有罪,剥职。己巳,复封贝勒豪格为和硕肃亲王。癸酉,阿济格、阿巴泰、杜度率兵略锦州、宁远。甲戌,封岳托子罗洛宏为多罗贝勒。丙子,以宗室赖慕布、杜沙为议政大臣,英俄尔岱为都统,马福塔为户部承政。

冬十月丙戌,豪格、多铎率兵复略锦州、宁远。庚寅,苏尼特部墨尔根台吉腾机思等率诸贝勒、阿霸垓部额齐格诺颜等各率部众,自喀尔喀来归。辛卯,出猎哈达。癸丑,以刘之源为都统,喀济海为议政大臣。

十一月甲寅朔,豪格疏报参领阿蓝泰率蒙古人来归,遇明兵于宁远北冈,击败之,斩明总兵金国凤。辛酉,遣索海、萨木什喀等征索伦部。丁卯,出猎叶赫。

十二月甲午,上还京。

是岁,黑龙江额纳布、墨音、额尔岔等,喀尔喀部土谢图、俄木布额尔德尼等,喀尔喀、苏尼特、乌朱穆秦、科尔沁、克西克腾、土默特诸部,遣使俱来朝贡。

五年春正月甲子,命朝鲜质子李淯归省父疾,仍令遣别子及淯子来质。遣翁阿岱、多济里等戍锦州。

闰正月癸未朔,令各旗都统分巡所属屯堡,察穷民,理冤狱。

二月丙辰,遣多济里以宁古塔兵三百往征兀札喇部。丁巳,户部承政马福塔卒,以车尔格代之,觉罗锡翰为工部承政。丙寅,朝鲜国王第三子睿来质。

三月丙戌,遣劳萨、吴拜等略广宁。己丑,劳萨、吴拜以逗留议罚有差。萨木什喀等征虎尔哈部,克雅克萨城。己亥,命济尔哈朗、多铎筑义州城,驻兵屯田,进逼山海关。辛丑,户部参政硕詹征朝鲜水师粮米赴大凌、小凌二河。乙巳,索海、萨木什喀征索伦部奏捷。

夏四月壬子朔,罢元旦、万寿诸王贝勒献物。乙亥,索海、萨木什喀征索伦师还,上宴劳于实胜寺。庚辰,上视师义州。

五月癸未,渡辽河。乙酉,硕詹以朝鲜水师至。癸巳,上至义州。丁酉,蒙古多罗特部人苏班代等自杏山遣人约降。上命济尔哈朗等率军迎之,戒曰:“此行勿领多人,敌见我兵少,必来拒战。我分兵为三,以前队拒战,后二队为援。”至杏山,祖大寿果遣刘周智、吴三桂列阵逼我。济尔哈朗等伪却，纵兵反击，大败之。戊戌，命劳萨、吴拜等略海边。索伦部三百三十七户续来降。壬寅，上率师攻克五里台。乙巳，以红衣炮攻锦州。丁未，刈其禾而还。庚戌，驾还京。

六月乙丑，多尔衮、豪格、杜度、阿巴泰、济而哈朗等屯田义州。戊辰，朝鲜世子李洼至。先是，朝鲜遣总兵官林庆业等载米同我使洪尼喀等自大凌河运三山岛，遇风，覆没者半，与明兵战又失利，乃命陆挽至盖州、耀州，留其兵千五百人于海州。癸酉，多济里、喀柱征兀札喇部师还。遣朝鲜王次子李淏归省。

秋七月庚辰朔，叙征索伦功，索海等赏赉进秩有差。癸未，定征索伦违律罪，萨木什喀等黜罚有差。乙酉，多尔衮等奏克锦州十一台，请分兵为两翼屯驻。癸巳，明总督洪承畴以兵四万壁杏山，遣骑挑战，多尔衮等击败之。乙未，遣吴拜往助多尔衮军。丙午，席特库、济席哈等率师征索伦部。上幸安山温泉。己酉，多尔衮奏败明兵于锦州，杜度又败之宁远。

八月己未，遣希福等至张家口互市。乙亥，多尔衮奏败明兵于锦州，又败之大凌河。

九月乙酉，上还宫。丙戌，命济尔哈朗、阿济格、阿达礼、多铎、罗洛宏代围锦州、松山。辛卯，多尔衮奏败明兵于松山。癸卯，重修凤凰城。

冬十月壬戌，遣英俄尔岱等往朝鲜责罪。壬申，万寿节，大赦。

十一月戊寅朔，诏免朝鲜岁贡米十之九。乙酉，济尔哈朗奏败明兵于塔山、杏山及锦州城下。癸巳，阿敏卒于幽所。戊戌，朝鲜国王次子李淏来质。

十二月庚戌，命多尔衮、豪格、杜度、阿巴泰代围锦州。己未，遣朝鲜国王三子李睿归。席特库、济席哈征索伦部，擒博穆博果尔，俘九百余人。壬申，英俄尔岱等至自朝鲜，械击其尚书金声黑尼等四人以归。

是岁，喀尔喀部查萨克图遣使来朝贡。

六年春正月庚辰,朝鲜国王李倧上表谢罪。壬辰,席特库、济席哈等师还。癸巳,晋席特库为三等总兵官。甲午,皇四女固伦公主雅图下嫁科尔沁卓礼克图亲王吴克善子弼尔塔噶尔额驸。丁酉,二等副将劳萨有罪,革硕翁科罗巴图鲁号,降一等参将。

二月己未,以八旗佐领下人多贫乏,令户部察明奏闻。谕佐领毋沈湎失职。其有因饮酒失业者四十八人并解任。谕诸王大臣教子弟习射。丙寅,多尔衮等奏败明兵。

三月己卯,济尔哈朗等代围锦州。丁酉,降和硕睿亲王多尔衮、肃亲王豪格为多罗郡王,多罗贝勒阿巴泰、杜度以下罚银有差。是时,祖大寿为明守锦州,屡招之不应。上令诸王迭出困之。而多尔衮等驻营锦州三十里外,又时遣军士还家,故有是命。己亥,遣朝鲜总兵柳琳等率兵助济尔哈朗军。壬寅,济尔哈朗奏克锦州外城。初,我军环锦州而营,深沟高垒,绝明兵出入,城中大惧。蒙古贝勒诺木齐、台吉吴巴什等请降,且约献东关为内应。祖大寿觉之,谋执吴巴什等。于是诸蒙古大噪,与明兵搏战。我军自外应之,遂克其外城。大寿退保内城。甲辰,诺木齐、吴巴什等以蒙古六千余人来归,至盛京。

夏四月丁未,遣阿哈尼堪等率兵诣锦州助济尔哈郎军。济尔哈朗奏败明援兵于松山。庚戌,遣孔有德、尚可喜助围锦州。多尔衮等闻锦州蒙古降,请效力赎罪。不许。

五月丁丑,明总督洪承畴以兵六万援锦州,屯松山北岗。济尔哈朗等击走之,斩首二千级。丁亥,索伦部巴尔达齐降。己丑,遣希福等阅锦州屯营濠堑。壬寅,谕驻防归化城都统古禄格等增筑外城,建敌楼,浚深濠。以备守御。

六月丁未,命多尔衮、豪格代围锦州。辛酉,济尔哈朗、多尔衮等合军败明援兵于松山。丙寅,遣学士罗硕以祖泽润书招祖大寿。庚午,多尔衮等又奏败明援兵于松山。

秋七月戊寅,赐中式举人满洲鄂谟克图、蒙古杜当、汉人崔光前等朝衣各一袭,一二三等生员缎布差。甲申,遣孔有德、耿仲明、尚可喜下副都统率兵助围锦州。乙酉,议围锦州功罪,亲王以下赏罚有差。

八月甲辰朔,叙克锦州外城诸将功,晋鳌拜、劳萨、伊尔登等秩,复劳萨硕翁科罗巴图鲁号。乙巳,我军与明合战,明阳和总兵杨国柱败死。祖大寿自锦州分所部为三,突围不得出。丁未,封乌朱穆秦部布尔多济济农为和硕苏勒亲王,阿霸垓部多尔济额齐格诺颜为卓礼克图郡王。丁巳,上以明洪承畴、巡抚邱民仰等援锦州兵号十三万,壁松山,上亲率大军御之。济尔哈朗留守。诸王、贝勒、大臣以明兵势众,劝上缓行。上笑曰:“但恐彼闻朕至,潜师遁耳。若不去,朕破之如摧枯拉朽也。”遂疾驰而进。戊午,渡辽河。洪承畴以兵犯我右翼,豪格击败之。壬戌,上至戚家堡,将赴高桥,召多尔衮以兵来会。多尔衮请驻跸松、杏间。上从之,幸松山。明以一军驻乳峰山,由乳峰至松山,列步军七营,骑兵则环城东西北,壁垒甚坚。我师自乌欣河南山至海,横截大路而军。上谓诸将曰:“敌众,食必不足,见我断其饷道,必无固志,设伏待之,全师可覆也。”癸亥,明兵来犯,击却之。又败之塔山,获其积粟十二屯。甲子,明兵再犯,又却之。时承畴以饷乏,欲就食宁远。上知其将遁,分路设伏,戒诸将严阵以待,扼其归宁远及奔塔山、锦州路。是夜,明吴三桂等六总兵果潜师先奔,昏黑中为我伏兵所截,大溃。惟曹变蛟、王廷臣返松山。乙丑,又克其四台。王朴、吴三桂奔杏山。曹变蛟弃乳峰山,乘夜袭上营,力战,变蛟中创走。己巳,吴三桂、王朴自杏山奔宁远,遇我伏兵,又大败之,三桂、朴仅以身免。是役也,斩首五万,获马七千,军资器械称是。承畴收败兵万余人入松山,婴城守,不能战。我军逐掘壕围之。是日,札鲁特部桑噶尔以兵至。

九月乙亥,科尔沁卓礼克图亲王吴克善以兵至。命多尔衮、豪格分兵还守盛京。戊寅,略宁远。乙酉,关雎宫宸妃疾。上将还京,留杜度、阿巴泰等围锦州,多铎、阿达礼等围松山,阿济格等围杏山。丙戌,驾还。庚寅,宸妃薨。辛卯,上还京。

冬十月癸卯朔,日有食之。甲辰,遣阿拜驻锦州南乳峰山。丁

未,遣孔有德、耿仲明、尚可喜等助围锦州。已巳,追封宸妃为元妃,
谥敏惠恭和。壬申,封苏尼特墨尔根台吉腾机思为多罗墨尔根郡
王。

十一月乙亥,命多尔衮、罗托、屯齐驻锦州,豪格、满达海等驻
松山。

十二月甲寅,济尔哈朗、多尔衮奏败洪承畴于松山。

七年春二月癸卯,上出猎叶赫。戊申,明德王朱由枵卒,以礼葬
之。戊午,阿济格奏败明兵于宁远。辛酉,豪格、阿达礼、多铎、罗洛
宏奏拔松山,擒明总督洪承畴,巡抚邱民仰,总兵王廷臣、曹变蛟、
祖大乐,游击祖大名、大成等。先是,承畴援绝,屡突围不得出,其副
将夏承德约降,且请为内应,以子夏舒为质。戊午夜半,豪格等梯城
破之。捷闻,上以所俘获分赍官军,收军器贮松山城。壬戌,上还宫。

三月癸酉,杀邱民仰、王廷臣、曹变蛟。谕洪承畴、祖大乐来京,
而纵大名、大成入锦州。已卯,克锦州,祖大寿以所部七千余人出
降。乙酉,阿济格等奏明遣职方郎中马绍愉来乞和,出明帝敕兵部
尚书陈新甲书为验。上曰:“明之笔札多不实,且词意夸大,非有欲
和之诚。然彼真伪不可知,而和好固朕夙愿。朕为百万生灵计,若
事果成,各君其国,使民安业,则两国俱享太平之福。尔等以朕意传
示之。”乙未,谕多尔衮、豪格驻杏山、塔山,济尔哈朗、阿济格、阿达
礼等还京。

夏四月丁未,敕谕吴三桂等降。庚戌,大小二日并出,大者旋
没。辛亥,济尔哈朗、多尔衮、豪格等奏克塔山。甲子,奏克杏山。毁
松山、杏山、塔山三城。济尔哈朗等班师。以阿巴泰守锦州。

五月已巳朔,济尔哈朗等奏明遣马绍愉来议和,遣使迓之。癸
酉,洪承畴、祖大寿等至,入见请死。上赦之,谕以尽忠报效,承畴等
泣谢。上问承畴曰:“明帝视宗室被俘,置若罔闻。阵亡将帅及穷蹙
降我者,皆孥戮之。旧规乎?抑新例乎?”承畴封曰:“昔无此例,近
因文臣妄奏,故然。”上曰:“君暗臣蔽,枉杀至此。夫将士被擒乞降,

使其可赎,犹当赎之,奈何戮其妻子!"承畴曰:"皇上真仁主也。"戊寅,禁善友邪教,诛党首李国梁等十六人。壬午,明使马绍愉等始至。

六月辛丑,都察院参政祖可法、张存仁言:"明寇盗日起,兵力竭而仓廪虚,征调不前,势如瓦解。守辽将帅丧失八九,今不得已乞和,计必南迁。宜要其纳贡称臣,以黄河为界。"上不纳。以书报明帝曰:"向屡致书修好,贵国不从,事属既往,其又何言。予承天眷,自东北海滨以讫西北,其间使犬、使鹿产狐产貂之地,暨厄鲁特部、斡难河源,皆我臣服,蒙古、朝鲜尽入版图,用是昭告天地,正位改元。迩者兵入尔境,克城陷阵,乘胜长驱,亦复何畏。余特惓惓为百万生灵计,若能各番祸福,诚心和好,自兹以往,尽释宿怨,尊卑之分,又奚较焉。古云:'情通则明,情蔽则暗'。使者往来,期以面见,情不壅蔽。吉凶大事,交相庆吊。岁各以地所产互为馈遗,两国逃亡亦互归之。以宁远双树堡为贵国界,塔山为我国界,而互市于连山适中之地。其自海中往来者,则以黄城岛之东西为界。越者各罪其下。贵国如用此言,两君或亲誓天地,或遣大臣莅盟,唯命之从。否则后勿复使矣。"逐厚赉明使臣及从者,遣之。后明议中变,和事竟不成。癸卯,谕诸王贝勒,凡行兵出猎,践田禾者罪之。甲辰,设汉军八旗,以祖泽润等八人为都统。以贝子罗托为都察院承政,吴达海为刑部承政,郎球为礼部承政。乙巳,多罗安平贝勒杜度卒。

秋七月庚午,谕诸王、贝勒、大臣曰:"尔等于所属贤否,当已详悉。知而不举,何以示劝?太祖时,苏完札尔固齐费英东等见人有善,先自奖励,然后举之;见人不善,先自斥责,然后劾之。故人无矜色,无怨言。今未有若斯之公直者矣。"王贝勒等皆谢罪。辛未,承政索海以罪褫职。壬申,以纽黑为议政大臣。丙子,叙功,晋多罗睿郡王多尔衮、肃郡王豪格复为和硕亲王,多罗贝勒多铎为多罗郡王,郑亲王济尔哈朗以下赏赉有差。戊寅,遣辅国公博和托代戍锦州。乙酉,议济尔哈朗以下诸将征锦州违律罪。上念其久劳,悉宥之。谕刑部慎谳狱。己丑,命多罗郡王阿达礼管礼部事。

八月己亥，铸炮于锦州。癸卯，镇国将军巴布海有罪，废为庶人。癸丑，论克锦州、松山、杏山、塔山诸将功，晋秩有差。

九月，叙外藩诸王、贝勒、大臣从征锦州功，赏赉有差。丁丑，遣贝子罗托等代戍锦州。壬午，命沙尔虎达等征虎尔哈部。

冬十月癸卯，遣英俄尔岱等鞫朝鲜阁臣崔鸣吉等罪。辛亥，以阿巴泰为奉命大将军，与图尔格率师伐明。壬子，师行。丁巳，上不豫，赦殊死以下。己未，令多铎、阿达礼驻兵宁远。以敕谕吴三桂降。又命祖大寿以书招之。三桂，大寿甥也。甲子，命郑亲王济尔哈朗、睿亲王多尔衮、肃亲王豪格、武英郡王阿济格裁决庶政，其不能决者奏闻。

十一月丁丑，多铎奏击败吴三桂兵。丙申，阿巴泰奏自墙子岭入克长城，败明兵于蓟州。

闰十一月甲辰，上还京。己酉，沙尔虎达等降虎尔哈部一千四百余人。丙辰，遣巴布泰等更戍锦州。己未，以宗室韩岱为兵部承政。定围猎误射人马处分例。

十二月丁卯，上出猎叶赫。乙亥，遣金维城率师戍锦州。丁丑，驻跸开库尔。上不豫，诸王贝子请罢猎，不许。丙戌，月晕生三珥。丁亥，日晕生三珥。癸巳，上还京。

是岁，杜尔伯特部札萨克塞冷来朝。

八年春正月丙申朔，上不豫，命和硕亲王以下，副都统以上，诣堂子行礼。辛亥，沙尔虎达等师还，论功赏赉有差。甲寅，明宁远总兵吴三桂答祖大寿书，犹豫未决，于是复降敕谕之。乙卯，遣谭布等更戍锦州。辛酉，多罗贝勒罗洛宏以罪削爵。

二月乙丑朔，日有食之。甲戌，葬敏惠恭和元妃。庚寅，禁建寺庙。

三月丙申，敕朝鲜臣民毋与明通。丙午，地震，自西隅至东南有声。庚戌，上不豫，赦死罪以下。遣阿尔津等征黑龙江虎尔哈部，叶臣等更戍锦州。辛酉，更定六部处分例。

夏四月癸酉,遣金维城等更戍锦州。甲戌,多铎请暂息军兴,辍工作,务农业,以足民用。

五月丙申,复封罗洛宏为多罗贝勒。先是,图白忒部达赖喇嘛遣使修聘问礼,留京八月,至是,遣还,并赍其来使。庚子,努山败明兵界岭口。癸卯,阿巴泰奏我军入明,克州间、顺德、兖州三府、州十八、县六十七,降州一、县五,与明大小三十九战,杀鲁王朱衣珮及乐陵、阳信、东原、安丘、滋阳五郡王,暨宗室文武凡千余员,俘获人民,牲畜、金币以数十万计,籍数以闻。丁巳,阿尔津征虎尔哈奏捷。

六月癸酉,多罗饶余贝勒阿巴泰师还,郑亲王济尔哈朗、睿亲王多衮、武英郡王阿济格郊迎之。甲戌,赐阿巴泰及从征将士银缎有差。己卯,谕诸王贝勒曰:“治生者务在节用,治国者重在土地人民。尔等勿专事俘获以私其亲。其各勤农桑以敦本计。”艾度礼代戍锦州。丁亥,朝鲜国王李倧请戍锦州兵岁一更。庚寅,谕户、兵二部清察蒙古人丁,编入佐领,俱令披甲。

秋七月戊戌,阿尔津等师还,论功赏赉有差。谕诸王勿以黄金饰鞍勒。定诸王、贝勒、贝子、公第宅制。壬寅,定诸王贝勒失误朝会处分例。丙辰,定外藩王、贝勒、贝子、公等与诸王、贝勒、贝子、公相见礼。丁巳,以征明大捷,宣谕朝鲜。辛酉,命满达海掌都察院事。

八月丙寅,贝子罗托有罪论辟,免死,幽之。戊辰,以宗室巩阿岱为史部承政,郎球为礼部承政,星讷为工部承政。庚午,上御崇政殿。是夕,亥时,无疾崩,年五十有二,在位十七年。九月壬子,葬昭陵。冬十月丁卯,上尊谥曰:应天兴国弘德彰武宽温仁圣睿孝文皇帝,庙号太宗,累上尊谥曰应天兴国弘德彰武宽温仁圣睿孝敬敏昭定隆道显功文皇帝。

论曰:太宗允文允武,内修政事,外勤讨伐,用兵如神,所向有功。虽大勋未集,而世祖即位期年,中外既归于统一,盖帝之诒谋远矣。明政不纲,盗贼凭陵,帝固知明之可取,然不欲亟战以剿民命,七致书于明之将帅,屈意请和。明人不量强弱,自亡其国,无足论者。然帝交邻之道，实与汤事葛、文王事昆夷无以异。呜呼，圣矣哉！

清史稿卷四

本纪第四

世祖一

世祖体天隆运定统建极英睿钦文显武大德弘功至仁纯孝章皇帝，讳福临，太宗第九子。母孝庄文皇后方娠，红光绕身，盘旋如龙形。诞之前夕，梦神人抱子纳后怀曰："此统一天下之主也。"寤，以语太宗。太宗喜甚，曰"奇祥也，生子必建大业。"翌日，上生，红光烛宫中，香气经日不散。上生有异禀，顶发耸起，龙章凤姿，神智天授。

八年秋八月庚午，太宗崩，储嗣未定。和硕礼亲王代善会诸王、贝勒、贝子、文武群臣定议，奉上嗣大位，誓告天地，以和硕郑亲王济尔哈朗、和硕睿亲王多尔衮辅政。丙子，阿济格、尼堪等率师防锦州。丁丑，多罗郡王阿达礼、固山贝子硕托谋立和硕睿亲多尔衮。礼亲王代善与多尔衮发其谋。阿达礼、硕托伏诛。乙酉，诸王、贝勒、贝子、群臣以上嗣位期祭告太宗。丙戌，以即位期祭告郊庙。丁亥，上即皇帝位于笃恭殿。诏以明年为顺治元年，肆赦常所不原者。颁哀诏于朝鲜、蒙古。

九月辛丑，地震，自西北而南有声。壬寅，济尔哈朗、阿济格征明，攻宁远卫。丙午，颁即位诏于朝鲜、蒙古。以太宗遗诏减朝鲜岁贡。辛亥，昭陵成。乙卯，大军攻明中后所，丁巳，拔之。庚申，攻前屯卫。

冬十月辛酉朔，克之。阿济格尼堪等率师至中前所，明总兵官黄色弃城遁。丁丑，济尔哈朗、阿济格师还。壬午，篇古、博和托、伊拜、桂雷代戍锦州。

十二月壬戌，明守备孙友白自宁远来降。辛未，朝鲜来贺即位。乙亥，罢诸王、贝勒、贝子管部院事。鄂罗塞臣、巴都礼率师征黑龙江。壬午，谭泰、淮塔代戍锦州。

是岁，朝鲜暨土默特部章京古禄格，库尔喀部达赖库及炎楮库牙喇氏二十六户，索伦部章京崇内，喀尔喀部土谢图汗、马哈撒嘛谛塞臣汗、查萨克图汗，图白忒部甸齐喇嘛俱来贡。

顺治元年春正月庚寅朔，御殿受贺，命礼亲王代善勿拜。甲午，沙尔虎达率师征库尔喀。己亥，来达哈巴图鲁等代戍锦州。郑亲王济尔哈朗谕部院各官，凡白事先启睿亲王，而自居其次。

二月辛巳，艾度礼戍锦州。戊子，祔葬太妃博尔济锦氏于福陵，改葬妃富察氏于陵外。富察氏，太祖时以罪赐死者。

三月丙申，地震。戊戌，复震。甲寅，大学士希福等进删译《辽》、《金》、《元史》。是月，流贼李自成陷燕京，明帝自经。自成僭称帝，国号大顺，改元永昌。

夏四月戊午朔，固山额真何洛会等讦告肃亲王豪格悖妄罪，废豪格为庶人，其党俄莫克图等皆论死。己未，晋封多罗饶余贝勒阿巴泰为多罗饶余郡王。辛酉，大学士范文程启睿亲王入定中原。甲子，以大军南伐祭告太祖、太宗。乙丑，上御笃恭殿，命和硕睿亲王多尔衮为奉命大将军，赐敕印便宜行事，并赐王及从征诸王、贝勒、贝子等服物有差。丙寅，师行。壬申，睿亲王多尔衮师次翁后，明山海关守将吴三桂遣使致书，乞师讨贼。丁丑，师次连山，三桂复致书告急，大军疾驰赴之。戊寅，李自成率众围山海关，我军逆击之，败贼将唐通于一片石。己卯，师至山海关，三桂开关出迎，大军入关。自成率众二十余万，自北山横亘至海，严阵以待。是日，大风，尘沙蔽天。睿亲王尔衮命击贼阵尾，以三桂居右翼，大呼薄之。风旋定，贼兵大溃，追奔四十余里，自成遁还燕京。封三桂为平西王，以马步军一万隶之，直趋燕京。誓诸将勿杀不辜，掠财物，焚庐舍，不如约者罪之。谕官民以取残不杀之意,民大悦,窜匿山谷者争还乡里迎降。大军所过州县及沿边将吏皆开门款附。乙酉,自成弃燕京西走,我军疾追之。

五月戊子朔,以捷书宣示朝鲜、蒙古。己丑,大军抵燕京,故明文武诸臣士庶郊迎五里外。睿亲王多尔衮入居武英殿。令诸将士乘城,厮养人等毋入民家,百姓安堵如故。庚寅,令兵部传檄直省郡县,归顺者官吏进秩,军民免迁徙,文武大吏籍户口钱粮兵马亲赍至京,观望者讨之。故明诸王来归者,不夺其爵。在京职官及避贼隐匿者,各以名闻录用,卒伍欲归农者听之。辛卯,令官吏军民为明帝发丧,三日后服除,礼部太常寺具帝礼以葬。壬辰,俄罗塞臣、巴都礼、沙尔虎达等征黑龙江师还。故明山海关总兵官高第来降。癸巳,令故明内阁、部院诸臣以原官同满洲官一体办理。乙未,阿济格等追击李自成于庆都,败之。谭泰、准塔等追至真定,又破走之。燕京迤北各城及天津、真定诸郡县皆降。辛丑,征故明大学士冯铨至京。己酉,葬故明庄烈帝后周氏、妃袁氏,熹宗后张氏,神宗妃刘氏,并如制。

六月丁巳朔,令洪承畴仍以兵部尚书同内院官佐理机务。己未,以骆养性为天津总督。庚申,遣户部右侍郎王鳌永招抚山东、河南。壬戌,故明大同总兵官姜瓖斩贼首柯天相等,以大同来降。丙寅,遣巴哈纳、石廷柱率师定山东。免京城官用庐舍赋税三年,与同居者一年,大军所过州县田亩税之半,河北府州县三之一。丁卯,睿亲王多尔衮及诸王、贝勒、贝子、大臣定议建都燕京,遣辅国公屯齐喀、和托、固山额真何洛会奉迎车驾。庚午,遣固山额真叶臣率师定山西。甲戌,故明三边总督李化熙降。壬午,上遣使劳军。癸未,艾度礼有罪,伏诛。甲申,迁故明太祖神主于历代帝王庙。乙酉,铸各官印兼用国书。

秋七月丁亥,考定历法,为时宪历。戊子,巴哈纳、石廷柱会叶臣军定山西。壬辰,以吴孳昌为宣大山西总督,方大猷为山东巡抚。癸巳,以迁都祭告上帝、陵庙。丁酉,故明德王朱由弼降。时故明福王朱由松即位江南,改元弘光,以史可法为大学士,驻扬州督师,总兵刘泽清、刘良佐、黄得功、高杰分守江北。己亥,山东巡按朱朗荣启新补官吏仍以纱帽圆领临民莅事。睿亲王多尔衮谕:"军事方殷,衣冠礼乐未遑制定。近简各官,姑依明式。"庚子,设故明长陵以下十四陵官史。辛丑,免盛京满、汉额输粮草布疋。壬寅,大赦,除正额外一切加派。癸卯,罢内监征收涿州、宝坻皇庄税粮。甲辰,以杨方兴为河南总督,马国柱为山西巡抚,陈锦为登莱巡抚。免山东锐,如河北例。壬子,睿亲王以书致史可法,劝其主削号归藩。可法答书不屈。以王文奎为保定巡抚,罗肃锦为河南巡抚。裁六部蒙古侍郎。癸丑,雨雹。是月,建乾清宫。

八月丙辰朔,日有食之。丁巳,以何洛会为盛京总管,尼堪、硕参统左右翼,镇守盛京。辛酉,大学士希福有罪,免。癸亥,行总甲法。戊辰,免景州、河间、阜城、青县本年额赋。己巳,定在京文武官薪俸。乙亥,车驾发盛京。庚辰,次苏尔济,察哈尔固伦公主及蒙古王贝勒等朝行在。壬午,征故明大学士谢陛入内院办事。癸未,次广宁,给故明十三陵陵户祭田,禁樵牧。

九月甲午,车驾入山海关。丁酉,次永平。始严稽察逃人之令。己亥,建堂子于燕京。庚子,贼将唐通杀李自成亲族乞降。辛丑,遣何托、李率泰、额孟格等率师定山东、河南。癸卯,车驾至通州。睿亲王多尔衮率诸王、贝勒、贝子、文武群臣朝上于行殿。甲辰,上自正阳门入宫。己酉,太白昼见。庚戌,初定郊庙乐章。睿亲王多尔衮率诸王及满、汉官上表劝进。故明福王遣其臣左懋第、马绍愉、陈洪范齐白金十余万两、黄金千两、币万匹求成。壬子,奉安太祖武皇帝、孝慈武皇后、太宗文皇帝神主于太庙。

冬十月乙卯朔,上亲诣南郊告祭天地,即皇帝位,遣官告癸太庙、社稷。初颁时宪历。丙辰,以孔子六十五代孙允植袭封衍圣公,其《五经》博士等官袭封如故。丁巳,以睿亲王多尔衮功最高,命礼部建碑纪绩。辛酉,上太宗尊谥,告祭郊庙社稷。壬戌,流贼余党赵应元伪降,入青州,杀招抚侍郎王鳌永,和托等讨斩之。甲子,上御皇极门,颁诏天下,大赦。诏曰:"我国家受天眷佑,肇造东土。列祖创兴宏业,皇考式廓前猷,逐举旧邦,诞膺新命。迨朕嗣服,越在冲龄,敬念绍庭,永绥厥位。顷缘贼氛涨炽,极祸中原,是用倚任亲贤,救民涂炭。方驰金鼓,旋奏澄清,用解倒悬,非富天下。而王公列辟文武群臣暨军民耆老合词劝进,恳请再三,乃以今十月乙卯朔,祗告天地宗庙社稷,定鼎燕京,仍建有天下之号曰大清,纪元顺治。缅维峻命不易,创业尤艰。况当改革之初,爰沛维新之泽。亲王佐命开国,济世安民,有大勋劳,宜加殊礼。郡王子孙弟侄应得封爵,所司损益前典以闻。满洲开国诸臣,运筹帷幄,决胜庙堂,汗马著勋,开疆拓土,应加公、侯、伯世爵,锡以诰券。大军入关以来,文武官绅,倡先慕义,杀贼归降,亦予通行察叙。自顺治元年五月朔昧爽以前,官吏军民罪犯,非叛逆十恶死在不赦者,罪无大小,咸赦除之。官吏贪贿枉法,剥削小民,犯在五月朔以后,不在此例。地田钱粮,悉照前明《会计录》,自顺治元年五月朔起,如额征解。凡加派辽饷、新饷、练饷召买等项,俱行蠲免。大军经过地方,仍免正粮一半,归顺州县非经过者,免本年三分之一。直省起存拖欠本折钱粮,如金花、夏税、秋粮、马草、人丁、监钞、民屯、牧地、灶课、富户、门摊、商税、鱼课、马价,柴直、枣株、钞贯、果品及内供颜料、蜡、茶、芝麻、棉花、绢、布、丝绵等项,念小民困苦已极,自顺治元年五月朔以前,凡属逋征,概予豁除。兵民散居京城,实不获已,其东中西三城已迁徙者,准免租赋三年;南北二城虽未迁徙,亦免一年。丁银原有定额,年来生齿凋耗,版籍日削,孤贫老弱,尽苦追呼,有司查核,老幼废疾,并与豁免。军民年七十以上者,许一丁侍养,免其徭役;八十以上者,给与绢绵米肉;有德行著闻者,给与冠带;鳏寡孤独、废疾不能自存者,官与给养。孝子顺孙义夫节妇,有司谘访以闻。故明建言罢谪诸臣及山林隐逸怀才抱德堪为世用者,抚按荐举,来京擢用。文武制科,仍于辰戌丑未年举行会试,子午卯酉年举行乡试。前明宗室首倡投诚者,仍予禄养。明国诸陵,春秋致祭,仍用守陵员户。帝王陵寝及名臣贤士坟墓毁者修之,仍禁樵牧。京、外文武职官应得封诰荫叙，一体颁给。北直、河南、山东节裁银，山西太原、平阳二府新裁银，前明已经免解，其二府旧裁银，与各府新旧节裁银两，又会同馆马站、驴站馆夫及递运所车站夫价等银，又直省额解工部四司料银、匠价银、砖料银、荣蔴银、车价银、苇夫银、苇课银、渔课银、野味银、翎毛银、活鹿银、大鹿银、小鹿银、羊皮银、弓箭银、撒袋折银、扣剩水脚银、牛角牛筋银、鹅翎银、天鹅银、民夫银、草子粒银、状元袍服银、衣粮银、砍柴夫银、搬运木柴银、抬柴夫银、芦课等折色银，盔甲、腰刀、弓箭、弦条、胖袄、裤、鞋、狐鹿兔狸皮、山羊毛课、铁、黄栌、椰、桑、胭脂、花梨、南枣、榆、杉条等木、椴木、桐木、板枋、冰窖物料、芦席、蒲草、榜纸、瓷坛、槐花、乌梅、巴子、笔管、芒苗、笤帚、竹埽、席草、粗细铜丝、铁线、镀白铜丝、铁条、碌子、青花棉、松香、光叶书籍纸、严漆、罩漆、桐油、毛、笙、柴、水斑等竹、实心竹、棕毛、白圆藤、翠毛、石磨、川二珠、生漆、荷叶、广胶、焰硝、螺殻等木色钱粮，自顺治元年五月朔以前逋欠在民，尽予蠲免，以生民困。后照现行事例，分别蠲除。京师行商车户等役，每遇金役，顿至流离，嗣后永行豁除。运司盐法，递年增加，有新饷、练饷、杂项加派等银，深为厉商，尽行豁免，本年仍免额引三分之一。关津抽税，非欲困商，准免一年，明末所增，并行豁免，直省州县零星税目，概行严禁。曾经兵灾地方应纳钱粮，已经前明全免者，仍与全免，不在免半、免一之例。直省报解屯田司助工银两，亦出加派，准予豁除。直省领解钱粮被贼劫失，在顺治元年五月朔以前，一并豁免。山、陕军民被流寇要挟，悔过自新，概从赦宥，协从自首者前罪勿论。巡按以防拿为名，听信衙蠹，诬罚良民，最为弊政，今后悉行禁革。势家土豪，重利放债，致民倾家荡产，深可痛恨，今后有司勿许追比。越诉诬告，败俗伤财，大赦以后，户婚小事，俱就有司归结，如有讼师诱陷愚民入京越诉者，加等反坐。赎锾之设，劝人自新，追比伤生，转为民害，今后并行禁止，不能纳者，速予免追。惟尔万方，与朕一德。播告遐迩，咸使闻知。”加封和硕睿亲王多尔衮为叔父摄政王。乙丑，以雷兴为天津巡抚。丁卯，加封和硕郑亲王济尔哈朗为信义辅政叔王,复封豪格为和硕肃亲王,进封多罗武英郡王阿济格为和硕英亲王,多罗豫郡王多铎为和硕豫亲王,贝勒罗洛宏为多罗衍禧郡王,封硕塞为多罗承泽郡王。叶臣等克太原。故明副将刘大受自江南来降。辛未,封贝子尼堪、博洛为多罗贝勒,辅国公满达海、屯齐博和托、屯齐喀、和托、尚善为固山贝子。定诸王、贝勒、贝子岁俸。癸酉,以英亲王阿济格为靖远大将军,率师西讨李自成。戊寅,定摄政王冠服宫室之制。己卯,以豫亲王多铎为定国大将军,率师征江南。檄谕故明南方诸臣,数其不能灭贼复仇,拥众扰民,自生反侧,及无明帝遗诏擅立福王三罪。

十一月乙酉朔,设满洲司业、助教,官员子孙有欲习国书、汉书者,并入国子监读书。故明福王使臣陈洪范南还,中途密启请留左懋第、马绍愉,自欲率兵归顺,招徕南中诸将。许之。壬辰,石廷柱、巴哈纳、席特库等败贼于平阳,山西悉平。庚子,封唐通为定西侯。甲辰,罢故明定陵守者,其十二陵仍设太监二名,量给岁时祭品。丁未,祀天于园丘。庚戌,封勒克德浑为多罗贝勒。遣朝鲜质子李淐归国,并制减其岁贡。

十二月丁巳,出故明府库财物,赏八旗将士及蒙古官员。叶臣等大军平直隶,河南、山西府九、州二十七、县一百四十一。丁卯,以太宗第六女固伦公主下嫁固山额真阿山子夸扎。戊辰,多铎军至孟津,贼将黄士欣等遁走,滨河十五寨堡望风纳款,睢州贼将许定国来降。己巳,多铎军至陕州,败贼将张有曾于灵宝。丁丑,谕户部清查无主荒地给八旗军士。己卯,遣何洛会等祭福陵,恐阿岱等祭昭陵,告武成。辛巳,有刘姓者自称明太子,内监杨玉引入故明嘉定侯周奎宅,奎以闻。故明宫及东宫旧僚辨视皆不识。下法司勘问,杨玉及附会之内监常进节,指挥李时荫等十五人皆弃市。仍谕中外,有以故明太子来告者给赏,太子仍予加恩养。

是岁,朝鲜暨虎什喀里等八姓部,鄂尔多斯部济农,索伦部章京敖尔拖木尔,归化城土默特部古禄格,喀尔喀部塞臣绰尔济、古伦地瓦胡土克图、余古折尔喇嘛、土谢图汗,苏尼特部腾机思阿喇海，乌朱穆秦部台吉满瞻俱来贡。

二年春正月戊子，图赖等破李自成于潼关，贼倚山为阵，图赖率骑兵百人掩击，多所斩获。至是，自成亲率马步兵迎战，又数败之，贼众奔溃。己未，大军围潼关，贼筑重壕，坚壁以守。穆成格、俄罗塞臣先登，诸军继进，复大败之。自成遁走西安。丙申，阿济格尼堪等率师抵潼关，贼将马世尧降，旋以反侧斩之。丁酉，命多罗饶余郡王阿巴泰为总统，固山额真淮塔为左翼，梅勒章京谭泰为右翼，代豪格征山东。庚子，以太宗第七女固伦公主下嫁内大臣鄂齐尔桑子喇玛思。河南孟县河清二日。壬寅，多铎师至西安，自成奔商州。癸卯，大学士谢升卒。乙巳，真定、大名、顺德、广平山贼悉平。丙午，命房山县岁以太牢祭金太祖、世宗陵。丁未，免山西今年额赋之半。更国子监孔子神位为大成至圣文宣先师孔子。庚戌，禁包衣大等私收投充汉人，冒占田宅，违者论死。壬子，免济源、武陟、孟、温四县今年额赋及磁、安阳等九州县之半。癸丑，免修边民壮八千余人。

二月丙辰，阿巴泰败贼于徐州。己未，修律例。以李监为宣大总督，冯圣兆为宣府巡抚。降将许定国袭杀明兴平伯高杰于睢州。辛酉，谕豫亲王多铎移师定江南，英亲王阿济格讨流寇余党。丙寅，禁管庄拨什库毁民坟茔。己巳，以祁充格为内弘文院大学士。庚午，阿济格剿陕西余寇，克四城，降三十八城。丁丑，多铎师至河南，贼将刘忠降。

三月甲申朔，始祀辽太祖、金太祖、世宗、元太祖于历代帝王庙，以其臣耶律曷鲁、完颜粘没罕、斡离不、木华黎、伯颜、徐达、刘基从祀。庚寅，多铎师出虎牢关，分遣固山额真拜伊图等出龙门关，兵部尚书韩岱、梅勒章京宜尔德、侍郎尼堪等由南阳合军归德，所过迎降，河南悉平。辛卯，免山东荒赋。庚子，故明大学士李建泰来降。乙巳，遣八旗官军番戍济宁。丙午，朝鲜国王次子李淏归。己酉，免蓟州元年额赋。壬子，太行诸贼悉平。

夏四月丙辰，遣汉军八旗官各一员驻防盛京。辛酉，以王文奎为陕西总督,焦安民为宁夏巡抚,黄图安为甘肃巡抚,故明尚书张忻为天津巡抚,郝晋为保定巡抚,雷兴为陕西巡抚。甲子,葬故明殉难太监王承恩于明帝陵侧,给祭田,建碑。己丑,多铎师至泗州。阿山等取泗北淮河桥,明守将焚桥遁,我军逐夜渡淮。丁卯,谕曰:"流贼李自成杀君虐民,神人共愤。朕诞膺天命,抚定中华,尚复窃据秦川,抗阻声教。爰命和硕豫亲王移南伐之众,直捣崤、函,和硕英亲王秉西征之师,济自绥德,旬月之间,全秦底定。悯兹黎庶,咸与维新。其为贼所胁诱者,悉赦除之,并蠲一切逋赋。大军所过,免今年额赋之半,余免三之一。"庚午,豫亲王多铎师至扬州,谕故明阁部史可法、翰林学士卫胤文等降。不从。甲戌,以孟乔芳为陕西三边总督。以太宗第八女固伦公主下嫁科尔沁士谢图亲王巴达礼子巴雅斯护朗。丁丑,拜尹图、图赖、阿山等克扬州,故明阁部史可法不屈,杀之。辛巳,初行武乡试。

五月壬午朔,河道总督杨方兴进瑞麦。上曰:"岁丰民乐,即是祯祥,不在瑞麦。当惠养元元,益加抚辑。"癸未,以旱谕刑部虑囚。命内三院大学士冯铨、洪承畴、李建泰、范文程、刚林、祁充格等纂修明史。丙戌,多铎师至扬子江,故明镇海伯郑鸿逵等以舟师分守瓜洲、仪真,我军在江北,拜尹图、图赖、阿山率舟师自运河潜济,梅勒章京李率泰乘夜登岸,黎明,我军以次毕渡,敌众咸溃。丁亥,以王志正为延绥巡抚。免高密元年额赋。赐诸王以下及百官冰,著为令。己丑,宣府妖民刘伯泗谋乱伏诛。庚寅,以王文奎为淮扬总督,赵福星为凤阳巡抚。丙申,多铎师至南京,故明福王朱由崧及大学士马士英遁走太平,忻城伯赵子龙、大学士王铎、礼部尚书钱谦益等三十一人以城迎降。兴平伯高杰子元照、广昌伯刘良佐等二十三人率马步兵二十三万余人先后来降。丁酉,以郝晋为保定巡抚。免平度、寿光等六州县元年额赋。戊戌,命满洲子弟就学,十日一赴监考课,春秋五日一演射。故明中书张朝聘输木千章助建宫殿,自请议叙。谕以用官惟贤,无因输纳授官之理,今所司给直。庚子,免章邱、济阳京班匠价,并令直省除匠籍为民。甲辰,定叔父摄政王仪注,凡文移皆曰皇叔父摄政王。乙巳,免皇后租,并崇文门米麦税。庚戌,宣平定江南捷音。乾清宫成,复建太和殿、中和殿、位育宫。

六月癸丑,免兴济县元年额赋。甲寅,免近畿圈地今年额赋三之二。乙卯,以丁文盛为山东巡抚。丙辰,谕南中文武军民剃发,不从者治以军法。是月,始谕直省限旬日剃发如律令。辛酉,豫亲王多铎遣军追故明福王朱由崧于芜湖。明靖国公黄得功逆战,图赖大败之,得功中流矢死。总兵官田雄、马得功执福王及其妃来献,诸将皆降。免永宁等四县元年荒赋。丙寅,申剃发之令。免深、衡水等七州县元年荒赋。丁卯,陕西妖贼胡守龙倡乱,孟乔芳讨平之。戊辰,皇太妃薨。辛未,何洛会率师驻防西安。命江南于十月行乡试。己卯,诏曰:"本朝立国东陲,历有年所,幅员既广,无意并兼。昔之疆场用兵,本冀言归和好。不幸寇凶极祸,明祚永终,用是整旅入关,代明雪愤。犹以贼渠未殄,不遑启居,爰命二王,誓师西讨。而南中乘机立君,妄窃尊号,亟行乱政,重虐人民。朕夙夜祗惧,思拯穷黎,西贼既摧,乃事南伐。兵无血刃,循汴抵淮。甫克维扬,遂平江左。金陵士女,昭我天休。既俘福藩,南服略定,特弘大赉,嘉与维新。其河南、江北、江南官民绤误,咸赦除之。所有横征进赋,悉与蠲免。大军所过,免今年额赋之半,余免三分之一。"

闰六月甲申,阿济格败李自成于邓州,穷追至九江,凡十三战,皆大败之。自成窜九宫山,自缢死,贼党悉平。故明宁南侯左良玉子梦庚、总督袁继咸等率马步兵十三万、船四万自东流来降。丙戌,定群臣公以下及生员耆老顶戴品式。己丑,河决王家园。庚寅,诏阿济格等班师。辛卯,改江南民解漕、白二粮官兑官解。壬辰,谕曰:"明季台谏诸臣,窃名贪利,树党相攻,眩惑主心,驯致丧乱。今天下初定,百事更始,诸臣宜公忠体国,各尽职业,毋蹈前辙,自贻颠越。"定满洲文武官品级。癸巳,命大学士洪承畴招抚江南各省。甲午,定诸王、贝勒、贝子、宗室公顶戴式。乙未,除割脚筋刑。癸卯,命吴惟华招抚广东,孙之獬招抚江西,黄熙允招抚福建,江禹绪招抚湖广,丁之龙招抚云、贵。多铎遣贝勒博洛及拜尹图、阿山率师趣杭州,故明潞王出降,淮王自绍兴来降。嘉兴、湖州、严州、宁波诸郡悉平。分遣总兵官吴胜兆克庐州、和州。乙巳,改南京为江南省,应天府为江宁府。命陕西于十月行乡试。

秋七月庚戌朔,享太庙。壬子,命贝勒勒克德浑为平南大将军,同固山额真叶臣等往江南代多铎。设明太祖陵守陵太监四人,祀田二千亩。癸丑,故明东平侯刘泽清率所部降。乙卯,以刘应宝为安庐巡抚,土国宝马为江宁巡抚。丙辰,命谢弘义招抚广西。戊午,禁中外军民衣冠不遵国制。己未,以何鸣銮为湖广巡抚,高斗光为偏沅巡抚,潘士良抚治郧阳。甲子,上太祖武皇帝、孝慈武皇后、太宗文皇帝玉册玉宝于太庙。乙丑,免西安、延安本年额赋之半,余免三之一。戊辰,西平贼首刘洪起伏诛,汝宁州县悉平。河决兖西新筑月堤。己巳,诏自今内外章奏由通政司封进。丁丑,以陈锦提督操江,兼管巡抚。故明总漕田仰陷通州、如皋、海门,凤阳巡抚赵福星、梅勒章京谭泰等讨平之。己卯,以杨声远为登莱巡抚。

八月辛己,免霸、顺义等八州县灾赋。乙酉,免彰德、卫辉、怀庆、河南各府荒赋。己丑,英亲王阿济格师还,赐从征外藩王、台吉、将佐金帛有差。癸巳,免真定、顺德、广平、大名灾额赋。丙午,降将金声恒讨故明益王,获其从官王养正等诛之,并获钟祥王朱孳㙔等九人。丁未,以英亲王阿济格出师有罪,降郡王,谭泰削公爵,降昂邦章京,鳌拜等议罚有差。

九月庚戌,故明鲁王将方国安、王之仁犯杭州,张存仁击走之。癸丑,命镇国公傅勒赫、辅国公札喀纳等率师协防江西。丁巳,故明怀安王来降。辛酉,故明新昌王据云台山,攻陷兴化,淮塔讨斩之。甲子,以河间、滦州、遵化荒地给八旗耕种,故明勋戚内监余地并分给之。庚午,田仰寇福山,土国宝击败之。丁丑,江西南昌十一府平。

冬十月癸未,以马国柱为宣大总督。戊子,故明翰林金声受唐王敕起兵于徽州,众十余万。洪承畴遣提督张天禄连破之于绩溪,获金声,不屈,杀之。是时,故明唐王朱聿钊据福建,鲁王朱彝垓据浙江,马士英等兵渡钱塘结营拒命。庚寅,免宝坻县荒赋。壬辰,免太原等府州灾赋。癸巳,豫亲王多铎师还。上幸南苑迎劳之。丙申,以苗胙土为南赣巡抚。乙巳,以太宗次女固伦公主下嫁察哈尔汗子阿布鼐。丙午,以申朝纪为山西巡抚,李翔凤为江西巡抚,萧起元为浙江巡抚。戊申,加封和硕豫亲王多铎为和硕德豫亲王,赐从征王、贝勒、贝子、公及外藩台吉、章京金币有差。命孔有德、耿仲明还盛京。

十一月壬子,以张存仁为浙闽总督,罗绣锦为湖广四川总督。癸丑,故明大学士王应熊、四川巡抚龙文光请降。甲寅,以吴景南为河南巡抚,命巴山、康喀赖为左右翼,同洪承畴驻防江宁,朱玛喇驻防杭州,贝勒勒克德浑率巩阿岱、叶臣讨湖广流贼二只虎等。己未,朝鲜国王李倧请立次子淏为世子,许之。丁卯,朱玛喇败马士英于余杭,和托败方国安于富阳。士英、国安复窥杭州,梅勒章京济席哈等击走之。戊辰,以何洛会为定西大将军,遣巴颜、李国翰帅师会之,讨四川流贼张献忠。戊寅,以陈之龙为凤阳巡抚。

十二月己卯朔,日有食之。乙酉,故明阁部黄道周寇徽州,洪承畴遣张天禄击败之。故明总兵高进忠率所部自崇明来降。癸巳,佟养和、金声桓进讨福建,分兵攻南赣,败故明永宁王、罗川王、阁部黄道周等数十万众。丙午,更定朝仪,始罢内监朝参。丁未,朱玛喇等败方国安、马士英于浙东。固原贼武大定作乱,总兵官何世元等死之。

是岁,朝鲜,归化城土默特部章京古禄格,鄂尔多斯部喇塔尔尼齐,乌朱穆秦部车臣亲王,席北部额尔格讷,喀尔喀部土谢图汗、古伦迪瓦胡土克图喇嘛、石勒图胡土克图、嘛哈撒马谛汗,厄鲁特部顾实汗子多尔济达赖巴图鲁台吉及回回国,天方国俱来贡。朝鲜四至。

三年春正月戊午,贝勒勒克德浑遣将败流贼于临湘,进克岳州。辛酉,固山额真阿山、谭泰有罪,阿山免职,下谭泰于狱。流贼贺珍、孙守法、胡向化犯西安,何洛会等击败之。金声桓遣将攻故明永宁王于抚州,获之,并获其子朱堥荣等,遂平建昌。丙寅,故明潞安王、瑞昌王率众犯江宁,侍郎巴山等击败之。戊辰,以宋权为国史院大学士。己巳,以肃亲王豪格为靖远大将军,暨多罗衍禧郡王罗洛宏、贝勒尼堪、贝子屯齐喀、满达海等帅师征四川。故明唐王朱聿钊兵犯徽州,洪承畴遣张天禄等击败之,获其阁部黄道周杀之,进克开化。

二月己卯,贝勒勒克德浑破流贼于荆州,奉国将军巴布泰等追至襄阳,斩获殆尽。大军进次夷陵,李自成弟李孜等以其众来降。辛巳,免密云荒赋。甲申,罢江南旧设部院,差在京户、兵、工三部满、汉侍郎各一人驻江宁,分理部务。乙酉,明鲁王将刘福援抚州,梅勒章京屯泰击败之。何洛会遣将破流贼刘文炳于蒲城,贼渠贺珍奔武功。戊子,以柳寅东为顺天巡抚。命肃亲王豪格分兵赴南阳,讨流贼二只虎、郝如海等。丙申,遣侍郎巴山、梅额章京张大猷率师镇守江宁,甲喇章京傅夸蟾、梅勒章京李思忠率师镇守西安。潜山、太湖贼首石应琏拥故明樊山王朱常录为乱,洪承畴遣将击斩之。丙午,命贝勒博洛为征南大将军,同图赖率师征福建、浙江。

三月辛亥,译《洪武宝训》成,颁行中外。乙卯,免近京居民田宅圈给旗人别行拨补者租赋一年。丁巳,何洛会败贼刘体纯于山阳。己未,以王来用总督山、陕、四川粮饷,马鸣佩总督江南诸省粮储。乙丑,赐傅以渐等进士及第出身有差。己巳,何洛会击贼二只虎于商州,大败之。昌平民王科等盗发明帝陵,伏诛。壬申,多罗饶余郡王阿巴泰薨。癸酉,封乌朱穆秦部塞冷、蒿齐忒部薄罗特为贝勒,阿霸垓部多尔济为贝子。豪格师抵西安,遣工部尚书兴能败贼于邠州,固山额真杜雷败贼于庆阳。故明大学士张四知自江南来降。

夏四月己卯,诏贝勒勒克德浑班师,孔有德、耿仲明、尚可喜、沈志祥各统所部来京。甲申,免钱塘、仁和间架税。乙酉,命今年八月再行乡试,明年二月再行会试。丁亥,免睢州、祥符等四州县灾赋。戊子,除贯耳空鼻之刑。癸巳,除明季加征太平府姑溪桥米税、金柱山商税、安庆府盐税。乙未,免静海、兴济、青县荒赋。丙申,江西浮梁、余干贼合闽贼犯饶州，副将郑云龙等击败之。戊戌，摄政王多尔衮谕停诸王大臣启本。己亥，以张尚为宁夏巡抚。罢织造太监。辛丑，谕曰：“比者蠲除明季横征苛税，与民休息。而食墨之吏，恶其害己而去其籍，是使朝廷德意不下究，而明季弊政不终厘也。兹命大臣严加察核，并饬所司详定《赋役全书》，颁行天下。”谕汰府县冗员。甲辰，修盛京孔子庙。

五月丁未，苏尼特部腾机思、腾机特、吴班代、多尔济思喀布、蟒悟思、额尔密克、石达等各率所部叛奔喀尔喀部硕雷。命德豫亲王多铎为扬威大将军，同承泽郡王硕塞等率师会外藩蒙古兵讨之。四子部温卜、达尔汉卓礼克图、多克新等追斩吴班代等五台吉。庚戌，申隐匿逃人律。戊午，金声桓克南赣，获其帅刘广允。辛酉，豪格遣巴颜、李国翰败贼于延安。壬戌，故明鲁王、荆王、衡王世子等十一人谋乱，伏诛。癸亥，以叶克书为昂邦章京，镇守盛京。豪格遣贝勒尼堪等败贼贺珍于鸡头关，遂克汉中，珍走西乡。乙丑，贝勒博洛遣图赖等击败故明鲁王将方国安于钱塘。鲁王朱彝垓遁保台州。庚午，官军至汉阴，流贼二只虎奔四川，孙守法奔岳科寨。巴颜、李国翰追延安贼至张果老崖败之。辛未，免沛、萧二县元、二年荒赋之半。

六月戊寅，免怀柔县荒赋。丙戌，禁白莲、大成、混元、无为等教。壬辰，以高士俊为湖广巡抚。乙未，张存仁遣将擒故明大学士马士英及长兴伯吴日生等斩之。

秋七月甲寅，贝勒勒克德浑师还。丁巳，多铎破腾机思等于殴特克山，斩其台吉毛害，渡土喇河击斩腾机思子多尔济等，尽获其家口辎重。又败喀尔喀部土谢图汗二子于查济布喇克上游。戊午，硕雷子阵查济布喇克道口，贝子博和托等复大败之。硕雷以余众走塞冷格。庚申，李国翰、图赖等拔张果老崖。壬戌，江西巡抚李翔凤进正一真人符四十幅。谕曰：“致福之道，在敬天勤民，安所事此，其置之。”戊辰，豪格遣贝子满达海、辅国公哈尔楚浑、固山额真准塔趋徽州、阶州分讨流贼武大定、高如砺、蒋登雷、石国玺、王可臣等，破之。如砺遁,登雷、国玺、可臣俱降。

八月丙子,多罗衍禧郡王罗洛宏薨于军。丁丑,豪格遣蘸章京哈宁阿攻武大定于三台山,拔之。丁亥,博洛克金华、衢州,杀故明蜀王朱盛浓、乐安王朱谊石及其将吴凯、项鸣斯等,其大学士谢三宾、阁部宋之普、兵部尚书阮大铖、刑部尚书苏壮等降。浙江平。戊子,以孔有德为平南大将军,同耿仲明、沈志祥、金厉、佟代率师征湖广、广东、广西。免太湖、潜山二年及今年荒赋。癸巳,命尚可喜率师从孔有德南讨。

九月己酉,故明瑞昌王朱谊汈谋攻江宁,官兵讨斩之。甲子,免夷陵、石首等十三州县荒赋十之七,荆门、江陵等四州县十之五,兴国、广济等十六州县十之三。丙寅,故明崇阳王攻歙县,副将张成功等败之。丁卯,故明督师何腾蛟等攻岳州,官军击败之。

冬十月丙子,郑四维等克夷陵、枝江、宜都,改湖广承天府为安陆府。己卯,和硕德豫亲王多铎师还,上郊劳之。辛巳,金声桓遣将擒故明王朱常淓及其党了悟等,诛之。甲申,以胡全才为宁夏巡抚,章于天为江西巡抚。金声桓遣将克赣州,获故明阁部杨廷麟杀之。癸巳,以李栖凤为安徽巡抚。丁酉,免怀宁等四县灾赋。己亥,免延绥、庄浪灾赋。壬寅,太和宫、中和宫成。

十一月癸卯朔,贝勒博洛自浙江分军进取福建,图赖等败故明阁部黄鸣骏于仙霞关,遂克浦城、建宁、延平。故明唐王朱聿钊走汀州,阿济格尼堪等追斩之,遂定汀州、漳州、泉州、兴化,进克福州,悉降其众。福建平。癸丑,免河间、任丘及大同灾赋。丁巳,祀天于圜丘。己巳,豪格师至南部,时张献忠列寨西充,鳌拜等兼程进击,大破之,斩献忠于阵,复分兵击余贼,破一百三十余营。四川平。

十二月癸酉朔,故明遂平王朱绍鲲及其党杨权等拥兵太湖,结海寇为乱,副将詹世动勋等讨斩之。庚戌,山东贼谢迁攻陷高苑,总兵官海时行讨平之。壬午,故明高安王朱常淇及其党江于东等起兵婺源,张天禄讨平之。丙戌,以于清廉为保定巡抚,刘武元为南赣巡抚,免蓟、丰润等五州县灾赋。甲午,位育宫成。庚子,明金华王朱由产起兵饶州,官事击斩之。

是岁,朝鲜,蒙古及归化城土默特部古禄格,厄鲁特部多尔济达来巴图鲁、顾实汗,喀尔喀部买达里胡土克图、额尔德尼哈谈巴图鲁、岱青哈谈巴图鲁、青台吉,科尔沁部多罗冰图郡王塞冷,嵩齐忒部多罗贝勒额尔德尼,索伦部、使鹿部喇巴奇,鄂尔多斯部济农台吉查木苏,库尔喀部赖达库及达赖喇嘛,吐鲁番俱来贡。朝鲜、厄鲁特顾实汗、达赖喇嘛皆再至。

四年春正月戊申,辅国公巩阿岱、内大臣吴拜等征宣府。壬子,命副都统董阿赖率师驻防杭州。兴国州贼柯抱冲结故明总督何腾蛟攻陷兴国。总兵官柯永盛遣将擒抱冲及其党陈珩玉斩之。乙卯,以杨声远为准扬总督,黄尔性为陕西巡抚。辛酉,以朱国柱为登莱巡抚。壬戌,陕西官军击延庆贼郭君镇、终南贼孙守法,败之。洪承畴遣将击贼帅赵正,大破之。

二月癸酉,以张儒秀为山东巡抚。乙亥,佟养甲平梧州。丁丑,副将王平等击贺珍、刘二虎贼党于兴安,败之。癸未,诏曰:“朕平定中原,惟浙东、全闽尚阻声教,百姓辛苦垫隘,无所控诉,爰命征南大将军贝勒博洛振旅而前。既定浙东,遂取闽越。先声所至,穷寇潜进。大军掩追,及于汀水。聿钊授首,列郡悉平。顾惟僭号阻兵,其民何罪?用昭大赉,嘉与维新。一切官民罪犯,咸赦除之。横征逋赋,概予豁免。山林隐逸,各以名闻录用。民年七十以上,给绢米有差。”己丑,洪承畴擒故明瑞昌王朱议贵及湖贼赵正,斩之。乙未,朱聿钊弟聿𨮁僭号绍武,据广州,佟养甲、李成栋率师讨之,斩聿𨮁及周王肃水、益王思炎、辽王术雅、辽王术雅郑王器鼎、钜野王寿锄、通山王蕴越、高密王宏椅、仁化王慈钠、鄢陵王肃涔、南安王企垄等。广州平。戊戌,以佟国鼎为福建巡抚。

三月戊午,赐吕宫等进士及第出身有差。己未,以耿焞为顺天巡抚,周伯达为江宁巡抚,赵兆麟抚治郧阳。庚申,谕京官三品以上及督、抚、提、镇各送一子入朝侍卫,察才任使,无子者以弟及从子代之。壬戌，免崇明县盐课、马役银。乙丑，《大清律》成。丙寅，佟养甲克高、雷、廉三府。丁卯，命祀郊社太牢仍用腥。己巳，禁汉人投充满洲。庚午，罢圈拨民间田宅，已圈者补给。

夏四月丁丑，田仰率所部降。己卯，高士俊克长沙，昂邦章京傅喀蟾讨刘文炳、郭君镇，歼之。乙酉，贝勒博洛班师。是役也，贝子和托、固山额真公图赖皆卒于军。甲午，陕西官军斩孙守法。

五月壬寅，舟山海贼沈廷扬等犯崇明，官军讨擒之。己酉，故明在籍通政使侯峒曾遣谍致书鲁王，伪许洪承畴、土国宝以公侯，共定江南，为反间计，柘林游击获之以闻。上觉其诈，命江宁昂邦章京巴山等同承畴穷治其事。庚戌，免兴国、江夏等十州悬上年灾赋。癸丑，以佟养甲为两广总督，兼广东巡抚。辛酉，投诚伯常应俊、总兵李际遇等坐通贼，伏诛。癸亥，上幸南苑。乙丑，班代、峨齐尔、胡巴津自苏尼特来降。

六月壬申，免成安等七县上年灾赋。丙子，朝鲜国王李倧遣其子睿来朝。庚辰，故明赵王朱由棪来降。戊子，免绥德卫上年灾赋。己丑，封贝勒博洛为多罗郡王。癸巳，陕西贼武大定陷紫阳，总兵官任珍击败之。湖广官军克衡州、常德及安化、新化等县。甲午，苏松提督吴胜兆谋叛，伏诛。丁酉，多山东上年荒赋。

秋七月辛巳，加封和硕德豫亲王多铎为辅政叔德豫亲王。癸卯，建射殿于左翼门外。甲辰，免徐州上年荒赋。己酉，封敖汉部额驸班弟子墨尔根巴图鲁为多罗郡王。癸丑，以申朝纪为宣大总督。丁巳，郧阳贼王光代用永历年号，聚众作乱，命侍郎喀喀木等剿之。戊午，改马国柱为江南江西河南总督。甲子，诏曰："中原底定，声教遐敷。惟粤东尚为唐藩所阻，岭海怨咨，已非一日。用移南伐之师，席卷惠、潮，遂达省会。念尔官民，初非后至，一切罪犯，咸赦除之。进赋横征，概与蠲免。民年七十以上，加锡粟帛。所在节孝者旌，山林有才德者录用。南海诸国能响化者，待之如朝鲜。"丙寅，以祝世昌为山西巡抚。丁卯，上幸边外阅武。是日，驻沙河。

八月庚午，金声桓擒故明宗室麟伯王、霭伯王于泸溪山，诛之。

甲戌,次西巴尔台。丙子,次海流土河口。壬午,次察汉诺尔。乙酉,豪格遣贝勒尼堪等先后克遵义、夔州、茂州、内江、荣昌、富顺等县,斩故明王及其党千余人。四川平。丙戌,次胡苏台。辛卯,以张文衡为甘肃巡抚。丙申,上还宫。

九月辛丑,京师地震。辛亥,淮安贼张华山等用隆武年号,啸聚庙湾。丁巳,以李犹龙为天津巡抚。辛酉,官军讨庙湾贼,破之。

冬十月庚午,以王怀为安徽巡抚。壬申,喀喇沁部卓尔弼等率所部来降。癸未,以吴惟华为淮扬总督,线缙为偏沅巡抚。戊子,定直省官三年大计。壬辰,以广东采珠病民,罢之。

十一月庚戌,以陈泰为靖南将军,同梅勒章京董阿赖征福建余寇。辛亥,免山西代、静乐等十四州县,宁化等六所堡,山东德、历城等十五州县灾赋。裁山东明季牙、杂二税。戊午,五凤楼成。癸亥,祀天于园丘。

十二月戊辰,免保定、河间、真定、顺德灾赋。壬申,以陈锦为闽浙总督。己卯,以太宗十一女固伦公主下嫁喀尔吗索纳木。甲申,苏尼特部台吉吴巴什等来归。丙戌,大军自岳州收长沙,故明总督何腾蛟等先期遁。次湘潭,败桂王将黄朝选众十三万于燕子窝,又败之于衡州,斩之,遂克宝庆,斩鲁王朱鼎兆等。进击武冈,桂王由榔走,追至靖州,下其城。复克沅州,岷王朱埏峻以黎平降。湖南平。庚寅,故明将郑彩犯福州,副将邹必科等败走之。

是岁,科尔沁、喀喇沁、乌朱穆秦、敖汉、翁牛特、苏尼特、札鲁特、郭尔罗斯、蒿齐忒、阿霸垓诸部来朝。朝鲜暨喀尔喀部札萨克图汗、墨尔根绰尔济、额尔德尼绰尔济、迈达礼胡土克图、额尔德经顾锡、伊拉古克三胡土克图、嘛哈萨玛谛塞臣汗、俄木布额尔德尼、塞勒胡土克图、满朱习礼胡土克图,札萨克图汗下俄木布额尔德尼、巴颜护卫、舍晋班弟、迈达礼胡土克图,诺门汗下丹津胡土克图,土谢图汗下泽卜尊丹巴胡土克图,硕磊汗下伊赫额木齐格隆、额参德勒哈谈巴图鲁,厄鲁特部台吉吴霸锡、顾实汗、罗布藏胡土克图下巴汉格隆、盆苏克扎穆苏,阿布赉诺颜下讷门汗、巴图鲁诺颜、达云绰尔济、鄂济尔图台吉,苏尼特部台吉魏正,札鲁特部台吉桑图,鄂尔多斯部济农,归化城土默特部章京陀博克、诺尔布,唐古忒部及喇布札木绰尔济、喇嘛班弟达等俱来贡。

五年春正月辛亥,故明宜春王朱议衍据汀州为乱,总兵官于永绶擒斩之。癸丑,免太原、平阳、潞安三府,泽、沁、辽三州灾赋。癸亥,和硕肃亲王豪格师还。衍禧郡王罗洛宏卒于军,至是丧归,辍朝二日。

二月甲戌,金声桓及王得仁以南昌叛。辛巳,江南官军复无为州,福建官军复连城、顺昌、将乐等县。癸未,免济南、兖州、青州、莱州上年灾赋。辛卯,以固伦公主下嫁巴林部塞卜腾。壬辰,以吕逢春为山东巡抚,李鑑为宁夏巡抚。故明贵溪王朱常彪、恢武伯向登位寇沅州,�‖章京线国安等讨斩之。

三月己亥,贝子吞齐、尚善等讦告和硕郑亲王济尔哈朗罪连莽加、博博尔岱、鳌拜、索尼等,降济尔哈朗为多罗郡王,莽加等降革有差。辛丑,和硕肃亲王豪格有罪,论死。上不忍置之法,幽系之。庚戌,命谭泰为征南大将军,同何洛会讨金声桓。辛酉,以耿焞为宣大山西总督。甲子,武大定犯宁羌,游击张德俊等大破之。

四月丁卯,以杨兴国为顺天巡抚。戊辰,免渭原、金县、兰州卫灾赋。壬申,官军复建宁,斩故明郧西王朱常湖等。己卯,封科尔沁杜尔伯特镇国公色冷为贝子。庚辰,遣固山额真阿赖等驻防汉中。壬午,大军克辰州,遂破永宁,至全州,故明督师何腾蛟遁,获贵溪王朱长标、南威王朱寅卫、长沙王朱由栉等。铜仁、兴安、关阳诸苗、瑶来降。丙戌,命刘之源、佟图赖为定南将军,驻防宝庆,李国翰为定西将军,驻防汉中。丁亥,吴三桂自锦州移镇汉中。

闰四月戊戌,复济尔哈朗爵为和硕郑亲王。癸卯,以李国英为四川巡抚。己未,以迟日益为湖广巡抚。癸亥,命贝子吞齐为平四大将军,同韩岱讨陕西叛回。

五月己丑朔,日有食之。戊辰,官军破叛回于巩昌,复临洮、兰州。辛未,游击张勇破叛回于马家坪,获故明延长王朱识锛,斩之。壬午,以赵福星为凤阳巡抚。癸未,以朱延庆为江西巡抚。甲申,官军破金声桓,复九江、饶州。己丑,以刘弘遇为安徽巡抚。

六月甲午朔,免西安、延安、平凉、临洮、庆阳、汉中上年灾赋。癸卯,以周文业为甘肃巡抚。甲辰,额塞等大破叛回于兰州,余党悉平。丙辰,京师地震有声。癸亥,太庙成。

秋七月丁丑,初设六部汉尚书,都察院左都御史,以陈名夏、谢启光、李若琳、刘余佑、党崇雅、金之俊为六部尚书,徐起元为左都御史。

八月癸巳朔,金声桓、王得仁寇赣州,官军击走之。己亥,陈泰、李率泰等败郑彩于长乐,又败之于连江,复兴化。己巳,命和硕英亲王阿济格、多罗承泽郡王硕塞等讨天津土贼。丁未,禁民间养马及收藏军器。己酉,以王一品为凤阳巡抚。壬子,令满、汉官民得相嫁娶。乙卯,以夏玉为天津巡抚,张学圣为福建巡抚。

九月壬戌朔,官军获故明巡抚吴江等于南康湖口,斩之。甲子,和硕英亲王阿济格讨曹县土贼,平之。己巳,封贝勒勒克德浑为多罗顺承郡王,博洛为多罗端重郡王。壬申,和硕郑亲王济尔哈朗为定远大将军,讨湖广贼李锦。丁丑,封贝勒尼堪为多罗敬谨郡王。

冬十月壬寅,和硕礼亲王代善薨。甲辰,佟图赖复宝庆。丙辰,降将刘泽清结曹县贼叛,泽清及其党李洪基等俱伏诛。

十一月甲子,广东叛将李成栋据南雄,结峒蛮犯赣州,巡抚刘武元等击走之。丙寅,总兵官任珍击贺珍,破之。戊辰,祀天于圜丘,以太祖武皇帝配。追尊太祖以上四世,高祖泽王为肇祖原皇帝,曾祖庆王为兴祖直皇帝,祖昌王为景祖翼皇帝,考福王为显祖宣皇帝;妣皆为皇后。上诣太庙上册宝。辛未,以配天及上尊号礼成,御殿受贺,大赦。辛未,和硕英亲王阿济格、多罗端重郡王博洛、多罗承泽郡王硕塞等帅师驻大同,备喀尔喀。

十二月辛卯朔,命郡王瓦克达,贝子尚善、吞齐等诣阿济格军。调八旗游牧蒙古官军之半,戍阿尔齐土苏门哈达。癸巳,姜瓖以大同叛，总督耿焞走阳和。丙申，免平山、隆平、清丰灾赋。戊戌，阿济格围大同。辛丑，复遣梅勒章京阿喇善、侍郎噶达浑诣阿济格军。癸卯，免大同灾赋。壬子，杨捷等复都昌，获故明兵部尚书余应桂，斩之。丁巳，以佟养量为宣大总督。

是岁，苏尼特、扎鲁特等部来朝。朝鲜，喀尔喀部俄木布额尔德尼、戴青讷门汗喇嘛、塞尔济额尔德尼魏正、硕磊汗、迈达理胡土克图、扎萨克图汗下额尔德尼哈谈巴图鲁，厄鲁特部顾实汗、锡勒图绰尔济、诺门汗、索伦部阿济布，鄂尔多斯部单达，苏尼特部腾机忒，科尔沁贝勒张继伦，归化城固伦第瓦胡土克图、丹津喇嘛额尔德尼寨桑，土默特部古禄格，乌思藏阐化王王舒克，汤古特达赖喇嘛俱来贡。朝鲜、厄鲁特顾实汗、汤古特达赖喇嘛再至。

六年春正月壬戌，官军复罗源、永春、德化等县。癸亥，命多罗敬谨郡王尼堪等征太原。戊辰，谕曰："朕欲天下臣民共登衽席，日夕图维，罔敢怠忽。往年流寇作乱，惨祸已极，入关讨贼，士庶归心。乃迩年不轨之徒，捏作洗民讹言。小民无知轻信，惶惑逃散，作乱者往往而有。朕闻不嗜杀人，能一天下。《书》云：'众非元后何戴，后非众罔与守邦。'君残其民，理所蔑有。自元年来，今六年矣，宁有无故而屠戮民者？民苟思之，疑且冰释。至于自甘为贼，乐就死地，必有所迫以致此。岂督、抚、镇、按不得其人，有司朘削，民难自存欤？将蠲免赋税，有名无实欤？内外各官其确议兴利降弊之策，朕次第酌行之。"辛未，姜瓖党姚举等杀冀宁道王昌龄，陷忻州，固山额真阿济格破走之。乙亥，谕曰："设关征税，原以讥察奸宄，非与商贾较锱铢也。其各以原额起税，毋得横征以充私橐，违者罪之。"谕山西大同军民，无为姜瓖胁诱，来归者悉予矜免。戊寅，行保举连坐之法。庚辰，谕言官论事不实者，廷臣集议，毋辄下刑部。辛巳，以金廷献为偏沅巡抚。壬午，谭泰、何洛会复南昌，金声桓投水死，王得仁伏诛，九江、南康、瑞州、临江、袁州悉平。癸未，山西贼党刘迁寇代州，阿济格遣军破走之。

　　二月癸卯，摄政王多尔衮征大同。免直隶省六年以前荒赋、四川商民盐课。辛亥，故明宗室朱森釜等犯阶州，吴三桂击斩之。

　　三月癸亥，多尔衮拔浑源州。丙寅，汉羌总兵官张天福平贼渠覃一涵，获故明山阴王等斩之。丁卯，土贼王永强陷延安、榆林等十九州县，延绥巡抚王正志等死之。己巳，应州、山阴降，多尔衮旋师，留阿济格于大同。辛未，进封多罗承泽郡王硕塞、多罗端重郡王博洛、多罗敬谨郡王尼堪为亲王。王永强陷同官。壬申，广信府知府杨国桢等复玉山县。宁夏官军克临河等堡。乙亥，甘、凉逆回米喇印、丁国栋复作乱，甘肃巡抚张文衡等死之。丁丑，辅政和硕德豫亲王多铎薨，摄政王多尔衮师次居庸，还京临丧。甲申，减隐匿逃人律。谭泰、何洛会破贼于南康，进克信丰，叛将李成栋走死，复抚州、建昌。江西平。丙戌，博洛遣鳌拜等大破姜瓖于大同北山。吴三桂击败王永强，复宜君，同官。

　　夏四月庚寅，遣罗硕、卦喇驻防太原。癸巳，阿济格复左卫。乙未，命贝子吴达海等代征大同。丙申，吴三桂克蒲县。癸卯，福建官军复平和、诏安、漳平、宁洋。甲辰，赐刘子壮等进士及第出身有差。乙巳，皇太后崩。壬子，谕曰："兵兴以来，地荒民逃，流离无告。其令所在有司广加招徕，给以荒田，永为口业，六年之后，方议征租。各州县以招民劝耕之多寡、道府以责成催督之勤惰为殿最。岁终，抚按考核以闻。"癸丑，以董宗圣为延绥巡抚。官军克福宁，福建平。乙卯，贼党陷汾州，命和硕端重亲王博洛为定西大将军，帅师讨之。和硕敬谨亲王尼堪移师大同。丁巳，封贝子满达海为和硕亲王。

　　五月辛酉，遣屠赖率师赴太原军。丙子，以李栖凤为广东巡抚，郭肇基为广西巡抚。免太原、平阳、汾州三府，辽泽二州灾赋。丁丑，改封孔有德为平南王，耿仲明为靖南王，尚可喜为定南王。命孔有德征广西，耿仲明、尚可喜征广东，各挈家驻防。裁直隶、江南、山东、浙江、陕西同知十，直隶、江南、河南、湖广、江西、浙江通判二十一。免宝坻、顺义五年灾赋。辛巳，吴三桂、李国翰复延安。壬午，四川边郡平。乙酉，和硕端重亲王博洛复清源、交城、文水、徐沟、祁等县。

六月庚子，朝鲜国王李倧薨。壬子，免沧州、清苑六年以前荒赋。癸丑，封张应京为正一嗣教大真人。乙卯，免江西四年、五年逋赋。

秋七月戊午朔，摄政王多尔衮复征大同。乙丑，满达海、瓦克达征朔州、宁武。丁卯，免开封等府灾赋。辛未，多尔衮至阿鲁席巴尔台，校猎而还。遣囊章京索洪等益满达海军。癸酉，官军平黄州贼三百余寨，斩故明王朱蕴严等。甲申，广东余寇犯南赣，官军击却之。丙戌，吴三桂、李国翰复延绥镇城。

八月癸巳，摄政王多尔衮还京。山西贼党陷蒲州及临晋、河津，孟乔芳讨平之。甲午，免真定、顺德、广平、大名灾赋。满达海复朔州、马邑。丁酉，端重亲王博洛拔孝义。丙午，郑亲王济尔哈朗等克湘潭，获何腾蛟，不屈，杀之。辰州、宝庆、靖州、衡州悉平。进克全州。丁未，封朝鲜世子李淏为朝鲜国王。辛亥，以张孝仁为直隶山东河南总督。壬子，遣英亲王阿济格、贝子巩阿岱等征大同。癸丑，梅勒章京根特等拔猗氏。乙卯，大同贼被围久，饥死殆尽，伪总兵杨震威斩姜瓖及其弟琳来献。丙辰，宁武关伪总兵刘伟等率众降，静乐、宁化山寨悉平。

九月戊午，封鄂穆布为多罗达尔汉卓礼克图郡王，苏尼特部噶尔麻为多罗贝勒。甲子，鄂尔多斯部额林臣、布达岱、顾禄、阿济格札穆苏等来降，封额林臣为多罗郡王，布达岱子伊禀臣、顾禄子色冷为固山贝子，阿济格札穆苏为镇国公。丙寅，以夏玉为山东巡抚。癸酉，封固伦额驸祁他特为多罗郡王。甲戌，满达海、博洛克汾州、平阳。

冬十月戊子，封多尼为和硕亲王，杰书为多罗郡王。壬辰，京师地震。甲午，封劳亲为亲王。官军复郓城。戊戌，降将杨登州叛，陷山阴。乙亥，免山东东平、长山等十八州县五年灾赋，江西六年以前明季辽饷。辛丑，摄政王多尔征喀尔喀部二楚虎尔。乙巳，陕西总兵官任珍击故明将唐仲亨于屠油坝，斩之，并诛故明王朱常英、朱由杠等。丙午,官军复潞安。丁未,官军克榆林。己酉,满达海等拔沁、辽二州。庚戌,命满达海还京,留瓦克达等定山西。

十一月丙寅,免直隶开、元城等县徭赋,陕西岷州灾赋。甲戌,多尔衮自喀吞布喇克旋师。免宣府灾赋。壬午,耿仲明军次吉安,畏罪自杀。

十二月乙酉朔,山西兴、芮城、平陆三县平。戊子,故明桂王将焦琏寇全州,勒克德浑等击败之,进克道州。努山等拔乌撒城。宜尔都齐等克黎平。己酉,官军复邻水、大竹二县。庚戌,宁波、绍兴、台州土寇平。

是年,朝鲜、阿霸垓、乌朱穆秦、土默特诸部,厄鲁特部巴赖那颜、绩克什虎巴图鲁台吉、顾实汗子下达赖乌巴什温布塔布囊、鄂尔多斯部郡王额林臣,喀尔喀部土谢图汗、硕雷汗、戴青诺颜,归化城土默特部古禄格等,伊喇古克三胡土克图下戴青温布达尔汉囊苏及达赖喇嘛俱来贡。朝鲜、喀尔喀、土谢图汗再至。

七年春正月庚申,官军复永宁、宁乡。壬戌,官军复南雄。癸酉,封鄂尔多斯部单达为贝勒,沙克查为贝子。甲戌,故明德化王朱慈业、石城王朱议浔陷大田,官军讨平之。丁丑,和硕郑亲王济尔哈朗师还。

二月丁亥,上太后谥曰孝端正敬仁懿庄敏辅天协圣文皇后。甲午,以刘弘遇为山西巡抚,王一品为广西巡抚。李建泰据太平叛,官军围之,出降,伏诛。平阳、潞安、泽州属境俱平。

三月己未,日赤色如血。

夏四月甲午,孔有德擒故明将黄顺、林国瑞于兴宁,降其众五万。丙申,封科尔沁贝勒张继伦为郡王。甲辰,多罗谦郡王瓦克达师还。

六月乙酉,保德州民崔耀等擒故明将牛化麟,斩之,以城降。癸卯,官军复宁都、石城。

秋七月壬子朔,享太庙。乙卯,摄政王多尔衮议建边城避暑,加派直隶、山西、浙江、山东、江南、河南、湖广、江西、陕西九省钱粮二百五十万两有奇。辛酉,幸摄政王多尔衮。多尔衮以贝子锡翰等擅请临幸,下其罪,贝子锡翰降镇国公,冷僧机、鳌拜等黜罚有差。壬戌,以马之先为陕西巡抚。辛未,免西宁各堡寨五年灾赋。

八月丁亥,降和硕端重亲王博洛、和硕敬谨亲王尼堪为多罗郡王。己丑,封巴林部塞卜腾、蒿齐忒部孛罗特为多罗郡王,科尔沁国顾穆、喀喇沁部古禄思喜布为多罗贝勒,改承泽亲王硕塞、亲王劳亲为多罗郡王。

九月甲寅,故明交郑成功寇潮州,总兵官王邦俊击走之。丙子,免蕲、麻城等七州县五、六两年荒赋。

冬十月辛巳朔,日有食之。己亥,定陕西茶马例。庚子,官军克邵武,获故明阁部揭重熙等,斩之。己酉,免桐城等六县荒赋。

十一月甲寅,免甘肃去年灾赋。乙卯,吴三桂复府谷,斩故明经略高友才等,余众降。壬戌,摄政王多尔衮有疾,猎于边外。乙丑,尚可喜复广州,余众降。戊寅,祀天于园丘。

十二月戊子,摄政和硕睿亲王多尔衮薨于喀喇城。壬辰,赴闻,上震悼,臣民为制服。丙申,丧至,上亲奠于郊。己亥,诏曰:"太宗文皇帝升遐,诸王大臣拥戴摄政王。王固怀挹让,扶立朕躬,平定中原,至德丰功,千古无二。不幸薨逝,朕心摧痛。中外丧仪,合依帝礼。"庚子,收故摄政王信符,贮内库。甲辰,尊故摄政王为懋德修道广业定功安民立政诚敬义皇帝,庙号成宗。乙巳,谕曰:"国家政务,悉以奏闻。朕年尚幼,阇于贤否,尚书缺员,其会推贤能以进。若诸细务,理政三王理之。"

是年,喀尔喀、厄鲁特、乌斯藏诸部巴郎和罗齐、达尔汗囊素、盆挫坚挫等来朝。朝鲜,喀尔喀部硕磊汗、札萨克图汗、土谢图汗、绰克图魏正诺颜、戴青诺颜、那穆齐魏正诺颜、察哈尔墨尔根台吉、索那穆,厄鲁特部巴图鲁贝勒、台吉鄂齐尔图、干布胡土克图、噶木布胡土克图、舒虎儿戴青,乌斯藏部阐化王、索伦、使鹿诸部,归化城土默特部古禄格俱来贡。朝鲜再至。

清史稿卷五
本纪第五

世祖二

八年春正月己酉朔,蒿齐忒部台吉噶尔马撒望、储让尔率所部来归。辛亥,以布丹为议政大臣。甲寅,和硕英亲王阿济格谋乱,幽之。其党郡王劳亲降贝子,席特库等论死。乙卯,以苏克萨哈、詹岱为议政大臣。丙辰,罢汉中岁贡柑及江南橘、河南石榴。戊午,罢诸处织造督进官役及陕西岁贡羢褐皮革。命和硕睿亲王多尔衮子多尔博袭爵。己未,罢临清岁造城瓦。庚申,上亲政,御殿受贺,大赦。诏曰:"朕躬亲大政,总理万机。天地祖宗,付托甚重。海内臣庶,望治甚殷。自惟凉德,夙夜祗惧。天下至大,政务至繁,非朕躬所能独理。凡我诸王贝勒及文武群臣,其各殚忠尽职,洁己爱人,利弊悉以上闻,德意期于下究。百姓亦宜咸体朕心,务本乐业,共享泰宁之庆。"孔有德克桂林,斩故明靖江王及文武官四百七十三人,余党悉降。壬戌,罢江西岁进龙碗。丙寅,以夏一鹗为江西巡抚。丁卯,升附孝端文皇后于太庙。追尊故摄政王多尔衮为成宗义皇帝,祔于太庙。移内三院于禁城。己巳,以伊图为议政大臣。免安州芝棉税。丁丑,复封端重郡王博洛、敬谨郡王尼堪为和硕亲王。以巩阿岱、鳌拜为议政大臣。戊寅,以巴图鲁詹、杜尔玛为议政大臣。

二月庚辰,进封满达海为和硕巽亲王,多尼为和硕信亲王,罗可铎为多罗平郡王,瓦克达为多罗谦郡王,杰书为多罗康郡王。更定钱制,每百文准银一钱。辛巳,免朔州、浑源、大同荒赋。癸未,罗什、博尔惠有罪,论死。上欲宥其死,群臣执奏不可,遂伏诛。戊子,上昭圣慈寿皇太后尊号。己丑,大赦。免汝上等县六、七两年灾赋。辛卯,罢边外筑城之役,加派钱粮准抵八年正赋,官吏捐输酌给议叙并免之。癸巳,苏克萨哈、詹岱、穆济伦首告故摄政王多尔衮逆节皆实,籍其家,诛其党何洛会、胡锡。甲午,免山西荒赋。戊戌,封贝勒岳乐为多罗安郡王。己亥,暴多尔衮罪于中外,削其尊号及母妻追封,撤庙享。庚子,调陈泰为吏部尚书,以韩岱为刑部尚书。辛丑,上幸南苑。壬寅,命孔有德移驻桂林。癸卯,上还宫。乙巳,封和硕肃亲王豪格子富寿为和硕显亲王。

闰二月戊申朔,湖南余寇牛万才率所部降。庚戌,封和硕郑亲王济尔哈朗子济度为多罗简郡王,勒度为多罗敏郡王。甲寅,谕曰:“国家纪纲,首重廉吏。迩来有司贪污成习,百姓失所,殊违朕心。总督巡抚,任大责重,全在举劾得当,使有司知所劝惩。今所举多冒滥,所劾多微员,大贪大恶乃徇纵之,何补吏治?吏部其详察以闻。”调党崇雅为户部尚书,金之俊为兵部尚书,刘余佑为刑部尚书,谢启光为工部尚书。免祥符等六县七年灾赋。乙卯,进封硕塞为和硕承泽亲王。谕曰:“榷关之设,国家藉以通商,非苦之也。税关官吏,扰民行私,无异劫夺。朕灼知商民之苦。今后每关设官一员,悉裁冗滥,并不得妄咨勤劳,更与铨补。”丙辰,谕督抚甄别有司才德并优兼通文义者擢之,不识文义任役作奸者黜之,吏部授官校试文义不通者除名。己未,总兵官许尔显克肇庆、罗定,徐成功克高州。禁喇嘛贡佛像、铜塔及番犬。壬戌,幽阿济格于别室,籍其家,削贝子劳亲爵为庶人。乙丑,大学士冯铨、尚书谢启光等以罪免。谕曰:“国家设官,必公忠自矢,方能裨益生民,共襄盛治。朕亲政以来,屡下诏令,嘉与更始。乃部院诸臣因仍前弊,持禄养交。朕亲行黜陟,与天下见之。自今以后,其淬砺前非,各尽厥职。若仍上下交欺,法必不贷。”丙寅,谕曰:“各省土寇,本皆吾民,迫于饥寒,因而为乱。年来屡经扑剿,而管兵将领,杀良冒功,真盗未歼,民乃荼毒,朕深痛之。嗣后各督抚宜剿抚并施,勿藉捕扰民,以称朕意。”丁卯,孔有德克梧州、柳州。戊辰，大学士洪承畴兼都察院左都御史，陈之遴为礼部尚书，张凤翔为工部尚书。己巳，裁江南、陕西督饷侍郎，淮安总理漕运侍郎。庚午，固山额真阿喇善等剿山东贼。壬申，免涿、良乡等十三州县圈地。乙亥，定阿附多尔衮诸臣罪，刚林、祁充格俱坐罪。丁丑，谕曰："故明宗藩，前以恣行不轨，多被诛戮，朕甚悯焉。自后有流移失所甘心投诚者，有司礼送京师，加恩畜养。镇国将军以下，即其地占籍为民，各安厥业。"免宛平灾赋。

三月壬午，端重亲王博洛、敬谨亲王尼堪以罪降郡王。癸未，命诸王、贝勒、贝子分管六部、理藩院、都察院事。乙酉，湖南保、靖、永顺等土司来归。丙戌，免武强上年灾赋。己丑，以希福为弘文院大学士，陈泰为国史院大学士。改李率泰为弘文院大学士，宁完我为国史院大学士。以噶达浑为都察院承政，朱玛喇为吏部尚书，雅赖为户部尚书，谭布为工部尚书，蓝拜为镶蓝旗满洲固山额真。辛卯，定王公朝集例。壬辰，定袭爵例。癸巳，谕曰："御史巡方，职在安民察吏。向来所差御史，苟且请托，身已失检，何由察吏？吏不能察，民何以安？今后各宜洗濯自新，务尽职事，并许督抚纠举，都察院考以闻。"癸巳，定齐戒例，丙午，许满洲、蒙古、汉军子弟科举，依甲第除授。

夏四月庚戌，诏行幸所过，有司不得进献。遣官祭岳镇海渎、帝王陵寝、先师孔子阙里。土贼罗荣等犯虔州，副将杨遇明讨擒之。乙卯，幸沙河。辛酉，次赤城。以王文奎总督漕运。甲子，次上都。丙寅，翁牛特部杜陵郡王等来朝。己巳，次俄尔峒。庚午，免朝鲜岁贡柑、柚、石榴。巴林部固伦额驸色布腾郡王等来朝。命故靖南王耿仲明子继茂袭爵。辛未，还次上都河。壬申，次俄尔峒河。

五月丁丑朔，次谟让里伊札里河。夏一鹗击明唐王故将傅鼎铨等，追入福建，擒鼎铨等斩之。辛巳，次库尔奇勒河。壬午，乌朱穆秦部贝勒塞陵额尔德尼等来朝。乙酉，次西喇塔。调噶达浑为户部尚书。以觉善为都察院承政，绰贝为镶白旗蒙古固山额真。壬辰，次孙河。癸巳，还宫。丙申，免英山五年至七年荒逋赋。庚子，复博洛、尼堪亲王爵。甲辰,御史张煊以奏劾尚书陈名夏论死。

六月丙午朔,幸南苑。官军破陕西贼何柴山等于雒南。丁巳,阿喇善击山东盈河山贼,平之。壬戌,罢太和山贡符箓、黄精。乙丑,定诸陵坛庙祀典。庚午,谕曰:"朕以有司贪虐,命督抚察劾。乃阅四五月之久而未奏闻。毋乃受赇徇私,为有司所制,或势要挟持,不敢弹劾欤?此盗贼所由滋,而黎民无起色也。其即奉行前诏,直陈无隐。辛未,诏故明神宗陵如十二陵,以时致祭,仍设守陵户。广东官军复廉州及永安等十二县。壬申,命修缮祖陵,设守户,定祭礼,复朝日、夕月礼。

秋七月丙子朔,谕曰:"比者投充汉人,生事害民,朕甚恨之。夫供赋役者编氓也,投充者奴隶也。今反厚奴隶而薄编氓,如国家元气及法纪何?其自朕包衣牛录,下至王公诸臣投充人,有犯法者,严治其罪,知情者连坐。前有司责治投充人,至获罪谴。今后与齐民同罚,庶无异视。使天下咸知朕意。"又谕曰:"大小臣工,皆朝廷职官,待之以礼,则朝廷益尊。今在京满、汉诸臣犯罪,在未奉旨革职辄提取番问者,殊乖大体。嗣后各衙门遇官员有犯,或被告讦,皆先请旨革职,然后送刑部审问,毋得径行提审,著为令。"戊子,大学士陈泰、李率泰以罪免。以雅秦为内国史院大学士,杜尔德为议政大臣。乙未,幸南苑。己亥,以陈名夏为内弘文院大学士。

八月丙午朔,上还宫。丁未,科尔沁卓礼克图亲王吴克善来朝。己酉,副将许武光请括天下藏金充饷。上曰:"帝王生财之道,在节用爱民。掘地求金,自古未有。"命逐去之。乙卯,以赵开心为左都御史。定顺天乡试满洲、蒙古为一榜,汉军、汉人为一榜,会试、殿试如之。戊午,册立科尔沁卓礼克图亲王吴克善女博尔济锦氏为皇后。壬戌,更定马步军经制。吏部尚书谭泰有罪,伏诛,籍其家。乙酉,大婚礼成,加上太后尊号为昭圣慈寿恭简皇太后。丙寅,御殿受贺,颁恩赦。戊辰,追复肃亲王豪格爵。己巳,诏天下岁贡物产不便于民者悉罢之。癸酉,陈锦、金砺等追故明鲁王于舟山,获其将阮进。

九月庚辰,定朝仪。壬午,命平酉王吴三桂征四川。陈锦、金砺克舟山,故明鲁王遁走。丙戌,雅赖、谭布、觉善免,以卓罗为吏部尚书,车克为户部尚书,蓝拜为工部尚书,俄罗塞臣为都察左都御史,赵国祚为镶红旗汉军固山额真。封阿霸垓部都司噶尔为郡王。固山额真噶达浑征鄂尔多尔济。丁亥,除永平四关荒屯赋。壬辰,改承天门为天安门。癸巳,上猎于近郊。辛丑,还宫。癸卯,喀尔喀部土谢图汗、车臣汗、塞臣汗等来贡。

冬十月己酉,以和硕承泽亲王硕塞、多罗谦郡王瓦克达为议政王。辛亥,免宣府灾赋。丁巳,以额色黑为国史院大学士。庚申,赐阿济格死。辛酉,李国翰会吴三桂征四川。以马光辉为直隶山东河南总督。甲子,免诸王三大节进珠、貂、鞍马及衍圣公、宣、大各镇岁进马。乙丑,封肇祖、兴祖陵山曰启运山,景祖、显祖陵山曰积庆山,福陵山曰天柱山,昭陵山曰隆业山。是日,启运山庆云见。

十一月乙亥朔,皇第一子牛钮生。丙子,于大海率所部至彝陵请降。丙戌,尚可喜克雷州。乙未,免平阳、潞安二府,泽、辽、沁三州上年灾赋。戊戌,以伊尔德为正黄旗满洲固山额真,佟图赖为正蓝旗汉军固山额真。庚子,免阳曲等四县上年灾赋。壬寅,免宁晋荒赋。

十二月丙午,免桐城等四县上年荒赋。丁卯,以周国佐为江宁巡抚。

是年,朝鲜,厄鲁特部额尔德尼台吉、昆都伦吴巴什、阿巴赖,喀尔喀部土谢图汗、车臣汗、塞臣汗、顾实汗、台吉吴巴什,达赖喇嘛俱来贡。

九年春正月癸酉朔,上幸南苑。辛巳,以陈泰为礼部尚书。壬午,大学士陈名夏以罪免。雪张煊冤,命礼部议恤,京师地震。乙酉,以陈维新为广西巡抚。壬寅,皇第一子牛钮薨。

二月丁未,以祜锡布为镶红旗满洲固山额真。噶达浑等讨鄂尔多斯部多尔济等于贺兰山,歼之。戊申,和硕巽亲王满达海薨,追封和硕简亲王。庚戌,颁六谕卧碑文于天下。庚申,加封郑亲王济尔哈朗为叔和硕郑亲王。辛酉,以陈之遴为弘文院大学士,孙茂兰为宁夏巡抚。

三月乙亥,以王铎为礼部尚书,房可壮为左都御史。赠张煊太常寺卿,仍录其子如父官。庚辰,定官员封赠例。丙戌,罢诸王、贝勒、贝子管理部务。追降和硕豫亲王多铎为多罗郡王。丁亥,和硕端重亲王博洛薨,追封和硕定亲王。己丑,以陈泰为镶黄旗满洲固山额真。癸巳,以遏必隆、额尔克戴青、赵布泰、赖塔库、索洪为议政大臣,觉罗郎球、胡世安为礼部尚书。巩阿岱、锡翰、西讷布库、冷僧机以罪伏诛,籍其产。拜尹图免死,幽系。戊戌,多罗顺承郡王勒克德浑薨,追封多罗恭惠郡王。己亥,赐满洲蒙古贡士麻勒吉,汉军及汉贡士邹忠倚等进士及第出身有差。

夏四月丙午,以蔡士英为江西巡抚。丁未,裁登莱、青府巡抚。乙卯,以韩岱为吏部尚书,蓝拜为刑部尚书,星讷为工部尚书,阿喇善为都察院左都御史。戊午,孔有德克广西南宁、庆远、思恩,故明将陈邦传以浔州降。己未,免府州县官入观。庚申,定诸王以下官名舆服之制。乙丑,允礼部议,一月三朝,春秋一举经筵。设宗人府官。

五月丁丑,诏京察六年一举行。己卯,免江阴、清浦牛税。壬午,以喀喀木为昂邦章京,镇守江宁。庚子,幸南苑。

六月丁未,裁并直隶诸卫所。戊申,上还宫。庚戌,以和硕敬谨亲王尼堪掌宗人府事,贝勒尚善、贝子吴达海为左右宗正。官军讨肇庆、高州贼,平之。丁巳,诏军政六年一举行。丙寅,设詹事府官。追谥图尔格为忠义公,图赖为昭勋公,配享太庙;秋七月癸酉,故明将孙可望陷桂林,定南王孔有德死之。丙子,名皇城北门为地安门。浙闽总督陈锦征郑成功,至漳州,为其下所杀。庚辰,免淮安六年、七年牙行逋税。甲申,以和硕敬谨亲王尼堪为定远大将军,征湖南、贵州。定满官丧制。丁亥,以巴尔处浑为镶红旗满洲固山额真。免磁、祥符等八州县及怀庆卫上年灾赋。吴三桂、李国翰定漳腊、松潘、重庆。遣梅勒章京戴都围成都，故明帅刘文秀举城降。己丑，免临邑四县荒徭赋。辛卯，天全六番、乌思藏等土司来降。戊戌，以祖泽远为湖广四川总督。

八月乙巳，更定王公以下婚娶礼。丙午，多罗谦郡王瓦克达薨。丁巳，命尼堪移师讨广西余寇。

九月庚午朔，以朱孔格、阿济赖、伊拜为议政大臣。辛巳，更定王以下祭葬礼。癸未，以纛章京阿尔津为定南将军，同马喇希征广东余寇。甲申，以刘清泰为浙江福建总督，王来用为顺天巡抚。辛卯，幸太学释奠。癸巳，赉衍圣公、《五经》博士、四氏子孙、祭酒、司业等官有差。敕曰："圣人之道，如日中天，上之赖以致治，下之资以事君。学官诸生当共勉之。"

冬十月庚子，免沛县六年至八年灾赋。尚可喜、耿继茂克钦州、灵山，故明西平王朱聿鐭缚贼渠李明忠来降，高、雷、廉、琼诸郡悉平。壬寅，官军复梧州。癸卯，以岁饥，诏所在积谷，禁遏籴，旌输粟。丙午，免三水等三县六年灾赋。壬子，以刘余佑为户部尚书。癸丑，免霸州、东安、文安荒赋。甲寅，孙可望寇保宁，吴三桂、李国翰大败之。以希福、范文程、额色黑、车克、觉罗郎球、明安达礼、济席哈、星讷为议政大臣，巴哈纳为刑部尚书，蓝拜罢。戊午，命和硕郑亲王世子济度，多罗信郡王多尼，多罗安郡王岳乐，多罗敏郡王勒都，贝勒尚善、杜尔祜、杜兰议政。辛酉，以阿尔津为安西将军，同马喇希移镇汉中。丙寅，以李化熙为刑部尚书。丁卯，尊太宗大贵妃为懿靖大贵妃，淑妃为康惠淑妃。

十一月庚午，以卓罗为靖南将军，同蓝拜等征广西余寇。己丑，祀天于园丘。庚寅，故明将白文选寇辰州，总兵官徐勇、参议刘升祚、知府王任杞死之。辛卯，尼堪抵湘潭，故明将马进忠等遁宝庆，追至衡山，击败之，又败之于衡州。尼堪薨于军。追封尼堪为和硕庄亲王。乙未，免忻、乐平等州县灾赋。

十二月辛丑，免太原、平阳、汾州、辽、沁、泽灾赋。壬寅，诏还清苑民三百余户所拨投充人地，仍免地租一年。官军复安福、永新。丙午撤卓罗等军回京。庚戌，幸南苑。戊午，还宫。广东贼犯香山，官军讨平之。己未，复命阿尔津为定南将军，同马喇希等讨辰、常余寇。甲子，免长武灾赋。

是年，达赖喇嘛来朝。朝鲜，厄鲁特部顾实汗、巴图鲁诺颜，喀尔喀部土谢图汗下戴青诺颜、喇吗达尔达尔汉诺颜，索伦部索郎阿达尔汉及班禅胡土克图、第巴、巴喀胡土克图喇嘛俱来贡。厄鲁特顾实汗三至。

十年春正月庚午，谕曰："朕自亲政以来，但见满臣奏事。大小臣工，皆朕腹心。嗣凡章疏，满、汉侍郎、卿以上会同奏进，各除推诿，以昭一德。"辛未，谕："言官不得捃摭细务，朕一日万几，岂无未合天意、未顺人心之事。诸臣其直言无隐。当者必旌，戆者不罪。"癸酉，免庄浪、红城堡、洮州卫灾赋。庚辰，改洪承畴为弘文院大学士，陈名夏为秘书院大学士。庚辰，以贝勒吞齐为定远大将军，统征湖南军，授以方略。丙戌，以多罗额驸内铎为议政大臣。诏三品以上大臣各举所知，仍严连坐法。庚寅，调金之俊为左都御史，以刘昌为工部尚书。癸巳，更定多罗贝勒以下岁俸。丙申，幸内苑，阅《通鉴》。上问汉高祖、文帝、光武及唐太宗、宋太祖、明太祖孰优。陈名夏对曰："唐太宗似过之。"上曰："不然，明太祖立法可垂永久，历代之君皆不及也。"

二月庚子，封蒿齐忒部台吉噶尔玛萨望为多罗郡王。壬子，大学士陈之遴免。甲寅，以陈之遴为户部尚书。乙卯，以沈永忠为剿抚湖南将军，镇守湖南。己未，裁各部满尚书之复者。庚申，以高尔俨为弘文院大学士，费扬古为议政大臣。辛酉，明安达礼、刘余佑有罪，免。甲子，喀尔喀部土谢图汗下贲塔尔、衮布、奔巴世希、扎穆苏台吉率所部来归。

三月戊辰，幸南台较射。上执弓曰："我朝以此定天下，朕每出猎，期练习骑射。今综万几，日不暇给，然未尝忘也。"赐太常寺卿汤若望号通玄教师。免山西岢岚、保德七十四州县六年逋赋,代、榆次十二州县十之七。己巳,封喀尔喀部贲塔尔为和硕达尔汉亲王,衮布为卓礼克图郡王,奔巴世希为固山贝子。免蓟、丰润等十一州县九年灾赋。庚午,幸南苑。甲戌,免五台县逋赋及八年额赋之半。己卯,免江西六年荒地逋赋。辛巳,设宗学,亲王、郡王年满十岁,并选师教习。乙酉,还宫。丙戌,济席哈免,以噶达浑为兵部尚书。甲午,复以冯铨为弘文院大学士。

夏四月丁酉,亲试翰林官成克巩等。庚子,御太和殿,召见朝观官,谕遣之。谕曰:"国家官人,内任者习知纪纲,外任者谙于民俗,内外敭历,方见真才。今亲试词臣,其未留任者,量予改授,照词臣外转旧例,优予司、道各官。"始谕吏部、都察院举京察。甲辰,免湖南六年至九年逋赋、山西夏县荒赋。丙午,以佟国器为福建巡抚。丁未,以图海为弘文院大学士。壬子,以旱,下诏求直言,省刑狱。甲寅,命提学御史、提学道清厘学政。定学额,禁冒滥。改折民间充解物料,行一条鞭法。丁巳,定满官离任持服三年例。己未,以成克巩为吏部尚书。癸亥,免福州等六府九年以前荒赋三之一。

五月甲戌,停御史巡按直省。免祥符等七县九年灾赋,沔阳、潜江、景陵八年灾赋。乙亥,封郑芝龙为同安侯,子成功为海澄公,弟鸿逵为奉化伯。以喀喀木为靖南将军,征广东余寇。免历城等六十九州县八、九年灾赋。丁丑,定旌表宗室节教贞烈例。己卯,诏曰:"天下初定,疮痍未复,频年水旱,民不聊生,饥寒切身,迫而为盗。魁恶虽多,岂无冤滥,协从沈陷,自拔无门。念此人民,谁非赤子,摧残极易,生聚甚难,概行诛锄,深可悯恻。兹降殊恩,曲从宽宥,果能改悔,咸与自新。所在官司,妥为安插,兵仍补伍,民即归农,不愿还乡,听其居住,勿令失所。咸使闻知。"庚辰,定热审例。乙酉,追封舒尔哈齐为和硕亲王,额尔滚、界堪、雅尔哈齐、祜塞为多罗郡王。免武昌、汉阳、黄州、安陆、德安、荆州、岳州九年灾赋。庚寅,加洪承畴太保,经略湖广、广东、广西、云南、贵州。壬辰,以张秉贞为刑部尚书。甲午,免霸、保定等三十一州县九年灾赋。

六月乙未朔，追封塔察篇古、穆尔哈齐为多罗贝勒。丁酉，谕曰："帝王化民以德，齐民以礼，不得已而用刑。法者天下之平，非徇喜怒为轻重也。往者臣民获罪，必下部议，以士师之任，职在明允。乃或私心揣度，事经上发，则重拟以待亲裁；援引旧案，又文致以流刻厉。朕群生在宥，临下以宽。在饥寒为盗之民，尚许自首，遐方未服之罪，亦予招携。况于甿庶朝臣，岂忍陷兹冤滥？自后法司务得真情，引用本律，构距罗织，悉宜痛革，以臻刑措。"大学士高尔俨免。癸卯，复秋决朝番例。乙巳，命祖泽远专督湖广，孟乔芳兼督四川。丙午，免慈溪等五县八年灾赋。辛亥，赐故明殉难大学士范景文、户部尚书倪元璐等及太监王承恩十六人谥，并给祭田，所在有司致祭。改折天下本色钱粮，行一条鞭法。癸丑，贝勒吞齐等败孙可望于宝庆。壬子，以李率泰为两广总督。庚申，慈宁宫成。辛酉，增置内三院汉大学士，院各二人。癸亥，谕曰："唐、虞、夏、商未用寺人，至周仅具其职，司阍逢洒扫、给令而已。秦、汉以来，始假事权，加之爵禄，典兵干政，贻祸后代。小忠小信，固结主心；大慝大奸，潜持国柄。宫庭遂密，深居燕间，淆是非，以涸贤奸，刺喜怒而张威福，变多中发，权乃下移。历览覆车，可为鉴戒。朕酌古准今，量为设置，级不过四品。非奉差遣，不许擅出皇城。外官有与交结者，发觉一并论死。

闰六月丙寅，以成克巩为秘书院大学士，张端为国史院大学士，刘正宗为弘文院大学士。乙亥，以金之俊为吏部尚书。庚辰，谕曰："考之洪范，作肃为时雨之征，天人感应，理本不爽。朕朝乾夕惕，冀迓天休。乃者都城霖雨匝月，积水成渠，坏民庐舍，穷黎垫居艰食，皆朕不德有以致之。今一意修省，祗惧天戒。大小臣工，宜相儆息。"

秋七月甲午朔，上以皇太后谕，发节省银八万两赈兵民潦灾。辛丑，以宜永贵为南赣巡抚。庚戌，皇第二子福全生。辛酉，以安郡王岳乐为宣威大将军，率师驻防归化城。

八月壬午，以太宗十四女和硕公主下嫁平西王吴三桂子应熊。

尚可喜克化州、吴川。甲申,定武职品级。丙戌,以雷兴为河南巡抚。己丑,废皇后为静妃。辛卯,李定国犯平乐,府江道周永绪,知府尹明廷,知县涂起鹏、华钟死之。

九月壬子,复刑部三覆奏例。丙辰,耿继茂、喀喀木克潮州。丁巳,孟乔芳讨故明宜川王朱敬镠于紫阳,平之。

冬十月癸亥朔,命田雄移驻定海。乙丑,马光辉等讨叛将海时行于永城,时行伏诛。丙寅,遣济席哈讨山东土寇。乙酉,设粥厂赈京师饥民。免通、密云等七州县灾赋。戊子,命大学士、学士于太和门内更番入直。

十一月甲午,祀天于圜丘。戊戌,郑成功不受爵,优谕答之。戊申,以亢得时为河南巡抚。己酉,官军讨西宁叛回,平之。乙卯,朱玛喇、金之俊免。丙辰,免江南灾赋。戊午,刘清泰剿九仙山贼,平之。己未,免江西五十四州县灾赋。

十二月丙寅,以陈泰为宁南靖寇大将军,同蓝拜镇湖南。丁卯,以吕宫为弘文院大学士,博博尔代为议政大臣,冯圣兆为偏沅巡抚。辛未,幸南苑。甲戌,免金华八县九年灾赋。癸未,设兵部督捕官。以罗华为议政大臣。甲申,免开封、彰德、卫辉、怀庆、汝宁九年、十年灾赋。丙戌,郑成功犯吴淞,官军击走之。丁亥,还宫。是夜,地震有声。

是年,朝鲜,琉球,喀尔喀部土谢图汗下索诺额尔德尼、额尔德尼哈谈巴图鲁、厄鲁特部顾实汗、顾实汗下台吉诺穆齐,索伦部巴达克图,富喇村宜库达,黑龙江乌默忒、额尔多科,乌思藏达赖喇嘛俱来贡。朝鲜再至。

十一年春正月辛丑,罢织造官。戊申,免江宁、安徽、苏松、常、镇、庐、凤、淮、徐、滁上年灾赋。己酉,以袁廓宇为偏沅巡抚,胡全才抚治郧阳。庚戌,广东仁化月峒贼平。癸丑,郑成功犯崇明、靖江、泰兴,官军击走之。甲寅,以金砺为川陕三边总督。乙卯,郑成功犯金山。丁巳,免顺德、广平、大名、天津、蓟州上年灾赋。辛酉,官军击贼于桃源，诛伪总兵李阳春等。

二月癸亥，朝日于东郊。丙寅，谕曰："言官为耳目之司，朕屡求直言，期遇綦切。乃每阅章奏，实心为国者少，比党徇私者多，朕甚不取。其涤肺肠以新政治。"以金之俊为国史院大学士。庚午，甄别直省督抚，黜陟有差。丙子，始耕耤田。戊寅，免江西缺额丁赋。辛巳，命尚可喜专镇广东，耿继茂移驻桂林。壬午，以马鸣佩为宣大山西总督，耿焞为山东巡抚，陈应泰为山西巡抚，林天擎为湖广巡抚，黄图安为宁夏巡抚。癸未，官军复平远县。甲申，谕曰："比年以来，军兴未息，供亿孔殷，益以水旱，小民艰食，有司失于拊循，流离载道。朕心恻然，不遑寝处。即核库储，亟图赈抚。"己丑，免河南州县卫所十年灾赋。庚寅，以李阴祖为直隶山东河南总督。

三月壬辰，官军击桂东贼，擒其渠赖龙。戊戌，免湖广襄阳、黄州、常德、岳州、永州、荆州、德安及辰、常、襄三卫，山东济南、东昌十年灾赋。辛丑，宁完我劾陈名夏罪，鞫实，伏诛。乙巳，以王永吉为左都御史。戊申，皇第三子玄烨生，是为圣祖。以蒋赫德为国史院大学士。乙卯，以多罗慧哲郡王额尔滚、多罗宣献郡王界堪、多罗通达郡王雅尔哈济配享太庙。以孟明辅为兵部尚书。

夏四月壬戌，贼渠曹志攀犯饶州，官军击败之，志攀降。庚午，四川贼魏勇犯顺庆，官军击败之。壬申，地震。官军击故明将张名振等于崇明，败之。癸酉，免洛南上年灾赋三之一。己卯，幸南苑，赉所过农民金。乙酉，免保康等四县上年被寇灾赋。丁亥，以王永吉为秘书院大学士，秦世桢为浙江巡抚。戊子，江地寇徐可进、朱元等降。

五月壬辰，上还宫。甲午，幸西苑，赐大臣宴。庚子，以胡图为议政大臣。甲辰，免平凉卫上年灾赋。丙午，起党崇雅为国史院大学士，以龚鼎孳为左都御史。丁未，遣官录直省囚。庚戌，免兴安、汉阴、平利等州县上年灾赋。辛亥，太白昼见。丙辰，以杨麒祥为平南将军，驻防杭州。

六月己未朔，河决大王庙。丙寅，陕西地震。丁卯，以朱玛喇为靖南将军,征广东余寇。甲戌,立科尔沁镇国公绰尔济女博尔济锦氏为皇后。庚辰,大赦。

秋七月戊子朔,封琉球世子尚质为中山王。壬辰,免秦州、朝邑、安定灾赋。戊申,免镇原、广宁二县灾赋。丙辰,以佟代为浙闽总督。

八月戊午朔,免延安府荒赋。己未,官军剿瑞金余寇,诛伪都督许腾可等。庚申,罢直省恤刑官,命巡抚虑囚。辛酉,免真宁县十年灾赋。壬戌,山东淄州、阳谷等县地震有声。甲戌,以张中元为江宁巡抚。丙子,以张秉贞为兵部尚书。庚辰,以傅以渐为秘书院大学士,任濬为刑部尚书。壬午,故明乐安王朱议𬀩谋反,伏诛。

九月己丑,范文程以病罢。免西安、平凉、凤翔三府十年灾赋。庚寅,封线国安为三等伯。壬辰,申严隐匿逃人之禁。癸巳,免宣府、万全右卫灾赋。丙申,以董天机为直隶巡抚。壬子,以冯圣兆为延绥巡抚。

冬十月丁巳朔,享太庙。辛未,免庐、凤、淮、阳四府,徐、滁、和三州灾赋。丁丑,命重囚犯罪三法司进拟,仍令议政王、贝勒、大臣详议。壬午,赈畿辅被水州县。免祁阳等七县逋赋。李定国陷高明,围新会,耿继茂请益师。

十一月丁亥,以陈泰为吏部尚书,阿尔津为正蓝旗满洲固山额真。尚可喜遣子入侍。壬寅,诏曰:"朕缵承鸿绪,十有一年,治效未臻,疆圉多故,水旱叠见,地震屡闻,皆朕不德之所致也。朕以眇躬托于王公臣庶之上,政教不修,疮痍未复,而内外章奏,辄以'圣'称,是重朕之不德也。朕方内自省抑,大小臣工亦宜恪守职事,共弥灾患。凡章奏文移,不得称'圣'。大赦天下,咸与更始。"癸卯,幸南苑。甲辰,耿继茂遣子入侍。

十二月辛酉,和硕承泽亲王硕塞薨。戊辰,免荆门、钟祥等六州县灾赋。己巳,免磁、祥府等三十六州县灾赋。壬申,以济度为定远大将军,征郑成功。尚可喜、耿继茂、朱玛喇败李定国于新会,定国遁走。乙亥,郑成功陷漳州,围泉州。丁丑,命明安达礼征罗刹。免西安五卫荒赋。江西贼霍武等率众降。

是年,朝鲜,琉球,厄鲁特部阿巴赖诺颜、诺门汗、额尔德尼达云绰尔济,索伦部索朗噶达尔汉,汤古忒部达赖喇嘛、谛巴班禅胡土克图均来贡。

十二年春正月戊子,官军败敌于玉版巢,又击藤县贼,破之。庚寅,免东平、济阳等十八州县上年灾赋。乙未,免直隶八府,河南彰德、卫辉、怀庆上年灾赋。戊戌,诏曰:“亲政以来,五年于兹。焦心劳思,以求治理,日望诸臣以嘉谟入告,匡救不逮。乃疆圉未靖,水旱频仍,吏治堕污,民生憔悴,保邦制治,其要莫闻。诸王大臣皆亲见祖宗创业艰难,岂无长策,而未有直陈得失者,岂朕听之不聪,虚怀纳谏有未尽欤?天下之大,几务之繁,责在一人,而失所辅导。朕虽不德,独不念祖宗培养之泽乎!其抒忠荩,以慰朕怀。”辛丑,以韩岱为吏部尚书,伊尔德、阿喇善为都统。癸卯,以于时跃为广西巡抚。甲辰,命在京七品以上,在外文官知府、武官副将以上,各举职事及兵民疾苦,极言无隐。辛亥,修《顺治大训》。

二月庚申,复遣御史巡按直省。壬戌,大学士吕宫以疾免。癸亥,免成安等六县上年灾赋。己巳,赈旗丁。免平凉、汉阴二县上年灾赋。丙子,封博穆博和尔为和硕襄亲王。免滨、宁阳等二十一州县上年灾赋。己卯,免滁、和二州上年灾赋。庚辰,以陈之遴为弘文院大学士,王永吉为国史院大学士。癸未,耿继茂、尚可喜败李定国于兴业。广东高、雷、廉三府,广西横州平。

三月戊子,免湖广石门县上年灾赋。以戴明说为户部尚书。庚子,以佟国器为南赣巡抚,宜永贵为福建巡抚。壬寅,免郧阳、襄阳二府上年被寇荒赋。甲辰,赐图尔宸,史大成等进士及第出身有差。丁未,削绩顺公沈永忠爵。壬子,谕曰:“自明末扰乱,日寻干戈,学问之道,阙焉弗讲。今天下渐定,朕将兴文教,崇儒术,以开太平。直省学臣,其训督士子,博通古今,明体达用。诸臣政事之暇,亦宜留心学问,佐朕右文之治。”癸丑,设日讲官。

夏四月乙丑，免沈邱及怀庆卫上年灾赋。丁丑，进封尼思哈为和硕敬谨亲王，齐克新为和硕端重亲王。癸未，诏修太祖、太宗圣训。

五月乙酉，以图海兼刑部尚书。辛卯，和硕郑亲王济尔哈朗薨，辍朝七日。丁酉，以石廷柱为镇海将军，驻防京口。戊戌，以胡沙为镶黄旗固山额真。庚子，以觉罗巴哈纳为弘文院大学士。辛丑，灵邱县地震有声。乙巳，以觉罗郎球为户部尚书。丙午，以李际期为兵部尚书。丁未，以恩格德为礼部尚书。乙酉，以卫周祚为工部尚书。

六月甲寅，免杭州、宁波、金华、衢州、台州灾赋。丁卯，谕曰："朕览法司章奏，决囚日五、六人，或十余人。念此遇氓，兵戈灾祲之后，复罹法纲，深可悯恻。有虞之世，民不犯于有司。汉文帝、唐太宗亦几致刑措。今犯法日众，岂风俗日偷欤？抑朝廷德教未敷，或谳狱者有失人欤？嗣后法司其明慎用刑，务求平允。"戊辰，免房山县上年灾赋。桂王将刘文秀寇常德，遣其党犯岳州、武昌，官军击走之。己卯，封博果铎为和硕庄亲王。辛巳，命内十三衙门立铁牌。谕曰："中官之设，自古不废。任使失宜，即贻祸乱。如明之王振、汪直、曹吉祥、刘瑾、魏忠贤辈，专权擅政，陷害忠良，出镇典官，流毒边境，煽党颂功，谋为不轨，覆败相寻，深可鉴戒。朕裁定内官职掌，法制甚明。如有窃权纳贿，交结官员，越分奏事者，凌迟处死。特立铁牌，俾世遵守。"

秋七月癸未朔，日有食之。壬辰，复遣廷臣恤刑。辛亥，命直省绘进舆图。

八月丙辰，免灵邱县灾赋。癸亥，以阿尔津为宁南靖寇大将军，同卓罗驻防荆州，祖泽润防长沙。乙丑，以多罗安郡王岳乐为左宗正，贝勒杜兰为右宗正。癸酉，谕曰："畿辅天下根本，部臣以运河决口，议内通赋。朕念畿内水旱相仍，人民荼苦，复供旧税，其何以堪。今悉与蠲免。工筑之费，别事筹画。"免曹、城武等七州县及临清卫、齐河屯上年灾赋。

九月癸未，免凤阳灾赋。壬寅，定武会试中式殿试如文进士。朱玛喇、敦拜师还。丙午，颁御制《资政要览》、《范行恒言》、《劝善要言》、《儆心录》，异姓公以下，文三品以上各一部。戊申，免两当、宁远二县灾赋。

冬十月辛亥朔，设尚宝司官。壬子，免蔚州及阳和、阳高二卫灾赋。乙未，免甘州、肃州、凉州、西宁灾赋。辛酉，命每年六月虑囚，七月覆奏，著为令。癸亥，免磁、获嘉等八州县灾赋。甲子，免隆平十一年以前逋赋、淄川等八县灾赋。丙寅，免宣府、大同灾赋。戊辰，诏曰："帝王以德化民，以刑辅治。苟律例轻重失宜，官吏舞文出入，政平讼理，其道曷由。朕览谳狱本章，引用每多未惬。其以现行律例缮呈，朕将亲览更定之。"辛未，以祝世允为镶红旗满州固山额真。癸酉，以孙廷铨为兵部尚书。乙亥，修玉牒。丙子，龚鼎孳以罪免。

十一月壬午，免滨、堂邑等十三州县灾赋。癸未，郑成功将犯舟山。乙酉，巡按御史顾仁坐纳贿，弃市。丁亥，谕曰："国家设督抚巡按，振纲立纪，剔弊发奸，将令互为监察。近来积习，乃彼此容隐。凡所纠劾止末员，岂称设官之意。嗣有瞻顾徇私者，并坐其罪。"郑成功将陷舟山，副将把成功降于赋。戊子，幸南苑。免郧阳、襄阳逋赋，汲、淇、胙城等县灾赋。戊申，免临漳灾赋。

十二月丙辰，免耀州、同官、难南灾赋。癸亥，免安吉、仁和等十州县，宣化八卫灾赋。乙丑，颁《大清满字律》。免临清、齐河等十州县，东昌卫灾赋。丙寅，于时跃、祖泽远平九围两都瑶、僮一百九十二寨。己巳，多罗敏郡王勒度薨。癸酉，免涿、庆云等三十三州县，永平卫灾赋。甲戌，以宜尔德为宁海大将军，讨舟山寇。以秦世祯为安徽巡抚，提督操江，陈应泰为浙江巡抚，白如梅为山西巡抚。免临海等十八县，祥符、兰阳二县，怀庆、群牧二卫灾赋。

是年，喀尔喀部额尔德尼诺穆齐台吉、门章墨尔根楚虎尔台吉、伊世希布额尔德尼台吉、额尔克戴青台吉来朝。朝鲜，喀尔喀部毕席勒尔图汗、温布额尔德尼、泽卜尊丹巴胡土克图、丹律喇嘛、车臣汗、土谢图汗、土谢图汗下喇嘛塔尔达尔汉诺颜,厄鲁特部杜喇尔浑津台吉、都喇尔浑津阿里录克三拖因、阿巴赖诺颜、鄂齐尔图台吉、噶尔丹霸,索伦部马鲁凯,讷墨礼河头目伊库达,黑龙江头目库拜,班禅胡土克图,俄罗斯察干汗遣使均来贡。朝鲜三至。厄鲁特阿巴赖、鄂齐尔图台吉再至。

十三年春正月庚辰朔,幸南苑。癸未,谕修《通鉴全书》、《孝经衍义》。丙申,免汉中、凤翔、西安上年灾赋。己亥,郑成功将犯台州,副将马信以城叛,降于贼,庚子,免广德上年灾赋十之一。甲辰,免富阳等六县上年灾赋。己巳,免江西八年逋赋。

二月戊午,免荆州、安陆、常德、武昌、黄州上年灾赋。庚申,免广平上年灾赋。丙寅,免岢岚、五台上年灾赋。戊辰,命两广总督移驻梧州。官军败李定国于南宁。庚午,定部院满官三年考满、六年京察例。以李率泰为浙闽总督,王国光为两广总督。甲戌,以赵布泰为镶黄旗固山额真。丙子,幸南苑,较射。免东平、仆、长山上年灾赋。己卯,大学士冯铨致仕。

三月庚辰,幸瀛台。癸未,免景陵等九县上年灾赋。癸巳,以费雅思哈为议政大臣,马之先为川陕三边总督。乙未,陈之遴有罪,以原官发盛京闲住。癸卯,谕曰:"朝廷立贤无方,比来罢谴虽多南人,皆以事论斥,非有所左右也。诸臣毋歧方隅,毋立门户,毋挟忿肆诬,毋擅嫌苟讦,庶还荡平之治。"丙午,谕曰:"朕亲政以来,夙夜兢业,每期光昭祖德,蚤底治平,克当天心,以康民物。方睿王摄政,斥忠任奸,百姓怨嗟,望朕亲政。乃者冬雷春雪,陨石雨土,所在见告。六载之中,康乂未奏,灾祲时闻。是朕有负于百姓也。用是恐惧靡宁,冀昭告于上帝祖宗,实图省戒,有司其涓日以闻。"夏四月辛亥,广西故明永安王朱华堨及土司来降。乙卯,以灾变祭告郊庙。辛酉,官军破贼姚黄于夷陵。壬戌,太康阳曲地震。丁卯,以觉罗科尔坤为吏部尚书。庚午,免麟游荒赋。壬申,以梁清标为兵部尚书。丁丑,尚可喜复揭阳、普宁、澄海三县。

五月辛卯，免大宁荒赋。癸巳，幸南苑。己亥，以罗托为镶蓝旗满洲固山额真。觉罗郎球免。命明安达礼为理藩院尚书。以张悬锡为宣大总督。免荆门、京山等十一州县，襄阳卫上年灾赋。

闰五月戊申，幸瀛台。丙辰，广西都康等府土官来降。己未，乾清宫、坤宁宫、交泰殿及景仁、永素、承乾、翊坤、钟粹、储秀宫成。以郎廷佐为江南江西总督，刘汉祚为福建巡抚。丙寅，以张朝璘为江西巡抚。

六月己丑，谕曰："满洲家人皆征战所得，故立严法以儆逋逃。比年株连无已，朕心恻焉。念此仆隶，亦皆人子。苟以恩结，宁不知感。若任情困辱，虽严何益。嗣后宜体朕意。"壬辰，莒州地震有声。庚子，免桃源上年荒赋。辛丑，容美土司田吉麟降。癸卯，命固山额真郎赛驻防福建。撤直省督催税粮满官。宁化贼帅黄素禾来降。

秋七月丁未朔，享太庙。戊申，官军败明桂王将龙韬于广西，斩之。己酉，和硕襄亲王博穆博果尔薨。庚戌，郑成功将黄梧等以海澄来降。壬子，上初御乾清宫。癸丑，大赦。戊午，以佟延年为甘肃巡抚。

八月戊寅，免广信、饶州、吉安上年灾赋。己丑，免莆田、仙游、兴平卫十一、十二两年灾赋。辛卯，赈畿辅。壬辰，封黄梧为海澄公。停满官榷关。癸巳，郑成功军陷闽安镇，进围福州，官军击却之。丁酉，免顺天比年灾赋。己亥，免靖远、洮岷等卫灾赋。辛丑，命三年大阅，著为令。乙己，免大同上年灾赋。

九年丙午，官军败郑成功将于夏关，又败之于衡水洋，遂复舟山。癸亥，郑成功将官顾忠来降。壬申，追封和硕肃亲王豪格为和硕武肃亲王。

冬十月丁丑，以蒋国柱为安徽巡抚，提督操江。戊寅，设登闻鼓。己卯，免宣府灾赋，延绥镇神木县十之三。庚辰，四川贼帅邓希明、张元凯率众降。甲午，以胡全才为湖广总督。乙未，幸南苑。丙申，以张尚抚治郧阳。辛丑，官军复辰州。壬寅，免和顺县灾赋十之三。永顺土司彭弘澍率所属三州六司三百八十洞来降。癸卯，命陈之遴还京。

十一月丙午,还宫。丁未,兴京陵工成。庚戌,祀天于圜丘。辛亥,幸南苑。申严左道之禁。戊午,免清水县、凤翔所灾赋。丙寅,以张长庚为湖广巡抚。免海州荒赋。辛未,免洛川灾赋。

十二月丁卯,册内大臣鄂硕女董鄂氏为皇贵妃,颁恩赦。戊子,还宫。己丑,封盆挫监挫为阐化王。乙未,以李阴祖为湖广总督。丁酉,加上皇太后尊号曰昭圣慈寿恭简安懿章庆皇太后。戊戌,颁恩赦。

是年,土谢图亲王巴达礼、卓礼克图亲王吴克善、达尔汉巴图鲁郡王满朱习礼、固伦额驸阿布鼐亲王来朝。朝鲜,荷兰,土鲁番,乌斯藏阐化王,喀尔喀部索特拔、宜尔登讷颜、喇嘛塔尔多尔济达尔汉诺颜、车臣汗、土谢图汗、土谢图汗下丹津喇嘛、戴青、额尔德尼喇嘛,厄鲁特部达赖吴巴什台吉、讷穆齐台吉、阿巴赖讷颜、察罕台吉、马赖台吉、什虎儿戴青、额尔德尼台吉、顾实汗下色稜诺颜,索伦部达尔巴均来贡。喀尔喀土谢图汗、宜尔登诺颜再至。

十四年春正月辛亥,祈谷于上帝,以太祖武皇帝配。癸丑,以魏裔介为左都御史。甲寅,宜尔德师还。乙卯,以张悬锡为直隶山东河南总督。官军败郑成功将于乌龙江,又败之于惠安县。戊午,谕曰:"制科取士,计吏荐贤,皆朝廷公典。臣子乃以市恩,甚无谓也。师生之称,必道德相成,授受有自,方足当之。岂可攀援权势,无端亲匿。考官所得,及荐举属吏,辄号门生。贿赂公行,径窦百出,赞营党附,相煽成风。朕欲大小臣工杜绝弊私,恪守职事,犯者论罪。"修金陵寝。庚申,以卢崇峻为宣大总督。甲子,谕曰:"我国家之兴,治兵有法。今八旗人民,怠于武事,遂至军旅隳敝,不及曩时。皆由限年定额,考取生童,乡会两试,即得录用,及各衙门考取他赤哈哈番、笔帖式,徒以文字得官,迁转甚速,以故人乐趋之。其一切停止。丁卯,封猛峨、塔尔纳为多罗郡王,多尔傅为多罗贝勒,皇贵妃父鄂硕为三等伯。

二月戊寅，祭社稷。命儒臣纂修易经。癸未，故明崇阳王朱蕴铃等来降。丁酉，祭历代帝王庙。己亥，宽隐匿逃人律。以赛音达理为正白旗汉军固山额真。庚子，山西云镇地震有声。癸卯，免沔阳、益阳上年灾赋。

三月己酉，奉太宗文皇帝配享园丘及祈谷坛。多罗郡王塔尔纳薨。壬子，奉太祖武皇帝、太宗文皇帝配享方泽。癸丑，以配享礼成，大赦天下。甲寅，诏求遗书。丙辰，复孔子位号曰至圣先师。丁卯，定远大将军济度师还。

夏四月甲戌，兴宁县雷连十二峒瑶官庞国安等来降。丁丑，流郑芝龙于宁古塔。癸未，四川保宁府威、茂二州地大震。乙酉，以济席哈为正红旗满洲都统。丁亥，以久旱，恤刑狱。辛卯，祷雨于郊坛，未还宫，大雨。丁酉，幸南苑。戊戌，置盛京奉天府。

五月癸卯朔，日有食之。丙午，以道喇为正红旗蒙古固山额真。甲寅，封济度为和硕简亲王。丁巳，以觉罗伊图为兵部尚书。戊午，还宫。

六月辛巳，免彰德、卫辉二府上年灾赋。壬午，免武陵县上年灾赋。辛丑，洪承畴以疾解任。

秋七月丙辰，削左都御史魏裔介职，仍戴罪办事。庚申，以朱之锡为河道总督。

八月壬申，命敦拜为总管，驻防盛京。己丑，免山西荒地逃丁徭赋。丙申，郑成功犯台州，绍台道蔡琼枝叛，降于贼。丁酉，赉八旗贫丁。

九月辛丑，以亢得时为漕运总督，李国英为川陕三边总督。丙午，初御经筵。以贾汉复为河南巡抚。癸丑，以高民瞻为四川巡抚。停直省秋决。丙寅，官军复闽安镇。丁卯，京师地震有声。戊辰，诏曰："自古变不虚生，率由人事。朕亲政七载，政事有乖，致灾谴见告，地震有声。朕躬修省，文武群臣亦宜协心尽职。朕有阙失，辅臣陈奏毋隐。"

冬十月壬申，以开日讲祭告先师孔子于弘德殿。免新乐上年灾赋。癸酉,命固山额真赵布泰驻防江宁。丙子,皇第四子生。修《赋役全书》。辛巳,幸南苑。乙酉,阅武。丁亥,修孔子庙。戊子,还宫。庚寅,改梁化凤为水师总兵官,驻防崇明。甲午,顺天同官李振邺、张我朴等坐受贿弃市。乙未,昭事殿、奉先殿成。

十一月壬寅,幸南苑。皇第五子常宁生。丙午,进安郡王岳乐为亲王。庚戌,免吉永等八县灾赋。戊午,免霸、宝坻等二十八州县,保安等四卫灾赋。辛酉,荆州贼田国钦等来降。壬戌,明桂王将孙可望来降。固山贝子吞齐喀以罪削爵。

十二月癸酉,复命洪承畴经略五省,同罗托等取贵州。免新建、丰城灾赋。甲戌,封孙可望为义王。癸未,命吴三桂自四川,赵布泰自广西,罗托自湖南取贵州。丙戌,明桂王将谭新传等降。丙申,以皇太后疾愈,赉旗兵,赈贫民。

是年,朝鲜,喀尔喀部毕席勒尔图汗、冰图台吉、额尔德尼韦征诺颜、吴巴什诺颜、土谢图汗下完书克诺颜,厄鲁特部敖齐尔图台吉子伊拉古克三、班第大胡土克图、绰克图台吉、巴图鲁台吉、达赖乌巴什台吉、索伦部马鲁喀、虎尔格吴尔达尔汉、东夷托科罗氏、南迪欧、达赖喇嘛、班禅胡土克图均来贡。朝鲜三至。

十五年春正月庚子,大赦。诏曰:"帝王孝治天下,礼莫大乎事亲。比者皇太后圣躬违和,朕凤夜尤惧。赖荷天眷,今已大安。遭兹大庆,宜沛殊恩。其自王公以下,中外臣僚,并加恩赉。直省逋赋,悉与豁免。吏民一切讹误,咸赦除之。"壬寅,停祭堂子。以多罗信郡王多尼为安远靖寇大将军,率师征云南。戊午,祀园丘,己未,祀方泽,辛酉,祀太庙、社稷,以太后疾愈故。皇第四子薨。丙寅,以周召男为延绥巡抚。

二月甲戌,赈畿辅。甲申,免武清、郭上年灾赋。己丑,减辽阳税额。辛卯,川东贼帅张京等来降。甲午,命部院官各条陈事宜。乙未,御经筵。

三月辛丑,李定国党闫龙等陷横州,官军击走之。甲辰,内监吴良辅以受贿伏诛。壬子,免襄阳、郧阳荒赋。戊午,追封科尔沁巴图鲁王女为悼妃。甲子,追封皇第四子为和硕荣亲王。

夏四月辛未,赐孙承恩等进士及第出身有差。丙子,官军败贼于合州,克重庆。癸未,免江夏等七县十三年灾赋。丙戌,较射于景山。辛卯,免淳化荒赋。大学士王永吉以罪免。壬辰,大学士陈之遴复以罪流盛京。

五月丁酉朔,日有食之。癸卯,调卫周祚为吏部尚书。戊申,以刘昌为工部尚书。更定铨选法。辛亥,郑成功将犯澄海,游击刘进忠以城叛,降于成功。壬子,免山东十一年以前逋丁逋课。己未,较射于景山。辛酉,裁詹事府官。壬戌,广西贼将贺九仪犯宾州,官兵击败之。癸亥,以胡世安、卫周祚、李尉为内院大学士。甲子,官军复沅靖,进取贵阳、平越、镇远等府,南丹、那地、独山等州,抚宁土司俱降。

六月戊辰,吴三桂等败李定国将刘正国于三坡,克遵义,拔开州。辛未,以赵廷臣为贵州巡抚。壬申,以佟国器为浙江巡抚,苏弘祖为南赣巡抚。丙子,官军败海寇于白沙。辛巳,以李栖凤为两广总督。甲申,以王崇简为礼部尚书。壬辰,免靖、沅陵等十五州县及平溪九卫所额赋。癸巳,郑成功犯温州,陷平阳、瑞安。

秋七月己亥,裁宣大总督。己酉,以潘朝选为保定巡抚。庚戌,沙尔虎达击罗刹,败之。改内三院大学士为殿阁大学士。设翰林院及掌院学士官。增各道御史三十人。己未,免桂阳、衡阳等十州县上年灾赋。甲子,以巴哈、费扬古、郭迈、屠禄会、马尔济哈、鄂莫克图、坤巴图鲁、邬布格德墨尔根袍、喀兰图、鄂色、博洛塞冷、巴特玛、巴泰俱为内大臣,赵国祚为浙江总督,李率泰专督福建。

八月癸酉,以李显贵为镶白旗汉军固山额真。丙子,敕谕多尼等,授以方略。李定国将王兴及水西宣慰使安坤等来降。癸巳,御经筵。

九月丁酉,以孙塔为镶蓝旗蒙古固山额真。庚戌,更定理藩院大辟条例。己酉,以能图为左都御史。壬子,赐镶黄、正黄、正白三旗官校金。甲寅,改内院大学士觉罗巴哈纳、金之俊为中和殿大学士,额色黑、成克巩为保和殿大学士,蒋赫德、刘正宗为文华殿大学士,洪承畴、傅以渐、胡世安为武英殿大学士,卫周祚为文渊州阁大学士,李蔚为东阁大学士。己未,免福州、兴化、建宁三府,福宁州十二、十三两年荒赋。癸亥,发帑赐出征军士家。

冬十月壬午,以祖重光为顺天巡抚。荆州、襄阳、安陆霪雨,江溢,漂没万余人。

十一月甲戌朔,海寇犯洛阳内港,官军击败之。乙未,免郧阳、襄阳荒赋。庚子,定宫中女官员额品级。辛丑,免林县灾赋十之三。江南考官方犹、钱开宗等坐纳贿弃市。

十二月壬甲,以索浑为镶白旗满洲固山额真。甲戌,免五台灾赋。壬午,故明宗室朱议翁率众降。乙酉,以邬赫为礼部尚书。免山阴等八县上年灾赋。戊子,以明安达礼为安南将军,率师驻防贵州。己丑,谕曰:"川、湖、云、贵之人,皆朕臣庶,寇乱以来,久罹汤火。今大军所至,有来归者,加意拊循,令其得所。能效力建功者,不靳爵赏。"

是年,朝鲜,喀尔喀部窦尔格齐诺颜、噶尔当台吉、土谢图汗、毕席勒尔图汗、丹津喇嘛,厄鲁特部阿巴赖诺颜,车臣台吉下车臣俄木布、鄂齐尔图台吉,索伦部达把代,库尔喀部塔尔善,使犬国头目替尔库,达赖喇嘛俱来贡。朝鲜、喀尔喀土谢图汗、厄鲁特阿巴赖诺颜再至。

十六年春正月甲午,桂王将谭文犯重庆,其弟谭诣杀之,及谭弘等来降。丁酉,以徐永正为福建巡抚。庚子,多尼克云南。以捷闻。初,多尼、吴三桂、赵布泰会师于平越府之杨老堡,分三路取云南。多尼自贵阳入,渡盘江至岭卫,与白文选遇,大败之。三桂自遵义至七星关,不得进,乃由水西间道趋乌撒。赵布泰自都匀至盘江之罗颜渡,败守将李成爵于山谷口,又败李定国于双河口,所向皆捷,遂俱抵云南,入省城。李定国、白文选奉桂王奔永昌。癸卯,以林天擎为云南巡抚。甲辰，以巴海为昂邦章京，驻防宁古塔。辛亥，赐外藩蒙古诸王贫乏者马牛羊。癸丑，以赵廷臣为云贵总督，卞三元为贵州巡抚。

二月丙寅，免潼关卫辛庄等屯上年灾赋。丁卯，海寇犯温州，官军击败之。庚午，以云、贵荡平，命今秋举会试。辛未，免荆州、潜江等九州县及沔阳、安陆二卫上年灾赋。丙子，命罗托等班师，明安达礼驻防荆州。壬午，以许文秀为山东巡抚。

三月丙申，以蒋国柱为江宁巡抚。己亥，以张仲第为延绥巡抚。戊申，以朱衣助为安徽巡抚。郑成功犯浙江太平县，官军击败之。己酉，御经筵。甲寅，命吴三桂镇云南，尚可喜镇广东，耿继茂镇四川。丁巳，免襄阳等六县灾赋。

闰三月壬戌，大学士胡世安以疾解任。丁卯，定犯赃例，满十两者流席北，应杖责者不准折赎。甲申，免钟祥县上年灾赋。图海有罪，免。丙戌，封谭弘为慕义侯，谭诣为响化侯。丁亥，以张自德为陕西巡抚。

夏四月甲寅，多尼、吴三桂军克镇南州，白文选纵火烧澜沧江铁桥遁走。我军进克永昌，李定国奉桂王走腾越，伏兵于磨盘山，我军力战，复克腾越。

五月壬戌，广西南宁、太平、思恩诸府平。己巳，以刘秉政为宁夏巡抚。晋封满朱习礼为和硕达尔汉巴图鲁亲王。戊寅，官军击成功于定关，败之，斩获甚众。辛巳，发内帑银三十万两，以其半赈云、贵穷黎，其半给征兵饷。

六月庚子，朝鲜国王李淏死。壬子，郑成功陷镇江府。

秋七月丁卯，以达素为安南将军，同索洪、赖塔等率师征郑成功。丙子，郑成功犯江宁。庚辰，幸南苑。甲申，还宫。

八月己丑朔，江南官军破郑成功于高山，擒提督甘辉等，烧敌船五百余艘。成功败遁，我军追至瓜州，敌兵大溃。先是，成功拥师十余万，战舰数千，抵江宁城外，列八十三营，络绎不绝，设大炮、地雷、云梯、木栅，为久困之计，军容其甚盛。我军噶褚哈、马尔赛等自荆州以舟师来援,会苏松水师总兵官梁化凤及游击徐登弟、参将张国俊等各以军至,总督郎廷佐合军会战,水陆并进,遂以捷闻。庚寅,御经筵。癸巳,幸南苑。以刘之源为镇海大将军,同梅勒章京张元勋等驻防镇江。以蔡士英为凤阳巡抚,总督漕运。宜永贵为安徽巡抚,提督操江。丙申,安南国都将武公悉遣使纳款于洪承畴军前。戊戌,还宫。甲辰,郑成功复犯崇明,官军击败之。乙己,幸南苑。丙午,还宫。

九月庚申,免台州四年至十年被寇税赋。乙亥,赐陆元文等进士及第出身有差。丁丑,以杜立德为刑部尚书。戊寅,予故朝鲜国王李淏谥,封世子㴣为国王。庚辰,以海尔图为镶蓝旗汉军固山额真。辛巳,尊兴京祖陵为永陵。甲申,幸南苑。

冬十月庚戌,洪承畴以疾解经略任。甲寅,奈曼部达尔汉郡王阿汉以罪削爵为庶人。

十一月己未,论故巽亲王满达海、端重亲王博洛、敬谨亲王尼堪前罪,削巽亲王、端重亲王爵,降其子为多罗贝勒。敬谨亲王独免。壬戌,以公渥赫、公朴尔岔为内大臣。丙寅,上猎于近畿。壬申,次昌平州,上醊酒明崇祯帝陵,遣学士麻勒吉祭王承恩墓。甲戌,遣官祭明帝诸陵,并增陵户,加修葺,禁樵采。戊寅,皇第六子奇授生。己卯,次汤泉。甲申,次三屯营。追谥明崇祯帝为庄烈愍皇帝。丙戌,吴三桂取沅江。

十二月戊戌,还京。乙巳,定世职承袭例。庚戌,加公主封号。壬子,命耿继茂移驻广西。

是年,朝鲜,喀尔喀部丹津喇嘛、土谢图汗、车臣汗、毕席勒尔图汗、鲁布藏诺颜、车臣济农、昆都伦托音、土谢图汗下多尔济台吉,厄鲁特部阿布赖诺颜、达来吴霸西诺颜、俄齐尔图台吉,黑龙江能吉勒屯头目韩批理,索伦部胡尔格为尔达尔汉俱来贡。朝鲜,喀尔喀部土谢图汗、丹津喇嘛再至。

十七年春正月丙寅,以朱国治为江宁巡抚。庚辰,京师文庙成。

以能图为刑部尚书。辛巳，诏曰："自古帝王，统御环区，治效已臻，则乐以天下，化理未奏，则罪在朕躬。敬天勤民，道不越此。朕续承祖宗鸿绪，兢兢图治，十有七年。乃民生犹未尽遂，贪吏犹未尽除，滇、黔伏戎未靖，征调时闻。反复思维，朕实不德，负上天之简畀，忝祖宗之寄托，虚太后教育之恩，孤四海万民之望。每怀于此，罔敢即安。兹以三年正月，祭告天地、太庙、杜稷，抒忱引责。自今以后，元旦、冬至及朕寿令节庆贺表章，俱行停止。特颁恩赦，官民除十恶死罪外，悉减一等，军流以下，咸赦除之。直省逋赋，概予豁免。有功者录，孝义者旌。诞告中外，咸使闻知。"免洮州卫上年灾赋。甲申，免莒、宁阳十二州县上年灾赋。

二月戊子，诏京官大学士、尚书自陈。其三品以下，亲加甄别。吴三桂军破贼于普洱。征南将军赵布泰师还。壬辰，尚书刘昌自陈年老，致仕。癸巳，免贵阳等六府及土司上年灾赋。复设凤阳巡抚，驻泰州。戊戌，甄察直省督抚及京职三品以上汉官，石申、冯溥等录叙黜降有差。壬寅，以林起龙为凤阳巡抚。免淮、扬、凤三府，徐州上年灾赋。定每年孟春合祭天地日月及诸神于大享殿。癸卯，谕礼部："向来孟春祈谷礼于大享殿举行，今既行合祭礼于大享殿，以后祈谷礼于圜丘举行。"壬子，免梁城所上年灾赋。

三月癸亥，定平西、靖南二藩兵制。甲子，以史纪功为浙江巡抚。辛未，谕礼部："朕载稽旧制，岁终袷祭之外，有奉先殿合祭之礼。自后元旦、皇太后万寿及朕寿节，合祀于奉先殿。共详议礼仪以闻。"论陷镇江罪，革巡抚蒋国柱、提督管效忠职，免死为奴，协领费雅柱等弃市。甲戌，定固山额真汉称曰都统，梅勒章京曰副都统，甲喇章京曰参领，牛录章京曰佐领，昂邦章京曰总管。满仍其旧。以袁懋功为云南巡抚。丙子，御经筵。癸未，定王、贝勒、贝子、公妻女封号。甲申，更定民公、侯、伯以下，章京以上盔缨制。

夏四月丙戌，免宝坻、丰润、武清上年灾赋。甲午，以张长庚为湖广总督。丙申，以刘祚远为保定巡抚，张椿为陕西巡抚。辛丑，诏定匿灾不报罪。癸卯，以白秉贞抚治郧阳。丙午，皇第七子隆禧生。

己酉,合祀天地于大享殿。

五月乙卯朔,以觉罗伊图为吏部尚书。庚申,免绥德、肤施五州县上年灾赋。甲子,以阿思哈为兵部尚书,苏纳海为工部尚书。甲戌,以佟壮年为正蓝旗汉军都统,郭尔泰为镶白旗蒙古都统。免沅州、镇远二卫上年灾赋。己卯,诏曰:"前者屡诏引咎责躬,由今思之,皆具文而鲜实益。且十二、十三年间,时有过举,经言官指陈,虽加处分,而此心介然未释。今上天示儆,亢旱疠疫,灾眚叠至。寇盗未息,民生困悴。用是深自刻责,夙夜靡宁。从前以言获罪者,吏部列名具奏。凡国计民生利害,及朕躬阙失,各直言无隐。"庚辰,以张天福为正黄旗汉军都统。壬午,觉罗巴哈纳等以旱引罪自陈。上曰:"朕以旱灾迭见,下诏责躬。卿等合辞引罪,是仍视为具文,非朕实图改过意也。卿等职司票拟,谨守成规,未能各出所见,佐朕不逮。是皆朕不能委任大臣之咎。自后专加委任,其殚力赞襄,秉公持正,以副朕怀。"多罗信郡王多尼师还。癸未,云南土司那嵛来降。

六月乙酉,始命翰林官于景运门入直。以阿思哈兼摄左都御史事。戊子,遣官省狱。以杨茂勋为湖广巡抚。免沣、巴陵十二州县及岳州等卫上年灾赋。己丑,增祀商中宗、高宗、周成王、康王、汉文帝、宋仁宗、明孝宗于历代帝王庙。罢辽太祖、金太祖、元太祖朝祀及宋臣潘美、张浚从祀。以苏纳海为兵部尚书。癸巳,以穆里玛为工部尚收,白色纯署河道总督。丙申,上以祷雨步至南郊斋宿。是日,大雨。戊戌,祀天于圜丘,又雨。己亥,大学士刘正宗、成克巩、魏裔介以罪免。辛丑,命修举天下名山大川、古帝王圣贤祀典。

秋七月甲辰朔,以霍达兼摄左都御史事。和硕简亲王济度薨。戊午,编降兵为忠勇、义勇等十营,隶吴三桂,以降将马宝等统之。丁卯,移祀北岳于浑源州。己巳,免荆州、祁阳十三州县及衡州等卫上年灾赋。庚午,免均、保康七州县及郧、襄二卫上年荒赋。以杨义为工部尚书。丁丑,命耿继茂移驻福建。宁古塔总管巴海败罗刹于使犬部地,招抚费牙喀十五村一百二十余户。改徙席北流犯于宁古塔。庚辰,停遣御史巡按直省。壬午,以罗托为安南将军,率师征郑成功。癸未，能图免。

八月丁亥，以彭有义为河南巡抚。己丑，免化、茂名四州县及高州所上年灾赋。庚寅，免武冈上年灾赋。丙申，云南车里土司刀木祷来降。戊戌，以沈永忠为挂印将军，镇守广东。辛丑，以爱星阿为定西将军，征李定国。壬寅，皇贵妃董鄂氏死，辍朝五日。甲辰，追封董鄂氏为皇后。己酉，降将郝承裔叛，陷邛州，围嘉定，官军击败之。辛亥，以穆里玛为镶黄旗满洲都统。

九月癸丑朔，安南国王黎维祺奉表来降。甲子，以佟凤彩为四川巡抚。丁卯，伪将邓耀据海康，官军击走之。壬申，以王登联为保定巡抚。甲戌，免保昌六县及南、韶二所十四年灾赋。戊寅，幸昌平，观故明诸陵。己卯，还宫。

冬十月丁亥，以觉罗雅布兰为刑部尚书。戊子，罢朝鲜贡鹰。辛卯，幸近郊。甲午，还宫。己亥，以郭科为工部尚书。丁未，免睢、商邱十一州县及归德、睢阳二卫上年灾赋。

十一月甲寅，免赵柏乡四州县及真定卫上年灾赋。乙卯，免宁、上饶四十六州县上年灾赋。丁巳，撤直省恤刑官。安南将军明安达礼师还。辛酉，大学士刘正宗以罪免。壬戌，复遣御史巡按直省。乙丑，敬谨亲王尼思哈死。戊寅，免睢、虞城六州县灾赋。庚辰，免五河、安东上年灾赋。

十二月癸巳，免邳、宿迁四州县灾赋。戊戌，免庆都灾赋。甲辰，皇第八子永干生。

是岁，朝鲜，喀尔喀部丹津喇嘛，土谢图汗下万舒克诺颜、七旗，厄鲁特部鄂齐里汗，达赖喇嘛、班禅胡土克图，阿里禄克山托因，虎尔哈部宜讷克，俄罗斯部察罕汗，使鹿索伦部头目布勒，苏定噶、索朗阿达尔汉子查木苏来贡。朝鲜再至。

十八年春正月壬子，上不豫。丙辰，大渐。赦死罪以下。丁巳，崩于养心殿，年二十四。遗诏曰：“朕以凉德，承嗣丕基，十八年于兹矣。自亲政以来，纪纲法度，用人行政，不能仰法太祖、太宗谟烈，因循悠忽，苟且目前。且渐习汉俗，于淳朴旧制，日有更张。以致国治未臻，民生未遂，是朕之罪一也。朕自弱龄，即遇皇考太宗皇帝上宾，教训抚养，惟圣母皇太后慈育是依。隆恩罔极，高厚莫酬，朝夕趋承，冀尽孝养。今不幸子道不终，诚悃未遂，是朕之罪一也。皇考宾天，朕止六岁，不能服衰绖行三年丧，终天抱憾。惟侍奉皇太后顺志承颜，且冀万年之后，庶尽子职，少抒前憾。今永违膝下，反上廑圣母哀痛，是朕之罪一也。宗室诸王贝勒等，皆太祖、太宗子孙，为国藩翰，理宜优遇，以示展亲。朕于诸王贝勒，晋接既疏，恩惠复鲜，情谊暌隔，友爱之道未周，是朕之罪一也。满洲诸臣，或历世竭忠，或累年效力，宜加倚托，尽厥献为。朕不能信任，有才莫展。且明季失国，多由偏用文臣。朕不以为戒，委任汉官，即部院印信，间亦令汉官掌管。致满臣无心任事，精力懈驰，是朕之罪一也。朕凤性好高，不能虚己延纳。于用人之际，务求其德与己侔，未能随才器使，致每欢乏人。若舍短录长，则人有微技，亦获见用，岂遂至于举世无才，是朕之罪一也。设官分职，惟德是用，进退黜陟，不可忽视。朕于廷臣，明知其不肖，不即罢斥，仍复优容姑息。如刘正宗者，偏私躁忌，朕已洞悉于心，乃容其久任政地。可谓见贤而不能举，见不肖而不能退，是朕之罪一也。国用浩繁，兵饷不足，而金花钱粮，尽给宫中之费，未尝节省发施。及度支告匮，每令诸王大臣会议，未能别有奇策，止议裁减俸禄，以赡军饷。厚己薄人，益上损下，是朕之罪一也。经营殿宇，造作器具，务极精工。无益之地，糜费甚多。乃不自省察，罔体民艰，是朕之罪一也。端敬皇后于皇太后克尽孝道，辅佐朕躬，内政聿修。朕仰奉慈纶，追念贤淑，丧祭典礼，过从优厚。不能以礼止情，诸事太过，逾滥不经，是朕之罪一也。祖宗创业，未尝任用中官。且明朝亡国，亦因委用宦寺。朕明知其弊，不以为戒。设立内十三衙门，委用任使，与明无异。致营私作弊，更逾往时，是朕之罪一也。朕性耽闲静，常图安逸，燕处深宫，御朝绝少。致与廷臣接见稀疏，上下情谊否塞，是朕之罪一也。人之行事，孰能无过？在朕日理万几，岂能一无违错？惟听言纳谏，则有过必知。朕每自恃聪明,不能听纳。古云:'良贾深藏若虚,君子盛德,容貌若愚。'朕于斯言,大相违背。以致臣工缄默,不肯进言,是朕之罪一也。朕既知有过,每自刻责生悔。乃徒尚虚文,未能省改,过端日积,愆戾愈多,是朕之罪一也。太祖、太宗创垂基业,所关至重。元良储嗣,不可久虚。朕子玄烨,佟氏妃所生,岐嶷颖慧,克承宗祧,兹立为皇太子。即遵典制,持服二十七日,释服即皇帝位。特命内大臣索尼、苏克萨哈、遏必隆、鳌拜为辅臣。伊等皆勋旧重臣,朕以腹心寄托。其勉矢忠尽,保翊冲主,佐理政务。布告中外,咸使闻知。"

三月癸酉,上尊谥曰体天隆运英睿钦文大德弘功至仁纯孝章皇帝,庙号世祖,葬孝陵。累上尊谥曰体天隆运定统建极英睿钦文显武大德弘功至仁纯孝章皇帝。

论曰:顺治之初,睿王摄政。入关定鼎,奄宅区夏。然兵事方殷,休养生息,未遑及之也。迨帝亲总万几,勤政爱民,孜孜求治。清赋役以革横征,定律令以涤冤滥。蠲租贷赋,史不绝书。践阼十有八年,登水火之民于衽席。虽景命不融,而丕基已巩。至于弥留之际,省躬自责,布告臣民。禹、汤罪己,不啻过之。《书》曰:"亶聪明作元后,元后为民父母。"其世祖之谓矣。

清史稿卷六
本纪第六

圣祖一

　　圣祖合天弘运文武睿哲恭俭宽裕孝敬诚信功德大成仁皇帝，讳玄晔，世祖第三子也。母孝康章皇后佟佳氏，顺治十一年三月戊申诞上于景仁宫。天表英俊，岳立声洪。六龄，偕兄弟问安。世祖问所欲，皇二子福全言："愿为贤王。"帝言："愿效法父皇。"世祖异焉。

　　顺治十八年正月丙辰，世祖崩，帝即位，年八岁，改元康熙。遗诏索尼、苏克萨哈、遏必隆、鳌拜四大臣辅政。

　　二月癸未，上释服。乙未，诛有罪内监吴良辅，罢内官。丙申，以嗣简亲王济度子德塞袭爵。

　　三月丙寅，诏曰："国家法度，代有不同。太祖、太宗创制定法，垂裕后昆。今或满、汉参差，或前后更易。其详考成宪，勒为典章，集议以闻。"

　　四月，予殉葬侍卫傅达理祭葬。甲申，命湖广总督驻荆州。乙酉，命将军线国安统定南部军镇广西。丙戌，以拉哈达为工部尚书。癸卯，安南国王黎维祺遣使入贡。丙午，大学士洪承畴乞休，允之，予三等轻车都尉世职。戊申，赐马世俊等三百八十三人进士及第出身有差。

　　五月，罢各省巡按官。己巳，以高景为工部尚书，刘良佐为江安提督。乙亥，安南叛臣莫敬耀来归，封归化将军。

六月己卯,江苏巡抚朱国治疏言苏省逋赋绅衿一万三千五百十七人,下部斥黜有差。辛巳,黑龙江飞牙喀部十屯来归。庚寅,以嗣信郡王铎尼子鄂扎袭爵。癸巳,大学士傅以渐乞休,允之。丁酉,罢内阁,复内三院。戊戌,吴三桂进驯象五,却之。招停直省进献。

闰七月庚辰,以车克为吏部尚书,阿思哈为户部尚书。甲午,以傅维鳞为工部尚书。壬寅,予苏松提督梁化凤男爵。

八月甲寅,达赖喇嘛请通市,许之。

九月丁未,以卞三元为云南总督,李栖凤为广东总督,郎廷佐为江南总督,梁化凤为江南提督。

十月己酉,以林起龙为漕运总督。诛降将郑芝龙及其子世恩、世荫。辛酉,裁顺天巡抚。山东民于七作乱,逮问巡抚许文秀,总兵李永盛、范承宗,命靖东将军济世哈讨平之。

十一月丙子朔,上亲祀天于圜丘。己亥,世祖章皇帝升附太庙。甲辰,湖南巡按御史仵劭昕坐赃弃市。

十二月丙午,平西王吴三桂、定西将军爱星阿会报大军入缅,缅人执明永历帝朱由榔以献。明将白文选降。班师。丁卯,宗人府进玉牒。

是岁,免直隶、江南、河南、浙江、湖广、陕西各州县被灾额赋有差。朝鲜遣使进香入贡。

康熙元年壬寅春正月乙亥朔。乙酉,享太庙。庚寅,录大学士范文程等佐命功,官其子承谟等俱内院学士。

二月壬子,太皇太后万寿节,上率群臣朝贺。

三月,以滇南平,告庙祭陵,赦天下。辛卯,万寿节。己亥,遣官安辑浙江、福建、广东新附官民。

夏四月丙辰,上太祖、太宗尊谥。

五月戊寅,夏至,上亲祭地于方泽。

六月丁未,命礼部考定贵贱等威。

秋七月壬申朔,以车克为大学士,宁古礼为户部尚书,张杰为浙江提督,施琅为福建提督。

八月辛丑朔,大学士金之俊罢。

九月,裁延绥巡抚。

冬十月壬寅,以成克巩为大学士。癸卯,尊皇太后为太皇太后。尊皇后为仁宪皇太后,母后为慈和皇太后。

十一月辛巳,冬至,祀天于园丘,免朝贺。

十二月辛酉,命吴三桂总管云南、贵州两省。

是岁,天下户丁一千九百一十三万七千六百五十二,征银二千五百七十二万四千一百二十四两零。监课银二百七十二万一千二百一十二两零。铸钱二万九千万有奇。免直隶、江南各州县灾赋有差。朝鲜入贡。

二年癸卯春正月己亥,广东总督卢崇峻请封民船济师,斥之。

二月庚戌,慈和皇太后佟佳氏崩。

三月,荷兰国遗使入贡,请助师讨台湾,优赉之。

五月丙子,以孙廷铨为大学士。乙酉,云南开局铸钱。丙戌,诏天下钱粮统归户部,部寺应用,俱向户部关领,著为令。戊子,以魏裔介为吏部尚书。甲午,恭上大行慈和皇太后尊谥曰孝康慈和庄懿恭惠崇天育圣皇后。

六月,葬世祖章皇帝于孝陵,孝康皇后、端敬皇后祔焉。戊申,以龚鼎孳为左都御史。乙卯,故明将李定国子嗣兴来降。乙丑,以哈尔库为浙江提督。

八月癸卯,诏乡、会试停制义,改用策论,复八旗翻译乡试。甲寅,命穆里玛为靖西将军,图海为定西将军,率禁旅会四川、湖广、陕西总督讨郧阳逋贼李来亨、郝摇旗等。

冬十月壬寅,耿继茂,施琅会荷兰师船剿海寇,克厦门,取浯屿、金门二岛,郑锦遁于台湾。

十一月,诏免诸国贡使土物税。乙酉,冬至,祀天于园丘。

十二月壬戌,祫祭太庙。

是岁，免直隶、江南、江西、河南、陕西、浙江、湖广、四川、云南、贵州等省二百七十余州县灾赋。朝鲜入贡进香。

三年甲辰春正月，赐朝正外藩银币鞍马。

二月壬寅，巡监御史张吉午请增长卢盐引，斥之。

三月丙子，耿继茂等拔铜山。丙戌，赐严我斯等一百九十九人进士及第出身有差。

夏四月己亥，输臣等诬奏内大臣飞扬古子侍卫倭赫擅骑御马，飞扬古怨望，并弃市，籍其家，鳌拜以予其弟穆里玛。遣尚书喀兰图赴科尔沁四十七旗莅盟。戊申，裁郧阳抚治。

五月甲子，诏州县私派累民，上官容隐者并罪之。

六月庚申，诏免顺治十五年以前逋赋。

闰六月乙酉，以王弘祚为刑部尚书。丙戌，以汉军京官归入汉缺升转。秋七月丁未，以施琅为靖海将军，征台湾。

八月甲戌，浙江总督赵廷臣疏报擒获明臣张煌言。己卯，穆里玛、图海疏报进剿郧阳茅麓山李来亨、郝摇旗，俱自焚，贼平。

九月癸丑，发仓粟赈给八旗庄田。乙卯，以查克旦为领侍卫内大臣。

十一月壬辰，冬至，祀天于园丘。丁未，以魏裔介为大学士，杜立德为吏部尚书，王弘祚为户部尚书，龚鼎孳为刑部尚书。

十二月戊午朔，日有食之。丙戌，祫祭太庙。是月，慧星见张宿、井宿、胃宿、奎宿，金星见。给事中杨雍建请修省。

是岁，免直隶、江南、江西、山东、陕西、浙江、福建、湖广、贵州等省一百二十一州县被灾额赋有差。朝鲜入贡。

四年乙巳春正月壬辰，以郝惟讷为左都御史。己亥，停榷关溢额奖叙。辛丑，封承泽亲王硕色子博翁果诺为惠郡王。致仕大学士洪承畴卒，予祭葬，谥文襄。

二月乙丑，太皇太后圣寿，免朝贺。己巳，吴三桂疏报剿平水西乌撒土司，擒其酋安坤、安书圣。丙戌，以星变诏臣工上言阙失。御史董文骥疏言大臣更易先皇帝制度，非是，宜一切复旧。

三月戊子，京师地震有声。辛卯，金星昼见。以星变地震肆赦，免逋赋。山西旱，有司不以闻，下吏部议罪，免其积逋及本年额赋。壬辰，诏禁州县预征隔年税粮。丙申，诏曰：“郡县灾荒，有司奏请蠲赋，而小民先期已完，是泽不下逮也。自今被灾者，预缓征额赋十之三。”甲辰，万寿节，免朝贺。丙午，修历代帝王朝。太常寺少卿钱缄请简老成耆德博通经史者数人，出入侍从，以备顾问。

夏四月丙寅，诏凡灾伤免赋者并免丁徭。戊辰，诏卿二督抚员缺，仍廷推。

五月丁未，置直隶总督，兼辖山东、河南。裁贵州总督归云南，广西总督归广东，江西总督归江南，山西总督归陕西，凤阳、宁夏、南赣巡抚悉裁之。

六月乙丑，诏父子兄弟同役，给复一年。

秋七月己酉，吏部以山西征粮如额，请议叙。诏曰：“曩以太原诸处旱灾饥馑，督抚不以闻，议罪。会赦得原，岂可仍以催科报最。惟未被灾之地方官，仍予纪录。”

八月庚午，诏赃官遇赦免罪者，不许复职。

九月辛卯，册赫舍里氏为皇后，辅臣索尼之孙女也。上太皇太后、皇太后尊号，加恩中外。

冬十月癸亥，上幸南苑校射行围。甲戌，还宫。

十一月丁酉，祀天于圜丘。

十二月癸辰，袷祭太庙。

是岁，免直隶、江南、江西、山东、河南、浙江、广东、贵州等省一百二十一州县卫灾赋有差。朝鲜、琉球、暹罗入贡。索伦、飞牙喀人来归。

五年丙午春正月庚寅，以广东旱，发仓谷七万石赈之。以承泽亲王硕色子恩克布嗣爵。

二月壬子朔，置平远、大定、黔西三府。丁巳，以十二月中气不应，诏求明历法者。乙丑，诏自今汉军官丁忧，准解任持三年丧。

三月，以胡拜为直隶总督。

五月丙午，以孙延龄为广西将军，接统定南部军驻桂林。

六月庚戌朔，日有食之。癸酉，傅维麟病免，以郝惟讷为工部尚书。辛未，诏崇文门凡货物出京者驰其税。

秋七月庚辰朔，以朱之弼为左都御史。辛巳，琉球来贡，并补进漂失前贡。上嘉其恭顺，命还之，自今非其国产勿以贡。

八月己酉，给事中张维赤疏请亲政。

九月丁亥，上行围南苑。癸卯，还宫。礼部尚书沙澄免。以梁清标为礼部尚书，龚鼎孳为兵部尚书，郝惟讷为刑部尚书，朱之弼为工部尚书。

冬十月，诏起范承谟为秘书院学士。

十一月丙申，辅臣鳌拜以改拨圈地，诬奏大学士管户部尚书苏纳海、直隶总督朱昌祚、巡抚王登联等罪，逮下狱。四大臣之辅政也，皆以勋旧。索尼年老，遏必隆阘弱，苏克萨哈望浅，心非鳌拜所为而不能争。鳌拜横暴，又宿将多战功，叙名在末，而遇事专磺，屡兴大狱，虽同列亦侧目焉。

十二月丙寅，鳌拜矫旨杀苏纳海、朱昌祚、王登联。甲戌，祫祭太庙。

是岁，免直隶、江南、江西、河南、陕西、浙江、湖广等省八十六州县灾赋有差。朝鲜、琉球入贡。

六年丁未春正月己丑，封世祖第二子福全为裕亲王。丁酉，上幸南苑行围。以明安达礼为礼部尚书。

二月癸亥，晋封故亲王尼堪子贝勒兰布为郡王。丁卯，以宗室公班布尔善为大学士。起图海复为大学士。锡故总督李率泰一等男爵。

三月己亥，赐缪彤等一百五十人进士及第出身有差。

夏四月甲戌,加索尼一等公。甲子,江南民人沈天甫撰逆诗诬告人,诛之。诬者皆不论。御史田六善言奸民告讦,于南人不曰"通海",则曰"逆书",北人不曰"于七党",则曰"逃人",请鞫诬反坐。从之。

五月辛酉,吴三桂疏辞总理云南、贵州两省事。从之。

六月己亥,禁采办楠木官役生事累民。

秋七月己酉,上亲政,御太和殿受贺,加恩中外,罪非殊死,咸赦除之。是日,始御乾清门听政。甲寅,命武职官一体引见。己未,辅臣鳌拜擅杀辅臣苏克萨哈及其子姓。癸亥,赐辅臣遏必隆、鳌拜加一等公。

九月丙午,命修《世祖实录》。

冬十月己卯,盛京地震有声。

十一月丁未,冬至,祀天于圜丘。奉世祖章皇帝配飨。丁巳,加上太皇太后、皇太后徽号。

十二月丙戌,以塞白理为广东水师提督。戊子,以马尔赛为户部增设尚书。戊戌,祫祭太庙。

是岁,免直隶、江南、江西、山东、山西、陕西、甘肃、浙江、福建、湖广等省一百六十州县灾赋有差。朝鲜、荷兰入贡。

七年戊申春正月戊申,以莫洛为山西陕西总督,刘兆麒为四川总督。戊午,加鳌拜、遏必隆太师。

二月辛卯,上幸南苑。

三月丁未,诏部院官才能卓越,升转毋拘常调。

夏四月庚辰,浙江嘉善民郁之章有罪遣戍,其子褒、广叩阍请代。上并宥之。

五月壬子,以星变地震,下诏修省,谕戒臣工。

六月癸酉,金星昼见。丁亥,平南王尚可喜遣子之信入侍。

秋七月戊午,前漕运总督吴维华请征市镇间架钱,洲田招民出钱佃种。上恶其言利,下刑部议罪。庚申,以夸岱为满洲都统。

八月壬申，户部尚书王宏祚坐失察书吏伪印盗帑免。

九月庚子，以吴玛让为奉天将军，额楚为江宁将军，瓦尔喀为西安将军。壬寅，上将巡边，侍读学士熊赐履、给事中赵之符疏谏。上为止行，仍令遇事直陈。

冬十月，定八旗武职人员居丧百日，释缟任事，仍持服三年。庚午，上幸南苑。

十一月癸丑，冬至，祀天于园丘。

十二月癸酉，以麻勒吉为江南总督，甘文焜为云南贵州总督，范承谟为浙江巡抚。癸巳，祫祭太庙。

是岁，免奉天、直隶、江南、山东、河南、浙江、陕西、甘肃等省二百十六州县灾赋有差。朝鲜、安南、暹罗入贡。

八年己酉春正月戊申，修乾清宫，上移御武英殿。

二月庚午，命行南怀仁推算历法。庚午，上巡近几。

三月辛丑，以直隶废藩田地予民。

夏四月癸酉，卫周祚免，以杜立德为大学士。丁丑，上幸太学，释奠先师孔子，讲《周易》、《尚书》。丁巳，给事中刘如汉请举行经筵。上嘉纳之。

五月乙未，以黄机为吏部尚书，郝惟讷为户部尚书，龚鼎孳为礼部尚书，起王宏祚为兵部尚书。戊申，诏逮辅臣鳌拜交廷鞫。上久悉鳌拜专横乱政，特虑其多力难制，乃选侍卫、拜唐阿年少有力者为扑击之戏。是日，鳌拜入见，即令侍卫等掊而絷之。于是有善扑营之制，以近臣领之。庚申，王大臣议鳌拜狱上，列陈大罪三十，请族诛。诏曰：“鳌拜愚悖无知，诚合夷族。特念效力年久，迭立战功，贷其死，籍没拘禁。”其弟穆里玛、塞本得，从子讷莫，其党大学士班布尔善，尚书阿思哈、噶褚哈、济世，侍郎泰璧图，学士吴格塞皆诛死。余坐谴黜。其弟巴哈宿卫淳谨，卓布泰有军功，免从坐。嗣敬谨亲王兰布降镇国公。褫遏必隆太师、一等公。

六月丁卯，诏曰：“朕夙夜求治，念切民依。迩年水旱频仍，盗贼未息,兼以贪吏朘削,民力益殚,朕甚闵焉。部院科道诸臣,其以民间疾苦,作何裨益,各抒所见以闻。"戊辰,敕改造观象台仪器。壬申,诏复辅臣苏克萨哈官及世职,其从子白尔图立功边徼,被枉尤酷,复其世职,均令其子承袭。戊寅,诏满兵有规占民间房地者,永行禁止,仍还诸民。以米思翰为户部尚书。戊子,诏宗人有罪,遽绝属籍,心有不忍。自顺治十八年以来,宗人削籍者,宗人府详察以闻。

秋七月壬辰朔,裁直隶山东河南总督。壬寅,诏复大学士苏纳海、总督朱昌祚、巡抚王登联原官并予谥。

八月甲申,以索额图为大学士,明珠为左都御史。

九月甲午,京师地震有声。丁未,以勒贝为满洲都统,塞白理为浙江提督,毕力克图为蒙古都统。

冬十月甲子,上幸南苑,诏行在勿得借用民物。卢沟桥成,上为文勒之石。

十一月己亥,先是山西陕西总督莫洛、陕西巡抚白清额均坐鳌拜党罢。至是,西安百姓叩阍称其清廉,乞还任。诏特许之。壬子,太和殿、乾清宫成,上御太和殿受贺,入居乾清宫。

十二月己卯,显亲王福寿死。丁亥,袷祭太庙。

是岁,免直隶、江南、河南、山西、陕西、湖广等省四十五州县灾赋有差。朝鲜、琉求入贡。

九年庚戌春正月丙申,予宋儒程颢、程颐后裔《五经》博士。丁酉,飨太庙。辛丑,祈谷于上帝,奉太祖高皇帝、太宗文皇帝、世祖章皇帝配飨。起遏必隆公爵,宿卫内廷。己酉,诏明藩田赋视民田输纳。壬子,上幸南苑。

二月癸酉,以金光祖为广东广西总督,马雄镇为广西巡抚。癸未,诏尚阳堡、宁古塔流徒人犯,值十月至正月俱停发。

三月辛酉,赐蔡启僔等二百九十二人进士及第出身有差。

夏四月己丑,以蔡毓荣为四川湖广总督。己亥,上幸南苑。

五月丙辰朔，加上孝康章皇后尊谥，升祔太庙，颁发恩诏，访隐逸，赐高年，赦殊死以下。丙子，纂修《会典》。

六月丙戌朔，以席卜臣为蒙古都统。丁酉，以故显亲王福寿子丹致袭爵。己酉，命大学士会刑部录囚。

秋七月丁巳，以王辅臣为陕西提督。丁巳，奉祀孝康章皇后于奉先殿。

八月戊子，祭社稷坛。诏都察院纠察陪祀王大臣班行不肃者。乙未，复内阁，复翰林院。丁酉，上奉太皇太后、皇太后有事于孝陵。壬子，车驾还宫。

九月庚申，以简亲王济度子喇布袭爵。

冬十月庚巳，颁圣谕十六条。甲午，改内三院，复中和殿、保和殿、文华殿大学士。丁酉，谕礼部举经筵。

十一月癸酉，以艾元征为左都御史。壬午，以中和殿大学士魏裔介兼礼部尚书。十二日癸卯，以莫洛为刑部尚书。辛亥，祫祭太庙。

是岁，免河南、湖广、江南、福建、广东、云南等省二百五十三州县卫灾赋有差。朝鲜入贡。

十年辛亥春正月丁卯，蒙古苏尼特部、四子部大雪饥寒，遣官赈之。癸酉，封世祖第五子常宁为恭亲王。庚辰，大学士魏裔介罢。以曹申吉为贵州巡抚。

二月丁酉，以冯溥为大学士，以梁清标为刑部尚书。乙巳，召宗人觉罗年七十以上赵班等四人入见，赐朝服银币。戊申，命编纂《孝经衍义》。庚戌，以尼雅翰为满洲都统。

三月壬子朔，诰诫年幼诸王读书习骑射，勿恃贵纵恣。癸丑，置日讲官。庚午，以无雨风霾，下诏修省。

夏四月乙酉，命纂修《太祖》、《太宗圣训》。诏宗人闲散及幼孤者，量予养赡，著为令。丙戌，诏清理庶狱，减秋疑一等。辛卯，始开日讲。壬辰，上诣天坛祷雨。甲午，雨。

五月庚申，理藩院尚书喀兰图乞休，加太子太保，以内大臣奉朝请。癸酉，上幸南苑。

六月丁亥，以靳辅为安徽巡抚。甲午，金星昼见。是月，靖南王耿继茂卒，子精忠袭封，仍镇福建。

八月己卯朔，日有食之。丁未，上御经筵。戊申，以王之鼎为江南提督。

九月庚戌，上以环宇一统，告成于二陵。辛亥，上奉太皇太后、皇太后启銮。蒙古科尔沁、喀喇沁、土默特、敖汉诸部王、贝勒、公朝行在。丁卯，谒福陵、昭陵。戊辰，祭福陵，行告成礼。庚午，祭昭陵，行告成礼。辛未，上幸盛京，御清宁宫，赐百官宴，八十以上召前赐酒。大赉奉天、宁古塔甲士及于伤废老病者白金，民间高年亦如之。曲赦死罪减一等，军流以下释之。山海关外跸路所经，勿出今年明年租赋。遣官祭诸王诸大臣墓。壬申，上自盛京东巡。

冬十月辛巳，驻跸爱新。召宁古塔将军巴海，谕以新附瓦尔喀、虎尔哈宜善抚之。己丑，上回跸盛京，再赐老人金。辛卯，谒福陵、昭陵。命文武官较射。命来朝外藩较射。壬辰，上奉太皇太后、皇太后回銮。

十一月庚戌，还京。壬申，以明珠为兵部尚书。

十二月丙午，祫祭太庙。

是岁，免直隶、江南、江西、浙江、山东、河南、陕西、湖广等省三百二州县卫灾赋逋赋有差。朝鲜、琉球入贡。

十一年壬子春正月辛未，上奉太皇太后幸赤城汤泉，过八达岭，亲扶慈辇，步行下山。

二月戊寅，奉太皇太后至汤泉。辛卯，上回京。丙申，亲耕耤田。丁酉，朝日于东郊。戊戌，上诣赤城。

三月戊辰，上奉太皇太后还宫。

夏四月乙巳，命侍卫吴丹、学士郭廷祚巡视河工。

五月乙丑，《世祖实录》成。丙寅，上出德胜门观麦。

六月庚寅,命更定赋役全书。

秋七月己酉,谕征缅甸、云南、贵州功,予何建忠等一百二十七人世职。丙辰,上观禾。御史孟雄飞疏言孙可望穷蹙来归,滥膺王封。及伊身死,已袭二次。今孙徵淳死,宜令降袭。诏降袭莫义公。

闰七月,复封尚善为贝勒。丁亥,诏治狱勿用严刑轻毙人命,违者罪之。

八月壬子,上幸南苑行围。癸丑,诏曰:"帝王致治,在维持风化,辨别等威。比来官员服用奢僭,竟相效尤。其议禁之。"庚申,上御经筵。壬戌,上奉太皇太后幸遵化汤泉。甲子,阅蓟州官兵较射。丁卯,上谒孝陵。

九月丁丑,阅遵化兵、三屯营兵。

冬十月甲辰,上奉太皇太后还宫。壬子,命范承谟为福建总督。

十一月辛丑,上幸南苑,建行宫。

十二月丁未,裕亲王福全、庄亲王博果铎、惠郡王博翁果诺、温郡王孟峩疏辞议政。允之。戊午,上召讲官谕曰:"有人请令言官风闻言事。朕思切中事理之言,患其不多。若借端生事,倾陷扰乱,深足害政,与民休息,道在不扰。虚耗元气,则民生蹙矣,"己未,康亲王杰书、安亲王岳乐疏辞议政。不许。庚午,祫祭太庙。

是岁,免直隶、江南、浙江、山东、山西、河南、湖广等省一百四十一州县卫灾赋有差。朝鲜入贡。

十二年癸丑春正月庚寅,上幸南苑,大阅。

二月辛亥,以吴正治为左都御史。壬子,上御经筵,命讲官日直。戊辰,赐八旗官学翻译《大学衍义》。

三月丁丑,上视麦。壬午,平南王尚可喜请老,许之。请以其子之信嗣封镇粤,不许,令其撤藩还驻辽东。癸巳,赐韩炎等一百六十六人进士及第出身有差。

夏四月丁巳,遣官封暹罗国王。

五月壬申,学士傅达礼等请以夏至辍讲。上曰:"学问之道,宜无间断。其勿辍。"

六月壬寅，起张朝珍为湖广巡抚，李之芳为浙江总督。丁未，上御瀛台，召群臣观荷赐宴。乙卯，禁八旗以奴仆殉葬。

秋七月庚午，平西王吴三桂疏请撤藩。许之。丙子，嗣靖南王耿精忠疏请撤藩。许之。壬午，命重修《太宗实录》。

八月丁未，试汉科道官于保和殿，不称职者罢。壬子，遣侍郎折尔肯、学士傅达礼往云南，尚书梁清标往广东，侍郎陈一炳往福建，经理撤藩。丁巳，谕礼部："祭祀大典，必仪文详备，乃可昭格。其稽古典礼酌议以闻。"

九月戊辰，礼部尚书龚鼎孳乞休。允之，乙亥，京师地震，诏修省。

冬十月壬寅，以王之鼎为京口将军。己酉，上幸南苑行围。

十一月丁卯，故明宗室朱议丛以蓄发论死。得旨免死入旗，给与妻室房地。庚午，诏民间垦荒田亩，以十年起科。

十二月壬子，以姚文然为左都御史。吴三桂反，杀云南巡抚朱国治，贵州提督李本深、巡抚曹申吉俱降贼，总督甘文焜死之。丙辰，反问至，命前锋统领硕岱率禁旅守荆州。丁巳，召梁清标、陈一炳还，停撤二藩。命加孙延龄抚蛮将军，线国安为都统，镇广西。命西安将军瓦尔喀进守四川。京师民杨起隆伪称朱三太子，围起事。事发觉，起隆逸去。捕诛其党。诏奸民乱已平，勿株连，民勿惊避。己未，命顺承郡王勒尔锦为宁南靖寇大将军，讨吴三桂。执三桂子额驸吴应熊下之狱。庚申，命副都统马哈达帅师驻兖州，扩尔坤驻太原，备调遣。辛酉，命直省巡抚仍管军务。壬戌，诏削吴三桂爵，宣示中外。命都统赫业为安西将军，会瓦尔喀守汉中。以倭内为奉天将军。吴三桂陷辰州。甲子，祫祭太庙。

是岁，免直隶、山东、安徽、浙江、湖广等省二十六州县卫灾赋有差。朝鲜、安南入贡。

十三年甲寅春正月乙亥，勒尔锦师行。庚辰，吴三桂陷沅州。丁亥,偏沅巡抚卢震弃长沙遁。己丑,以提督佟国瑶守郧阳。总兵吴之茂以四川叛,巡抚罗森、提督郑蛟麟降之。命总兵徐治都还守夷陵。庚寅,封世祖第七子隆禧为纯亲王。以席卜臣为镇西将军,守西安。

二月乙未朔,太皇太后颁内帑犒军。丁酉,钦天监新造仪象成。壬寅,贼犯沣州,守卒以城叛,提督桑峨退荆州,陷常德。命镇南将军尼雅翰率师守武昌。癸丑,上御经筵。以赵赖为贵州提督。甲寅,吴三桂陷长沙,副将黄正卿叛应之,旁陷衡州。命都统觉罗朱满守岳州,未至,岳州失。辛酉,命刑部尚书莫洛加大学士衔,经略陕西。孙延龄以广西叛,杀都统王永年,执巡抚马雄镇幽之。

三月乙丑,命整饬驿站,每四百里置一笔帖式,接递军报,探发塘报。命左都御史多诺等军前督饷。戊辰,吴三桂将犯夷陵,勒尔锦遣兵击败之。庚午,以额驸华善为定南将军,镇京口。庚辰,耿精忠反,执福建总督范承谟幽之,巡抚刘秉政降贼。癸未,郧阳副将洪福叛,提督佟国瑶击败之。壬辰,襄阳总兵杨来嘉以谷城叛。命希尔根为定南将军,尚书哈尔哈齐副之。命舒恕、桑遏、根特、席布率师赴江西。甲午,西安将军瓦尔喀克阳平关。

夏四月癸卯,调西安副都统德业立守襄阳。丁未,吴三桂子应熊、孙世霖伏诛。初,三桂仓卒起兵,而名义不扬,中悔。至沣州,颇前却。至是,方食闻报,惊曰:"上少年乃能是耶?事决矣!"推食而起。诏削孙延龄职。以阿密达为扬威将军,驻江宁,赖塔为平南将军,赴杭州。甲寅,潮州总兵刘进忠以城叛。戊午,以根特为平寇将军,赴广西讨孙延龄。河北总兵蔡禄谋叛,命阿密达袭诛之。辛酉,诏削耿精忠爵。癸亥,诏以分调禁旅遣将分防情形寄示平西王尚可喜。

五月丙寅,皇子胤礽生,皇后赫舍里氏崩。戊寅,安西将军赫业等败吴之茂于答阁堡,复朝天关。壬午,浙江平阳兵变,执总兵蔡朝佐,应耿精忠将曾养性,围瑞安。命赖塔进兵讨之。壬辰,副都统德业立败洪福于武当。

六月丙午，命贝勒尚善为安远靖寇大将军，率师赴岳州，贝子准达赴荆州。庚戌，总兵祖弘勋以温州叛。金华副将牟大寅败耿精忠将于常山。壬子，命将军喇哈达守杭州。乙卯，命康亲王杰书为奉命大将军赴浙江，贝勒洞鄂为定西大将军赴四川。浙江温州、黄岩、太平诸营相继叛。命喇哈达守台、宁。

七月辛未，以郎廷佐为福建总督，段应举为提督。癸酉，赖塔败耿精忠将于金华。是时精忠遣其大将马九玉、曾养性犯浙江，白显忠犯江西，所至土匪逢应，江西尤甚。南瑞总兵杨富应贼，董卫国诛之。丁亥，贝勒察尼大战贼将吴应麒于岳州七里山，败之。

八月壬寅，平寇将军根特卒于军，以哈尔哈齐代之。海澄公黄梧卒，子芳度袭爵，守漳州。乙巳，金光祖报孙延龄陷梧州，督兵复之。丙午，上幸南苑。

九月壬戌，上御经筵，命每日进讲如常。耿精忠将以土寇陷清俗、徽州，江宁将军额楚、统领巴尔堪击走之，连战入江西，复乐平等县。命硕塔等驻安庆。辛未，麻城土寇邹君升等作乱，知府于成龙讨平之。命简亲王喇布为扬威大将军，率师赴江西，侍卫坤为振武将军副之。广西提督马雄叛，命安亲王岳乐为定远平寇大将军，率师赴广东，宗室瓦山、觉罗昼特副之。

冬十月壬辰，喇布师行。丙申，岳乐师行。壬寅，上奉太皇太后幸南苑。辛亥，还宫。

十一月庚申朔，莫洛报吴之茂兵入朝天关，襄路中阻，洞鄂退守西安。命移西安军守汉中，河南军守西安。

十二月庚寅朔，杰书大败曾养性于衢州，又败之于台州。王辅臣叛，经略莫洛死之。上议亲征。王大臣以京师根本重地，太皇太后年高，力谏乃止。征盛京兵、蒙古兵分诣军前。丁未，命尚可喜节制广东军事。戊午，祫祭太庙。

是岁，免直隶、江南、山东、河南、陕西等省七十八州县灾赋有差。朝鲜、琉球入贡。

十四年乙卯春正月辛酉，尚可喜报贼犯边州，官兵击败之。戊辰，晋封尚可喜平南亲王，命其子之孝佩大将军印讨贼。

二月癸巳，下诏切责贝勒洞鄂退缩失机，饬令速定平凉、秦州以通栈道。乙巳，康亲王杰书遣兵复处州，进复仙居。王辅臣陷兰州。西宁总兵王进宝大战于新城，围兰州。洞鄂复陇州关山关。

三月己未朔，叛将杨来嘉犯南漳，总兵刘成龙击走之。戊辰，饶州贼犯祁门，巡检张行健被执不屈，死之。丁丑，命张勇为靖逆将军，会总兵孙思克等讨王辅臣。贼陷定边城，命提督陈福驻宁夏讨贼。丁亥，蒙古布尔尼反，命信郡王鄂扎为抚远大将军，大学士图海为副将军，讨平之。戊子，以熊赐履为大学士。

夏四月己丑，以勒德洪为户部尚书。署让军统领郎肃等剿耿寇于五桂寨，斩级二万，复余干。乙未，封张勇靖逆侯，王进宝一等男。戊戌，以左都督许贞镇抚州、建昌、广信。戊申，王辅臣遣兵援秦州，官兵迎击败之。辛亥，上谕："侍臣进讲，朕乃覆讲，互相讨论，庶有发明。"癸丑，王进实复临洮，孙思克复靖远。戊午，绍兴知府许宏勋招抚降众五万人。

五月庚午，察哈尔左翼四旗来归。庚辰，命毕力克图援榆林。王辅臣兵陷延安、绥德。甲申，张勇复洮、河二州。

闰五月癸巳，上幸玉泉山观禾。杨来嘉奖、洪福陷谷城。斩守城不力之副将马郎阿以徇，削总兵金世病职，随军效力。壬子，额楚复广信。乐平土寇复陷饶州，将军希尔根击之，复饶州。

六月，毕力克图复吴堡，复绥德。丁丑，命将军舒恕援广东。己卯，命振武将军佛尼勒开栈道援汉中。庚辰，上幸南苑行围。壬午，张勇攻巩昌。江西官军攻石峡，失利，副都统雅赖战死。甲申，克兰州。毕力克图复延安。以军兴停陕西、湖广乡试。

七月乙巳，陈福剿定边，斩贼将朱龙。庚戌，江西官兵复浮梁、乐平、宜黄、崇仁、乐安诸县。

八月戊午，上幸南苑行围。洞鄂、毕力克图、阿密达会攻王辅臣，斩贼将军郝天祥。傅喇塔复黄岩。壬申，上奉太皇太后幸汤泉。

甲申,上还京,御经筵。

九月,上次昌平,诣明陵,致奠长陵,遣官分奠诸陵。丙申,上奉太皇太后还宫。辛丑,诏每岁正月停刑,著为令。

冬十月癸亥,康亲王兵复太平、乐清诸县。丙寅,上谒孝陵。戊辰,祭孝陵。乙亥,还宫。陈福及王辅臣战于固原,不利,副将太必图战没。论平布尔尼功,封赏有差,及助顺蒙古王贝勒沙津以次各晋爵,罚助逆奈曼等部。

十一月癸巳,贝勒察尼复兴山。丁酉,复设詹事府官。壬寅,叛将马雄纠吴三桂兵犯高州,连陷廉州。命闲亲王喇布自江西援广东。是月,郑锦攻陷漳州,海澄公黄芳度死之。戕其家。

十二月丙寅,立皇子胤礽为皇太子,颁诏中外,加恩肆赦。乙亥,以勒尔锦师久无功,夺其参赞巴尔布以下职。宁夏兵变,提督陈福死之。壬午,祫祭太庙。

是岁,免湖广、河南七府五州县灾赋有差。朝鲜入贡。

十五年丙辰春正月丁亥,以王进宝为陕西提督,驻秦州。甲午,以建储恭上太皇太后、皇太后徽号。乙未,升宁夏总兵官为提督,以赵良栋为之。辛丑,上幸南苑行围。

二月丁巳,诏军中克城禁杀掠。壬戌,命大学士图海为抚远大将军,统辖全秦,自贝勒洞鄂以下咸受节制。癸酉,上如巩华城,谕扈从勿践春田。乙亥,吴三桂将高大杰陷吉安。戊寅,安亲王岳乐击三桂将于萍乡,败之,复萍乡。辛巳,上御经筵。赠死事副将张国彦太子太保,予世职。

三月癸未,赠海澄公黄芳度郡王。丙戌,王进宝、佛尼勒大败吴之茂于北山。庚寅,传喇塔围温州,曾养性、祖弘勋悉众来犯,副都统纪尔他布击走之。辛卯,岳州水师克君山。庚子,勒尔锦渡江与三桂之众战,迭败之。乙巳,赐彭定求等二百九人进士及第出身有差。己酉,勒尔锦与三桂之众战于太平街,不利,退守荆州。壬子,移赵赖提督江西。

夏四月辛丑，马雄、祖泽清纠滇贼犯广东。尚可喜老病不能军，屡疏告急，援兵不时至。至是，贼逼广州，尚之信劫其父以降贼。总督金光祖、巡抚佟养钜、陈洪明，提督严自明俱从降。福建巡抚杨熙、总兵拜音达夺门出。舒恕、莽依图退至江西。上闻广东变作，命移兵益江西。

五月壬午朔，日有食之。乙酉，复设郧阳抚治，以杨茂勋任之。丙戌，鄂罗斯察汉汗使人来贡。己亥，抚远大将军图海败王辅臣于平凉。

六月壬子朔，王辅臣降，图海以闻。诏复其官。授靖寇将军，立功自效，诸将弁皆原之。己卯，耿继善弃建昌遁，上谕杰书曰："耿精忠自撤其兵，显为海寇所逼。其乘机速进。"

七月辛巳朔，赐鄂罗斯使臣鞍马服物。大学士熊赐履免。以慕天颜为江苏巡抚。庚子，以姚文然为刑部尚书，郎廷相为福建总督。振武将军佛尼勒会张勇、王进宝击吴之茂于秦州，大败之，贼众宵遁。

八月甲寅，穆占复礼县。壬戌，上奉太皇太后幸汤泉。乙亥，赖塔击马九玉于衢州，复江山，九玉弃军遁。

九月庚辰朔，赖塔进击马九玉，破之，复常山。进攻仙霞关，贼将金应虎迎降，复浦城，连下建宁。癸未，张勇复阶州。乙未，耿精忠戕前总督范承谟。山西巡抚达尔布有罪免。丙午，命穆占为征南将军，移军湖广。

冬十月辛酉，上奉太皇太后还宫。乙丑，康亲王杰书师次延平，贼将耿继美以城降。耿精忠遣子显祚献伪印乞降，杰书入福州，疏闻。上命复其爵，从征海寇自效。其将曾养性、叛将祖宏勋俱降。浙江官兵复温、处二府。撤兖州屯兵。癸酉，命讲官进讲《通鉴》。

十一月丙戌，海寇犯福州，都统喇哈达击败之。丙申，官兵围长沙。宁海将军贝子傅拉塔卒于军。

十二月壬子，遣耿昭忠为镇平将军，驻福州，分统靖南藩军。叛将严自明犯南康，舒恕击走之。丁巳，尚之信使人诣简亲王军前乞降,且乞师,疏闻。许之。吴三桂将吴世琮杀孙延龄,踞桂林。庚申,海澄公黄芳世自贼中脱归。上嘉之,加太子太保,与其弟黄蓝并赴康亲王大军讨贼。建威将军吴丹复山阳。辛未,颁赏诸军军士金帛。丙子,祫祭太庙。耿继善弃邵武,海寇据之。副都统穆赫林击之,贼将彭世勋以城降。

是岁,免直隶、江南、江西、陕西各省三十四州县灾赋有差。朝鲜入贡。

十六年丁巳春正月丙申,将军额楚攻吉安失利,命侍郎班迪驰勘军状。

二月己未,上幸南苑行围。甲子,大阅于南苑。免福建今年租赋,招集流亡。丙寅,以鄂内为讨逆将军,赴岳州。丁卯,康亲王杰书败郑锦于兴、泉,贼弃漳州遁,复海澄。遣郎中色度劳军岳州,察军状。辛未,以靳辅为河道总督。癸酉,论花马池剿寇功,蒙古鄂尔多斯贝勒索诺木等晋爵有差。乙亥,上御经筵。是月,江西官军复瑞金、铅山。

三月甲申,以莽依图为镇南将军,督兵广东。己丑,谕礼部:“帝王克谨天戒,凡有垂象,皆关治理。设立专官,谨司占候。今星辰凌犯,霜露非时,钦天监不以实告,有辜职掌。其察议以闻。”庚寅,命翰林长于词赋书法者,以所业进呈。乙未,原任总兵刘进忠、苗之秀诣康亲王军降,命隋大军剿贼。癸未,诏:“军兴以来,文武官身殉封疆,克全忠节,其有旅亲不能归,妻子不得养者,深堪轸恻。所在疆吏察明,妥为资送,以昭褒忠至意。”甲辰,含誉星见,庆云见。乙巳,吴三桂聚兵守长沙。命勒尔锦进临江,图海守汉中,喇布镇吉安,莽依图进韶州,额楚驻袁州,舒恕防赣州。

夏四月己未,康亲王杰书疏言处州府庆元县民人吴臣任等不肯从贼,结寨自固,守义杀贼,实为可嘉。已交浙江督抚,效力者录用,归农者奖赏,其阵亡札委守备吴受南等并请恩恤。从之。辛酉,上幸霸州行围。以伊桑阿为工部尚书,宋德宜为左都御史。丁卯,提督赵赖败土寇于泰和，擒贼目萧元。戊辰，予死事温处道陈丹赤等官阴。辛未，上制《大德景福颂》，书屏，上太皇太后。乙亥，莽依图师至南安，严自明以城降，遂克南雄，入韶州。

五月己卯，尚之信降，命复其爵，随大军讨贼。特擢谪戍知府傅宏烈为广西巡抚。先是，宏烈以首吴三桂反状谪梧州。及兵起，宏烈上书陈方略，故有是命。旋加授抚蛮灭寇将军，与莽依图规取广西。甲午，额鲁特噶尔丹攻败喀尔喀车臣汗，来献军实，却之。

六月丁巳，祖泽清以高州降。

秋七月庚子，郑锦将刘国轩自惠州犯东莞，尚之信大败之，贼将陈璉以惠州降。甲辰，上御便殿，召大学士等赐坐，论经史，因及前代朋党之弊，谕加警戒。以明珠、觉罗勒德洪为大学士。

八月丁未，明宗人朱统昌起兵陷贵溪、泸县。己未，上御经筵。丙寅，册立贵妃钮祜录氏为皇后，佟佳氏为贵妃。戊辰，傅宏烈等复梧州。

九月丙子，命宗室公温齐、提督周卜世赴湖广协剿。癸未，命额驸华善率师益简亲王军，科尔科代接驻江宁。丁亥，上发京师，谒孝陵，巡近边。丙申，次喀拉河屯。庚子，次达希喀布秦昂阿，近边蒙古敖汉部札穆苏等朝行在，献驼马，赐金币。吴三桂将胡国柱、马宝寇韶州，将军莽依图、额楚夹击破之，贼遁，追之过乐昌，复仁化。

冬十月甲辰，上次汤泉。癸丑，还宫。傅宏烈败吴世琮于昭平，复浔州。福建按察使吴兴祚败朱统昌于光泽，其党执统昌降。癸亥，始设南书房，命侍讲学士张英、中书高士奇入直。

十一月己卯，吴三桂将韩大任陷万安，让军统领哈克山击败之。庚子，封长白山神，遣官望祭。是月，官兵复茶陵、攸县。

十二月乙巳，海寇犯泉州，提督段应举等御之。辛亥，海寇犯钦州，游击刘士贵击败之。命参赞勒贝、将军额楚进取郴、永。己巳，以冯甦为刑部侍郎。辛酉，金星昼见。辛未，祫祭太庙。

是岁，免直隶、江南、江西、陕西、湖广等省七十州县灾赋有差。朝鲜入贡。

十七年戊午春正月己丑,副都统哈当、总兵许贞击韩大任于宁都,大任遁之汀州,诣康亲王军前降,命执送京师。壬辰,以郭四海为左都御史。乙未,诏曰:"一代之兴,必有博学鸿儒振起文运,阐发经史,以备顾问。朕万几余暇,思得博通之士,用资典学。其有学行兼优、文词卓越之士,勿论已仕未仕,中外臣工各举所知,朕将亲试焉。"于是大学士李蔚等荐曹溶等七十一人,命赴京齐集请旨。

二月甲辰,傅宏烈疏言吴三桂兵犯广西,诏额楚、勒贝守梧州。己未,上御经筵,制《四书讲疏义序》。丁丑,皇后钮祜录氏崩,谥曰孝昭皇后。辛未,莽依图及吴世琮战于平乐,失利,退守梧州。命尚之信及都统马九玉会师守梧州。

三月丙子,湖广官兵击杨来嘉、洪福,败之,复房县。丁丑,海寇犯石门,黄芳世击败之。癸巳,祖泽清复叛应吴三桂。

闰三月癸卯,上巡近畿。乙丑,命内大臣喀代、尚书马喇往科尔沁四十九旗莅盟。丁卯,吴三桂将林兴珠诣安亲王军前降,诏封建义侯,随军剿贼。逮问副都统甘度海、阿进秦,以在江西剿贼失机也。

夏四月庚午,海寇蔡寅陷平和,进逼潮州。甲戌,祖泽清犯电白,尚之信、额楚击之,泽清遁。庚寅,庆阳土贼袁本秀作乱,官兵击斩之。

五月庚子朔,海澄公黄芳世卒于军,命其弟芳泰袭爵。戊申,福建总督郎廷相、巡抚杨熙、提督段应举俱免,以姚启圣为福建总督,吴兴祚为福建巡抚,杨捷为福建水陆提督。甲寅,上幸西郊观禾。额鲁特部济农为噶尔丹所逼,入边,张勇逐出之。

六月壬申,尚善遣林兴珠败三桂舟师于君山。丁亥,上以盛夏亢旱,步祷于天坛。是日,大雨。壬辰,吴三桂将犯永兴,都统伯宜理布、统领哈克山与战,败殁。海寇犯廉州,总兵班绍明等击走之。吴三桂兵犯郴州,副都统硕岱与战,不利,奔永兴。丁酉,诏曰:"军兴以来,将士披坚执锐,盛暑祁寒,备极劳苦,朕甚悯焉。其令兵部察军中有负债责者,官为赏之,战殁及被创者恤其家。”

秋七月,郑锦陷海澄,前锋统领希佛、副都统穆赫林、提督段应举死之。甲辰,郑锦犯泉州。甲寅,以安珠让为奉天将军。壬戌,以魏象枢为左都御史。丙寅,召翰林院学士陈廷敬、侍读学士叶方蔼入直南书房。是月,吴三桂僭号于衡州。

八月己卯,安远靖寇大将军、贝勒尚善卒于军,命贝勒察尼代之。庚午,西洋国王阿丰肃使臣入贡。癸未,上御经筵,以《御制诗集》赐陈廷敬等。乙未,吴三桂死,永兴围解。颁行《康熙永年历》。丙申,诏曰:“逆贼倡乱,仰服天诛。绂误之徒,宜从宽典。其有悔悟来归者,咸与勿治。”

九月,上奉太皇太后幸汤泉,晋谒孝陵。姚启圣、拉哈达大败海寇于蜈蚣山,刘国轩遁,泉州围解。

冬十月癸未,上巡近边,次滦河,阅三屯营兵。己丑,将军鄂内败吴应麒于石口。丁酉,皇四子胤禛生,是为世宗,母曰吴雅氏。

十一月己亥,拉哈达疏言海贼断江东桥,兵援泉州难进。在籍侍读学士李光地为大军向导,修通险路,接济军需,请议叙。得旨:“李光地前当变乱之初,密疏机宜。兹又迎接大兵,备办粮米,深为可嘉。即升授学士。”辛酉,上奉太皇太后还宫。癸亥,命福建陆路提督杨捷加昭武将军,王之鼎为福建水师提督。

十二月丁亥,额楚、傅弘烈及吴世琮战于藤县,不利,退守梧州。乙未,祫祭太庙。

是岁,免直隶、江南、江西、湖广等省七十州县灾赋有差。朝鲜、西洋入贡。

十八年己未春正月戊申,遣官分赈山东、河南。甲寅,贝勒察尼督水师围岳州,贼将吴应麒遁,复岳州。上御午门宣捷。设随征总兵官以处降将,旋裁之。壬戌,刘国轩犯长乐,总督姚启圣偕纪尔他布、吴兴祚击败之。甲子,岳乐复长沙。

二月丙寅,傅弘烈战吴世琮于梧州,贼遁。己巳,诏数江西奸民从逆之罪,仍免其逋赋。甲戌,顺承郡王勒尔锦督兵过江,分复松滋、枝江、宜都、沣州,叛将洪福以舟师降。戊寅,简亲王喇布遣前锋统领希佛复衡州,贼将吴国贵、夏国相遁。庚辰,诏军前王大臣议进取云、贵事宜。以周有德为云贵总督,桑峨为云南提督,赵赖为贵州提督,并随王师进讨。以杨雍建为贵州巡抚。癸未,以夸扎为蒙古都统。

三月丙申朔,御试博学鸿词于保和殿,授彭孙遹等五十人侍读、侍讲、编修、检讨等官。修《明史》,以学士徐元文、叶方蔼、庶子张玉书为总裁。丁酉,上幸保定县行围。甲辰,以徐治都为湖广提督。将军穆占击吴国贵于永州,败之,复永州、道州、永明。己酉,上还宫。戊午,赐归允肃等百五十一人进士及第出身有差。庚申,岳州阵殁诸将丧至,遣侍卫迎奠。福建阵没将士丧至亦如之。

夏四月丙寅,以杨茂勋为四川总督,驻郧阳。戊辰,以万正色为福建水师提督。己卯,旱甚,上步祷于天坛。是日,大雨。莽依图击吴世琮于浔州,败走之。壬寅,上出阜成门观禾。

五月庚戌,刘国轩犯江东桥,赖塔大战败之。

六月辛未,诏曰:"盛治之世,余一余三。盖仓廪足而礼教兴,水旱乃可无虞。比闻小民不知积蓄,一逢歉岁,率致流移。夫兴俭化民,食时用礼,惟良有司是赖。督抚等其选吏教民,用副朕意。"己卯,以希佛为蒙古都统。

秋七月甲午,靳辅疏报淮、扬霸工成,涸出田地,招民种之。丁未,上视纯亲王隆禧疾。隆禧死。乙卯,额楚败吴世琮于南宁,世琮遁。庚申,京师地震,诏发内帑十万赈恤,被震庐舍官修之。壬戌,召廷臣谕曰:"朕躬不德,政治未协,致兹地震示警。悚息靡宁,勤求致灾之由。岂牧民之官苛取以行媚欤?大臣或朋党比周引用私人欤?领兵官焚掠勿禁欤?蠲租给复不以实欤?问刑官听讼或枉平民欤?王公大臣未能束其下致侵小民欤?有一于此,皆足致灾。惟在大法而小廉,政平而讼理,庶几仰格穹苍,弭消沴戾。用是昭布朕心,愿与中外大小臣工共勉之。

八月癸亥朔,将军穆占复新宁。甲子,傅宏烈复柳城、融县。庚辰,提督赵国祚、将军林兴珠大破吴国贵于武冈,国贵死,复武冈州。

九月庚戌,以地震祷于天坛。辛亥,命简亲王喇布守桂林。甲寅,金光祖执叛镇祖泽清送京,及其子良梗磔诛之。

冬十月辛未,诏将军张勇、王进宝,提督赵良栋、孙思克取四川,王进宝、赵良栋行。癸未,王进宝克武关,复凤县。赵良栋复两当。

十一月戊戌,王进宝击叛将王屏藩,遁之广元,复汉中。庚子,赵良栋复略阳,进克阳平关。丁酉,以许贞为江西提督。

十二月壬戌,以蔡毓荣为绥远将军,进定云、贵。将军佛尼勒、吴丹克梁河关,贼将韩晋卿遁,复兴安、平利、紫阳、石泉、汉阴、洵阳、白河及郧阳之竹山、竹溪。丁卯,上幸南苑。辛未,诏安亲王岳乐率林兴珠班师。壬午,授赵良栋勇略将军。乙丑,祫祭太庙。

是岁,免顺天、江南、山东、山西、河南、浙江、湖广等省二百六十一州县灾赋有差朝鲜、琉球、安南入贡。

十九年庚申春正月甲午,赵良栋复龙安府,进至绵竹,伪巡抚张文等迎降,遂入成都。诏以良栋为云贵总督。王进宝克朝天关,复广元,王屏藩缢死,生擒吴之茂。壬子,上幸巩华城,遣内大臣赐奠昭勋公图赖墓。

二月辛酉朔,诏吴丹会赵良栋进取云南,王进宝镇四川,勒尔锦取重庆,徐治都守荆州。乙丑,佛尼勒收顺庆府,潼川、中江、南部、蓬县、广安、西奔诸县悉下。丁卯,诏莽依图督马九玉、金光祖、高承阴进兵云南。己巳,上幸南苑。丙子,大阅。以于成龙为直隶巡抚。徐治都大败叛将杨来嘉,复巫山,进取夔州。杨茂勋复大昌、大宁。癸未,万正色败海寇于海坛。

三月辛卯,吴丹复重庆,达州、奉乡诸州县悉定。杨来嘉降,送京。乙未,以伊辟为云南巡抚。丁酉,安亲王岳乐师旋,上劳于卢沟桥。辛丑,马承荫诱执傅宏烈。先是,马雄踞柳州,死,其子承荫以柳州降。至是,复叛,执宏烈送贵阳,不屈,死之。平南将军赖塔复铜山,命守潮州备承荫。万正色击海寇于平海嶼,克之,进克湄州、南日、崇武诸嶼。朱天贵降。拉哈达击刘国轩,败之,遁厦门。伪将苏堪迎降,进平玉洲、石马、海澄、马州等十九寨,复偕吴兴祚取金门。己酉,察尼下辰龙关,蔡毓荣复铜仁。

夏四月庚申朔,以赖塔为满洲都统。癸亥,穆占、董卫国败吴应麒,复沅州、靖州,进复黎平。丁卯,上以学士张英等供奉内廷,日备顾问,下部优叙,高士奇、杜讷均授翰林官。己巳,命南书房翰林每日晚讲《通鉴》。丙子,上祈雨天坛,翌日,雨。己卯,颁行《尚书讲义》。王进宝以病回固原,以其子总兵用予统军驻保宁。庚辰,宗人府进玉牒。

五月壬辰,命甘肃巡抚治兰州。乙巳,莽依图会军讨马承荫,复降,命执送京师。己酉,山海关设关收税。

六月甲子,蔡毓荣复思南。丁丑,命五城粥厂再展三月,遣太医官三十员分治饥民疾疫。壬午,副都统马尔哈齐、营总马顺德以纵兵杀人论罪。

秋七月甲午,停捐纳官考选科道。褒恤福建总督范承谟、广西巡抚马雄镇,赠官予谥荫。乙巳,以折尔肯为左都御史。己酉,解顺承郡王勒尔锦大将军,撤还京。

八月戊辰,上御经筵。己巳,命赖塔移驻广州,以博济军益之。戊寅,大学士索额图免。壬午,将军莽依图卒于军,以勒贝代之。甲申,尚之信以属人王国光讦告其罪,擅杀之,诏赐之信死。其弟之节,其党李天植,皆伏诛,家口护还京师。

闰八月乙未,命各将帅善抚绿旗军士。壬子,以王永誉为广东将军。

九月癸亥,吴世璠使其将夏国柱、马宝潜寇四川,谭宏复叛应之,连陷沪州、永州,夔州土匪应之。命将军吴丹、噶尔汉,提督范达理、徐治都分道讨之。乙丑,以赖塔为平南大将军,率师进云南。戊寅,吴丹复泸州。

冬十月,仁怀失守,罢吴丹,以鄂克济哈领其军。戊戌,以阿密达为蒙古都统。噶尔汉复巫山。壬寅,大将军康亲王杰书师旋,上郊劳之。戊申,彰泰、穆占败吴世璠于镇远。噶尔汉击谭宏于铁开峡,败之。是月,王大臣议上师行玩误之王贝勒大臣罪。得旨,勒尔锦革去王爵,籍没羁禁。尚善、察尼均革去贝勒。兰布、朱满革去镇国公。余各褫官、夺世职、鞭责、籍没有差。

十一月丙辰朔,冬至,祀天于圜丘。彗星见,诏求直言。甲子,贝子彰泰进复平越,遂入贵阳。逆渠吴世璠及吴应麒等夜遁。安顺、石阡、都匀三府皆下。庚午,以达哈里为蒙古都统。丙子,川北总兵高孟败彭时亨于南溪桥,复营山,进围灵鹫寨,斩伪将魏卿武。甲申,提督周卜世复思南。

十二月壬辰,以徐元文为左都御史。甲午,高孟复渠县。乙未,提督桑峨大败吴世璠于永宁,追至铁索桥,贼焚桥遁。土官龙天祐、沙起龙造盘江浮桥济大军。壬寅,高孟复广安州。庚戌,以郝浴为广西巡抚。癸丑,袷祭太庙。

是岁,免直隶、江南、山东、山西、陕西、江西、福建、湖广等省一百八十六州县灾赋有差。朝鲜、琉球入贡。

二十年辛酉春正月壬申,叛将李本深降,械送京师。癸酉,总兵高孟复达州。甲戌,将军噶尔汉复云阳,谭宏死,进复忠州、万县、开县。乙亥,命侍郎温代治通州运河。丙子,将军穆占、提督赵赖击夏国相等,走之,复平远。辛巳,增置讲官。诏法司慎刑。是月,郑锦死,其子克塽继领所部。

二月己丑,贝子彰泰师至安南卫,击贼将线𬘓于江西坡。贼列象阵拒战。官兵分三队奋击,大破之。贼遁,公图、达汉泰追击,复败之,复普安州、新兴所。壬辰,副都统莽奕禄败贼张足法等于三山。甲午,诏凡三藩往事为民害者蠲除之。蠲奉天盐引。大将军赖塔师至广西,大破贼于黄草霸,复安笼,入曲靖。高孟复东乡,败彭时亨于月城寨。戊戌，增钦天监满监副一员。都统希福、马绔、硕塔复马龙州、杨林城，入嵩明州，贼遁。穆占复黔西、大定，斩其伪将张维坚。乙巳，贝子彰泰、大将军赖塔、将军蔡毓荣先后入滇。贼将胡国柄、刘起龙迎拒，官军分击败之。斩国柄、起龙。辛亥，谒孝陵。

三月甲辰，宣威将军鄂克济哈以失援建昌自劾。诏以觉罗纪哈里代之。辛酉，葬仁孝皇后、孝昭皇后于昌瑞山陵。诏行在批阅章奏，令大学士审校。壬戌，胡国柱犯建昌，将军佛尼勒击走之，复马湖。癸亥，马宝弃遵义，犯泸、叙。诏佛尼勒、赵良栋急击滇贼，勿令回援。丙寅，赠恤福建死事运使高天爵、知府张瑞午等官荫。戊辰，土官陆道清以永宁降。癸酉，上奉太皇太后幸遵化汤泉。

夏四月甲辰朔，王用予复纳溪、江安、仁怀、合江。己酉，贝子彰泰遣使招抚诸路，武定、大理、临安、永顺、姚安皆降。壬子，上奉太皇太后还宫。

五月癸丑朔，提督周卜世取遵义，降伪官金仕俊等，复真安州、仁怀、桐梓、绥阳等县。己未，遣官察阅蒙古苏尼特等旗被旱灾状。乙丑，诏行取州县曾陷贼中者勿选科道。辛巳，大将军贝子彰泰报抵云南省城，伪将李发美以鹤庆、丽江二府降。

六月戊子，除山西、陕西房号银。

秋七月丁巳，以礼部尚书郭四海兼管刑部。庚申，诏四川民田为弁兵所占者察还之。辛酉，都统希福、提督桑峨击马宝于乌木山，大败之。马宝降，械送京师诛之。乙丑，赵良栋遣总兵李芳述击败胡国柱，复建昌，入云南。戊辰，诏图海率王辅臣还京。壬申，赐宴瀛台，员外郎以上皆与焉，赐采币。己卯，以施琅为福建水师提督，规取台湾，改万正色陆路提督。

八月辛巳朔，日有食之。乙巳，上御经筵。

九月辛亥，上巡幸畿甸。故平南王尚可喜丧至通州，赐银八千两，遣官奠茶果。戊午，上次雄县，召见知州吴鉴，问浑河水决居民被灾状。丙寅，上还京。诏停本年秋决。壬申，复运丁工银。

冬十月癸未，偏沅巡抚韩世琦败贼将黄明于古州。甲申，额鲁特噶尔丹入贡。乙酉,大学士图海师旋,上嘉劳之。壬辰,诏撤平南、靖南两藩弁兵还京。癸卯,诏免吐鲁番贡犬马。

十一月辛亥,诏从贼诸人,除显抗王师外,余俱削官放还。以诺迈为汉军都统。癸亥,定远平寇大将军贝子彰泰、平南大将军都统赖塔、勇略将军总督赵良栋、绥远将军总督蔡毓荣疏报王师于十月二十八日入云南城,吴世璠自杀,传首,吴三桂析骸,示中外,诛伪相方光琛,余党降,云南平。是日,以昭告孝陵,车驾次蓟州。丁卯,祭孝陵。辛未,召贝子彰泰、将军赵良栋还京。乙亥,上猎于南山,发矢殪三虎。己卯,回銮。

十二月戊子,设满洲将军,驻荆州,汉军将军驻汉中。癸巳,群臣请上尊号。敕曰:“自逆贼倡乱,莠民响应,师旅疲于征调,闾阎敝于转输。加以水旱频仍,灾异叠见。此皆朕躬不德所致。赖宗社之灵,削平庶孽。方当登进贤良,与民休息,而乃侈然自足,为无谓之润色,能勿恧乎!其勿行。”补广西乡试。戊戌,大学士图海卒。己亥,上御太和门受贺,宜捷中外。癸卯,加上太皇太后、皇太后徽号,颁发恩诏,赐宗室,赉外藩,予封赠,广解额,举隐逸,旌节孝,恤孤独,罪非常赦不原者悉赦除之。以于成龙为江南江西总督,吴兴祚为广东广西总督。丁未,祫祭太庙。

是岁,免直隶、江南、江西、山东、山西、浙江、福建等省七十五州县灾赋有差。丁户一千七百二十三万,征银二千二百一十八万三千七百六十二两有奇。盐、茶课银二百三十九万九千四百六十八两。铸钱二万三千一百三十九万。朝鲜、厄鲁特入贡。

清史稿卷七
本纪第七

圣祖二

二十一年壬戌春正月壬戌，上元节，赐廷臣宴，观灯，用柏梁体赋诗。上首唱云："丽日和风被万方。"廷臣以次属赋。上为制《升平嘉宴诗序》，刊石于翰林院。丙寅，调蔡毓荣为云贵总督。戊辰，王大臣奏曰："耿精忠累世王封，甘心叛逆，分扰浙、赣，及于皖、徽，设非师武臣力，蔓延曷极。李本深、刘进忠等多年提镇，高官厚禄，不能革其号音，俯首从贼，抑有何益？均宜从严惩治，大为之防，以为世道人心之范。谨拟议请旨。"得旨："耿精忠、曾养性、白显中、刘进忠、李本深均磔死枭首。耿精忠之子耿继祚，李本深之孙李象乾、李象坤，其侄李济祥、李济民，暨祖宏勋等俱处斩。为贼绐误之陈梦雷、李学诗、金境、田起蛟均减死一等。"己巳，特封安亲王岳乐子岳希为僖郡王。

二月庚辰，以达都为左都御史。癸未，以平滇遣官告祭岳渎、古帝陵、先师阙里。甲申，上御经筵。丙戌，以佟国维为领侍卫内大臣。辛卯，上斋居景山，为太皇太后祝厘。癸巳，上东巡，启銮。皇太子胤礽从。蒙古王贝勒等请上尊号，不许。以穆占为蒙古都统，妖人朱方旦伏诛。戊戌，次山海关，遣大臣祭伯夷、叔齐庙。

三月壬子，上谒福陵、昭陵，驻跸盛京。甲寅，告祭于福陵。丙辰，告祭于昭陵。大赍将军以下，至守陵官、年老致仕官及甲兵废闲者。曲赦盛京、宁古塔。蠲跸路所过租税。己未，上谒永陵，行告祭礼。上具启太皇太后、皇太后进奉鲢鱼、鲫鱼。庚申,上由山道幸乌拉行围。辛酉,望祭长白山。乙亥,泛舟松花江。

夏四月辛巳,上回銮。赐宁古塔将军、副都统宴,赍致仕官及甲士。乙巳,次中后所。流人王廷试子德麟叩阍乞代父戍,部议不准。上谕:"王德麟所言情甚可悯,遇朕来此,亦难得之遭。其父子俱读书人,可均释回。"

五月辛亥,上还京。壬子,诏宁古塔地方苦寒,流人改发辽阳。己未,大学士杜立德乞休,温旨允之。丙寅,免吉林贡鹰,减省徭役。戊辰,以王熙为大学士。

六月乙酉,以佟国瑶为福州将军。庚寅,以公倭赫为蒙古都统。甲辰,大学士冯溥乞休,温旨允之,差官护送,驰驿回籍。

秋七月庚戌,以杭艾为左都御史。甲寅,命刑部尚书魏象枢、吏部侍郎科尔坤巡察畿辅,豪强虐民者拘执以闻。乙卯,以三逆荡平宣示蒙古。

八月丙子,诏内阁学士参知政事。癸卯,谭宏之子谭天祕、谭天伦伏诛。

九月戊申,赐蔡升元等一百七十六人进士及第出身有差。甲子,诏每日御朝听政,春夏以辰初,秋冬以辰正。

冬十月甲申,定远大将军贝子彰泰、征南大将军都统赖塔凯旋,上郊劳之。己丑,以黄机、吴正治为大学士。辛卯,诏重修《太祖实录》,纂修《三朝圣训》、《平定三逆方略》。

十一月甲寅,以李之芳为兵部尚书,希福为西安将军,瓦岱为江宁将军。戊午,诏广西建双忠祠,祀巡抚马雄镇、傅宏烈。庚申,以赵赖为汉军都统。戊辰,以施维翰为浙江总督,以噶尔汉为满洲都统。

十二月己卯,前广西巡抚陈洪起从贼论死,命流宁古塔。癸未,以许贞为广东提督。戊子,录达海之孙陈布录为刑部郎中。癸巳,论行军失律罪,简亲王喇布夺爵,余遣戍降黜有差。庚子,郎谈使黑龙江还,上罗刹犯边事状。命宁古塔将军巴海、副都统萨布素率师防之。建木城于黑龙江、呼马尔,分军屯田。

是岁,免直隶、江南、江西、山东、山西、浙江、湖广等省七十八州县卫被灾额赋有差。朝鲜,安南入贡。

二十二年癸亥春正月乙卯,宴赉廷臣。己未,上阅官校较射。

二月癸酉,帅颜保罢,以介山为礼部尚书,喀尔图为刑部尚书。甲申,上幸五台山。

三月戊申,还京。戊午,以噶尔汉为荆州将军,彭春为满洲都统。

夏四月乙亥,命提镇诸臣以次入观。庚辰,命巴海回驻乌拉,萨布素、瓦礼祜帅师驻额苏里备边。辛卯,以公坡尔盆为蒙古都统。

五月丙午,设汉军火器营,甲子,命施琅征台湾。

六月丁丑,上阅内库,颁赉廷臣币器。戊寅,以伊桑阿为吏部尚书,杭艾为户部尚书。癸未,上奉太皇太后避暑古北口。

闰六月戊午,施琅克澎湖。庚申,谕饬刑官勘狱勿淹系。

秋七月,车驾次胡图克图,赐随围蒙古王公冠服,兵士银币。甲午,上奉太皇太后还宫。

八月庚子,命经筵大典,大学士以下侍班。戊申,以哈占为兵部尚书,科尔坤为左都御史。戊辰,施琅疏报师入台湾,郑克塽率其属刘国轩等迎降,台湾平。诏锡克塽、国轩封爵,封施琅靖海侯,将士擢赉有差。

九月癸酉,以丁思孔为偏沅巡抚。己卯,上奉太皇太后幸五台山。壬辰,次长城岭,太皇太后以道险回銮。上如五台山。限额鲁特入贡人数。

冬十月,上至五郎河行宫,奉太皇太后还京。丁未,群臣以台湾平,请上尊号,不许。癸亥,以萨布素为新设黑龙江将军,乙丑,诏沿海迁民归复田里。

十一月癸未,授罗刹降人宜番等官。戊子,上以海寇平,祭告孝陵。癸巳,上巡幸边界。

十二月甲辰,上还京。丁未,从逆土司陆道清伏诛。壬子,以纪尔他布为蒙古都统。乙卯,《易经日讲》成,上制序颁行。尚书朱之弼、都御史徐元文以荐举非人免。乙丑,祫祭太庙。

是岁,免山东、山西、甘肃、江西、湖广、广西等省二十州县灾赋有差。朝鲜、琉球入贡。

二十三年甲子春正月辛巳,上幸南苑行围。丙戌,加封安亲王岳乐子袁端为勤郡王。壬辰,命整肃朝会礼仪。罗刹踞雅克萨、尼布潮二城,饬断其贸易,萨布素以兵临之。

二月乙巳,上御经筵。癸丑,上巡幸畿甸。丙寅,还驻南苑。大学士黄机罢、乙丑,给事中王承祖疏请东巡,命查典礼以闻。

三月壬申,以刘国轩为天津总兵官,陛辞,赐白金二百、缎匹三十、内厩鞍马一。丁亥,上制五台山碑文,召示廷臣。谕之曰:“近人每一文出,不乐人点窜,此文之所以不工也。”

夏四月己酉,设台湾府县官,隶福建行省。壬子,刑部左侍郎宋文连乞休,命加太子少保致仕。庚申,谕凡一事经关两部,俱会同具奏。乙丑,谕讲官:“讲章以精切明晰为尚,毋取繁衍。朕阅张居正《尚书》、《四画直解》,义俱精实,无泛设之词,可为法也。”江南江西总督于成龙卒,予祭葬,谥清端。

五月丁卯,裁浙江总督。以公瓦山为满洲都统。己巳,修《大清会典》。丙子,以孙思克为甘肃提督。辛巳,命廷臣察举清廉官。九卿举格尔古德、苏赫、范承动、赵岑、崔隼、张鹏翮、陆陇其。癸未,起巴海为蒙古都统。甲申,上幸古北口,诏跸路所经勿践田禾。乙未,惠郡王博翁果诺坐陪祀不谨削爵。王大臣议奏侍郎宜昌阿、巡抚金㑺查看尚之信家产,隐蚀银八十九万,并害杀商人沈上达,应斩。郎中宋俄托、员外郎卓尔图及审谳不实之侍郎禅塔海应绞,从之。诏追银勿入内务府,交户部充饷。

六月丁未,琉球请遣子弟入国子监读书。许之。甲寅,暹罗国王森列拍腊照古龙拍腊马呼陆坤司由提呀菩挨遣陪臣言贡船到虎跳门,阻滞日久,每致损坏。乞谕粤省官吏准其放入河下,早得登岸,贸易采办,勿被拦阻。从之。谕一等侍卫阿南达曰:"朕视外旗蒙古与八旗一体。今巡行之次,见其衣食困苦,深用恻然。尔即传谕所过地方蒙古无告者,许其来见,询其生计。"于是蒙古扶老携幼,叩首行宫门。上详问年龄生计,给与银两布疋。乙卯,上阅牧群,赐从臣马。刑部尚书魏象枢再疏乞休。允之。丁巳,以汤斌为江苏巡抚。

七月乙亥以,宋德宜为大学士。辛巳,上驻跸英尼汤泉。以佟佳为蒙古都统。

八月戊申,上还京。甲寅,大学士李霨卒,遣官奠茶酒,赐祭葬,谥广勤。甘肃提督靖逆侯张勇卒,予祭葬,谥襄壮。

九月甲子朔,停本年秋决。丙寅,以张士甄为刑部尚书,博济为满洲都统。以钱贵,更铸钱,减四分之一。听民采铜铅,勿税。丁卯,改梁清标为兵部尚书,余国柱为户部尚书。庚午,以蒙古都统阿拉尼兼理藩院尚书。癸酉,以陈廷敬为左都御史,莽奕禄为蒙古都统。丁亥,诏南巡车驾所过,赐复一年。辛卯,上启銮。

冬十月壬寅,上次泰安,登泰山,祀东岳。辛亥,次桃源,阅河工,慰劳役夫,戒河吏勿侵渔。监视天妃闸。与河臣靳辅论治河方略。壬子,上渡淮。甲寅,次高邮湖,登岸行十余里,询耆老疾苦。丙辰,上幸焦山、金山,渡扬子江,舟中顾侍臣曰:"此皆战艇也。今以供巡幸,然艰难不可忘也。"丁巳,弛海禁。戊午,上驻苏州。庚申,幸惠山。谕巡抚:百姓远道来观,其不能归者资遣之。

十一月壬戌朔,上驻江宁。癸亥,诣明陵致奠。乙丑,回銮。泊舟燕子矶,读书至三鼓。侍臣高士奇请曰:"圣躬过劳,宜少节养。"上曰:"朕自五龄受书,诵读恒至夜分,乐此不为疲也。"丁卯,命伊桑阿、萨穆哈视察海口。谕曰:"海口沙淤年久,遂至壅塞。必将水道疏通,始免昏垫。即多用经费,亦所不惜。"辛未,临阅高家堰。次宿迁。过白洋河,赐老人白金。戊寅,上次曲阜。己卯,上诣先师庙,入大成门,行九叩礼。至诗礼堂,讲《易经》。上大成殿,瞻先圣象,观礼器。至圣贵殿，览图书。至杏坛，观植桧。入承圣门，汲孔井水尝之。顾问鲁壁遗迹，博士孔毓圻占对甚详，赐官助教。诣孔林墓前酹酒。书"万世师表"额。留曲柄黄盖。赐衍圣公孔毓埏以次日讲诸经各一。免曲阜明年租赋。庚寅，上还京。以马哈达为满洲都统。

十二月壬辰朔，以石文炳为汉军都统。癸卯，命公瓦山视师黑龙江，佛宝、佛可托副之，备罗刹。甲辰，赐公郑克塽、伯刘国轩、冯锡范田宅，隶汉军。丙午，命流人值冬令，过严寒时乃遣。丙辰，上谒陵，赐守陵官兵牛羊。己未，还宫。

是岁，免直隶、江南、江西、河南、湖广等省二十六州县灾赋有差。朝鲜、暹罗入贡。

二十四年乙丑春正月癸酉，享太庙。谕曰："赞礼郎读祝，读至朕名，声辄不扬，失父前子名之义。自今俱令宣读。"癸未，命公彭春赴黑龙江督察军务。命侯林兴珠率福建滕牌兵从之。以班达尔沙、佟宝、马喇参军事。乙丑，试翰詹官于保和殿，上亲定甲乙，其不称者改官。戊子，命蒙古科尔沁十旗所贡牛羊送黑龙江军前。

二月庚子，命周公后裔东野氏为《五经》博士，予祀田。以额赫纳为满洲都统。癸卯，上御经筵。乙卯，上巡幸畿甸。庚申，还京。再赐刘国轩第宅。以范承勋为广西巡抚。

三月壬戌，上撰孔子庙碑文成，亲书立碑。重修《赋役全书》。辛巳，赐陆肯堂等一百二十一人进士及第出身有差。

夏四月辛卯，予宋儒周敦颐裔孙《五经》博士。丙申，授李之芳轻车都尉世职。戊戌，马喇以所俘罗刹上献，命军前纵遣之。辛丑，诏以直隶连年旱灾，逋赋六十余万尽免之，并免今年正赋三分之一。诏医官博采医林载籍，勒成一书。庚戌，设内务府官学。

五月癸未，诏厄鲁特济农违离本部，响化而来，宜加爱养，予之田宅。修《政治典训》。甲申，以原广西巡抚郝浴历官廉洁，悉免应追帑金。彭春等攻雅克萨城，罗刹来援，林兴珠率滕牌兵迎击于江中,破之,沈其船,头人额里克舍乞降。

六月庚寅朔,上巡幸塞外,启銮。戊戌,上还京。癸卯,诏曰:
"鄂罗斯入我边塞,侵扰鄂伦春、索伦、赫哲、飞牙喀等处人众,盘踞
雅克萨四十年。今克奏厥绩,在事人员,咸与优叙。应于何地永驻
官兵,即会议具奏。"上试汉军笔帖式、监生,曳白八百人,均斥革,
令其读书再试。乙巳,上巡幸塞外。

秋七月壬申,设吉林、黑龙江驿路,凡十九驿。

八月丙午,上驻跸拜巴哈昂阿,赐朝行在蒙古王贝勒冠服银
币。

九月戊午朔,上闻太皇太后违豫,回銮。己未,上驰回京,趋侍
医药,旋即康复。辛巳,陕西提督王进宝卒,赠太子太保,予祭葬,谥
忠勇。甲申,命副都统温代、纳秦驻防黑龙江,博定修筑墨尔根城,
增给夫役,兼令屯田。乙酉,以吴英为四川提督。

冬十月甲午,上幸南苑。戊戌,厄鲁特使人伊特木坐杀人弃市。
己亥,以瓦代为满洲都统。庚子,定外藩王以下,岁贡羊一双、酒一
瓶。丙午,庆云见。己酉,靳辅请下河涸出田亩,佃民收价赏工费。
上曰:"如是则累民矣。其勿取。"甲寅,以博齐为江宁将军。

十一月丁巳朔,日有食之。庚申,以莽奕禄为满洲都统,塔尔岱
为蒙古都统。甲戌,上大阅于卢沟桥。丙子,靳辅、于成龙遵召至京,
会议治河方略。靳辅议开六河建长堤。于成龙请开浚海口故道。大
学士以闻。上云:"二说俱有理,可询高、宝七州县京官,孰利民。"侍
读乔莱奏,从于成龙议,则工易成,而百姓有利。上令于成龙兴工。
旋以民情不便而止。己卯,上赐鄂内、坤巴图鲁散秩大臣,听其家居
二人皆太宗朝旧臣也。乙酉,诏曰:"日蚀于月朔,越十六日月食。一
月之中,薄蚀互见。天象示儆,宜亟修省。廷臣集议以闻。"

十二月庚寅,以察尼为奉天将军。己亥,谒孝陵。癸卯,上还宫。
甲寅,祫祭太庙。

是岁,免江南、江西、山东、山西、湖广等省七十四州县卫灾赋
有差。朝鲜、琉球、噶尔丹入贡。

二十五年丙寅春正月丙申，命马喇督黑龙江屯田。鄂罗斯复据雅克萨，命萨布素率师逐之。

二月甲辰，重修《太祖实录》成。丁未，诏曰："国家削平逆孽，戡定遐荒，唯宜宣布德意，动其畏怀。近见云、贵、川、广大吏，不善抚绥，颇行苛虐，贪黩生事，假借邀功。朕思土司苗蛮，既归王化，有何杌陧，格斗摩宁。其务推示诚信，化导安辑，以副朕抚驭遐荒至意。"停四川采运木植。己酉，文华殿成。壬子，告祭至圣先师于传心殿。癸丑，上御经筵。以津进为领侍卫内大臣。

三月戊午，命修栖流所。己未，命纂修《一统志》。甲戌，以汤斌为礼部尚书，兼管詹事府。

夏四月乙酉朔，命阿拉尼往喀尔喀七旗莅盟。庚寅，诏曰："赵良栋前当逆贼盘踞汉中，首先入川，功绩懋著。复领兵直抵云南，攻克省城之后，独能恪守法纪，廉洁自持，深为可嘉。今已衰老解任，应复其勇略将军、兵部尚书、总督以示眷注。"命郎谈、班达尔沙、马喇赴黑龙江参赞军务。赠陕西死事平逆将军毕力克图、参赞阿尔瑚世职。甲午，诏求遗书。戊申，调万正色云南提督，以张云翼为福建陆路提督。辛亥，始令顺天等属旗庄屯丁，编查保甲，与民户同。

闰四月辛未，以范承勋为云南贵州总督。

五月丁亥，诏毁天下淫祠。

六月乙亥，录平南大将军赖塔、都统赵赖以次功，各予世职有差。戊寅，以阿兰泰为左都御史。

秋七月己酉，锡荷兰国王耀汉连氏甘勃氏文绮白金，命其使臣赍书致鄂罗斯。吏部奏定侍读、庶子以下各官学问不及者，以同知、运判外转。从之。辛亥，上巡幸塞外。

八月辛未，上驻跸乌尔格苏台。丙子，上还京。以索额图为领侍卫内大臣。丁丑，诏萨布素围雅克萨城，遏其援师，以博定参军事。戊辰，诏天下学宫崇祀先儒。庚辰，诏增孔林地十一顷有奇，从衍圣公孔毓埏请也，除其赋。

九月己丑,以班达尔沙为蒙古都统。乙巳,以图纳为四川陕西总督。丁未,以陈廷敬为工部尚书,马齐为山西巡抚。己酉,鄂罗斯察汉汗使来请解雅克萨之围。许之。是月,内大臣拉笃祜奉诏与罗卜藏济农及噶尔丹定地而还。

冬十月丙辰,调张士甄为礼部尚书,以胡升献为刑部尚书。

十一月庚子,上谒孝陵。赏蒙古喀喇沁兵征浙江、福建有功者。

十二月癸丑,上还宫。丙辰,命侍郎萨海督察凤凰城屯田。癸亥,谕:“纠仪御史纠察必以严,设朕躬不敬,亦当举奏。”戊寅,祫祭太庙。

是岁,免直隶、江南、浙江、湖广、甘肃等省二十七州县被灾额赋有差。朝鲜、安南、荷兰、叶鲁番入贡。

二十六年丁卯春正月戊子,遣医官往治雅克萨军士疾,罗刹愿就医者并医之。丙申,蒙古土谢图汗、车臣汗及济农合疏请上尊号。不许。乙巳,大学士吴正治乞休。允之。

二月癸丑,上大阅于卢沟桥。原任湖广总督蔡毓荣隐藏吴三桂孙女为妾,匿取逆财,减死鞭一百,枷号三月,籍没,并其子发黑龙江。原谳尚书禧佛等坐隐庇,黜革有差。甲寅,以余国柱为大学士。庚申,命八旗都统副都统更番入值紫禁城。丁卯,以张玉书为刑部尚书。壬申,户部奏浒墅关监督桑额溢征银二万一千余两。得旨:“设立榷关,原为稽察奸宄。桑额多收额银,乃私封便民桥,以致扰害商民。著严加议处。嗣后,司榷官有额外横征者,该部其严饬之。

三月己丑,以董讷为江南江西总督。癸巳,以王鸿绪为左都御史。癸卯,上御太和门视朝,谕大学士等详议政务阙失,金以无弊可陈封。上曰:“尧、舜之世,府修事和,然且兢兢业业,不敢谓已治已安。汉文帝亦古之贤王,贾谊犹指陈得失,直言切谏。今但云主圣臣贤,政治无阙,岂国家果无一事可言耶?大小臣工,各宜尽心职业,视国事如家事,有所见闻,入陈无隐。”以马世济为贵州巡抚。

夏四月己未,上谕大学士曰:“纂修《明史》诸臣,曾参看前明实录否？若不参看实录，虚实何由悉知。《明史》成日，应将实录并存，令后世有所考证。"丙寅，以田雯为江苏巡抚。癸酉，罢科道侍班。

五月己亥，宗人府奏平郡王纳尔都打死无罪属人，折伤手足，请革爵圈禁。得旨："革爵，免圈禁。"庚辰，诏曰："今兹仲夏，久旱多风，阴阳不调，灾孰大焉。用是减膳撤乐，齐居默祷。虽降甘霖，尚未沾足。皆朕之凉德，不能上格天心。政令有不便于民者更之。罪非常赦不原者咸赦除之。"戊子，上召陈廷敬、汤斌十二人各试以文。谕曰："朕闲与熊赐履讲论经史，有疑必问。继而张英、陈廷敬以次进讲，大有裨益。德格勒每好评论时人学问，朕心以为不然，故兹召试，兹判然矣。"壬辰，上制周公、孔子、孟子庙碑文，御书勒石。

六月丁酉，上素服步行，祈雨于天坛。是夜，雨。辛丑，改祀北海于混同江。以杨素蕴为安徽巡抚。

秋七月戊子，鄂罗斯遣使议和，命萨布素退兵。丙午，户部请裁京员公费。得旨勿裁。

八月己酉，上巡幸塞外。癸丑，次博洛和屯，行围。甲戌，赐外藩银币。

九月己卯，上还京。辛巳，于成龙进嘉禾。上曰："今夏干旱，幸而得雨，未足为瑞也。"壬午，以李之芳为大学士。乙未，调汤斌为工部尚书。起徐元文为左都御史。

冬十月癸丑，上巡幸畿甸。甲子，上还驻畅春园。

十一月甲申，以李正宗为汉军都统。丙申，太皇太后不豫。上诣慈宁宫侍疾。

十二月乙巳朔，上为太皇太后不豫，亲制祝文，步行祷于天坛。癸亥，以王永誉为汉军都统。乙丑，湖广巡抚张泺为御史、陈紫星劾其贪婪，侍郎色楞额初按不实。至是，命于成龙、马齐、开音布驰往提挐，究拟论死。陈紫星内升。己巳，太皇太后崩，上哭踊视殓，割辫服衰，居慈宁宫卢次。甲戌除夕，群臣请上还宫。不允。

是岁，免直隶、山东、山西、江西等省四州县灾赋有差。朝鲜入贡。

二十七年戊辰春正月戊子，上居乾清门外左幕次。乙未释服。丁酉，听政。

二月壬子，大学士勒德洪、明珠、余国柱有罪免，李之芳罢御史，郭琇具疏论列也。尚书科尔昆、佛伦、熊一潇俱罢。甲寅，以梁清标、伊桑阿为大学士，李天馥为工部尚书，张玉书为兵部尚书，徐乾学为刑部尚书。定宗室袭封年例。

三月乙亥，以马齐为左都御史。辛巳，上召廷臣及董讷、靳辅、于成龙、佛伦、熊一潇等议河务。次日亦如之。乙酉，色楞额以按张升狱欺罔论死，总督徐国相以徇庇，侍郎王遵训等以滥举，俱免官。己丑，以王新命为河道总督。辛卯，裁湖广总督。丁酉，论河工在事互讦诸臣，董讷、熊一潇、靳辅、慕天颜、孙在丰俱削官，并赵吉士、陈潢罪之。己亥，增遣督捕理事官张鹏翮、兵科给事中陈世安，会内大臣索额图与鄂罗斯议约定界。壬寅，赐沈廷文等一百四十六人进士及第出身有差。李光地坐妄举德格勒议处。得旨："李光地前于台湾一役有功，仍以学士用。"

夏四月癸卯朔，日有食之。戊申，以傅拉塔为江南江西总督。己酉，上躬送太皇太后梓宫奉安暂安奉殿。其后起陵，是曰昭西陵。回跸至苏州除发。甲寅，以厄鲁特侵喀尔喀，使谕噶尔丹。戊辰，上还宫。庚午，命侍郎成其范、徐廷尔查阅河工。

五月己卯，吏部尚书陈廷敬、刑部尚书徐元文以疾罢。甲午，以纪尔他布为兵部尚书。丙申，上谒祭暂安奉殿。

六月甲辰，湖广督标裁兵，夏逢龙作乱，踞武昌，巡抚柯永升投井死，署布政使粮道叶映榴骂贼遇害。命瓦岱佩振武将军印讨之。庚申，阿喇尼奏噶尔丹侵厄尔德尼招，哲卜尊丹巴、土谢图汗遁。发兵防边。戊辰，起熊赐履为礼部尚书，徐元文为左都御史。以翁书元为工部尚书。

秋七月癸酉，以辅国公化善为蒙古都统。乙酉，湖广提督徐治都大败夏逢龙于应城，于鲤鱼套焚贼舟，贼遁黄冈。丙戌，上巡幸塞外。戊子，南阳总兵史孔华复汉阳。庚寅，瓦岱复黄州，获夏逢龙，磔诛之，贼平。壬午，云南提督万正色侵冒兵饷，按律论死。上念其前陷贼时抗志不屈，行间血战劳绩甚多，免死，革提督，仍留世职。壬辰，上驻喀尔必哈哈达，有峰旧名纳哈里，高百数十丈，上发数矢皆过峰顶，赐今名。

八月癸卯，上驻巴颜沟行围。叶映榴遗疏至，赠工部侍郎，下部优恤。乙卯，张玉书奏查阅河工，多用靳辅旧议。

九月壬申，遣彭春、诺敏率师驻归化城防边。是时喀尔喀为噶尔丹攻破，从近边内。遣阿喇尼往宣谕之，并运米赈抚。辛卯，上还京。癸巳，复设湖广总督，以丁思孔为之。

冬十月癸卯，移杨素蕴为湖广巡抚。庚戌，以辅国公绰克托为奉天将军。乙卯，上大行太皇太后尊谥曰孝庄文皇后。辛酉，升祔太庙，颁诏中外。

十一月辛卯，荆州将军噶尔汉等坐讨贼逗留夺职，鞭一百，官吏从贼授官者逮治，余贷之。

十二月庚子，以希福为蒙古都统。甲辰，建福陵、昭陵圣德神功碑，御制碑文。上谒孝庄山陵。乙巳，以尼雅翰为西安将军。乙巳，进张玉书为礼部尚书，徐元文刑部尚书，再进户部尚书。丙寅，上还京。兵部、工部会疏福建前造炮船核减工料银二万余两，应著落故总督姚启圣名下追赔。上以姚启圣经营平台甚有功绩，毋庸著追。

是岁，免江南、江西、湖广、云南、贵州等省三十三州县灾赋有差。朝鲜、琉球入贡。

二十八年己巳春正月庚午，诏南巡临阅河工。丙子，启銮。诏所过勿令民治道。献县民献嘉禾。壬午，诏免山东地丁额赋。甲申，上驻济南。乙酉，望祀泰山。庚寅，次刓城，阅中河。壬辰，次清河。癸巳，诏免江南积欠二十余万。乙未，上驻扬州。诏曰："朕观风问俗，卤薄不设，扈从仅三百人。顷驻扬州，民间结采盈衢，虽出自爱敬之诚，不无少损物力。其前途经过郡邑，宜悉停止。"

二月辛丑,上驻苏州。丁未,驻杭州。诏广学额,赉军士,复因公降谪官,赐扈从王大臣以次银币,赐驻防耆民金。辛亥,渡钱塘江,至会稽山麓。壬子,祭禹陵,亲制祭文,书名,行九叩礼,制颂刊石,书额曰"地平天成"。癸丑,上还驻杭州。阅骑射,赐将军以及官兵大酺。丁巳,次苏州。故湖广粮道叶映榴之子敷迎銮,为其父请谥。上书"忠节"二大字赐之。松江百姓建碑祈寿,献进碑文。江南百姓籲留停跸,献土物为御食,委积岸上。令取米一撮,果一枚,为留一日。浙江巡抚金鋐有罪,削职遣戍。以张鹏翮为浙江巡抚。增设武昌、荆州、常德、岳州水师。癸亥,上驻跸江宁。甲子,祭明陵。赐江宁、京口驻防高年男妇白金。乙丑,上阅射,赐酺。上诣观星台,与学士李光地咨论星象,参宿在觜宿之先,恒星随天而动,老人星合见江南,非隐见也。江宁士民籲留圣驾。为留二日。

三月戊辰朔,发江宁。甲戌,阅高家堰,指授治河方略。丙戌,上还京。闻安亲王岳乐之丧,先临其第哭之,乃还宫。丁亥,命八旗科举先试骑射。戊子,诏靳辅治河劳绩昭然,可复原官。丁酉,增设八旗火器营,副都统领之。

闰三月壬子,予安亲王岳乐祭葬立碑,谥曰和。己未,上谒陵。丙午,谒孝庄皇后山陵,谒孝陵。辛酉,上还京。

夏四月乙亥朔,上制《孔子赞序》及颜、曾、思、孟四赞,颁于学宫。壬辰,复命索额图等赴尼布楚,与鄂罗斯定边界。喀尔喀外蒙古内附告饥。命内大臣伯费扬古往赈抚之。命台湾铸钱。

五月乙巳,以阿兰泰、徐元文为大学士,顾八代为礼部尚书,郭琇为左都御史。壬戌,颁行《孝经衍义》。癸亥,命归化城屯兵备边。

六月乙亥,以佟宝为宁古塔将军。两广总督吴兴祚以鼓铸不实黜官。

秋七月,以石琳为两广总督。癸卯,册立贵妃佟氏为皇后。甲辰,皇后崩,谥曰孝懿。

八月癸酉,上巡幸边外。戊寅,驻博洛和屯,赐居民银米。

九月癸卯,上还京。戊午,以倭赫为蒙古都统,额驸穆赫为汉军都统。

冬十月丙寅，以郎谈为满洲都统。辛未，增设喀尔喀两翼扎萨克，招集流亡，编置旗队。癸酉，左都御史郭琇以致书本省巡抚请托降官。甲戌，葬孝懿皇后，上临送。是月，岷州生番内附。

十一月丙申，上还宫。辛酉，孝懿皇后祔奉先殿。

十二月乙丑，诏免云南二十一年至二十三年民欠。丙寅，上朝皇太后于慈宁新宫。戊辰，以张英为工部尚书。乙亥，内大臣索额图疏报与鄂罗斯立约，定尼布楚为界，立碑界上，以五体文书碑。

是岁，免直隶、浙江、湖北等省十一州县灾赋有差。朝鲜入贡。

二十九年庚午春正月癸丑，上幸南苑。庚申，遣官赈蒙古喀尔喀。

二月甲子，以岳乐子马尔浑嗣封安郡王。乙丑，遣大臣巡视直隶灾区流民。五城粥厂宽期，倍发银米，增置处所。己巳，上谒孝庄山陵，谒孝陵。庚午，大雨。癸酉，上还京。甲戌，上御经筵。戊子，起陈廷敬为左都御史。

三月壬辰朔，除长芦新增盐课。乙未，诏修三朝国史。癸卯，命都统额赫纳、护军统领马赖、前锋统领硕鼐率师征厄鲁特。先是，噶尔丹兵侵喀尔喀，迭诏谕解不从，兵近边塞。至是，命额纳等莅边御之。辛亥，除云南黑井加增盐课。以张思恭为京口将军。

夏四月丁丑，以旱赦殊死以下系囚。甲申，建子思子庙于阙里。《大清会典》成。

五月辛卯朔，命九卿保举行取州县堪为科道者。

六月癸酉，大学士徐元文免。戊寅，噶尔丹追喀尔喀侵入边。命内大臣苏尔达赴科尔沁征蒙古师备御。命康亲王杰书、恪慎郡王岳希师驻归化城。

秋七月庚寅朔，以张英为礼部尚书，以董元卿为京口将军。辛卯，噶尔丹入犯乌珠穆秦。命裕亲王福全为抚远大将军，皇子胤禔副之，出古北口。恭亲王常宁为安远大将军，简亲王喇布、信郡王鄂扎副之，出喜峰口。内大臣佟国纲、索额图、明珠、彭春等俱参军事，阿密达、阿拉尼、阿南达俱会军前。己亥，以陈廷敬为工部尚书，于成龙为左都御史。癸卯，上亲征，发京师。己酉，上驻博洛和屯，有疾回銮。

八月乙未朔，日有食之。抚远大将军裕亲王福全大败噶尔丹于乌兰布通，噶尔丹以喇嘛济隆来请和，福全未即进师。上切责之。乙丑，上还京。丙子，噶尔丹以誓书来献。上曰："此虏未足信也。其整师待之。"

九月癸巳，先是，乌兰布通之战，内大臣公佟国纲战殁于阵。至是，丧还，命皇子率大臣迎之。凡阵亡官咸赐奠赐恤有差。戊申，停今年秋决。壬子，弛民间养马之禁。

冬十月己未，上疾少愈，召大学士诸臣至乾清宫轮封。乙亥，以鄂伦岱为汉军都统。辛巳，领翰林院学士张英失察编修杨瑄撰拟佟国纲祭文失当，削礼部尚书，杨宣褫官戍边入旗。

十一月己亥，以熊赐履为礼部尚书。甲辰，达赖喇嘛请上尊号。不许，并却其贡。己酉，裕亲王福全等至京听勘。王大臣议上。上薄其罪，轻罚之。将士仍叙功。

十二月丁丑，上谒陵，行孝庄文皇后三年致祭礼。庚辰，还京。

是岁，免直隶、江南、浙江、甘肃等省三十二州县卫灾赋有差。朝鲜入贡。

三十年辛未春正月戊申，封阿禄科尔沁贝勒楚依为郡王，以与厄鲁特力战受伤被执不屈而脱归也。其十二旗阵亡台吉俱赠一等台吉，赐号达尔汉，子孙承袭。噶尔丹复掠喀尔喀。命瓦岱为定北将军，驻张家口；郎谈为安北将军，驻大同；川陕总督会西安将军驻兵宁夏备之。命在籍勇略将军赵良栋参军事。乙卯，以马齐为兵部尚书。

二月丁巳朔，日有食之。乙丑，上御经筵。命步军统领领巡捕三营，兼辖五城督捕。戊午，厄鲁特策旺阿拉布坦使来，噶尔丹之侄也，厚赍其使，比旋，遣郎中桑额护其行。

三月戊子，翻译《通鉴纲目》成，上制序文。己酉，赐戴有祺等一百四十八人进士及第出身有差。

夏四月戊午，左都御史徐乾学致私书于山东巡抚钱钰，事发，并褫职。丁卯，上以喀尔喀内附，躬莅边外抚绥。是日，启銮。

五月丙戌，上驻多罗诺尔。喀尔喀来朝。先是，喀尔喀土谢图汗德哲卜尊丹巴唆，杀其同族扎萨图汗得克得黑墨尔根阿海，内乱迭兴，为厄鲁特所乘。至是，遣大臣按其事。土谢图汗、哲卜尊丹巴具疏请罪。上赦之。以扎萨图汗，七旗之长，饬其弟策旺扎布袭汗号，封为亲王。丁亥，上御行幄，土谢图汗、哲卜尊丹巴入观，俯伏请罪。大臣宣赦，泣涕谢恩。赐茶赐宴赐坐，大合乐，九叩首而退。戊子，复召土谢图汗、哲卜尊丹巴、策旺扎布、车臣汗及喀尔喀诸部济农、伟征、诺颜、阿玉锡诸大台吉三十五人赐宴。谕曰："朕欲熟识尔等，故复飨宴。"赐之冠服。策旺扎布年幼，以皇子衣帽数珠赐之。以车臣汗之叔扎萨克济农纳穆扎尔前劝车臣汗领十万众归顺，身为之倡，请照四十九旗一例，殊为可嘉，许照旧扎萨克，去其济农之号，封为郡王。余各封爵有差。传谕喀尔喀曰："尔等困穷至极，互相偷夺，朕已拯救爱养。今与四十九旗一体编设各处扎萨克，管辖稽察，其各遵守。如再妄行，则国法治之矣。"己丑，上御甲胄乘马，遍阅各部。下马亲射，十矢九中。次大阅满洲兵、汉军兵、古北口兵，列阵鸣角，鸟枪齐发，声动山谷。众喀尔喀环瞩骇叹曰："真神威也！"科尔沁喀尔喀各蒙古王贝勒请上尊号。不许。庚寅，上按阅喀尔喀营寨，赉牛羊及其穷困者。辛卯，遣官编喀尔喀佐领，予之游牧。乌珠穆秦台吉车根等以降附厄鲁特，按实罪之。壬辰，上回銮。癸卯，还京。辛亥，分会试中卷南左、南右、北左、北右、中左、中右，从御史江繁之言也。壬子，群臣请上尊号。不许。

六月乙卯，以李天馥为吏部尚书，陈廷敬为刑部尚书，高尔位为工部尚书。

秋七月甲申，西安将军尼雅翰奉诏督兵迁巴图尔额尔克济农于察哈尔,济农惮行遁去,尼雅翰追之不及,按问论死。命总督葛思泰追讨之。朝鲜使人以买《一统志》发其国论罪。致仕大学士杜立德卒,予祭葬,谥文端。

闰七月丙辰,葛思泰疏报济农之弟博济在昌宁湖,经总兵柯彩派兵剿败,生擒博济及前禁之格隆等,均斩之。乙亥,上巡幸边外。

九月辛酉,上回銮,道遵化,谒孝庄山陵。乙丑,还京。庚午,以公阿灵阿为蒙古都统。甲戌,命侍郎博济、李光地、徐廷尔偕靳辅视河。

冬十月庚寅,谢尔素番盗杀参将朱震,西宁总兵官李芳述擒盗首华木尔加诛之。癸巳,以巴德浑为满洲都统,杭奕禄为荆州将军。丁未,甘肃提督孙思克讨阿奇罗卜藏,斩之。先是,使于厄鲁特之侍读学士达虎还及嘉峪关,为阿奇罗卜藏所害,命思克讨之。至是,捷闻。

十一月丁巳,以索诺和、李振裕为工部尚书,以伊勒慎为满洲都统。己未,诏曰:“朕崇尚德教,蠲涤烦苛,大小诸臣,咸被恩礼。即因事罢退,仍令曲全乡里。近来交争私怨,纠结不已,颇有党同伐异之习,岂欲酿明季门户之祸耶?其各蠲私忿,共矢公忠。有怙终者,朕必穷治之。”是时徐元文、徐乾学、王鸿绪既罢,而傅腊塔等抉摘琐隐,钩连兴狱,故特诏儆饬焉。甲戌,诏曰:“钦天监奏来岁正月朔日食。天象示儆,朕甚惧焉。其罢元日筵宴诸礼。诸臣宜精白供职,助朕修省。”

十二月甲申,诏曰:“朕抚驭区宇,惟以爱养苍生,俾臻安阜为念。比岁地丁额赋,迭经蠲免,而岁运漕米,尚在输将,时切轸念。除河南已经蠲免外,其湖广、江苏、浙江、安徽、山东漕米,以次各免一年,用纾民力。”丁亥,移旗庄壮丁赴古北口外达尔河垦田。遣侍郎阿山、德珠等往陕西监赈。壬辰,谕督、抚、提、镇保举武职堪任用及曾立功者,在内八旗旗员,令都统等举之。

是岁,免直隶、江南、江西、河南、山东、陕西、湖广、云南等省一百八十八州县灾赋有差。朝鲜、安南、琉球入贡。

三十一年壬申春正月辛亥朔,日有食之,免朝贺。甲寅,上御乾清门,出示《太极图》、《五音八声八风图》,因言:"《律吕新书》径一围三之法,用之不合。径一尺围当三尺一寸四分一厘,积至百丈,所差至十四丈外矣。宁可用邪?惟隔八相生之说,试之悉合。"又论河道闸口流水,昼夜多寡,可以数计。又出示测日晷表,画示正午日影至处,验之不差。诸臣皆服。庚午,上幸南苑行围。

二月辛巳,以靳辅为河道总督。乙酉,以陕西旱灾,发山西帑银、襄阳米石赈之。丁亥,上巡幸畿甸。辛卯,陕西巡抚萨弼以赈灾不实革职。戊戌,上还京。己亥,上御经筵。乙巳,以马齐为户部尚书。

三月丙辰,遣内大臣阿尔迪、理藩院尚书班迪赴边外设立蒙古驿站。乙丑,命府丞徐廷玺协理河工。加甘肃提督孙思克太子少保,予世职。致仕大总士冯溥卒,予祭葬,谥文敏。以阿席坦为满洲都统。置云南永北镇。

夏四月庚辰朔,以希福为满洲都统,护巴为蒙古都统。己丑,发帑银百万赈陕西,尚书王陟、沙穆哈往视加赈。戊戌,上幸瀛台,召近臣观稻田及种竹。河道总督靳辅请建新庄、仲家浅各一闸,下部议行。

五月庚寅,谕户部,山西平阳丰收,可遣官购买备荒。命王维珍董其事。癸卯,定喀尔喀部为三路,土谢图为北路,车臣为东路,扎萨克图为西路,属部各从其分地画为左右翼。

六月庚辰,以宋荦为江宁巡抚。乙未,蒙古科尔沁进献锡伯、卦尔察、打虎尔一万余户,给银酬之。

秋七月乙亥,上巡幸塞外。

八月己丑,以翁叔元为刑部尚书,以博济为西安将军,李林隆为固原提督,李芳述为贵州提督。

九月戊申,噶尔丹属人执我使臣马迪戕之。庚戌,上还次汤泉。己未,还京。丁卯,上御经筵。壬申,上大阅于玉泉山。

冬十月己卯，诏曰："秦省比岁凶荒，加以疾疫，多方赈济，未生积困。所有明年地丁税粮，悉予蠲免。从前逋欠，一概豁除。用称朕子惠元元至意。"庚辰，以李天馥为大学士。壬午，上谒陵。曲赦陕西，非十恶及军前获谴者，皆免死减一等。以佛伦为川陕总督，宗室董额为满洲都统。庚寅，上还京。癸巳，以熊赐履为吏部尚书，张英为礼部尚书。庚子，停直省进鲜茶暨赍送表笺。

十一月庚戌，以阿灵阿为满洲都统。甲寅，命熊赐履勘察淮、扬滨河涸田。丙寅，加孙思克振武将军。以觉罗席特库为蒙古都统。

十二月壬午，河道总督靳辅卒，予祭葬，谥文襄。以于成龙为河道总督，董讷为左都御史。壬辰，以郎化麟为汉军都统。辛丑，以西安饥，运襄阳米平粜。加希福建威将军，移戍右卫。召科尔沁蒙古王沙津入京，面授机宜，使诱噶尔丹。

是岁，免陕西、江南、四川等省十三州县灾赋有差。朝鲜入贡。

三十二年癸酉春正月甲子，诏朝鲜岁贡黄金木棉永行停止。

二月乙亥朔，发帑金，招商贩米西安平市价。丙子，遣内大臣坡尔盆等往督归化城三路屯田。诏修南河周桥堤工，往年靳辅与陈潢所经度者，至是阅河大臣绘图进呈，特诏修之。策旺阿拉布坦遣使入贡，报告使臣马喇被害及噶尔丹密事，以采缎赉之。癸未，上御经筵。改宣府六厅十卫为一府八县。戊子，命郎谈为昭武将军，偕阿南达、硕鼐帅师赴宁夏，将军博济、孙思克参军事。庚寅，上巡幸畿甸，阅霸州苑家口堤工，谕巡抚郭世隆修之。庚子，上还京。贵州巡抚卫既齐疏报剿办土司失实，夺职戍黑龙江。

三月丙午，遣皇子胤祉祭华山。丁未，移饶州府驻景德镇。乙卯，置广东连司、潮州连同。庚午，诏赵良栋系旧臣，可暂领宁夏总兵。

夏四月丙戌，喀尔喀台吉车凌扎布自鄂罗斯来归，赉之袍服，赐克鲁伦游牧。癸巳，命检直省解送物料共九十九项，减去四十项免解。丁酉，以心裕为蒙古都统。

五月庚戌，命内大臣伯费扬古为安北将军，驻归化城。

六月乙亥，广八旗乡、会中额。

八月甲戌，免广西、四川、贵州、云南四省明年地丁税粮。癸未，上巡幸塞外行围。蒙古科尔沁诸部朝行在，赐冠服银币。

九月丁未，修盛京城。丙寅，琉球来贡，遣其质子还国。丁卯，上还京。

冬十月壬申，诏曰："给事中彭鹏奏劾顺天考官，请朕亲讯，是大臣皆不可信矣。治天下当崇大体，若朕事事躬亲，则庶务何由毕理乎？"壬辰，上大阅于玉泉山。丁酉，鄂罗斯察汉汗来贡。上谕大学士曰："外藩朝贡，固属盛事，传至后世，未必不因而生事。惟中国安宁，则外患不生，当培养元气为根本耳。"

十一月辛丑，上奉皇太后谒孝庄山陵、孝陵。庚申，还宫。甲子，诏免顺天、河间、保定、永平四府明年税粮。

十二月辛未，以宗室公杨岱为蒙古都统。丁亥，上幸南苑行围。谕："满洲官兵近来不及从前之精锐，故比年亲加校阅，间以行围。顷见诸士卒行列整齐，进退娴熟，该军校等赏给一个月钱粮，该管官赏给缎疋，以激戎行。"丁酉，祫祭太朝。

是岁，免直隶、江南、江西、浙江、山西、湖广等省六十九州县灾赋有差。朝鲜、琉球入贡。

三十三年甲戌春正月乙卯，盛京歉收，命马齐驰往，以仓谷支给兵丁，海运山东仓谷济民食。丙辰，召见河道总督于成龙，问曰："尔前言减水霸不宜开，靳辅糜费钱粮，今竟何如？"成龙曰："臣前诚妄言。今所办皆照靳辅而行。"上曰："然则尔所言之非，靳辅所行之是，何以不明白陈奏，尚留待排陷耶？"因谕大学士曰："于成龙前奏靳辅未曾种柳河堤，朕南巡时，指河干之柳问之，无辞以对。又奏靳辅放水淹民田，朕复至其地观之，断不至淹害麦田。而王骘、董讷等亦附和于成龙言之。"下部议，将于成龙革职枷责。上曰："伊经手之工未完，应革职留任。"王骘休致，董讷革职。

二月辛未，上御经筵。癸酉，大学士请间三四日一御门听政。上曰："昨谕六十以上大臣间日奏事，乃优礼老臣耳。若朕躬岂敢暇逸，其每日听政如常。"丁丑，以诺穆图为汉军都统。庚辰，上巡幸畿甸。敕修通州至西沽两岸堤工。

三月辛丑，上还京。礼部尚书沙穆哈以议皇太子祀奉先殿仪注不敬免官。辛酉，赐胡任兴等一百六十八人进士及第出身有差。以范承勋为左都御史。

夏四月庚午，理藩院奏编审外藩蒙古四十九旗人丁二十二万六千七百有奇。辛巳，以查木扬为杭州将军。

五月戊寅，步军统领凯音布奏天坛新修之路，勿令行人来往。上曰："修路以为民也。若不许行，修之何益？后若毁坏，令步兵随时葺治。"顺天学政李光地丁母忧，令在京守制。甲辰，命翰林院、詹事府、国子监日轮四员入直南书房。辛亥，以纪尔他布为满洲都统，噶尔玛为蒙古都统。甲寅，诏修《类函》。丁巳，上巡幸畿甸，阅视河堤，谕扈从卫士鱼贯而行，勿践田禾。戊午，上阅龙潭口。己未，阅化家口、黄须口、八百户口、王家甫口、筐儿港口、白驹场口，薄弱之处，咸令增修。庚申，阅桃花口、永安口、李家口、信艾口、柳滩口等处新堤。上曰："观新堤甚属坚固，百姓可免数年水患矣。"壬戌，上还京。

闰五月庚午，上试翰林出身官于丰泽园。

六月辛丑，加湖广提督徐治都镇平将军。丙辰，以范承勋为江南江西总督。

秋七月丁卯，以蒋弘道为左都御史，转王士禛户部左侍郎，王掞户部右侍郎。巴图尔额尔克济农奏报降人祁齐克逃遁，遣兵追斩之。丁亥，上求文学之臣。大学士举徐乾学、王鸿绪、高士奇及韩炎、唐孙华以对。上曰："韩炎非谪降之人，当以原官召补。徐乾学、王鸿绪、高士奇可起用修书。并召徐秉义来。"他日试唐孙华诗佳，授礼部主事、翰林院行走。己丑，江南江西总督傅拉塔卒，赠太子太保，予祭葬，谥清端。庚寅，上巡幸塞外。

八月己巳，上驻跸拜巴哈昂哈。喀尔喀哲布尊丹巴来朝，赐之冠服。

九月己未，广八旗入学学额。己卯，上还京，壬午，以石文炳为汉军都统，以王继文为云南贵州总督。

冬十月丙申，以吴赫为四川陕西总督。乙巳，以金世荣为福州将军。

十一月丁卯，温僖贵妃钮祜禄氏薨。癸酉，以张旺为江南提督。戊寅，起陈廷敬为户部尚书。

十二月庚戌，以觉罗席特库为满洲都统，杜思噶尔为蒙古都统。

是岁，免直隶、山东等省十二州县灾赋有差。朝鲜入贡。

三十四年乙亥春正月丁亥，以护巴为满洲都统。

二月己亥，以郭世隆为浙江福建总督。丁巳，太和殿工成。休致大学士李之芳卒，予祭葬，谥文襄。

三月丙戌，以石文英为汉军都统。

夏四月丁酉，平阳府地震。甲辰，遣使册立班禅胡土克图。己酉，追叙赵良栋平蜀、滇功，授一等子世职。其部将升赏有差。己未，以李辉祖为河南巡抚。

五月壬寅朔，遣尚书马齐察赈地震灾民。巡抚噶世图以玩灾免。辛未，命在京八旗分地各造屋二千间住兵。壬申，上巡幸畿甸，阅新堤及海口运道，建海神朝。戊子，还京。

六月丁酉，策封皇太子胤礽妃石氏。庚子，以久雨诏廷臣陈得失，礼部祈晴。庚申，漕运总督王梁奏参卫千总杨奉漕船装带货物。谕曰："商人装带货物，于运何妨。王梁乃将货物搜出弃置两岸，所行甚暴，即解任。"

秋七月己丑，以觉罗舒恕为宁夏将军，鄂罗顺为江宁将军。赵良栋告赴江南就医，命给与南巡旧船。

八月壬辰，上巡幸塞外。辛丑，博济奏报噶尔丹属下回子五百人阑入三岔河汛界，肃州总兵官潘育龙尽俘之，拘于肃州。丙午，次克勒和洛。命宗室公苏努、都统阿席坦、护巴领兵备噶尔丹。己酉，次克勒乌理雅苏台。调董安国为河道总督，桑额为漕运总督。

九月辛巳，上还京。癸未，诏顺天、保定、河间、永平四府水潦伤稼，免明年地丁钱粮，仍运米四万石前往平粜。

冬十月丁未，命内大臣索额图、明珠视察噶尔丹。

十一月己未朔，日有食之。壬戌，命大军分三路备噶尔丹，裹八十日粮，其驼马米粮，令侍郎陈汝器、前左都御史于成龙分督之。丙寅，停今年秋决。庚午，命李天馥复为大学士。庚辰，上大阅于南苑。戊子，命安北将军伯费扬古为抚远大将军。遣大臣如蒙古征师，示师期。

十二月己亥，命将军博济、孙思克师出镇彝。乙巳，平阳地震，命蠲本年粮额，并免山西、陕西、江南、浙江、江西、湖广、广东、福建等省逋赋，赦殊死以下，其政令有不便于民者，令督抚以闻。以齐世为满洲都统。

是岁，免直隶、山西、江西、福建、广东等省十二州县灾赋有差。朝鲜、琉球入贡。

三十五年丙子春正月甲午，下诏亲征噶尔丹。赍随征大臣军校宴。甲申，命公彭春参赞西路军务。

二月丁亥朔，上谒陵。辛卯，上还京。壬辰，以硕鼐为蒙古都统。癸丑，告祭郊朝社稷。甲寅，命皇太子胤礽留守。丙辰，上亲统六师启行。

三月戊辰，上出行宫观射。辛未，次滚诺，大雨雪，上露立，俟军士结营毕，乃入行幄。军中毕炊，乃进膳。以行帐粮薪留待后至者。庚辰，予故巡抚王维珍祭葬，谥敏懿。

夏四月辛卯，上次格德尔库。壬辰，上驻塔尔奇拉。谕："兹已抵边界，自明日始，均列环营。"前哨报噶尔丹在克鲁伦，命蒙古兵先进据河。

五月丙辰朔，上驻跸拖陵布拉克。辛酉，次枯库车尔。壬戌，侦知噶尔丹所在，上率前锋先发，诸军张两翼而进。至燕图库列图驻营。其地素乏水，至是山泉涌出，上亲临视。癸亥，次克鲁伦河。上顾大臣曰："噶尔丹不知据河拒战，是无能为矣。"前哨中书阿必达探报噶尔丹不信六师猝至，登孟纳尔山，望见黄幄纲城，大兵云屯，漫无涯际，大惊曰："何来之易耶！"弃其卢帐宵遁。验其马矢，似遁二日矣。上率轻骑追之。沿途什物、驼马、妇孺委弃甚众。上顾谓科尔沁王沙律曰："虏何仓皇至是？"沙津曰："为逃生耳。"喀尔喀王纳木扎尔曰："臣等当日逃难，即是如此。"上上书皇太后，备陈军况，并约期回京。追至拖纳阿林而还，今内大臣马思喀追之。戊辰，上班师。是日晨，五色云见。癸酉，次中拖陵。抚远大将军伯费扬古大败噶尔丹于昭莫多，斩级三千，阵斩其妻阿奴。噶尔丹以数骑遁。癸未，次察罕诺尔。召见蒙古诸王，奖以修道凿井监牧之劳，各赐其人白金。

六月癸巳，上还京。是役也，中路上自将，走噶尔丹，西路费扬古大败噶尔丹，唯东路萨布素以道远后期无功。甲午，谕喀尔喀郡王善巴尽以马匹借军功，晋封亲王，贝子盆楚克侦敌有劳，封为郡王。诸臣行庆贺礼。乙未，赐察哈尔护军月饷加一金，喀尔喀人六金，限给三年。诏停本年秋审。壬子，以吴珷为左都御史，调张旺为福建水师提督，张云翼为江南提督。

秋七月戊午，以平定朔漠勒石太学。以李辉祖为湖广总督。癸亥，广直省乡试解额。戊辰，改吴英福建陆路提督，岳升龙为四川提督。

八月丁酉，索诺和以乏军需免，以凯音布为兵部尚书。

九月甲寅朔，回回国王阿卜都里什克奏："臣仗天威，得以出降。遣臣回国叶尔钦，请敕策旺阿拉布坦勿加虐害。"乙卯，赐厄鲁特降人官秩衣粮。壬申，上巡幸塞外。丙子，次沙城。诏："年来宣化所属牧养军马，供亿甚繁，深劳民力，其悉蠲明年额赋。"丁丑，副都统祖良璧败噶尔丹部人丹济拉于翁金。

　　冬十月甲申朔,遣官赉赐西路军士衣裘牛羊。丁亥,次昭哈。赐右卫、大同阵亡军士白金。庚寅,大将军费扬古献俘至。赐银赎出,令其完聚。戊申,上临视右卫军士,赐食。传谕曰:"昭莫多之役,尔等乏粮步行而能御敌,故特赐食。悉免所借库银。其伤病之人,另颁赐之。"众叩首欢谢。庚戌,上驻跸丽苏。上皇太后书,谢赐裘服。

　　十一月戊寅,噶尔丹遣使乞降,其使格垒沽英至,盖微探上旨也。上告之曰:"俟尔七十日,过此即进兵矣。"庚辰,回銮。

　　十二月壬寅,上还京。以宗室费扬固为右卫将军,祁布为满洲都统,雷继尊为汉军都统。庚戌,诏:"陕、甘沿边州县卫所,当师行孔道,供亿繁多,闾阎劳苦,其明年地丁银米悉行蠲免。"

　　是岁,免江南、江西等省三十二州县灾赋有差。朝鲜入贡。

　　三十六年丁丑春正月丙辰,上幸南苑行围。戊辰,哈蜜回部擒噶尔丹之子塞卜腾巴尔珠尔来献。己巳,遣官存问勇略将军赵良栋,赐人参鹿尾。甲戌,谕:"朕观《明史》,一代并无女后预政,以臣陵君之事。我朝事例,因之者多。朕不似前人辄讳亡国也。现修明史,以此谕增入敕书。"

　　二月丁亥,上亲征噶尔丹,启銮。是日,次昌平。阿必达奏哈密擒获厄鲁特人土克齐哈什哈,系害使臣马迪之首犯。命诛之,子女付马迪之家为奴。戊戌,上驻大同。丁未,次李家沟。戊申,诏免师行所过岢岚、保德、河曲等州县今年额赋。是日,次辇鄂村,山泉下涌,人马沾足。庚戌,遣官祭黄河之神。

　　三月丙辰,上驻跸屈野河。厄鲁特人多尔济、达拉代等先后来降。赐哈密回王金币冠服。丁巳,赵良栋卒,上闻之,嗟悼良久,语近臣曰:"赵良栋,伟男子也。"辛酉,次榆林。戊辰,次安边城。宁夏总兵王化行请上猎于花马池。上曰:"何如休养马力以猎噶尔丹乎?"辛未,次花马池。丙子,上自横城渡河。遣皇长子胤禔赐奠赵良栋及前提督陈福。丁丑,上驻跸宁夏。察恤昭莫多、翁金阵亡弁兵。己卯,祭贺兰山。庚辰,上阅兵。命侍卫以御用食物均赐战士。

闰三月辛巳朔,日有食之。庚寅,康亲王杰书薨。宁夏百姓闻上将行,恳留数日。上曰:"边地硗瘠,多留一日,即多一日之扰。尔等诚意,已知之矣。"

夏四月辛亥,上次狼居胥山。甲寅,回銮。庚申,命直省选文行兼优之士为拔贡生,送国子监。甲子,费扬古疏报闰三月十三日噶尔丹仰乐死,其女钟齐海率三百户来降。上率百官行拜天礼。敕诸路班师。是日,大雨。厄鲁特降人请庆贺。止之。先是,上将探视宁夏黄河,由横城乘舟行,至湖滩河朔,登陆步行,率侍卫行猎,打鱼射水鸭为粮,至包头镇会车骑。

五月乙未,上还京。丁酉,以傅拉塔为刑部尚书,席尔达左都御史,翁叔元罢,以吴琠为刑部尚书,张鹏翮左都御史。癸卯,礼部请上尊号。不许。

六月甲寅,礼部请于师行所过名山磨崖纪功。从之。予故勇略将军一等子赵良栋祭葬,谥襄忠。

秋七月癸未,群臣请上皇太后徽号,三上,不允。乙未,以朔漠平定,遣官祭告郊庙、陵寝、先师。赐李蟠等一百五十人进士及第出身有差。晋封大将军伯费扬古一等公,参赞以下各授世职。辛丑,免旗兵借帑。乙巳,遣官赉外藩四十九旗兵。丁未,上巡幸塞外。

八月乙亥,上驻巴图舍里,赐蒙古王、公、台吉银币。九月癸未,厄鲁特丹济拉来归。上独御运幄召见之。丹济拉出语人曰:"我罪人也,上乃不疑,真神人也。"甲午,上还京。庚子,以都统凯音布兼步军统领。壬寅,上御经筵。乙巳,振平将军、湖广提督徐治都卒,赠太子少保,予祭葬,谥襄毅。赈黑龙江被水居民。以席尔达为兵部尚书,哈雅尔为左都御史。

冬十月己巳,始令宗室应乡、会试。壬戌,诏曰:"比年师行出入,皆经山西地方,有行赍居送之劳。其免山西明年额赋。"叙从征镇国公苏努功,晋封贝子。庚午,上谒陵。甲戌,内监刘进朝以讹诈人论死。

十一月辛巳,上还京。丙戌,和硕恪靖公主下嫁喀尔喀郡王敦多布多尔济。戊戌,朝鲜告祲,命运米三万石往赈。甲辰,诏直省报灾即察实以闻。

十二月丁卯,改宗室董额为满洲都统。乙亥,祫祭太庙。

是岁,免直隶、江南、安徽、江西等省五十九州县灾赋有差。朝鲜、琉球、安南入贡。

三十七年戊寅春正月庚寅,策旺阿拉布坦奏陈第巴匿达赖喇嘛圆寂之事,斥班禅而自尊,恳请睿鉴。上答之曰:"朕曾敕责第巴具奏认罪,若怙终不悛,朕不轻恕也。"并遣侍读学士伊道等齐敕往。癸卯,上巡幸五台山。甲辰,次涿州。命皇长子胤禔、大学士伊桑阿祭金太祖、世宗陵。

二月辛亥,诏免山西三十六年逋赋。癸丑,上驻跸菩萨顶。乙丑,遣官赈山东。戊辰,上还京。

三月丙子朔,上御经筵。丁丑,封皇长子胤禔为直郡王,皇三子胤祉为诚郡王,皇四子胤禛、皇五子胤祺、皇七子胤祐、皇八子胤禩俱为贝勒。戊子,禁造烧酒。辛卯,直隶巡抚于成龙奏偕西洋人安多等履勘浑河,帮修挑濬,绘图呈进。得旨:"于六月内完工。"

夏四月癸亥,减广东海关税额。己巳,诏温郡王延寿行止不端,降为贝勒,贝子袁端削爵。壬申,以贝子苏努管盛京将军。癸酉,上阅漕河。

五月甲戌,武清民请筑外堤。上曰:"筑外堤恐损民田。"民曰:"河决之害,更甚于损田。"上曰:"水潦将降,暂立木椿护堤,开小河泄水,俟明春雨水前为尔等成之。"癸未,上还京。壬寅,裁上林苑。以李林盛为陕西提督,张旺为广西提督。是月,策旺阿拉布坦上言与哈萨克构兵,及将丹津鄂木布拘禁各缘由。命示议政大臣。

六月辛亥,移吴英为福建水师提督。丁巳,改四川梁万营为化林营,设参将以下官。己未,云南巡抚石文成奏三藩属人奉旨免缉者,准其垦田应试。从之。

秋七月癸酉朔,张玉书丁母忧,以吴琠为大学士,王士祯为左都御史。辛卯,命吏部月选同、通、州、县官引见。癸巳,霸州新河成,赐名永定河,建河神庙。己亥,以卢崇耀为广州将军,殷化行为广东提督。庚子,以苏尔发为满洲都统。辛丑,上奉皇太后东巡,取道塞外。

八月癸丑,上奉皇太后临幸喀拉沁端静公主第,赐金币及其额驸噶尔臧。甲子,皇太后望祭父母于发库山。己巳,赐端敏公主及其额驸达尔汉亲王班第金币。湖南山贼黄明犯靖州,陈丹书犯茶陵州,官兵讨平之。

九月壬申,上次克尔苏,临科尔沁故亲王满珠习礼墓前酹酒,孝庄皇后之父也。癸巳,上驻扎星阿。赐黑龙江将军萨布素等金币冠服。庚子,停盛京、乌拉本年决囚。

冬十月癸卯,上行围,射殪二虎,其一虎,隔涧射之,穿其胁。丁未,上行围,枪殪二熊。是日,驻跸辉发。己酉,裁云南永宁府,置永北府。癸巳,上驻跸兴京。甲寅,上谒永陵。遣官赐奠武功郡王礼敦墓。改贵州水西土司,置大定、平远、黔西三流官。丁巳,上谒福陵、昭陵、临奠武勋王扬古利、直义公费英东、弘毅公额亦都墓。免奉天今年米豆。壬戌,上奉皇太后回銮。

十一月癸未,上奉皇太后还宫。丙戌,诏曰:“朕巡幸所经,敖汉、奈曼、阿禄科尔沁、扎鲁特诸蒙部水草甚佳,而生计窘迫,盖因牲畜被盗,不敢夜牧耳。朕即遣郎中李学圣等往为料理,盗窃衰止。其他处蒙古亦宜照此差遣。旗员有愿往蒙古教导者,准其前往。命盗各案,同听决之。”庚寅,以张鹏翮为江南江西总督。

十二月辛丑朔,命徐廷尔协理河务,命尚书马齐,侍郎喻成龙、常绶察视河工。庚戌,谕宗人府:“闲散宗室,材力干济,精于骑射,及贫无生计者,各察实以闻。”诏官民妻女缘事牵连,勿拘讯,著为令。改四川东川土司为东川府,设知府以下官。戊午,诏八旗察访孝子节妇。己未,以巴锡为云南贵州总督,马自德为京口将军。己巳,祫祭太庙。

是岁,免直隶、江南、福建、浙江、湖广等省三十五州县灾赋有差。朝鲜入贡。

三十八年己卯春正月辛卯,诏:"朕将南巡察阅河工,一切供亿,由京备辨。预饬官吏,勿累闾阎。"

二月壬寅,詹事尹泰以不职解任。癸卯,上奉皇太后南巡启銮。戊申,以天津总兵潘育龙训练有方,赐御服貂裘。

三月庚午,上次清口,奉皇太后渡河。辛未,上御小舟,临阅高家堰、归仁堤、烂泥浅等工。截漕粮十万石,发高邮、宝应等十二州县平粜。壬申,上阅黄河堤。丙子,车驾驻扬州。谕随从兵士勿践麦禾。壬午,诏免山东、河南逋赋、曲赦死罪以下。癸未,车驾次苏州。辛卯,车驾驻杭州。丙申,上阅兵较射。戊戌,上奉皇太后回銮。

夏四月庚子朔,回次苏州。诏免盐课、关税加增银两,特广江、浙二省学额。乙巳,以丹岱为杭州将军。己酉,车驾次江宁。上阅兵。庚申,次扬州。辛酉,以彭鹏为广西巡抚。丙寅,渡黄河,上乘小舟阅新埽。

五月辛未,次仲家闸,书"圣门之哲"额,悬先贤子路祠。乙酉,上奉皇太后还宫。丁亥,以马尔汉为左都御史,王鸿绪为工部尚书。

六月戊戌朔,起郭琇为湖广总督,以镇国公英奇为蒙古都统。

秋七月甲申,河决淮、扬。

闰七月戊戌,敏妃张佳氏薨。诚郡王胤祉其所出也,不及百日剃发,降贝勒。癸丑,先是,苗贼黄明屡报获报死。仍报犯事,至是,遣官按鞫,并其夥陈丹书、吴思先等三十余人诛之。其奏报不实之督抚麻勒吉等降黜有差。上巡幸塞外。

九月丙午,上还京。丙辰,上御经筵。改扬岱为满洲都统,鲁伯赫、拖伦、崇古礼俱为蒙古都统。戊午,大学士阿兰泰卒,上悼惜之,遣皇长子胤禔视疾,赐奠加祭,谥文清。

冬十月癸酉,上巡视永定河工。庚辰,上还宫。大学士李天馥卒,予祭葬,谥文定。

十一月乙巳,上谒陵。壬辰,以马齐、佛伦、熊赐履、张英为大学士，陈廷敬为吏部尚书，李振裕为户部尚书，杜臻为礼部尚书，马尔汉、范承勋为兵部尚书，王士禛为刑部尚书。壬寅，命满、汉给事中各四员侍班。丙午，令宝源局收买废钱。

十二月戊辰，上还京。癸巳，祫祭太庙。

是岁，免直隶、江南、江西、浙江、福建、陕西、湖广等省七十三州县灾赋有差。朝鲜、琉球入贡。

三十九年庚辰春正月己未，朝鲜国王李焞以遣回难民进方物，上还之。癸亥，上阅永定河工。

二月甲戌，上乘舟阅郎城、柳岔诸水道，水浅，易艇而前，指示修河方略。壬午，还京。己丑，命内大臣费扬古、伊桑阿考试宗室子弟骑射。

三月甲午，上御经筵。吏部奏安徽巡抚李钶被参一案，请交将军、提督查按。上曰：“将军、提督不与民事，部议不合。”严饬之。尚书库勒纳旋罢。癸卯，改张鹏翮为河道总督。鹏翮请撤协理官及效力员，部臣宽文法，以责成功。从之。甲寅，以宗室特克新为蒙古都统。丙辰，赐汪绎等三百一人进士及第出身有差。四川巡抚于养志、提督岳升龙互讦，遣官按鞫，俱削职。

夏四月庚辰，上阅永定河。命八旗兵丁协助开河，以直郡王胤禔领之，僖郡王岳希等五人偕往。壬午，上阅子牙河。壬辰，还京。

五月丁未，以阿山为江南江西总督。甲寅，以阿灵阿为蒙古都统。

六月癸亥，张鹏翮报修浚海口工成，河流畅遂，改拦黄霸为大通口，建海神庙。杜臻罢，以王泽弘为礼部尚书，李柟为左都御史。丁亥，停宗室科举。

秋七月甲午，理藩院议覆喇嘛商南多尔济所奏策旺阿拉布坦遣兵往青海一事，毋庸议。上曰：“此事目前甚小，将来关系甚大。该部拟以勿庸议，倘青海问商南多尔济，何以答之？策旺阿拉布坦为人狡猾，素行奸恶，邻近诸部，俱与仇雠。其称往征第巴，道远险多，或虚张声势以恫吓青海，未可知也。要使不敢构衅为是。"乙巳，定翰林官编、检、庶吉士月给银三两例，学道缺出，较俸派出。壬子，故振武将军孙思克卒，命皇长子胤禔奠酒，赐鞍马二匹，银一千两，谥襄武。丁巳，上巡幸塞外。命李光地、张鹏翮、郭琇、彭鹏详议科场事宜。

八月辛未，上次齐老图。

九月癸巳，停今年秋决。诏张鹏翮专理河工，范成勋等九人撤回。给事中穆和伦请禁服用奢侈，阁臣票拟申饬。上曰："言官耳目之职，若因言而罪之，谁复言者。惟其言奢侈在康熙十年后则非，乃在辅臣时耳，今少息矣。

冬十月辛酉，皇太后六旬万寿节，上制《万寿无疆赋》，亲书围屏进献。癸酉，上巡阅永定河。戊寅，上还京。己卯，命本年行取科道未补官者，作为额外御史，随班议事。

十一月庚寅，命青海鄂尔布图哈滩巴图尔移驻宁夏。诏侍郎温达查视陕、甘驿站。王泽弘免，以韩炎为礼部尚书。命大臣及清要官子第应试者，编为官号，限额取中。辛亥，上巡幸边外。命卓异官如行取例引见。戊午，四川打箭炉土蛮作乱，遣侍郎满丕偕提督唐希顺讨之。

十二月己未朔，上驻跸烩泉，赐外藩王以下至官兵白金。戊辰，上还京。癸酉，移萧永藻为广西巡抚，彭鹏为广东巡抚。壬午，故安亲王岳乐坐前审拟贝勒诺尼一案失入，追降郡王，子僖郡王岳希、贝子吴尔占俱降镇国公。丁亥，祫祭太庙。

是岁，免直隶、江南、安徽、陕西、浙江等省五十七州县灾赋有差。朝鲜入贡。

四十年辛巳春正月辛亥，以河伯效灵，封金龙四大王。甲寅，以心裕为满洲都统。

二月己未朔，上巡阅永定河。谕李光地曰："河水涸必致淤塞，此甚难治，当徐议之。"乙丑，满丕、唐希顺讨打箭炉土蛮平之，蛮民万二千户内附。庚辰,上还宫。

三月戊子,上御经筵。丁酉,张鹏翮请以治河方略纂集成书。上斥之曰:"朕于河务之书,罔不披阅,大约坐言则易,实行则难。河性无定,岂可执一法以绳之。编辑成书,非但后人难以仿行,即揆之己心,亦难自信。张鹏翮试编辑之!"给事中马士芳劾湖北布政使任风厚年老。调来引见,年尚未衰。上因谕曰:"坐而办事,必得老成练达者,方能得当,州县官则不可耳。"

夏四月己未,调李林盛为甘肃提督,擢潘育龙为固原提督,移蓝理为天津总兵官,以曹秉桓为汉军都统。丙子,刑部尚书王士禛请假回籍。上谕大学士曰:"山东人性多偏执,好胜寻仇,惟王士禛无之。其诗甚佳,居家惟读书。若令回籍,殊为可惜。给假五月,不必开缺。"丁丑,上阅永定河。谕李光地:"隆冬冰结,可照常开泄。清水流于冰下,为冰所逼,冲刷河底愈深。"阅大湾口,谕:"石堤尚未兴工,可以南来杉木排椿,尔等勿忽。"阅子牙河。乙酉,上还京。

五月癸巳,黑龙江管水手官员缺,部臣拟补遣戍道员周昌。上曰:"周昌既遣戍矣,又补官乌拉,是终身不得归也。可令八旗官愿效力者为之。"戊申,御史张瑗请毁前明内监魏忠贤墓。从之。丙辰,上巡幸塞外。

六月庚辰,授宋儒邵雍后裔《五经》博士。

秋七月丁亥,领侍卫内大臣公费扬古随扈患病,上为停銮一日,亲往视疾。随以不起闻,赐鞍马三匹,散马四匹,银五千两,遣大臣护送还京,予祭葬,谥襄壮。

八月乙丑,上幸索尔济山。诏曰:"此山形势崇隆,允称名胜。嗣后此处禁断行围。"甲申,上次马尼图行围,一矢穿两黄羊,并断拉哈里木,蒙古皆惊。

九月辛丑,简亲王雅布随扈死,命大臣送还京,皇长子胤禔、皇三子胤祉出迎,遣官治丧,赐银四千两,皇子合助银三千两。发引时,皇子侍卫往送,予祭葬立碑,谥曰修。乙巳,上还京。庚戌,上御经筵。大学士王熙以衰疾乞休,温旨慰谕,加少傅致仕。噶尔丹之女钟齐海到京,命与其兄一等侍卫色卜腾巴尔珠尔同居,配二等侍卫蒙古沙克都市。

冬十月戊午,以宗室特克新为满洲都统,逛图布尔塞为蒙古都统。己未,召大学士张玉书还朝。诏免甘肃来年额赋。庚申,以梁鼐为福建陆路提督。辛酉,免江苏明年额赋。起岳升龙为四川提督。辛未,改普奇为满洲都统,孙渣齐为蒙古都统,以华显为四川陕西总督。癸酉,大学士张英乞休,温旨慰谕令致仕。御史靳让疏言为州县者,须令家给人足,方为良吏。命改靳让通州知州。诏总督郭琇、张鹏翮、桑额、华显,巡抚李光地、彭鹏、徐潮各举贤能。平悼郡王讷尔福死,子讷尔素袭爵。

十一月甲午,诏:"朕详阅秋审重案,字句多误。廷臣竟未察出一二,刑部尤为不慎,其议罚之。"

十二月壬申,广东连山瑶匪作乱,命都统嵩祝讨之。辛巳,祫祭太庙。

是岁,免直隶、江南、河南、陕西、广东等省四十二州县灾赋有差。朝鲜、琉球入贡。

清史稿卷八
本纪第八

圣祖三

四十一年壬午春正月壬寅,诏修国子监。丙午,诏系囚经缓决者减一等。以雅尔江阿袭封简亲王。庚戌,上巡幸五台山。

二月庚申,次射虎川。士民请于菩萨顶建万寿亭祝厘。不许。丁卯,上巡视子牙河。

三月壬午,上还京。以瓦尔岱为满洲都统,吴达禅、马思哈、满丕为蒙古都统。丁亥,上御经筵。

夏四月甲戌,赐致仕大学士王熙御书匾封,传旨曰:"卿先朝旧臣,其强餐食,慎医药,以慰朕念。"

五月癸巳,定发配人犯归籍金遣,流犯死配所,妻子许还乡里。辛丑,显亲王丹臻死,遣皇子及大臣治丧,赐银万两,谥曰密,子衍璜袭。壬寅,先是,广州府连山瑶人作乱,御史参奏,命都统嵩祝率禁旅会讨,并命尚书范承勋勘状。至是,嵩祝奏官兵一到,瑶人乞降,先后投出瑶人一万九千余名。献出枪官黎贵等九人,即于军前正法。降瑶安插,交总督料理。范承勋奏瑶人滋事,副将杜芳伤死,总兵刘虎先行退回,应拟斩,提督殷化行应革职。得旨:"殷化行有战功,改原品致仕。刘虎免死。"丙午,召廷臣至保和殿,颁赐御书。

六月壬子,贵州葛彝寨苗人为乱,官军讨平之。戊午,上制训饬士子文,颁发直省,勒石学宫。乙未,上奉皇太后幸热河。乙丑,四川提督岳升龙疏报大凉山倮目马比必率众内附,请授土千户,给印信。

闰六月辛丑,木鸦番民万九千余户内附,请置安抚使、副使、土百户等职,均从之。

八月庚辰朔,增顺天、浙江、湖广乡试中额。戊申,上奉皇太后还宫。

九月辛亥,以李正宗、卢崇耀、冯国相为汉军都统。壬子,定《五经》中式例。癸丑,停本年秋决。辛酉,以齐世、嵩祝为满洲都统,莽喀为汉军都统,车纳福为蒙古都统。甲子,诏:“南巡阅河,所过停供张,禁科敛。官吏无相馈遗,百姓各守本业。督抚布告,使明知朕意。”己巳,以席哈纳为大学士,敦拜为吏部尚书,席尔达为礼部尚书,温达为左都御史,管源忠为广州将军。镇旱诸生李丰等叩阍言红苗杀人,有司不问。诏侍郎傅继祖、甘国权,巡抚赵申乔驰驿按问。癸酉,上南巡启銮。

冬十月壬午,次德州。皇太子胤礽有疾,上回銮。癸卯,上还宫。丙午,以郭世隆为广东广西总督,金世荣为浙江福建总督。

十一月丙辰,诏免陕西、安徽明年额赋。甲子,大学士伊桑阿乞休,命致仕。壬申,广西巡抚萧永藻疏劾布政使教化新亏空仓谷,应令赔补。上曰:“米谷必有收贮之地,乃可经久。若无仓廒,积于空野,难免朽烂,况南方卑泾之地乎?其别定例以闻。”命修禹陵。

十二月壬辰,廷臣以明年五旬万寿,请上尊号。上不许。户部议驳奉天报灾。上曰:“晴雨原无一定,始者雨水调和,其后被灾,亦常事耳。可准其奏。”乙未,改赵申乔为偏沅巡抚,以赵宏灿为广东提督。王世臣为浙江提督,孙徵灏为汉军都统。壬寅,厄鲁特丹津阿拉布坦来朝,厚赉之,封为郡王,赐地游牧。

是岁,免江南、河南、浙江、湖广、甘肃等省十州县灾赋有差。朝鲜、琉球入贡。

四十二年癸未春正月壬子,大学士诸臣贺祝五旬万寿,恭进“万寿无疆”屏。却之,收其写册。壬戌,上南巡阅河。丁卯,以俞益谟为湖广提督。庚午,次济南,观珍珠泉,赋《三渡齐河诗》。壬申,次泰安,登泰山。诏免跸路所经及歉收各属去年逋赋。

二月丁丑,运漕米四万石赈济宁、泰安。阅宿迁堤工。己卯,自桃源登舟,遍阅河堤。甲申,渡江登金山。丙戌,次苏州。遣官奠大学士宋德宜墓。庚寅上驻杭州,阅射。辛丑,次江宁。

三月戊申,上阅高家堰、翟家霸堤工。己酉,上阅黄河南龙窝、烟墩等堤。庚申,上还京。癸亥,万寿节,上朝皇太后宫,免廷臣朝贺。颁恩诏,锡高年,蠲额赋,察孝义,恤困穷,举遗逸,罪非常赦所不原者,咸赦除之。颁赐亲王、郡王以下文武百官有差。庚午,以洞鄂袭封信郡王。辛未,上御经筵。赐内廷修书举人汪灏、何焯、蒋廷锡进士,一体殿试。

夏四月辛巳,赐王式丹等一百六十三人进士及第出身有差。四川威州龙溪十八寨生番归化纳粮。丁亥,大学士熊赐履乞休,命解官食俸,留备顾问。傅继祖等察番湖广红苗抢掠一案。得旨:"总督郭琇、提督杜本植隐匿不报,均革职。巡抚金玺降官。"以喻成龙为湖广总督。癸巳,致仕大学士王熙卒,予祭葬,谥文靖。丙申,以陈廷敬为大学士兼吏部尚书。戊戌,诏原任侍郎任克溥年逾九十,洵为耆硕,加尚书衔。以李光地为吏部尚书,仍巡抚直隶。以莽喀为荆州将军,诺罗布为杭州将军,宗室爱音图为汉军都统,孙渣齐、翁俄里为蒙古都统。己亥,谕八旗人等:"朕不惜数百万帑金为旗丁价逋赎地,筹画生计。尔等能人人以孝弟为心,勤俭为事,则足仰慰朕心矣。倘不知爱惜,仍前游荡饮博,必以严法处之。亲书宣谕,其尚钦遵!"

五月壬子,裕亲王福全有疾,上连日视之。癸亥,内大臣索额图有罪,拘禁于宗人府。己巳,上巡幸塞外。

六月辛巳,恭亲王常宁死,命皇子每日齐集,赐银一万两,遣官造坟立碑。壬寅,裕亲王福全死,上闻之,兼程回京。

秋七月乙巳朔,上临裕亲王丧,哭之恸,自苍震门入居景仁宫。王大臣请还乾清宫,上曰:"居便殿乃祗遵成宪也。"居五日,命皇长子等持服,命御史罗占造坟建碑,谥曰宪。子保泰嗣爵。戊申,以山东大雨,遣官分赈。庚戌,上巡幸塞外。己巳,发帑金三十万两,截漕五十万石赈山东。山东有司不理荒政,停其升转。

八月癸巳,停本年秋审。

九月壬子,予故侍郎高士奇、励杜讷祭葬。己巳,命尚书席尔达督办红苗。

冬十月癸未,上西巡启銮。命给事中满普、御史顾素在后行,查仆从生事,即时锁拿。庚寅,喇嘛请广洮州卫庙。上曰:“取民地以广庙宇,有碍民生。其永行禁止。”癸巳,过井陉,次柏井驿。驿向乏泉,至是井泉涌溢。丁酉,驻太原。戊戌,诏免山西逋赋。百姓集行宫前籲留车驾,上为再停一日。

十一月乙巳,上次洪洞。遣官祭女娲陵。壬子,渡黄河,次潼关。遣官祭西岳。赐迎驾百岁老人白金。甲寅,次渭南。阅固原标兵射,赐提督潘育龙以下加一级。丙辰,上驻西安。丁巳,阅驻防官兵射。遣官祭周文王、武王,祭文书御名。遣官奠提督张勇、梁化凤墓。己未,上大阅于西安,赐将军博济御用弓矢。赐官兵宴。军民集行官前签留,上为留一日。赐盩厔征士李颙御书“操志清洁”匾额。免陕、甘逋赋。癸亥,上回銮。己巳,次陕州。命皇三子胤祉往阅三门底柱。

十二月乙亥,上次修武。阅怀庆营伍不整,逮总兵官王应统入京论死。庚辰,次磁州。御书“贤哲遗休”额悬先贤子贡墓。庚寅,上还京。辛卯,定外任官在本籍五百里内者回避。封常宁子海善为贝勒。

是岁,免直隶、江南、山东、河南、陕西、浙江、湖广等省九十一州县灾赋有差。朝鲜、琉球、安南入贡。

四十三年甲戌春正月辛酉,诏曰:“朕谘访民瘼,深悉力作艰难。耕三十亩者,输租赋外,约余二十石。衣食丁徭,取给于此。幸逢廉吏,犹可有馀。若诛求无艺,则民无以为生。是故察吏所以安民,要在大吏实心体恤也。"戊辰,诏汉军一家俱外任者,酌改京员。己巳,上谒陵。

二月甲戌,封淮神为长源佑顺大淮之神,御书"灵渎安澜"额悬之。癸巳,上还宫。以李基和为江西巡抚,能泰为四川巡抚。

三月辛丑,上御经筵。己酉,诏停热审。辛酉,以吴洪为甘肃提督。资送山东饥民回籍。丙寅,以温达为工部尚书。

夏四月癸酉,命侍卫拉锡察视河源。己卯,上幸鬐山,遂阅永定河、子牙河。丙申,上还京。

五月辛酉,以于淮为贵州巡抚。

六月乙亥,上巡幸塞外。

秋九月癸卯,诏督抚调员违例者罪之。侍郎常授招抚广东海盗阿保位等二百三十七名,就抚为兵。戊午,刑部尚书王士禛以失出降官。癸亥,上还宫。丁卯,侍卫拉锡察视河源,还自星宿海,绘图以进。

冬十月戊辰朔,浚杨村旧河。甲戌,诏免顺天、河间二府及山东、浙江二省明年税粮。庚辰,以李振裕为礼部尚书,徐潮为户部尚书,屠粹忠为兵部尚书,王灾为刑部尚书,吴涵为左都御史。癸未,颁内制铜斗铜升于户部,命以铁制颁行。戊子,以赵弘变为河南巡抚。己丑,命浚汾、渭、贾鲁诸河。辛卯,上阅永定河。

十一月丁酉朔,日有食之。上还宫。上以仪器测验与七政历不符,钦天监官请罪,免之。郎中费仰皦以贪婪弃市。辛亥,定吏部行取知县例,停督抚保荐。戊午,湖广巡抚刘殿衡建御书楼,上斥其糜费,并严禁藉修建侵牟累民者。四川陕西总督博齐疏参凉州总兵官魏勋年老,上曰:"魏勋前有军功,兵民爱戴,与师帝宾、麦良玺、潘育龙俱系旧臣,难得,何可参耶?"壬戌,戒修《明史》史臣核公论,明是非,以成信史。

十二月乙酉,天津总兵官蓝理请沿海屯田,从之。甲午,以御制诗集赐廷臣。

是岁,免直隶、江南、山东、湖广、广东等省一百九州县灾赋有差。朝鲜入贡。

四十四年乙酉春正月戊午,《古文渊鉴》成,颁赐廷臣,及于官学。癸亥,上幸汤泉。

二月乙丑朔,上还宫。癸酉,上南巡阅河。诏曰:"朕留意河防,屡行阅视,获告成功。兹黄水畅流,尚须察验形势,即循河南下。所至勿缮行宫,其有科敛累民者,以军法治罪。"壬午,次静海。遣官奠故侍郎励杜讷墓,予谥文恪。

三月己亥,谕山东抚臣曰:"百姓欢迎道左者日数十万人,计日回銮,正当麦秀,其各务稼穑,毋致妨农。"乙巳,上驻扬州。授河臣张鹏翮方略。辛亥,上驻苏州。命选江南、浙江举、贡、生、监善书者入京修书。赐公福善,大学士张玉书、陈廷敬,在籍大学士张英,都统爱音图白金赐。大学士马齐等《皇舆表》。己未,次松江,阅射。上书:"圣迹遗徽"额赐青浦孔氏。赐故侍郎高士奇谥文恪。

夏四月丙寅,上驻杭州阅射。庚午,诏赦山东、江苏、浙江、福建死罪减一等。戊寅,御书"至德无名"额悬吴太伯祠,并书季札、董仲舒、焦先、周敦颐、范钟淹、苏轼、欧阳修、胡安国、米芾、宗泽、陆秀夫各區额悬其祠。乙酉,上驻江宁。

闰四月癸卯,上阅高家堰堤工。辛酉,上还京。

五月戊寅,上亲鞫郎中陈汝弼一案,原汝弼罪。刑部尚书安布禄、左都御史舒略以失狱免职。庚辰,以贝和诺为云南贵州总督。丙戌,上巡幸塞外。

六月甲午,命行取知县非再任者不得考选科道。庚戌,停广东开矿。丙辰,上驻跸热河。

秋七月壬申,河决清水沟、韩庄,命河臣察居民田舍以闻。

八月甲午,免八旗借支兵襄银七十万两。戊午,喻成龙免,以石文晟为湖广总督。庚申,上发博洛河屯,阅牧群。

九月己巳,进张家口。丙子,还京。甲申,以希福纳为左都御史,达佳为江宁将军。

冬十月辛卯朔，重修华阴西狱庙成，上制碑文。丙午，以富宁安为汉军都统。

十一月辛酉，命蒙古公丹济拉备兵推河，察视策旺阿拉布坦。己巳，以李光地为大学士，宋荦为吏部尚书，调赵弘燮为直隶巡抚。癸酉，诏免湖广明年额赋及以前逋赋。甲戌，国子监落成，御书"彝伦堂"额。庚辰，以汪灏为河南巡抚。乙酉，上谒陵。巡幸近塞。戊子，设云南广南、丽江二府学官，许土人应试。

十二月壬寅，上临裕亲王福全葬。以阿灵阿兼理藩院尚书。乙酉，上还宫。丙辰，以祖良璧为福州将军。

是岁，免直隶、江南、湖广、广东等省四十六州县灾赋有差。朝鲜、琉球入贡。

四十五年丙戌春正月乙酉，命孙渣齐、徐潮督浚淮扬引河。顺天考官户部侍郎汪彬、赞善姚士荔以取士不公褫职。

二月癸巳，上巡幸畿甸。丁未，次静海，阅子牙河。壬子，还驻南苑。以诸满为江宁将军。以王然为浙江巡抚。江南江西总督阿山劾江宁知府陈鹏年安奉《圣训》不敬，部议应斩。先是，乙酉年南巡，陈鹏年遵旨不治行宫，阿山故假他事劾之。上命入京修书。戊午，上还宫。

三月庚申，上御经筵。辛巳，赐施云锦等二百八十九人进士及第出身有差。诏直省建育婴堂。

夏四月戊子朔，日有食之。加贵州提督李芳述镇远将军。乙未，吴涵罢，以梅锃为左督御史。

五月己未，以金世荣为兵部尚书。甲戌，诏免直隶，山东逋赋。丁丑，以梁鼐为福建浙江总督。戊寅，上巡幸塞外。

六月丁亥朔，诏修《功臣传》。癸巳，命梅绢、二鬲按容美土司田舜年狱。壬寅，命凡部寺咨取钱粮非由奏请者，户部月会其数以闻。以蓝理为福建陆路提督。辛亥，四川巡抚能泰疏报安乐铁索桥告成，移化林营千总驻守。

秋七月庚申,上驻跸热河。甲子,以德昭嗣封信郡王。

八月壬辰,高家堰车逻霸涧河河堤告成。

九月己亥,上还京。

冬十月乙酉朔,敦拜罢,以温达为吏部尚书,希福纳为工部尚书。庚寅,武殿试。谕曰:"今天下承平久,曾经战阵大臣已少,知海上用兵者益少。他日台湾不无可虑。朕甲子南巡,由江宁登舟,至黄天荡,江风大作,朕独立船头射江豚,了不为意,迨后渡江,渐觉心动。去岁渡江,则心悸矣。皆年为之也。问之宿将亦然。今使高年奋勇效命,何可得耶?"壬寅,命大学士席哈纳、侍郎张廷枢、萧永藻覆按土司田舜年狱。丁未,以逿图为满洲都统。己酉,诏免山西、陕西、江苏、安徽、江西、浙江、福建、湖北、湖南、广东十省逋赋。

十一月癸酉,命尚书金世荣、侍郎巴锡、范承烈督浚清河。免八旗官兵贷官未归银三百九十五万六千六百两有奇。甲戌,以阿山为刑部尚书。庚辰,上谒陵。辛巳,以邵穆布为江南江西总督。癸未,以山东私铸多,听以小钱完正赋,责有司运京鼓铸。甲申,上巡幸塞外。西藏达赖喇嘛卒,其下第巴匿之,又立伪达赖喇嘛。拉藏汗杀第巴而献其伪喇嘛。西宁喇嘛商南多尔济以闻。

十二月壬寅,上还宫。诏罪囚缓决至三四年者减一等。辛亥,郭世隆罢,以赵宏灿为广东广西总督。

是岁,免直隶、江南、福建、江西、湖广等省三十二州县灾赋有差。朝鲜入贡。

四十六年丁亥春正月丁卯,诏:"南巡阅河,往返舟楫,不御室卢。所过勿得供亿。"丁巳,梅绢免,以萧永藻为左都御史。

二月戊戌,次台庄,百姓来献食物。召耆老前,详询农事生计,良久乃发。癸卯,上阅溜淮套,由清口登陆,如曹家庙,见地势毗连山岭,不可疏凿,而河道所经,直民庐舍坟墓,悉当毁坏。诘责张鹏翮等,遂罢其役,道旁居民欢呼万岁。命别勘视天然霸以下河道。

三月己未,上驻江宁。乙巳,上驻苏州。

夏四月甲申,上驻杭州。诏曰:"朕顷因视河,驻跸淮上。江、浙二省官民签请临幸,朕勉徇群情,涉江而南。方今二麦垂熟,百姓沿河拥观,不无践踏。其令停迎送,示朕重农爱民至意。"戊申,以鄂克逊为江宁将军,殷泰为甘肃提督。

五月壬子朔,上次山阳,示河臣方略。癸酉,上还京。丙子,解阿山尚书,削张鹏翮宫保。戊寅,赠故河道总督靳辅太子太保,予世职。加福建提督吴英威略将军。赠死难运司高天爵官,予谥忠烈。以达尔占为荆州将军。

六月丁亥,上巡幸塞外。以巢可托为左都御史,起郭世隆为湖广总督。

七月壬子,上驻跸热河。丁卯,车驾发喀拉河屯,巡幸诸蒙古部落。外藩来朝,各赐衣币。

八月甲辰,次洮尔毕拉,赐迎驾索伦总管塞首察克、杜拉图及打牲人银币。贵州三江苗人作乱,讨平之。

九月癸亥,上驻和尔博图噶岔。甲子,阅察哈尔、巴尔虎兵丁射。

冬十月辛巳,以江苏、浙江旱,发帑市米平粜,截漕放赈,免逋赋。外藩献驼马,却之。戊戌,上还京。己亥,户部议增云南矿税,命如旧额。庚子,金世荣免,以萧永藻为兵部尚书。

十一月己酉朔,诏曰:"顷以江、浙旱灾,随命减税、蠲逋、截漕。其江、浙两省明年应出丁钱,悉予蠲免。被灾之处,并免正赋。使一年之内,小民绝迹公庭,优游作息,副朕惠爱黎元至意。"己未,诏台湾客民乏食,愿归者听附公务船内渡。以汪悟礼为汉军都统。己亥,诏江、浙诸郡县兴修水利备旱涝。

十二月丙戌,以温达为大学士,马尔汉为吏部尚书,耿额为兵部尚书,巢可托为刑部尚书,富宁安、王九龄为左都御史。丙午,赐亲王以次内大臣、侍卫白金有差。

是岁,免直隶、江南、江西、福建、湖广等省三十二州县卫灾赋有差。朝鲜、琉球入贡。

四十七年戊子春正月庚午,浙江大岚山贼张念一、朱三等行劫
慈溪、上虞、嵊县,官兵捕平之。辛未,重修南狱庙成,御制碑文。以
觉罗孟俄洛为奉天将军。乙亥,诏截留湖广、江西漕粮四十万石,留
于江南六府平粜。

二月庚寅,上御经筵。壬辰,遣侍郎穆丹按大岚山狱,学士二鬲
按红苗狱。甲午,上巡畿甸。丙午,诏暹罗使臣挈带土货,许随处贸
易,免征其税。

三月丙辰,上还驻畅春园。戊午,以希思哈、李绳宗为汉军都
统。

闰三月戊寅朔,重修北镇庙成,御制碑文。乙未,以施世骠为广
东提督,席柱为西安将军。

夏四月己酉,宋荦罢,以徐潮为吏部尚书,以齐世武为四川陕
西总督。戊午,山东巡抚赵世显报捕获朱三父子,解往浙江。上曰:
"朱三父子游行教书,寄食人家。若因此捕拿,株连太多,可传谕知
之。"辛酉,湖广提督俞益谟密请剿除红苗。上以红苗无大罪,不许。
以阿喇衲为蒙古都统,李林盛为汉军都统。内大臣明珠卒,命皇三
子胤祉奠茶酒,赐马四匹。

五月甲申,以王鸿绪为户部尚书,富宁安为礼部尚书,穆和伦
为左都御史。丙戌,上巡幸塞外。乙未,诏免大岚山贼党太仓人王
昭骏伯叔兄弟连坐罪。

六月丁未,上驻跸热河。丁巳,九卿议覆大岚山狱上,得旨:"诛
其首恶者,朱三父子不可留,缘坐可改流徒。巡抚王然、提督王世臣
俱留任,受伤官兵俱议叙。"丁卯,《清文鉴》成,上制序文。

秋七月丁丑,谕刑部,免死流人在配犯罪者按诛之。癸未,《平
定朔漠方略》成,上亲制序文。壬辰,上行围。二鬲奏按红苗杀人之
廖老宰等斩枭,擅自遣兵前往苗寨之守备王应瑞遣戍,从之。

八月甲辰朔,日有食之。壬戌,上回銮,驻永安拜昂阿。

九月乙亥,上驻布尔哈苏台。丁丑,召集廷臣行宫,宣示皇太子

胤礽罪状,命拘执之,送京幽禁。己丑,上还京。丁酉,废皇太子胤礽,颁示天下。

冬十月甲辰,削贝勒胤禵爵。乙卯,以王掞为工部尚书,张鹏翮为刑部尚书。辛酉,上幸南苑行围。以辛泰为蒙古都统。

十一月癸酉朔,削直郡王胤禔爵,幽之。己卯,致仕大学士张英卒,予祭葬,谥文端。辛巳,副都御史劳之辨奏保废太子,夺职杖之。丙戌,召集廷臣议建储贰。阿灵阿、鄂伦岱、揆叙、王鸿绪及诸大臣以皇八子胤禩请。上不可。戊子,释废太子胤礽。己丑,王大臣请复立胤礽为皇太子。丙申,以宗室发度为黑龙江将军。庚子,复胤禵贝勒。

十二月甲辰,褒恤死难生员嵇永仁、王龙光、沈天成、范承谱,附祀范承谟祠,承谟子巡抚范时崇请之也。丁巳,以陈诜为湖广巡抚,蒋陈锡为山东巡抚,黄秉中为浙江巡抚,刘荫枢为贵州巡抚。

是岁,免山东、福建、湖广等省六十州县灾赋有差。朝鲜入贡。

四十八年己丑春正月癸巳,召集廷臣问举立胤禩,孰为倡议者。群臣皇恐莫敢对,乃进大学士张玉书而问之,对曰:“先闻之马齐。”上切责之。次日,列马齐罪状,宥死拘禁。已而上徐察其诬,释之。丙申,上幸南苑。己亥,命侍郎赫寿驻藏,协办藏事。初拉藏汗与青海争立达赖喇嘛,不决,特命大臣往监临之。王鸿绪、李振裕免。

二月己酉,上巡幸畿甸。以宗室杨福为黑龙江将军,觉罗孟俄洛为宁古塔将军,王文义为贵州提督。戊午,以嵩祝署奉天将军。戊辰,上还宫。庚午,以张鹏翮为户部尚书,张廷枢为刑部尚书。

三月辛巳,复立胤礽为皇太子,昭告宗朝,颁诏天下。甲午,赐赵熊诏等二百九十二人进士及第出身有差。

夏四月甲辰,以富宁安为吏部尚书,穆和伦为礼部尚书,穆丹为左都御史。移禁胤禔于公所,遣官率兵监守。丁卯,上巡幸塞外。

五月甲戌,上驻跸热河。六月戊午,康亲王椿泰死,谥曰悼,子崇安袭封。

秋七月庚寅,以殷泰为四川陕西总督,噶礼为江南江西总督,江琦为甘肃提督,师懿德为江南提督。戊戌,上行围。

八月己亥朔,日有食之。加陕西提督潘育龙镇绥将军。

九月庚寅,上还京。以年羹尧为四川巡抚。

冬十月壬寅,诏福建、广东督抚保举深谙水性熟知水师者。戊午,册封皇三子胤祉诚亲王,皇四子胤禛雍亲王,皇五子胤祺恒亲王,皇七子胤祐淳郡王,皇十子胤䄉敦郡王,皇九子胤禟、皇十二子胤祹、皇十四子胤禵俱为贝勒。壬戌,诏免江苏被灾之淮、扬、徐,山东之兖州,河南之归德明年地丁额赋。

十一月丙子,诏各省解部之款过多,可酌量截留,以备急需。安郡王马尔浑薨,谥曰惠,子华玘袭。己卯,加漕运总督桑额太子太保。庚寅,上与大学士李光地论水脉水源,泰、岱诸山自长白山来。沛水伏流,黄河未到积石亦是伏流,蒙古人有书言之甚详。江源亦自昆仑来,至于岷山乃不伏流耳。遣张鹏翮、噶敏图按江南宜思恭亏帑狱。

十二月己亥,上谒陵。己未,上还宫。命马齐管鄂罗斯贸易事。刑部尚书巢可托免。

是岁,免直隶、江苏、安徽、山东、河南、湖广等省五十三州县灾赋有差。朝鲜、琉球入贡。

四十九年庚寅春正月庚寅,命修《满蒙合璧清文鉴》。

二月丁酉,上巡幸五台山。吏部尚书徐潮乞休,允之。

三月己巳,上还京。乙亥,命编纂《字典》。诏以故大学士李尉嫡孙主事李敏启擢补太常寺少卿。戊寅,敕封西藏胡必尔汗波克塔为六世达赖喇嘛。辛巳,诏免浙江杭、湖二府未完漕米三万九千余石。

夏四月乙巳,调萧永藻为吏部尚书,王掞为兵部尚书。

五月己酉朔,上巡幸塞外。癸酉,次花峪沟。阅吉林、黑龙江官兵。丁丑,上驻跸热河。

六月己亥,命诸皇子恭迎皇太后至热河避暑。戊午,刑部尚书张廷枢免。

秋七月壬午,按事湖南尚书萧永藻等疏报巡抚提督互讦案,查审俱实。得旨:"俞益谟休致,赵申乔革职留任。"

闰七月甲寅,上行围。

八月乙亥,诏福建漳、泉二府旱,运江、浙漕粮三十万石赈之,并免本年未完额赋。丙戌,上还驻热河。庚寅,以范时崇为福建浙江总督,额伦特为湖南提督。

九月辛丑,上奉皇太后还宫。辛亥,希福纳免。时户部亏蚀购办草豆银两事觉,积十余年,历任尚书、侍郎凡百二十人,亏蚀至四十余万。上宽免逮问,责限偿完,希福纳现任尚书,特斥之。以穆和伦为户部尚书,贝和诺为礼部尚书。

冬十月甲子,诏曰:"朕临御天下垂五十年,诚念民为邦本,政在养民。迭次蠲租数万万,以节俭之所余,为涣解之宏泽。惟体察民生,未尽康阜,良由生齿日繁,地不加益。宜沛鸿施,籍培民力。自康熙五十年始,普免天下钱粮,三年而遍。直隶、奉天、浙江、福建、广东、广西、四川、云南、贵州九省地丁钱粮,察明全免。历年逋赋,一体豁除。其五十一年、五十二年应蠲省分,届时候旨。地方大吏以及守令当体朕保义之怀,实心爱养,庶几升平乐利有可征矣。文到,其刊刻颁布,咸使闻知。"丁卯,谕外藩已朝行在,勿庸朝正。丙子,以郭琳为云南贵州总督,以郭世隆为刑部尚书,鄂海为湖广总督。癸未,谕大学士:"江南亏空钱粮多至数十万两,此或朕数次南巡,地方挪用。张鹏翮谓俸工可以抵补。牧令无俸,仍以累民,莫若免之为善。其会议以闻。"

十一月辛卯朔,诏凡遇蠲赋之年,免业主七分,佃户三分,著为令。大学士陈廷敬以老乞休,温旨慰谕,命致仕。乙巳,上谒陵。以萧永藻为大学士,王掞为礼部尚书,徐元正为工部尚书。丁未,以孙徵灏为兵部尚书。乙卯,以桑额为吏部尚书。

十二月癸酉,以赫寿为漕运总督。戊寅,上还京。辛巳,诏曰:
"朕因朝列旧臣渐次衰谢,顺治年间进士去职在籍者,已无多人。王
士禛、江皋、周敏政、叶矫然、徐淑嘉皆以公过屏废,俱复还原官。"
以赵申乔为左都御史。

是岁,免直隶、江南等省七州县灾赋有差。朝鲜、安南入贡。

五十年辛卯春正月癸丑,上巡畿甸,视通州河堤。

二月辛酉,以班迪为满洲都统,善丹为蒙古都统。丁卯,阅筐儿
港,命建挑水坝。次河西务,上登岸步行二里许,亲置仪器,定方向,
钉椿木,以纪丈量之处。谕曰:"用此法可以测量天地、日月交食。算
法原于易。用七九之奇数,不能尽者,用十二、二十四之偶数,乃能
尽之,即取象十二时、二十四气也。"庚午,上还京。辛巳,上御经筵。

三月庚申,王大臣以万寿节请上尊号,自平滇以来,至是凡四
请矣。上谦挹有素,终不之许。

夏四月庚申,徐元正养亲回籍,以陈诜为工部尚书。庚辰,上奉
皇太后避暑热河。乙未,命礼部祈雨。庚子,大雨。丙午,留京大学
士张玉书卒,上悼惜,赋诗一篇,遣官治丧,赐银一千两,加祭葬,谥
文贞。己酉,诏免江苏无著银十万两有奇。丙辰,召致仕大学士陈
廷敬入阁办事。增乡、会试《五经》中额。

六月戊辰,设广西西隆州儒学训导。

秋七月丙辰,上行围。

八月庚午,高宗纯皇帝生。以王原祁为掌院学士。设先贤子游
后裔《五经》博士。

九月戊申,上奉皇太后还宫。蓝理有罪免,以杨琳为福建陆路
提督,马际伯为四川提督。停本年秋决。

冬十月丙辰,诏免台湾五十一年应征稻谷。贝和诺免,以嵩祝
为礼部尚书。戊午,诏前旨普免天下钱粮,五十一年轮及山西、河
南、陕西、甘肃、湖北、湖南六省,地丁钱粮及进欠俱行蠲免。庚午,
以硕鼐为满洲都统,瑚世巴、马尔赛为蒙古都统。戊寅,免朝鲜白金

豹皮岁贡。庚辰,诏举孝义。辛巳,命张鹏翮置狱扬州,按江南科场案。壬午,鄂缮、耿额、齐世武、悟礼等有罪,褫职拘禁。赵申乔疏劾新科。修戴名世恃才放荡,语多悖逆,下部严审。

十一月丙戌,以殷特布为汉军都统,隆科多为步军统领,张谷贞为云南提督。丁未,上谒陵,赐守陵官役马匹白金。

十二月癸酉,上还宫。癸未,祫祭太庙。

是岁,免直隶、安徽等省八州县灾赋有差。朝鲜、琉球入贡。丁户二千四百六十二万一千三百二十四,田地六百九十三万三百四十四顷三十四亩;征银二千九百九十万四千六百五十二两八钱。盐课银三百七十二万九千二百二十八两。铸钱三万七千四百九十三万三千四百有奇。

五十一年壬辰春正月丙午,擢编修张逸少为翰林院侍读学士,故大学士张玉书之子也。壬子,命内外大臣具摺陈事。摺奏自此始。癸丑,上巡幸畿甸。诏右卫将军宗室费扬古办事诚实,供职年久,且系王子,可封为辅国公。

二月丁巳,诏宋儒朱子配享孔庙,在十哲之次。江苏巡抚张伯行与总督噶礼互讦,俱解任,交张鹏翮、赫寿查审。福建浙江总督范时崇疏陈沿海渔船,只许单桅,不许越省行走,交地方文武钤束。上曰:"此事不可行。渔户并入水师营,则兵弁侵欺之矣。盗贼岂能尽除。窃发何地无之,只视有益于民者行之,不当以文法为捕具也。"戊寅,命卓异武官照文职引见。庚辰,上还京。壬午,诏曰:"承平日久,生齿日繁。嗣后滋生户口,勿庸更出丁钱,即以本年丁数为定额,著为令。"

三月辛卯,谕大学士:"翻译本章,甚有关系。昨见本内'假官'二字,竟译作'伪官',舛错殊甚。其严饬之。"丁酉,上御经筵。

夏四月丁巳,赐王世琛等百七十七人进士及第出身有差。甲子,以康泰为四川提督。定会试分省取中例。壬申,谕:"故大学士熊赐履夙学旧臣,身殁以后,时轸于怀。闻其子已长成,可令来京录用。"壬戌,予故一等侍卫海青副都统衔,予祭葬,谥果毅。致仕大学士陈廷敬卒,命皇三子奠茶酒,御赋挽诗,命南书房翰林励廷仪、张廷玉齐焚,予治丧银一千,谥文贞。诏明年六旬万寿,二月特行乡试,八月会试。以嵩祝为大学士,黑硕咨为礼部尚书,满笃为工部尚书,以王掞为大学士,陈诜为礼部尚书,起张廷枢为工部尚书。丙子,上奉皇太后避暑热河,启銮。壬午,上驻跸热河。

五月壬寅,命有司稽察流民徙边种地者。以穆丹为左都御史,鄂代为蒙古都统。

六月癸丑朔,日有食之。丁巳,命穆和伦、张廷枢覆按江南督抚互讦案。湖广镇筸红苗吴老化率毛都塘等五十二寨内附。辛酉,以张朝午为广西提督。

秋八月癸丑,上行围。戊寅,诏朝鲜遇有中国渔船违禁至界讯,许拘执以闻。镇筸苗民续内附八十三寨。

九月庚戌,上奉皇太后还宫,皇太子胤礽复以罪废,锢于咸安宫。

冬十月壬戌,穆和伦等覆按江南狱上,上命夺噶礼职,张伯行复任。以掞叙为左都御史,赫寿为江南江西总督。

十一月乙酉,前福建提督蓝理狱上,应死。上念征台湾功,特原之。己亥,群臣以万寿六旬请上尊号,不许。丁未,以复废皇太子胤礽告庙,宣示天下。己酉,上谒陵,赐守陵大臣白金。

十二月甲戌,上还京。

是岁,免直隶、江南、山东、浙江等省二十三州县灾赋有差。朝鲜入贡。

五十二年癸巳春正月戊申,诏封后藏班禅胡土克图喇嘛为班禅额尔得尼。

二月庚戌,赵申乔疏言太子国本,应行册立。上以建储大事,未可轻定,宣谕廷臣,以原疏还之。乙卯,上巡幸畿甸。编修戴名世以著述狂悖弃市。进士方苞以作序干连,免死入旗,旋赦出之。乙亥,上还驻畅春园。

三月戊寅朔，谕王大臣："朕昨还京，见各处为朕保厘乞福者，不计其数，实觉愧汗。万国安，即朕之安，天下福，即朕之福，祝延者当以兹为先。朕老矣，临深履薄之念，与日俱增，敢满假乎？"又谕："各省祝寿老人极多，倘有一二有恙者，可令太医看治。朕于十七日进宫经棚，老人已得从容瞻观。十八日正阳门行礼，不必再至龙棚。各省汉官传谕知悉。"甲午，上还宫，各省臣民夹道俯伏欢迎，上驻辇慰劳之。乙未，万寿节，上朝慈宁宫，御太和殿受贺，颁诏覃恩，锡高年，举隐逸，旌孝义，蠲逋负，鳏寡孤独无告者，官为养之，罪非殊死咸赦除焉。壬寅，召直省官员士庶年六十五以上者，赐宴于畅春园，皇子视食，宗室子执爵授饮。扶掖八十以上老人至前，亲视饮酒。谕之曰："古来以养老尊贤为先，使人人知孝知弟，则风俗厚矣。尔耆老当以此意告之乡里。昨日大雨，田野沾足。尔等速回，无误农时。"是日，九十以上者三十三人，八十以上者五百三十八人，各赐白金。加祝厘老臣宋荦太子少师，田种玉太子少傅。甲辰，宴八旗官员、兵丁、闲散于畅春园，视食授饮、视饮赐金同前。是日："九十以上者七人，八十以上者一百九十二人。

夏四月甲寅，以鄂海为陕西四川总督，额伦特为湖广总督，高其位为湖广提督。四川提督岳升龙请入籍四川，许之。丁卯，遣官告祭山川、古陵、阙里。

五月丙戌，上奉皇太后避暑热河。调张廷枢为刑部尚书，王顼龄为工部尚书。颁赉蒙古老人白金。辛丑，诏停本年秋决。

闰五月乙卯，赉热河老人白金。御史陈汝咸招抚海寇陈尚义入见，询海上情势及洋船形质，命于金州安置，置水师营。

六月丁丑，修律算书。

秋七月壬子，诏宗人削属籍者，子孙分别系红带、紫带，载名玉牒。丙寅，上行围。

八月丁丑，蒙古鄂尔多斯王松阿拉布请于察罕讬灰游牧，不许，命游牧以黄河为界，从总兵范时捷请也。九月甲子，上奉皇太后还宫。辛未,以江南漕米十万石分运广东、福建平粜。

冬十月丙子,以张鹏翮为吏部尚书。乙酉,赐王敬铭等一百四十三人进士及第出身有差。

十一月己酉,诏免广东、福建、甘肃二十一州县卫明年税粮。癸亥,上谒陵。

十二月己卯,以赫奕为工部尚书。辛卯,令文武科目愿兼应者,许改试一科。壬辰,上还京。甲午,以五鬲为蒙古都统。辛丑,给祭太庙。

是岁,免浙江十州县灾赋有差。朝鲜、琉球入贡。

五十三年甲午春正月己未,命修坛庙殿廷乐器。癸亥,户部请禁小钱。上曰:"凡事必期便民,若不便于民,而惟言行法,虽厉禁何益?"戊辰,上巡幸几甸。丁卯,以何天培为京口将军。

二月甲戌,诏停今年秋审,矜疑人犯,审理具奏,配流以下,减等发落。乙酉,上还京。癸丑,命侍郎常泰、少卿陈汝咸赴甘肃赈抚灾民。丁巳,前尚书王鸿绪进《明史列传》二百八十卷,命付史馆。

夏四月戊子,改师懿德为甘肃提督。辛卯,上奉皇太后避暑热河。六月乙亥,诏:"拉藏近汉六十,二子在外,宜防外患,善自为谋。"癸未,以炎暑免从臣晚朝。

秋七月辛卯,诏以江南映旱,浙江米贵,河南歉收,截漕三十万石,分运三省平粜。

八月乙亥,上行围。

九月丙寅,上奉皇太后还宫。

冬十月己巳朔,命张鹏翮、阿锡鼐往按江南牟钦元狱。己丑,命大学士、南书房翰林考定乐章。

十一月,敕户部截漕三十余万石,于江南、浙江备赈。戊申,免甘肃靖边二十八州县卫明年额赋。诚亲王胤祉等以御制《律吕正义》进呈,得旨:"律吕、历法、算法三书共为一部,名曰《律历渊源》。"甲寅,冬至,祀天于圜丘,奏新乐。丙辰,上巡幸塞外。贝勒胤裸属下人雅齐布有罪伏诛。遣何国栋测量广东、云南等省北极出地及日景。

十二月癸酉，上驻特布克。赐随围蒙古兵银币。己丑，上还京。辛卯，洮、岷边外生番喇子等一十九族内附。

是岁，免江南、河南、甘肃、浙江、湖广等省百二十二州县灾赋有差。朝鲜入贡。

五十四年乙未春正月甲子，停《五经》中式例。封阿巴台吉德木楚克为辅国公。诏贝勒胤禩、延寿溺职，停食俸。

二月戊辰朔，张伯行缘事解任，交张鹏翮审理。己巳，以施世纶为漕运总督。辛未，上巡幸畿甸，谕巡抚赵弘燮曰："去年腊雪丰盈，今年春雨应节，民田想早播种。但虑起发太盛，或有二疸之虞。可示农民芸耨宜疏，以防风霾。"又谕："朕时巡畿甸，见民生差胜于前。但诵读者少，风俗攸关。宜令穷僻乡壤广设义学，劝令读书。尔有司其留意。"甲午，以杜呈泗为江南提督，穆廷栻为福建陆路提督。

三月己亥，以蒙古马拉忒等部十四旗雪灾，命尚书穆和伦运米往赈，教之捕鱼为食。庚子，以赵宏燮为直隶总督，任巡抚事。以睦森为宁古塔将军。

夏四月庚午，赐徐陶璋等一百九十人进士及第出身有差。己卯，师懿德奏策旺阿拉布坦兵掠哈密，游击潘至善击败之。命尚书富宁安、将军席柱率师援剿，祁里德赴推河，谕喀尔喀等备兵。庚辰，征外藩兵集归化城，调打牲索伦兵赴推河。己丑，谕议政大臣："朕曾出塞亲征，周知要害。今讨策妄阿拉布坦进兵之路有三：一由噶斯直抵伊里河源，趋其巢穴；一越哈密、吐鲁番，深略敌境；一取道喀尔喀，至博克达额伦哈必尔汉，度岭扼险。三路并进，大功必成。"壬午，漕运总督郎廷极卒，上称其抚恤运丁，历运无阻，予祭葬，谥温勤。辛卯，上奉皇太后避暑热河。乙未，命富宁安分兵戍噶斯口，总兵路振声驻防哈密。

五月丙午，黑龙江将军宗室杨福卒，赐银一千两，命侍卫尚崇义、博森驰驿赐奠，谥襄毅，命其子三官保暂署父任。戊午，内阁侍读图里琛使于鄂罗斯，使备兵。

六月壬申，命都统图斯海等赴湖滩河朔运粮。甲戌，富宁安、席柱疏报进兵方略。得旨，"明年进兵"。丁亥，兵部尚书孙征灏卒，赐鞍马二、散马二、银五百两，谥清端。

秋七月甲午朔，命和托辉公博贝招抚乌梁海。辛酉，命公傅尔丹往乌兰古等处屯田。

八月辛未，大学士李光地乞假归，上赋诗送之。癸酉，上行围。壬辰，撤噶斯口戍兵还肃州。

九月己酉，博贝招抚乌梁海部来归。

冬十月丙寅，上谕大学士："朕右手病不能写字，用左手执笔批答奏摺，期于不泄漏也。"辛巳，上奉皇太后还宫。诏顺天、保定、河间、永平、宣化今岁雨溢，谷耗不登，所有五府应完五十五年税粮，悉蠲除之。

十一月甲午，以范时崇为左都御史，觉罗满保为浙江福建总督，宗室巴塞为蒙古都统。庚子，停京师决囚。辛丑，以宋臣范仲淹从祀孔庙。己未，冬至，祀天于圜丘，始用御定雅乐。

十二月己巳，以塔拜为杭州将军。命护军统领晏布帅师驻西宁。甲申，张伯行以疑贼诬参论罪应死，上原之，起为仓场侍郎。

是岁，免江南、湖南二省二十四州县卫灾赋有差。朝鲜、琉球入贡。

五十五年丙申春正月壬子，上幸汤泉。

二月乙丑，命副都统苏尔德经理图呼鲁克等处屯田。癸酉，上还驻畅春园。丙子，诏免安南岁贡犀角、象牙。己卯，上巡幸畿甸。庚寅，定丁随地出例。

三月丁酉，恤赠广西右江剿瑶伤亡参将王启云官荫。庚子，上还宫。乙巳，召席柱还，以晏布代之，路振声参军事。癸丑，蒙古图尔胡特贝子阿拉布珠尔请从军。命率蒙古兵戍噶斯口。贵州巡抚刘荫枢疏请罢兵，命乘传诣军周阅议奏。

闰三月癸亥，以额伦特署西安将军，满丕署湖广总督。丁丑，以左世永为广西提督。壬午，发京仓米二十万石赈顺天、永平。五城粥展期至秋。命礼部祈雨。

夏四月癸卯，上奉皇太后避暑热河。

五月庚申，上驻热河，齐居祈雨。起马齐为大学士，穆和伦为户部尚书。壬戌，发仓米平粜。预发八旗兵粮。甲子，雨。上曰："宋儒云：'求雨得雨，旱岂无因'。此言可味也。"己巳，京师远近雨足，上复常膳。乙酉，赫奕免，以孙渣齐为工部尚书。

六月丙辰，上幸汤泉。

秋七月辛未，命移噶斯口防军分戍察罕乌苏、噶顺。癸未，上行围。

八月乙卯，前奉天府尹董宏毅坐将承德等九州县米豆改征银两，致仓储阙乏，黜官。

九月庚午，以蒋陈锡为云南贵州总督。甲申，上奉皇太后还宫。

冬十月丁亥朔，诏刑部积岁缓决长系人犯，分别减释之。停本年秋决。戊子，以托留为黑龙江将军，赵宏燮为兵部尚书。癸巳，诏："近以策妄阿喇布坦侵入哈密，征兵备边，一切飞刍挽粟经过边境，不无借资民力。所有山西、陕西、甘肃四十八州县卫应征明年银米谷草及积年逋欠，悉与蠲除。"丁酉，诏肃州与布隆吉尔毗连迤北西吉木、达里图、金塔寺等处，招民垦种。以杨琳为广东广西总督。以宗室巴赛为满洲都统，晏布为蒙古都统。丙午，策旺阿喇布坦执青海台吉罗卜藏丹济布，犯噶斯口，官兵击走之。命额伦特驻师西宁，分兵戍噶斯口，布隆吉尔散秩大臣阿喇衲赴巴尔库尔参赞军事。

十一月乙丑，以傅尔丹、额尔锦为领侍卫内大臣。戊辰，上谒陵。甲申，上巡行塞外。盗发明陵，命置之法。

十二月己酉，上还京。诏免顺天、永平三十五州县明年地丁税粮，其积年逋赋并除之。

是岁,免直隶、江南、山东、浙江、江西、湖广等省六十三赋有差。朝鲜、安南入贡。

五十六年丁酉春正月丁卯,修《周易折中》成,颁行学宫。壬午,以徐元梦为左都御史,朱轼为浙江巡抚。

二月丙戌朔,上巡幸畿甸。乙未,征奉天、吉林兵益祁尔德军。癸卯,上还驻畅春园。丁未,定盗案法无可宽、情有可原例。顺承郡王诺罗布薨,谥曰忠,子锡保袭封。左都御史揆叙卒,予祭葬,谥文端。

三月丁巳,上御经筵。戊寅,以富宁安为靖逆将军,傅尔丹为振武将军,祁尔德为协理将军,视师防边。壬午,上巡视河西务堤。

夏四月乙酉,上还驻畅春园。乙未,发通州仓米分贮直隶州县备赈。丙申,碣石镇总兵陈昂奏天主教堂各省林立,宜行禁止,从之。以孙柱、范时崇为兵部尚书。辛丑,上奉皇太后避暑热河。

五月庚申,九卿议王贝勒差人出外,查无勘合,即行参究。

六月壬子,傅尔丹袭击厄鲁特博罗布尔哈苏,斩俘而还。兵部尚书赵宏燦卒,予祭葬,谥清端。

秋七月丙辰,策妄阿喇布坦遣其将策零敦多布侵掠拉藏。癸亥,富宁安袭击厄鲁特于通俄巴锡,进及乌鲁木齐,毁其田禾,还军遇贼毕留图,击败之。阵亡灰特台吉扎穆毕,追封辅国公。

八月壬午朔,上行围。

九月辛未,以路振扬署四川提督。河南奸民亢珏滋事,官兵捕之,珏走死。命尚书张廷枢、学士勒什布往鞫,得前巡抚李锡贪虐激变状以闻。李锡褫职论死,贼党伏诛。

冬十月乙酉,命侍郎梁世勋、海寿往督巴尔库尔屯田。庚子,上奉皇太后还宫。乙巳,命内大臣公策旺诺尔布、将军额伦特、侍卫阿齐图等率师戍青海。以宗室公吞珠为礼部尚书,蔡升元为左都御史。

十一月壬子,命停决囚。乙丑,皇太后不豫,上省疾慈宁宫。辛未，诏曰："帝王之治，必以敬天法祖为本。合天下之心以为心，公四海之利以为利，制治于未乱，保帮于未危，夙夜兢兢，所以图久远也。朕八龄践祚，在位五十余年，今年近七旬矣。当二十年时，不敢逆计至三十。三十年时，不敢逆计至四十。赖宗社之灵，今己五十七年矣，非凉德所能致也。齿登耆寿，子孙众多。天下和乐，四海乂安。虽未敢谓家给人足，俗易风移，而欲使民安物阜之心，始终如一。殚竭思虑，耗敝精力，殆非劳苦二字所能尽也。古帝王享年不永，书生每致讥评。不知天下事烦，不胜其劳虑也。人臣可仕则仕，可止则止，年老致仕而归，犹得抱子弄孙，优游自适。帝王仔肩无可旁委，舜殁苍梧，万殂会稽，不遑宁处，终鲜止息。洪范五福，终于考终命，以寿考之难得也。《易遯》六爻，不及君主，人君无退藏之地也。岂当与臣民较安逸哉！朕自幼读书，寻求治理。年力胜时，挽强决拾。削平三藩，绥辑漠北，悉由一心运筹，未尝妄杀一人。府库帑金，非出师赈饥，未敢妄费。巡狩行宫，不施采绘。少时即知声色之当戒，佞幸之宜远，幸得粗致谧安。今春颇苦头晕，形渐羸瘦。行围塞外，水土较佳，体气稍健，每日骑射，亦不疲乏。复以皇太后违和，头晕复作，步履艰难。倘一时不讳，不得悉朕衷曲。死者人之常理，要当于明爽之时，举平生心事一为吐露，方为快耳。昔人每云帝王当举大纲，不必兼综细务。朕不谓然，一事不谨，即贻四海之尤；一念不谨，即贻百年之患。朕从来莅事无论钜细，莫不慎之又慎。惟年既衰暮，祗惧五十七年尤勤惕励之心，隳于末路耳。立储大事，岂不在念。但天下大权，当统于一，神器至重，为天下得人至难，是以朕垂老而惓惓不息也。大小臣工能体朕心，则朕考终之事毕矣。兹特召诸子诸卯士详切言之。他日遗诏，备于此矣。甲戌，免八旗借支银二百万两。丙子，诏免直隶、安徽、江苏、浙江、湖广、陕西、甘肃等省积年逋赋，江苏、安徽并免漕项银米十分之五。

十二月甲申，皇太后病势渐增，上疾七十余日矣，脚面浮肿，扶掖日朝宁寿宫。丙戌，皇太后崩，颁遗诰，上服衰割辫，移居别宫。己酉，上还宫。

是岁，朝鲜入贡。

五十七年戊戌春正月乙卯，上有疾，幸汤泉。戊寅，赐防边军士衣二万袭。

二月庚寅，拉藏乞师，命侍卫色楞会青海兵往援。癸卯，以路振声为甘肃提督。检讨朱天保上疏请复立胤礽为皇太子，上于行宫亲讯曰：“尔何知而违旨上奏？”朱天保曰：“臣闻之臣父，臣父令臣言之。”上曰：“此不忠不孝之人也。”命诛之。丁未，上还宫。碣石镇陈昂疏请洋船入港，先行查取大交，方许进口贸易。部议不行。

三月癸丑，减大兴、宛平门厂房税。辛酉，上大行皇后谥曰孝惠仁宁端懿纯德顺天决圣章皇后。丙寅，以颜寿为右卫将军，黄秉钺为福州将军。戊辰，裁起居注官。甄别不职学政丛澍等七员，俱褫职。丁丑，命浙江南北新关税交同知管理。戊寅，浙江巡抚朱轼请修海宁石塘，从之。

夏四月乙酉，葬孝惠章皇后于孝东陵。丁亥，赐汪应铨等一百七十一人进士及第出身有差。辛卯，上幸热河。穆和伦免，以孙渣齐为户部尚书。

五月癸丑，以徐元梦为工部尚书。丁巳，额伦特奏拉藏汗被陷身亡，二子被杀，达赖、班禅均被拘。己未，浙江福建总督满保疏台湾一郡有极冲口岸九处，次冲口岸十五处，派人修筑，酌移员弁，设淡水营守备。从之。

六月壬辰，遣使册封琉球故王曾孙尚敬为中山王。己丑，大学士李光地卒，命皇五子恒亲王胤祺往奠茶酒，赐银一千两。徐元梦还京护其丧事，谥文贞。丁未，赐哈密军士衣四百袭。

秋七月己未，打箭炉外墨果喇嘛内附。甲戌，修《省方盛典》。

八月壬子，索伦水灾，遣官赈之。孟光祖伏诛。戊子，上行围。甲午，礼部尚书吞珠卒，予祭葬，谥恪敏。总兵官仇机有罪伏诛。

闰八月戊辰，诏曰：“夷虏跳梁，大兵远驻西边，一切征缮，秦民甚属劳苦。所有陕西甘肃明年地丁粮税俱行蠲免，历年逋赋亦尽除之。”

九月己卯，命都统阿尔纳、总兵李耀率师赴噶斯口、柴旦木驻防。丙戌，以王顼龄为大学士，陈元龙为工部尚书。甲辰，上还京。将军额伦特、侍卫色楞会师喀喇乌苏，屡败贼，贼愈进，师无后继，矢竭力战，殁于阵。

冬十月甲寅，停本年决囚，丙辰，命皇十四子贝子胤禵为抚远大将军，视师青海。命殉难总督甘文焜、知府黄庭柏建祠列祀。甲子，诏四川巡抚年羹尧，军兴以来，辨事明敏，即升为总督。命翰林、科道轮班入直。戊辰，上驻汤泉。命皇七子胤祐、皇十子胤䄉、皇十二子胤祹分理正黄、正白、正蓝满、蒙、汉三旗事务。

十一月丙子，上还驻畅春园。福建巡抚陈宾卒，赠礼部尚书，谥清端。以宜兆熊为汉军都统。

十二月丙辰，上谒陵。己未，孝惠章皇后升附太庙，位于孝康章皇后之左，颁诏天下。云南撒甸苗人归顺。己巳，上还宫。

是岁，免江南、福建、甘肃、湖广等省二十六州县灾赋有差。朝鲜、琉球、安南入贡。

五十八年己亥春正月戊朔，日有食之。诏曰：“日食三始，垂象维昭。宜修人事，以儆天戒。臣工其举政事阙失以闻。”乙未，上幸汤泉。庚子，上还驻畅春园。辛丑，诏立功之臣退闲，世职准子弟承袭。若无应袭之人，给俸终其身。壬寅，命截漕米四十三万石，留江苏、安徽备荒。

二月己巳，上巡幸畿甸。己卯，学士蒋廷锡表进《皇舆全览图》，颁赐廷臣。庚申，上还驻畅春园。辛未，命都统法喇抚辑裹塘、巴塘，护军统领噶尔弼同理军事。

三月乙未，侍郎色尔图以运饷迟延罢，命巡抚噶什图接管。

夏四月乙巳，命抚远大将军胤禵驻师西宁。癸丑，上巡幸热河。

五月戊寅，以麦大熟，命民间及时收贮。庚辰，以扬都为蒙古都统。浙江正考官索泰贿卖关节，在籍学士陈恂说合，陈凤墀夤缘中式，均论死，并罪其保荐索泰为考官者。南阳标兵执辱知府沈渊，总兵高成革职,游击王洪道论死,兵处斩。

六月甲辰,以贝勒满笃祜为满洲都统。丁未,年羹尧、噶尔弼、法喇先后奏副将岳钟琪招辑里塘、巴塘就抚。命法喇进驻巴塘,年羹尧拨兵接应。丙寅,以马见伯为固原提督。

秋七月癸未,以宗查木为西安将军。

八月庚戌,上行围。庚申,振威将军傅尔丹奏鄂尔齐图二处筑城设站。命尚书范时崇往董其役。

九月乙未,"谕西宁现有新胡毕勒罕,实系达赖后身,令大将军遣官带兵前往西藏安禅。"戊戌,安郡王华圮互死,谥曰节。

冬十月丁未,上还京。壬子,命蒙养斋举人王兰生修《正音韵图》。甲寅,固原提督潘育龙卒,赠太子少保,予祭葬,谥襄勇。

十一月丙子,礼部尚书陈诜致仕。庚寅,增江西解额。

十二月壬寅,以蔡升元为礼部尚书,田从典为左都御史。戊申,西安将军额伦特之丧至京,命皇五子恒亲王胤祺、皇十二子贝子胤裪迎奠。庚申,命截湖广漕粮十万石留于本省备荒。辛酉,诏曰:"比年兴兵西讨,远历边陲,居送行赍,民力劳瘁。所有沿边六十六州县卫所明年额征银米,俱行蠲免。"

是岁,免江苏、安徽等省十三州县灾赋有差。朝鲜、琉球入贡。

五十九年庚子春正月丁酉,命抚远大将军胤禵移师穆鲁斯乌苏。以宗室延信为平逆将军,领兵进藏,以公策旺诺尔布参赞军务。命西安将军宗查木驻西宁,平郡王讷尔素驻古木。

二月甲辰,上巡幸畿甸。癸丑,命噶尔弼为定西将军,率四川、云南兵进藏,册封新胡毕勒罕为六世达赖喇嘛。辛酉,上还驻畅春园。

三月己丑,命云南提督张谷贞驻防丽江、中甸。丙申,命靖逆将军富宁安进师乌鲁木齐,散秩大臣阿喇衲进师吐鲁番,祁里德领七千兵从布娄尔,傅尔丹领八千兵从布拉罕,同时进击准噶尔。

夏四月戊申,上巡幸热河。

五月辛巳，以旱求言。壬午，雨。

六月己亥，陕西饥，运河南积谷往赈。丙辰，保安、怀来地震，遣官赈之。

秋七月丙寅朔，日有食之。癸酉，富宁安击贼于阿克塔斯、伊尔布尔和诺，败之，擒其台吉垂木拍尔。阿喇衲师至齐克塔木，遇贼，击破之，尽俘其众。进击皮禅城，降之。师至吐鲁番，番酋阿克苏尔坦率众迎降。丙戌，傅尔丹击贼于格尔厄尔格，斩获六百，阵擒宰桑贝肯，焚其积聚而还，贝肯送京。祁里德败贼于铿额尔河，降其宰桑色布腾等二千余人。

八月太戌，上行围。庚子，琉球请令其陪臣子弟入国子监读书，许之。癸丑，平逆将军延信连败贼众于卜克河。丁巳，又改贼众于绰马喇，贼将策零敦多布遁。定西将军噶尔弼率副将岳钟琪自拉里进兵。戊午，克西藏，执附贼喇嘛百余，斩其渠五人，抚谕唐古特、土伯特，西藏平。以高其倬为广西巡抚。

九月壬申，平逆将军延信以兵送达赖喇嘛入西藏坐床。富宁安兵入乌鲁木齐，哈西哈回人迎降，军回至乌兰苏。戊寅，云贵总督蒋陈锡、巡抚甘国璧以馈饷后期褫职，仍令运米入藏。

冬十月癸卯，上还京。诏再以河南积谷运往陕西放赈。明年，河南漕粮照数浦还仓谷，其余漕粮留贮河南。甲辰，朝鲜国王李焞薨。诏曰："李焞袭封五十年，奉藩恭谨，抚民慈爱。兹闻溘逝，恻悼实深，即令王子李昀袭封，所进贡物悉数带回，仍查恤典具奏。"诏陕西、甘肃两省康熙六十年地丁银一百八十八万两零，通行蠲免。沿边歉收，米价昂贵，兵力拮据，并豫发本年兵饷。赍进藏官兵。甲寅，户部尚书赵申乔卒，予祭葬，谥恭毅。丁巳，诏抚远大将军胤禵会议明年师期。戊午，以陕西、甘肃歉收，命银粮兼赈，以麦收为止。

十一月辛未，遣官致祭朝鲜国王李焞，特谥僖顺，册封世子李昀为朝鲜国王。戊寅，以田从典为户部尚书，朱轼为左都御史，以杨名时为云南巡抚。辛巳，诏："大兵入藏，其地俱入版图，山川名号番、汉异同，应即考订明核，传信后世。"上因与大学士讲论河源、江源，及于《禹贡》三危。庚寅，以隆科多为理藩院尚书，仍兼步军统领。

十二月甲辰，廷臣再请行六十年庆贺礼。不允。壬子，授先贤子夏后裔《五经》博士。甲寅，以庆亲王胤祉子弘晟、恒亲王胤祺子弘升为世子。辛酉，祫祭太庙。

是岁，免直隶、江苏、陕西、浙江、四川等省五十六州县卫灾赋有差。朝鲜、琉球入贡。

六十年辛丑春正月乙亥，上以御极六十年，遣皇四子胤禛、皇十二子胤祹、世子宏晟告祭永陵、福陵、昭陵。

二月乙未，上谒孝庄陵、孝陵、孝东陵、行告祭礼。遣官告祭郊庙社稷。乙卯，上还京。山东盐徒王美公等作乱，捕斩之。己未，命公策旺诺尔布驻防西藏。论取藏功，封第巴阿尔布巴、康济鼐为贝子，第巴隆布奈为辅国公。

三月乙丑，群臣请上万寿节尊号，上不许，曰："加上尊号，乃相沿陋习，不过将字面上下转换，以欺不学之君耳。本朝家法，惟以爱民为事，不以景星、庆云、芝草、甘露为瑞，亦无封禅改元之举。现今西陲用兵，兵久暴露，民苦转输。朕方修省经营之不暇，何贺之有？"庚午，赐举人王兰生、留保进士，一体殿试。甲戌，先是，大学士五揆密疏复储。至是御史陶彝、任坪、范长发、邹图云、陈嘉猷、王允晋、李允符、范允芮、高玢、高怡、赵成篪、孙绍曾疏请建储，上不悦，并揆切责之，命其子詹事王奕清及陶彝等十二人为额外章京，军前效力。

夏四月甲午，以李麟为固原提督。乙未，赐邓钟岳等一百六十三人进士及第出身有差。丙申，诏厘定历代帝王朝崇祀祀典。丁酉，命张鹏翮、陈鹏年赴山东阅河。以赖都为礼部尚书，托赖为刑部尚书。丙午，上幸热河。戊午，命定西将军噶尔弼驻藏。

五月壬戌，命抚远大将军胤移师甘州。丙寅，台湾奸民朱一贵作乱，戕总兵官欧阳凯。癸酉，以署参将管永宁协副将岳钟琪为四川提督。乙亥,改思明土州归广西太平府。戊寅,诏停本年进兵。以常授为理藩院额外侍郎,辨事西宁。乙酉,以年羹尧为四川陕西总督,赐弓矢。发帑金五十万赈山西、陕西,命朱轼、卢询董其事。

六月壬辰,改高其位为江南提督,魏经国为湖广提督。丙申,诏曰:"平逆将军延信,朕之侄也。统兵历从古未到之烟瘴绝域,歼灭巨孽,平定藏地,允称不辱宗支,可封为辅国公。"乙卯,吐鲁番回人拖克麻穆克等来归,命散秩大臣阿喇衲率兵护之。福建水师提督施世标平台湾,擒朱一贵解京。诏奖淡水营守备陈策固守功,超擢台湾总兵。

闰六月庚申朔,日有食之。丙寅,令刑部弛轻击。戊辰,以噶尔弼为蒙古都统。

秋七月己酉,上行围。

八月甲戌,命副都统庄图率兵二千进驻吐鲁番,益阿喇衲军。丙戌,河决武陟入沁水。

九月辛卯,命副都统穆克登将兵二千赴吐鲁番。甲午,噶尔弼以病罢,命公策旺诺尔布署定西将军,驻藏,以阿宝、武格参军事。丙申,策旺阿拉布坦犯吐鲁番,阿喇衲击走之。丙午,赈河南、山东、直隶水灾。乙卯,上还京。丙辰,命副都御史牛钮、侍讲齐苏勒、员外郎以泰筑黄河决口,引沁水入运河。丁巳,以阿喇衲为协理将军。上制平定西藏碑文。

冬十月壬戌,置巡察台湾御史。诏:"本年秋审俱已详览,其直省具题缓决之案,九卿已加核定,朕不忍覆阅,恐审求之或致改重也。"丙寅,召抚远大将军胤禵来京。辛未,诏:"大学士熊赐履服官清正,学问博通。朕久而弗忘,常令周恤其家。今其二子来京,观其气质,尚可读书,宜加造就,可传谕九卿知之。"以钟世臣为浙江提督,姚堂为福建水师提督,冯毅署广东提督。

十一月辛卯,以陈鹏年署河道总督。戊戌,以马武、伊尔哈岱为蒙古都统。己酉,上幸南苑。诏将军额伦特、侍卫色楞、副都统查礼浑、提督康泰等,杀敌殉国,俱赐莳。

十二月壬申，四川提督岳钟琪征郭罗克番人，平之。丁丑，上还驻畅春园。遣鄂海、永泰往视吐鲁番屯田。

是岁，免江南、河南、陕西、甘肃、福建、浙江、湖广等省一百二十三州县灾赋有差。朝鲜、琉球、安南入贡。丁户二千九百一十四万八千三百五十九，又永不加赋后滋生人丁四十六万七千八百五十。征银二千八百九十九万零，监课银三百七十七万二千三百六十三两零，铸钱四万三千七百三十二万五千八百有奇。

六十一年壬寅春正月戊子，召八旗文武大臣年六十五以上者六百八十人，已退者咸与赐宴，宗室授爵劝饮。越三日，宴汉官年六十五以上三百四十人亦如之。上赋诗，诸臣属和，题曰《千叟宴诗》。戊申，上巡幸畿甸。

二月庚午，以高其倬署云南贵州总督。丙子，上还驻畅春园。

三月丙戌，以阿鲁为荆州将军。

夏四月甲子，遣使封朝鲜国王李昀弟昑为世弟。丁卯，上巡幸热河。己巳，抚远大将军胤禵复莅军。癸未，福州驻防兵哗，将军黄秉钺不能约束，褫职，斩为首者。

五月戊戌，施世纶卒，以张大有署漕运总督。

六月，以奉天连岁丰稔，弛海禁。暹罗米贱，听入内地，免其税。辛未，命直隶截漕二十肆石备赈。丙子，赵弘变卒，以其兄子郎中赵之垣加金都御史衔，署直隶巡抚。

秋七月丁酉，征西将军祁里德上言乌兰古木屯田事宜，请益兵防守。命都统图拉率兵赴之。壬寅，命色尔图赴西藏统四川防兵。戊申，以蔡廷为四川巡抚。予故直隶总督赵弘变祭葬，谥肃敏。

八月丙寅，停今年决囚。故提督蓝理妻子先以有罪入旗，至是，上念平台湾功，赍还原籍，交疑免追。己卯，上驻跸汗特木尔达巴汉昂阿。赐来朝外藩银弊鞍马，随围军士银弊。

九月甲申，上驻热河。乙酉，谕大学士曰："有人谓朕塞外行围，劳苦军士。不知承平日久，岂可遂忘武备？军旅数兴，师武臣力，克底有功,此皆勤于训练之所致也。"甲午,年羹尧、噶什图请量加火耗,以补有司亏帑。上曰:"火耗只可议减,岂可加增?此次亏空,多由用兵。官兵过境,或有饭助。其始挪用公款,久之遂成亏空,昔年曾有宽免之旨。现在军需正急,即将户部库帑拨送西安备用。"戊戌,上回銮。丁未,次密云,阅河堤。庚戌,上还京。

冬十月辛酉,命雍亲王胤禛、弘升、延信、孙渣齐、隆科多、查弼纳、吴尔占察视仓廒。壬戌,以觉罗德尔金为蒙古都统,安盘为杭州将军。辛未,以查弼纳为江南江西总督。癸酉,上幸南苑行围。以李树德为福州将军,黄国材为福建巡抚。

十一月戊子,上不豫,还驻畅春园。以贝子胤祹、辅国公吴尔占为满洲都统。庚寅,命皇四子胤禛恭代祀天。甲午,上大渐,日加戌,上崩,年六十九。即夕移入大内发丧。雍正元年二月,恭上尊谥。九月丁丑,葬景陵。

论曰:圣祖仁孝性成,智勇天锡。早承大业,勤政爱民。经文纬武,环宇一统,虽曰守成,实同开创焉。圣学高深,崇儒重道。几暇格物,豁贯天人,尤为古今所未观。而久道化成,风移俗易,天下和乐,克致太平。其雍熙景象,使后世想望流连,至于今不能已。传曰:"为人君,止于仁。"又曰:"道盛德至善,民之不能忘。"于戏,何其盛欤!

清史稿卷九
本纪第九

世　宗

　　世宗敬天昌运建中表正文武英明宽仁信毅睿圣大孝至诚宪皇帝讳胤禛,圣祖第四子也。母孝恭仁皇后乌雅氏。生有异征,天表魁伟,举止端凝。康熙三十七年封贝勒。四十八年封雍亲王。

　　六十一年十一月,圣祖在畅春园不豫,命代祀园丘。甲午,圣祖大渐,召于斋宫,宣诏嗣位。圣祖崩。辛丑,上即位,以明年为雍正元年。命贝勒胤禩、皇十三弟胤祥、大学士马齐、尚书隆科多总理事务。召抚远大将军胤禵来京。命兵部尚书白潢协理大学士。以杨宗仁为湖广总督,年希尧署广东巡抚。

　　十二月戊午,停止直省贡献方物。壬戌,封贝勒胤禩为廉亲王,胤祥为怡亲王,胤祹为履郡王,废太子胤礽之子弘晳为理郡王。更定历代帝王庙祀典。癸亥,诏《古今图书集成》一书尚未竣事,宜速举渊通之士编辑成书。以辅国公延信为西安将军,署抚远大将军事。甲子,诏直省仓库亏空,限三年补足,逾限治罪。命富宁安为大学士,隆科多为吏部尚书,廉亲王胤禩管理藩院尚书事。壬申,以张廷玉为礼部尚书。予大学士马齐二等伯爵,赐名敦惠。

　　雍正元年癸卯春正月辛巳朔,颁诏训饬督、抚、提镇,文吏至于守、令,武将至于参、游,凡十一道。丙戌,时享太庙。辛卯,祈谷于上帝。壬寅,颁赐提、镇、副将大行遗念弓矢橐鞬。刑部尚书陶赖、张廷枢坐审讯陈梦雷一案释其二子，降官。甲辰，封淳郡王长子、弘春为贝子。乙巳，大学士王掞乞休，允之。

二月辛亥朔，以佛格、励廷仪为刑部尚书。壬子，以张鹏翮为大学士。乙卯，以皇十六弟胤禄出嗣庄亲王博果铎，袭其爵，以博果铎之侄球琳为贝勒。庚申，训饬贝子胤禑。乙丑，封辅国公延信为贝子。定部院书吏考满回籍听选例。敕科道官每日一人具折奏事。辛未，以宜兆熊为福州将军。赵之垣免，以李维钧为直隶巡抚。己卯，副将军阿喇衲奏罗卜脑儿回人投顺。

三月甲申，罢西藏防兵戍察木多。加隆科多、马齐、年羹尧太保。命督抚书荐幕宾。封年羹尧三等公。壬辰，命故安和亲王岳乐之孙吴尔占、色亨图、经希及其子移居盛京，除属籍。

夏四月辛亥，大行梓宫奉安殡殿，命贝子胤禟留护。丙辰，命怡亲王胤祥总理户部，封其子弘昌为贝子。设乡、会试翻译科。乙丑，复置起居注官。封皇十七弟胤礼部为果郡王。丁卯，初御乾清门听政。制诏训饬大学士、领侍卫内大臣、文武大臣凡三道。丙子，晋封淳郡王胤祐为亲王。敕总兵官具折言事。

五月庚辰，诏免云南入藏兵丁应补倒毙马匹。癸卯，御太和殿视朝。李维钧请以州县岁入弥补积亏。上曰："州县官令少从容，方可责之尽心兴举，岂可勒为他人补亏缺耶！"乙酉，敕理郡王弘晰移住郑家庄。丁酉，命尚书徐元梦署大学士。辛丑，仁寿皇太后崩，帝之生母也，奉安梓宫于宁寿宫。封贝子胤禑为恂郡王。

六月丁巳，以左世永为汉军都统。己未，加封孔子五世王爵。辛酉，命八旗无恒产者移居热河垦田。壬戌，青海郡王额尔得尼为罗卜藏丹津所破，率属来投，遣官抚之。基侄噶尔丹达锡续来归附，命同居于苏油。壬申，敕李维钧："畿甸之内，旗民杂处，旗人暴横，颇苦小民。尔当整饬，不必避忌旗、汉形迹，畏惧王公皇戚，皆密奏以闻。"丙子，敕八旗人员有为本旗都统、本管王公刁难苛索者，许其控诉。

秋七月己卯，命侍郎常寿谕和罗卜藏丹津。乙酉，遣官赴盛京、江西、湖广粜米运京。己丑，诏免江西漕粮脚耗运费误追者。壬辰，改国语固山额真为固山昂邦，伊都额真为伊都章京。辛巳，停本年秋决。除绍兴惰民丐籍。颁行《孝经衍义》。壬寅，命隆科多、王顼龄监修《明史》，徐元梦、张廷玉为总裁。

八月丁巳，以杨琳为广东总督，孔毓珣为广西总督。甲子，召王大臣九卿面谕之曰："建储一事，理宜夙定。去年十一月之事，仓卒之间，一言而定。圣祖神圣，非朕所及。今朕亲写密封，缄置锦匣，藏于正大光明匾额之后，诸卿其识之。"庚午，常寿疏报行抵青海，谕和罗卜藏丹津，不从。诏年羹尧备兵。辛未，上谒陵。

九月丁丑朔，葬圣祖仁皇帝于景陵，孝恭皇后附焉。是日，五色云见。己卯，上还京。辛巳，以郝玉麟为云南提督。壬午，以张廷玉为户部尚书，张伯行为礼部尚书。癸巳，以裕亲王保泰管镶黄旗事务。命纂修律例。丙申，以阿喇衲为蒙古都统。

冬十月戊申，敕授年羹尧抚远大将军，改延信为平逆将军。癸亥，罗卜藏丹津执我使臣常寿，笔帖式多尔济死之。癸酉，以阿尔松阿为礼部尚书，尹泰为左都御史。

十一月丁丑，赐于振等二百四十六人进士及第出身有差。戊寅，罗卜藏丹津入寇西宁，守备马有仁、参将宋可进败之于申中堡，贼遁。丙戌，年羹尧奏总兵杨尽信进剿番贼于庄浪椅子山，斩贼数百。得旨嘉奖。辛丑，冬至，祀天于园丘，奉圣祖仁皇帝配享。

十二月丙午朔，以吴尔占等怨望，不准承袭安郡王，并撤所属佐领。辛酉，年羹尧奏贼人来犯，参将孙继宗击败之。安插洋人于澳门，改天主堂为公所，严禁入教。丁卯，册嫡妃那拉氏为皇后，封年氏为贵妃，钮祜禄氏为熹妃，耿氏为裕嫔。甲戌，祫祭太朝。

是岁，免直隶、江南等省四十九州县灾赋有差。朝鲜、琉球入贡。丁户二千五百三十二万六千二百七十，又永不加赋后滋生人丁四十八万五百五十七。田赋征银三千二十二万三千九百四十三两有奇。盐课银四百二十六万一千九百三十三万两有奇。铸钱四十九万九千二百有奇。

　　二年甲辰春正月辛巳，祈谷于上帝，奉圣祖仁皇帝配享。诏大
学士图海配享太庙。常寿自罗卜藏丹津处回，命监禁西安。丁亥，
命岳钟琪为奋威将军，专征青海。丁酉，以高其佩为汉军都统。庚
子，建孔子庙于归化城。

　　二月丙午，御制《圣谕广训》，颁行天下。戊午，岳钟琪兵至青
海，擒阿尔布坦温布等三虏，收抚逃散部落，诏以青海军事将竣，策
旺阿拉布坦恭顺，罢阿尔泰及乌兰古木兵。辛酉，诏临雍大典，改幸
学为诣学。癸亥，上耕耤田，三推毕，复加一推。甲子，敕州县举老
农，予顶戴。年羹尧奏凉庄道蒋洞剿平阿冈部落，加按察使衔。丙
寅，高其倬奏中甸番夷就抚。庚午，上祈雨于黑龙潭。

　　三月乙亥朔，上诣太学释奠，御彝伦堂讲《尚书》、《大学》，广太
学乡试中额。丁丑，祭历代帝王庙，庚辰，上谒陵。岳钟琪师抵贼巢，
罗卜藏丹津遁，获其母阿尔泰喀屯，青海平，封年羹尧一等公，岳钟
琪三等公，发帑金二十万犒军。乙酉，清明节，上诣景陵行敷土礼。
丁亥，还宫。

　　夏四月丁未，以孔毓珣为两广总督，李绂为广西巡抚。庚戌，召
王大臣训饬廉亲王胤禩，令其改行，并令王大臣察其善恶，据实奏
闻。己巳，敦郡王胤䄉有罪，削爵拘禁。

　　闰四月丁丑，续修《会典》。丙戌，以嵇曾筠为河道副总督。丁
酉，以苏丹为蒙古都统。癸未，青海叛虏阿尔布坦温布、吹拉克诺木
齐、藏巴扎布械系至京，上御午门受俘。

　　五月癸卯朔，夏至，祭地于方泽，奉圣祖仁皇帝配享。贝勒布兰
复降为辅国公。丙辰，贝子苏努坐廉亲王党削爵，并其子俱发右卫。
辛酉，诏川、陕、湖广、云、贵督、抚、提、镇：“朕闻各处土司，鲜知法
纪，苛待属人，生杀任性。方今海宇乐利，而土民独切向隅，朕心不
忍，宜严饬土司，勿得肆为残暴，以副朕子惠元元至意。”壬戌，以那
敏为满洲都统。戊辰，贝子弘春削爵。

　　六月癸未，敕八旗勿擅殴死家人。乙酉，以青海平定，勒石太
学。戊戌，上以阙里庙灾，致祭先师。遣官监修。降贝子胤裪为镇

国公。李光复罢,以李永绍为工部尚书。

秋七月丁巳,御制《朋党论》,颁示诸臣。壬戌,以丁寿为阿尔泰驻防将军。癸亥,副将军阿喇衲卒于军,上念其久劳于外,加予世职。

八月甲戌,命乡、会试回避士子一体考试,别派大臣阅取。壬午,停本年秋决。庚寅,以田文镜署河南巡抚。

九月辛丑朔,以阿尔泰军功予丁寿世职。停户部捐纳事例。甲寅,命山西丁银摊入地粮征收其后各省以渐行之。

冬十月乙亥,赐陈德华等二百九十九人进士及第出身有差。戊寅,封明裔朱之琏为一等侯,世奉明祀。癸未,诏京师建忠义祠。乙未,诏厄鲁特郡王额驸阿宝赐往青海游牧。设宁夏驻防。丙申,刑部尚书阿尔松阿以无心效力,夺职削爵,发往盛京,以其伯音德袭果毅公。暹罗国贡稻种果树。设直隶布政司、按察司,以巡抚李维钧为总督。庚子,以音德、夸岱俱为领侍卫内大臣。丁未,以苏丹为宁夏将军。

十一月庚戌,弘晟有罪削爵。乙卯,以绰奇为蒙古都统,噶尔弼为汉军都统。丁巳,高其倬奏官兵进剿仲苗,平之。辛酉,定称孝庄文皇后山陵为昭西陵。

十二月癸酉,命太学立进士题名碑。癸未,废太子胤礽薨,封理亲王,谥曰密。以绰奇为奉天将军。己丑,裕亲王保泰有罪削爵,以其弟子广宁袭封裕亲王。设湖南学政。戊戌,祫祭太庙。

是岁,免江南、浙江等省五十七州县卫灾赋有差。朝鲜、安南、暹罗入贡。

三年乙巳春正月癸丑,诏以固安官地二百顷为井田,遣八旗闲散受耕。壬戌,以蔡珽为左都御史。癸亥,以阿齐图为步军统领。

二月庚午,日月合璧,五星联珠。庚辰,上以三年服阕,行祫祭礼。丁亥,诏责年羹尧未能抚衅青海残部,倘有一二人逃入准噶尔者,必重罪之。乙未,鄂伦岱坐廉亲王党夺职削爵,发往盛京,以其弟夸岱袭一等公。丁酉,召廷臣宣示胤唐罪状,并及胤禩、胤禵、胤䄉。

三月丁未,以马会伯为贵州提督。策旺阿拉布坦遣使入贡。设安徽学政。癸丑,大学士张鹏翮卒。礼部尚书张伯行卒。丁巳,蠲苏、松浮粮四十五万两。满保奏台湾生番七十四社归化。辛酉,年羹尧表贺日月合璧,五星联珠,将"朝乾夕惕"为作"夕惕朝乾"。诏切责之曰:"年羹尧非粗心者,是直不以朝乾夕惕许朕耳。则年羹尧青海之功,亦在朕许与不许之间,未可知也。显系不敬,其明白回奏。"乙丑,叙总理王大臣、怡亲王胤祥予一子郡王,隆科多、马齐加予世职。廉亲王胤禩不与,并严诏训责之。

夏四月己卯,调年羹尧为杭州将军。以岳钟琪为川陕总督。遣学士众佛保、副都统查史往淮噶尔定界。以董吉那为江宁将军。辛卯,以田从典为大学士。

五月癸亥,以左都御史尹泰为盛京礼部侍郎,兼理奉天府尹。

六月癸酉·诏年羹尧之子年富、年兴,隆科多之子玉柱俱褫职。乙亥,命上三旗世职及登城巴图鲁之子,二十以下,十四以上,拣选引见录用。削年羹尧太保,寻褫其一等公。

秋七月丁未,削隆科多太保。壬戌,大学士白潢罢,以高其位为大学士,张廷玉署大学士。命隆科多往阿兰善山修城。壬戌,杭州将军年羹尧黜为闲散旗员。癸亥,贝子胤禟有罪削爵。

八月辛未,李维钧以党年羹逮鞫,以李绂为直隶总督。壬辰,上驻圆明园。加怡亲王胤祥俸,果郡王胤礼护卫。

九月甲寅,以朱轼为大学士,改蔡珽为吏部尚书,仍管兵部、都察院事。丙辰,逮系年羹尧下刑部。

冬十月戊辰,命巡抚不与总督同城者,参劾属员,自行审结。丙子,封恒亲王胤祺子弘晊辅国公。庚寅,以杨名时为云贵总督,管巡抚事,鄂尔泰为云南巡抚,管总督事。

十一月庚子,上谒陵。戊申,还宫。癸亥,以噶尔弼为奉天将军。

十二月丁卯,降郡王胤䄉为贝子。甲戌,廷臣议上年羹尧罪九十二款。得旨："年羹尧赐死,其子年富立斩,余子充军,免其父兄缘坐。"辛巳,汪景祺以谤讪处斩。癸未,以觉罗巴延德为天津水师营都统。壬辰,袷祭太庙。

是岁,免直隶、江苏、河南、浙江、广东等省二十七州县灾赋有差。朝鲜、琉球、西洋国入贡。

四年丙午春正月甲午,上御太和殿受朝贺。朝正外藩,依先朝例,赉予银弊。丁酉,宣诏罪状皇九弟胤禟。戊戌,集廷臣宣诏罪状皇八弟胤禩,易亲王为民王,褫黄带,绝属籍,革其妇乌雅氏福晋,逐回母家,复革民王,拘禁宗人府,敕令易名名曰阿其那,名其子弘旺曰菩萨保。甲寅,削隆科多职,仍令赴鄂罗斯议界。乙卯,赠故尚书顾八代太傅,谥文端,上之授读师也。

二月甲子,以孙柱为吏部尚书,兼管兵部。以法海为兵部尚书,福敏为左都御史。贝子鲁宾、镇国公永谦俱以议胤禩狱依违削爵,寻起鲁宾为辅国公。大学士朱轼有母丧,赐白金四千绵葬事。乙酉,简亲王雅尔江阿削爵,以其弟神保住袭封。庚寅,以张廷玉为大学士,蒋廷锡为户部尚书,以申穆德为右卫将军。

三月丁丑,命丁寿屯兵特斯,备策旺阿拉布坦。壬戌,侍议钱名世投诗年羹尧事发,革去职衔,上亲书"名教罪人"四字悬其门,并令文臣作为文诗刺恶之。

夏四月己卯,以范时绎为两江总督。

五月癸巳,禁锢皇十四弟胤禵及其子白起于寿皇殿侧,以子白敦为辅国公。诛鄂备伦岱、阿尔松阿于戍所。乙巳,改胤禟名为塞思黑,拘于保定。己酉,命顺承郡王锡保食亲王俸。封皇十五弟胤禑为贝勒,皇二十弟胤祎为贝子。

六月癸亥,以辅国公巴赛为振武将军,备边。乙丑,以查弼纳为兵部尚书。

秋七月癸巳,释回军前御史陶彝等十三人。辛亥,命蔡珽专管都统。以查弼纳、杨名时为吏部尚书。平郡王纳尔素有罪削爵,以其子福彭袭封。

八月丙寅，停本年秋决。丁亥，李绂奏塞思黑卒于保定。

九月壬辰，以宜兆熊为湖广总督，寻命福敏代之。以蔡良为福州将军。贝子满都护降为辅国公，撤出佐领。丁酉，辅国公阿布兰以违例谢恩削爵，撤出佐领。戊戌，重九节，上御乾清宫，赐宴廷臣，赋柏梁体诗。己亥，锡保奏阿其那卒于禁所。癸丑，起复大学士朱轼在内阁行走。乙卯，侍郎查嗣庭以谤讪下狱。

冬十月甲子，设浙江观风整俗使。命乡试《五经》取中之副榜及两次取中副榜，准作举人。戊辰，诏廷臣：“皇考临御六十余年，躬节行俭。宫廷地毯用至三四十年，犹然整洁。服御之物，一惟质朴，绝少珍奇。昨检点旧器，及取回避暑山庄陈设，思慕盛德，实无终已。用特书此，以诏我子孙。”辛巳，裕亲王广宁削爵，永锢宗人府。甲申，以普雄苗地，界连川、滇，命川陕总督驻成都。以鄂尔泰为云贵总督，宁德为湖北巡抚。丙戌，琉球国谢赐匾额，贡方物。

十一月己亥，大学士高其位罢。壬子，叙富宁安久戍功，封一等侯。乙卯，诏浙江士习敝坏，工为怀挟，停其乡会试。

十二月庚申，王大臣请将阿其那、塞思黑妻子正法。谕曰：“阿其那、塞思黑虽大逆不道，而反叛事迹未彰，免其缘坐。塞思黑之妻逐回母家禁锢。其余眷属，交内务府养赡。”辛酉，命河南、陕西、四川均摊丁银入地并征。乙丑，御史谢济世疏劾田文镜十罪，诏褫职遣戍。壬申，鄂尔泰奏剿辨仲苗就抚者二十一寨，查出熟地荒地三万余亩。壬午，以李绂为工部右侍郎，以宜兆熊为直隶总督，刘师恕协办，以毛文铨为京口将军。丙戌，祫祭太庙。

是岁，免直隶、山东、安徽、江西、湖广等省六十三州县卫灾赋有差。朝鲜、琉球、苏禄入贡。

五年丁未春正月戊子朔，时享太庙。壬寅，赦年羹尧之子之戍边者。甲辰，王大臣奏黄河清，请朝贺，上不许。加文武官一级。敕八旗交纳铜器，三年限满，隐匿者罪之。乙巳，以孙柱署大学士。丙辰,以沈近思为左都御史兼吏部侍郎。

二月丁卯,上谒陵。丙辰,广州驻防兵丁滋事,将军李林以徇庇论死。甲戌,上还京。甲申,上御经筵。丙戌,命顾绂往广西擒捕逸犯罗文纲。文纲自投来归。

三月庚寅,敕本年会试于三月举行,给与姜汤木炭。以广禄袭裕亲王。戊戌,上宣示蔡珽罪状,下刑部拘讯。辛丑,开闽省洋禁。丙午,鄂罗斯察罕汗遣使臣萨瓦表贺登极,进贡方物,赏赉如例。内大臣马武卒。大学士高其位卒。

闰三月乙丑,拣选下第举人,分发直省,以州县用。戊辰,以宜兆熊为吏部尚书,迈柱为湖广总督。癸酉,乌蒙、镇雄两土府改设流官。己卯,以觉罗伊礼布为奉天将军,常寿为江宁将军。丙戌,弘升有罪削爵。

夏四月戊子,吐鲁番回酋请进贡,不许,为已撤兵,又以其地许策旺阿拉布坦也。以福敏为吏部尚书,黄国材署兵部尚书。辛卯,赐彭启丰等二百二十六人进士及第出身有差。癸巳,命州县会学官举优行生。乙巳,设宗室御史二员。

五月戊午,以拉锡为满洲都统。查嗣庭死于狱,戮其尸。乙亥,叙乌蒙、镇雄功,予鄂尔泰世职。

六月庚子,移盛京副都统一员驻锦州,设熊岳副都统。封诚亲王胤祉子弘景为镇国公。隆科多以罪削爵,以其弟庆复袭一等公。

秋七月乙卯,以富宁安为汉军都统。己未,李永绍罢,以黄国材为工部尚书。加田文镜尚书,为河南总督。己巳,以夸岱为工部尚书。丙子,晋封辅国公弘蛏、鄂齐、熙良为镇国公。已革贝勒苏努涂抹圣祖朱谕,经王、大臣、刑部参奏,得旨:"苏努怙恶不悛,竟令其子苏尔金、库尔陈、乌尔陈信从西洋之教。谕令悛改,伊竟抗称:'愿甘正法,不能改教。'今又查出昔年圣祖朱批奏折,敢于狂书涂抹,见者发指。即应照大逆律概行正法。但伊子孙多至四十人,悉行正法,则有所不忍。倘分别去留,又何从分别。暂免其死,仍照前禁锢。"

八月己丑,上御经筵。庚寅,赖都罢,以常寿为礼部尚书。癸卯,追封故平南大将军赖塔为一等公,其孙博尔屯袭。乙巳,喀尔喀郡王额驸策凌与鄂罗斯使卢萨瓦定界,以恰克图为贸易之所,理藩院派员管理。

九月丙寅,定官员顶戴之制。以孙柱为大学士,查弼纳为兵部尚书。己巳,鄂尔泰奏花苗内附,剿办滇蘽,平之,威远倮苗内附。戊寅,刑部议上蔡珽狱,大罪十八,应立斩,妻子入辛者库。得旨,改监候。

冬十月乙酉,命科道及吏部司官不必专用科目。丁亥,王大臣会审隆科多狱上,大罪五十,应斩立决,妻子入辛者库,财产入官。得旨,隆科多著禁锢。以博尔屯为蒙古都统。

十一月癸丑,命查郎阿、迈禄备边。丁巳,加浙江巡抚李卫为总督。丁卯,复鳌拜一等公,令其孙达福袭。敕修执中成宪。戊辰,鄂尔泰奏贵州长寨后路克猛等一百八十四寨生苗内附。乙亥,守护景陵大学士萧永藻坐失察公衔广善越分请安,褫职,仍依前守陵。庚辰,遣官清丈四川地亩。顺承郡王锡保以徇庇延信夺亲王俸,仍停郡王俸三年。

十二月壬午朔,以那苏图为黑龙江将军。乙酉,命直省学政每六年拔取生员一次。王大臣番拟贝勒延信大罪二十,应斩决。得旨,延信免死,与隆科多一处监禁。辛丑,范时绎奏太仓州属之七浦士民愿自行修浚。上不许,曰:“民间之生计,即国计也。国用不敷之时,不得不藉资民力。方今国用充裕,仍发帑银给之。”戊戌,左都御史沈近思卒。壬寅,以唐执玉为左都御史。庚戌,祫祭太庙。

是岁,免直隶、江苏、江西、浙江、福建、湖广、广东等省三十四州县灾赋有差。朝鲜、鄂罗斯入贡。

六年戊申春正月己未,高其倬疏陈闽省械斗情形。得旨:“此等处须鼓舞属员实心尽力,方能有济。设遇一二有为者,甫欲整理,辄目为多事。属员窥见其隐,谁肯任怨向前。须知其难而终任之,二三年后始有成效也。”乙丑,晋封贝勒球琳为惠郡王,镇国公弘春为贝子。己卯，命杭奕禄、任兰枝使安南。

二月丙戌，晋封果郡王胤礼为亲王。癸巳，上御经筵。庚子，以来文为江宁将军。壬寅，赐归流永顺土司彭肇槐世职，并白金万两。庚戌，以嵇曾筠为兵部尚书，仍办河工。

三月丁巳，大学士田从典罢，以蒋廷锡为大学士。庚午，以进藏官兵驻札西宁，命巡抚杭奕禄督之。

夏四月甲申，以陈泰为满洲都统。予告大学士田从典卒。癸卯，以查郎阿、稽会筠为吏部尚书。壬寅，诏："地方官私征耗羡，难以裁革。惟在督抚番慎用之，不可以归公。若归公，则地方官又重复取民矣。"

五月癸丑，以郭铉为广西巡抚。鄂尔泰奏剿辨东川逆苗禄天佑、禄世豪，平之。壬戌，诏："八法内年老一条，义有未尽。凡年老而能办事者，勿入八法。"丁卯，削富宁安侯爵，仍为大学士。命马尔赛在大学士内办事。乙亥，以田文镜为河东总督，兼辖山东。以耿化祚为汉军都统。

六月庚辰，诏六部员外郎、主事作为公缺，勿庸按旗升转。癸未，置先贤仲弓后裔《五经》博士。丙戌，以蔡良为广州将军，石礼哈为福州将军，尹继善协办江南河工。癸巳，以张广泗为贵州巡抚，岳浚署山东巡抚。己亥，诚亲王胤祉有罪降郡王，拘其子弘晟于宗人府。封理密亲王子弘燕为辅国公。

秋七月辛亥，命李卫兼理江苏缉捕。戊午，鄂尔泰奏遣兵剿平川境米贴逆苗。命以其事属四川提督黄廷桂。辛酉，岳钟琪奏颇罗鼐兵至西藏，喇嘛擒献阿尔布巴、隆布奈、扎尔鼐等，西藏平。戊辰，以纪成斌为固原提督。壬申，大学士富宁安卒。赐故大学士宁完我三世孙宁兰骁骑校，房一所，银五百，四世孙宁邦玺拜唐阿。

八月甲申，上御经筵。以尹继善署江苏巡抚。乙酉，改湖广桑植、保靖二土司为流官。以马尔赛为大学士。甲午，以祖秉衡为京口将军。丁未，诏复浙江乡会试。

九月癸丑，命八旗勋旧子孙有犯法亏帑者，察实以闻。汉员中阵亡尽节及居官清正之子孙，同此察报。天津水师营都统公鄂齐以失察兵丁伤官削爵，降三等侍卫。丁卯，查郎阿奏领兵至藏，会同副都统马喇、学士僧格讯明逆首阿尔布巴等，立时正法，余众处置讫。

冬十月丁亥，以鄂尔泰剿平广西八达寨逆苗，兼督云、贵、广西三省，发帑银十万犒滇、黔兵。辛卯，发内帑九十四万代西征军士赔偿追款。以石广焯为礼部尚书，路振扬为兵部尚书。乙未，岳钟琪奏建昌喇汝窝番贼作乱，讨平之。诏："湖广土司甚多，供职输将，与流官无异，该督抚勿得轻议改流。"以蔡仁舢为浙江观风整俗使。癸巳，谕停诸王管理旗务。

十一月丙辰，设咸安宫官学，包衣子弟肄业。庚申，停本年决囚。戊辰，江西巡抚布兰泰以不职免。添设钦天监西洋人监副一。

十二月甲午，免四川崇庆州七年额赋。丙申，《大清律集解附例》成。丁酉，以定藏功封颇罗鼐为贝子，理后藏事，拣选噶隆二人理前藏事，赏其兵丁银三万两。庚子，命侍郎王玑、彭维新往江南清查逋赋。甲辰，祫祭太朝。

是岁，免直隶、江南、陕西、四川等省二十六州县灾赋有差。朝鲜入贡。

七年己酉春正月辛亥，鄂尔泰奏万寿节日，云南庆云见。命宣付史馆。丁巳，命陈元龙、尹泰为大学士。壬申，复蒙古恩格德尔侯爵为三等公，以其曾孙噶尔萨袭。蒙古二等伯明安晋封一等侯，令其孙马兰泰袭。壬申，都统伯四格有罪监禁，上念其祖莽固尔岱之功，释之。癸酉，命侍郎法保等察修直隶至江南大道。

二月丁丑，命出征官兵行粮外仍给坐粮。以尹继善为河道总督。戊寅，以多索礼为奉天将军。甲申，上谒陵。庚寅，还京。设直隶巡农御史。己亥，命怡亲王等查八旗世职有以绝嗣除爵者，许以族人绍封。乙未，上御经筵。以李林为汉军都统。蠲浙江本年额赋六十万两。

三月乙巳朔，以孔毓珣为江南河道总督，郝玉麟为广东总督。

岳钟琪奏剿平雷波叛苗一百余寨。戊申,鄂尔泰奏剿平丹江、九股等处生苗。蠲河南本年额赋四十万两。辛亥,以嵇曾筠为河南山东总督。丙申,上以淮噶尔噶尔丹策零稔恶藏奸,终为边患,命傅尔丹为靖边大将军,北路出师,岳钟琪为宁远大将军,西路出师,征讨淮噶尔。甲子,以鄂善、莽鹄立俱为蒙古都统。辛酉,诏公巴逊为副将军,顺承郡王锡保为振武将军,陈泰、衮泰、石礼哈、岱豪、达福、海兰为参赞,旗兵六千,三省兵八千,蒙古兵八百,归北路,驻扎阿尔泰,总兵官魏麟、闪文肃领车骑营兵八千,赴西路布尔库。

夏四月甲午,以查郎阿署川陕总督,史贻直署福建总督。敕建云、雨、风、雷坛庙。四川天全土司改流设州。高其倬劾海澄公黄应缵行贿承袭,应革职衔。诏宽免之。

五月戊午,湖南保靖、桑植、永顺三土司改流设府县。甲子,令漕船顺带商货,于旧例六十石外,许至百石。乙丑,先是,岳钟琪疏言有湖南人张熙投递逆书,讯由其师会静所使。命提会静、张熙至京。九卿会讯,曾静供因读已故吕留良所著书,陷溺狂悖。至是,明诏斥责吕留良,并令中外臣工议罪。

六月己卯,以唐执玉署直隶总督。乙酉,以甘肃、四川、云南、贵州、广西转输劳费,免庚戌全年额赋,陕西免十分之三。

秋七月丙午,贵州都匀生苗及侬、仲生苗内附。甲寅,以果亲王胤礼管工部,庄亲王胤禄管满洲都统。已巳,减暹罗国贡赋。

闰七月乙酉,以阿里衮为杭州将军。

八月癸卯,以王铙为京口将军。已酉,上御经筵。

九月戊子,改广西镇安为流。

冬十月庚戌,赐汉大臣子蒋溥等十三人举人。甲子,诏曰:“江南清查逋赋一案,历降谕旨甚明,重在分别官侵民欠。乃派往之员办理不善,有以绅衿带征之项指为官侵者,有吏书侵蚀之项议令富户摊赔者。又有将带征钱粮加增火耗者,甚且以停征之项概令征收者。惠民之政,转而扰民,岂非司其事者之咎乎?其恪遵前旨妥办。倘再犯诸弊,从重治罪。”戊辰,以内外诸臣勤慎奉职,加怡亲王仪仗一倍,张廷玉少傅,蒋廷锡太子太傅,励廷仪太子少傅,傅尔丹、岳钟琪、鄂尔泰俱少保,田文镜太子太傅,李卫、查郎阿、席伯俱太子少保。

十一月甲戌,发帑金百万两修高家堰石工。以马会伯为兵部尚书,仍留军前。戊寅,免功臣子孙施世骅等藏银五十余万,以内库银拨补,其应得戍、监追、籍没及妻子入官等罪,咸赦除之。戊子,停本年决囚。

十二月戊申,设广东观风整俗使及肇高学政。戊辰,祫祭太庙。

是岁,免江南、江西、浙江、福建、湖南、云南、甘肃等省二十四州县灾赋有差。朝鲜、琉球入贡。

八年庚戌春正月丁丑,以总理陵寝事务领侍卫内大臣尚崇廙为盛京五部尚书。以那苏图为奉天将军,常德为宁古塔将军,卓尔海为黑龙江将军。以庆复为汉军都统。甲午,景陵瑞芝生。丁酉,唐执玉奏正月二十日凤凰见于房山。得旨:"此事已据府尹孙家淦奏报。又据尚崇廙报称天台山中见一神鸟,高五六尺,毛羽如锦,群鸟环绕,向北飞去。朕躬德薄,未足致此上瑞。"发国子监膏火银六千两,岁以为常。

二月庚子朔,定外戚锡曰承恩公。甲辰,上御经筵。己酉,复赖士公爵。丁巳,复诚郡王胤祉为诚亲王,贝勒胤祸为愉郡王,贝子胤祎为贝勒,皇二十一弟胤禧、皇二十二弟胤祜为贝子,皇二十三弟胤祁为镇国公。戊辰,南掌国遣使来贡,请定贡期,上优诏答之,命五年一贡。

三月丁亥,命张廷玉、蒋廷锡管理三库事务。甲午,以史贻直署两江总督,颁行圣祖御纂《书经传说》,上制序文。

夏四月,淳亲王胤祐死,谥曰度,以子弘景袭郡王。癸卯,赐周澍等三百九十九人进士及第出身有差。丁未,定大学士为正一品,左都御史为从一品。癸亥,以稽曾筠署江南河道总督,田文镜兼理东河总督。

五月辛未，怡亲王胤祥死，上痛悼之，亲临其丧，谥曰贤，配享太庙。丁丑，噶尔丹策零遣使通问。命暂缓师期，召傅尔丹、岳钟琪来京。移高其倬为两江总督，刘世有为福建总督。壬午，上再临怡贤亲王丧。诏曰："朕诸兄弟之名，皆皇考所赐。即位之初，允祉援例陈请更改上一字，奏明母后，免强行之。今怡亲王薨逝，王名仍书原字，志朕思念。"辛卯，先是，诚亲王允祉会怡贤亲王之丧，迟到早散，面无戚容，交宗人府议处。至是，议上，请削爵正法。得旨，削爵拘禁。癸巳，以岳超龙为湖广提督。乙未，晋封贝子允禧为贝勒，理郡王弘析为亲王，公弘景为贝子。复允祹郡王。

六月戊戌朔，日有食之。壬寅，赐怡贤亲王"忠敬诚直勤慎廉明"八字加于谥上。戊申，鄂尔泰奏黎平、都匀生苗内附。癸亥，马会伯免，以唐执玉为兵部尚书，史贻直为左都御史。

秋七月戊寅，命建贤良祠。壬辰，遣官赈江南、湖南、直隶、山东等处被水灾民。癸巳，命巡抚班次在副都统之上。

八月丙午，以山东被水较重，特免通省漕粮。辛亥，命怡贤亲王子弘晓袭封亲王，弘晈别封郡王，均世袭。乙卯，京师地震。康亲王崇安停管宗人府事，以裕亲王广禄管宗人府。

九月丁卯，以京师地震，赐百官半俸，赐八旗银各三万两。乙酉，以高其倬相视太平峪吉地，予世职。辛卯，鄂尔泰奏猛弄白氏、孟连、怒子内附。

冬十月庚子，再定百官帽顶，一品官珊瑚顶，二品官起花珊瑚顶，三品官蓝色明玻璃顶，四品官青金石顶，五品官水晶顶，六品官砗磲顶，七品官素金顶，八品官起花金顶，九品、未入流起花银顶。辛亥，命查弼纳为副将军，往北路军营。壬子，鄂尔泰奏恢复乌蒙府城，苗党平。甲寅，以马尔赛、张廷玉、蒋廷锡久参机务，各予伯爵世袭。阙里文庙成，命皇五子弘昼、淳郡王弘景前往告祭。

十一月己巳。设孔庙执事官。乙亥，命各省落地税、契税勿苛索求盈。丙子，明诏申饬汉军勋裔获咎大员范时绎、尚崇廙、李永升等。戊子，敕各省解部银两，留其半以充公用。

十二月丁酉，命傅尔丹、岳钟琪各回本军。乙卯，纪成斌奏淮噶尔贼众犯阔舍图卡伦，总兵樊廷击败之。予樊廷世职，银一万两。其张朝佐等并予世职，赏银有差。

是岁，免直隶、江南、山西、湖南、贵州等省十八州县卫灾赋。又免直隶、江南、山东、河南漕粮各有差。朝鲜、安南、南掌入贡。

九年辛亥春正月庚寅，诏拨扬州盐义仓积谷二十万石，加赈上年邳、宿被水灾民。

二月乙未，愉郡王胤禑死，谥曰恪，子弘庆袭郡王。拨通仓米十五万石，奉天米二十万石，采买米五万石，运往山东备赈。戊戌，命常赉为镇安将军，率甘、凉兵驻安西。戊午，以田文镜年老多病，命侍郎王国栋前往河南赈济被水灾民。壬戌，专设四川总督，以黄廷桂补授。

三月乙酉，以三泰为礼部尚书，鄂尔奇为左都御史。戊子，命拣选八旗家人二千，以伊礼布统之，为西路副将军。

夏四月庚子，命史贻直、杭奕禄前往陕西宣谕化导。丙辰，鄂弥达奏琼山、儋州生黎内附。

五月甲子，以石云倬为西路副将军。命赵之垣、马龙督运西路粮饷。

六月丙午，傅尔丹奏淮噶尔入寇扎克赛河，率兵迎击。辛亥，岳钟琪奏淮噶尔犯吐鲁番，率兵赴援，贼遁，留兵屯戍。甲寅，上祈雨，是日，雨。

秋七月丁卯，召鄂尔泰来京。以高其倬为云贵总督，尹继善为两江总督。己巳，黄廷桂奏瞻对番贼作乱，遣兵剿平之。癸酉，傅尔丹奏官兵进击淮噶尔不利，退至科布多。是役也，轻进中伏，傅尔丹弃大军先退，至于大败。副将军查弼纳、公巴逊、参赞公达福等均死之。甲戌，命马尔赛为抚远大将军。锡保固守察罕瘦尔。岳钟琪奏督兵进乌鲁木齐。

八月己亥，以鄂弥达为青州将军。丙午，移科布多兵驻察罕瘦尔。己酉，晋封锡保为顺承亲王。甲寅，岳钟琪奏兵至纳邻河，距乌鲁木齐二日程，探知贼遁，大兵即旋。命从优议叙。

九月乙亥，命康亲王崇安前往军营，给备装银万两。戊子，以刘于义为直隶总督，沈廷玉为直隶河道总督，朱藻为河道总督。己巳，皇后那拉氏崩，册谥曰孝敬皇后。

冬十月丙午，钱以垲乞休，以魏廷珍为礼部尚书，准噶尔入寇克鲁伦，侵掠游牧，亲王丹津多尔济、额驸郡王策凌合兵击之，擒斩无算。上嘉之，各赐银万两，晋策凌为亲王。

十一月癸亥，命顺承亲王锡保为靖边大将军，降傅尔丹为振武将军，降马尔赛为绥远将军。命康亲王崇安摄抚远大将军。乙丑，以史贻直为兵部尚书，彭维新为左都御史。

十二月庚寅朔，日有食之。己酉，《圣祖实录》、《圣训》告成。甲寅，以马士杰署广州将军，准泰署福州将军。丁巳，祫祭太庙。

是岁，免直隶、江南、河南、福建、陕西、湖南、广西、甘肃等省九十三州县灾赋有差。朝鲜、琉球入贡。

十年壬寅春正月癸亥，孟春享太庙，皇四子弘历行礼。壬午，命鄂尔泰为大学士。甲申，以军前统领达尔济为建勋将军，驻兵白格尔。

二月以王朝恩为直隶河道总督魏廷珍为漕运总督。己亥，封鄂尔泰一等伯，世袭。庚子，岳钟琪奏准噶尔犯哈密，遣总兵曹勷往援，败之，贼由无克克岭遁。副将军石云倬坐不遮击，逮问。癸丑，以张广泗为西路副将军，刘世明参军事。

三月丁丑，大学士等疏劾岳钟琪奏报不实，情词互异。下部严议。

夏四月辛卯，置贵州古州镇、清江镇总兵各一员。乙巳，以海寿为户部尚书，性桂为刑部尚书。降三等公岳钟琪为三等侯，仍护大将军。丙午，以张大有为礼部尚书，范时绎为工部尚书。乙卯，诏修云南嵩明州、寻甸州水利。

五月戊辰，以武格为扬武将军，刘世明副之。

闰五月甲辰，恒亲王允祺薨，谥曰温，子弘晊袭恒亲王。原诚亲王胤祉卒于景山禁所，赐银五千两，照郡王例殡葬。吏部尚书励廷仪卒。庚戌，台湾北路西番滋事，官兵讨平之。癸丑，以李卫署刑部尚书。

六月丙辰，以莽鹄立为汉军都统。壬申，高其倬奏云南思茅土夷勾结元江夷人寇普洱郡城，遣总兵董芳率兵剿之。辛巳，办理军机大臣议奏恤赠战殁喀尔喀台吉策勒克辅国公，其子密什克袭。军机大臣之设始于此。

秋七月丙戌，马喇免，以武格为工部尚书。丁亥，山东钜野牛产瑞麟。己丑，赐顾八代子孙银一万两。丁酉，命鄂尔泰经略军务。召岳钟琪来京，以刘于义为陕西总督，李卫为直隶总督。辛丑，准噶尔入犯乌孙珠尔，傅尔丹迎击失利，下大将军锡保檄败状以闻。乙巳，大学士蒋廷锡卒。己酉，以福敏协理大学士，唐执玉兼理刑部尚书。

八月丙辰，复恭亲王之子海善贝勒原衔。庚午，西藏边外巴尔布国雅木、叶楞、库库穆三汗遣使进贡，优敕答之。壬申，北路副将军亲王丹津多尔济、额驸亲王策凌奏追击准夷至额尔得尼招，杀贼万余，贼向推河遁去。甲申，拨帑银二百万两解赴北路军前备赏。

九月乙酉朔，论击准夷功，加丹津多尔济智勇名号，加策凌超勇名号，封其子车布登扎布为辅国公。余升授有差。以马尔赛纵贼失机，褫爵职处斩。己酉，削傅尔丹爵职。

冬十月壬戌，以停本年决囚。削岳钟琪爵职，逮京交兵部拘禁。

十一月丙戌，以常德为靖边左副将军。乙未，封吐鲁番额敏和卓为辅国公。赐七世同居湖南沅江县生员谯衿御书匾额。

十二月乙卯，赐恤北路阵亡诸臣查弼纳、马尔萨、海兰、达福等有差。侍郎孙嘉淦有罪论死，命在银库处行走。乙丑，治吕留良罪，与吕葆中、严鸿逵俱戮尸，斩吕毅中、沈在宽，其孙发边远为奴，朱羽采等释放。丙寅，武格以造言撤兵，逮问。辛巳，袷祭太庙。

是岁，免直隶、江南、山东、湖南等省七十五州县灾赋有差。丁户二千五百四十一万二千二百八十九，永不加赋后滋生人丁九十三万六千四百八十六。田地八十九万四百十六顷四十亩，征银二千九百八十七万二千三百六三十二两六钱。茶三十四万二千三百五十一引。盐课银三百九十八万八千八百五十一两。铸钱六万八千四百三十六万二千有奇。朝鲜、巴尔布国入贡。

十一年癸丑春正月戊子，命海望、李卫察勘浙江海塘。修范公堤。壬辰，颁直省书院膏火银各行两。以高其倬为两江总督，尹继善为云贵总督。庚子，命鄂尔泰巡阅北路军务。丁未，上谒陵。

二月壬子，上见沿道安设水缸，蓄水洒道。上谕之曰："跸路所经，虽有微尘何碍。地方官当以牧养生民为重。若移奉上之心以抚百姓，岂不善乎？"癸丑，上还京。丙辰，以保明、查尔泰、伊勒慎俱为满洲都统。己未，上御经筵。封皇二十四弟允祕为诚亲王，皇四子弘历为宝亲王，皇五子弘昼为和亲王，贝勒弘春晋封泰郡王。壬戌，命彭维新协办内阁。以吴士玉为礼部尚书，涂天相为左都御史。

夏四月壬子，特赐任启运翰林，在阿哥书房行走。癸丑，赐陈倓等三百二十八人进士及第出身有差。乙卯，以嵇曾筠为大学士，仍管河督。以刘于义为吏部尚书，涂天相为刑部尚书，张照为左都御史。己未，征举博学鸿词。

五月甲申，高其倬奏普思苗人刁兴国叛，讨平之。命编修张若霭，庶吉士鄂容安、鄂伦俱在办理军机处行走。乙未，命额驸策凌为靖边左副将军，常德副之，塔尔岱为靖边右副将军，永福副之，同戍科布多。续修《会典》成。壬寅，黑龙江将军杜赉奏海岛特门、奇图山等处绰敏六姓内附，岁贡貂皮。己酉，诛前提督纪成斌。

六月戊午，苏禄国王臣毋汉末毋拉律林奏伊远祖东王于明永乐年间来朝，归至山东德州病殁。长子归国嗣王，次子安都禄，三子温哈喇留守坟墓。其子孙分为安、温二姓，岁领额设祭祀银八两，请以其后裔为奉祀生。从之。戊寅，哈元生奏讨平九股逆苗。

秋七月乙酉，大学士陈元龙以年逾八旬乞休，加太子太傅致仕,李徽以越职言事褫职。裁湖南观风整俗使。戊子,顺承亲王锡保削爵,子熙良仍袭郡王。以平郡王福彭为定边大将军。降亲王丹津多尔济为郡王,撤去勇号。

八月丁卯,以顾宗琮为直隶河道总督。赵弘恩为两江总督,高其倬为江苏巡抚。己巳,置顺天府四路捕盗同知。

九月辛丑,鄂尔奇革职查讯。以庆复为户部尚书,鄂长署步军统领。

冬十月辛酉,以扣娄为蒙古都统,忠达公马礼善为刑部尚书。

十一月甲辰,命果毅公讷亲在办理军机处行走。

十二月戊午,诏曰:“前鄂弥达条奏台湾建城。郝玉麟奏称台湾茨竹,栽植可以成城。台湾变乱,率自内生。贼匪无城可踞,乃易汤平。惟鹿耳门为台郡门户,于此建筑炮台,足资备御。栽植茨竹,相为藩离。其淡水等处炮台,并应建造,以时增修。”己未,以史贻直为户部尚书,张照为刑部尚书,徐本为左都御史。壬戌,以高斌为江南河道总督。丙子,祫祭太庙。

是岁,免直隶、江苏、安徽、江西、山东等省二十九州县灾赋,又免江办盐场二十五引盐课各有差。朝鲜、安南、苏禄入贡。

十二年甲寅春正月辛丑,平郡王福彭进马五百匹,解军备用。壬寅,侍郎查克旦办理车臣汗部落诸务得宜,加尚书衔,赐银五千两,入官房地人口给还。

二月癸丑,上御经筵。己未,晋封贝子胤祜为贝勒。乙丑,命侍读春山、给事中李学裕册封安南国王。壬申,命额驸策凌总理前敌军务。癸酉,元展成奏坡东、坡西苗寨一百六十内附。旌广东兴宁县老民辛登运年一百二岁,其子五人,各七八十岁,一门眉寿,加赐上用缎一匹。

三月丁丑,工部尚书范时绎免。戊戌,河南学政俞鸿图以婪赃处斩,其父侍郎俞兆晟褫职。尹继善奏剿平普思叛苗,招抚投诚人众。得旨:“凡事懈于垂成,忽于既定。勉之。”

夏四月丁未,湖广容美土司田旻如有罪革退,改土归流。康亲王崇安薨,以伊叔巴尔图袭爵,封其子永恩为贝勒。庚午,禁广东象牙席,并禁民间购用。

五月己卯,施南宣抚司改设流官。癸巳,以李禧为汉军都统。乙未,以准噶尔使来,停止进兵。己亥,命内务府总管来保前赴车臣汗部协同查克旦办事。

六月丁未,湖广忠峒等十五土司改设流官。

秋七月癸巳,命果亲王胤礼经理达赖喇嘛驻藏,并至直隶、山西、陕西、四川阅兵。诏西北二路用兵年久,或乘此兵力直进贼境,或遣使往彼谕以利害,廷臣集议以闻。康亲王巴尔图等一议进兵,大学士张廷玉等一议遣使。上乃宣示用兵始末,从后议遣使。

八月丙午,遣傅鼐、阿克敦往准噶尔宣谕。壬戌,降贝子胤祎为公,泰郡王弘春降为贝子。

九月甲申,命侍郎吕耀曾、卿德福往贵州宣谕苗蛮。命云南开炉鼓铸。

冬十月丙午,果亲王胤礼疏言:"臣工条奏,宜据实敷陈,不当摭拾塞责。"得旨:"所言甚是,晓谕轮班条奏官知之。"丁未,以鄂弥达署天津都统,阿里衮为青州将军,傅森为杭州将军。戊午,以郝玉麟为浙闽总督。以三泰、徐本俱协辨内阁事。己巳,景陵瑞芝生。

十一月壬申朔,前直郡王允禔卒,命照贝子治丧,封其子弘时为镇国公。丙寅,敕续修《皇清文颖》。壬午,特诏福建漳、泉二府,化其强悍,勿再聚族械斗。戊子,封理密亲王子弘眺为辅国公。

十二月癸丑朔,敕广西仍归广东总督兼辖。丁巳,以魏廷珍为兵部尚书,顾琮为漕运总督,朱藻为直隶河道总督,白钟山为河东河道总督,高斌为江南河道总督。庚午,祫祭太庙。

是岁,免直隶、安徽等省十四州县灾赋,又直隶盐场十四引盐课各有差。朝鲜、琉球入贡。

十三年乙卯春正月己丑,以觉罗柏修为盛京将军,那苏图为黑龙江将军,赫星为宁夏将军。

二月己酉,上御经筵。庚戌,以魏廷珍为礼部尚书。癸丑,上谒陵。己未,还京。甲子,以巴泰协办大学士。

三月丁巳,上亲耕耤田。戊子,诏曰:"地方编立保甲,必须俯顺舆情,徐为劝导。若过于严急,则善良受累矣。为政以得人为要,不得其人,虽良法美意,徒美观听,于民无济也。"

夏四月乙巳,圣祖《文集》刊成,颁赐廷臣。丁巳,停止广东开采。

闰四月丁酉,准噶尔遣使臣纳木喀赍表进贡。敕令定界。己亥,建先蚕坛于北郊。

五月戊申,给三姓八旗兵丁饷银。丁巳,以贵州古州、台拱逆苗滋事,命哈元生为扬威将军,统领四省官兵讨之。甲子,命果亲王、皇四子、皇五子、大学士鄂尔泰、张廷玉等办苗疆事务。工部尚书巴泰褫职。命刑部尚书张照、副都御史德希寿稽勘苗疆事务。丁卯,哈元生奏剿办逆苗,黄平、施秉悉平。

六月乙亥,敕户部清查各省耗羡。癸未,以查克旦为工部尚书。甲申,准土司由生员出身者一体应试。辛卯,减各省进献方物。吕宋国饥,请籴。许之。丙申,命董芳为副将军,协剿苗匪。

秋七月乙卯,鄂尔泰请辞伯爵、大学士。许之,给假养病,仍食俸。署甘州提督刘世明以失察兵丁抢劫论斩。丙辰,命朱轼往勘浙江海塘。辛酉,以迈柱、查郎阿为大学士,张泗为湖广总督。

八月己巳,诏曰:"从前经理苗疆,本为乂安民生。乃经理不善,以致逆苗肆出,勾结熟苗,抢劫居民。是以安民之心,成虐民之政。返之初心,能勿愧乎?所有贵州本年钱粮,通行蠲免。其被贼州县,蠲免三年,以示抚绥求恤之意。"

丁亥,上不豫。戊子,上大渐,宣旨传位皇四子宝亲王弘历。己丑,上崩,年五十八。中岁十一月丁未,恭上尊谥曰敬天昌运建中表正文武英明宽仁信毅睿圣大孝至诚宪皇帝,庙号世宗。乾隆二年三月,葬泰陵。

　　论曰：圣祖政尚宽仁，世宗以严明继之。论者比于汉之文、景，独孔怀之谊，疑于未笃。然淮南暴伉，有自取之咎，不尽出于文帝之寡恩也。帝研求治道，尤患下史之疲困。有近臣言州县所入多，宜厘剔。斥之曰："尔未为州县，恶知州县之难？"至哉言乎，可谓知政要矣！

清史稿卷一〇
本纪第一〇

高宗一

　　高宗法天隆运至诚先觉体元立极敷文奋武钦明孝慈神圣纯皇帝，讳弘历，世宗第四子，母孝圣宪皇后。康熙五十年八月十三日生于雍亲王府邸。隆准颀身，圣祖见而钟爱，令读书宫中，受学于庶吉士福敏，过目成诵。复学射于贝勒允禧，学火器于庄亲王允禄。木兰从狝，命侍卫引射熊。甫上马，熊突起。上控辔自若。圣祖御枪殪熊。入武帐，顾语温惠皇太妃曰："是命贵重，福将过予。"

　　雍正元年八月，世宗御乾清宫，密书上名，缄藏世祖所书正大光明扁额上。五年，娶孝贤皇后富察氏。十一年，封和硕宝亲王。时准噶尔役未竟，又有黔苗兵事，命上综理军机，谘决大计。

　　十三年八月丁亥，世宗不豫。时驻跸圆明园，上与和亲王弘昼朝夕谨侍。戊子，世宗疾大渐，召庄亲王允禄，果亲王允礼，大学士鄂尔泰、张廷玉，领侍卫内大臣丰盛额、讷亲，内大臣户部侍郎海望入受顾命。己丑，崩。王大臣请奉大行皇帝还宫。庄亲王允禄等启雍正元年立皇太子密封，宣诏即皇帝位。寻谕奉大行皇帝遗命，庄亲王允禄、果亲王允礼、鄂尔泰、张廷玉辅政，并令鄂尔泰复任，以鄂尔泰因病请假也。以遗命尊奉妃母为皇太后，复奉懿旨以上元妃为皇后。召大学士朱轼回京。命大学士嵇曾筠总理浙江海塘工，赵弘恩署江南河道总督。大行皇帝大殓，命以乾清宫南庑为倚卢。庚寅，命总理事务王大臣议行三年丧。命履郡王允祹暂管理部事务。

召张照回京,以张文泗总理苗疆事务,大学士迈柱署湖广总督。谕大将军查郎阿驻肃州,与刘于义同掌军务,北路大将军平郡王福彭坚守。饬扬威将军哈元生等剿抚苗疆。癸巳,颁大行皇帝遗诏。

九月丁酉朔,日食。高起、宪德俱罢,仍带尚书衔。以鄂尔泰总理兵部事,果亲王允礼总理刑部事,庄亲王允禄总理工部事,甘汝来为汉兵部尚书,傅鼐署满兵部尚书。己亥,上即位于太和殿,以明年为乾隆元年。庚子,定三年丧制,却群臣以日易月之请。命大学士朱轼协同总经理事务王大臣办事。辛酉,召史贻直来京。壬寅,止进献方物。禁内廷行走僧人招摇。颁乾隆元年时宪书。铸乾隆通宝。遣官颁诏朝鲜。丙辰,赈甘肃兰州、平凉等处旱灾。丙午,命庆复往北路军营,代回福彭。手敕额驸策凌勿离军营。丁未,大行皇帝梓宫安奉雍和宫。戊申,上诣雍和宫行礼。自是日至乙卯以为常。己酉,赏庄亲王允禄、果亲王允礼双俸,鄂尔泰、张廷玉世袭一等轻车都尉,朱轼世袭骑都尉。庚戌,召杨名时来京。辛亥,命海望署户部尚书,傅鼐署刑部尚书。乙卯,上诣雍和宫行大祭礼。奉皇太后居永仁宫。是日,上移居养心殿。命廷臣轮班条奏,各举所知。戊午,赏李绂侍郎衔,命管户部三库事。己未,上诣雍和宫梓宫前行月祭礼。自是迄奉移,每月如之。再免民欠丁赋,并谕官吏侵蚀者亦免之。逮傅尔丹下狱。庚申开乡会试恩科。免贵州被抚州县之额赋,未扰者停征。辛酉,上诣田村孝敬皇后梓宫前致祭。以本年乡试弊多,逮治考官顾祖镇、戴瀚。大学士马齐乞休,允之。癸亥,召署河东盐政孙家淦来京,以侍郎用。

冬十月丙寅朔,飨太庙,遣裕亲王广保代行。命副将军常德赴北路军营。丁卯,申禁各省贡献。以张广泗为征苗经略,扬威将军哈元生、副将军董芳以下俱听节制。庚午,命履郡王允裪管礼部,召原任尚书涂天相来京。辛未,以任兰枝为礼部尚书。壬申,免江南等省漕粮芦课及学租杂税。命治曾静、张熙罪。加左都御史福敏太子太保。以王大臣办事迟延疏纵,申谕严明振作,毋与用宽之意相左。调徐本为刑部尚书,涂天相为工部尚书。丙子,以刘勷为直隶

河道总督。丁丑,起彭维新为左都御史。命徐本军机处行走。癸未,
停诸王兼管部院事。甲申,授海望户部尚书。己丑,命来保署工部
尚书,兼管内务府。癸巳,傅尔丹、岳钟琪、石云倬、马兰泰论斩。甲
午,改讷亲、海望、徐本为协办总理事务,纳延泰行走,如班第等例。
丰盛额、莽鹄立罢。庚子,张照下狱鞫治。壬寅,湖北忠峒等十五土
司改土归流,分置一府五县,于恩施县建府治,名曰施南府,分设县
治,名曰宣恩、来凤、咸丰、利川。乙巳,申谕荐举博学鸿词。丁未,
上大行皇帝尊谥曰敬天昌运建中表正文武英明宽仁信毅大孝至诚
宪皇帝,庙号世宗,次日颁诏覃恩有差。免四川巴县等旱灾额赋。戊
申,召迈柱来京以史贻直署湖广总督。庚戌,以孙家淦为左都御史。
癸丑,命庆复为定边大将军,赴北路军营。命孙家淦仍兼管吏部。谕
赦降苗罪。免贵州三年内耗羡。丙辰,上谥田村上孝敬宪皇后尊谥
曰孝敬恭和懿顺昭惠佑天翊圣宪皇后,次日颁诏覃恩有差。改河东
总督仍为河南巡抚,以傅德为之。丁巳,授钟保湖南巡抚,俞兆岳江
西巡抚。命岱林布为右卫将军。己未,以平郡王福彭协办总理事务。
董芳、元展成、德希寿褫职逮问,夺哈元生扬威将军,命经略张广泗
兼贵州巡抚。癸亥,赏阿其那、塞思黑子孙红带,收入玉牒。甲子,
以王大臣会刑部夹讯李禧、耿韬,命审讯大臣宜存大体。

　　十一月丙寅朔,以博第为吉林将军,吴礼布为黑龙江将军。复
设川陕总督,裁四川总督。戊辰,赈安徽泗州、湖北潜江水灾。癸酉,
免浙江、山东、福建、广东盐场欠课。戊寅,上皇太后徽号曰崇庆皇
太后,次日颁诏覃恩有差。己卯,以准噶尔遣使请和,命喀尔喀扎萨
克等说详定界事宜。庚辰,调傅鼐为刑部尚书,仍兼管兵部。甲申,
磔曾静、张熙于市。都统李禧以赃,尚书高起以欺罔,俱论斩。丙戌,
命嵇曾筠兼管浙江巡抚。以高斌为江南河道总督。设归化城将军
及副都统。辛卯,晋封讷亲一等公,世袭。

　　乾隆元年春正月丙申朔,上谒堂子行礼。至观德殿更素服,诣
雍和门行礼毕,率诸王大臣诣慈宁宫行礼。御太和殿受朝,不作乐,

不宣表。戊戌，命北路参赞大臣萨木哈回京。辛丑，祈谷于上帝，亲
诣行礼。自是每年如之。癸卯，建京师先蚕坛。准噶尔台吉噶尔丹
策零遣使贡方物。丁未，准噶尔贡使吹纳木喀入观。召大将军庆复
回京。命伊勒慎、阿成阿、哈岱为参赞大臣，协同额驸策凌办事，驻
鄂尔坤。命都统王常、侍郎柏修往鄂尔坤勘屯田。丙辰，以顾琮署
江苏巡抚。己未，署湖南永州镇总兵崔起潜妄劾鄂尔泰、张广泗，褫
职逮治。南掌入贡。庚辰，上启跸谒陵。癸亥，上谒昭西陵、孝陵、
孝东陵、景陵。赈台湾诸罗县地震灾民。赈甘肃固原、四川忠州等
州县旱灾。

二月丙寅，上还京师。戊辰，祭大社、大稷，上亲诣行礼。自是
每年如之。以补熙署漕运总督。甲戌，遣淮噶尔来使归，诏以遵皇
考谕旨，酌定疆界，赍示噶尔丹策零。乙卯，赐准噶尔台吉噶尔丹策
零敕书，斥所请以哲尔格西喇呼鲁苏为界，及专令喀尔喀内徙。庚
辰，命迈柱兼管工部。申饬陈奏谬妄之谢济世、李徽、陈世倌等。加
杨名时礼部尚书衔，管国子监祭酒事。辛酉，朝鲜国王李昑遣使进
香，赏赉如例。甲申，命改稽曾筠为浙江总督，兼管两浙盐政。郝玉
麟以闽浙总督专管福建事。戊子，定世宗山陵名曰泰陵。己丑，达
赖喇嘛及贝勒颇罗鼐遣使贡方物。辛卯，以程元章为漕运总督。癸
巳，尹继善奏克空稗、台雄等寨。张广泗奏克大小丹江等处。

三月庚子，释汪景琪、查嗣庭亲族回籍。乙巳，加上太祖尊谥曰
太祖承天广运圣德神功肇纪立极仁孝睿武端毅钦安弘文定业高皇
帝；孝慈皇后尊谥曰孝慈昭宪敬顺仁徽懿德庆显承天辅圣高皇后；
太宗尊谥曰太宗应天兴国弘德彰武宽温仁圣睿孝敬敏昭定隆道显
功文皇帝；孝端皇后尊谥曰孝端正敬仁懿哲顺慈僖庄敏辅天协圣
文皇后，孝庄皇后尊谥曰孝庄仁宣庆宪恭懿至德纯徽翼天启圣文
皇后；世祖尊谥曰世祖体天隆运定统建极英睿钦文显武大德弘功
至仁纯孝章皇帝；孝惠皇后尊谥曰孝惠仁宪端懿慈淑恭安纯德顺
天翼圣章皇后；孝康皇后尊谥曰孝康慈和庄懿恭惠温穆端靖崇天
育圣章皇后；圣祖尊谥曰圣祖合天弘运文武睿哲恭俭宽裕孝敬诚

信中和功德大成仁皇帝;孝诚皇后尊谥曰孝诚恭肃正惠安和淑懿俪天襄圣仁皇后;孝昭皇后尊谥曰孝昭静淑明惠正和安裕钦天顺圣仁皇后;孝恭皇后尊谥曰孝恭宣温肃定裕慈纯赞天承圣仁皇后。丁未,免四川凉山等处番民额赋。己酉,免肃州威鲁堡回民旧欠。庚戌,以固原提督樊廷为驻合密总督。乙卯,免广东归善等四县加增渔税及通省逋赋。

夏四月丙寅,免江南阜宁等州县缓征漕粮。壬申,命王常、海澜为参赞大臣,协同额驸策凌办事。以高其倬为湖北巡抚,暂署湖南巡抚。戊寅,以王士俊为四川巡抚。辛巳,贵州提督哈元生褫职逮问。裁直隶副总河,以总督兼管河务。戊子,赐金德瑛等三百三十四名进士及第出身有差。壬辰,布鲁克巴部诺颜林沁齐垒喇布济至西藏请上安,并贡方物。

五月丁未,赈河南永城县水灾。壬子,命江南副总河移驻徐州。甲寅,免四川南溪等州县被风雹额赋。乙卯,朝鲜国王李昑表贺登极及尊崇皇太后,并进方物。乙巳,暹罗国王参立拍照广拍马呼六坤司尤提雅菩挨表谢赐扁,并贡方物。庚辰,免甘肃伏冽等州县地震伤亡缺额丁银。

六月戊辰,赈江苏萧县等州县水灾。己巳,以庆复署吏部尚书,仍兼署户部事。癸酉,授张广泗贵州总督,兼管巡抚事。以尹继善为云南总督。

秋七月癸巳朔,以贵州流民多就食沅州,免沅州额赋。甲午,召总理事务王大臣九卿等,宣谕密书建储谕旨,收藏于乾清宫正大光明扁额上。己亥,免贵州通省本年额赋。辛丑,除古州等处苗赋。甲辰,免崔起潜罪。丙午,赈江西安福水灾。辛亥,追谥明建文皇帝为恭闵惠皇帝。赈江南肃、砀等州县卫水灾。丁巳,赈甘肃陇西等县水雹灾。戊午,调钟保为湖北巡抚,高其倬为湖南巡抚。赈湖北汉川五州县卫水灾。癸酉,逮问王士俊,寻论斩。赈广东南海、潮阳等县水灾。

八月戊辰,祭大稷、大社,上亲诣行礼。自是每岁如之。准噶尔

部人孟克来降。庚午，尚书傅鼐有罪免。乙卯，赈河南南阳等五县
水灾。乙酉，赈喀喇沁饥。丁亥，兵部尚书通智免，以奉天将军那苏
图代之。调博第为奉天将军。以吉尔党阿为宁古塔将军。赈陕西
神木、府谷雹灾。辛卯，赈浙江兰溪等六县、江南溧水等二十四州
县、湖北潜江等九州县卫水灾。

九月丙申，免张照、哈元生、董芳、元展成、德希寿贻误苗疆罪。
丁酉，礼部尚书杨名时卒。戊戌，以庆复为刑部尚书，兼管吏部。命
傅鼐暂署兵部尚书。庚子，停本年秋决。癸卯，赈浙江安吉等四县
水灾。丙午，上临大学士朱轼第视疾。免江西安福水灾额赋。庚戌，
大学士朱轼卒，上亲临赐奠。壬子，赈安徽宿州等二十州县卫水灾。
致仕大学士陈元龙卒。乙卯，赈江苏萧县等三州县水灾。己未，御
试博学鸿词一百七十六人于保和殿，授刘纶等官。赈江苏无锡等十
三州卫水灾。准噶尔台吉车林等来降。

冬十月壬戌，以邵基为江苏巡抚。乙丑，除浙江仁和等州县水
灾额赋。庚午，调岳浚为江西巡抚，以法敏为山东巡抚。辛未，上奉
皇太后送世宗梓宫至泰陵。庚辰，上奉皇太后还京师。

十一月甲午，上始御乾清门听政。加嵇曾筠太子太傅。命徐本
为东阁大学士，仍兼管刑部。以孙家淦为刑部尚书，杨汝谷为左都
御史。以额尔图为黑龙江将军。丙申，免云南楚雄等四府州县额赋。
丁酉，赈安徽霍邱等三县卫、湖北汉川等十三县卫水灾。己酉，冬
至，祀天于圜丘，上亲诣行礼。自是每年如之。己未，赈陕西定边雹
灾，江南长洲等十二州县卫水灾。

十二月辛酉，赈巴林郡王等四旗旱灾。甲子，赈江苏娄、溧水等
十三州县水灾。乙丑，改江南寿春协为镇，设总兵。己巳，免陕西府
谷、神木本年雹灾额赋。移南河副总河驻徐州。丁丑，免安徽泗州
卫屯田、长卢、广云龟地水灾额赋。丁亥，岱林布改江宁将军。以王
常为建威将军，雅尔图为参赞大臣。免两淮莞渎等三场水灾额赋。

是岁，朝鲜、南掌、暹罗、安南来贡。

二年春正月庚寅朔，免朝贺。庚子，召赵弘恩来京。以庆复为两江总督。调那苏图为刑部尚书。以讷亲为兵部尚书。乙巳，以杨超曾为广西巡抚。丙午，释王士俊。戊子，李卫劾治诚亲王府护卫嘱托。上嘉之，赏四团龙褂。

二月丙寅，安南国王黎维祜卒，嗣子黎维祎遣使告哀，并贡方物。癸酉，赈江苏高邮水灾。戊寅，遣翰林院侍读嵩寿、修撰陈倓册封黎维祎为安南国王。庚辰，孝敬宪皇后发引，上奉皇太后送至泰陵。

三月庚寅，葬世宗于泰陵，孝敬宪皇后附。壬辰，上还京师。癸巳，世宗宪皇帝、孝敬宪皇后升附太庙，颁诏覃恩有差。辛丑，命保德等颁升附诏于朝鲜。甲辰，涂天相罢。以赵弘恩为工部尚书。以顾琮协办吏部尚书。戊申，命翰林、科道轮进经史奏议。庚戌，移右卫将军驻归化新城，增副都统二。辛亥，调硕色为四川巡抚。壬子，调杨永斌为湖北巡抚。

四月甲子，以旱命刑部清理庶狱。乙卯，训饬建言诸臣。己巳，疏浚清口并江南运河。赈江苏、江宁、常州二府旱灾。甲戌，祀天于圜丘，奉世宗配飨，次日颁诏覃恩有差。是日，雨。释傅尔丹、陈泰、岳钟琪。丙子，免顺天直隶额赋。己卯，召尹继善来京。以张允随署云南总督。甲申，免湖北汉川等五州县卫水灾额赋。南掌入贡。丁亥，免江苏肃、砀二县水灾额赋。

五月壬辰，赐于敏中等三百二十四人进士及出身有差。癸巳，免湖北荆州、安陆二府水灾额赋。乙示，赈河南南阳等十二州县水灾。戊戌，御试翰林、詹事等官，擢陈大受等三员为一等，余各升黜有差。准三年新进士条奏地方利弊。戊申，免山东正项钱粮一百万两。辛亥，祭地于方泽，奉世宗配飨。除广东开建、恩平二县米税。乙卯，除湖南永州等处额外税。免安徽宿州水灾额赋，免浙江仁和等四州县水灾额赋。赈陕西商南、肤施等县雹灾。甲戌，以御门听政，澍雨优渥，赐执事诸臣纱疋有差。辛酉，命直隶试行区田法。戊戌，赈安徽石隶等六州县水灾。

秋七月戊子,以永定河决,遣侍卫策楞等分赴卢沟桥、良乡抚灾民。癸卯,命侍卫松福等往文安、霸州等处抚恤灾民。乙未,命顾琮勘永定河冲决各工。丙申,赈山东德平、阳谷等州县旱雹各灾。壬寅,赈顺直宛平、清苑等八十一州县卫旱灾。御试续到博学鸿词于体仁阁,授万松龄等官。丙辰,命各省蠲免额赋,已输者抵作次年正赋,著为令。赈安徽黟县等十四州县水灾。

八月丁巳朔,赈陕西安塞等三县等灾。湖南城步县瑶匪平。赈抚甘肃平番等四县旱灾。命巡漕御史四员分驻淮安、济宁、天津、通州。甲戌,命鄂尔泰详勘直隶河道水利。丙子,以顾琮署直隶河道总督。丁丑,免江苏砀山水灾未完额赋十分之七。壬午,复设贵州威宁镇总兵官。筑浙江鱼鳞大石海塘。免山东历城等二十八州县卫本年旱灾额赋。甲申,赈甘肃会宁旱灾,福建霞浦等州县水灾。

九月辛卯,调北路参赞大臣哈岱回京,以玛尼代之。乙未,准噶尔回民米尔哈书尔来降。乙未,以杨永斌为江苏巡抚。己亥,赈福建闽县等沿海风灾。甲辰,训饬科道毋挟私言事。召史贻直入都。以德沛为湖广总督,元展成为甘肃巡抚。赈山西兴县等十二州县旱灾。辛亥,赈甘肃宁夏县水灾。癸丑,免云南宁州上年夏税。乙卯,以那苏图署兵部尚书。

闰九月癸亥,免河南西华等四县本年水灾额赋。丁卯,以尹继善为刑部尚书,兼办兵部事。调庆复为云南总督。以那苏图为两江总督。甲戌,赈长卢、卢台等场水灾灶户。除江西袁州、饶州二府杂税。丙子,马兰峪陵工竣。辛巳,赈福建霞浦等二县风灾。壬午,赈奉天小清河驿水灾。以云南布政使陈宏谋渎奏本省垦务,下部严议。赈江苏上元等二十五州县水灾,并加赈有差。赈贵州安顺等府听县雹灾。

冬十月乙酉朔,赈山西永济等三县霜灾。丁亥修盛京三陵。戊子,上诣东陵。辛卯,上谒昭西陵、孝陵、孝东陵。乙未,上还京师。丙申,安西镇总兵张嘉翰坐剥削军需论斩。以崔纪为陕西巡抚,尹会一为河南巡抚,张楷为湖北巡抚。己亥,大学士尹泰乞休,温谕留之。癸卯,赈山东齐河等二十八州县水灾。免江南淳县本年虫灾额赋,桃源等三县未完银米。丁未,赈黑龙江水灾。戊申,修奉先殿。辛亥,免甘肃平番旱灾额赋。

十一月乙卯,赈安徽寿州、霍丘旱灾。免陕西靖边等八州县本年水灾额赋。丁巳,朝鲜国王李昑请封世子李愃,礼部言年未及岁,上特允之。癸亥,赈贵州郎岱等三厅县雹灾。乙丑,除山西河津被水额赋。丙寅,赈安徽太平等十一县卫水灾。辛未,上诣泰陵,改总管为副都统。免江南铜山、砀山二县漕赋。壬寅。祭告泰陵,上释服。乙亥,赈甘肃环县、兰州,广东三水等十县旱灾。上还京师。戊寅,皇太后圣寿节,御慈宁宫,上率诸王大臣行庆贺礼。自是每年如之。己卯,免山西兴县等四州县旱灾丁银。庚辰,命仍设军机处,以大学士鄂尔泰、张廷玉,尚书讷亲、海望,侍郎纳延泰、班第为军机大臣。

十二月甲申朔,漕运总督补熙免,以查克丹代之。以来保为工部尚书。免江南阜宁上年水灾额赋。丁亥,上御太和殿,册立嫡妃富察氏为皇后。戊子,奉皇太后御慈宁宫,上率诸王大臣行庆贺礼毕,上御太和殿,群臣庆贺,颁诏覃恩有差。辛卯,免江苏溧水等十二州县水灾额赋。壬辰,赈陕西府谷等三县雹灾。甲午,以册立皇后礼成,加上皇太后徽号曰崇庆慈宣皇太后。奉皇太后御慈宁宫,上率诸王大臣行庆贺礼,次日颁诏覃恩有差。己亥,免直隶本年旱灾灶课。免甘肃宁夏水灾额赋。壬寅,鄂尔泰封三等伯。赈福建闽县等六县、广东海康等七县风潮灾。大学士迈柱乞病,许之。琉球贡方物。癸卯,张廷玉封三等伯。辛亥,赈涿州水灾。

三年春正月甲寅朔,上初举元正朝贺,率王以下文武大臣诣寿康宫庆贺皇太后,礼成,御太和殿受贺。自是每年元正如之。乙卯,以福敏为武英殿大学士,马尔泰为左都御史。辛酉,祈谷于上帝,奉世宗配享,癸亥,命举行经筵。甲子,上初幸圆明园,奉皇太后居畅春园。戊辰,御正大光明殿,赐朝正外藩及内大臣、大学士宴。癸酉,以朱藻为直隶河道总督，顾琮协理河道事。丁丑，准噶尔噶尔丹策零遣使奉表至京，并进貂皮。遣侍郎阿克敦充正使，御前侍卫旺扎尔、乾清门台吉额默根充副使，齐敕往准噶尔议定界。己卯，上自圆明园还宫。辛巳，以谒泰陵，命鄂尔泰在京总理事务。

二月丁亥，释奠先师孔子。戊子，幸圆明园。癸巳，准噶尔使入观，赏银币有差。戊戌，上谒泰陵。己亥，上祭泰陵。辛丑，上幸南苑行围。壬寅，上还京师。丙午，举行经筵。自是每季仲月举行一次，岁以为常。丁未，免山东齐河等三十二州县卫水灾额赋。辛亥，上亲耕耤田，加一推。自是每年如之。壬子，赵弘恩以纳贿夺职，以高其倬为工部尚书，张渠为湖南巡抚。

三月癸丑朔，赈福建闽县等八县飓风灾。甲寅，上诣太学释奠，御彝伦堂，命讲《中庸》、《尚书》。乙卯，调崔纪为湖北巡抚，张楷为西安巡抚。己未，免江苏六合等十二州县水灾额赋，广东三水等十州县旱灾额赋。辛酉，赈江苏上元等二十五州县卫水灾，并免额赋。丁卯，上诣黑龙谭祈雨。辛未，免甘肃兰州等处旱灾额赋。壬申，以旱命刑部清理庶狱。癸酉，免安徽太平等十一州县水灾额赋。丁丑，免湖北沔阳州逋赋。

夏四月甲申，以旱申命求言。停督抚贡献。理藩院尚书僧格休致，以纳延泰代之。己丑，调孙家淦为吏部尚书，以赵国麟为刑部尚书，孙国玺为安徽巡抚。壬辰，命顾琮往直隶会同朱藻办理河工。免长卢卢台等场、衡水等州县水灾额赋。

五月癸丑，赈陕西蒲城等十州县雹灾。己未，赈山东章丘等州县卫雹灾。庚申，赈陕西雒南等八州县雹灾。壬戌，贵州定番州苗阿沙等作乱，张广泗讨平之。辛未，调额尔图为奉天将军，博第为黑龙江将军。乙亥，免江南松江府额赋。辛巳，赈陕西靖边等八州县旱灾。

六月庚寅，赈山东东平等四州县雹灾。丙午，左都御史杨汝谷乞休，允之。

秋七月壬子，起前左都御史彭维新为原官。丁巳，免福建诏安县旱灾额赋。癸亥,免浙江温州等卫漕欠。乙丑,调史贻直为工部尚书,高其倬为户部尚书。丁卯,命查郎阿入阁办事。调鄂弥达为川陕总督。以马尔泰为两广总督,查克丹为左都御史,托时为漕运总督。大学士尹泰乞休,允之。

八月丙戌,江苏海州、山东郯城等州县蝗。赈湖南石门县、甘肃武威等三县水灾。己丑,海望丁忧,以讷亲暂署户部尚书。己亥,奉皇太后谒泰陵。癸卯,上诣泰陵行三周年祭礼。丙午,上奉皇太后驻跸南苑,上行围。戊申,赈安徽望江等四十八州卫旱灾。

九月庚戌朔,上奉皇太后还宫。免陕西长安等十五州县雹灾额赋。赈山东招远县雹灾。戊午,免福建漳浦上年旱灾额赋。辛酉,命稽曾筠入阁办事,兼理永定河务。裁浙江总督,复设巡抚,以郝玉麟仍为闽浙总督,卢焯为浙江巡抚。甲子,朱藻解任,遣讷亲、孙嘉淦往鞫之。以顾琮管总河印务。安南入贡。己巳,大学士尹泰卒。编修彭树葵进《十思箴》,上嘉赉之。赈甘肃碾伯等处旱灾。丁丑,免江苏江宁等五十二州县卫水额赋,并赈之。戊寅,赈台湾旱灾。

冬十月庚辰朔,赈陕西安定等六州县雹灾。辛巳,免山东邹平等八州县本年雹灾额赋。壬午,免直隶被水州县逋赋。免江苏、安徽被灾各州县逋赋。辛卯,皇次子永琏薨,辍朝五日,以御极后,亲书永琏为皇太子密旨,一切典礼如皇太子仪。赈安徽怀宁等五十州县卫旱灾。壬辰,户部尚书高其倬卒。丙申,调任兰枝为户部尚书,赵国麟为礼部尚书,史贻直为刑部尚书,以赵殿最为工部尚书。丁酉,谥皇太子永琏为端慧皇太子。直隶总督李卫以病免,命孙嘉淦署之。己亥,赈浙江吉安等州县旱灾。庚子,朝鲜国王李昑表贺上皇太后徽号并册封皇后,又表谢恩封世子,附进方物。壬寅,上幸田村,奠端慧皇太子。癸卯,免江南、江西、河南漕欠。乙巳,授孙家淦直隶总督,以甘汝来为吏部尚书兼兵部,杨超曾为兵部尚书。丙午,授顾琮直隶河道总督。

十一月己酉朔,复广东海南道为雷琼道,改高雷道为高廉道。庚戌,以孙嘉淦劾贝勒允祜,上嘉之,予议叙。允祜下宗人府严议。

壬子,赈江苏华亭等六县卫旱灾。赈湖南石门县旱灾。癸丑,免奉天宁远等四州县虫灾额赋。赈浙江归安、乌程,陕西绥德等四州县雹灾,湖北孝感等六州县旱灾。癸丑,免河南信阳等八州县旱灾额赋。赈湖北应山、四川忠州等三州县旱灾。乙丑,免江南淮安、徐州二府湖滩额租。免山东招远县雹灾额赋。庚午,大学士嵇曾筠以病乞休,允之。壬申,甘肃宁夏地震,水涌新渠,宝丰县治沈没,发兰州库银二十万两,命兵部侍郎班第往赈之。乙亥,吏部尚书性桂乞休,允之。丁丑,免直隶宣化各府州逋赋。

十二月乙卯朔,调讷亲为吏部尚书。庚辰,赈四川谢洪等六县水灾。赈两淮盐场本年旱灾。丙戌,彭维新褫职,以魏廷珍为左都御史。丁亥,甘肃宁夏地震。甲午,赈甘肃平番虫灾。命大理寺卿汪隆往江南总办河工。琉球国王尚敬遣使表贺登极,入贡。戊戌,准噶尔台吉噶尔丹策零遣哈柳等从侍郎阿克敦等至京师,进表。乙巳,准噶尔使哈柳等入观,谕曰:"所奏游牧不越阿尔台,朕甚嘉之。托尔和、布延图卡伦内移,不可行。"

四年春正月己酉,上御乾清宫西暖阁,召王、大臣、翰林、科道及督、抚、学政在京者九十九人赐宴,赋柏梁体诗。丁卯,免甘肃宁夏等五县地震被灾额赋。壬申,大学士嵇曾筠卒。赵国麟为大学士,调任兰枝为礼部尚书,以陈悬华为户部尚书。

二月己卯,调张渠为江苏巡抚,以冯光裕为湖广巡抚。丙戌,免直隶沧州等四州县、兴国等四场水灾灶地额赋。免贵州郎岱等四听州县雹灾额赋。乙未,免甘肃靖远风灾额赋。丙申,准噶尔部人孟克特穆尔等来降。免陕西咸宁、镇安水灾,甘肃柳沟卫虫灾额赋。戊戌,免湖南永顺、永绥新辟苗疆盐课。免浙江上虞等县逋赋。庚子,准噶尔台吉噶尔丹策零请以阿尔泰山为界,许之。免湖北钟祥等五县卫旱灾额赋。

三月丁未朔,己酉,召雅尔图来京,以阿兰泰为北路参赞大臣。免安徽宿州等四州县逋赋。吏部奏行取届期,上命尚书、都御史、侍郎保举如陆陇其、彭鹏者。免湖北应山上年旱灾额赋。甲子,设热河兵备道,驻承德州。命讷亲协办大学士。戊辰,以旱灾特免直隶、江苏、安徽三省额赋。壬申,以魏廷珍为工部尚书。赈直隶文安等六县水灾。

夏四月丁卯,免安徽寿州上年旱灾额赋。戊寅,免江苏丹阳等七县旱灾额赋。辛巳,赐庄有恭等三百二十八人进士及第出身有差。壬午,免长芦上年旱灾遭赋。丙戌,以旱申命求言。命刑部清理庶狱,减徒以下罪。甲午,免四川忠州等三州县旱灾额赋。乙未,以陈世倌为左都御史。癸卯,西藏巴尔布部库库木、颜布、叶楞三汗入贡。

五月甲子,朝鲜国王李昑谢赐本国列传,进方物。戊辰,改筑浙江海宁石塘。辛未,致仕大学士马齐卒。癸酉,加鄂尔泰、张廷玉、福敏太保、徐本、讷亲太子太保,甘汝来、海望、鄂善、尹继昌、徐元梦、孙嘉淦、庆复太子少保。

六月庚辰,调硕色为山东巡抚,方显为四川巡抚。甲辰,免甘肃赤金所上年被灾额赋。山东济南等七府蝗。曹县河决,仍赈被水六州县灾民。甘肃秦安等六州县雹灾。

秋七月戊申,额驸策凌奏率兵驻鄂尔海西拉乌苏,并分兵驻鄂尔坤河、齐齐尔里克、额尔德尼招、塔密尔、乌里雅苏台附近,防范准噶尔。庚戌,以甘肃秦安等十五州县雹灾,命无论已未成灾,悉免本年额赋。辛酉,赈河南祥符等四十七州县水灾。壬戌,赈山东海丰等县场灶户。甲子,赈江苏睢宁等十三州县卫水雹各灾,湖北房县旱灾。丙寅,吏部尚书甘汝来卒。以郝玉麟为吏部尚书,宗室德沛为闽浙总督,以班第为湖广总督。己巳,赈安徽宿州雹灾。庚申,安南马郎叛人矣长等来降。赈山东利津等二县雹灾。壬申,赈直隶开州等州县、江苏海州等州县水灾。江苏淮安、安徽凤阳等府州蝗。

八月丙子,御史张湄劾诸大臣阻塞言路。上斥为渐染方苞恶习,召见满、汉奏事大臣谕之。辛巳,赈河南商丘等州县水灾。壬午,叙张广泗经理苗疆功,授三等轻车都尉,黄廷桂等加衔、加级有差。

戊子,赈山东历城等六十六州县卫所水灾,停征亲旧额赋。庚寅,江苏金坛县贡生蒋振生进手纱《十三经》,赐国子监学正衔。

九月乙巳朔,署广西提督谭行义以安南郑氏专柄,清化镇邵郡公及黎庭起兵与郑氏内哄,奏闻。丙午,免江苏海州、赣榆二州被水漕粮。戊申,赈河南祥符等三十九州县水灾有差。丁巳,上奉皇太后谒陵。庚申,上谒昭西陵、孝陵、孝东陵、景陵。赈山东临邑等县水灾。癸亥,赈甘肃张掖东乐堡水灾。赈河南郑州等四州县水灾,山西榆次等三县旱灾。命停征江苏、安徽漕粮。上奉皇太后还宫。庚午,上以疾命和亲王弘昼代行孟冬时飨礼,免甘肃秦安等十五州县粮草三分之一,及灵州、碾伯等州县本年水雹各灾额赋。

冬十月丁丑,准噶尔回人伊斯拉木定来降。庚辰,以江苏海州等四州县水灾,免逋赋。甲申,端慧皇太子周年,上幸田村奠酒。乙酉,赈山东历城等六十六州县水灾,给葺屋银。丁亥,免陕西兴平等十六州县雹灾额赋。己丑,庄亲王允禄、理亲王弘晳等缘事,宗人府护削爵圈禁。上曰:“庄亲王宽免。理亲王弘晳、贝勒弘昌、贝子弘普俱削爵。弘升永远圈禁。弘蛟王爵,系奉皇考特旨,从宽留王号,停俸。”丙申,释马兰泰。己亥,额鲁特札萨克多罗郡王、和硕额驸阿宝之妻和硕格格进顾实汗所传玉玺,谕还之。壬寅,召定边左副将军额驸策凌来京。封弘昀为郡王,袭理亲王爵。癸卯,上幸南苑行围。

十一月丙午,上行大阅礼,连发五矢皆中的,赐在事王大臣银币有差。戊申,以郝玉麟署两江总督。庚戌,召尹会一来京,以雅尔图为河南巡抚。赈江苏安东等十五州县水灾有差。壬申,免宁夏次年额赋。

十二月癸本朔,免山东金乡等六州水灾额赋。丙子,免浙江安吉等州县漕粮,河南罗山旱灾额赋。戊寅,弘晳坐问安泰“准噶尔能否到京,上寿算如何”,拟立绞。谕免死,永远圈禁,安泰论绞。免陕西榆林等十一州县逋赋。癸未,免河南祥符等四十四州县水灾额赋。乙酉,晋封贝勒颇罗鼐为郡王。庚寅,免河南商丘等十州县额赋。壬辰，哈柳等入观。甲午，召车臣汗达玛林等赐茶。

五年春正月丁未，赈安徽宿州等八州县，卢江等十州县卫旱灾有差。丁卯，朝鲜入贡。辛未，命乌赫图、巴灵阿护淮噶尔人赴藏熬茶。湖南绥宁苗作乱，命冯光裕等剿之。

二月，琉球入贡。乙亥，命额驸策凌等定各部落接淮噶尔游牧边界。哈柳归，召入赐茶，以和议成，嘉奖之。辛巳，以伊勒慎为绥远城将军。癸未，工部尚书魏廷珍罢。申谕九卿，毋蹈模棱覆辙。免山东章丘等六十州县卫水灾额赋。戊子，免湖北襄阳县卫上年额赋。壬辰，免上年安徽宿州雹灾、山东滕县等五县水灾额赋。戊戌，以韩光基为工部尚书。辛丑，免湖北汉阳等四县上年旱灾额赋。

三月庚戌，以尹继善为川陕总督，鄂善署刑部尚书。壬子，免直隶雄县上年水灾额赋。甲子，免山东沾化等县场水灾额赋。庚午，湖南栗林、鬼冲各寨苗匪平。

夏四月丙戌，赈两淮板浦等场灾。戊子，御史褚泰坐受贿论斩。免陕西葭州、怀远旱灾额赋。己丑，以那苏图为刑部尚书。甲午，以旱召九卿面谕，直陈政事阙失。改山东河道为运河道，兖沂曹道为分巡兖、沂、曹三府，管河工。戊戌，任兰枝及太常寺卿陶正靖坐朋比，下部严议。

五月甲寅，上诣黑龙谭祈雨。丙辰，命刑部清理庶狱。甲子，以杨超曾署两江总督。丁卯，谕冯光裕及湖广提督杜恺剿捕城步、绥宁瑶匪。

六月癸酉，命阿里衮、朱必堦查勘山东沂州等处水旱灾。戊寅，命山东、江苏、安徽捕除蝻子。召张广泗来京。壬辰，赈甘肃秦州水灾。戊戌，福州将军隆升坐收饭遗，褫职鞫治。

闰六月甲辰，广西义宁苗作乱，谕马尔泰赴桂林调度兵事。辛亥，以喀尔吉善为山西巡抚。命杜恺统率湖南兵至军前。乙卯，命张广泗赴湖南会办军务。甲子，准噶尔台吉噶尔丹策零遣进表。

秋七月癸酉，调张渠为湖北巡抚。以徐士林为江苏巡抚。调方显为广西巡抚,硕色为四川巡抚,朱定元为山东巡抚。乙亥,赐噶尔丹策零敕书,谕准噶尔使以阿尔泰山为界,山南游牧之人,仍居旧地。设甘肃安西提督,驻哈密。丁丑,以补熙为绥远城将军。辛巳,诏停今年秋决。甲申,张广泗留办湖南善后。赈安徽宣堡饥。己丑,免安徽凤阳等十九州县卫水灾、无为等四州县旱灾额赋。甲午,赈山西徐沟饥。丁酉,赈甘肃武威等三县饥。戊戌,班第奏总兵刘策名等连在长坪各苗寨,获首倡妖言黎阿兰等。

八月己亥朔,广西宜山县蛮匪平。庚子,谕曰:"朕阅江省岁额钱粮杂办款目,沿自前明,《赋役全书》亦未编定,官民交受其累,其悉予豁免。"庚戌,班第奏剿平盐井口苗匪各寨。壬戌,上奉皇太后驻南苑。赈福建永定饥。免河地中牟等十四州县水灾额赋。戊辰,谭行义奏安南人立龙彪为王,僭元景兴。癸酉,调杨超曾为吏部尚书,仍署两江总督,史贻直为兵部尚书,韩光基为刑部尚书,陈世倌为工部尚书。辛巳,协办大学士礼部尚书三泰乞休,慰留之。赈福建上杭饥。赈浙江余杭等十六州县听卫所水灾。丙戌,江苏宿迁县朱家闸河决,命筑挑水坝。丁亥,筑江苏宝山县吴家滨海塘石霸。赈陕西葭州等州县饥。以王安国为左都御史。永定河复归故道。

冬十月戊戌朔,以常安为漕运总督。壬寅,上谒泰陵。乙巳,上还京师。赈四川绵竹等三县水灾。甲寅,免甘肃平罗本年水灾额赋,仍免宁夏、宁朔半赋。丙辰,金都御史刘藻奏请停减圆明园营造,上嘉纳之。赈福建台湾、诸罗风灾。丁卯,张广泗奏获苗匪栗贤宇等,及附瑶匪之戴名扬等,克平溪等寨。

十一月己巳,以那苏图署湖广总督。庚午,调来保为刑部尚书,哈达哈为工部尚书。丙子,杨超曾劾江西巡抚岳浚,命高斌往曾鞫之。己卯,召王暮来京。命王安国以左都御史管广东巡抚事。命阿里衮同高斌勘鞫岳浚。以刘龙为左都御史。乙酉,命延臣各举所知,如汤斌、陆陇其、陈宾、彭鹏诸人。赈陕西葭州等六州县饥。

十二月壬寅,张广泗进剿湖南城步、绥宁,广西义宁苗、瑶,悉平之。免安徽宣城、宣州二县卫雹灾额赋。免托克托城等处雹灾额赋。壬子，免山东蒲台逋赋。

六年春正月甲戌，裁安西总兵，设提督。丙子，免福建闽县等五县逋赋。甲申，命鄂尔泰、讷亲王会同孙嘉淦、顾琮勘视永定河工。命参赞大臣阿岱驻乌里雅苏台。以庆泰为北路军营参赞大臣。戊子，免霸州、雄县额赋。甲午，命班第仍在军机处行走。

二月，御史丛洞请暂息行围，上以饬兵怀远之意训之。丙午，以完颜伟为南河副总河。免湖北钟祥等四县卫水灾额赋。甲寅，免陕西葭州等三州县雹灾额赋。庚申，增设山西归化城分巡道。

三月壬申，命侍郎杨嗣景往山西会鞫山西学政喀尔钦贿卖生员之狱。甲申，以御史仲永檀劾鄂善受贿，命怡亲王等鞫之。鄂善褫职逮问。辛卯，擢仲永檀为金都御史。

夏四月乙未朔，大学士赵国麟乞休，不允。免江苏丰县等十州县卫水灾、虫灾、民屯芦课。甲辰，免顺天直隶霸州等十州县上年水灾额赋。以庆复署两广总督，张允随署云贵总督。己酉，赐鄂善自尽。

五月戊寅，免福建台湾逋赋。赈江西兴国等县水灾，贵州仁怀、平越水灾。

六月甲午朔，免陕西葭州等六州县上年水灾额赋。丙申，江苏巡抚徐士林给假省亲，调陈大受署之。改张楷为安徽巡抚。庚子，命王安国勘广东征粮积弊。乙巳，以御史李原劾甘肃匿灾，命会同尹继善勘之。己酉，浙江巡抚卢焯解任，命德沛及副都统汪扎勒鞫之。赈安徽宿州等十二州县水灾，江苏山阳等州县水灾。赵国麟以荐举非人，降调。

秋七月，免江苏苏州等府属逋赋。甲子，喀尔钦处斩。丙子，萨哈谅论斩。戊寅，甘肃巡抚元展成以御史胡定劾，解任，命副都统新桂往会尹继善鞫之。癸未，诏停今年秋决。戊子，上初举秋弥。奉皇太后幸避暑山庄，免经过额赋十分之三。自是每年皆如之，减行围所过州县兵额赋。辛卯，赈江西武宁等二县水灾。壬辰，上至古北口阅兵。赈广东永安归善二县饥。

八月癸巳，赈安徽宿州等十九州县卫水灾。庚子，上驻跸张三营。辛丑，上行围。赈江苏山阳等十八州县、莞渎等场水灾。己酉，召杨超会回京。调那苏图为两江总督，孙嘉淦为湖广总督。以高斌为直隶总督，完颜伟为东南河道总督。裁直隶河道总督，命高斌兼理直隶河务。辛亥，召宁古塔将军吉党阿来京，以鄂尔达代之。

九月癸亥朔，以陈宏谋为甘肃巡抚。乙丑，上奉皇太后回驻避暑山庄。赈广东南海等二十六州县厅饥。上奉皇太后回跸。壬申，授王恕福建巡抚，杨锡绂广西巡抚。甲戌，调陈宏谋为江西巡抚，黄廷桂为甘肃巡抚。免江苏、安徽乾隆三四年被灾漕粮。己卯，调韩光基为工部尚书。以刘吴龙为刑部尚书。辛巳，原任江办巡抚徐士林卒。授陈大江苏巡抚，张楷安徽巡抚。赈福建福清等八县及长福等镇营饥。丁亥，以刘统勋为左都御史。

冬十月庚子，赈广东琼山等二十四州县飓灾。丁未，赈安徽宿州等三十一州县卫水灾，并免宿州等三州县额赋漕浪。己酉，赈甘肃灵州等处饥。丙辰，赈热河四旗丁水灾。

十一月甲子，赈两淮灶户饥。乙丑，南掌国王岛孙遣使入贡。丙寅，赈甘肃平番等十四州县雹水灾。己巳，御史李原陈奏甘肃饥馑情形不实，部议革职。上曰：“与其惩言官而开讳灾之端，宁从宽假以广耳日。”命革职留任。戊寅，免江苏山阳等十五州县卫水灾额赋。赈句容等三十四州县卫饥。丙戌，皇太后五旬圣寿节，御慈宁宫，上率诸王大臣等行庆贺礼。

十二月乙未，刘统勋请停张廷玉近属升转，减讷亲所管事务，上嘉之。丙申，大学士张廷玉请解部务，不许。辛丑，免甘肃武威等二县五年被水额赋。赈江苏江浦等州县旱灾。免湖南湘乡等二县被水额赋。乙巳，免浙江仁和等十九州县本年额赋。丁未，免山东历城等十六州县卫旱灾额赋。庚戌，免甘肃永昌等三县旱灾额赋。琉球入贡。调常安为浙江巡抚，顾宗为漕运总督。命刘统勋往浙江会勘海塘。赈浙江嵊县等十七州县、仁和等场水旱灾。

　　七年春正月壬戌,调史贻直为吏部尚书,任兰枝为兵部尚书。以赵国麟为礼部尚书。庚午,定绥远城、右卫、归化城土默特、察哈尔共挑兵四千名,内札萨克首队兵四千五百名、二队兵六千五百名,援应北路军营,并于额尔德尼昭沿途置驼马备用。戊寅,以那克素三十九部番民备办准噶尔进藏官兵驼马,免本年额赋。甲申,赈安徽凤阳、颍州二府,泗州一州属饥民。庚寅,准噶尔入贡。

　　二月辛卯朔,上诣泰陵。乙未,上谒泰陵。是日,回跸。丙申,朝鲜入贡。戊戌,上幸南苑行围。己亥,琉球入贡。乙酉,礼部尚书赵国麟乞休,不允。乙卯,以吉党阿为归化城都统。

　　三月庚申朔,上忧旱,申命求言,并饬九卿大臣体国尽职。丁卯,命大学士、九卿、督、抚举如马周、阳城者为言官。乙亥,以旱命刑部清理庶狱,各省如之。以晏斯盛为山东巡抚。辛巳,准噶尔台吉噶尔丹策零遣使吹纳木喀等奉表贡方物,乞勿限年贸易。壬午,以噶尔丹策零表奏狡诈,谕西北两路军营大臣加意防之。戊子,上诣黑龙潭祈雨。以两江总督那苏图办赈遗漏,切责之。

　　夏四月庚寅朔,准噶尔贡使吹纳木喀等入观。裁八沟、独石口副都统各一,增天津副都统一。以古北口提督管独石口外台站。免河南永城等三县上年被水额赋。甲午,赐金甡等三百二十三人进士及第出身有差。调德沛为两江总督,那苏图为闽浙总督。乙未,拨安徽赈银三十万两有奇,并准采买湖广米备粜。辛丑,赈安徽宿州县卫水灾。甲辰,赐准噶尔台吉噶尔丹策零敕书,申诚以追论旧事,屡违定约,并谕将此次奏请贸易、改道噶斯等事停止,仍赏赉如例。甲寅,除河南湖川等十一县水冲地赋。免福建福清等七县飓灾额赋。丙辰,刑部尚书刘吴龙卒,以张照为刑部尚书。

　　五月己未朔,以顺天、保定等八府,易州等五州缺雨,命停征新旧钱粮。定移驻满兵屯垦拉林、阿勒楚喀事宜,设副都统,以巴灵阿为之。戊辰,以御史胡定劾,寝赵纺恩补刑部侍郎之命。癸酉,定雩祭典礼,御制乐章。免江苏沛县昭阳湖水沈田亩额赋。丙戌,禁奏章称蒙古为"夷人"。以琉球国王资送江南遭风难民,嘉奖之。张允随奏猛遮界外孟艮酋长召贺罕被逐,遁入缅甸。

六月甲寅,谕督抚董率州县经画地利。戊申,训饬地方官实心经理平粜。

秋七月己未,命资送日本遭风难民归国。免广西梧州等三府属逋赋。辛酉,除山西繁峙、广西武缘荒地额赋。乙丑,礼部尚书赵国麟乞休,上责其矫饰,褫职。调任兰枝为礼部尚书,陈德华为兵部尚书,徐本兼管户部尚书。丙寅,命大学士鄂尔泰兼领侍卫内大臣。命赈江苏山阳等县水灾。命抚恤江苏阜宁等州县水灾。癸未,命高斌、周学健往江南查办灾赈、水利。甲申,赈湖北汉川、襄阳等州县卫水雹灾,并停征额赋。丙戌,赈江苏江浦等十八州县卫、安徽临淮等州县卫。抚恤江西兴国等州县、浙江淳安等州县、湖南丰陵等八州县、山东峄县等十州县卫、甘肃狄道等四州县厅灾民。

八月戊子,江南黄、淮交涨,命疆吏拯救灾黎,毋拘常例。训饬慎重军政。拨江苏、安徽赈银二百五十万两有奇。庚寅,免江苏、安徽被水地方本年额赋。辛卯,定皇后亲蚕典礼。戊戌,免直隶、江苏、安徽、福建、甘肃、广东等省雍正十三年逋赋,并免江南、浙江未完雍正十三年漕项。庚子,谕河南等省抚恤江南流民。壬寅,上奉皇太后幸南苑,上行围。癸卯,赈江西兴国水灾。乙巳,上奉皇太后幸晾鹰台阅围。

九月丁巳朔,拨江苏运山东截留漕米十万石,备淮、徐、凤、颍各属赈粜。赈湖北潜江等十州县水灾。辛酉,免广东崖州等二州县风灾额赋。免巡征凤、颍、泗三府州本年水灾地方漕赋,不成灾者折征之。赈湖南湘阴等九县水灾。丁卯,上诣东陵。庚午,上谒昭西陵、孝陵、孝东陵、景陵。免江苏山阳等二十一州县本年被水漕赋。壬申,上幸盘山。赈恤江苏、安徽灾银二百九十万两、米谷二百二十万石各有奇。命再拨邻省银一百万两备明春接济。乙亥,上幸髻鬟山。戊寅,上回跸。

冬十月丙戌,拨山东、河南明年运漕米各五万石备江南赈,仍由直隶赴古北口外如数采买补运。己丑,免山东历城等十九州县旱灾额赋。庚寅,命江南截留癸亥年漕粮二十万石,仍拨山东漕粮二十万石,河南仓米二十万石,运江南备赈。癸巳,浙江提督裴铖等以侵欺褫职鞫治。壬辰,赈江苏山阳等二十八州县卫铠。甲午,命清理滞狱。乙未,命拨山东沿河仓谷,十万石运江南备赈。丁酉,赈安徽凤阳二十四州县卫水灾。甲辰,朝鲜国王李昑表谢国人金时宗等越境犯法,屡荷宽典。上曰:“此朕柔远之恩。若恃有宽典,犯法滋多,非朕保全外藩之本意。王其严加约束,毋俾干纪。”以塞楞额为陕西巡抚。己酉,赈河南永城等十三州县饥。辛亥,上诣顺懿密太妃宫问疾。壬子,赈江苏山阳等七州县卫水灾。

十一月丙辰朔,大学士等奏纂辑《明史》体例。上曰:“诸卿所见与朕意同,继《春秋》之翼道,昭来兹之鉴观,我君臣其共勉之。”赈湖北汉川等十二州县水灾饥。戊午,赈浙江瑞安等县听场、湖南湘阴等九县水灾。庚申,福建漳浦县会匪戕杀知县,命严治之。壬戌,赈山东胶州十州县卫水灾。癸亥,赈甘肃狄道等州县水雹灾。乙亥,命持法宽严,务归平允。命陈世倌会同高斌查勘江南水利。戊寅,谕明春奉皇太后诣盛京谒陵。庚辰,以初定斋宫礼,是日诣齐宫。

十二月丙戌朔,赈山东济宁等七州县卫饥。丁亥,命考试荐举科道人才。周学健举三人皆同乡,谕饬之。命左副都御史仲永檀会同周学健查赈。壬辰,上奉皇太后幸瀛台。丙子,仲永檀、鄂容安以漏泄机密,逮交内务府慎刑司,命庄亲王等鞫治。免福建尤溪等四县荒田溢额银。己亥,召安徽巡抚张楷来京,调喀尔吉善代之。命宽鄂尔泰党庇仲永檀罪。免直隶蓟州等三州县水灾额赋。丁未,拨运吉林乌拉仓粮接济齐齐哈尔等处旱灾。庚戌,赈奉天阿德等五州县饥。免山东胶州等十州县卫水灾额赋。辛亥,调完颜伟为河东河道总督,白钟山为江南河道总督。乙卯,谕曰:“江南水灾地亩涸出,耕种刻不容缓。疆吏其劝灾民爱护田牛,或给赏饲养,毋得以细事置之。”

八年春正月丁巳，免鄂容安发军台，命仍在上书房行走。仲永檀死于狱。召孙嘉淦来京。以阿尔赛为湖广总督。甲子，陈世倌等奏修江苏淮、徐、扬、海，安徽凤、颍、泗各属河道水利，下大学士鄂尔泰等大臣议行之。己卯，命军机大臣徐本、班第、那彦泰随往盛京。辛巳，召参赞大臣阿岱、塔尔玛回京，以拉布敦、乌尔登代之。壬辰，内阁学士李绂致仕陛辞，以慎终如始对，赐诗嘉之。辛卯，以考选御史，杭世骏策言内满外汉，忤旨褫职。调刘于义为山西巡抚。命孙嘉淦署福建巡抚。丙申，命尹继善署两江总督，协同白钟山料理河务。癸卯，命侍讲邓时敏、给事中倪国琏为凤、颍、泗宣谕化导使，编修涂逢震、御史徐以升为淮、徐、扬、海宣谕化导使。乙巳，免湖北汉川等十一州县卫水灾额赋。准赵国麟回籍。癸丑，遣和亲王弘昼代祀先农坛，用《中和韶乐》，与上亲祭同，著为例。赈山东滕县等六州县饥。庚午，调喀尔吉善为山东巡抚，晏斯盛为湖北巡抚，范璨为安徽巡抚。丙子，上诣寿祺皇太妃宫问疾。

夏四月甲申朔，寿祺皇太妃死，辍朝十日。上欲持服，庄亲王等祈免。训饬九卿勤事。申命各督抚陈奏属员贤否。乙酉，上诣寿祺皇贵太妃宫致奠。辛卯，命奉宸苑试行区田法。丁酉，赈安徽凤阳六府州属水灾饥。免湖北襄阳等三县水灾额赋。庚子，裁江苏海防道，设淮徐海道，驻徐州府。以苏松巡道兼管塘工。扬州府隶常镇道。原设淮徐、淮扬二道专管河工。

闰四月甲寅朔，琉球入贡。丁巳，御试翰林、詹事等官，擢王会汾等三员为一等，余各升黜有差。辛酉，免河南郑州等十三州县本年水灾额赋。甲戌，除江苏吴江等二县坍没田荡额赋。

五月癸未朔，谕銮连巡幸，令扈从护军等加意约束，不得践踏田禾。乙酉，御史沈懋华以进呈经史讲义召见，已去，下部严议。丁亥，命河南停征上年被水地方钱粮。己亥，免江苏山阳等十三州县牙税。免临清商民运征米船科及铜补商补。辛丑，赈山东历城等十八州县卫饥。丙午，以硕色为河南巡抚，纪山为四川巡抚。戊申，调庆复为川陕总督。以马尔泰为两广总督。授张允随为云南总督，兼管巡抚事。辛酉，苏禄国王麻喊末阿禀劳宁表请三年一修职贡。命仍遵五年旧例。

六月壬子朔，御史陈仁请以经史考试翰詹，不宜用诗赋，上嘉之。甲寅，改南掌为十年一贡。乙卯，除江苏沛县水沈地赋。丙辰，以旱求言。戊午，命阿里衮暂署河南巡抚。丁卯，以御史胡定劾湖南巡抚许容一案，究出督抚诬陷扶同，予叙。壬申，谕督抚率属重农。

秋七月乙酉，上诣顺懿密太妃宫问疾。丙戌，以安南不靖，扰及云南开化都竜厂，命张允随等严防之。开化镇总兵赛都请讨安南，不许。戊子，上奉皇太后由热河诣盛京谒陵，免经过之直隶、奉天地方钱粮。拨通仓米四十万石赈直隶旱灾。壬辰，免山东历城等十六州县卫旱灾额赋。乙未，停今年勾决。上奉皇太后驻避暑山庄。丙申，除福建连江等二县水冲地赋。己亥，上奉皇太后诣盛京。癸卯，上行围于永安莽喀。乙巳，上行围于爱里。丙午，上行围于锡拉诺海。命严除州县征漕坐仓之弊。戊申，免直隶沧州被雹灶户额赋。上奉皇太后驻跸吗吗塔喇。己酉，上行围，至己卯皆如之。严督抚等漏泄密奏之禁。赈湖北兴国等三州县水灾，并免额赋。癸亥，万寿节，上诣皇太后行幄行礼。御行幄，扈从诸王以下大臣官员暨蒙古王以下各官庆贺。赐诸王、大臣、蒙古王等宴。甲子，上驻跸巴雅尔图塔剌。乙丑，上行围。戊辰，上行围。壬申，上驻跸伊克淖尔，上行围，至丙子如之。甲戌，赈四川西昌水灾。定直隶被旱州县赈恤事宜。赈广东始兴等十六州县水灾。己卯，上行围于巴彦，亲射殪虎。

九月庚辰朔，上行围于伍什杭阿，亲射殪虎。辛巳，上行围威准。壬午，上行围黄科。癸未，上行围阿兰。以哲布尊丹巴呼图克图未奏往额尔德尼招礼拜，土谢图汗敦丹多尔济均下理藩院议处。甲申，赈陕西商州水灾饥。乙酉，上行围舍里。丙戌，上行围善颜倭赫。丁亥，上行围巴彦。鄂弥达改荆州将军。调博第为吉林将军，富森为黑龙江将军。戊子，上行围尼雅满珠。己丑，上行围珠敦。庚

寅,上行围英额边门外。是日,驻跸乌苏河。甲午,许容以劾谢济世
贪纵各款皆虚,孙嘉淦以扶同定案,均褫职。署粮道仓德以通揭鞫
实,予叙。上驻跸穆奇村。乙未,上奉皇太后谒永陵。丙申,行大飨
礼。命停顾琮议限民田。赈河南祥符等二十一州县、山东齐东等十
八州县卫旱灾,并免额赋有差。辛丑,谒福陵。壬寅,行大飨礼。谒
昭陵。癸卯,行大飨礼。上奉皇太后驻跸盛京。朝鲜国王李昑遣陪
臣至盛京贡方物。甲辰,上率群臣诣皇太后宫行庆贺礼。御崇政殿
受贺。赐群臣及朝鲜使臣宴。御大政殿赐酺。颁诏覃恩有差。乙
巳,上诣文庙释奠。幸讲武台大阅。谕王公宗室大臣等洁蠲礼典,
训导兵民,毋忘淳朴旧俗。丙午,上亲奠克勤郡王岳托及武勋王扬
古利墓。遣官望祭长白山、北镇医巫闾山及辽太祖陵。戊申,上亲
奠弘毅公额宜都、直义公费英东墓。免河南带征乾隆七年以前民
欠。

　　冬十月庚戌朔,上御大政殿,赐扈从王大臣宴于凤凰楼前。谕
王公宗室等革除陋习,恪守旧章。免盛京、兴京等十五处旗地本年
额赋及乾隆七年逋赋。御制《盛京赋》。辛亥,上奉皇太后回跸。乙
丑,赈广东南海等七县水灾。是日,上登望海楼,驻文殊奄。丁卯,
命直隶被灾和属减价平粜。己巳,命部院大臣京察各举贤自代。以
刘于义为户部尚书,阿里衮为山西巡抚。命徐本仍兼管户部。调陈
宏谋为陕西巡抚,塞楞额为江西巡抚。庚午,赈河南祥符等十四州
县旱灾。甲戌,上奉皇太后还京师。丁丑,上以谒陵礼成,率群臣诣
皇太后宫行庆贺礼。御太和殿,王大臣各官进表朝贺。

　　十一月,赈安徽无为水灾,并免额赋。壬午,赈甘肃狄道等二十
四州县水虫风雹灾。庚寅,安南国王黎维祎表谢赐祭及袭封恩,进
贡方物。辛丑,赈广东万州等十四州县水灾,福建台湾等三县旱灾。
壬寅,贷黑龙江被旱被霜兵丁等仓粮。赈山西曲沃等十一州旱灾。
癸卯,赈直隶天津等二县旱灾。丁未,赈安徽寿州等九州县卫旱灾。
己酉,免谒陵经过额赋十分之三。

　　十二月庚戌朔,赈广东吴川县旱灾。辛亥,命史贻直协办大学

士。乙卯，赈山东陵县等十二州县卫旱灾。葬端慧皇太子于朱华山寝园。辛酉，大学士福敏乞退。温谕慰留。甲子，准噶尔遣贡使图尔都等至京，谢进藏人由噶斯路行走，赐助牲畜恩，并贡方物。乙丑，以陈德华隐匿其弟陕西按察使陈德正申辨参案密奏，下部严议。德正褫职鞫治。丁卯，以星变示儆，诏修省。

　　九年春正月辛巳，以徐本病，命史贻直为大学士。以刘于义为吏部尚书、协办大学士，张楷为户部尚书。陈德华罢，以王安国为兵部尚书。壬午，幸瀛台。御大幄次，赐准噶尔使图尔都宴，命立首班大臣末。以噶尔丹策零恭顺，图尔都诚敬可嘉，召图都近前，赐饮三爵，赐赉有加。训饬各省州县教养兼施。丁亥，赈直隶天津等十一州县灾。庚子，王安国忧免，以彭维新为兵部尚书。以许容署湖北巡抚。授史贻直文渊阁大学士。朝鲜入贡。给讷亲钦差大臣关防。癸卯，上奉皇太后诣泰陵。丙午，上诣泰陵。是日，奉皇太后回跸。

　　二月，上奉皇太后幸南苑。丙辰，以给事中陈大介等奏，寝许容署湖北巡抚之命，留晏斯盛任，仍申诫言官扶同纠论。免安徽桐城等九州县上年水灾额赋。免福建台湾等三县旱灾额赋，并赈之。甲子，陈德华降调。丁卯，赈云南沾、益二州县水灾。丁丑，户部尚书张楷卒，以阿尔赛代之，鄂弥达为湖广总督。

　　三月癸未，以汪由敦为工部尚书。丁亥，免江苏沛县、河南中牟等六县旱灾额赋。丁酉，调博第为西安将军。以巴灵阿为宁古塔将军。乙巳，赈山东德州等五州县卫旱灾。以讷亲奏查阅河南、江南营伍废弛，上曰：“可见外省大吏无一不欺朕者，不可不杀一儆百。”

　　四月戊申朔，始建先蚕坛成。乙卯，上诣园丘行大雩礼，特诏贬损仪节，以示虔祷。以旱命省刑宽禁。辛未，赈山东德平等八州县旱灾。己卯，谕曰：“一春以来，雨泽稀少。皇太后以天时久旱，忧形于色，今日从寝宫步行至园内龙神庙虔祷。朕惶恐战慄，即刻前往请安，谆恳谢罪，特谕内外臣工知之。”戊子，祭地于方泽，不乘辇，不设卤簿。庚寅，雨。壬寅，大学士、九卿议覆御史柴潮生请修直隶水利,命协办大学士刘于义往保定会同高斌筹画。

六月己酉,大学士徐本以病乞休,允之。癸丑,赈山东历城等三十二州县旱灾,兰山等六州县雹灾。

秋七月丙子朔,谕直隶灾重之天津等十六州县,本年停征新旧钱粮。丙戌,免江苏、安徽雍正十三年逋赋。壬辰,额尔图以不职免,以达勒党阿为奉天将军。

八月己酉,抚恤安徽歙县等二十州县水灾。戊申,免江苏淮安、安徽凤阳二府雍正十三年逋赋。癸丑,赈四川成都等州县水灾。乙丑,予告大学士徐本回籍,上赐诗宠行,赏赉有加,并谕行幸南苑之日,亲临慰问。丙寅,免直隶天津等三十一州县上年逋赋。己巳,上奉皇太后幸南苑,上行围。

九月己亥朔,以翰林院编修黄体明进呈讲章,牵及搜检太严,隐含讽刺,下部严议褫职。乙未,免山西清水河三年雹灾额赋。癸卯,赈山东博兴等县旱灾。丁未,改明年会试于三月举行。己酉,以陈世倌假满,命入阁办事。赈山西文水等县水灾。庚戌,以四川学政蒋蔚实心教士,命留任。乙卯,上奉皇太后幸汤山。江南、河南、山东蝗。癸亥,上幸盘山。丁卯,上奉皇太后还宫。庚午,重修翰林院工竣。上奉翰林院赐宴,分吟赋诗,复御制柏梁体诗首句,群臣以次赓续。赐掌院大学士鄂尔泰、张廷玉御书扁额,及翰林、詹事诸臣书币有差。是日,幸贡院,赐御书联额。复幸紫微殿、观象台。赈直隶保定等十八州县水虫雹等灾。赈江苏靖江等十二州县卫潮灾,安徽歙县二十一州县卫水灾。庚辰,起孙嘉淦为宗人府府丞。辛巳,除直隶涿州等三州县水冲地赋。丙戌,山东登州镇总兵马世龙以科派兵丁,鞫实论绞。赈甘肃河州等三十五州县卫雹水各灾。辛卯,以江西学政金德瑛取士公明,命留任,己亥,以贵州学政佟保守洁士服,命留任。丙午,鄂尔泰议覆刘于义奏勘直隶水利,命拨银五十万两兴修。丁未,免浙江仁和等三十一州县所旱这额赋,并赈之。辛亥,赈成都等三十州县水灾。壬子,允噶尔贡使哈柳等随带牛羊等物在肃州贸易。甲子,免山东历城等三十二州县卫本年旱雹等灾额赋。乙丑,免直隶保定等十一州县听本年水旱虫雹灾额赋。丙寅,赏雷宏额外谕德,食俸。戊辰,张照丁忧,调汪由敦为刑部尚书,以赵弘恩为工部尚书。免安徽歙县等二十一州县卫水灾额赋。辛未,以福建闽县等县火灾,谕责疆吏不严火备。罗卜藏丹怎就获。

十年春正月丙子,召大学士、内廷翰林于重华宫联句。改会试于三月,著为令。乙未,大学士鄂尔泰以病乞解任,温谕慰留。己亥,准噶尔遣使哈柳贡方物。庚子,召高斌来京,以刘于义署直隶总督。己酉,赈浙江淳安等四县上年水灾。朝鲜入贡。辛亥,上幸内右门直庐视鄂尔泰疾。己未,上谒昭西陵、孝陵、孝东陵、景陵。庚申,免广东海阳等二县上年水灾额赋。甲子,免江苏丹徒等十州县卫上年水灾额赋。丁卯,上还京师。己巳,免山东博兴等二县乾隆九年旱灾额赋。庚午,高斌回直隶总督。

三月癸酉朔,日食。乙亥,改殿试于四月,著为令。赈云南白盐井水灾。庚辰,上幸鄂尔泰第视疾。辛巳,加鄂尔泰太傅。己丑,协办大学士、礼部尚书三泰乞休,允之。庚寅,命讷亲协办大学士,调来保为礼部尚书,以盛安为刑部尚书。癸巳,免浙江仁和等三十州县上年旱灾额赋。甲午,以安南莫康武作乱,攻陷太原、高平等处,命那苏图等严防边隘。乙未,加史贻直、陈世倌、来保、高斌太子太保,刘于义、张允随、张广泗太子少保。

夏四月癸卯朔,发江南帑银五十六万两浚河道。己巳,免山东海丰等二县被旱额征灶课。乙卯,大学士鄂尔泰卒,上临奠,辍朝二日,命遵世宗遗诏,配飨太朝。召那苏图来京,以策楞为两广总督。调淮泰为广东巡抚。以魏定国为安徽巡抚。庚申,召蒋溥来京,以杨锡绂为湖南巡抚。壬戌,饬沿海各省训练水师。癸亥,以旱命刑部清理庶狱。戊辰,策试贡士,诏能深悉时政直言极谏者听。己巳,庆复、纪山奏进剿瞻对番。

五月壬申朔,赐钱维城等三百三十三人进士及第出身在差。丁亥,除江苏苏州等九府坝没芦课。颁御制《太学训饬士子文》于各省学官,同世祖《卧碑文》、圣祖《圣谕广训》、世宗《朋党论》朔望宣讲。命讷亲为保和殿大学士。辛卯,户部尚书阿尔赛为家奴所害,磔家奴于市。以高斌为吏部尚书,那苏图为直隶总督。命高斌、刘于义仍办直隶水利河道。以梁诗正为户部尚书。乙亥,命刘于义兼管户部事务。

六月丁未,普免全国钱粮。谕曰:"朕临御天下十年于兹。抚育蒸黎,躬行俭约,薄赋轻徭,孜孜保治,不敢稍有暇逸。今环宇粹宁,左藏有余,持盈保泰,莫先足民,天下之财,止有此数,不聚于上,即散于下。我皇祖在位六十一年,蠲租赐复之诏,史不绝书,普免天下钱粮一次。我皇考无日不下减赋宽征之令,如甘肃一省,正赋全行豁免者十有余年。朕以继志述事之心,际重熙累洽之后,欲使海澨山陬,俱沾大泽,为是特颁谕旨,丙寅年直省应征钱粮,其通蠲之。"庚戌,免安徽凤阳等州府连年被灾地方耗羡。命户部侍郎傅恒在军机处行走。辛酉,御史赫泰请收回普免钱粮成命。上斥其悖谬,褫职。癸亥,上诣黑龙潭祈雨。

秋七月辛未朔,免甘肃宁夏等三县逋赋。癸酉,以顺直宛平等六十四厅州县缺雨,命停征钱粮。乙酉,命高斌仍兼直隶河道总督。戊子,赈安徽寿州等十八州县卫水灾雹灾。壬辰,上奉皇太后幸多伦诺尔,免经过州县额赋十分之四。戊戌,上奉皇太后驻避暑山庄。赈安徽宿州等州县卫水灾。

八月癸卯,赈两淮莞渎等三场水灾。停征湖北汉川等十七州县水灾、光化等二县雹灾额赋,并赈之。上奉皇太后幸木兰行围。甲辰,上驻波罗河屯。赐青海蒙古王公宴,并赉之。丁未,上行围永安莽喀。戊申,上行围毕雅喀拉。己酉,上行围温都里华。辛亥,上行围额尔滚郭。赐蒙古王、额驸、台吉等宴。癸丑,上行围布尔噶苏台。甲寅,上行围巴彦沟。乙卯,上行围乌里雅苏台。赐王、大臣、蒙古王、额驸、台吉等宴。丙辰,上行围毕图舍尔。赈直隶宣化府属旱灾。丁巳,上行围阿济洛鸠和洛。戊午,上行围僧机图。己未,上行围永安拜。庚申,上行围英图和洛。辛酉,上行围萨达克图口。壬戌,赈湖北宜城等三州县卫水灾。癸亥,上行围老图博勒齐尔。乙丑,上行围库尔奇勒。丙寅,赈甘肃安定等三县、广东电白等二县旱灾,海丰虫灾,南澳风灾。上驻多伦诺尔。丁卯,赐王、大臣、蒙古王、额驸、台吉等宴。赈山西曲沃等十二州县水灾。

九月庚午朔,上行围额尔托昂色钦。辛未,上行围多伦鄂博图。壬申,遣祭明陵。上行围古哲诺尔。癸酉,张允随以猛缅土司奉廷征等通缅莽,请改土归流,命详议。上行围塔奔陀罗海。乙亥,赈河南永城等五县水灾。上行围札玛克图。丙子,上行围噬尔乎。丁丑,赈直隶故城等十五州县卫旱灾,癸未,上驻宣化府。甲申,上阅宣化镇兵。丁亥,赈山东济宁等六州县卫水灾。海丰旱灾。癸巳,上奉皇太后还京师。甲午,授鄂弥达湖广总督。赈两淮庙安场水灾。丁酉,以普免钱粮,命查各省历年存余银,以抵岁需。戊戌,授尹继善两江总督。命修明愍帝陵。赈江苏淮、徐、海被灾州县。庆复奏收抚上瞻对,进剿下瞻对班滚,克加社丫等卡及南路各寨。赈陕西长安等六县水灾。

冬十月丁未,以甘肃甘山道归并肃州道。戊申,赈河南商邱等五县水灾。辛亥,裁通政使司汉右通政一。丙辰,命塞陈家浦决口。戊午,命四川严查咽匪。礼部尚书任兰枝乞休,允之。癸亥,免江苏海州等七州县漕粮。甲子,给江南灾民葺屋银。赈江苏江浦等二十一州县卫水灾。乙丑,赈湖南湘阴等三县、湖北汉川等二十一州县卫旱灾。丙寅,除湖北当阳等二县卫水冲地赋。

十一月庚午,赈顺直香河等四十八州听县旱灾,陕西兴平等六县水灾。辛未,赈山东滕县等七州县卫水灾。壬申,以王安国为礼部尚书。甲戌,赈两淮庙湾等场水灾。乙亥,傅清奏准噶尔台吉噶尔丹策零与阿卜都尔噶里木汗勾兵。丁丑,赈山西大同等十八州县旱霜雹灾。湖北巡抚晏斯盛乞养,以开泰代之。辛巳,赈广西思恩等县旱灾。壬午,准噶尔台吉噶尔庆策零卒。命西北两路筹备边防。乙酉,赈广东海矬等四场风灾。戊子,免安徽宿州等五州县水灾地方漕粮。庚寅,陈家浦决口合龙。癸巳,赈直隶宣化府属及庆云县旱灾。

十二月辛亥，大学士福敏乞休，优诏允之，加太傅。壬子，命庆复为文华殿大学士，留川陕总督任。命高斌协办大学士。赈陕西陇西等州旱灾。赈淮北板浦等场水灾。乙卯，命协办大学士高斌、侍郎蒋溥均在军机处行走。

清史稿卷一一
本纪第一一

高宗二

十一年春正月庚午，以纪年开帙，命减刑。癸未，命庆复进剿瞻对，为李质粹声援。辛卯，赈江苏铜山、安徽宿州等州县饥。甲午，朝鲜入贡。李质粹进攻灵达，班滚之母赴营乞命，仍纵归。上饬其失机。谕庆复督兵前进。

二月戊戌，赈山西大同等十二州县饥。辛丑，召北路军营参赞大臣拉布敦、乌勒来京，以塔尔玛善、努登代之。癸卯，上幸南苑行围。丁未，免广东新宁等州县、云南鹤庆府水灾额赋。辛亥，以三月朔日食，诏修省以实。定皇后不行亲蚕礼之年遣妃代行。丙辰，免河南永城等五县水灾额赋。庚申，西藏台吉冷宗萧以攻瞻对擅撤兵，论斩。谕宥其死。

三月己巳，免直隶盐山等八州县水灾额赋。甲戌，赈云南白盐井水灾。乙亥，淮噶尔台吉策旺尔济那木札勒以新立，遣使哈柳贡方物，请派人往藏熬茶。戊寅，庆复至打箭炉，劾李质粹等老师玩寇，请续调官兵进剿，允之。辛巳，遣内大臣班第等赴瞻对军营。壬午，赐哈柳等宴。召见，允其往藏熬茶，颁如意赉之。甲申，赐淮噶尔台吉策旺多尔那木札勒敕。予故台吉噶尔丹策零布施。丙申，免湖北潜江等州县上年水灾额赋。庆复奏进驻灵雀。

闰三月丁酉朔，饬陕西修列代陵墓。庚子，召白钟山来京，命顾琮署江南河道总督，高斌暂管之，以刘统勋署漕运总督。赈直隶宣化府饥。赈甘肃陇西等十二州县水旱雹霜灾。丙午,命汪由敦署左都御史。癸丑,左都御史杭奕禄休致,以阿克敦代之。

夏四月丁丑,白钟山褫职,发河南效力。戒军机处漏泄机密。以鄂昌署广西巡抚。丁亥,免湖南湘阴等五县水灾额赋。己丑,免广东新宁等四州县水灾额赋。

五月丙申朔,以盛安为左都御史,阿克敦为刑部尚书。丁酉,谕顾琮查明南河虚糜之款,令白钟山赔补。壬寅,免山西大同等十八县上年旱霜各灾额赋。丙午,庆复奏进攻瞻对,番酋班滚计日授首。加庆复太子太保。戊申,免甘肃靖远等三县上年旱灾额赋。己酉,永除直隶庆云县每年额赋十分之三。乙卯,达赖喇嘛等请宥班滚,不许。以傅清代奏,严饬之。

六月丙寅,庆复、班第等会攻了鲁尼日寨,克之。班滚自焚死。丁卯,以打箭炉口内外番从征效力,再免贡赋二年。丙子,京城地震。壬辰,命送还俄罗斯逃人于恰克图。

秋七月丙申,加那苏图、策楞太子少傅衔,周学健太子少保衔。丁酉,命高斌赴江苏察看黄、运工程,刘于义署直隶河道总督。壬寅,四川大乘教首刘奇以造作逆书,磔于市。庚戌,周学健奏捕天主教二千余人。上以失绥远之意,宥之。壬戌,赈湖北汉川等七县水灾。癸亥,以云南张保太传邪教,蔓延数省,谕限被诱之人自首,其仍立教学堂捕治之。丁卯,召吉林将军巴灵阿来京,命阿兰泰代之。赈直隶庆云等七县场旱灾。己巳,以四川提督李质粹进剿瞻对欺饰,罢之。免广宁等处旗地水灾赋。辛未,赈湖南益阳等四州县水灾。癸酉,加赏江苏、安徽被水灾民修茸房屋银。乙酉,赈山东金乡等十一州县卫水灾。庚寅,上御瀛台,赐宗室王公等宴。改崇雅殿为敦叙殿。辛卯,上御瀛台,赐大学士、九卿、翰林、科道等宴,宣示七言律诗四章。壬辰,福建上杭县民罗日光等纠众请均佃租滋事,捕治之。癸巳,允朝鲜国王请,停奉天设牝牛哨汛兵。

九月甲午朔,除浙江归安等三县沙积坍卸地赋。戊戌,训督抚实心行政。赈山东滕县等三州县、两淮板浦等六场水灾。己亥,命高斌往奉天疏睿河道。辛丑，停今年秋决。以周学健为江南河道总督。调陈大受为福建巡抚，以安宁署江苏巡抚。定钦差大臣巡阅各省营伍例。赈河南郑州等三州县水灾。壬寅，命讷亲兼管户部。免甘肃陇西等九州县水灾额赋。癸卯，上奉皇太后启跸诣泰陵，并巡幸五台山。丁未，上谒泰陵。己酉，阿里滚患病，以班第署山西巡抚。庚戌，赉经过直隶州县耆民。甲寅，赈江苏县等三州县雹灾。乙卯，上驻跸五台山射虎。以山西风俗醇朴，谕疆吏教养兼施，小民崇习礼让。丙辰，免山西五台县明年额赋十分之三。丁巳，召马尔泰来京，以喀尔吉善为闽浙总督。调塞楞额为山东巡抚，陈宏谋为江西巡抚，以徐杞为陕西巡抚。庚申，上奉皇太后回跸。壬戌，召鄂弥达来京，以塞楞额为湖广总督。调阿里滚为山东巡抚，爱必达为山西巡抚。赈河南鄢陵等二十六州县水灾。

　　冬十月甲子，赈山西阳曲等二十二州县水雹各灾。丁卯，上阅滹沱河堤。赈湖北汉川等九州县卫水灾。庚午，上奉皇太后驻跸保定府。壬申，上阅兵，赐银币有差。甲戌，以张广泗发摘递犯魏王氏、刘奇等，予叙。定加山西归绥道兵备衔，稽查靖远营。戊寅，上奉皇太后还京师。调开泰为江西巡抚，陈宏谋为湖北巡抚。庚辰，免张廷玉带领引见，并谕不必向早入朝及勉强进内。壬午，命汪由敦军机处行走。癸未，御史万年茂以劾学士陈邦彦等献媚傅恒不实，褫职。戊子，免安徽寿州等二十三州县水灾额赋。辛卯，拨赈江苏淮扬、徐、海各属灾民银粮二百二十万两石有奇。

　　十一月癸巳，寝甄别科道之命。御史李兆钰下部议处。乙未，以河南学政汪士锽考试瞻徇，褫职。免江苏山阳等二十四州县卫水灾额赋，并分别蠲缓漕粮有差。乙巳，除奉天锦县等二县冲压地赋。己酉，予故内阁学士张若霭治丧银，并谕张廷玉节哀自爱。辛亥，李质粹发军前效力。戊午，庆复奏大金川土司莎萝奔扰小金川，倘不遵剖断，惟有用番力以收功。上是之。

　　十二月癸亥，召班第来京，以陶正中护山西巡抚。甲子，赈湖北潜江等七州县卫水灾。乙丑，以傅清奏达赖喇嘛看茶之绥绷喇嘛镇压郡王颇罗鼐,赐手敕慰解之,并谕以与达赖喇嘛同心协力,保安地方。戊辰,以瑚宝为驻防哈密总兵。甲戌,免直隶静海虫灾额赋,并赈之。丁丑,以张廷玉年老,命其子庶吉士张若澄在南书房行走,俾资扶掖。戊寅,赈甘肃安定等州县旱灾。免山东金乡等八州县水灾额赋。庚辰,除广西永福水冲地赋。癸未,淮噶尔台吉策忘多尔济那木札勒遣使玛木特等入观,召见于太和齐。己丑,赈苏尼特、阿巴噶等旗灾。陈大受奏,苏禄国遣番官齐谢恩表番字、汉字二道,与例不符,却之,仍优给番官令回国。上嘉为得体。

十二年春正月壬辰,命玉保办理准噶尔使赴藏事务。甲午,免,山西太原等六府八州及归化城额征本色十分之三,大同、朔平二府全蠲之。乙未,赐玛木特宴于丰泽园。戊戌,免江苏海州等三州县及板浦等六场民灶旧欠。丁未,赈山东寿光等十三州县饥。乙卯,赐准噶尔台吉策旺多尔济那木札勒敕,允所遣西藏念经人在哈集尔得卜特尔过冬及贸易。

二月辛酉朔,免吉林上年旱灾应交租谷。壬申,上谒昭西陵、孝陵、孝东陵、景陵。纪山奏大金川土司侵革布什咱土司,诱夺小金川土司泽旺印信。谕饬修守御,毋轻举动。甲戌,上幸盘山。庚辰,赈山东兰山饥。壬午,除河南孟县冲坍卫地额赋。癸未,上还京师。戊子,原任内务府大臣丁皂保年届百龄,赐御书扁额朝服彩币。免湖北枣阳上年水灾额赋。

三月,免山西阳曲等二县上年水灾额赋。辛丑,如庆复入阁办事,调张广泗为川陕总督。复设云贵总督,以张允随为之。命图尔炳阿为云南巡抚,孙绍武为贵州巡抚。赈河南,水灾。以大金川土司掠革布什咱、明正各土司,扰及汛地,命庆复留四川,同张广泗商进剿,并饬张广泗抚驭郭罗克、曲曲乌、瞻对、巴塘诸番。免江苏淮安等四府州属上年水灾额赋。大学士查郎阿乞休,允之。乙巳,西藏郡王颇罗鼐卒,以珠尔默特那木札勒袭封郡王。丙午,以高斌为文渊阁大学士,来保为吏部尚书。调海望为礼部尚书,傅恒为户部尚书。命索拜驻藏协同傅清办事。免安徽寿州等二十三州县上年水灾额赋。丁未，命副都统罗山以原衔管阿尔泰军台，并都达布逊诺尔马厂事务。己酉，命张广泗进剿大金川土司莎罗奔。西路军营参赞大臣保德期满，以那兰泰代之。庚戌，免直隶蓟州等十四州县厅上年水灾额赋。戊辰，命高斌往江南会同周学健查勘河工，并清理钱粮积弊。己巳，以那苏图署直隶河道总督。壬午，给讷亲钦差大臣关防，命往山西会同爱必达谳安邑等二县聚众之狱。甲申，召雅尔图回京。

丁亥五月辛卯，召准泰来京，以策楞兼管广东巡抚。丙申，赈山东安丘等二县饥。甲辰，祭地于方泽，以旱屏卤簿。乙巳，命刑部清理庶狱，减徒以下罪。己酉，上诣黑龙潭祈雨。辛亥，爱必达免，调准泰为山西巡抚。壬子，以福建、山东、江南、广东、山西迭出挟制官长之狱，谕："顽民聚众，干犯刑章，不得不引己过。各督抚其谆切化导，使愚民知敬畏官长，服从教令。"

六月庚申朔，谕来春奉慈舆东巡，亲奠孔林，命各衙门豫备事宜。辛未，命贵州巡抚节制通省军务。霍备以不查劭州县亏空褫职，发军台效力。壬申，赈山东益都等七州县饥。丙子，小金川土司泽旺率众降，并归沃日三寨。官兵进剿大金川，攻毛牛及马桑等寨，克之。召庆复回京。

秋七月己丑朔，抚恤山东历城等二十州县卫水雹各灾。命高斌等疏浚江苏六塘等河。丙申，命纳延泰赈苏尼特等六旗旱灾。癸卯，停刘于义兼管户部，以讷亲代之。丙午，赈顺直固安等七十五听州县水旱雹灾。戊申，上奉皇太后幸避暑山庄。癸丑，张广泗进驻小金川美诺寨，分路攻剿，受小金川降。乙卯，上奉皇太后驻避暑山庄。戊午，赈长卢永利等三场旱灾灶户。

八月辛酉，上奉皇太后幸木兰行围。丙寅，赈长卢、海丰等二县灶户。戊辰，上行围温都尔华。赐蒙古王、公、台吉等宴。辛未采买热河八沟等处米。赈苏尼特六旗旱灾。癸酉，赒江苏苏、松等属潮灾。丙子，命赈苏尼特六旗银，均用库帑，免扣王贝勒等俸。辛巳，庆复奏进攻刮耳厓，连战克捷。谕："小小破碉克寨，何以慰朕。"壬午，赈浙江寿昌等三县水灾。乙酉，赈顺直霸州等十五州县厅水灾。赈湖南来阳等九县、陕西朝邑、广东顺德等三县水灾。

九月戊子朔，免经过地方额赋十分之三。赈甘肃伏羌等十县、云南安宁等三州县旱灾。上奉皇太后回驻避暑山庄。癸巳，以江苏崇明潮灾，淹毙人民一万二千余口，免明年额赋，仍赈之。乙巳，赈安徽歙县等八州县卫、河南通许等二十七州县、山东齐河等八十七州县水灾。丁酉，上奉皇太后回跸。乙巳，拨奉天粮十万石赈山东。丁未，致仕大学士查郎阿卒。戊申，谕江苏清查积欠，以陈维新与侍郎陈德华规避，均褫职。壬子，赈河南许州水灾。甲寅，以顾宗为浙江巡抚，蕴著为漕运总督。乙卯，赈两淮吕田等二十场水灾。丁巳，以陈大受为兵部尚书，调潘思榘为福建巡抚，以纳敏为安徽巡抚。

冬十月辛酉，以苏禄复遣番人至福建申理吕宋番目劫夺贡使事，谕："岛夷互争，可听其自办，不必有所袒护。"乙丑，上以皇太后疾，诣慈宁宫问安视药。是日，宿慈宁宫。每日视药三次，至辛未皆如之。庚午，赈江苏阜宁等二十州县卫水灾。丁丑，免吉林被水地方额赋。戊寅，赈浙江海宁等十一县水灾。己卯，以准噶尔赴藏熬茶，宰桑巴雅瑚朗等至得卜特尔交易，召庆复回京。壬午，赈江苏常熟等十九州县卫潮灾，上元等十五州县卫旱灾，命江苏复截明岁漕粮四十万石备赈。癸未，谕张广泗勿受莎罗奔降。

十一月丁亥朔，上诣皇太后视药，日三次，至己丑皆如之。召阿里衮来京，以赫赫护山东巡抚。癸巳，赈浙江寿昌等三县饥，补豁被灾额赋。己酉，额驸策凌陛见，以塔尔玛善暂署定边左副将军。庚戌，赈江苏崇明等县灾民有差。癸丑，赈山东东平等州县卫灾民。辛酉，赈安徽歙县等州县卫水灾。己巳，召徐杞来京，调陈宏谋为陕西巡抚，以彭树葵署湖北巡抚。赈山东齐河等八十五州县水灾。辛未，予告大学士徐本卒。乙亥，以张广泗进剿大金川，命黄廷桂署陕甘总督。赈直隶天津等六州县水灾。张广泗奏莎罗奔请降，告以此次用兵，不灭不已。上以"用卿得人"勉之。己卯，以大学士庆复进剿

瞻对,奏报班滚自焚不实,命褫职待罪。以班第、努三均奏班滚自
焚,罢御前行走。庚辰,以来保为武英殿大学士。

十三年春正月壬辰,赈江苏阜宁等县、安徽宿州等五州县水
灾。庚子,命傅恒兼管兵部尚书事。辛丑,命讷亲赴浙江同高斌会
鞫巡抚常安。乙巳,命阿克敦协办大学士,傅恒协办巡幸内阁事务。
戊申,上至曹八屯。甲寅,大学士张廷玉乞休,温谕慰留之,停兼理
吏部,以来保代之。

二月戊午,上东巡,奉皇太后率皇后启銮。癸亥,上驻跸赵北
口,奉皇太后阅水围。朝鲜、琉球入贡。甲子,赈直隶天津等十五州
县水灾。丙寅,常安坐婪收褫职。壬申,福建瓯宁会匪作乱,总兵刘
启宗捕剿之。癸酉,加经过山东被灾州县赈一月。罢奇通阿领侍卫
内大臣,以阿里衮代之。乙亥,免直隶、山东经过直隶山东州县额赋
十分之三。戊寅,上驻跸曲阜县,免驻跸之山东曲阜、泰安、历城三
县己巳年额赋。己卯,旱释奠礼成,谒孔林。诣少昊陵、周公时庙致
祭。命留曲柄黄伞供大成殿,赐衍圣公孔昭焕及博士等宴。壬午,
上驻跸泰安府。癸未,上祭岱岳庙,奉皇太后登岱。

三月乙酉,减直隶、山东监候、缓决及军流以下罪。丁亥,命第
赴金川军营协商军务。谕张广泗、班第调岳钟琪赴军营,以总兵用。
戊子,上至济南府,幸趵突泉。己丑,上奉皇太后阅兵,谒帝舜庙。庚
寅,上阅城,辛历下亭。免浙江余姚等五县潮灾本年漕粮。壬辰,上
奉皇太后率皇后回跸。癸巳,免安徽歙县等七州县上年被水额赋。
乙未,上至德州登舟,皇后崩,命庄亲王允禄、和亲王弘昼奉皇太后
回京,上驻跸德州。召完颜伟回京,以顾琮为河东河道总督,爱必达
为浙江巡抚。协办大学士、吏部尚书刘于义卒。辛丑,还京师。大
行皇后梓宫至京,奉安于长春宫。上辍朝九日。壬寅,四川成都等
二十三州县厅地震。甲辰,皇太后至京师,上迎还寿康宫。乙巳,上
至长春宫大行皇后梓宫前致奠。丙午,上亲定大行皇后谥曰孝贤皇
后。以皇长子届丧未能尽礼,罚师傅、谙达等俸有差。丁未,上至长

春宫大行皇后梓宫前殿奠礼。命高斌、刘统勋查办山东赈务。己酉，大行皇后梓宫移观德殿。颁大行皇后敕谕于各省。遣官赍敕谕于朝鲜及内札萨克、喀尔喀、哈密、青海等处。辛亥，调爱必达为贵州巡抚，以方观承为浙江巡抚。丁巳，加傅恒、那苏图、张广泗、班第太子太保，喀尔吉善太子少保。庚申，召驻藏副都统傅清来京，以拉布敦代之。正白旗领侍卫内大臣伊勒慎卒，以那苏图、旺札勒署。来保免兼领侍卫内大臣，以丰安代之。壬戌，上至观德殿祭大行皇后。甲子，命讷亲经略四川军务。协办大学士阿克敦免，以傅恒代之，并兼管吏部尚书。哈达哈署兵部尚书。免上年江苏常熟等十六州县卫潮灾、上元等十四州县卫旱灾额赋。乙丑，调梁诗正为兵部尚书，以蒋溥为户部尚书。免江苏山阳等十八州县卫上年被灾额赋。丁卯，军机大臣蒋溥免，以陈大受代之。癸酉，以陈大受协办大学士，达勒当阿为刑部尚书。乙亥，起原任川陕总督岳钟琪赴金川军营，赏提督衔。调阿兰泰为盛京将军，以索拜为宁古塔将军。丙子，起傅尔丹为内大臣，赴金川军营。加赈福建台湾等二县旱灾。戊寅，晋一等侯富文为一等公。庚辰，裁都察院佥都御史、通政司右通政、大理寺少卿、詹事府少詹事、大仆寺少卿、国子监司业汉缺各一。改通政司满参议一缺为右，满、汉左通政为通政副使。

五月甲申朔，赐梁国治等二百六十四人进士及第出身有差。乙酉，免直隶文安等三十二州县厅上年被水额赋。丙戌，命傅恒署户部三库事。庚寅，阿克敦论斩。辛卯，张文泗奏克戍布寨之捷。丁酉，免河南通许等二十八州县水灾额赋。壬寅，免安徽旌德等七州县卫上年旱灾额赋。甲辰，上至观德殿册谥大行皇后曰孝贤皇后，颁诏。丙午，释阿克敦于狱，命署工部侍郎。戊申，免山东永利等八场上年水灾额赋。壬子，免山西永济等十二州县上年水雹灾额赋。

六月丙辰，李坦以祭祀久不到班，夺伯爵。申诫旗员。庚申，御试翰林、詹事等官，齐召南等三员为一等，余升升黜有差。御试由部院入翰林，詹事等官，擢少詹事世贵记名升用。癸亥，赈陕西耀州等二十三州县旱灾。戊辰，四川汶川县典史谢应龙驻沃日士司，阻镇将移营。上嘉之，予州同衔。己巳，命兆惠兼管户部事。庚午，裁归化城土默特左右翼副都统。甲戌，谕禁廷臣请立皇太子，并责皇长子于皇后大事无哀慕之诚。上至观德殿孝贤皇后梓宫前奠酒，行百日致祭礼。

秋七月癸未朔，皇太后懿旨："娴贵妃那拉氏继体坤宁，先册立为皇贵妃，摄行六宫事。"丁亥，免福建长乐等二县上年旱灾额赋。戊子，谕讷亲等赖奏进兵方略。壬辰，贷山东农民籽种银。免江苏宿迁上年水灾额赋。甲午，命高斌会周学健勘河、湖疏泄事宜。乙未，以山西永济等五县歉收，抚恤之。戊戌，德沛免，调达勒党阿为吏部尚书，以盛安为刑部尚书。辛丑，赈直隶青县等二十九州县旱灾。癸卯，阿里衮请减饥民掠夺罪，谕斥为宽纵养奸，不许。赈山东历城等二十九州县水雹等灾。丙午，常安论绞。

闰七月癸丑朔，以阿克敦署刑部尚书，德通为左都御史。丙辰，免直隶霸州、固安水灾额赋。赈湖南益阳等八州县水灾。戊午，以彭树葵为湖北巡抚。戊辰，周学健以违制剃发，逮下狱。命高斌管南河总督。尹继善以瞻徇，褫职留任。己巳，上幸盘山，以新柱署湖广总督。召安宁来京，以尹继善兼理江苏巡抚。宁古塔将军索拜迁古北口提督，以永兴代之。辛未，以讷亲奏金川进剿持两议，谕斥之，并申饬傅尔丹、岳钟琪、班第等。壬申，上驻跸盘山。癸酉，调准泰为山西巡抚，阿里衮为山东巡抚，鄂昌为江苏巡抚，舒辂为广西巡抚。塞楞额以违制剃发，逮下狱。丁丑，赈云南昆阳等州县水灾。戊寅，召阿里衮来京，以唐绥祖护山东巡抚。己卯，免江苏元和等十县本年雹灾额赋。庚辰，上还宫。

八月甲申，以班第署四川巡抚。乙酉，以谒泰陵，命庄亲王允禄等总理在京事务。癸巳，追议征瞻对谎奏罪，下庆复于狱，许应虎论斩。庚子，谕抚恤四川打箭炉地震灾民。命来保兼管工部尚书。辛丑，上诣泰陵。甲辰，召安宁来京。乙巳，上谒泰陵。丙午，免直隶庆云等二县九年逋赋。丁未，命户部侍郎兆惠赴四川军营督运。讷亲请调兵三万进剿，不许。戊申，命仓场侍郎张师载往江南随高斌学习河务。己酉,上还京师。

九月壬子朔,调鄂昌为四川巡抚。命策楞、高斌会鞫周学健。戊午,赐塞楞额自裁。己未,召北路参赞大臣塔尔玛善、努三来京,以穆克登额;萨布哈善代之。讷亲等奏克申札、申达诸城。调策楞为两江总督,尹继善为两广总督。辛酉,召讷亲、张广泗来京。命傅尔丹护四川总督,与岳钟琪相机进讨。甲子,起董邦达在内廷行走。命尚书班第赴军营,同傅尔丹、岳钟琪办理军务。命军营内大臣以下听傅尔丹节制。丁卯,召黄廷桂来京,以瑚宝署甘肃巡抚,兼办陕甘总督事。己巳,上幸静宜园阅兵。壬申,简亲王神保住以凌虐兄女,夺爵。癸酉,命德沛袭简亲王。丁丑,谕责讷亲、张广泗老师糜饷,饬讷亲缴经略印。己卯,命傅恒暂管川陕总督事,赴军营。命侍郎舒赫德军机处行走。庚辰,讷亲、张广泗以贻误军机,褫职逮问。召张广泗来京,发讷亲北路军营效力。以傅恒为经略,统金川军务。辛巳,命来保暂管户部。

冬十月壬午朔,调满洲兵五千名赴金川军营。诸王大臣请治讷亲罪,谕责讷亲负国负恩,倭回奏再行降旨,乙酉,召尹继善来京,以硕色为两广总督,鄂容安署河南巡抚。赈湖南新宁县水灾。丙戌,班第以不劾讷亲罪,降调。以舒赫德为兵部尚书。丁亥,命傅恒为保和殿大学士,兼管户部。戊子,移孝贤皇后梓宫于静安庄,上如静安庄奠酒。乙丑,赈山东邹平等三十州县卫水灾。以尹继善为户部尚书。辛卯,上幸丰泽园,赐经略傅恒并从征将士宴。岳钟琪奏克跟杂之捷。壬辰,调开泰为湖南巡抚,以唐绥祖为江西巡抚。甲午,赈山西阳曲等十五州县旱灾。戊戌,上幸宝谛寺,阅八旗演习云梯兵。丁未,赈安徽阜阳等州县卫灾。己酉,命尹继善协办大学士。壬子,幸重华宫,赐经略傅恒宴。癸丑,上诣堂子行祭告礼,及祭吉尔丹蘙。甲寅,赈江苏铜山县、湖北汉川等八州县卫水灾。丙辰,命各省巡持皆兼右副都御史衔。丁巳,上幸南苑行围。戊午,上阅兵。戊辰,赐周学健自裁。平郡王福彭卒,辍朝二日。己巳,命尹继善在军机处行走。赈福建晋江等十四县旱潮等灾。庚午,免直隶文安等三县水灾地租。癸酉，上幸丰泽园，赐东三省兵队宴，并赏赉有差。以策楞为川陕总督。雅尔哈善署两江总督。以傅恒日驰二百余里，嘉劳之。甲戌，给尹继善钦差大臣关防，署川陕总督。丁丑，以讷亲请命张广泗、岳钟琪分路进兵，责以前后矛盾，逮治之。己卯，以用兵金川劳费，密谕傅恒息事宁人。庚辰，分设四川、陕甘总督，以尹继善为陕甘总督，策楞为四川总督，管巡抚事，鄂昌为甘肃巡抚。调苏赫德为户部尚书，瑚宝为兵部尚书。

十二月甲申，定内阁大学士满、汉各二员，协办大学士满、汉一员或二员，改所兼四殿二阁为三殿三阁。乙酉，加傅恒太保。命阿克敦协办大学士。丁亥，以黄廷桂为两江总督。上御瀛台，亲鞫张广泗。戊子，遣舒赫德逮讷亲赴军营，会傅恒严鞫之。以海望署户部尚书，哈达哈署兵部尚书、步军统领。辛卯，庆复、李持粹论斩。大学士陈世倌罢。壬辰，张广泗处斩。丙寅，密谕傅恒，明年三月不能奏功，应受降撤兵。丁酉，命川、陕督抚皆听傅恒节制，班第专办巡抚事务，兆惠专办粮运。免高斌大学士，仍留南河总督任。癸卯，命傅恒等讯明讷亲，以其祖遏必隆刀于军前斩之。甲辰，赈陕西耀州等二十五州县旱灾。

十四年春正月辛亥，谕傅恒、岳钟琪由党坝进剿，傅尔丹办理卡撒一路。癸丑，以大学士张廷玉年老，命五日一进内备顾问。谕傅恒以四月为期，给降班师。乙卯，赈山东金乡等州县灾。丁巳，命傅尔丹、达勒党阿、舒赫德、尹继善、策楞参赞大金川军务。戊午，命瑚宝署陕甘总督，侍郎班第褫职，仍署四川巡抚。甲子，召傅恒还京。命尚书达勒党阿、舒赫德、尹继善均回任，策楞、岳钟琪办理大金川军务。丙寅，以傅尔丹请深入，严饬之。丁卯，以大金川莎罗奔、郎卡乞降，命傅恒班师，特封忠勇公。丙子，谕傅恒受莎罗奔等降。丁丑，南掌国王岛孙进牙象。

二月乙酉，唐绥祖请率属捐廉助饷。上以不知政体，严饬之。丙戌，加来保太子太傅，陈大受、舒赫德、策楞、尹继善太子太保，汪由敦、梁诗正太子太师,达勒党阿、纳延泰、阿克敦、哈达哈太子少师。
壬辰,傅恒奏,于二月初五日设坛除道,宣诏受大金川土司莎罗奔、
土舍郎卡降。赐傅恒四围龙补服,加赐豹尾枪二、亲军二,岳钟琪加
太子少保。癸巳,以岳钟琪亲至勒乌围招莎罗奔等来降,谕特嘉之。
丙申,召拉布敦、众佛保来京。庚子,命舒赫德查阅云南等省营伍,
会同新柱勘金沙江工程,以瑚宝署湖广总督。乙巳,上幸丰泽园演
耕。莎罗奔进番童番女各十人,诏却之。

三月癸丑,命皇长子及裕亲王等郊迎傅恒。乙卯,上奉皇太后
至静安庄孝贤皇后梓宫前临奠。丁巳,上率经略、大学士、公傅恒诣
皇太后宫问安。封岳钟琪为三等公,加兵部尚书衔。己未,命傅恒
兼管理藩院,来保兼管兵部。命那木札勒、德保仍为总管内国府大
臣。辛酉,上诣东陵。甲子,上谒昭西陵、孝陵、孝东陵、景陵。丁卯,
上至南苑行围。癸酉,上谒泰陵。甲戌,赈湖北汉川等六州县水灾。
乙亥,免直隶保安等十州县厅旱灾额赋。丁丑,裁直隶河道总督,兼
理加入关防敕书。富森改西安将军。以傅尔丹为黑龙江将军。

四月壬午,上御太和殿,奉皇太后命,册封娴贵妃那拉氏为皇
贵妃,摄六宫事。甲申,改来保兼管刑部。召蕴著来京,以顾琮署漕
运总督。命纳延泰等勘察哈尔灾。乙酉,加上皇太后徽号曰崇庆慈
宣康惠皇太后,次日颁诏覃恩有差。辛卯,免山东邹平等二十州县
水灾、甘肃皋兰等十二厅州县雹灾额赋。召彭树葵来京,调唐绥祖
为湖北巡抚,以阿思哈为江西巡抚。命仓场侍郎张师载以原衔协办
江南河务。戊戌,以瑚宝为漕运总督,命唐绥祖署湖广总督。调哈
达哈为兵部尚书,以三和为工部尚书。免山东王家冈等四场额赋。
己亥,命江西巡抚兼提督衔。庚子,召纳敏来京,以卫哲治为安徽巡
抚。乙巳,赈福建台湾等三县灾。免湖南新宁上年水灾额赋。

五月乙卯,免甘肃皋兰等十三厅州县旱灾额赋。丙辰,免安徽
阜阳等十三州县卫上年旱灾额赋。辛酉,上至黑龙潭祈雨。

六月丙申,赈甘肃渭源等州县旱灾。己亥,广西学政胡中藻以
裁缺怨望,命来京候补,仍下部严议。

秋七月戊申,赈福建光泽等二县水灾。庚戌,免湖北汉川等六州县上年水灾额赋。辛亥,直隶总督那苏图卒。免湖北晋江等九县潮灾额赋。壬子,以方观承为直隶总督,陈大受署之,永贵署山东巡抚。命来保兼管吏户二部,阿克敦兼署步军统领。庚申,上奉皇太后驻避暑山庄。辛酉,命傅恒、陈大受译西洋等国番书。丁卯,上奉皇太后木兰行围。乙亥,补蠲山西永济等六州县灾额赋。

八月庚辰,上行围巴颜沟,蒙古诸王等进筵宴。壬午,赈湖北罗田等二县水灾。癸卯,赈河南延津等七县水灾。甲辰,赈湖北潜江等十三州县水灾。

九月乙卯,上奉皇太后回跸。乙丑,授鄂容安河南巡抚。丙寅,瞻对番目班滚降。赐庆复自裁。

冬十月甲午,赈浙江钱塘等二十二州县厅、鲍郎等十八场水灾。赏傅清都统衔,同纪山驻藏,掌钦差大臣关防。丁酉,召八十五来京,以卓鼐为归化城都统。戊戌,饬四川严缉阵匪。以珠尔默特那木札勒纵恣,谕策楞、岳钟琪、传清、纪山防之。喀尔喀台吉额林沁之子旺布多尔济获额鲁特逃人,上嘉赉之。免江苏阜宁等二十三州县漕粮有差。已亥,免直隶蓟州等十八州厅水灾额赋,并赈之。甲辰,召原任左副都御史孙嘉淦来京。

十一月丁未,命梁诗正兼管吏部尚书。癸亥,命刑部尚书汪由敦署协办大学士。戊辰,大学士张廷玉乞休,允之。庚辰,以刘统勋为工部尚书。辛巳,起彭维新为左都御史。癸未,赐张廷玉诗,申配飨之命。丁亥,汪由敦以漏泄谕旨,免协办大学士,留尚书任。以梁诗正协办大学士。辛卯,削致仕大学士张廷玉宣勤伯爵,以大学士原衔休致,仍准配享太庙。调哈达哈为工部尚书,舒赫德为兵部尚书,海望为户部尚书。以木和兰为礼部尚书,新柱为吉林将军,永兴为湖广总督。乙未,召卫哲治来京,调图尔炳阿为安徽巡抚,岳浚为云南巡抚。以苏昌为广东巡抚。

十五年春正月丙午,免直隶、山西、河南、浙江未完耗羡。免江苏、安徽、山东耗羡十分之六。丁未，命张允随为东阁大学士，硕色为云贵总督，陈大受为两广总督，梁诗正为吏部尚书，李元亮为兵部尚书。甲寅，上幸瀛台紫光阁，赐准噶尔使尼玛宴。乙卯，召纪山回京，命拉布敦同傅清驻藏办事。壬戌，命工部侍郎刘纶在军机处行走。李质粹处斩，王世泰、罗于朝论斩。

二月乙亥，上奉皇太后西巡五台，免经过地主额赋三分之一。庚辰丁丑，朝鲜入贡。丙戌，上奉皇太后驻跸五台山菩萨顶。己丑，定边左副将军喀尔喀超勇亲王策凌卒，命贝勒罗布藏署定边左副将军。丁酉，再免山西蒲县等二县上年被灾额赋十分之三。戊戌，上驻赵北口行围。辛丑，采访经学遗书。癸卯，上阅永定河堤工。

三月丙午，加张允随太子太保，蒋溥、方观承、黄廷桂太子少保。再免直隶蓟州等十七州县额赋十分之三。己酉，上奉皇太后还京师。甲寅，孝贤皇后二周年，上诣静安庄致奠。乙卯，致仕大学士张廷玉回籍，优赉有加，令散秩大臣领侍卫十员护送之。戊午，免安徽贵池等三十州县十四年水灾额赋，并赈之。乙丑，免湖北潜江等四州县十四年水灾额赋。庚午，免山东邹平等二十七州县卫十四年水灾额赋。

夏四月丙子，云南省城火药局灾。壬辰，起阿桂在吏部员外郎上行走。乙未，罢致仕大学士张廷玉配享。免安徽贵池等三十州县卫十四年水灾额赋。戊戌，召拉布敦来京，命班第驻西藏，纪山驻青海。

五月庚戌，上诣黑龙潭祈雨。辛亥，命刑部清理庶狱，减徒杖以下罪，直隶亦如之。癸丑，谕九卿科道直陈阙失，甲寅，召新柱来京，以卓鼐为吉林将军，众佛保为归化城都统。庚午，上诣黑龙潭祈雨。

六月丙子，以喀尔喀亲王成滚札布为定边左副将军。丙申，赈直隶乐亭水灾。以保德为北路军营参赞大臣。

秋七月丙午，广东巡抚岳浚褫职。命图尔炳阿、卫哲治仍留云南、安徽巡抚任。己酉，命刘统勋赴广东查折米收仓积弊。庚申，汪由敦降兵部侍郎。以刘统勋为兵部尚书，孙嘉淦为工部尚书。乙丑，缅甸入贡。

八月壬申，上御太和殿，奉皇太后懿旨，册立皇贵妃那拉氏为皇后。癸酉，以册立皇后，上率王大臣奉皇太后御慈宁宫行庆贺礼，加上皇太后徽号曰崇庆慈宣康惠敦和皇太后。丁亥，上奉皇太后率皇后谒陵，并巡幸嵩、洛。戊子，命纪山赴西宁办事，班第赴藏办事，代拉布敦回京。庚寅，上奉皇太后谒昭西陵、孝陵、孝东陵、景陵。甲午，左都御史德通、彭维新，左副都御史马灵阿以瞻徇傅恒议处，降革有差。丁酉，赈山东峄县等七州县水灾。

九月庚子朔，以梅瑴成为左都御史。壬寅，上奉皇太后率皇后谒泰陵。癸卯，御史索禄等以劾蒋炳矫饰，谕斥其有心乱政，褫职。丙午，吏部奏原任大学士张廷玉党援门生，又与朱荃联姻，应革职治罪。上特免之。己酉，上驻正定府阅兵。辛亥，以拉布敦为左都御史。丙辰，免河南经过地方额赋十分之三。丁巳，上驻跸彰德府，幸精忠庙。辛酉，上驻跸百泉，奉皇太后幸白露园。淮噶尔台吉策旺多尔济那木札勒为部人所杀，立其兄喇嘛达尔札。癸卯，再免河南歉收地方额赋十分之五。乙丑，赈福建闽县等九县水灾。己巳，免河南祥符等县明年额赋。云南河阳地震。

冬十月辛未，幸嵩山。丙子，上奉皇太后驻跸开封府。戊寅，上幸古吹台。加鄂容安为内大臣。赈浙江淳安水灾。甲申，调爱必达为云南巡抚、开泰为贵州巡抚，以杨锡绂为湖南巡抚。乙酉，免江苏清河等九州县水灾额赋。戊子，免山西应州等三州县水灾额赋。甲午免顺直固安等四十六厅州县水雹各灾额赋，仍赈贷有差。戊戌，赈江苏溧阳等州县水灾。

十一月辛丑，上奉皇太后率皇后还京师。己酉，赈甘肃平凉二十八厅州雹旱灾。壬子，免山东兰山等旱灾额赋，并赈之。癸丑，珠尔默特那木札勒谋作乱，驻藏都统傅清、左都御史拉布敦诱诛之。其党卓呢罗卜藏扎什等率众叛，傅清、拉布敦遇害。甲寅，命策楞、岳钟琪率兵赴藏，调尹继善赴四川经理粮饷，命侍郎那木札勒同班第驻藏。逮纪山来京，命舒明驻青海，众佛保署之。乙卯，宣谕珠尔默特那木扎勒戕其兄车布登及悖逆诸状。追赠傅清、拉布敦为一等伯，封傅清子明仁、拉布敦子根敦为一等子，世袭。命侍郎兆惠赴藏，同策楞办善后事宜。丙辰，命舒赫德仍在军机处行走。调穆和兰为左都御史，以伍龄安为礼部尚书。召雅尔哈善来京，以王师为江苏巡抚。丁巳，命策楞择藏番目与班第协办噶布伦事务。乙丑，以阿里衮为湖广总督。调阿思哈为山西巡抚，卫哲治为广西巡抚，以定长为安徽巡抚。戊辰，以捕获卓呢罗布藏扎什等，乱已定，止岳钟琪进藏，命驻打箭卢。

十二月庚午朔，赈盛京高丽堡等六站水灾。壬申，始命汉大臣梁诗正等恩荫分部学习。戊寅，赈两淮莞渎等三场水灾。庚辰，命舒赫德勘浙江海塘。壬午，乌里雅苏台参赞大臣萨布哈沙褫职，以宝德代之。戊子，赈盛京辽阳等七城、承德等六州县水灾，并蠲缓额赋有差。癸巳，唐绥祖被劾免，以严瑞龙护湖北巡抚。

十六年春正月庚子，以初次南巡，免江苏、安徽雹元至十三年逋赋，浙江本年额赋，减直省缓决三次以上人犯罪。以上年巡幸嵩、洛，免河南十四年以前逋赋。辛丑，赈安徽宿州等州县上年水灾。癸卯，以江苏逋赋积至二百二十余万，谕厘革催征积弊。丙午，免甘肃元年至十年逋赋。以严瑞龙署湖北巡抚。辛亥，上奉皇太后南巡。癸丑，免经过直隶、山东地方本年额赋十分之三。自是南巡皆如之。壬戌，卓呢罗布藏札什等伏诛。癸亥，赈安徽歙县等十五州县旱灾。甲子，免山东邹平等县逋赋及仓谷。

二月辛未，赈山东兰山等七州县旱灾。癸酉，免两淮灶户逋赋。乙亥，命喀尔喀亲王德沁扎布为喀尔喀副将军，公车布登扎布为参赞大臣。丙子，上奉皇太后渡河，阅天妃闸。丁丑，阅高家堰。辛巳，免山东峄县等七州县水灾额赋有差。乙酉，上幸焦山。丙戌，调定长为广西巡抚。己丑，上驻跸苏州，谕三吴士庶，各敦本业，力屏浮华。辛卯，宣布珠尔黑特那木札勒叛逆罪状，征办如律。严瑞龙褫职，命阿里衮兼湖北巡抚。壬辰，免江苏武进等县新旧田租，免兴化县元年至八年逋赋。癸巳，准噶尔使额尔钦等观于苏州行宫。

三月戊戌朔，上奉皇太后幸杭州府。贷黑龙江呼兰地方水灾旗民，免官庄本年额赋。免浙江淳安县水灾本年漕粮。己亥，以张师载为安徽巡抚。庚子，上幸敷文书院，幸观潮楼阅兵。甲辰，裁杭州汉军副都统。乙巳，上祭禹陵。丙午，上奉皇太后还驻杭州府。丁未，阅兵。戊申，命高斌仍以大学士衔管河道总督事。庚戌，谕浙江士庶崇实敦让，子弟力田。命班第掌驻藏钦差大臣关防。辛亥，东阁大学士张允随卒。癸丑，上奉皇太后驻跸苏州府。甲寅，赈广东海康等县水灾。乙卯，幸宋臣范仲淹祠，赐园名曰高义，赏后裔范宏兴等貂币。辛酉，上奉皇太后幸江宁府。壬戌，上祭明太祖陵。乙丑，赐纪山自裁。丁卯，起陈世倌为文渊阁大学士。免江苏江浦等十五州县被灾额赋有差。

夏四月辛未，吉林将军卓鼐改杭州将军，以永兴代之。免甘肃皋兰等九厅州县十三年被灾额赋。癸酉，上阅蒋家坝。免江南沛县九年以前逋赋。甲戌，赈浙江永嘉等十州县场卫水灾。赈广东龙川等十二州县十五年水灾。丙子，赈江苏山阳等二十四州县卫十五年水灾。己卯，免甘肃狄道等二十厅州县十四年被水旱雹霜灾额赋有差。以恒文为湖北巡抚。癸未，免河南鄢陵等十六州县十四年水灾额赋。乙酉，永兴褫职逮问，吉林将军卓鼐降调，以傅森代之。丙戌，上驻跸泰安府，祀东岳。戊子，诏以五月朔日食，行在彻悬、斋戒。己丑，遣履亲王允祹代行常雩礼。

五月丁酉朔，日食。丁未，上临奠都统傅清、左都御史拉布敦。戊申，以永兴等诬劾唐绥祖，给还籍产，召来京。辛亥，赐吴鸿等二百四十三人进士及第出身有差。丁巳，免广东海康等十一州县十五年风灾额赋。己未，严瑞龙以诬告唐绥祖，论斩。癸亥，赈山东掖县等六州县潮灾。

闰五月戊寅，调黄廷桂为陕甘总督，尹继善为两江总督。戊子，以永贵为浙江巡抚。壬辰，命保举经学之陈祖范、吴鼎、梁锡与、顾栋高进呈著述，顾赴部引见者听。癸巳，直隶河间等州县蝗。是月，免山西太原等十九州县上年水雹等灾额赋有差。赈山东寿光等六县、官台等三场,福建宁化等二县水灾,云南剑川等七州县地震灾。

六月己亥,起唐绥祖为山西按察使。壬子,赈江苏靖江县雹灾。赈广东英德等四州县水灾。赈山西凤台、高平水灾。甲寅,免江苏沛县上年水灾额赋。丙辰,免浙江永嘉等七厅州卫上年旱灾额赋。赈福建宁化等县水灾。庚申,缅甸入贡。辛酉,免安徽寿州等二十五州县水灾额赋。甲子,准噶尔部人布图逊林特古斯来降。

秋七月庚午,赈福建归化等县水灾。壬申,上奉皇太后秋狝木兰。戊寅,上奉皇太后驻跸避暑山庄。己卯,河南阳武十三堡河决。庚辰,上奉皇太后巡幸木兰,行围。乙卯,免山西清水河厅雹灾额赋。丙戌,赈陕西朝邑县水灾。己丑,赈山东平度等州县水灾。壬辰,赈山西凤台等九县水灾。

八月乙未,赈浙江海宁等六十五州县卫所及大嵩等场旱灾。赈江西上饶等七县被旱灾。赈湖北天门旱灾。丙申赐陈祖范、顾栋高国子监司业衔。戊戌,以硕色举发伪撰孙嘉淦奏稿,假造朱批,谕方观承等密缉之。己酉,上奉皇太后回驻避暑山庄。辛亥,命修房山县金太祖陵、世宗陵。丁巳,上奉皇太后还京师。己未,赈河南商丘等十四县水灾。庚寅,准泰以徇隐伪奏,褫职逮问。调鄂容安为山东巡抚、舒辂为河南巡抚、鄂昌为江西巡抚,以杨应琚为甘肃巡抚。命高斌赴河南办阳武河工。辛酉,以庄有恭为江苏巡抚。癸亥,免甘肃平凉等五州县雹灾额赋。乙丑,定明年二月各省举行恩科乡试。诏停本年秋决。癸酉,赈山东邹平等五十三州县水灾。丙子,上奉皇太后诣泰陵。丁丑,赈福建福安等二县水灾。庚辰,上皇太后谒泰陵。是日,回跸。甲申,命舒赫德赴江南查办伪撰孙嘉淦奏稿事。庚寅,命陈世倌兼管礼部。两广总督陈大受卒,调阿里滚代,以永常为湖广总督。辛卯,赈河南上蔡等州县水灾。癸巳,赈福建霞浦等四县潮灾。

冬十月戊戌,以范时绥署湖南巡抚。壬寅,赈长芦属富国等七场、山东王家冈等三场水灾。甲寅,赈安徽歙县等十八州卫旱灾。丙辰,赈江苏铜山等八州县水灾。调陈宏谋为河南巡抚,舒辂为陕西巡抚。赈山东齐东等七州县本年水灾、荣成县雹灾。戊午,赈直隶武清等二十六州县水雹灾。癸亥,赈山东官台二场灶潮灾。

十一月甲戌,赈河南祥符等五县水灾。乙亥,赈直隶东明等三州县本年水灾。庚辰,阳武决口合龙。乙酉,以皇太后六旬万寿,上徽号曰崇庆慈宣康惠敦和裕寿皇太后,颁诏覃恩有差。丙戌,命高斌、汪由敦会勘天津河工。戊子,皇太后圣寿节,上奉皇太后御慈宁宫,率王公大臣行庆贺礼。

十二月癸巳朔,以乌尔登为北路军营参赞大臣。丁酉,浚永定河引河。戊戌,赈吉林珲春地方本年水灾。庚子,赈山东邹平等五十五州县水灾。壬寅,以雅尔哈善为浙江巡抚。甲辰,浚直隶南北两运减河。命多尔济代班第驻藏办事。辛亥,赈浙江鄞县等六十州县厅卫所、大嵩等八场旱虫灾。

十七年春正月乙亥,赐准噶尔使图卜济尔哈郎等宴。庚戌,设盛京总管内务府大臣,以将军兼管。甲申,以准噶尔达瓦齐、阿睦尔撒纳内讧,增兵阿尔泰边隘。命舒赫德、玉保查阅北路军营。丙戌,以阿巴齐、达清阿为北路参赞大臣。丁亥,赈江苏铜山等六州县、安徽歙县等九州县被灾贫民。辛卯,修直隶永定河下口及凤堤。

二月乙未,以钟音为陕西巡抚。己亥,释准泰。甲寅,上诣东陵。丙辰,布鲁克巴之额尔德尼第巴贡方物。丁巳,上谒昭西陵、孝陵、孝东陵、景陵。戊午,上驻跸盘山。己未,赈山西山阴、虞乡被灾贫民。辛酉,修房山县金太祖、世宗陵。

三月戊辰,以浙东灾重,谕雅尔哈善加赈,毋令流移。庚午,上还宫。壬申,以莫尔欢为归化城都统。戊寅,福建巡抚潘思榘卒,调陈宏谋为福建巡抚,以蒋炳为河南巡抚。

夏四月甲午,免山东齐东等十二州县卫上年水灾额赋。乙巳,免直隶武清等二十三厅州县上年水灾额赋。庚戌,免浙江海宁等七十三州县卫及大嵩等十三场上年水灾额赋。丁巳,免直隶永利等四场、山西山阴等县上年水灾额赋。

五月辛未,直隶东光、武清等四十三州县蝗。庚辰,赈河南祥符等十四县水灾。己丑,赈甘肃狄道等十四县上年水灾。山东济南等八府蝗,江南上元等十二州县生蝻。

六月甲午,准噶尔部人呢雅斯来降。丁未,御试翰林、詹事等官,擢汪廷瑗等三员为一等,余升黜有差。试满洲由部院改入翰林、詹事等官,擢德尔泰为一等,余降用有差。丙辰,以鄂乐舜为甘肃巡抚。

秋七月丁丑,上奉皇太后秋狝木兰。己卯,免所过州县钱粮十分之三。癸未,上奉皇太后驻避暑山庄。丁亥,赈江苏铜山等县水灾。

八月丙申,顺天乡试内兼御史蔡时田、举人曹咏祖坐交通关节,处斩。壬寅,抚赈福建晋江等厅县风灾。甲辰,上奉皇太后巡幸木兰,行围。丙午,命黄廷桂查办陕西赈恤。乙卯,赈陕西咸宁等二十一州县旱灾。

九月辛酉,西洋波尔都噶尔亚国遣使入贡。四川杂谷土司苍旺作乱,命岳钟琪率兵剿之。庚午,苏禄番目所赍入贡国书不合,饬喀尔吉善等遣回国。甲戌,四川官军克杂谷腊,降番寨一百有六。予策楞、岳钟琪优叙。戊寅,减甘肃张掖等五县偏重额赋。赈河南被灾饥民。己卯,上奉皇太后还京师。庚辰,协办大学士、吏部尚书梁诗正请终养,许之。以孙嘉淦为吏部尚书、协办大学士,汪由敦为工部尚书。辛巳,准噶尔喇嘛根敦林沁等来降。丁亥,召尹继善来京,以庄有恭署两江总督。苍旺伏诛。

冬十月戊子朔,赐秦大士等一百四十一人进士及第出身有差。召鄂昌来京,以鄂容安署江西巡抚,杨庆琚署山东巡抚。壬定,阿思哈奏平阳绅民捐赈灾银。谕不忍令灾地富民出货,饬还之。调定长为山西巡抚,以李锡泰为广西巡抚。己酉,上诣东陵,并送孝贤皇后安地宫。壬子,上谒昭西陵、孝陵、孝东陵、景陵。丁巳,赈江苏上元等十九州县、山西临晋等十州县、湖北钟祥等二十五州县卫旱灾。

四川杂谷、黑水后番上下寨来降。

十一月庚申,上还京师。甲子,命刑部尚书刘统勋在军机处行走。戊辰,赈山西闻喜等五州县旱灾。庚辰,以鄂容安为江西巡抚。

十二月戊子,赈甘肃皋兰二十一厅州县水灾雹灾。己丑,修陕西永寿等九县城,以工代赈。赈河南武陟县水灾。黑龙江将军富尔丹卒,以绰尔多代之。乙巳,御史书成请释传钞伪奏稿人犯忤旨,褫职。谕陈宏谋毋究捕天主教民。

十八年春正月戊午,赈陕西耀州等三十七州县、山西永济等十一州县旱灾。丙寅,广东东莞县匪莫信丰等、福建平和县匪蔡荣祖等作乱,捕治之。戊寅,调黄廷桂署四川总督,尹继善署陕甘总督,以鄂容安兼署两江总督,班第署两广总督。辛巳,鄂昌等褫职逮问。乙酉,免山东章丘等三十一州县卫积年逋赋。

二月丁亥朔,以岳钟琪请用兵郭罗克,谕黄廷桂议奏。丙申,上谒泰陵。丁酉,上祭金太祖、世宗陵。江南千总卢鲁生坐伪撰孙嘉淦奏稿,磔于市。己亥,皇太后自畅春园启跸至涿州,上诣行宫请安。壬寅,上奉皇太后御舟至莲花淀阅水围。丙午,免河南夏邑等五县十六年被水额赋。丁未,命兆惠赴藏办事。戊申,上阅永定河工。庚戌,上幸南苑行围。辛亥,免江苏上元等十州县十七年水灾赋。

三月癸亥,以雅尔哈善于查办伪奏搞不加详鞫,下部严议。戊寅,赈安徽寿州等十一州县卫上年旱灾饥民。己卯,以开泰署湖广总督,定常署贵州巡抚。辛巳,赈湖北十九州县卫上年旱灾。

夏四月丁亥,钱陈群谏查办伪奏稿,上斥以沽名,并饬勿存稿,以“尔子孙将不保首领”谕之。己丑,西洋博尔都噶里雅遣使贡方物,优诏答之。以恒文署湖广总督。甲午,赐西洋博尔噶都里雅贡使宴。乙未,免云南剑川州十六、七年地震水灾额赋有差,并赈恤之。辛丑,赐西洋博尔都噶里雅国王敕,加赉文绮珍物。丙午以旱命刑部清理庶狱,减徒以下罪,直隶亦如之。丁未,上诣黑龙潭祈雨。壬子,命永常、努三往安西,给钦差大臣关防。

五月癸亥,减秋审、朝审缓决三次以上罪。丁卯,山东济宁、汶上等州县蝻。免广东丰顺减等三县上年水灾额赋。辛未,免浙江仁和等六县、仁和场上年水灾额赋,并赈恤之。辛未,准噶尔台吉喇嘛达尔札与达瓦齐相攻被执,达瓦齐自为台吉。

六月癸巳,以策楞署兵部尚书。乙未,浙江上虞人丁文彬以衍圣公孔昭焕发其造作逆书,鞫实,磔之。丙申,天津等州县蝗。

秋七月甲子,顺天宛平等三十二州县卫蝗。壬申,江南邵伯湖减水二闸及高邮车逻霸时并决,命策楞、刘统勋会同高斌查办水灾。赈安徽歙、太湖等县水灾。庚辰,命庄有恭赈高邮、宝应水灾。壬午,停各省分巡道兼布政使司参政、参议,按察使司副使、佥事等衔,及升用鸿胪寺少卿。

八月戊子,命履亲王允祹代祭大社、大稷。赈两淮板浦等场水灾。戊戌,上奉皇太后秋狝木兰。庚子,高斌免,以策楞署南河河道总督,同刘统勋查办河工侵亏诸弊。辛丑,命永常、开泰各回本任。甲辰,上奉皇太后驻跸避暑山庄。乙巳,拨江西、湖北米各十万石赈江南灾。丁未,上奉皇太后巡幸木兰,行围。庚戌,高斌、张师载褫职,留河工效力,以卫哲治为安徽巡抚。辛亥,赈江苏铜山十二州县水灾,山东兰山等县水灾。

九月庚申,赈湖北潜江等三县水灾。壬戌,河南阳武十三堡河决。丁卯,以扈从行围畏葸不前,褫丰安公爵、田国恩侯爵,阿里滚罢领侍卫内大臣。以弘升为正白旗领侍卫内大臣。庚午,以皇后至盘山,命舒赫德为领侍卫内大臣管理内务府大臣随往。江苏铜山河决。壬申,命舒赫德协办江南河工。以阿里衮署领侍卫内大臣,随扈盘山。以尹继善为江南河道总督,鄂容安为两江总督,调永常为陕甘总督,开泰为湖广总督,黄廷桂为四川总督,以定常为贵州巡抚,胡宝珠为山西巡抚,范时绥为江西巡抚,杨锡绂为湖南巡抚。召班第来京,以策楞为两广总督。癸酉,上奉皇太后驻避暑山庄。甲戌,左都御史梅毂成休致。丙子,谕将贻误河工之同知李焞、守备张宾斩于铜山工次。命策楞等缚高斌、张师载令目睹行刑讫释放。丁丑,赈山东利津等县水灾。

冬十月庚寅,苏禄国王遣使劳独万查刺请内附,下部议。辛卯,召刘统勋来京。乙未,赈山东海丰等六县本年潮灾。命钟音署陕甘总督。辛丑,以杨锡绂为左都御史,调胡宝泉为湖南巡抚,恒文为山西巡抚,以张若震为湖北巡抚。癸卯,免江苏阜宁等二十六州县卫新旧额赋有差。乙巳,赈安徽太湖等三十州县卫水灾。庚戌,免浙江钱塘等二十八州县厅卫所旱灾额赋有差。

十一月己未,召苏昌来京,以鹤年为广东巡抚。癸亥,江西生员刘震宇以所著《治平新策》有"更易衣服制度"等语,处斩。甲子,赈甘肃皋兰等二十九州县卫所水雹灾,并免额赋有差。甲戌,以杨应琚为山东巡抚。准噶尔杜尔伯特台吉车凌乌巴什等率所部来降。丙子,赈浙江玉环厅旱灾。庚辰,安徽池州府知府王岱因亏空褫职,潜逃拒捕,处斩。

十二月丙戌,赈两淮富安等场旱灾。命归降杜尔伯特以吉车凌等移居呼伦贝尔。丁亥,协办大学士、吏部尚书孙嘉淦。命玉保、努三、萨喇勒为北路参赞大臣。命舒赫德赴鄂尔坤军营。庚寅,命户部尚书蒋溥协办大学士,以黄廷桂为吏部尚书,仍管四川总督,鄂尔达署之。丙申,江南张家马路及邵伯湖二闸决口同日合龙。庚子,以准噶尔台吉达瓦齐未遣使来京,谕永常暂停贸易。

十九年春正月壬子,赈安徽宿州等十五州县卫、江苏阜宁等十五州县卫上年水灾。壬戌,命萨喇勒等讨入卡之准噶尔乌梁海。乙亥,命杨锡绂署吏部尚书,罢鄂弥达兼管。丁丑,琉球入贡。己卯,准噶尔台吉车凌入观。

二月丙申,赈山东兰山十八年水灾。戊戌,苏禄入贡,命广东督、抚檄国王毋以内地商人充使。赈山东昌邑等四县、永丰等五场潮灾。癸卯,召策楞来京。乙巳,准噶尔乌梁海库木来降。己酉,命策楞赴北路军营。

三月辛亥朔，以白钟山为河东河道总督，杨应琚署之。准噶尔台吉阿睦尔撒纳等与达瓦齐内共。戊午，命舒赫德、成衮札布、萨喇勒来京。喀尔喀亲王额琳沁多尔济管理喀尔喀兵事。庚申，四川提督岳钟琪卒。赈湖北潜江等四州县卫水灾，并蠲赋有差。癸亥，免直隶大城等十厅州县十八年水雹旱灾额赋。庚午，免安徽太平等二十五州县卫十八年水灾额赋，并赈之。乙亥，赈两淮富安等十二场灶户。

夏四月庚辰朔，加刘统勋、汪由敦太子太傅，方观承、喀尔吉善、黄廷桂太子太保，鄂容安、开泰太子少傅，永常、硕色太子少保。命准噶尔台吉车凌等入观。庚寅，成衮札布降喀尔喀副将军，以策楞为定边左副将军。辛卯，召班第回京。以杨应琚署两广总督。丙午，命都统德宁、准噶尔台吉色布腾为北路军营参赞大臣。是月，免长芦沧州等二场上年旱灾灶户、直隶沧州等二州上年水灾灶户额赋。赈甘肃皋兰等十五州县上年旱灾。赈安徽宿州等十二县州、江苏阜宁等二十三州上年水灾。

闰四月庚戌朔，赐庄培因等二百三十三人进士及第出身有差。己未，免湖北潜江等四州县卫上年水灾额赋。辛未，色布腾入观，命大学士傅恒至张家口传旨迎劳，封贝勒。壬申，京师雨。

五月辛巳，命清保为黑龙江将军。以准噶尔内乱，谕两路进兵取伊犁。召永常、策楞来京，面授机宜。甲申，上奉皇太后巡幸盛京。戊子，免安徽太平等二十五州县卫上年水灾额赋。庚寅，上奉皇太后驻跸暑山庄。封准噶尔台吉车凌为亲王，车凌乌巴什为郡王，车凌孟克为贝勒，孟克特穆尔、拜音、根敦为贝子。癸巳，免浙江庙湾等十一场十八年被水灶户额赋，灾重得赈之。丁酉，免长芦属永阜等三场上年水灾灶户额赋。戊戌，召陈宏谋来京。命刘统勋协同永常办理陕甘总督事务。调陈宏谋为陕西巡抚，钟音为福建巡抚。己亥，召雅尔哈善来京，调鄂乐舜为浙江巡抚，以鄂昌为甘肃巡抚。

六月壬子，赈福建厅溪等州县水灾。庚申，赈甘肃皋兰等五州县旱灾。壬戌，阿睦尔撒纳等为达瓦齐所败，奔额尔齐斯夔博和硕之地。谕策楞等接应归附。壬申,命雅尔哈善署户部侍郎,在军机处行走。

秋七月辛巳,赈直隶蓟州等州县水灾。壬午,上奉皇太后诣盛京。癸未,命护军统领塔勒玛善、副都统扎勒杭阿为北路军营参赞大臣。丙戌,以乌梁海人巴朗逃,降车布登为贝子,参赞大臣安崇阿、德宁论斩。丁酉,阿睦尔撒纳率部众来降,命萨喇勒迎劳。己亥,上驻跸彰武台河东大营,奉皇太后御行幄。庚子,以喀尔喀台吉丹巴札布失机,命处斩。召策楞、舒赫德、色布腾、萨喇勒来京,以额琳沁多尔济署将军,兆惠为参赞大臣。壬寅,命阿睦尔撒纳入观。丙午,以班第为兵部尚书,署定边左副将军。以阿里衮为步军统领。赈江苏兴化等州县水灾。

八月辛亥,授杨应琚两广总督。癸丑,命达勒党阿为黑龙江将军。甲寅,上驻跸吉林。乙卯,上诣温德亨山望祭长白山、松花江。丁巳,召鄂容安赴行在,以尹继善署两江总督。己未,赈齐齐哈尔等三城水灾。庚申,赈甘肃皋兰等五州县旱灾。丙寅,上阅辉发城。丁卯,命阿睦尔撒纳游牧移鄂尔坤、塔密尔。癸酉,以策凌孟克及策凌乌巴什、讷默库为西路参赞大臣。乙亥,北路以达勒党阿、乌勒登、努三、兆惠为参赞大臣,西路以萨喇勒、阿兰泰、玉保为参赞大臣。

九月丁丑朔,赈两淮角斜等场灶潮灾。辛巳,上奉皇太后率皇后谒永陵。萨喇勒等征乌梁海。甲申,免甘肃皋兰等十五州县被水被雹额赋。丙戌,谒昭陵、福陵。丁亥,上奉皇太后驻跸盛京。戊午,上率群臣诣皇太后行庆贺礼。御崇政殿受贺。免奉天府所属本年丁赋。自山海关外及宁古塔等处,已结、未结死罪均减等,军流以下悉免之。朝鲜国王李昑遣使诣盛京贡献。己丑,停本年秋决。辛卯,上谒文庙。癸巳,上御大政殿,盛京宗室、觉罗、将军等进御膳。甲午,上奉皇太后率皇后自盛京回跸。己亥,减直隶武清等四县额赋。辛丑,以班第为定边右副将军,鄂容安为参赞大臣。癸卯,命车凌乌巴什、讷默库、车凌孟克等赴西路,在参赞大臣上行走,喀尔喀王巴雅尔什第等在北路军营领队上行走。

冬十月癸丑，赈山东惠民等十六州县卫、永和等三场水灾。甲寅，调卫哲治为广西巡抚，鄂乐舜为安徽巡抚，以周人骥为浙江巡抚。乙卯，赈安徽寿州等十九州县卫本年水灾、山西马邑雹灾。丙辰，上奉皇太后还宫。戊午，上御太和殿，受王以下文武百官进表朝贺。己未，以工部尚书汪由敦管刑部尚书。辛酉，赈江苏阜宁等十六州县卫水灾，并蠲赋有差。辛未，移京城满洲兵三千驻阿勒楚喀等处屯垦，增副都统一、协领一。庚午，以鄂弥达署吏部尚书。

十一月戊寅，赈福建诸罗等二县风灾。上幸南苑。苏禄国王苏老丹嘛喊味麻安柔律邻遣使贡方物。准噶尔克尔帑特台吉阿布达什来降。庚辰，赈顺天直隶武清等十五州县被水被雹饥民，并免额赋有差。乙酉，上幸避暑山庄。丁亥，辉特台吉阿睦尔撒纳、杜尔伯特台吉讷默库等率降众于广仁岭迎驾。是日，上召见阿睦尔撒纳等赐宴，赏赉有差。戊子，封阿睦尔撒纳为亲王，讷默库、班珠尔为郡王；杜尔伯特台吉刚多尔济、巴图博罗特、辉特台吉札木参、齐木库尔为贝勒；杜尔伯特台吉布图克森、额尔行尼、罗垒原端，辉特以吉德济特、普尔普、克什克为贝子；辉特台吉根敦札布等，杜尔伯特台吉布颜特古斯等为公；杜尔伯特台吉乌巴什等，辉特台吉伊等为一等台吉。以辉特亲王阿睦尔撒纳为北路参赞大臣，郡王讷默库为西路参赞大臣。命额琳沁多尔济为西路参赞大臣，召班第来京。命阿睦尔撒纳署将军，额驸色布腾巴勒珠尔协办。命车凌同车凌乌巴什往西路军营，讷默库同阿睦尔撒纳、班珠尔往北路军营。戊戌，上还京师。

十二月戊申，以班第为定北将军，阿睦尔撒纳为定边左副将军，永常为定西将军，萨喇勒为定边右副将军。辛亥，上幸大学士来保、予告大学士福敏第视疾。以亲王固伦额驸色布腾巴勒珠尔、亲王衔琳沁、郡王讷默库、班珠尔、郡五衔青滚杂卜、尚书公达勒党阿、总督伯鄂容安、护军统领乌勒登为北路参赞大臣，亲王额琳沁多尔济、车凌、郡王车凌乌巴什、贝勒车凌孟克、色布腾、贝子扎拉丰阿、公巴图孟克、玛什巴图、将军阿兰泰为西路参赞大臣。癸亥，安南国王黎维祜进方物。赈甘肃河州等十五厅州县卫水灾。丙寅，调鄂容安为西路参赞大臣，命阿兰泰、库克新玛木特为北路参赞大臣。

二十年春正月丁丑，命定边左副将军阿睦尔撒纳率参赞大臣额驸色布腾巴勒珠尔、郡王品级青滚杂卜、内大臣玛木特、奉天将军阿兰泰由北路进征，定边右副将军萨喇勒率参赞大臣郡王班珠尔、贝勒品级札拉丰阿、内大臣鄂容安由西路进征。癸未，以阿里滚署刑部尚书。癸卯，免乌梁海、札哈沁、包沁等贡赋一年。

二月乙巳朔，日食。命兆惠留乌里雅苏台协办军务，在领队大臣上行走。丙午，朝鲜贡方物。乙卯，上谒东陵。戊午，上谒昭西陵、孝陵、孝东陵、景陵，至孝贤皇后陵奠酒。己未，召范时绥来京，调胡宝泉为江西巡抚，以杨锡绂署湖南巡抚，蒋溥署吏部尚书。赈山东惠民等十二州县卫水灾。庚申，准噶尔噶勒杂特部人齐伦来降。丁卯，赈云南易门、石屏地震灾民。己巳，赈江苏高邮等州县卫上年灾民。

三月丙子，永常等奏额鲁特业克明安巴雅尔来降。戊寅，免江苏江浦等二十二州县卫十九年水灾额赋。己卯，上诣泰陵。召鄂昌来京，调陈宏谋为甘肃巡抚，以台柱署陕西巡抚。壬午，上谒泰陵。乙酉，上驻跸吴家庄，阅永定河堤。丙戌，上幸晾鹰以行围，殪熊一虎二。召大学士、九卿、翰詹、科道，谕胡中藻诗悖逆，张泰开刊刻、鄂昌唱和诸罪，命严鞫定拟。庚寅，上还京师。鄂昌褫职逮问。壬辰，高斌卒。释张师载回籍。乙未，扎哈沁得木齐巴哈曼集、宰桑敦多克等来降。庚子，免直隶霸州等六州县厅本年旱灾额赋。壬寅，准噶尔台吉噶尔藏多尔济等来降。

夏四月丙午，额林哈毕尔噶宰桑阿巴噶斯等来降。壬子，致仕太保、大学士张廷玉卒，命遵世宗遗诏，配飨太庙。甲寅，胡中藻处斩。乙丑，吐鲁番伯克莽噶里克来降。免长芦永利等三场、海丰一县水灾额赋。丙寅，免山东惠民等十六州县水灾额赋。丁卯，绰罗

斯以吉滚布什卜等并叶尔羌等回部和卓木来降。戊辰，琉球国世子
尚穆遣使入贡请封，允之。壬申，集赛宰桑齐巴汗来降。

五月甲戌朔，免安徽寿州等十九州县卫水灾额赋。喀尔喀车臣
汗副将军公格勒巴木丕勒褫爵，留营效力，以扎萨克郡王得木楚克
代之。戊寅，赈奉天承德等七州县水灾。庚辰，命翰林院侍讲全魁、
编修周煌往琉球册封。辛巳，和通额默根宰桑鄂哲特等来降。壬午，
库图齐纳尔宰桑萨赉来降。甲申，准噶尔宰桑乌鲁木来降。戊子，
阿勒辟沁鄂拓克宰桑塔尔巴来降。己丑，达瓦齐遁特克斯。庚寅，
史贻直原品休致。赐鄂昌自尽。辛卯，命黄廷桂为武英殿大学士，
仍留四川总督任。调王安国为吏部尚书，以杨锡绂为礼部尚书，何
国宗为左都御史。调陈宏谋为湖南巡抚，以吴达善为甘肃巡抚，图
尔炳阿为河南巡抚。壬辰，阿睦尔撒纳奏克定伊黎，赏阿睦尔撒纳
亲王双俸，封其子为世子。晋封班第、萨喇勒为一等公，玛木特为三
等公。赏色布腾巴勒珠尔亲王双俸。封扎拉丰阿为郡王，车布登扎
布、普尔普为贝勒。赏车凌亲王双俸。封车凌乌巴什、班珠尔、讷默
库为亲王，策楞孟克为郡王。再授傅恒一等公爵。军机大臣等俱优
叙有差。赈江苏清河、铜山等州县水灾。癸巳，召达勒党阿来京协
办大学士，以绰勒多署黑龙江将军。大学士傅恒辞公爵，允之。封
班第为诚勇公，萨喇勒为超勇公，玛木特为信勇公。

六月癸卯朔，以平定准部告祭太庙，遣官告祭天、地、社、稷、先
师孔子。命四卫喇特如喀尔喀例，每部落设盟长及副将军各一人。
丙午，阿睦尔撒纳奏兵至格登山，大败达瓦齐之兵。封喀喇巴图鲁
阿玉锡、巴图济尔、察哈什等男爵，并授散秩大臣，余赏赉有差。己
酉，加上皇太后徽号曰崇庆慈宣康惠敦和裕寿崇禧皇太后，颁诏覃
恩有差。癸丑，阿克敦免，以鄂弥达为刑部尚书，仍署吏部尚书，阿
里衮署兵部尚书，降永常为侍郎。命大学士黄廷桂为陕甘总督，调
开泰为四川总督。召刘统勋来京，以硕色署湖广总督，爰必达署云
贵总督。己未，罗卜藏丹津等解送京师，遣官告祭太庙，行献俘礼。
庚申，上御午门受俘，宥罗卜藏丹津罪，巴朗、孟克特穆尔伏诛。甲

子,以班第等奏阿睦尔撒纳与各头目往来诡秘,擅杀达瓦齐众宰桑,图据伊犁。温旨令即行入观。戊辰,获达瓦齐,准部平。

秋七月戊寅,杜尔伯特台吉伯什阿噶什等来降。丁亥,乌兰泰以获达瓦齐封男爵。黑龙江将军绰勒多改荆州将军,以达色代之。

八月丙午,赈江苏海州等七州县水灾雹灾。丁未,上奉皇太后巡幸木兰。壬子,上奉皇太后驻跸避暑山庄。甲寅,赈山东金乡等二十二州县卫水灾。封准噶尔台吉伯什阿噶什为亲王。丁巳,上奉皇太后至木兰行围。庚申,召尹继善来热河。

九月壬申朔,免福建台湾等三县上年被水额赋。甲戌,上御行殿,绰罗斯噶勒藏多尔济等入观,赐宴。阿睦尔撒纳入观,至乌陇古,叛,掠额尔齐斯台站。丙子,准噶尔头目阿布噶斯等叛。起永常为内大臣,仍办定西将军事,策楞、玉保、扎拉丰阿为参赞大臣。命哈达哈留乌里雅苏台,会同阿兰泰办事。丁丑,阿睦尔撒纳犯伊犁。庚辰,颁招抚阿睦尔撒纳谕。壬午,上奉皇太后回驻避暑山庄。癸未,赐噶勒藏多尔济等冠服,封噶勒藏多尔济为绰罗斯特汗,车凌为杜乐伯特汗,沙克都尔曼济为和硕特汗,巴雅尔为辉特汗。晋封喀尔喀郡王桑齐多尔济为亲王。命哈达哈等讨阿睦尔撒纳。丁亥,命策楞为定西将军。以喀尔喀郡王巴雅尔什第等捕诛包沁叛贼台拉克等,晋封巴雅尔什第为亲王,沙克都打布为贝勒,达尔扎诺尔布扎布为贝子。赈浙江山阴等十五州县、曹娥等五场、湖州一所,云南剑川一州本年被水灾民。赈湖北江陵等八州县卫本年被水灾民。庚寅,逮永常来京,降策楞为参赞大臣,以扎拉丰阿为定西将军。刘统勋舍巴里坤退驻哈密,切责之。丙申,逮刘统勋来京,命方观承往军营办理粮饷,以鄂弥达署直隶总督。噶勒藏多尔济之子诺尔布琳沁讨阿巴噶斯,败之,获得木齐班咱加封郡王。封贝勒齐木库尔为郡王。以阿里滚署刑部尚书,调汪由敦为刑部尚书。戊戌,户部尚书海望卒。

冬十月辛丑朔,策楞褫职逮问,命副都统莽阿纳、喀宁阿为西路领队大臣。甲辰,以卫哲治为工部尚书,鄂宝署广西巡抚。戊申,赈浙江会稽等州县场所水灾。命富德为参赞大臣。壬子，宥刘统勋、策楞发军营，以司员效力。癸丑，赈山东邹县等十九州县卫、官台等四场水灾。丁巳，达瓦齐等解至京，遣官告祭太庙社稷，行献俘礼。戊午，上御门楼受俘，释达瓦齐等。赈安徽无为等三十二州县被水饥民。命李元亮署工部尚书。辛酉，起策楞为参赞大臣，署定西将军，命进剿阿睦尔撒纳。甲子，将军班第、尚书鄂容安败绩于乌兰库图勒，死之。副将军萨喇勒被执。丙寅，命哈达哈为定边左副将军，雅尔哈善为参赞大臣，达勒党阿为定边右副将军，阿兰泰为乌里雅苏台参赞大臣。

十一月辛未，以杜尔伯特贝勒色布腾为北路参赞大臣。癸酉，以策楞为内大臣兼定西将军，扎拉丰阿为定边右副将军，达勒党阿为参赞大臣。宥青滚杂卜罪。甲戌，以鄂勒哲依、哈萨克锡喇为参赞大臣，尼玛为内大臣兼参赞大臣。云南剑川州地震。壬午，调鄂乐舜为山东巡抚，高晋为安徽巡抚，锡特库为巴里坤都统。癸未，宥达瓦齐罪，封亲王，赐第京师。甲午，噶勒杂特得木齐丹毕来降。

十二月癸卯，起乌勒登为领队大臣。以户焯署陕西巡抚。丙午，命侍郎刘纶往浙江查办前巡抚鄂乐舜，并查江南、浙江赈务。戊申，免伊犁本年贡赋。以吉林将军傅森为兵部尚书，额勒登代之。己未，赈索伦、达呼尔水灾霜灾。赈湖北潜江等六州县卫水灾。赈两淮徐溇等十二场、山西岢岚州本年水灾各有差。

清史稿卷一二
本纪第一二

高宗三

二十一年春正月庚午,以额驸科尔沁亲王色布腾巴勒珠尔贻误军机,褫爵禁锢。贻喀尔喀亲王额琳沁多尔济以疏纵阿睦尔撒纳,处斩。己卯,以准噶尔故总台吉达什达瓦之妻率众来降,封为车臣默尔根哈屯。命尹继善往浙江会审鄂乐舜。丁亥,阿巴噶斯得木齐哈丹等来降。乙未,命哈达哈由阿尔泰进兵协剿。原任副将军萨喇勒由珠勒都司来归,命与鄂勒哲依同掌副将军印。命协办大学士达勒党阿由珠勒都司进兵协剿。丁酉,致仕协办大学士阿克敦卒。

二月癸卯,授巴里坤辨事大臣和起钦差大臣关防。戊申,以杨廷璋为浙江巡抚。辛亥,上启跸谒孔林。以策楞奏报获阿睦尔撒纳,命改谒泰陵。甲寅,上谒泰陵。免直隶、山东经过州县钱粮十分之三,歉收地方免十分之五。乙卯,上幸山东,诣孔林。免山东海丰等三县潮灾额赋。壬辰,赈山东兰山等州县水灾。癸亥,赈浙江仁和等十五州县场水灾。甲子,工部尚书卫哲治病免,以赵宏恩代之。策楞以误传获阿睦尔撒纳奏闻。丁卯,命萨喇勒以副将军驻特讷格尔。戊辰,授硕色为湖广总督,郭一裕为云南巡抚。

三月己巳朔,上至曲阜,谒先师孔子庙。授清保为盛京将军。庚午,释奠礼成。谒孔林、少昊陵、元圣周公庙。免曲阜丁丑年额赋。辛未,赈山东邹县十七州县卫水灾。丙戌,免江苏宿迁被灾河租,湖北潜江等五州县上年水灾额赋。丁亥,命哈达哈进兵乌梁海布延图,以青滚杂卜、车布登为参赞大臣。策楞等奏复伊犁。戊子,免安徽宿州等二十一州县卫、江苏阜宁等七十二州县卫上年水灾额赋。壬辰,上谒昭西陵、孝陵、景陵,诣孝贤皇后陵奠酒。丙申,赐鄂乐舜自尽。丁酉,上还京师。

夏四月壬子,免山东邹县等十九州县卫上年潮灾额赋。命达勒党阿由西路、哈达哈由北路进征哈萨克,以哈宁阿、鄂实为参赞大臣。癸丑,命大学士傅恒赴额林哈毕尔噶整饬军务。策楞、玉保逮问。以乌勒登疏纵阿陆尔撒纳处斩。甲寅,命尚书阿里衮在军机处行走。丁巳,召傅恒回京。富德奏败哈萨克于塞伯苏台。壬戌,免山西岢岚州二十年霜灾额赋。癸亥,军机大臣雅尔哈善、刘纶罢。命裘曰修在军机处行走。乙丑,召刘统勋回京。

五月戊辰朔,玉保降领队大臣以达勒党阿为定边右副将军,巴禄为参赞大臣。乙亥,免浙江仁和等十三州县上年被灾额赋。庚辰,上诣黑龙潭祈雨。乙酉,以莽阿纳、达什车凌为参赞大臣。丁亥,免甘肃甘州等三府本年民屯额赋。赈甘肃皋兰等二十厅州县上年霜雹灾。辛丑,噶勒杂特宰桑根敦等来降。壬子,以莽阿纳为归化城都统。癸丑,何国宗降调,以赵宏恩为左都御史,调汪由敦为工部尚书,刘统勋为刑部尚书。丙辰,伯什阿噶什属宰桑赛音伯克来降。癸亥,杜尔伯特台吉伯什阿噶什遣使来降,命封亲王。乙丑,封杜尔伯特台吉乌巴什为贝子。

秋七月戊辰,免安徽无为等三十二州卫上年水灾额赋。壬申,特楞古特宰桑敦多克及古尔班和卓等于济尔玛台诈降,哈达哈等率兵殄之。授哈达哈领侍卫内大臣,车布登扎布郡王,唐喀禄、舒赫德副都统,三都布多尔济公爵。余议叙有差。庚辰,漕运总督瑚宝卒,以张师载代之。丁亥,上幸清河,至班第、鄂容安丧次赐奠。壬辰,以青滚杂卜叛迹已著,谕舒明、成衮扎布等捕剿之。癸巳,库车伯克鄂对等来降。

八月壬寅,以绰尔多为黑龙江将军。乙巳,命喀尔喀亲王成衮扎布为定边左副将军,舒明、阿兰泰、桑斋多尔济、德沁扎布、塔勒

玛善为参赞大臣。辛亥,命纳木扎布、德木楚克为参赞大臣。以保
德署绥远城将军。癸丑,上奉皇太后秋狝木兰。磔阿巴噶斯等于市。
戊午,赈车臣汗部落扎萨克辅国公成衮等六旗旱灾。额鲁特达玛琳
来降。庚申,上奉皇太后巡幸木兰,行围。授瑚图灵阿、富昌、保德、
哲库纳、阿尔宾为参赞大臣,随成衮扎布办事。以保云署绥远城将
军。壬戌,台吉伯什阿噶什入觐,召见行殿,赐宴。癸亥,予成滚扎
布等议叙。甲子,以喀尔喀贝勒品级车木楚克扎布接续台站,封为
贝勒。乙丑,哈达哈等征哈萨克,大败之。授扎拉丰阿为贝子,明瑞
为副都统。赈陕西长安等十三厅州县雹灾。

九月甲戌,达瓦齐近族台吉巴里率人户来降,命附牧扎哈沁地
方。丁丑,土尔扈特台吉敦多布达什遣使臣吹扎布入贡,上召见于
行幄,赐宴。戊子,免甘肃乾隆元年至十五年积年欠赋,及宁夏安西
等二十二州县卫本年额赋有差。庚寅,上奉皇太后回驻避暑山庄。
授杜尔伯特亲王伯什阿噶什为盟长。乙未,暹罗国王遣使贡方物。
赈山东鱼台等县水灾。

闰九月癸卯,封罗卜藏车楞之子塔木楚克扎布为贝勒。戊申,
上奉皇太后回跸。庚戌,授阿桂为北路参赞大臣。准借黑龙江被水
人户籽种口粮。甲寅,上奉皇太后还京师。赈安徽宿州等十二州县
卫水灾。辛酉,免江苏清河十二州县卫被灾漕项。

冬十月戊辰,命哈达哈以参赞大臣随同成滚扎布办事,阿里
衮、富德回京。壬申,以富勒赫未能预防河决,召来京。命爱必达为
河道总督,刘统勋署之。调鹤年为山东巡抚,授尹继善两江总督,兼
管河务。癸酉,以满福为巴里坤都统。丙子,兆惠以回部霍集占叛
状闻,遣阿敏道等进兵。戊寅,辉特台吉巴雅尔叛掠洪霍尔拜、扎哈
沁,命宁夏将军和起讨之。己卯,赈直隶延庆等八州县卫本年水灾
雹灾。乙酉,致仕大学士福敏卒。

十一月丁未,赈甘肃皋兰等二十六厅州县水雹灾。辛亥,调陈
宏谋为陕西巡抚,图勒炳阿为湖南巡抚。甲寅,命仍逮问策楞、玉
保。降封扎拉丰阿公爵。以达勒党阿为定西将军,兆惠为定边右副

将军,永贵为参赞大臣。庚申,哈萨克锡喇巴玛及回人莽噶里克率众袭将军和起于辟展。和起力战死之,命如傅清、拉布敦例恤。已未,黄廷桂奏备马三万匹,增兵驻哈密等处。上以"明决担当"嘉之。赏黄廷桂双眼花翎、骑都尉世职。壬戌,王安国病免。以汪由敦署吏部尚书,赵宏恩署工部尚书,何国宗署左都御史。

十二月甲子朔,策楞、玉保逮京,途次为额鲁特人所害。庚午,赈山西汾阳等县水灾。辛未,谕哲布尊丹巴胡图克图加号敷教安众喇嘛。壬申,以卢焯为湖北巡抚。赈山东金乡等二十一州县卫水灾。甲戌,免陕西周至等四县本年水灾民屯赋、马厂地额赋之半。戊寅,获青滚杂卜于杭噶奖噶斯,赏成滚扎布黄带,封子一人为世子,封纳木扎勒一等伯。已卯,召瑚图灵阿等回京。以获青滚杂卜功,晋贝勒车木楚克扎布郡王品级,赏贝勒旺布多尔济等双眼花翎。丙戌,达勒党阿罢协办大学士,以鄂弥达代之。

二十二年春正月甲午,以南巡免江苏、安徽、浙江累年逋赋。以成滚扎布为定边将军,由巴里坤进剿,车布登扎布署北路定边左副将军,舒赫德、富德、鄂实为参赞大臣,色布腾巴勒珠尔,阿里衮,明瑞等为领队大臣。乙未,赈江苏清河等十九州县水灾。戊戌,命嵩椿为荆州将军。以莽古赉为参赞大臣赴北路军营。已亥,命哈达哈为参赞大臣,驻科布多。庚子,以哈宁阿、永贵为参赞大臣。癸卯,上奉皇太后南巡。甲辰,授汪由敦吏部尚书,调何国宗为礼部尚书,秦蕙田为工部尚书,赵宏恩仍回左副都御史,白钟山为江南河道总督,张师载为河东河道总督,杨锡绂为漕运总督,授爱必达江苏巡抚。丙午,免直隶静海等三州县逋赋。丁未,免经过直隶、山东地方本年钱粮十分之三,被灾地方十分之五。壬子,赈山东济宁五州县卫水灾。癸丑,以阿思哈为北路参赞大臣。已未,以嵇璜为江南副总河。命阿桂留乌里雅苏台办事。壬戌,噶勒藏多尔济、达什车凌等叛。

二月癸亥朔,免经过江南、浙江地方本年钱粮十分之三,被灾地方十分之五。甲子，赈江苏清河十四州县卫、安徽宿州等四州县卫灾民。丙寅，兆惠全师至乌鲁木齐，封一等伯，世袭。丁卯，上奉皇太后渡河至天妃闸，阅木龙。免江南乾隆十年以前漕项积欠。免两淮灶户乾隆十七年至十九年未完折价银两。乙亥，上奉皇太后渡江。癸未，幸宋臣范仲淹高义园。甲申，上奉皇太后幸苏州府。乙酉，上奉皇太后临视织造机房。调富森为吏部尚书，以纳木札勒为工部尚书。降阿里衮为侍郎，以兆惠为户部尚书，领侍卫内大臣，舒赫德为兵部尚书。命成滚扎布、兆惠分路捕剿额鲁特叛众。丙戌，上阅兵于嘉兴府后教场。丁亥，上阅兵于石门镇。己丑，上奉皇太后幸杭州府。庚寅，上阅兵。辛卯，免山东齐河等三州县民欠，及山西汾阳等二县、江苏清河等十二州县水灾额赋。

三月丁酉，噶勒藏多尔陷伊犁，命成滚扎布讨之。庚子，上奉皇太后驻跸苏州府。己酉，上奉皇太后幸江宁府。免江南之江宁、苏州，浙江之杭州三府附郭诸县本年额赋。庚戌，上奠明太祖陵。辉特台吉车布登多尔济叛，哈达哈讨获之。命尽诛丁壮，以女口赏喀尔喀。辛亥，以哈达哈为兵部尚书。癸丑，上奉皇太后渡江。甲寅，召原任大学士史贻直入阁办事，黄廷桂仍以大学士兼管陕甘总督。丙辰，免陕西潼关等厅州县上年水雹灾额赋。召刘统勋赴行在。己未，上奉皇太后渡河。

夏四月壬戌朔，直隶总督方观承劾奏巡检张若瀛擅责内监僧人。上斥为不识大体，仍谕内监在外生事者听人责惩。乙丑，免江苏淮安等三府州地亩额赋。命刘统勋督修徐州石工，侍郎梦麟督修六塘以下河工，副总河嵇璜督修昭关滚霸支河，均会同督、抚、总河筹办。召成滚扎布、兆惠、舒赫德等来京，以雅尔哈善为参赞大臣，掌定边右副将军印，命阿里衮驻巴里坤办事。丙寅，上至孙家集阅堤工。唐喀禄获车布登多尔济，以普尔普部人赏乌梁海。丁卯，上渡河，至荆山桥、韩庄闸阅河工。戊辰，免直隶延庆等州县卫二十一年雹灾水灾额赋。庚午，减山东海丰县属黎敬等五庄粮额，并免十一年至二十年逋赋。以松阿里为绥远城将军。获普尔普。辛未，上至阙里释奠先师孔子。上奉皇太后驻跸灵岩。命史贻直仍以文渊阁大学士兼吏部尚书。乙亥，改松阿里为凉州将军，以保德为绥远城将军。戊寅，免山东济宁等五州县逋赋。己卯，调蒋炳为河南巡抚，以阿思哈为湖南巡抚。庚辰，免河南夏邑等四县逋赋。辛巳，以夏邑生员段昌绪藏吴三桂伪檄，命方观承赴河南会同图勒炳阿严鞫之。乙酉，何国宗罢。丁亥，上还京师。命秦蕙田署礼部尚书。戊子，以前布政使彭家屏藏明末野史，褫职逮问。以归宣光为礼部尚书。庚寅，福建厦门火。丁酉，上诣蓝靛厂迎皇太后居畅春园。乙巳，赐蔡以台等二百四十二人进士及第出身有差。丁未，霍集占叛，副都统阿敏道死之。

六月辛酉朔，以胡宝瑔为河南巡抚，阿思哈署江西巡抚。壬戌，免甘肃及河南夏邑等四县明年额赋。癸亥，以爱必达为云贵总督，调陈宏谋为江苏巡抚，明德为陕西巡抚，定长为山西巡抚。甲子，赈河南鄢陵等州县水灾。戊辰，彭家屏论斩。丁丑，赏达什达瓦部落两月口粮。癸未，喀尔喀达玛琳叛，命桑寨多尔济讨之。己丑，赈安徽宿州等十六州县卫水灾、甘肃碾伯等三十八州县厅水雹灾。

秋七月辛卯朔，赈山东馆陶等州县水灾。壬辰，以刘藻为云南巡抚。癸卯，赐彭家屏自尽。命史贻直仍兼工部。乙巳，赈安徽宿州等十州县水灾雹灾。丙午，赈山东东平州等五州县水灾。以获巴雅尔授富德内大臣，封贝勒罗布藏多尔济为郡王。丁未，以杨应琚为闽浙总督，以鹤年为两广总督，蒋洲为山东巡抚，塔永宁为山西巡抚。哈萨克汗阿布赉遣使入贡。戊申，上奉皇太后巡幸木兰。癸丑，额鲁特台吉浑齐等杀札那噶尔布，以其首来降。戊午，赈山东济宁等三十二州县卫水灾、福建龙岩等二州县水灾。

八月丙寅，哈萨克霍集伯尔根等降。丁卯，以萨喇善为吉林将军，傅森署之。戊辰，赈甘肃柳沟等三卫旱灾。乙亥，上奉皇太后巡幸木兰，行围。赈山西汾阳水灾。辛巳，巴雅尔、达什车凌伏诛。

九月癸巳，克埒特、乌鲁特各部俱平。甲午，上御行殿，哈萨克阿布赉等使臣入觐，赐宴。戊戌，以富勒浑为湖南巡抚。浑齐等复叛。庚子，额鲁特沙喇斯、玛呼斯二宰桑叛，命都统满福讨之。以雅尔哈善为兵部尚书。辛丑，上奉皇太后回驻避暑山庄。壬寅，磔尼玛等于故将军和起墓前。丁未，命刘统勋赴山东、江南办理河工。辛亥，上奉皇太后还京师。

冬十月壬戌，上幸南苑，行围。癸亥，琉球入贡。乙丑，以雅尔哈善署定边右副将军。丁卯，召车布登扎布来京，以纳木扎勒署定边右副将军。阿桂赴科布多，以莽古赉为北路参赞大臣。辛未，以兆惠为定边将军，车布登扎布为定边右副将军。丙戌，以永贵为陕西巡抚。

十一月丙申，以喀尔喀亲王德沁扎布为北路参赞大臣。壬子，以吴拜为左都御史。戊午，赈甘肃皋兰等二十二厅州县霜雹等灾。

十二月癸亥，以陈宏谋为两广总督，李侍尧署之，托恩多为江苏巡抚，阿尔泰为山东巡抚。己巳，大学士陈世倌乞休，许之。乙亥，封车木楚克扎布为郡王。丁丑，赈扎鲁特、阿噜、科尔沁三旗灾。庚辰，舒赫德以失机褫职。甲申，加史贻直、陈世倌太子太傅，鄂弥达、刘统勋太子太保。

是岁，朝鲜、暹罗、琉球入贡。

二十三年春正月己丑，赈河南卫辉等府属灾民一月。免甘肃乾隆十六年至二十二年逋赋。庚寅，命兆惠、车布登扎布剿沙喇伯勒，雅尔哈善、额敏和卓征回部。辛卯，赈江苏清河等十八州县、安徽宿州等十州县灾民有差。癸酉，赈直隶大名等州县灾民。丙午，以俄罗斯呈验阿睦尔撒纳尸及哈萨克称臣纳贡，宣谕中外。己酉，吏部尚书汪由敦卒，止亲临赐奠。壬子，以刘统勋为吏部尚书，调秦蕙田为刑部尚书，以嵇璜为工部尚书，调钟音为广东巡抚，周琬为福建巡抚，周人骥署贵州巡抚。癸丑，命雅尔哈善为靖逆将军，额敏和卓、哈宁阿为参赞大臣，顺德讷、爱隆阿、玉素布为领队大臣，征回部。命永贵、定长以钦差大臣关防办理屯田事务。

二月庚申，朝鲜入贡。癸亥，赈陕西葭州等八州县旱灾。乙丑，赈德州等三十七州县卫所灾民。

三月庚寅，上谒西陵。癸巳，上谒昭西陵、孝陵、孝东陵、景陵。庚子，上谒泰陵。辛丑，兆惠等进兵沙喇伯勒，获扎哈沁哈拉拜，尽歼其众。舍楞遁，命和硕齐、唐喀禄追捕之。壬寅，免江苏山阳等二十五州县卫额赋有差。乙巳，御试翰林、詹事等官，擢王鸣盛等三员为一等，余升黜有差。试由部院改入翰林等官，擢德尔泰为一等，余升黜有差。丁未，以吴士功为福建巡抚，钟音为陕西巡抚，托恩多为广东巡抚，庄有恭署江苏巡抚，冯钤为湖北巡抚。

夏四月壬戌，免甘肃兰州等六府州县乾隆三年至十年逋赋。戊辰，复封额驸色布腾巴勒珠尔为亲王。免直隶霸州等三十三州县厅乾隆十年至二十年逋赋。庚午，致仕大学士陈世倌卒。壬申，命李元亮兼署户部尚书。免直隶魏县等二十九州县厅上年水灾额赋。丙子，命陈宏谋回江苏，以总督衔管巡抚事。以冯钤为湖南巡抚，庄有恭署湖北巡抚，李侍尧署两广总督。庚辰，上诣黑龙潭祈雨。壬午，以旱命刑部清理庶狱，减徒以下罪，直隶如之。

五月戊子，免甘肃通省二十四年额赋。癸丑，赈陕西延安等三府州旱灾。

六月辛未，免陕西榆林等八州县逋赋。癸未，免陕西靖边等八州县上年额赋。直隶元城等州县蝗。

秋七月丁亥，免甘肃安西等三厅卫二十二年风灾额赋。己丑，毛城铺河决。庚寅，霍集占援库车，雅尔哈善等击败之。免福建台湾县旱灾额赋。丙申，加黄廷桂少保，杨应琚、开泰太子太保，杨锡绂太子少师，陈宏谋、高晋、胡宝瑔太子少傅，白钟山、爱必达、吴达善太子少保。戊戌，赈山西静乐等州县水雹灾。庚子，上奉皇太后秋狝木兰。壬寅，舍楞奔俄罗斯。召阿桂还。癸卯，右翼布鲁特玛木特呼里比米隆遣其弟舍尔伯克入觐。谕缚献哈萨克锡喇。乙巳，以纳木札勒为靖边将军，三泰为参赞大臣。谕兆惠赴库车。丙午，上奉皇太后驻避暑山庄。戊申，赏车布登扎布亲王品级。壬子，赈陕西延安等十七州县旱雹灾。

八月丙寅,雨。己巳,上奉皇太后木兰行围。甲戌,以都赉为兵部尚书。丁丑,赈甘肃皋兰等二十四州县厅旱灾。壬午,缅甸国王莽达喇为得楞野夷所害,木梳铺土官瓮藉牙自立。

九月己丑,赐布鲁特使臣舍尔伯克宴。提督马得胜以攻库车失机,处斩。庚寅,右部哈萨克图里拜及塔什干回人图尔占等来降。丙申,奉皇太后驻避暑山庄。申戌,调归宣光为左都御史,以嵇璜为礼部尚书,命梁诗正署工部尚书。命驻防伊犁大臣兼理回部事务。己亥,赈浙江仁和等县水灾。甲辰,哈喇哈勒巴克回部来降。庚戌,和阗城伯克霍集斯等来降。壬子,乌什城降。

冬十月癸亥,赈浙江钱塘等十六县场水灾,山西朔平府属霜灾。丁卯,赈直隶大城等九县水雹霜灾。兆惠自巴尔楚克进兵叶尔羌。甲戌,吴拜病免,以德敏为左都御史。赈直隶沧州等六州县场水灾。

十一月甲申朔,右部哈萨克遣使来朝,赐宴。乙酉,上回跸。丙戌,上幸南苑行围。戊子,上大阅。己丑,以阿里衮为参赞大臣,赴兆惠军营。辛卯,赈江苏海州等五州县水旱潮灾。丁酉,兆惠至叶尔羌城外,陷贼围中。授富德为定边右副将军,阿里衮、爱隆阿、福禄、舒赫德为参赞大臣,往叶尔羌策应。己亥,以十二月朔望日月并蚀,谕修省。辛丑,克里雅伯克阿里木沙来降。甲辰,以兆惠深入鏖战,封一等武毅谋勇公,晋额敏和卓郡王品级,霍集斯贝子加贝勒品级。丁未,讷木扎勒、三泰、奎玛岱策应兆惠,途次遇贼,死之。加赠纳木扎勒公爵、三泰子爵、奎玛岱世职。以舒赫德为工部尚书。庚戌,富德赴叶尔羌。

十二月癸丑朔,日蚀。左副都御史孙灏奏请明年停止巡幸,上斥其识见舛缪,改用三品京堂,并以"效法皇祖练武习劳"谕中外。赈福建台湾等四县风灾。加赈浙江仁和等七县所水灾。壬戌,裘日修罢军机处行走。丁卯,除甘肃张掖等四厅县水灾冲田亩额赋。戊辰,晋封喀尔喀扎萨克郡王齐巴克雅喇木丕勒为亲王。壬申,免浙江钱塘等七县本年水灾额赋。

二十四年春正月甲申，免甘肃通省明年额赋及积年各项积欠。癸巳，雅尔哈善处斩。己亥，大学士伯黄廷桂卒，以吴达善为陕甘总督，明德为甘肃巡抚，暂护总督。授李侍尧两广总督。癸卯，命蒋溥为大学士，仍管户部尚书，梁诗正为兵部尚书，归宣光为工部尚书，陈德华为左都御史，李元亮兼管兵部满尚书，苏昌署满工部尚书。

二月壬戌，哈宁阿论斩。癸亥，赈车都布等三旗旱灾。甲子，富德、阿里滚与霍集占战呼尔璊，大败之。封富德为三等伯，予舒赫德、阿里滚、豆斌等世职。命舒赫德回阿克苏办事。己巳，富德兵至叶尔羌，会兆惠兵进攻。晋封富德一等伯。命车布登扎布为副将军，福禄、车木楚克扎布为参赞大臣。鄂斯满等陷克里雅。谕巴禄援和阗。庚辰，以兆惠、富德回阿克苏严责之。

三月癸未，命舒赫德同霍集斯驻和阗，截贼窜路。己丑，以头等侍卫乌勒登、副都统齐努浑为北路参赞大臣。壬辰，召杨应琚来京，以杨廷璋署闽浙总督。甲午，慧星见。己亥，明瑞晋封承恩毅勇公。江苏淮安等三府州蝗。

夏四月辛亥，富德等援和阗。癸丑，以阿桂为富德军营参赞大臣。丁巳，常雩，祀天于圜丘。上以农田望泽，命停止卤簿，步行虔祷。以杨应琚为陕甘总督，吴达善以总督衔管巡抚事。戊午，以杨廷璋为闽浙总督，庄有恭为浙江巡抚。庚申，免浙江钱塘等十六县场上年风灾额赋。辛酉，展赈甘肃河州等处旱灾。命刑部清狱减刑，甘肃亦如之。甲子，赈甘肃狄道等二十三厅州县旱灾雹灾。丁卯，上临原任大学士黄廷桂丧。癸酉，免山西阳曲等五州县上年水灾雹灾额赋。丁丑，禁织造贡精巧绨绣。命舒赫德仍回驻阿克苏。

五月辛巳，免陕西潼关等六十五厅州县本年额赋有差。辛卯，上诣黑龙潭祈雨。丁酉，赈陕西咸宁等州县旱灾。己亥，诏诸臣修省，仍直言得失。辛丑，上素服诣社稷坛祈雨。丁未，上以雨泽未沛，不乘辇，不设卤簿，由景运门步行祭方泽。己酉，赈甘肃皋兰等州县被旱灾民。

六月庚戌，缓常犯奏请处决。甲寅，以恒禄为绥远城将军。戊午，赈陕西榆林等十一州县旱灾。庚申，上以久旱，步至圜丘行大雩礼。是日，大雨。命兆惠进兵喀什噶尔，富德进兵叶尔羌。甲戌，江苏海州等州县、山东兰山等县蝗，谕裘日修、海明捕蝗。丙子，英吉利商船赴宁波贸易，庄有恭奏却之。谕李侍尧传集外商，示以禁约。

闰六月丙戌，免福建台湾等三县上年风灾额赋。丁酉，赈甘肃皋兰等州县旱灾。庚子，布拉呢敦弃喀什噶尔遁。甲辰，霍集占弃叶尔羌遁。丙午，以刘纶为左都御史。戊申，以甘肃旱，停发本年巴里坤等处遣犯。

秋七月己酉朔，兆惠等奏喀什噶尔、叶尔羌回众迎降。布拉呢敦、霍集占遁巴达克山。命阿里衮等率兵攻尔楚克。庚戌，谕兆惠等追捕布拉呢敦、霍集占。命车布登扎布驻伊犁防霍集占等入俄罗斯。辛亥，以捕蝗不力，夺陈宏谋总督衔。壬子，上奉皇太后启跸，秋狝木兰。己未，上奉皇太后驻跸避暑山庄。停征山西阳曲等三十九厅州县旱灾额赋。丁丑，改西安总督为川陕总督，四川总督为四川巡抚，甘肃巡抚为甘肃总督管巡抚事。以开泰为川陕总督，杨应琚为甘肃总督。山西平定等州县蝗。

八月己卯，明瑞追剿霍集占等于霍斯库鲁克岭，大败之。壬午，赈甘肃皋兰等四十厅州县本年旱灾。己丑，申禁英吉利商船逗留宁波。壬辰，富德等奏追剿霍集占于阿勒楚尔，大败之。癸巳，上奉皇太后幸木兰，行围。庚子，富德等奏兵至叶什革库勒诺尔，霍集占窜巴达克山。

九月庚戌，赈浙江江山等县水灾。论剿贼功，晋封回人鄂对为贝子，阿什默特、哈岱默特为公，复敏珠尔多尔济公爵。癸丑，定西域祀典。命阿桂赴阿克苏办事。晋封玉素布为贝勒。丙寅，改甘肃安西镇为安西府。上奉皇太后还京师。以苏昌为湖广总督。除回城霍集占等苛敛。

冬十月己卯，颁给阿桂钦差大臣关防。癸未，赈山西阳曲等五十六厅州县旱灾。丁亥，赐哈宁阿自尽。戊子，禁州县捕蝗派累民间。癸巳,免山西助马口庄头本年旱灾额赋十分之七。乙未,以鄂弼为山西巡抚。赈盛京开原等城、承德等七州县旱灾,抚恤长芦、沧州等六州县、严镇等五场被水灶户,均蠲额赋有差。免甘肃狄道等二十二厅州县上年水灾雹灾额赋。丙申,赈顺天直隶固安等四十七州县厅水霜雹虫灾,并蠲额赋有差。丁酉,谕:"国家承平百年,休养滋息,生齿渐繁。今幸边陲式廓万有余里,以新辟之土疆,佐中原之耕凿,又化凶顽之败类为务本之良民,一举而数善备。各督抚其通饬所属,安插巴里坤各城人犯,分别惩治,勿以纵释有罪为仁,使良法不行。"己亥,赈江苏上元等十九州县厅卫水虫风潮灾。庚子,富德奏巴达克山素勒坦沙献霍集占首级,全部投诚。命宣谕中外。将军兆惠加赏宗室公品级鞍辔。将军富德晋封侯爵,并赏戴双眼花翎。参赞大臣公明瑞、公阿里滚赏戴双眼花翎。舒赫德以下,均从优议叙。晋封额敏和卓为郡王,赏玉素布郡王品级。辛丑,以平定准、回两部用兵本末,制《开惑论》,宣示中外。赈浙江嘉兴等二十州县卫所、双穗等九场水灾虫灾。壬寅,却诸王大臣请上尊号。赈陕西定边等九县旱雹霜灾。癸卯,召喀尔喀、杜尔伯特诸部落汗、王、公等赴太平嘉宴。

十一月辛亥,以平定回部,上率诸王大臣诣皇太后寿康宫庆贺。御太和殿受朝贺。颁诏中外,覃恩有差。辛酉,杨应琚加太子太师。乙丑,除山东济宁州、鱼台县水淹地赋。癸酉,命各回城伯克等轮班入觐。哈尔塔金布鲁特来降。

十二月甲子,赈甘肃皋兰等十四厅州县及东乐县丞属本年旱灾。癸巳,免两淮丁溪等七场被灾应纳折价十分之七。甲午,赈山东海丰等十六州县卫、永阜等三场本年水灾潮灾。丁酉,免浙江江山等三县本年水灾额赋。

二十五年春正月戊申,以西师凯旋,再免来岁甘肃额赋。己酉,赈甘肃皋兰等州县旱灾。庚戌,命乌鲁木齐屯田。乙卯,霍罕额尔德尼伯克遣使陀克塔玛特等入觐。丙辰,巴达克山素勒坦沙遣使额穆尔伯克等及齐哩克、博罗尔使入觐。定边将军兆惠等以霍集占首级来上，并俘酋扪多索丕等至京。丁巳，上御午门行献俘礼。命霍集占首级悬示通衢，宥扪多索丕等罪。己未，布鲁特阿济比遣使锡喇噶斯等入觐。

二月丁丑，命侍郎裘日修、伊禄顺清查甘肃各州县办理军需。赈扎萨克图汗等四旗部落饥。癸未，上启跸诣东陵。乙酉，赈山西阳曲等州县上年旱灾。丙戌，上谒昭西陵、孝陵、孝东陵、景陵。丁亥，以清馥迁延讳匿，命正法。辛卯，免盛京等十九驿旱灾额赋，并赈之。癸巳，上还京师。命车布登札布以副将军统兵剿捕哈萨克巴鲁克巴图鲁，以玛瑙，车木楚克札布为参赞大臣，上诣泰陵。己亥，上谒泰陵。以兆惠、富德为御前大臣。壬寅，兆惠等凯旋，上至良乡郊劳。癸卯，上还京师。甲辰，赐哈密扎萨克郡王品级、贝勒玉素布等冠服有差。

三月丙午朔，上御太和殿受凯旋朝贺。丁未，试办伊犁海努克等处屯田。设乌鲁木齐至罗克伦屯田村庄。免安徽怀宁等十七州县卫上年水虫灾额赋。壬子，以阿布都拉为乌什阿奇木伯克，阿什默特为和阗阿奇木伯克，噶岱默特为喀什噶尔阿奇木伯克，鄂对为叶尔羌阿奇木伯克。甲寅，颁阿桂关防，驻伊犁办事，常亮等协同办事。丁巳，免浙江仁和等十州县卫所、双穗等九场上年水灾虫灾额赋。辛酉，赈江苏上元等五十五州县卫上年水灾。甲子，上临和硕和婉公主丧次，赐奠。丙寅，上幸皇六子永瑢第。戊辰，命新柱往叶尔羌办事。己巳，晋封纯贵妃为皇贵妃。以巴图济尔噶勒为内大臣。庚午，免山东海丰等十六州县、永阜等三场上年潮水灾额赋。

夏四月戊子，以山东兰山等县蝻生，命直隶预防之。己亥，内大臣萨喇勒卒。

五月甲辰朔，日食，诏修省。丙午，谕陕甘总督辖境止乌鲁木齐，饬杨应琚仍回内地。壬子，诏曰："内地民人往蒙古四十八部种植，设禁之，是厉民。今乌鲁木齐各处屯政方兴，客民前往，各成聚落，汙莱辟而就食多，大裨国家牧民本图。无识者又疑劳民。特为

宣谕。"癸丑,赐毕沅等一百六十四人进士及第出身有差。丁巳,免
安徽怀宁等十七州县卫上年水灾虫伤额赋。乙丑,裁陕西榆葭道,
改延绥道为延榆绥道,移驻榆林府,以鄜州隶督粮道。己巳,哈萨克
阿布勒巴木比特遣使入觐,赐敕书,却所请游牧伊犁,及居住巴尔
鲁克等地。前掠乌梁海之巴鲁克巴图鲁服罪,献还所获,仍锡赉之。

六月乙亥,免甘肃征本年及来年耗羡。丁酉,召阿里滚回京。命
海明赴喀什噶尔办事。

秋七月癸卯朔,谕热河捕蝗。甲辰,山西宁远等厅、直隶广昌等
州县蝗。甲寅,伯什克勒木等庄回人迈喇木呢雅斯叛,阿里滚剿平
之。以阿思哈为江西巡抚。乙卯,赈江苏高邮等州县水灾。戊辰,
以杨宁为喀什噶尔提督。己巳,以俄罗斯驻兵和宁岭、喀屯河、额尔
齐斯、阿勒坦诺尔四路,声言分界,谕阿桂、车布登扎布等来岁以兵
逐之。

八月丙戌,命乌鲁木齐驻札大臣安泰、定长、永德为总办,列名
奏事。其大臣侍卫等,均如领队大臣例,专任一事,咨安泰等转奏。
己丑,上奉皇太后秋狝木兰。壬辰,以阿桂总理伊犁事务,授为都
统。丙申,上奉皇太后驻避暑山庄。戊戌,上奉皇太后幸木兰,行围。
己亥,增设江苏江宁布政使,驻江宁府,分辖江、淮、扬、徐、通、海六
府州,以苏州布政使分辖苏、松、常、镇、太五府州,安徽布政使回驻
安庆。命托庸调补江宁布政使。命户部侍郎于敏中在军机处行走。

九月乙卯,喀尔喀车臣汗札萨克旺沁扎布,以不能约束属人,
革札萨克,降贝子为镇国公。丙辰,恒春引见,以舒明署绥远城将
军。丁巳,三姓副都统巴岱以挖参人众滋事,不能捕治,反给牌票,
上以畏懦责之,命正法。庚申,命德尔格驻辟展办事。癸亥,哈萨克
汗阿布赉使都勒特克埒入觐。

冬十月壬申朔,上奉皇太后回驻避署山庄。乙亥,以苏州布政
使苏崇阿刑求书吏,妄奏侵蚀七十余万,刘统勋等鞫治皆虚,革发
伊犁。戊寅,以恒禄为吉林将军,如松为绥远城将军。乙酉,赈安徽
宿州等十三州县卫本年水灾。辛卯,上奉皇太后还京师。以阿里滚

为领侍卫内大臣。癸巳,免直隶宣化等七州县本年水雹灾额赋。己亥,赈湖南常宁等十二州县卫旱灾。

十一月癸卯,免江苏山阳等二十五州县卫本年水灾额赋有差。丁未,除山东永利等二场并海丰县潮冲灶地额赋。庚申,赈甘肃洮州等二十七厅州县卫本年水灾。丙寅,以常钧署江西巡抚。庚午,允垦肃州邻边荒地,开渠溉田。

十二月丙戌,西安将军松阿哩以受属员馈遗,褫职论绞。命甘肃总督仍改为陕甘总督。以伊犁、叶尔羌等处均驻大臣,无须更置道员,归总督辖。停四川总督兼管陕西。调胡宝瑔为江西巡抚,吴达善为河南巡抚,以明德为甘肃巡抚。丁亥,大学士蒋溥以病乞休,温谕慰留。壬辰,上幸瀛台,赐入觐叶尔羌诸城伯克萨里等食,至重华宫赐茶果。壬辰,阿思哈论绞。丙申,德敏迁荆州将军。以永贵为左都御史,命赴喀什噶尔办事,代舒赫德回京。

是年,朝鲜、南掌入贡。

二十六年春正月壬寅,紫光阁落成,赐画像功臣并文武大臣、蒙古王公等宴。赈湖南零陵等七州县、江苏清河等六州县水灾。丙午,以爱必达、刘藻两年所出属员考语相同,下部严议。浙江提督马龙图以挪用公项,解任鞫治。甲寅,尹继善陛见,高晋护两江总督。调海明赴阿克苏同办事。命舒赫德赴喀什噶尔办事,永贵赴叶尔羌办事。癸亥,以傅森署左都御史。癸酉,上临大学士蒋溥第视疾。鄂宝以回护陆川县纵贼一案,下部严议。以托庸为广西巡抚,永泰署湖南巡抚。庚辰,上奉皇太后西巡五台。壬午,免所过州县额赋十分之三。甲申,上奉皇太后谒泰陵。乙酉,安南国王黎维祎卒,封其侄黎维禟为安南国王。丁亥,免直隶宣化、万全等八州县乾隆八年至十八年逋赋。癸巳,上奉皇太后驻台麓寺。己亥,免山东济宁等三州县上年水灾额赋。贷甘肃渊泉等三县农民豌豆籽种,令试种。

三月庚子,希布察克布鲁特额穆尔比自安集延来归,遣使入觐。乙巳,上幸正定府阅兵。戊申,江南河道总督白钟山卒,以高晋代之。调托庸为安徽巡抚,以熊学鹏为广西巡抚。己酉,设喀什噶尔驻札办事大臣,命伊勒图协同永贵辨事。庚戌,赈安徽宿州等十三州县卫水灾。壬子,上幸平阳淀行围。乙卯,免直隶宣化等二县上年雹灾额赋。丁卯,授阿桂内大臣。改绥远城建威将军曰绥远城将军。己巳,南掌国王苏吗喇萨提拉准第驾公满遣使表贺皇太后圣寿、皇上万寿,并贡方物。

夏四月庚午,上临庄亲王第、大学士蒋溥第视疾。辛未,庄有恭奏劾参将安廷召,不以保举在前,姑容于后,谕嘉之。己卯,大学士蒋溥卒。命旌额理、阿思哈赴乌鲁木齐办事,达桑阿赴阿克苏办事,代安泰、定长、纳世通回京。戊子,免湖南常宁等十二州县上年旱灾额赋有差。庚寅,上阅健锐营兵。壬辰,以李侍尧为户部尚书,调苏昌为两广总督,爱必达为湖广总督。以吴达善为云贵总督,常钧为河南巡抚。癸巳,命刘藻暂署云贵总督。甲午,赐王杰等二百一十七人进士及第出身有差。

五月丁未,以刘统勋为东阁大学士,兼管礼部事,梁诗正为吏部尚书、协办大学士,刘纶为兵部尚书,金德瑛为左都御史。戊午,以定长为福建巡抚,杨廷璋兼署之。

六月癸未,赈云南新兴等二州县地震灾。壬辰,免江苏句容等十八州县卫坍地额赋。

秋七月辛丑,协办大学士鄂弥达卒。命兆惠协办大学士。调舒赫德为刑部尚书,兆惠署。以阿桂为工部尚书,阿里衮署。癸丑,上启跸,秋狝木兰。命诚亲王允祕扈皇太后驾。壬戌,上驻避暑山庄。以皇太后巡幸木兰,直隶沿途地方文武玩忽规避,饬下部严议。丙寅,河南祥符等州县河溢。

八月丁丑,赈湖北汉川等十三州县卫水灾。戊寅,以汤聘为湖北巡抚,胡宝瑔为河南巡抚,常钧为江西巡抚。庚辰,命高晋赴河南协办河工。辛卯,上奉皇太后幸木兰。壬辰,萨噶尔、巴噶什两部伯克之兄子孟克及雅尔木古齐入觐。

九月丁酉,停今年勾决。辛丑,命明瑞赴伊犁办事,代阿桂回京。癸卯，山东曹县二十堡黄河及运河各漫口均合龙。丙午，赈湖南武陵等州县水灾。戊申，河南怀庆府丹、沁二河溢入城，冲没人口千三百有奇，赈被灾人民。壬子，赈湖北沔阳等十一州县卫水灾。乙卯，以窦光鼐于会谳大典，纷呶谩詈，下部严议。己未，命素诚赴乌什办事，代永庆回京。以札拉皋阿为乌里雅苏台参赞大臣，雅郎阿赴科布多办事，代札隆阿、福禄回京。庚申，命傅景赴西藏办事，代集福回京。乙丑，赈山东齐河等四十五州县水灾，河南祥符等五十四州县本年水灾。

冬十月戊辰，除甘肃皋兰等三十二厅州县水冲田亩额赋，并免山丹等五县水冲拨运粮米。辛未，上奉皇太后还京师。壬辰，召裘日修回京。赈江苏铜山等县水灾。周人骥奏仁怀等处试织茧绸，各属仿行，上嘉之。

十一月乙未朔，赈顺直固安等六十九州县本年水灾。丁酉，以英廉为总管内务府大臣。己亥，河南杨桥漫口合龙。辛丑，调嵩椿为察哈尔都统，以舒明为绥远城将军。癸卯，免山西阳曲等三十八州县、大同管粮等十四厅二十四年水灾随征耗银。丁未，免河南祥符等四十三州县漕粮漕项有差。辛亥，减江苏山阳等二十一州县卫水沈地亩，并除民屯、学田、湖荡、草滩额赋。癸丑，礼部尚书五龄安以读表错误，褫职。甲寅，上奉皇太后御慈宁宫。加上徽号曰崇庆慈宣康惠敦和裕寿纯禧恭懿皇太后，翌日颁诏覃恩有差。以永贵为礼部尚书，阿里衮署之。丙辰，上奉皇太后御慈宁宫，率王大臣行庆贺礼。进制圣母七旬万寿连珠，奉皇太后懿旨，停止进献。以勒尔森为左都御史。

十二月丁卯，以云南江川等二州县地震成灾，命加倍赈之，仍免本年额赋。辛未，免江苏南汇等六州县二十三年水旱灾额赋。甲戌，赈山西文水等十三州县水灾。甲申，赈湖北汉川等二县卫水灾。

二十七年春正月丙申，以奉皇太后巡省江、浙，诏免江苏、安徽、浙江逋赋。赈河南祥符等州县灾民有差。丁酉，以科尔沁敏珠尔多尔济旗灾,贷仓谷济之。丙午,上奉皇太后南巡,发京师,免直隶、山东经过地方本年钱粮十分之三,上年被灾处十分之五。戊申,左都御史金德瑛卒,以董邦达代之。赈顺直文安等二十八州县上年水灾。甲寅,赈山东曹、齐河等二县水灾有差。召多尔济回京,命容保驻西宁办事。丁巳,绥远城将军舒明卒,调蕴著代之。戊午,免山东惠民等十五州县卫历年民欠谷银。己未,以周人骥固执开南明河,荒农累民,罢之。命乔光烈为贵州巡抚。癸亥,命清查俄罗斯疆界。

二月己巳,赈江苏高邮等十一州县、安徽太和等五州县水灾。庚午,命尹继善为御前大臣。壬申,上奉皇太后渡河,阅清口东霸、惠济闸。命阿里衮为御前大臣,高晋为内大臣。丙子,朝鲜入贡。丁丑,哈萨克使策伯克等入觐行在,赐冠服有差。庚辰,上奉皇太后渡江,阅京口兵。辛巳,上幸焦山。乙酉,上奉皇太后临幸苏州府。丙戌,免河南祥符等四十三州县上年水灾额赋。戊子,上谒文庙。

三月甲午朔,上奉皇太后临幸杭州府。乙未,上幸海宁阅海塘。丁酉,赈湖北潜江等九州县卫水灾。戊戌,上阅兵。庚子,免江、浙节年未完地丁屯饷、漕项,并水乡灶课银。辛丑,赈山东齐河等五州县上年水灾。壬寅,上幸观潮楼。赐浙江召试贡生沈初等二人举人,与进士孙士毅等二人并授内阁中书。癸卯,上奉皇太后临视织造机房。丙午,回跸。丁未,加钱陈群刑部尚书衔。甲寅,上奉皇太后渡江。乙卯,命浚筑直隶各河堤,以工代赈。丙辰,移山西归绥道驻绥远城。己未,上祭明太祖陵。阅兵。幸两江总督尹继善署。庚申,免江苏江宁、苏州,杭州附郭诸县本年额赋。辛酉,赐江南召试诸生程晋芳等五人举人,与进士吴泰来等三人并授内阁中书。壬戌,上奉皇太后渡江。

夏四月庚午,上阅高家堰,谕济运坝至运口接建砖工。上奉皇太后渡河。以大理寺少卿顾汝修奉使安南,擅移书诘责国王,褫职。癸酉,命庄亲王允禄等由水程奉皇太后回跸。上登陆由徐州阅河。甲戌,免浙江仁和等十县、湖州一所、仁和等五场上年水灾额赋。庚

辰,上祭孟子庙,谒先师庙。辛巳,上谒孔林。赈甘肃安定等十州县
上年雹灾。壬午,免山东齐河等四十四州县卫所上年水灾额赋。戊
子,皇太后登陆驻跸德州行宫。己丑,上送皇太后登舟。庚寅,命刘
统勋会勘景州疏筑事宜。辛卯,免顺直大兴等十州县厅逋赋。

五月甲午,以乾清门行走额鲁特鄂尔奇达逊奋勉勇往,赏三等
伯爵。赈安徽寿州等十州县卫上年水灾。乙未,上至涿州。哈萨克
陪臣阿塔海等入觐,赐冠服有差。赈长芦属沧州等七州县及严镇等
七场上年水灾灶户,并免赋有差。辛丑,上诣黄新庄迎皇太后居畅
春园。赈湖南武陵等四州县上年水灾,并免额赋有差。癸卯,除安
徽虹县等四州县卫水占洼地额赋。戊申,调鄂弼为陕西巡抚。以扎
拉丰阿为正白旗领侍卫内大臣。癸丑,以倭和为总管内务府大臣。

闰五月癸亥朔,以清保年老,召来京。调格舍图为盛京将军,朝
铨署之。丁卯,免湖北潜江等九州县卫上年水灾额赋。辛巳,籍没
纳延泰财产。辛卯,命西安将军如松袭封信郡王,以德昭之子修龄
袭如松公爵。改察哈尔都统嵩椿为西安将军,以巴尔品代之。

六月丁酉,免直隶固安七十四州县厅上年水灾额赋。壬寅,召
此次南巡接驾休致之编修沈齐礼来京,及因事降革之冯镐等十三
员引见。乙巳,以库尔勒伯克等进贡,谕计直颁赏,仍通谕各城,非
盛典进方物者皆止之。己酉,以原任将军班第、参赞大臣鄂容安在
伊犁竭忠全节,命于伊犁关帝庙后设位致祭。

秋七月壬戌,以朝鲜三水府滋事逃人越境,命恒禄等赴边境查
勘。癸亥,免安徽寿州等十六州县卫上年水灾额赋。戊辰,上奉皇
太后巡幸木兰,免经过地方本年钱粮十分之五。乙亥,霍罕侵据额
德格讷阿济毕布鲁特之鄂斯等处,谕永庆檄霍罕还之。

八月庚子,建伊犁之固勒札、乌哈尔里克两城,赐名绥定、安
远。上奉皇太后回驻避暑山庄。甲辰,托恩多丁忧,调明山署广东
巡抚,苏昌兼署,汤聘为江西巡抚,以宋邦绥为湖北巡抚,爱必达兼
署。壬子,免顺直文安等十七州县厅逋赋及宁河等五县本年水灾额
赋。丙辰,赐察哈尔都统敕书。黑龙江将军绰勒多卒,调国多欢代

之。

九月癸亥，赏自哈萨克来投之塔尔巴哈沁额鲁特巴桑银绮。庚午，上奉皇太后回跸。辛未，巴达克山素勒坦沙遣使入觐。丁丑，命乾清门侍卫明仁带御医驰视胡宝瑔疾。赈山东齐河等三十五州县卫水灾，并免额赋。甲申，建乌鲁木齐城堡，赐城名曰宁边、辑怀，堡名曰宣仁、怀义、乐全、宝昌、惠徕、屡丰。戊子，理藩院尚书、领侍卫内大臣富德以索取蒙古王公马畜，褫职逮问。己丑，以新柱为理藩院尚书，明瑞为正白旗领侍卫内大臣。

冬十月辛卯，调陈宏谋为湖南巡抚，宋邦绥署之，庄有恭为江苏巡抚，熊学鹏为浙江巡抚，冯钤为广西巡抚，顾济美护之。癸巳，缅目宫里雁以焚杀孟连土司刀派春全家，命处斩，传首示众。癸卯，以爱乌罕汗哈默特沙遣使入贡，谕沿途督抚预备筵宴，并命额勒登额护送。乙巳，设总管伊犁等处将军，以明瑞为之。命筑科布多城。己酉，赈顺直霸州县等六十三州县厅水雹霜灾，免江苏清河等十七州县卫本年水灾额赋。甲寅，赈浙江仁和等二十八州县卫场水灾。丁巳，奉天府府尹通福寿以徇纵治中高锦勒索商人，解任鞫治。

十一月己未朔，浚山东德州运河。庚申，设伊犁参赞大臣，以爱隆阿、伊勒图为之。辛酉，设伊犁领队大臣。命明瑞等率兵驱逐塔尔巴哈台山阴之哈喇巴哈等处越牧哈萨克。戊辰，以萨鲁布鲁特头目沙巴图交远所掠霍罕贸易人等马匹，谕永贵等酌赏之。呼叶齐布鲁特为霍罕所侵来投，命移于阿拉图呼勒等处游牧。庚午，命博斯和勒为杜尔伯特盟长，设副将军二员，以车凌乌巴什为右翼副将军，巴桑为左翼副将军。辛未，建喀什噶尔新城。壬申，改山西平鲁营参将为都司，裁原设中军守备及井坪营都司。丙子，哈萨克努尔赉、乌尔根齐城哈雅克等遣使入觐。甲申，谕方观承放河南浚道路沟洫。赈甘肃皋兰等二十厅州县本年冰雹霜雪灾。戊子，浚山东寿张等州县河道沟渠。

十二月庚寅，大学士史贻直以老病乞休，优诏慰留，命不必兼摄工部，以示体恤。丙申，克什密尔呢雅斯伯克请入觐，允之。霍罕呈书,以布鲁特鄂斯故地为己有,谕永贵等严檄令给还。辛丑,以霍罕伯克复永贵等书谓前遣使人奉旨称为汗,欲以喀什噶尔为界,谕严檄斥驳之。丁未,工部尚书归宣光卒,以董邦达代之。壬子,命纳世通赴喀什噶尔办事,代永贵回京。癸丑,巴达克山侵围博罗尔,谕新柱等严檄责令息兵,并索献布拉尼敦妻孥。

二十八年春正月庚申,赈顺直属之霸州等三十五州县、山东齐河等三十州县卫水灾有差。甲子,上御紫光阁,赐爱乌罕、巴达克山、霍罕、哈萨克各部使人宴。丁卯,上大阅畅春园之西厂,命各部使人从观。以法起为归化城都统。壬申,命阿桂在军机处行走。壬午,河南巡抚胡宝瑔卒,以叶存仁为河南巡抚。甲申,以纳世通为参赞大臣,驻喀什噶尔,总理回疆事务。壬辰,命方观承赴河南会勘漳河工程。戊戌,改西安满洲、汉军副都统为左右翼副都统。壬寅,裁西宁办事大臣。庚戌,上谒昭陵、孝陵、孝东陵、景陵。是日,回跸。改乌鲁木齐副将为总兵。乙卯,命侍郎裘日修督办直隶水利。

三月己未,上还京师。壬戌,免山东齐河等三十一州县卫水灾额赋。丁卯,上谒泰陵。是日,回跸。赏宁津县百有三岁寿民李友益及其子侄孙银牌缎疋有差。丁丑,设伊犁额鲁特总管三员,副总管以下员额有差。戊寅,命福德赴库伦,同桑斋多尔济办事。丙戌,免江苏清河等十四州县水灾额赋。

夏四月壬辰,赈浙江钱塘等十七州县场上年水灾。癸卯,上诣黑龙潭祈雨。乙巳,雨。戊申,法起以赃免。以傅良为归化城都统。壬子,赐秦大成等一百八十八进士及第出身有差。甲寅,裁归化城都统。

五月辛酉,圆明园火。癸亥,命尚书阿桂往直隶霸州等处,会同侍郎裘日修、总督方观承督办疏浚事。以舒赫署工部尚书。甲子,封朝鲜国王孙李祘为世孙。己巳,果亲王弘瞻以干与朝政削王爵,仍赏给贝勒。和亲王弘昼以仪节僭妄,罚俸三年。庚午,大学士史贻直卒。壬申,上试翰林、詹事等官,擢王文治等三员为一等,余各升黜有差。甲戌,上奉皇太后秋狝木兰。以李侍尧为湖广总督,辅德为湖北巡抚,陈宏谋兼署之。调刘纶为户部尚书,仍兼署兵部。以陈宏谋为兵部尚书。调乔光烈为湖南巡抚,来朝署之。乙亥,以崔应阶为贵州巡抚。己卯,调明德为江西巡抚。以和其衷为山西巡抚。丙戌,命福德往库伦办事,仍带署理藩院侍郎衔。以额尔景额为参赞大臣,往叶尔羌办事。

六月庚寅,山东历城等州县蝗。壬辰,赈甘肃狄道等三十厅州县水旱霜雹灾。戊戌,开泰以恇怯规避免。以鄂弼为四川总督,明山为陕西巡抚,阿里衮署之,阿思哈为广东巡抚,苏昌兼署,命阿思哈先署广西巡抚。壬寅,四川总督鄂弼卒。以阿尔泰为四川总督,崔应阶为山东巡抚,图勒炳阿为贵州巡抚,吴达善兼署云南巡抚。以梁诗正为东阁大学士,刘纶协办大学士。调陈宏谋为吏部尚书,彭启丰为兵部尚书,张泰开为左都御史。甲辰,上幸简亲王第视疾。壬子,简亲王奇通阿卒。

秋七月庚申,英廉丁忧,命舒赫德兼署户部尚书,刘纶留部治事。戊辰,仍设西宁办事大臣,以七十五为之。己巳,顺直大城、沧州等州县蝗。庚辰,履亲王允裪卒。

八月癸巳,赐乌鲁木齐城名曰迪化,特讷格尔城名曰阜康。辛丑,上奉皇太后幸木兰,行围。

九月乙卯朔,日食。乙丑,上奉皇太后回驻避暑山庄。庚午,上奉皇太后回跸。癸酉,改甘肃临洮道为驿传道,兼巡兰州府,洮岷道为分巡巩秦阶道。丙子,上奉皇太后还京师。

冬十月甲申,加梁诗正、高晋太子太傅,兆惠、刘纶、阿里衮、舒赫德、秦蕙田、阿桂、陈宏谋、杨锡绂、杨廷璋、李侍尧、苏昌、阿尔泰太子太保,庄有恭、刘藻太子少保。丙戌,上临奠履亲王允裪。丁未,免江苏铜山等九州县水灾额赋。

十一月甲寅朔,召成衮扎布来京,以扎拉丰阿署乌里雅苏台将军,雅郎阿留科布多。辛酉,河东河道总督张师载卒,以叶存仁代之。调阿思哈为河南巡抚,明山为广东巡抚,明德为陕西巡抚,辅德为江西巡抚,常钧为湖北巡抚。以杨应琚兼署甘肃巡抚。丁卯,大学士梁诗正卒。己卯,以杨廷璋为体仁阁大学士,仍留闽浙总督任。

十二月乙酉,免直隶延庆等十州县雹旱灾额赋。丁亥,赈甘肃皋兰等十二厅县旱灾饥民。辛卯,赈山东济宁等八州县卫水灾。乙未,召多欢来京,调富僧阿为黑龙江将军。庚子,休致左都御史梅鹢成卒。丁未,命绰克托赴乌鲁木齐办事,代额旌里回京。

二十九年春正月癸丑朔,赈山东济宁等七州县卫、甘肃永昌等二十四厅州县灾民。甲戌,加赈云南江川等五州县地震灾民,并免额赋。己卯,朝鲜入贡。

二月丁亥,命阿敏尔图驻藏办事,代福琩回京。甲午,上谒泰陵。乙未,命观音保赴伊犁,代爱隆阿回京。己亥,上还京师。己酉,免上年直隶蔚州雹灾、万全县旱灾额赋。辛亥,免湖北沔阳等三州县卫上年水灾额赋。

三月癸丑,太子太傅、大学士来保卒。乙卯,移陕甘总督驻兰州,兼管甘肃巡抚事,裁甘肃巡抚。移固原提督回驻西安。改河州镇总兵为固原镇总兵。免山东济宁等七州县卫上年水灾额赋。庚申,上临故大学士来保第赐奠。免江苏铜山等二十八州县卫上年水灾额赋。壬戌,命兆惠署工部尚书,阿桂赴西宁会同七十五及章嘉呼图克图选派郭罗克头目。

夏四月甲午,赈甘肃金县等县旱灾。

五月壬子朔,谕粤海关官贡毋进珍珠等物。辛酉,以托恩多署兵部尚书。

六月癸未,赈湖南武冈等州县水灾。甲申,命玉桂赴北路,代扎拉丰阿回京。丁亥,河东河道总督叶存仁卒,以李宏代之。庚寅,奉天宁远等州县蝗。丁酉,赈广东英德等县水灾。甲辰,调苏昌为闽浙总督,李侍尧为两广总督,明山署之。调吴达善为湖广总督。以刘藻为云贵总督。乙巳,调常钧为云南巡抚。以王检为湖北巡抚。丁未,命阿尔泰回四川总督。

秋七月辛亥朔，以杨应琚为大学士，留陕甘总督任，陈宏谋协办大学士。壬子，命常钧暂兼署湖广总督，刘藻兼署云南巡抚。甲子，湖北黄梅等州县江溢，命抚恤灾民。丙寅，湖南湘阴等州县湖水溢，命赈恤灾民。丁卯，上奉皇太后秋狝木兰。癸酉，上奉皇太后驻跸避暑山庄。丁丑，赈安徽当涂等州县水灾。

八月辛巳，免甘肃皋兰等三十二州县厅本年旱灾额赋。壬辰，谕阿尔泰等晓谕绰斯甲布九土司会攻金川。戊戌，上奉皇太后巡幸木兰，行围。秦蕙田以病解任，以刘纶兼署礼部尚书。庚子，增伊犁、雅尔等处领队大臣各二员。以绰克托为塔尔巴哈台参赞大臣。命伍弥泰等仍留乌鲁木齐办事。

九月己未，命刑部侍郎阿永阿会同吴达善谳湖南新宁县民传帖罢市狱。癸亥，赈江西南昌等八县水灾，并免额赋。丙寅，刑部尚书秦蕙田卒，以庄有恭代之，暂留江苏巡抚任。己巳，上奉皇太后回驻避暑山庄。

冬十月癸巳，乔光烈以新宁罢市狱褫职，调图勒炳阿为湖南巡抚。以方世儁为贵州巡抚。丙申，以托恩多为理藩院尚书。辛丑，山东进牡丹。壬寅，赈江苏上元等六州县灾民。癸卯，召钟音回京。调富明安赴叶尔勒办事。甲辰，赈安徽怀宁等十九州县卫水灾。

十一月壬子，赈甘肃皋兰等二十厅州县旱灾。癸丑，筑呼图壁城成，赐名曰景化。丙辰，免湖南武冈等二州县水灾额赋。赈甘肃皋兰等十五厅州县水雹灾。乙丑，协办大学士、户部尚书兆惠卒，上临奠。丁卯，以阿里衮为户部尚书、协办大学士。调托恩多为兵部尚书。以五吉为理藩院尚书，兆德为正黄旗领侍卫内大臣。

十二月戊寅朔，以常复为乌里雅苏台参赞大臣。戊子，赈湖北黄梅等州县水灾。甲子，礼部尚书陈德华病免，调董邦达代之。以杨廷璋为工部尚书。

三十年春正月戊申，以皇太后四巡江、浙，免江苏、安徽、浙江历年因灾未完丁漕。赈甘肃皋兰等二十九厅州县旱灾、湖北监利等四县水灾有差。癸丑，刘纶丁忧，命庄有恭以刑部尚书协办大学士，以于敏中为户部尚书。调明德为江苏巡抚，和其衷为陕西巡抚以彰宝为山西巡抚，文绶护之。壬戌，上奉皇太后启跸南巡。癸亥，免直隶、山东经过州县额赋十分之三。

二月戊子，上奉皇太后渡河。阅清口东坝木龙、惠济闸。命阿桂赴伊犁办事。壬辰，免江苏州县乾隆二十八年以前熟田地丁杂款旧欠，并经过州县本年额赋之半。丙申，上奉皇太后渡江。己亥，朝鲜入贡。

闰二月丙午朔，上奉皇太后临幸苏州府。上谒文庙。己酉，免江宁、苏州、杭州附郭诸县本年丁银。免浙江经过州县本年额赋之半。辛亥，丑达改叶尔羌办事。命索琳赴库伦办事。以额尔景额为喀什噶尔参赞大臣。壬子，上奉皇太后临幸杭州府。乙卯，乌什回人作乱，戕办事大臣素诚。丁巳，加沈德潜、钱陈群太子太傅。命明瑞进剿乌什。庚申，命明瑞、额尔景额总理乌什军务，明瑞节制各军。命阿桂、明亮赴伊犁办事。辛酉，舒赫德留京辨事。以托恩多署工部尚书。戊辰，调明山为江西巡抚，王检为广东巡抚，李侍尧兼署。以李因培为湖北巡抚。己巳，赐伊犁新筑驻防城名曰惠远，哈什回城曰怀顺。乙亥，免江苏上元等五县上年水旱灾额赋。

三月丙子朔，赈湖北汉阳等七州县上年水灾。上幸焦山。戊寅，上奉皇太后驻江宁府。壬午，上诣明太祖陵奠酒。幸尹继善署。观音保剿乌什逆回失利。甲申，以冯钤为湖南巡抚，宋邦绥为广西巡抚。丙戌，上奉皇太后渡江。丁亥，果郡王弘瞻卒。甲午，以京察予大学士傅恒等叙。乙未，上阅高家堰堤，奉皇太后渡河。召尹继善入阁办事。以高晋为两江总督。调李宏为江南河道总督，以李清时为河东河道总督。壬寅，追论素诚贪淫激变罪，籍产，戍其子于伊犁。以纳世通、卡塔海讳匿败状，籍产治罪。命永贵赴喀什噶尔辨事。以托恩多署礼部尚书。癸卯，上渡河。

夏四月丙午朔，赈甘肃河州等三十六厅州县上年雹水旱霜灾。庚戌，免湖北汉阳等十二州县卫上年水灾额赋。辛亥，追予故刑部尚书王士禛谥文简。丁巳,上奉皇太后驻德州。庚申,裁江苏淮徐海道。丙寅,上还京师。庚午,上迓皇太后居畅春园。辛未,哈萨克使臣鄂托尔济等入觐。

五月乙亥,晋封喀尔喀郡王罗布臧多尔济为亲王。乙酉,上临果郡王弘瞻殡所,及简勤亲王奇通阿园寝赐奠。以和阗办事大臣和诚娄索回人,夺职逮问。命伊勒图赴塔尔巴哈台办事。辛卯,京师地震。丁酉,免安徽怀宁等十九州县卫上年水灾额赋。甲辰,纳世通、卡塔海贻误军务,正法。

六月己酉,以杨廷璋署两广总督,明山暂署,董邦达署工部尚书。乙卯,晋封令贵妃魏氏为皇贵妃。己巳,谕明瑞勿受乌什逆回降。

秋七月辛巳,上奉皇太后秋狝木兰。戊子,以官保为左都御史。乙未,前和阗办事大臣和诚以贪婪鞫实,正法。丁酉,夺喀尔喀亲王桑斋多尔济爵。

八月甲辰朔,减朝审、秋审缓决三次以上刑。己未,上幸木兰行围。庚申,赈甘肃靖远等十一厅县旱灾。甲子,甘肃宁远等州县地震,命赈恤,并免本年额赋。

九月丙子,赈山东章丘等二十一州县水灾。戊寅,命尹继善管兵部,刘统勋管刑部。乌什叛回以城降。乙酉,以高恒为总督管内务府大臣。辛卯,以明瑞等未将乌什叛人殄诛,送往伊犁,下部严议。辛丑,以李侍尧署工部尚书。

冬十月己酉,明瑞、阿桂以办乌什事务错缪,褫职留任。赈长芦属沧州等三场水灾。己巳,杨应琚陛见。命和其衷署陕甘总督,汤聘署陕西巡抚。

十一月癸酉,免江苏海州等六州县本年旱灾额赋。乙酉,以吏部尚书傅森年老,授内大臣,调托恩多代之。以托庸为兵部尚书。调冯钤为安徽巡抚。庚寅,丑达以扶同桑斋多尔济私与俄罗斯贸易,正法。明瑞等以尽诛乌什附逆回众奏闻。辛卯,赈山东章丘等十八州县水灾,甘肃狄道等十二州县雹霜灾。甲午,以阿桂为塔尔巴哈台参赞大臣,代安泰回京。丁未,解阿桂工部尚书,以蕴著代之。以嵩椿为绥远城将军。戊申,赈甘肃靖远等十一厅县旱灾,并免额赋。乙卯,赈山东齐河等十五州县水灾。丁卯,命托恩多兼署兵部尚书,壬辰,封皇五子永祺为荣亲王。

　　十二月戊午,以陕西泾阳县贡生张珪七世同居,赐御制诗章、缎匹。

清史稿卷一三
本纪第一三

高宗四

　　三十一年春正月壬申朔，诏以御宇三十年，函夏谧宁，环宇式辟，自本年始，普免各省漕粮一次。甲戌，免甘肃靖远等十四厅州县、陕西延安等三府州属积年逋赋。丙戌，云南官军剿莽匪于猛住，失利。调杨应琚为云贵总督，吴达善为陕甘总督，以和其衷护之。调刘藻为湖广总督，汤聘署陕西巡抚。癸巳，刑部尚书，庄有恭以谳段成功劾案不实。褫职下狱，籍产。调李侍尧为刑部尚书，以张泰开为礼部尚书，范时绶为左都御史。

　　二月壬寅，刘藻降湖北巡抚，仍与云南提督达启下部严议。以定长为湖广总督，调李因培为福建巡抚，常钧为湖南巡抚，汤聘为云南巡抚。庚戌，上谒东陵。辛亥，和其衷以弥补段成功亏空，褫职逮问。以舒赫德署陕甘总督。命四达赴陕西会彰宝审办段成功亏空一案。调明山为陕西巡抚，以吴绍诗为江西巡抚。庚申，上还京师。辛酉，庄有恭论斩。壬戌，上谒泰陵。癸亥，刘藻褫职，留滇效力。甲子，以鄂宁为湖北巡抚。戊辰，上还京师。

　　三月丁亥，刘藻畏罪自杀。己丑，杨应琚以复猛笼等土司内附奏闻。

　　夏四月辛丑，杨应琚奏大猛养头人内附，官军进取整欠、孟艮。壬寅，以莽匪整欠平，宣谕中外。丙午，和其衷论斩，段成功处斩。丁未，免云南普藤等十三土司本年额赋及猛笼逋赋。甲子，赐张书勋等二百一十三人进士及第出身有差。

五月甲戌，上诣黑龙谭祈雨。戊寅，命正一真人视三品秩。丙戌，上诣黑龙谭祈雨。

六月丙午，杨应琚奏猛勇头目召斋及猛龙沙头目叭护猛等内附。戊申，予故三品衔西洋人郎世宁侍郎衔。

秋七月丙子，上奉皇太后秋狝木兰。己卯，以阿里滚、于敏中从扈，命舒赫德兼署户部尚书。壬午，上奉皇太后驻跸避暑山庄。是日，皇后崩。癸未，谕以皇后上年从幸江、浙，不能恪尽孝道，丧仪照皇贵妃例。癸巳，御史李玉鸣奏皇后丧仪未能如例，忤旨，戍伊犁。丁酉，杨应琚奏补哈大头目噶第牙翁、猛撒头目喇鲊细利内附。

八月己亥，赈湖南湘阴等十三县卫水灾。癸丑，上幸木兰行围。宥庄有恭罪，起为福建巡抚。甲寅，伊犁蝗。乙卯，江苏铜山县韩家堂河决。癸亥，裁察哈尔副都统，留一员驻张家口。

九月壬申，免甘肃靖远等九县，红水、东乐二县被旱额赋。己卯，赈山东历城等五十五县、东昌等五卫所水灾，并蠲新旧额赋。乙未，杨应琚赴永昌受木邦降。

冬十月己亥，上奉皇太后还京师。戊申，杨应琚奏整卖、景线、景海各部头人内附。辛亥，韩家堂决口合龙。兵部尚书彭启丰降补侍郎。甲寅，以陆宗楷为兵部尚书。壬戌，增设云南迤南道。

十一月乙亥，杨应琚奏，缅甸大小、猛育、猛答各部头人内附。戊寅，以杨应琚病，命杨廷璋赴永昌接办缅匪。癸巳，命侍卫福灵安带御医往视杨应琚病。

十二月乙巳，调鄂宁为湖南巡抚，以鄂宝为湖北巡抚。癸丑，以巴禄为绥远城将军。

是岁，朝鲜、琉球入贡。

三十二年春正月乙亥，云南官军剿缅匪于新街，失利，谕杨廷璋回广东。

二月乙未，以杨应琚病，命其子江苏按察使杨重英赴永昌襄理军务。丙午，云南官军与缅匪战于底麻江，失利，逮提督李时升下狱。戊申，调鄂宁为云南巡抚。甲寅，庄亲王允禄卒。丙辰，上临奠。己未，上巡幸天津。癸亥，赈奉天承德等五州县及兴京凤凰城灾民。

三月乙丑朔，上阅子牙河堤。召杨应琚入阁办事，以明瑞为云贵总督。丙寅，调托庸为工部尚书，以明瑞为兵部尚书。己巳，免直隶全省逋赋。庚午，上阅天津驻防满洲兵。以阿桂为伊犁将军。壬申，上阅绿营兵。庚辰，上还京师。辛巳，大学士杨应琚褫职。壬午，以顷匪寇盏达、陇川，宣示杨应琚贻误罪状。癸未，命鄂宁赴普洱办军务。庚寅，以李侍尧为两广总督，召杨廷璋为刑部尚书。癸巳，以鄂宁署云贵总督。

夏四月己酉，上诣黑龙潭祈雨。庚戌，以云南边境瘴盛，命暂停进兵。庚申，命张泰开以礼部尚书管左都御史事，嵇璜为礼部尚书。

五月己巳，以鄂宝为贵州巡抚，定长兼署湖北巡抚。庚午，以范时绥为湖北巡抚。调张泰开为左都御史，嵇璜为礼部尚书。壬申，命陈宏谋管工部。丙子，云南官军失利于木邦，杨宁等退师龙陵。庚寅，李时升、朱仑处斩。

六月辛酉，以额尔景额为参赞大臣，遣赴云南。

秋七月，福建巡抚庄有恭卒，调崔应阶代之。以李清时为山东巡抚，裘日修为礼部尚书。壬午，上奉皇太后秋狝木兰。戊子，上奉皇太后驻避暑山庄。己丑，盛京将军舍图肯免，以新柱代之。闰七月甲寅，赐杨应琚自尽。丙辰，缅匪渡小猛仑江入寇云南茨通。

八月癸酉，调裘日修为工部尚书，董邦达为礼部尚书。丁丑，上幸木兰。乙酉，以钟音为广东巡抚。己丑，谕明瑞以额勒登额代谭五格分路进兵。

九月庚子，赈湖北江夏等二十七县、武昌等七卫水灾。甲寅，命托恩多署兵部尚书。

冬十月壬戌，赐李因培自尽。己卯，谕明瑞以将军管总督。

十一月壬寅，赈甘肃平凉等三十四厅州县被雹灾民。壬子，调鄂宝为湖北巡换。丁巳，密谕明瑞，以阿瓦不能遽下，退师木邦。

十二月甲戌，杨宁褫职戍伊犁。戊寅，明瑞奏渡大叠江进军锡箔，波龙等处土司头人罗外耀等内附。

三十三年春正月辛卯，明瑞奏克蛮结。壬辰，封明瑞一等诚毅嘉勇公，赐黄带、红宝石顶、四团龙补服。丁酉，明瑞进军宋赛。庚子，调彰宝为山东巡抚，以苏尔德为山西巡抚。丙午，盛京将军新柱卒，调明福代之。闽浙总督苏昌卒。丁未，命阿里衮参赞大臣，往云南军营。以崔应阶为闽浙总督，富尼汉为福建巡抚。甲寅，缅人围木邦。

二月丙寅，谕用兵缅甸，轻敌致衄，引为己过，令明瑞等班师。额勒登额、谭五格褫职逮问。命鄂宁回云南，阿里衮署云贵总督，驻永昌。缅人陷木邦，珠鲁讷死之。戊寅，上还圆明园。丙戌，明瑞等败绩于猛育，死之。召阿桂来京，以伊勒图署伊犁将军。命傅恒为经略，阿里衮、阿桂为副将军，舒赫德为参赞大臣，赴云南。以鄂宁为云贵总督，调明德为云南巡抚。以福隆安为兵部尚书，命在军机处学习行走。以永德为浙江巡抚，调彰宝为江苏巡抚，富尼汉为山东巡抚，鄂宝为福建巡抚，程焘为湖北巡抚。

三月癸巳，免山东高苑等三县三十二年被水额赋。乙巳，调鄂宝为广西巡抚，钟音为福建巡抚，良卿为广东巡抚，钱度为贵州巡抚，巴禄为察哈尔都统，傅良为绥远将军。癸丑，免江西南昌等十三县十二年被水额赋。

夏四月丁卯，调钱度为广东巡抚。己巳，免安徽安庆等七府州属三十二年被水额赋。壬申，御试翰林、詹事等官，擢吴省钦等三员为一等，余升黜有差。试由部院入翰林 等官，擢觉罗巴彦学为一等，余升擢有差。甲申，磔额勒登额于市，谭五格处斩。乙酉，上临奠明瑞、扎拉丰阿、观音保。

五月庚申，命明德赴永昌。乙丑，色布腾巴勒珠尔病免，以伊勒图为理藩院尚书。庚午，改命官保署理藩院尚书。辛巳，以范时绥为左都御史。壬午，以阿桂为云贵总督。尹继善、高晋以两淮盐务积弊匿不以闻,均下部严议。

秋七月癸巳,上奉皇太后秋狝木兰。甲午,调托庸为兵部尚书。以官保为刑部尚书,仍兼署理藩院尚书。己亥,上奉皇太后驻避暑山庄。辛丑,以伊勒图为伊犁将军,仍兼理藩院尚书。壬子,纪昀以漏泄籍没前运使卢见曾谕旨,褫职,戍乌鲁木齐。

八月丁卯,允俄罗斯于恰克图通商。辛未,上幸木兰行围。壬申,直隶总督方观承卒,以杨廷璋代之。调裘曰修为刑部尚书,以蔡新为工部尚书。甲戌,李侍尧奏,暹罗为缅人所破,其国王之孙诏萃奔安南河仙镇,土官莫士麟留养之,内地人甘恩敕据暹罗,乞封敕。嘉奖莫士麟,命甘恩敕求其主近支立之,不得自王乞封号。己卯,加托恩多、于敏中、崔应阶太子太保,托庸、杨廷璋太子少保。

九月戊子,以嵩椿署伊犁将军。乙未,上回驻避暑山庄。戊戌,高恒、普福论斩。丁未,上奉皇太后还京师。以鄂宁为山西巡抚。黑龙江将军傅僧阿改西安将军,以傅玉代之。

冬十月己未,免甘肃平凉等十二州县三十二年被灾额赋。辛未,以宫兆麟为广西巡抚。辛巳,高恒、普福、达色处斩,改海明等缓决。

十一月戊戌,以缅人来书不逊,谕阿里衮筹进剿。

十二月己未,以富明安为山东巡抚,揆义署湖北巡抚。漕运总督杨锡绂卒,以梁鸿翥署之。乙丑,湖广总督定长卒,调吴达善代之,彰宝兼暑两江总督,明山为陕甘总督。调阿思哈为陕西巡抚,以文绶为河南巡抚。丁卯,召明福来京,以额尔德蒙额署盛京将军。甲戌,赈奏天承德等四州县水灾。壬午,留阿思哈为河南巡抚。改文绶为陕西巡抚。

三十四年春正月甲戌,免云南官兵所过地方及永昌等三府州本年额赋。其非经过地方,免十分之五,并免湖北、湖南、贵州三省官兵经过地方本年额赋十分之三。庚寅,以缅人书词桀骜,命副将军阿桂与副将军阿里衮协助傅恒征剿。辛卯,命明德为云贵总督,驻永昌,喀宁阿为云南巡抚。壬辰,阿里衮等败缅人于南底坝。拨运通仓米二十万石赈霸州等十二州县灾。甲午,右部哈萨克阿勒比斯子卓勒齐等来朝。乙未,调恒禄为盛京将军,傅良为吉林将军,常在为绥远城将军。辛丑,傅恒赴云南。命官保署户部尚书。裁宁夏右翼副都统、吉林拉林副都统。命常青署绥远城将军。癸卯,赐傅恒御用盔甲。戊申,命官保协办大学士,以福隆安署刑部尚书。癸丑,以南掌国王之弟召翁遣使请兵复仇,谕阿桂等预备由南掌分路进兵。

二月甲寅朔,嵇璜缘事降调,以程景伊为工部尚书。乙丑,以富尼驻为安徽巡抚。癸未,命傅恒整饬云南马政。以诺伦为绥远城将军。

三月乙酉,命伊犁将军伊勒图往云南军营。己丑,命伊尔图为乌里雅苏台参赞大臣。辛丑,正白旗领侍卫内大臣福禄罢,以阿桂代之。丙午,命阿桂署云贵总督。丁未,右部哈萨克阿幹里苏勒等入觐,命坐赐茶,赉冠服有差。戊申,赈甘肃皋兰等二十九州县厅上年灾民。蠲安徽合肥等十六州县及卢州等五卫上年额赋。

夏四月己未,以温福为福建巡抚。壬申,傅恒进兵老官屯,阿桂进兵猛密。丁丑,赐陈初哲等一百五十一人进士及第出身有差。

五月己丑,裁江宁副都统一。

六月丙辰,以阿思哈为云贵总督,喀宁阿为河南巡抚。丁巳,傅恒奏猛拱土司内附。戊寅,湖北黄梅江堤决,命湖广总督吴达善、湖北巡抚揆义勘之。

秋七月丁亥,以明德署云贵总督,移驻腾越,经理军务。辛卯,设伊犁巴彦岱城领队大臣一。傅恒奏猛密土司内附。甲午,李侍尧奏暹罗仍为甘恩敕所踞。丁酉,礼部尚书董邦达卒。己亥,调陆宗楷为礼部尚书,蔡新为兵部尚书。以吴绍诗为刑部尚书,海明为江西巡抚,梁国治为湖北巡抚。己酉,李侍尧檄莫士麟会暹罗土目讨甘恩敕。

八月乙丑,上幸木兰行围。己巳,以蔡琛自缢狱中,褫福建按察使孙孝愉职,发军台。

九月丙戌,阿桂进抵蛮暮。己丑,上回驻避暑山庄。乙未,上奉皇太后回銮。己亥,命阿桂、伊勒图自蛮暮迓傅恒会师。壬寅,命刘统勋会勘山东运河。癸卯,傅恒奏哈坎,渡江。戊申,命阿桂据新街剿贼。

冬十月乙丑,命彰宝署云贵总督,明德署云南巡抚。调永德为江苏巡抚。起熊学鹏署浙江巡抚。以增海署伊犁将军。丁巳,傅恒奏攻克猛养。癸亥,梁国治兼署湖广总督。甲子,以阿桂不能克老官屯,夺副将军,为参赞大臣。命伊勒图为副将军。调喀宁阿为贵州巡抚,富尼汉为河南巡抚。以胡文伯为安徽巡抚。乙丑,傅恒奏进抵新街。命彰宝驻老官屯。壬申,调永贵为礼部尚书,托庸为吏部尚书,伊勒图为兵部尚书,以托庸兼署。调吴绍诗为礼部尚书。以裘日修为刑部尚书。

十一月乙酉,副将军、户部尚书阿里衮卒于军。命阿桂仍在副将军上行走,并以伊勒图为副将军,乌三泰、长青为参赞大臣。调官保为户部尚书。以素尔纳为刑部尚书,托恩多署左都御史。戊子,傅恒等进攻老官屯。癸巳,以黄登贤为漕运总督,丙申,以缅地烟瘴,官军损失大半,命班师屯野牛坝,召经略傅恒还,阿桂留办善后。己亥,起观保署左都御史。丁未,傅恒等攻老官屯不克。其土官以缅酋猛炮蒲叶书诣军营乞降。上命班师。

十二月辛亥,免云南办理军需地方及永昌等三府州明年钱粮十分之五。其直隶、河南、湖北、湖南、贵州等省官兵经过州县并免十分之三。调宫兆麟为湖南巡抚,以德保为广东巡抚,陈辉祖为广西巡抚。乙卯,傅恒等奏缅酋猛炮称臣纳贡。谕俟来京时降旨。己巳,上以来年奉皇太后谒东陵,巡幸天津,免经过地方及天津府属乾隆三十五年钱粮十分之三。以阿桂为礼部尚书。

三十五年春正月己卯朔,以上六十寿辰,明岁皇太后八十万寿,诏普蠲各省额征地丁钱粮一次。辛卯,以增海为理藩院尚书。丁未,授喀尔喀和硕亲王成衮扎布世子拉旺多尔济为固伦额驸。

二月乙丑,上奉皇太后谒东陵。庚午,上奉皇太后回銮,驻盘山。壬申,以缅酋猛炮贡表不至,谕彰宝备之,并严禁通市。

三月己卯,上奉皇太后还京师。起吴绍诗为刑部郎中。辛巳,调宫兆麟为贵州巡抚,吴达善以湖广总督兼署湖南巡抚。壬午,上奉皇太后谒泰陵,巡幸天津。丙戌,上谒泰陵。己丑,免经过州县及天津府属乾隆三十一年至三十三年积欠地粮银及常借灾借谷石,直隶乾隆三十一年至三十三年积欠地粮银及折色银两。减直隶军流以下罪。免直隶乾隆三十一年至三十三年因灾缓征银谷。甲午,上奉皇太后驻跸天津府。丙申,上阅驻防兵。经略大学士傅恒还京师,命与福隆安俱仍为总管内务大臣。戊戌,调永德为河南巡抚,萨载署江苏巡抚。癸卯,上奉皇太后还京师。己酉,以缅酋索木邦土司线瓮团等,谕责哈国兴粉饰迁就,召来京,以长青代云南提督。己未,召傅良来京,命富椿为吉林将军。丙寅,天津蝗,命杨廷璋督捕。庚午,上诣黑龙潭祈雨。是月,蠲浙江仁和等八州县,杭严、嘉湖二卫,陕西定远县三十四年被水被雹额赋。

五月丁丑朔,日食。壬午,以皇八子擅自进城,褫上书房行走观保、汤先甲职,并戒谕之。乙未,以祈雨命刑部清理庶狱,减军流以下罪。

闰五月丙午朔,命裴日修赴蓟州、宝坻一带捕蝗。戊申,京师大雨。己未,命温福为吏部侍郎,在军机处行走。甲子,裴日修以捕蝗不力免,调程景伊为刑部尚书。以范时绥为工部尚书,张若淮为左都御史。

六月甲申,谕阿桂等调海兰察、哈国兴进兵。丙戌,河南永城、江苏砀山、安徽宿州等州县蝗。丁亥,调官保为刑部尚书,素尔纳为户部尚书。壬辰,命丰升额署兵部尚书。甲午,贵州古州苗香要等伏诛。命侍郎伍纳玺往古北口会同提督王进泰查勘水灾,发帑银二万两恤之,并开仓赈粜。

秋七月乙巳朔,李侍尧奏,河仙镇土官莫士麟请宣谕缅番恢复

暹罗,不许。丙午,以增海为黑龙江将军,温福为理藩院尚书。命和
尔精额、伍纳玺往古北口筹办河工。壬子,以小金川与沃克什土司
构衅,命四川总督阿尔泰传集小金川土司劝谕之。癸丑,上临和亲
王弘昼第视疾。丁巳,和亲王弘昼卒。太保大学士傅恒卒。戊午,
赏来京祝嘏之百十二岁原任浙江遂昌县学训导王世芳国子监司业
衔,并在籍食俸。辛酉,以裴宗锡为安徽巡抚。甲子,裁漕粮二十万
石赈武清等六县水灾。以诺穆亲为云南巡抚。

八月戊寅,以副将军阿桂办事取巧,褫领侍卫内大臣、礼部尚
书、镶红旗汉军都统,以内大臣革职留任办副将军事。己卯,以永贵
为礼部尚书,观保为左都御史。阿尔泰奏僧格桑伏罪,交出达木巴
宗地方及所掠番民。辛巳,命刘统勋兼管吏部。丙戌,万寿节,上诣
皇太后宫行礼。御太和殿,王以下文武各官进表,行庆贺礼,奉旨停
止筵宴。命丰升额在军机处行走。己丑,上奉皇太后幸热河。乙未,
上奉皇太后驻跸避暑山庄。己亥,上幸木兰。

九月丙午,命阿尔泰为武英殿大学士,仍留办四川总督事。戊
午,上回驻避暑山庄。甲子,命高晋兼署漕运总督。

冬十月癸酉朔,上奉皇太后回銮。辛巳,召崔应阶来京,命钟音
署闽浙总督。壬午,召阿尔泰来京,以德福署四川总督,吴达善兼署
湖南巡抚。召萨载来京,命李湖署江苏巡抚。甲午,阿桂等奏老官
屯缅目遣使致书,请停今岁进兵,允之。丁酉,大学士陈宏谋以衰病
乞休,温旨慰留。

十二月甲戌,免新疆本年额粮十分之三。丙子,以崔应阶为漕
运总督。丙戌,谕阿桂、彰宝密议进剿缅匪。庚寅,以李湖为贵州巡
抚。

三十六年春正月甲辰,免福建台湾府属本年额征粟米。乙巳,
免广东广州、韶州等府州属本年官租十分之一,广西桂林七府州属
本年官租及桂林平乐等府州学租十分之三。丁未,免四川宁远等四
府州属、建昌镇标各营、雷波等厅民番本年额粮。己未,调德福署云

贵总督,命阿尔泰回四川总督任。

二月甲戌,上奉皇太后东巡。庚辰,命内大臣巴图济尔噶勒会同集福谳乌梁海副都统莫尼扎布等互控之案。辛巳,大学士陈宏谋以病乞休,允之,加太子太傅。免直隶沧州等十五州县民欠借谷,并武清县本年钱粮十分之五。癸未,命侍郎裘日修会同杨廷璋、周元理筹办直隶河工。丙戌,免山东经过州县本年额赋十分之三、灾地十分之五。免山东泰安等二县本年地丁钱粮。庚寅,免山东济南各属民欠借谷及东平州、东平所逋赋。以阿桂请大举征缅。申饬之。辛卯,免山东济南等六府属民欠麦本银两。命刘纶为大学士,兼管工部,于敏中协办大学士。调程景伊为吏部尚书,范时绶为刑部尚书,以裘日修为工部尚书。丙申,上奉皇太后诣岱狱庙,上登泰山。乙巳,上至曲阜谒先师孔子庙。丙午,上释奠先师孔子。丁未,上谒孔林。祭少昊陵、元圣周公庙。赐衍圣公孔昭焕族人银币有差。戊申,上奉皇太后回銮。乙卯,予大学士尹继善等、尚书官保等、总督杨廷璋等、巡抚钟音等议叙。内阁学士陆宗楷等原品休致。戊午,以富明安为闽浙总督,周元理为山东巡抚。庚申,以甘肃比岁偏灾,免通省民欠籽种口粮仓谷。甲子,上至捷地阅堤。乙丑,纳逊特古斯处斩。己巳,以阿桂奏办非于本年大举征缅,下部严议。

夏四月辛未朔,以李侍尧为内大臣。甲戌,命户部侍郎桂林在军机处行走。丁丑,上奉皇太后还京师。乙酉,以旱命刑部清理庶狱,减军流以下罪,直隶亦如之。丙戌,上诣黑龙谭祈雨。壬辰,大学士尹继善卒。乙未,赐黄轩等一百六十一人进士及第出身有差。

五月辛丑朔,调吴达善为陕甘总督,文绶署之,勒尔谨护陕西巡抚。调富明安为湖广总督,永德为湖南巡抚。以何煟为河南巡抚,兼管河务,钟音为闽浙总督,余文仪为福建巡抚。癸卯,命减秋审缓决三次人犯罪。甲辰,谕立决人犯当省刑之际,暂缓行刑,著为令。乙巳,阿桂以畏葸褫职,降兵丁效力。命温福驰赴云南署副将军事。壬戌,以高晋为文华殿大学士,兼礼部尚书,仍留两江总督任。召阿尔泰入阁办事,以德福为四川总督。

六月辛未,直隶北运河决。甲戌,以努三为正黄旗领侍卫内大臣。戊寅,命巴图济尔噶勒赴犁办土尔扈特投诚事宜。己卯,谕土尔扈特投诚大台吉均令来避暑山庄朝觐,命额驸色布腾巴勒珠尔驰驿迎之。壬午,致仕大学士陈宏谋卒。癸巳,命土尔扈特部众暂驻博罗博拉。以金川土舍索诺木请赏给革布什咱土司人民,命阿尔泰详酌机宜,毋姑息。

秋七月壬寅,阿尔泰等奏小金川土舍围攻沃克什,命剿之。乙巳,命侍郎桂林带银一万两赴古北口会同提督王进泰赈水灾。丙午,永定河决。丁未,命舒赫德署伊犁将军。戊申,上秋狝木兰。以小金川复侵明正土司,谕阿尔泰等进剿。丁巳,上奉皇太后启銮。癸亥,上奉皇太后驻避暑山庄。丙寅,以此次巡幸木兰,沿途武职懈忽,杨廷璋、王进泰等均下部严议。

八月己丑,定边左副将军、喀尔喀扎萨克和硕亲王成衮扎布卒,以车布登扎布为定边左副将军,额驸拉旺多尔济袭扎萨克和硕亲王。罢德福军机处行走。庚寅,召大学士两江总督高晋来京,查勘永定河工。命萨载兼署两江总督。壬辰,永定河决口合龙。癸巳,上幸木兰行围。丁酉,命阿尔泰仍管四川总督事,召德福回京。

九月戊戌朔,停本年勾决。癸卯,命理藩院侍郎庆桂在军机处行走。乙巳,土尔扈特台吉渥巴锡等入觐,赏顶戴冠服有差。命副将军温福、参赞大臣伍岱赴四川军营,会商进剿。辛亥,封渥巴锡为乌纳恩素珠克图旧土尔扈特部卓哩克图汗,策伯克多尔济为乌纳恩素珠克图旧土扈特部布延图亲王,舍棱为青塞特奇勒图新土尔扈特部弼哩克图郡王,巴木巴尔为毕锡呼勒图郡王,余各锡爵有差。甲寅,上回驻避暑山庄。丁卯,以文绶为四川总督,勒尔谨为陕西巡抚。调永德为广西巡抚,梁国治为湖南巡抚,陈辉祖为湖北巡抚。

冬十月戊辰朔,以三宝为山西巡抚。己巳,上奉皇太后回銮。以舒赫德为总统伊犁等处将军,伊勒图为塔尔巴哈台参赞大臣,安泰为乌什参赞大臣。甲戌,宥纪昀,赏翰林院编修。乙亥,上奉皇太后还京师。己卯,高晋等奏桃源厅陈家道口河工合龙,上嘉之。命高晋、裘日修、杨廷璋查勘南运河。丁亥召杨廷璋为刑部尚书,以周元理为直隶总督,徐绩为山东巡抚。甲午,陕甘总督吴达善卒,调文绶代之。

十一月己酉,董天弼奏攻取小金川牛厂。丙辰,上奉皇太后御慈宁宫,恭上徽号曰崇庆慈宣康惠敦和裕寿纯禧恭懿安祺皇太后,颁诏覃恩有差。以温福为武英殿大学士,兼兵部尚书,桂林为四川总督。丁巳,调素尔纳为理藩院尚书,以舒赫德为户部尚书。辛酉,皇太后万寿圣节,上诣寿康宫,率王大臣行庆贺礼。壬戌,董天弼进攻达木巴宗,失利。甲子,小金川番复陷牛厂。

十二月庚午,温福奏进驻向阳坪,攻小金川巴朗拉山碉卡,不克。桂林奏克小金川约咱寨。褫四川提督董天弼职,以阿桂署之。乙亥,蠲甘肃陇西等三十三州县三十三年被水旱雹霜等灾额赋。丙戌,以大金川酋僧格桑遣土目赴桂林军营献物,命给赏遣归。己丑,温福奏克巴朗拉碉卡。癸巳,温福奏进驻日隆宗地方,董天弼收复沃克什土司各寨。

三十七年春正月辛丑,免奉天锦州二府额征米豆。免浙江玉环、海宁两厅县额征银谷。免山西大同等二府额征兵饷米豆谷麦,并太原等十四府州及归化城各属十分之三。壬寅,免和林格尔等处及太仆寺牧厂地亩额征银,并清水河厅额征银及太仆寺牧厂地亩额征米豆十分之三。癸卯,刑部尚书杨廷璋卒,以崔应阶为刑部尚书,嘉谟署漕运总督。乙巳,温福奏攻克小金川曾头沟、卡丫碉卡。丁未,桂林奏克郭松、甲木各碉卡。庚戌,以恒禄为内大臣。癸丑,建乌鲁木齐城,驻兵屯田。癸亥,命尚书裘日修协同直隶总督周元理浚永定河、北运河。

二月丁卯,以阿桂为四川军营参赞大臣。甲戌,上幸盘山。丙戌,上回銮,幸圆明园。丁亥,以色布腾巴勒珠尔为四川军营参赞大臣。乙未,免陕西西安等十二府州上年额征本色租粮。

三月丙申朔，免江苏金坛等十一州县六年至十年逋赋。戊戌，以索诺木策凌为乌鲁木齐参赞大臣，德云为领队大臣，命俱受伊犁将军节制。乙巳，以丰升额为四川军营参赞大臣。己酉，河南罗山县在籍知县查世柱，以藏匿《明史辑要》，论斩。壬子，桂林奏攻克大金川所据革布什咱土司之木巴拉等处。乙卯，温福奏攻克小金川资哩碉寨。丁巳，桂林奏攻克吉地官寨。温福奏攻克小金川阿克木雅寨。桂林奏攻克革什土司之党哩等寨，及小金川扎哇窠崖下碉卡。

夏四月丙寅朔，桂林奏攻克小金川阿仰东山梁等寨。豁甘肃节年民欠仓粮三百七十六万石有奇。壬申，桂林奏尽复革布什咱土司之地，及攻克小金川格乌等处。谕温福、桂林进剿索诺木。乙亥，授李湖云南巡抚，图思德贵州巡抚。壬午，改安西道为巴里坤屯田粮务兵备道，甘肃道为安肃兵备道，凉庄道为甘凉兵备道。裁乌鲁木齐粮道。庚寅，赐金榜等一百六十二人进士及第出身有差。甲午，桂林攻小金川达乌东岸山梁，失利。

五月乙未朔，以温福劾色布腾巴勒珠尔贻误军务，褫爵职。丙申，免直隶沧州等十五州县厅积年逋赋。丁酉，以舒赫德为领侍卫内大臣。命福隆安赴四川查办阿尔泰劾桂林乖张捏饰一案。命托庸暂兼管兵部尚书，索尔讷署工部尚书。壬寅，命户部侍郎福康安在军机处行走。癸卯，命海兰察等赴四川西路军营，鄂兰等赴四川南路军营。调容保为绥远城将军。桂林以隐匿挫衄，褫职逮问。以阿尔泰署四川总督。己未，上奉皇太后幸避暑山庄。甲子，湖广总督富明安卒，以海明为湖广总督，海成为江西巡抚。免直隶大兴等十五州县额赋有差。

六月乙丑朔，上奉皇太后驻避暑山庄。温福等攻克小金川东玛寨。谕阿桂督上中下杂谷及绰斯甲布各土司进剿金川。丁丑，蠲甘肃皋兰等二十五厅县旱灾额赋。辛巳，盛京将军恒禄卒，调增海代之。以傅玉为黑龙江将军。甲申，调文绶为四川总督，海明为陕甘总督，以勒尔谨署之。命阿尔泰署湖广总督。丙戌，阿尔泰罢，调海明为湖广总督。以勒尔谨署陕甘总督，调富勒浑为陕西巡抚。命仓场侍郎刘秉恬赴四川西路军营督饷。辛卯,湖广总督海明卒,以富勒浑代之,陈辉祖署。命巴延三为陕西巡抚。

秋七月乙未,命刑部侍郎鄂宝赴四川南路军营督饷,授勒谨陕甘总督。

八月己巳,阿桂奏攻克小金川甲尔木山梁碉卡。以阿桂为内大臣。赏布拉克底土司安多尔"恭顺"名号,巴旺土妇伽让"恭懿"名号。壬申,温福等奏小金川贼袭玛尔迪克运路,海兰察等败之。己丑,小金川犯党坝官寨,阿桂遣董天弼援之。

九月壬寅,温福奏进至木兰坝,贼毁南北两山碉卡,聚守路顶宗山梁。谕严防后路。阿桂奏绰斯甲布土司分兵进攻勒乌围。上送皇太后回銮。戊申,上自避暑山庄回銮。甲寅,上奉皇太后还京师。

冬十月壬申,董天弼奏攻克穆阳冈等卡。壬午,阿桂奏攻克小金川甲尔木山梁。

十一月乙未,温福等奏攻克路顶宗及喀木色尔碉寨。丙申,除四川乐山等九州县三十五年坍废盐井额赋。辛丑,广州将军秦璜以纳仆妇为妾,褫职逮讯。设凉州副都统。裁西安副都统一。丙午,温福等奏克博尔根山等碉寨。戊申,阿桂奏攻克翁古尔垄等城寨。己酉,命富勒浑赴四川,以陈辉祖兼署湖广总督。癸丑,阿桂奏攻克得里等碉塞。丁巳,阿桂奏攻克帮甲、拉宗等处,拉约各寨番人降。

十二月癸亥,阿桂奏攻克僧格宗碉寨。癸酉,以温福为定边将军,阿桂、丰升额俱为副将军,舒常、海兰察、哈国兴俱为参赞大臣,福康安为领队大臣,复兴等为温福一路领队大臣,兴兆等为阿桂一路领队大臣。董天弼等为丰升额一路领路队大臣,赏给绰斯甲布土司工噶诺尔布"尊追归丹"名号。丙子,温福奏攻克明郭宗等碉卡。丁丑,阿桂奏攻克美诺碉寨。庚辰,温福奏彭鲁尔等寨番人就抚。辛巳,温福等奏克布郎郭宋,底木达碉寨,泽旺降,僧格桑逃往金川。乙酉,秦璜以婪赃论斩。丙戌,授萨载江苏巡抚。丁亥,文绶以祖徇褫职,命刘秉恬为四川总督,仍督饷,以富勒浑署之。

三十八年春正月壬辰，召永德来京，调熊学鹏为广西巡抚，三宝为浙江巡抚。鄂宝仍授山西巡抚。以小金川平，缓四川官兵经过之成都等五十一厅州县三十八年额赋及分办夫粮之温江等九十厅州县三十七年蠲剩额赋。番民赋贡，一休缓之。温福等进剿金川，分由喀尔萨尔、喀拉依、绰斯甲布三路进兵。甲辰，哈萨克博罗特使臣入觐。以阿尔泰婪赃，赐自尽。戊午，调永贵署户部尚书，以阿桂为礼部尚书。

二月庚申朔，谕温福等檄索诺木擒献僧格桑。

三月庚寅朔，日食。壬辰，上诣泰陵。奉皇太后巡幸天津，免所过地方及天津府属本年钱粮十分之三。癸巳，上阅永定河堤。丁酉，上谒泰陵。戊戌，上命简亲王丰讷亨奉皇太后自畅春园启銮，免跸路所经之宛平等二十州县及天津府属各州县三十三上至三十六年逋赋。己亥，免直隶三十三年至三十五年逋赋。庚子，上阅淀河。乙巳，上奉皇太后驻跸天津。己酉，上奉皇太后回銮。免通州、宝坻等九州县三十六年逋赋。壬子，上阅永定河。丙辰，上奉皇太后还京师。

闰三月己巳，以扎拉丰阿为御前大臣。命刘统勋等充办理《四库全书》总裁。乙酉，以素尔讷署工部尚书。

夏四月戊戌，以绰克托为乌什参赞大臣。庚戌，命索琳以署礼部侍郎在军机处行走。辛亥，命庆桂以理藩院侍朗、副都统为伊犁参赞大臣。丙辰，谕高晋赈清河等州县及大河、长淮二卫被水灾民。戊午，加大学士温福、户部尚书舒赫德、工部尚书福隆安太子太保，礼部尚书王际华、工部尚书裘日修太子太保少傅，礼部尚书阿桂、署兵部尚书丰升额、直隶总督周元理、闽浙总督钟音、四川总督刘秉恬太子少保。

五月辛酉，工部尚书裘日修卒，以嵇璜代之。丙寅，上奉皇太后启銮，免经过地方本年钱粮十分之三。壬申，上奉皇太后驻跸避暑山庄。乙亥，盛京将军增海卒，调弘晌代之。丁丑，改乌鲁木齐参赞大臣为都统,以索诺木策凌为之,仍听伊犁将军节制。己卯,猛遮土目叭立齐等内附。癸未,召车布登扎布来京,命拉旺多尔济署乌里雅苏台将军。乙巳,阿桂等奏金川番贼陷喇嘛寺粮台,袭据底木达、布朗郭宗。己酉,鄂宝奏金川番贼袭据大板昭。壬子,定边将军温福、四川提督马全、署贵州提督牛天畀败绩于木果木,俱死之。癸丑,以阿桂为定边将军,赠温福一等伯。小金川酋僧格桑父泽旺伏诛。大学士刘纶卒。甲寅,以富勒浑为四川总督,起文绶为湖广总督。丙辰,阿桂奏剿洗小金川番贼,尽毁碉寨,谕嘉之。

秋七月戊午朔,召舒赫德来京,以伊勒图为伊犁将军,庆桂为塔尔巴哈台参赞大臣。己未,金川番贼陷美诺、明郭宗,海兰察退师日隆。谕阿桂由章谷退师,丰升额退驻巴拉郎等处。癸亥,命富德为参赞大臣赴军营,命阿桂撤噶尔拉之师。甲子,命舒赫德为武英殿大学士。调阿桂为户部尚书,永贵为礼部尚书。丙寅,齐齐哈尔蝗。丁卯,以温福乖方偾事,革一等伯爵,仍予恤典。褫刘秉恬职。命议恤木果木阵亡提督马全、牛天畀,副都统巴朗、阿尔素纳,总兵张大经及各文武员弁。丙戌,谕阿桂先复小金川,分三路进剿。

八月戊子,以阿桂为定西将军。命于敏中为文华殿大学士,舒赫德管刑部,刘统勋专管吏部。己丑,命程影伊协办大学士。调王际华为户部尚书,蔡新为礼部尚书,嵇璜为兵部尚书。以阎循琦为工部尚书。戊戌,以明亮为定边右副将军,富德为参赞大臣。壬寅,上幸木兰行围。

九月壬戌,降海兰察为领队大臣。甲子,上回驻避暑山庄。戊辰,上送皇太后回銮。己巳,索诺木挟僧格桑归大金川,以其兄冈达克往美诺。谕阿桂乘机收复。允户部请开金川军需捐例。壬申,上自避暑山庄回銮。甲戌,以多敏为科布多参赞大臣,车木楚克扎布为乌里雅苏台参赞大臣。戊寅,上奉皇太后还京。庚辰,吏部尚书托庸致仕,调官保为吏部尚书。以英廉为刑部尚书,仍兼管户部侍郎事。

冬十月乙巳,和硕诚亲王允祕卒。己酉,褫车布登扎布定边左副将军职,仍留亲王衔,以瑚图灵阿代之。

十一月丁卯,阿桂等奏进剿小金川,攻克资哩山梁等处,收复沃克什官寨。戊辰,命福禄往西宁办事。召伍弥泰回京。己巳,阿桂等奏克复美诺,命进剿金川。辛未,军机大臣、大学士刘统勋卒,上亲临赐奠,赠太傅。壬申,召梁国治来京,在军机处行走。调巴延三为湖南巡抚。以毕沅为陕西巡抚。癸酉,明亮等奏克复僧格宗等碉寨。

十二月癸巳,以彰宝为云贵总督。辛丑,命李侍尧为武英殿大学士,仍管两广总督事。

是岁,朝鲜、安南来贡。

三十九年春正月丙子,以姚立德为河东河道总督。丁丑,阿桂等克赞巴拉克等山梁。

二月甲申朔,命丰升额等助阿桂进攻勒乌围。丁亥,明亮等奏克木溪等山梁。戊戌,丰升额等克莫尔敏山梁。乙巳,蠲江苏山阳等十州县卫三十八年水灾额赋有差。丁未,上诣东陵,并巡幸盘山。庚戌,谒昭西陵、孝陵、孝东陵、景陵,至孝贤皇后陵奠酒。临故大学士公傅恒茔赐奠。辛亥,上驻跸盘山。

三月庚申,阿桂等克罗博瓦山梁,加阿桂太子太保,以海兰察为内大臣,额森特为散秩大臣。甲子,上幸南苑行围。辛未,阿桂等克得斯东寨。庚辰,明亮等克喀咱普等处,上嘉赉之。

夏四月乙酉,顺天大兴等州县蝗。辛亥,以京师及近畿地方旱,命刑部清理庶狱,减军流以下罪,直隶如之。戊戌,以御史李漱芳劾福隆安家人滋事,上嘉之,予叙。

五月癸丑朔,命刑部减秋审、朝审缓决一二次以上罪。丙寅,彰宝以病解任,以图思德署云贵总督。戊辰,上奉皇太后秋狝木兰。甲戌,上奉皇太后驻跸避暑山庄。

癸卯,阿桂等奏克穆尔浑图碉卡。

秋七月甲寅,阿桂等克色溺普山碉卡。己未,阿桂等克喇穆喇穆山等碉卡。壬戌，阿桂等克日则雅口等处寺碉。乙丑，乌鲁木齐额鲁特部蝗。庚午，明亮等克达尔图山梁碉卡。甲戌，以于敏中未奏太监高云从嘱托公事，下部严议。以阿思哈为左都御史。乙亥，命阿思哈在军机处行走。太监高云从处斩。辛巳，阿桂等克格鲁瓦觉等处碉寨。

八月壬午朔，日食。壬辰，富德等克穆当噶尔、羊圈等处碉卡。丁酉，上幸木兰行围。癸卯，金川头人绰穷斯甲降，献贼目僧格桑尸。

九月乙卯，山东寿张县奸民王伦等谋逆，命山东巡抚徐绩剿之捕。丁巳，命大学士舒赫德赴江南，同高晋塞决口。戊午，上回驻避暑山庄。命舒赫德先赴山东剿捕王伦。庚申，命额驸拉旺多尔济、左都御史阿思哈带侍卫章京及健锐、火器二营兵，往山东会剿王伦。辛酉，王伦围临清，屯闸口。壬戌，上送皇太后回銮。癸亥，以天津府七县旱，命拨通仓米十万石备赈。丙寅，上自避暑山庄回銮。丁卯，山东兖州镇总兵惟一、德州城守尉格图肯以临阵退避，处斩。庚午，以江苏山阳等四县水灾，命免明年额赋。壬申，上奉皇太后还京师。丙子，山东临清贼平，王伦自焚死。

冬十月辛巳朔，以杨景素为山东巡抚。壬辰，免临清新城本年未完额赋，并旧城未完额赋十分之五。丙午，以徐绩为河南巡抚。

十一月癸丑，明亮等克日旁等碉寨。甲寅，以舒赫德为御前大臣。阿桂等克日尔巴当噶碉寨。以阿桂为御前大臣，海兰察为御前侍卫。丙辰，以四川成都等一百四十府厅州县行军运粮，免历年额赋有差。戊辰，阿桂克格鲁古了口等处碉寨。

是岁，朝鲜、琉球入贡。

四十年春正月甲戌，阿桂等克康尔萨山梁。

二月己卯，阿桂等克甲尔纳等处碉寨。丙戌，阿桂克斯莫思达碉寨。癸巳，以李瀚为云南巡抚。

三月辛亥，上幸盘山。甲寅，上驻跸盘山。蠲江南句容等十九

州县，淮安、大河二卫三十九年水旱灾额赋。壬申，蠲长芦属沧州等
六州县、严镇等六场，河南信阳等五州县三十五年旱灾额赋。

夏四月戊寅朔，蠲安徽合肥等十四州县、庐州等四卫三十九年
旱灾额赋。丙戌，四川军营参赞大臣、领侍卫大臣、和硕亲王、固伦
额驸色布腾巴勒珠尔卒。己丑，命明山为乌里雅苏台参赞大臣。壬
寅，赐吴锡龄等一百五十八人进士及第出身有差。癸卯，阿桂等克
木思工噶克了口等处城碉。明亮等克甲索、宜喜。乙巳，明亮等克
达尔图等处碉寨。以明亮、福康安为内大臣。

五月己酉，蠲直隶霸州、保定等三十九州县三十九年旱灾额
赋。甲寅，阿桂等奏克巴木通等处碉卡。丁巳，明亮奏克茹寨、甲索
等处碉卡。戊辰，阿桂等奏克噶尔丹等碉寨。壬申，上幸木兰，奉皇
太后驻汤山行宫。明亮等奏克巴舍什等处碉寨。乙亥，阿桂等奏克
逊克尔宗等处碉寨。加封定边右副将军、果毅公丰升额为果毅继勇
公。

六月丁丑朔，蠲湖北汉阳等十五州县、武昌等六卫一所三十九
年旱灾额赋。戊寅，上驻避暑山庄。癸未，上诣广仁岭万寿亭迎皇
太后驻跸避暑山庄。壬辰，以丰升额为兵部尚书。丙申，领队大臣
额尔特褫职逮治。庚子，设管理乌鲁木齐额鲁特部落领队大臣，以
全简为之。

秋七月壬戌，阿桂等奏攻克昆色尔等处山梁碉寨。丁卯，阿桂
等克章噶等碉寨。额洛木寨头人革什甲木参等率众来降。庚午，蠲
甘肃皋兰等七厅州县三十九年被水被旱额赋。阿桂等克直古脑一
带碉寨。

八月丙子朔，日食。丁丑，阿桂等克隆斯得寨。明亮等克扎乌
古山梁。己卯，以霸州等三十余州县被水，拨直隶藩库银五十万两
赈之。辛卯，上幸木兰行围。己亥，阿桂等奏克勒乌围之捷，进剿噶
喇依贼寨。上命优叙将军阿桂，副将军丰升额，参赞大臣海兰察、额
森特等功。辛丑，召舒赫德赴热河行在。癸卯，封罗卜藏锡喇布为
贝子。乙巳，命侍郎袁守侗等赴贵州，谳知府苏乔禀揭总督、藩、臬

祖让同知席缵一案。

九月庚戌，蠲湖北钟祥等十二州县并武昌等七卫三十九年旱灾额赋。癸丑，上回驻避暑山庄。丁巳，上送皇太后回銮。辛酉，以图思德劾苏墫浮收勒索，命袁守侗等严鞫之。丙寅，以明亮请赴西路失机，严斥之，仍夺广州将军。丁卯，上奉皇太后还京师。阿桂等克当噶克底等处碉寨。

己卯，召驻藏办事伍弥泰，以留保住代之。己丑，以霸州等六州县被灾较重，命即于闰十月放赈。庚寅，蠲甘肃皋兰等十七州县厅水雹霜灾额赋。壬辰，上还宫。丙申，调裴宗锡为贵州巡抚，命袁守侗暂署，图思德署云南巡抚，李质颖为安徽巡抚。

闰十月壬子，苏墫以侵税诬讦，处斩。壬戌，明亮等奏克扎乌古山梁。甲子，阿桂等奏克西里山黄草坪等处碉卡，总兵曹顺死之。命袁守侗赴四川，同阿扬阿谳冀国勋一案。复封庆恒为克勤郡王。壬申，明亮等克耳得谷寨。

十一月，明亮等克甲索诸处碉卡。乙酉，福禄以立塔尔一案未能鞫实，革，戍伊犁。己丑，阿桂克西里第二山峰，并进围鸦玛朋寨落。壬辰，明亮等奏克尔甲尔古等处碉卡。壬寅，阿桂等奏克舍勒固租鲁、科思果木、阿尔古等处碉寨。

十二月甲辰朔，日食。丁未，工部尚书阎循琦卒，调嵇璜为工部尚书，蔡新为兵部尚书，以曹秀先为礼部尚书。阿桂等克萨尔歪等寨落。丙辰，以阿桂为镶黄旗领侍卫内大臣。调熊学鹏为广东巡抚，以吴虎炳为广西巡抚。甲子，明亮等由达撒谷进兵，连克险要山梁及沿河格尔则寨落。丙寅，阿桂等克格隆古等处寨落。庚午，阿桂等由索隆古进据噶占山梁，直捣噶喇依。其头人色木里雍中及布笼普阿纳木来降。壬申，明亮等克甲杂等隘口，并后路巴里布、日盖古洛，进抵独松隘口，克日会捣噶喇依。其头人达固拉得尔瓦等来降。

清史稿卷一四
本纪第一四

高宗五

四十一年春正月癸酉朔,富德克打噶咱普德尔窝、马尔邦等碉卡。明亮等克独松等碉卡。甲戌,定郡王绵德以交结礼部司员削爵,命绵恩承袭。阿桂克喇乌喇等碉卡及舍齐等寺。己卯,阿桂率诸军进围噶喇依,索诺木之母及其姑姊妹出降。命封阿桂一等诚谋英勇公,予四团龙补服、金黄带。加赏果毅继勇公丰升额一等子。封明亮一等襄勇伯,海兰察一等超勇侯,额森特一等男,和隆武三等果勇侯,福康安、普尔普三等男。加赏奎林一等男。丰升额、明亮、海兰察、奎林、和隆武仍各予双眼花翎,赏于敏中一等轻车都尉,均世袭。阿桂请安插降众于绰斯甲布十二土司地方,从之。壬午,赏阿桂紫缰。甲申,调明善为科布多参赞大臣。以法福里为乌里雅苏台参赞大臣。己丑,吏部尚书、协办大学士官保以病乞休,允之。以阿桂为吏部尚书、协办大学士。调丰升额为户部尚书,福隆安为兵部尚书。以绰克托为工部尚书。庚寅,嘉谟迁仓场侍郎。命阿思哈署漕运总督,永贵署吏部尚书,英廉署户部尚书。

二月己酉,授文绶四川总督,调富勒浑为湖广总督。庚戌,命嗣后社稷坛祭时,或值风雨,于殿内致祭。蠲江苏上元等三十九州县、镇江等五卫四十年旱灾额赋。辛亥,上谒东陵。以祇谒两陵,并巡幸山东,免经过州县本年额赋十分之三。甲寅,上谒昭西陵、孝陵、孝东陵、景陵,诣孝贤皇后陵奠酒。阿桂等奏索诺木等出降,槛送京师,两金川平。乙卯,命永贵回礼部尚书,仍兼署吏部事。丙辰,命图平定金川前后五十功臣像于紫光阁。命新设将军驻雅州,四川提督桂林驻金川。丁巳,上还京师。戊午,上谒泰陵。命袁守侗赴四川,会同阿桂查办参赞大臣富德。戊午,上谒泰陵。设云南腾越镇总兵官。丁卯,上奉皇太后巡幸山东。己巳,免顺天直隶通州等二十八州县未完地粮仓谷。庚午,停湖北勘丈湖地。免直隶霸州等二十一州县未完地粮仓谷。辛未,减直隶军流以下人犯罪。

三月丁丑,免山东泰安、曲阜二县本年额赋。戊寅,免山东邹平等三十七州县卫各项民欠额赋。己卯,增设成都将军,以明亮为之。辛巳,减山东军流以下人犯罪。壬午,免山东德州等十一州县缓征漕米漕项。癸未,以萨载为江南河道总督,杨魁为江苏巡抚。甲申,勒尔谨陛见,命毕沅署陕甘总督。丙戌,上驻跸泰安,谒岱庙。命还督抚贡物,仍严饬之。设金川勒乌围总兵。丁亥,上登泰山。辛卯,户部尚书王际华卒,以袁守侗代之。免四川通省上年额赋及本年夷赋有差。蠲河南武陟县四十年水灾额赋。乙未,上至曲阜,谒孔子庙。蠲安徽怀宁等三十二州县、建阳等七卫四十年水旱额赋。丙申,释奠先师孔子,告平两金川功。丁酉,上谒孔林。调李质颖为广东巡抚,以闵鹗元为安徽巡抚。戊戌,富德褫职逮治。己亥,云南车里逃夷刀维屏等悔罪自归,谕免死,锢之。庚子,命户部侍郎和珅军机处行走。辛丑,上奉皇太后自济宁登舟。

夏四月癸卯,以平定金川,遣官祭告天地、太庙、社稷。以英廉兼署户部尚书。命刘墉会同陈辉祖查勘湖北沔阳州冲溃堤工。甲辰,予告协办大学士、史部尚书官保卒。丁未,上阅临清州旧城。辛亥,命阿桂仍在军机处行走。癸丑,蠲直隶霸州等五十二州县四十年水灾额赋有差。乙卯,以平定金川,遣官告祭昭西陵、孝陵、孝东陵、景陵、泰陵、孝贤皇后陵。丙辰,遣官告祭孔子阙里。壬戌,遣官告祭永陵、福陵、昭陵。甲子,以阿思哈为漕运总督,素尔讷为左都御史,索琳为理藩院尚书,仍留库伦辨事,命丰升额署理藩院尚书。乙丑,上送皇太后自宝稼营还京师。丙寅,献金川俘馘于庙社。丁卯,定西将军阿桂等凯旋。戊辰,上幸良乡城南行郊劳礼,赐将军及随征将士等宴,并赏阿桂等御用鞍马各一。上还京师。己巳,受俘。上御瀛台,亲鞫俘囚。索诺木等皆磔于市。上御紫光阁,行饮至礼,赐凯旋将士及王大臣等宴,赐将军阿桂以下银币有差。庚午,斩番目布笼普占巴、雅玛朋阿库鲁等于市。

五月辛未朔,上奉皇太后御慈宁宫,上徽号曰崇庆慈宣康惠敦和裕寿纯禧恭懿安祺宁豫皇太后,颁诏覃恩有差。戊寅,富德以诬讦阿桂悖逆,处斩。辛巳,豁山西石楼等三县丁徭虚额银。癸未,上奉皇太后启銮,秋狝木兰。己丑,上驻跸避暑山庄。

六月庚子朔,定文渊阁官制。壬子,以甘肃皋兰等二十九县厅旱灾,命多留市米以供民食。庚申,黄邦宁论斩,逮治前护广西巡抚苏尔德、署按察使广德。

秋七月庚申,索琳以不职镌级,以伍弥泰为理藩院尚书。丁亥,授巴延三山西巡抚,调鄂宝为湖南巡抚。

八月丁未,召瑚图灵阿,以巴林王巴图为定边左副将军,以额驸拉旺多尔济为伊犁参赞大臣。乙卯,上幸木兰行围。

九月丙子,上回驻避暑山庄。庚辰,上送皇太后回銮。庚寅,上奉皇太后还京。

冬十月己亥朔,命丰升额为步军统领,福隆安仍兼管。壬寅,绥远城将军容保罢,以伍弥泰代之。甲辰,命英诚公阿克栋阿在领侍卫内大臣上行走,以奎林为理藩院尚书。戊申,左都御史张若溎病免。辛亥,调崔应阶为左都御史,以余文仪为刑部尚书。壬子,阿思哈病免,以鄂宝为漕运总督。癸丑,以敦福为湖南巡抚。丙辰,命三宝查浙江漕粮积弊。甲子,以甘肃丰兰等二十九厅州县旱灾,豁历年积欠仓粮四百万有奇。

十一月甲申,命四库全书馆详核违禁各书,分别改毁。谕曰:"明季诸人书集词意抵触本朝者,如钱谦益等,均不能死节,妄肆狂狺,自应查明毁弃。刘宗周、黄道周立朝守正,熊廷弼材优干济,诸人所言,若当时采用,败亡未必若彼其速,惟当改易字句,无庸销毁。又直臣如杨涟等,即有一二语伤触,亦止须酌改,实不忍并从焚弃。"

十二月庚子,命戊戌年八月举行缮译乡试,次年三月举行会试。丙午,命明亮军机处行走,伍弥泰迁西安将军,博成署绥远城将军。戊申,以雅朗阿为绥远城将军。甲寅,蠲山东德州等三十州县卫所本年被灾额赋。丙辰,缅目得鲁蕴请送还内地官人,准其入贡。谕令进京乞恩。戊午,上幸瀛台。库车阿奇木伯克、哈萨克使人,及四川明正土司等瞻觐,各赐冠服有差。

四十二年春正月戊辰朔,蠲甘肃乾隆二十三年至三十五年民欠银八十四万两有奇。丙子,上御阅武楼阅兵,命诸王、大臣、外藩蒙古及回部、库车、哈萨克使臣、金川土司等从观。辛巳,以皇太后不豫,诣长春仙馆问安,奉皇太后幸同乐园,侍晚膳。自是每日诣长春仙馆请安。乙酉,以图思德奏缅番内附,命阿桂往云南筹办。调李侍尧为云贵总督,以杨景素为两广总督,郝硕为山东巡抚,图思德回贵州巡抚,裴宗锡回云南巡抚。己丑,宥熊学鹏罪,苏尔德、广德论斩。庚寅,皇太后崩,奉安于慈宁宫正殿,上以含清斋为倚庐,颁大行皇太后遗诏,谕穿孝百日,王大臣官员等二十七日除服。辛卯,尊大行皇太后谥号为孝圣宪皇后,推恩普免钱粮一次。壬辰,定二十七日内郊庙社稷遣官致祭用乐之制。乙未,尊大行皇太后陵曰泰东陵。丙申,移大行皇太后梓宫于畅春园,奉安于九经三事殿。上居圆明园。

二月丁酉朔,上诣安佑宫行告哀礼。上居无逸斋苫次。己亥,上还居圆明园。庚子,上诣九经三事殿大行皇太后梓宫前供奠。诸王大臣请间一二日行礼,不允。甲辰,谕二十七日内停止元旦朝贺。其百日后,寻常御殿视朝,届日请旨。乙巳,定百日内与二十七日内御用服色及臣下服色制。甲寅,高晋会同阿扬阿赴安徽查案,杨魁兼署两江总督。蠲安徽宿州等八州县、凤阳等三卫四十一年水灾额赋。丁巳,上诣九经三事殿大行皇太后梓宫前行月祭礼。以颜希深为湖南巡抚。

三月辛未，左都御史素尔讷、大理寺卿尹嘉铨休致。壬申，以萨载赴京，命德保兼署江南河道总督。戊寅，以迈拉逊为左都御史。壬午，上大行皇太后尊谥曰孝圣慈宣康惠敦和敬天光圣宁皇后。戊子，以恒山保为乌里雅苏台参赞大臣。

夏四月戊戌，以缅番投诚反覆，召阿桂回京，留缅目所遣孟干等。戊申，上诣九经三事殿孝圣宪皇后梓宫前行祖奠礼。己酉，孝圣宪皇后发引，上送往泰东陵，免经过州县本年额赋十分之七。癸丑，上谒泰陵。是日，孝圣宪皇后梓宫至泰东陵，奉安于隆恩殿。丙辰，上诣泰东陵孝圣宪皇后梓宫前行百日祭礼。丁巳，大学士舒赫德卒。戊午，命永贵署大学士兼吏部尚书。辛酉，蠲安徽宿州等八州县、长河等三卫四十一年水灾额赋。壬戌，命福隆安兼署吏部尚书。甲子，上还京师。

五月乙丑朔，孝圣宪皇后神牌升祔太庙。翌日，颁诏覃恩有差。戊辰，上临舒赫德丧次赐奠。壬申，蠲直隶清苑等十州县逋赋。戊寅，以普蠲全国钱粮，免福建台湾府属官庄租息十分之三。甲申，马兰镇总兵满斗于东陵掘墙通路，论斩。丁亥，命阿桂为武英殿大学士，兼管吏部事，英廉协办大学士。命尚书果毅继勇公丰升额之父阿里衮袭果毅公爵号，亦加“继勇”二字。调永贵为吏部尚书，以富勒浑为礼部尚书，三宝为湖广总督，王亶望为浙江巡抚。蠲顺天直隶大兴等三十三厅州县被灾额赋。

六月乙卯，以吉林将军富椿调杭州将军，命福康安代之。己未，上诣黑龙潭祈雨。

秋七月，蠲甘肃皋兰等二十九厅州县四十一年被灾额赋。丙戌，命甘肃应征各属番粮草束免十分之三。暹罗头目郑昭进贡，送所获缅番，谕杨景素以请封檄谕之。

八月庚子，免乌鲁木齐各州县户民额粮十分之三。庚申，命侍郎金简赴吉林，会同福康安查办事件。

九月丙子，上谒泰陵、泰东陵。壬午，上还京师。

冬十月戊戌,户部尚书果毅继勇公丰升额卒,调英廉为户部尚书,仍兼管刑部,命德福为刑部尚书。乙巳,诏陕西民屯租粮草束届轮免钱粮之年,一体蠲免。庚申,设密云副都统一,驻防兵二千。辛酉,命袁守侗赴浙江查审归安县知县刘均被控案。命侍郎周煌、阿扬阿赴四川查审大足县知县赵宪高被控案。

十一月丙寅,广德处斩。戊辰,海成以纵庇王锡侯褫职,以郝硕为江西巡抚,国泰为山东巡抚。壬申,刑部尚书余文仪乞休,允之。甲戌,调袁守侗为刑部尚书,梁国治为户部尚书。乙酉,蠲甘肃宁夏等七厅县本年被灾额赋。

二月丁酉,蠲甘肃皋兰等十七州县四十一年被灾额赋。癸丑,赈甘肃皋兰等三十二厅州县被旱灾民。

四十三年春正月壬戌朔,免朝贺。癸亥,以郑大进为河南巡抚。辛未,追复睿亲王封爵及豫亲王多铎、礼亲王代善、郑亲王济尔哈朗、肃亲王豪格、克勤郡王岳讬原爵,并配享太朝。己卯,上谒西陵,免经过地方本年额赋十分之三。癸未,上谒泰陵、泰东陵。甲申,上谒泰东陵行期年礼。

二月丁酉,朝鲜、琉球入贡。己酉,以特成额为礼部尚书。调绰克托为吏部尚书,富勒浑为工部尚书。特成额迁成都将军,以钟音为礼部尚书。调杨景素为闽浙总督,桂林为两广总督,李质颖护之。戊午,以诚亲王弘畅为正白旗侍卫内大臣。

三月甲子,上诣西陵。戊辰,上谒泰陵、泰东陵。己巳,上亲祭泰东陵。乙亥,上阅健锐营兵。己丑,以李湖为湖南巡抚。

夏四月辛卯,以河南旱,命减开封等五府军流以下罪。壬寅,命先免河南四十五年田赋。癸卯,肃亲王蕴著卒。乙巳,上诣黑龙潭祈雨。辛亥,命减河南军流以下罪。乙卯,赐戴衢亨等一百五十七人进士及第出身有差。

五月庚申朔,以山东荒歉,命预免四十五年钱粮。丁卯,命山西巡抚兼理河东盐政。戊戌,怡亲王弘晓卒。

六月乙未,以九江关监督全德浮收,逮治之。

闰六月癸亥,河南祥符河决。

秋七月癸巳,河南仪封考城河决。乙未,命袁守侗往河南,会同河督姚立德、巡抚郑大进查办河工。戊戌,命高晋督办堤工。丁未,上诣盛京谒陵,免经过直隶、奉天各州县本年额赋十分之三。

八月癸酉,以仪封决河下注安徽凤阳各州县,谕萨载等赈灾民。甲戌,上谒永陵。乙亥,行大飨礼。己卯,上谒福陵。免奉天所属府州县明年丁赋。庚辰,行大飨礼。上谒昭陵。辛巳,行大飨礼。命奉天、吉林、黑龙江各属已结未结死罪均减等,军流以下悉宥之。癸未,上临奠克勤郡王岳讬墓。甲申,上临奠武勋王扬古利、宏毅公额亦都、直义公费英东墓。乙酉,上诣文庙行礼。

九月甲午,锦县生员金从善,以上言建储立后,纳谏施德,忤旨,论斩。戊戌,礼部尚书钟音卒。金从善以妄肆诋斥,处斩。己亥,以德保为礼部尚书。丁未,申谕立储流弊,及宣明归政之期。壬子,上还京师。甲寅,高朴以婪赃论斩。绰克讬以失察高朴褫职。命永贵为吏部尚书。乙卯,命迈拉逊署吏部尚书。

冬十月己未,以庚子年七旬万寿,巡幸江、浙,命举恩科乡会试,并普蠲钱粮。甲戌,江苏布政使陶易以徇纵徐述夔,褫职论斩。丙子,免甘肃皋兰等三十二厅州县四十二年旱灾额赋。

十一月戊子,禁贡献整玉如意及大玉。壬辰,定驿务归巡道分管,裁甘肃驿传道。赈广西兴安等九州县本年旱灾。庚子,免甘肃宁下等七厅州县四十二年被灾额赋。

十二月庚申,河南仪封堤工塌坏,高晋等下部严议。丙寅,谕国泰严治山东冠县义和拳教匪。甲戌,赈安徽当涂等三十四州县卫本年水旱灾、湖南湘阴等十五州县卫旱灾,并蠲额赋有差。

四十四年春正月丙戌朔,调陈辉祖为河南巡抚,郑大进为湖北巡抚。乙未,大学士、两江总督高晋卒。命三宝为东阁大学士,仍留湖广总督任,萨载为两江总督,李奉翰为江南河道总督。癸卯,上诣西陵,免经过地方本年丁赋十分之三,裁福州副都统。乙巳,命阿桂赴河南查勘河工。丁未,上谒泰陵、泰东陵。辛亥,上还京师。

二月癸亥,左都御史迈拉逊病免。丙子,以增福为福建巡抚,申保为左都御史。庚辰,命辑明季诸臣奏疏。谕曰:"各省送到违碍应毁书籍,如徐必达《南州草》,萧近高《疏草》,宋一韩《掖垣封事》,切中彼时弊病者,俱无惭骨鲠。虽其君置若罔闻,而一时废弛督乱之迹,痛切敷陈,足资考镜。朕以为不若择其较有关系者,别加编录,名为《明季奏疏》,勒成一书,永为殷鉴。诸臣在胜国言事,于我国家间有干犯之语,不宜深责,应量为改易选录,余仍分别撤毁。"壬午,建江南龙泉庄等处行宫。

三月丙申,命英廉署直隶总督。丁酉,命德福署协办大学士。调杨景素为直隶总督。三宝为闽浙总督。以图思德为湖广总督,舒常为贵州巡抚。乙巳,以谭尚忠署山西巡抚。己酉,赈湖北江夏等三十九州县卫上年旱灾。

夏四月己未,改辟展办事大臣为吐鲁番领队大臣。戊辰,上诣西陵。壬申,上谒泰陵、泰东陵。丁丑,改甘肃驿传道为分巡兰州道。戊寅,以袁守侗为河东河道总督,胡季堂为刑部尚书。己卯,上阅健锐营兵。庚辰,上还京师。

五月乙未,上秋狝木兰,免经过地方本年丁赋十分之三。丙申,以李世杰为广西巡抚。辛丑,上驻避暑山庄。丙午,以富纲为福建巡抚。丁未,上诣文庙行释奠礼。

六月丁卯,免甘肃乾隆二十七年至三十七年逋赋银二十三万五千两、粮一百零五万石各有奇。戊辰,河南武陟、河内沁河决。庚辰,建吐鲁番满城。

秋七月乙未,以孙士毅为云南巡抚。

八月戊辰,上幸木兰行围。辛未,命和珅在御前大臣上学习行走。甲戌,以宗室永玮为黑龙江将军。乙亥,宁寿宫成。

九月庚子,上还京师。

冬十月壬戌,免陕西延安等三府州属乾隆二十年至三十七年

民欠社仓谷。免西藏那克舒三十九族番子等应交马银。乙亥,免甘
肃庄浪等十七厅州县被灾额赋。

十一月甲申,免安徽亳州等十一州县额赋。戊戌,杭州将军嵩
椿坐耽于逸乐褫职,仍通谕申儆。癸卯,赈甘肃皋兰等十二厅州县
灾民,并蠲本年额赋。丙午,以姚成烈为广西巡抚。以伍弥泰护送
班禅至热河,给钦差大臣关防。

十二月癸丑,命侍郎德成至河南会办河工。甲寅,命户部侍郎
董诰在军机处行走。乙卯,两广总督桂林卒,以巴延三代之,雅德为
山西巡抚。戊午,大学士于敏中卒。湖广总督图思德卒,以富勒浑
代之,绰克托代为工部尚书。丙寅,赈湖北沔阳等七州县卫本年水
灾。己巳,命程景伊为文渊阁大学士,调稽璜为吏部尚书、协办大学
士,周煌为工部尚书。辛未,直隶总督杨景素卒,以袁守侗代之。调
陈辉为河东河道总督,荣柱为河南巡抚。

四十五年春正月庚辰朔,以八月七旬万寿,颁诏覃恩有差。辛
巳,免河南仪封等十三州县被灾额赋。辛卯,上巡幸江、浙,免直隶、
山东经过地方本年额赋十分之三。壬辰,免直隶顺德等四府属逋
赋。己亥,免山东历城等二十八州县逋赋及仓谷。己酉,朝鲜国王
李祘表贺万寿,优诏答之。修浙江仁和、海宁塘工。

二月癸丑,命舒常同和珅、喀宁阿查办海宁劾李侍尧各款。甲
寅,免江南、浙江经过地方本年额赋十分之三。免两江所属四十三
年以前逋赋。丙辰,调李奉翰为河东河道总督,陈辉祖为江南河道
总督。丁巳,免台湾府属本年额谷,免两淮灶户灾欠及川饷未缴银。
己未,上渡江,阅清口东坝堤工。甲子,免江南、浙江省会附郭诸州
县本年额赋。戊辰,上幸焦山。壬申,上幸苏州府。仪封决口合龙。
己卯,免浙江仁和等县逋赋。

三月辛巳,上幸海宁州观潮。壬午,上幸尖山。召索诺木策凌
来京,以奎林为乌鲁木齐都统。癸未,上幸杭州府。甲申,上幸秋涛
宫阅水师。以博清额为理藩院尚书。壬辰,调李质颖为浙江巡抚,

李湖为广东巡抚,以刘墉为湖南巡抚。以京察届期,予阿桂等议叙。左都御史崔应阶等原品休致。癸巳,以罗源汉为左都御史。丁酉,李侍尧褫职逮问。孙士毅褫职,发伊犁效力。以福康安为云贵总督,索诺木策凌为盛京将军。辛丑,命英廉为东阁大学士,和珅为户部尚书。丙午,上诣明太祖陵奠酒。

夏四月己酉朔,上渡江。壬子,山东寿光人魏塾以著书悖妄,处斩。丁巳,上至武家墩,阅高家堰堤工,渡河。免山西太原等十六府州并归化城等厅应征额赋十分之三,大同、朔平及和林格尔等属全免之。辛酉,调杨魁为陕西巡抚,刘秉恬署云南巡抚,颜希深为贵州巡抚,吴坛为江苏巡抚。丁卯,调杨魁为河南巡抚,雅德为陕西巡抚,喀宁阿为山西巡抚。

五月甲申,以大学士、九卿改和珅所拟李侍尧监候为斩决,谕各督抚各抒所见,定拟题奏。丁亥,上还京师。癸巳,赐汪如洋等一百五十五人进士及第出身有差。丁酉,宥孙士毅罪。己亥,上秋狝木兰。乙巳,上驻跸避暑山庄。甲寅,免湖北沔阳等五州县本年水灾额赋。乙卯,召大学士三宝入阁办事。调富勒浑为闽浙总督,舒常为湖广总督。丁卯,以和珅为正白旗领侍卫内大臣。庚午,江苏睢宁郭家渡河决。

秋七月丁丑,起孙士毅为编修。丁酉,班禅额尔德尼自后藏入觐,上御清旷殿,赐坐,赐茶。戊戌,顺天良乡永定河决。庚子,上御万树园,赐班禅额尔德尼及王、公、大臣,及蒙古王、贝勒、贝子、公、额驸、台吉等宴,并赐冠服金币有差。辛丑,山东曹县及河南考城河决。壬寅,以李本为贵州巡抚。

八月戊申,赈河南宁陵等四县水灾。乙卯,大学士程景伊卒。丁巳,永定河决口合龙。湖北巡抚郑大进贡金器,不纳,切责之。己未,上七旬万寿节,御澹泊敬诚殿,王、公、大臣,及蒙古王、贝勒、贝子、额驸、台吉等行庆贺礼。癸酉,调闵鹗元为江苏巡抚,农起为安徽巡抚。甲戌,上诣东西陵,免经过地方本年额赋十分之三。赈浙江诸暨等七县水灾。

九月,以嵇璜为文渊阁大学士,蔡新为吏部尚书、协办大学士。调周煌为兵部尚书、以周元理为工部尚书。壬午,上谒昭西陵、孝陵、孝东陵、景陵,诣孝贤皇后陵奠酒。辛卯,上谒泰陵、泰东陵。睢宁郭家渡决口合龙。乙未,上还京师。乙巳,赈吉林珲春水灾。

冬十月戊申,定李侍斩监候。调雅德为河南巡抚。辛酉,免河南仪封等六县本年水灾额赋。壬戌,免直隶霸州等六十三州县本年水灾额赋。免江苏清河等八州县卫本年水旱额赋。免甘肃皋兰等三十五厅州县四十四年水灾额赋。甲戌,命博清额署左都御史,和珅仍兼署理藩院尚书。

十一月庚辰,命博清额为钦差大臣,护送班禅额尔德尼往穆鲁乌苏地方。壬午,以庆桂为乌里雅苏台将军。癸未,班禅额尔德尼卒于京师。

十二月乙卯,赈甘肃皋兰等十八厅州县饥民。庚申,以会同四译馆屋坏,压毙朝鲜人,礼部尚书等下部严议。丁卯,命阿桂会同陈辉祖、富勒浑、李质颖勘视海塘。

四十六年春正月己卯,定蒙古喀尔喀,青海杜尔伯特、土尔扈特、和硕特,回部王、公札萨克、台吉等世袭爵秩。丙申朝鲜国王李祘表谢赐缎匹,仍贡方物,温谕受之。癸卯,召富勒浑、李质颖来京。以陈辉祖为闽浙总督,兼管浙江巡抚,督办塘工。调李奉翰为江南河道总督,韩镳为河东河道总督。

二月丙辰,免浙江诸暨水灾额赋。癸亥,命阿桂勘视江南、河南河工。乙丑,上西巡五台山,免经过地方本年额赋十分之三。丙寅,免顺天保定七府州县逋赋。己巳,调雅德为山西巡抚。庚午,以富勒浑为河南巡抚。王燧论绞。

三月甲戌朔,上幸正定府阅兵。乙亥,免安徽亳州等九州县、凤阳等三卫水灾额赋有差。丙子,免江苏清河等八州县卫水灾额赋有差。戊寅,召庆桂来京,以巴图署乌里雅苏台将军。辛巳,上驻跸五台山。己丑,免甘肃皋兰等十五厅州县雹灾额赋有差。甲午,以宗室嵩椿为绥远城将军。庚子，上还京师。壬寅，甘肃循化厅撒拉尔回匪苏四十三等作乱，陷河州，命西安提督马彪同勒尔谨剿之。癸卯，回匪犯兰州，命阿桂往甘肃调度剿贼机宜。

夏四月甲申朔，命尚书和珅、额驸拉旺多尔济、领侍卫内大臣海兰察，并巴图鲁侍卫等，赴甘肃剿贼。乙巳，命安徽巡抚农起往甘肃办理军需，宥李侍尧罪，赏三品顶戴赴甘肃。己酉，甘肃官军收复河州，仁和县进援省城。庚申，休致大理寺卿尹嘉铨坐妄请其父从祀孔庙及著书狂悖，处绞。免直隶霸州等五十厅州县水灾额赋。戊辰，赐钱棨等一百六十九人进士及第出身有差。庚午，逮勒尔谨，以李侍尧管理陕甘总督事，未至，以阿桂兼管之。召和珅回京。辛未，免安徽寿州等十二州县卫、河南仪封等五县水灾额赋。

五月辛卯，谕阿桂等除回民新教。

闰五月癸卯朔，勒尔谨论斩。己酉，免江苏阜宁等七县卫逋赋。庚戌，上秋狝木兰。丙辰，上驻跸避暑山庄。

六月庚辰，江苏睢宁魏家庄河决。己丑，以甘肃累年冒赈，命刑部严鞫勒尔谨，逮王亶望至都。壬辰，免陕西西安等十二府州民欠仓谷。癸巳，甘肃回匪苏四十三等伏诛。

秋七月壬寅朔，江苏崇明、太仓等州县海溢。甘肃布政使王廷赞，以冒赈浮销，褫职逮治。丙午，以奎林为乌里雅苏台将军，明亮为乌鲁木齐都统。己酉，河南万锦滩及仪封曲家楼河决。庚申暹罗国长郑昭遣使赍表贡方物。辛酉，命阿桂阅视河南、山东河工。乙丑，南掌国王弟召翁贡方物。庚午，王亶望处斩，赐勒尔谨自尽，王廷赞论绞。免江苏崇明县本年额赋，赈江苏崇明等九厅州县河南仪封县水灾。

八月甲戌，赈甘肃陇西等四县水灾。免金县等七县额征半赋。己卯，袁守侗等坐查监粮失实，下部严议。壬午，调福康安为四川总督，以富纲为云贵总督，杨魁署福建巡抚。乙酉，赈湖北潜江等四州县水灾。丙戌，上幸木兰行围。魏家庄决口合龙。

九月戊申，王廷赞处绞。丁卯，赈山东金乡水灾。

冬十月丙子,赈江苏铜山等县水灾。丁丑,赈山东邹平等二十九州县、济宁等三卫、永阜等三场水灾。乙酉,赈直隶沧州等四州县、严镇等四场水灾。戊子,赈河南祥符十三县水灾。庚寅,赈湖北江夏等十七州县水旱灾。癸巳,赈安徽灵壁等二十四州县卫水旱灾。丁酉,上以御史刘天成奏,谕曰:"均田之法,势必致贫者未富,富者先贫。我君臣惟崇俭尚朴,知愧知惧,使四民则效而已。"罢陕西贡皮。

十一月庚子,工部尚书周元理予告,以罗源汉代之。以刘墉为左都御史,仍暂管湖南巡抚。丙午,以李世杰为湖南巡抚。戊辰,以郑大进为直隶总督。

十二月己巳朔,调姚成烈为湖北巡抚。以朱椿为广西巡抚。丁丑,以雅德为广东巡抚,谭尚忠为山西巡抚。戊子,大学士等议驳稽璜请复黄河故道,上韪之。庚寅,毕沅以御史钱沣劾,降三品顶戴留任。辛卯,调农起为山西巡抚,谭尚忠为安徽巡抚。

四十七年春正月庚子,陈辉祖、闵鹗元降三品顶戴留任。乙卯,建盛京文溯阁。丙寅,《四库全书》成。

二月己巳,上御文渊阁,赐《四库全书》总裁等官宴,赏赉有差。丁亥,命乾清门侍卫阿弥达致祭河神。

三月庚子,上幸盘山。壬寅,上驻跸盘山。癸丑,调雅德为福建巡抚,以尚安为广东巡抚。甲寅,上还京师。乙卯,免甘肃积年通赋粮二百四十五万石、银三十万两各有奇。戊午,免江苏常熟等二十八厅州县卫水灾额赋。癸亥,免直隶天津等三十九州县厅水灾额赋。

夏四月戊辰,命和珅、刘墉同御史钱沣查办山东亏空。戊寅,免山东寿光等五县水灾额赋。己卯,山东巡抚国泰褫职逮问,以明兴代之。辛巳,上阅火器营兵。甲申,免山西永济县水灾额赋。丁亥,上阅健锐营兵。壬辰,协办大学士、吏部尚书蔡新乞假,允之。以刘墉署吏部尚书。甲午,罗源汉罢,以刘墉为工部尚书,王杰为都察院左都御史,庆桂为盛京将军。

五月丁酉,召阿桂来京,命韩镶、富勒浑筹办河工。己亥,赈山东曹州、兖州,济宁等府州,江苏徐州、丰、沛等县水灾。辛丑,免河南祥符等六县水灾额赋。定新建巴尔噶逊城名曰嘉德。戊申,上幸木兰。庚戌,免安徽怀宁等十八州县、安庆等五卫水灾额赋。甲寅,上驻跸避暑山庄。

六月丙子,国泰、于易简论斩。以富躬为安徽巡抚。

秋七月丙申朔,命阿桂仍督办河工。戊戌,索诺木策凌论斩。癸卯,国泰、于易简赐自尽。甲辰,以李侍尧、国泰所办贡物过优,皆致罪戾,谕各督抚等惟当洁清自矢,毋专以进献为能。己未,以何裕城署河东河道总督。癸亥,免甘肃陇西等四县四十六年水灾额赋。

八月丁卯,以福康安为御前大臣。癸酉,以宗室永玮为吉林将军,宗室恒秀为黑龙江将军。甲戌,加英廉、嵇璜、和珅、李侍尧、福康安太子太保、梁国治、郑大进太子少傅,萨载太子少保。壬午,赈江苏沛县等州县,山东邹、峄二县被水灾民。癸未,上幸木兰行围。乙酉,赐索诺木策凌自尽。壬辰,赈山东兖州等府县被水灾民。

九月丙申,建浙江文澜阁。壬寅,上回驻避暑山庄。癸卯,刑部尚书德福卒,以喀宁阿代之。命英廉暂管刑部。乙巳,调宗室永玮为盛京将军,庆桂为吉林将军。辛亥,陈辉祖褫职逮问,调富勒浑为闽浙总督,福长安署之。调李世杰为河南巡抚,以查礼为湖南巡抚。己未,赈浙江玉环等处海溢灾民。辛酉,免奉天承德等五厅县水灾额赋。

冬十月癸酉,新建库尔喀喇乌苏城名曰庆绥,晶河城名曰安阜。丁卯,赈河南汝阳等十六县水灾。甲申,直隶总督郑大进卒,以袁守侗署之。以福崧为浙江巡抚。赈安徽寿州等十六州县卫水旱灾。

十二月癸亥朔,陈辉祖及国栋等论斩。甲申,常青迁杭州将军。以乌尔图纳逊为察哈尔都统。

四十八年春正月甲午，以伊星阿为湖南巡抚。戊申，以萨载为两江总督，毕沅为陕西巡抚，刘秉恬为云南巡抚。

二月甲子，赐陈辉祖自尽，王燧处斩。乙丑，以毓奇为漕运总督。丙寅，以拉旺多尔济为御前大臣。戊辰，命建辟雍于太学。辛未，上诣西陵，免经过地方额赋十分之三。乙亥，上诣泰陵、泰东陵。戊子，赐明辽东经略熊廷弼五世孙先为儒学训导。

三月辛丑，予大学士阿桂等议叙。礼部侍郎钱载等原品休致。予总督袁守侗等、巡抚农起等议叙。召朱椿来京，以刘峨为广西巡抚。甲寅，免江苏铜山等十九州县、淮安等三卫水旱灾额赋。

夏四月乙丑，御前大臣喀喇沁郡王札拉丰阿卒，以拉旺多尔济为御前大臣。乙亥，上阅火器营兵。辛巳，召福康安来京。

五月壬辰，以福康安为正黄旗领侍卫内大臣。予李奉翰兵部尚书、右都御史衔。甲辰，以朱椿为左都御史。丙午，协办大学士、吏部尚书永贵卒。免安徽寿州等十一州县上年水灾额赋。丁未，直隶总督袁守侗卒，以刘峨代之。以孙士毅为广西巡抚，伍弥泰为吏部尚书协办大学士。己酉，上有疾，命永瑢代祀方泽。癸丑，上幸木兰。庚申，上驻跸避暑山庄。

六月乙丑，体仁阁火。乙酉，免山东永阜等五场上年水灾额赋。丁亥，赈湖北广济等六州县水灾。

秋七月戊戌，命海禄署伊犁将军，图思义署乌鲁木齐都统。乙卯，命蔡新为文华殿大学士，梁国治协办大学士，刘墉为吏部尚书。

八月甲午，赐达赖喇嘛玉册玉宝。甲戌，明亮、巴林泰等褫职逮问，以海禄为乌鲁木齐都统。乙亥，上自避暑山庄诣盛京谒陵，免经过地方本年额赋十分之五。庚辰，太子太保、大学士英廉卒。辛巳，上驻跸哈那达大营。喀喇沁郡王喇特纳锡第等迎驾，赏赉有差。丁亥，上驻五里屯大营，科尔沁亲王恭喇布坦、巴林郡王巴图等迎驾，赏赉有差。戊子，予明辽东经略袁崇焕五世孙炳以八九品官选补。

九月己丑朔，上驻跸四堡子东大营阅射。命皇十一子永瑆等迎册宝至盛京，藏于太庙。癸巳，上驻老边大营阅射。朝鲜国王遣使贡方物。乙未,免奉天各属乾隆四十九年额赋。戊戌,上谒永陵。己亥,行大飨礼。阅兴京城。免盛京户部各庄头仓粮。免盛京等处旗地应纳米豆草束十分之五。减奉天等处死罪,免军流以下罪。癸卯,上谒福陵。甲辰,行大飨礼。上谒昭陵,临奠武勋王扬古利墓。乙巳,行大飨礼。丙午,上临奠克勤郡王岳托墓。丁未,上临奠宏毅公额亦都、直义公费英东墓。戊申,上御崇政殿受庆贺。御大政殿赐扈从皇子、王、公、大臣等宴,赏赉有差。己酉,上诣清宁宫祭神,赐皇子、王、公、大臣等食胙。庚戌,上回跸。戊午,申谕詹事府备词臣升转之阶,及建储之必不可行。

冬十月壬戌,赈陕西榆林八州县等旱灾。癸亥,上驻跸文殊庵行宫。壬申,上谒昭西陵、孝陵、孝东陵、景陵。乙亥,上还京师。

十一月己亥,释国栋。庚子,以福隆安病未痊,命福康安协同办理兵部尚书。辛丑,命刘峨饬玉田附近州县掘蝗蝻。壬寅,命刘峨查办南宫县义和拳邪教。己酉,以阿克栋阿为乌里雅苏台参赞大臣,那尔瑚善为塔尔巴哈台参赞大臣。

十二月丙寅,命福康安赴广东,会同永德谳盐商狱。

四十九年春正月丁未,上南巡,免直隶、山东经过地方本年钱粮十分之三。戊申,免直隶顺天等十二府州属逋赋。甲寅,调孙士毅为广东巡抚,以吴垣为广西巡抚。丙辰,免山东利津等二十一州县卫逋赋。召巴延三来京,调舒常为两广总督。以特成额为湖广总督,保宁为成都将军。

二月壬戌,上幸泰安府,诣岱庙行礼。丙寅,上谒少昊陵。至曲阜谒先师庙。丁卯,释奠先师,诣孔林酹酒。祭元圣周公庙。壬申,免江宁、苏州、安徽各属逋赋。免江南、浙江经过地方本年钱粮十分之三。以永保为贵州巡抚。赉江南、浙江耆民。戊寅,祭河神。上渡河。减江苏、安徽、浙江三省军流以下罪。壬午,免江南江宁、苏州,浙江杭州等附郭诸县额赋。甲申,免两淮灶户四十五、六两年逋赋。

三月丙戌朔,祭江神。上渡江,幸金山。丁亥,上幸焦山。调周煌为左都御史。己丑,以王杰为兵部尚书,俟服阕后供职。辛卯,上幸苏州府。壬辰,免湖北江夏等二十四州县卫三十年至四十四年逋赋。乙未,上诣文庙行礼。丁酉,再免浙江杭州、嘉兴、湖州三府属额赋十分之三。己亥,上幸海宁州祭海神。以福建钦赐进士郭钟岳年届一百四岁,来浙迎銮,赏国子监司业。庚子,上幸尖山观潮。阅视塘工。辛丑,上幸杭州府。癸卯,上诣圣因寺祭圣祖神御。戊申,上阅福建水师。庚戌,上自杭州回銮。改庆桂为福州将军。以都尔嘉为吉林将军。增西安副都统一。甲寅,上驻跸苏州府。巴延三褫职。

闰三月丙辰朔,兵部尚书福隆安卒,以福康安为兵部尚书,复兴署工部尚书。壬戌,上幸江宁府。甲子,祭明太祖陵。乙丑,上阅江宁府驻防兵。戊辰,上渡江。丙子,上祭河神,渡河。以伊龄阿为总管内务府大臣。是月,免江苏上元等八州县卫,安徽怀宁等十县、安庆等三卫上年水旱灾额赋。

夏四月丙戌,免直隶宛平等五州县上年水灾额赋。庚寅,上祭禹庙。壬寅,以李绶为江西巡抚。甲辰,以河南卫辉等属旱,免汲县等十六县逋赋。乙巳,免直隶大名等七州县逋赋。丙午,甘肃新教回人田五等作乱,命李侍尧、刚塔剿之。丁未,上还京师。以海禄为乌什参赞大臣。庚戌,免陕西、甘肃三十八年至四十六年逋赋。辛亥,调李绶为湖南巡抚,以伊星阿为江西巡抚。甲寅,赐茹棻等一百十二人进士及第出身有差。是月,免湖北黄梅等四县、武昌等三卫上年水灾额赋。

五月丙辰,绰克托以缘事褫职逮问,以庆桂为工部尚书。调常青为福州将军,以永铎为杭州将军。己未,命庆桂在军机处行走。壬戌,上秋狝木兰。癸亥,免陕西延安等三府州逋赋。戊辰,上驻跸避暑山庄。己巳,命福康安、海兰察赴甘肃剿捕回匪。甲戌,命阿桂领火器、健锐两营兵往甘肃剿叛回。以阿桂为将军,福康安、海兰察、伍岱并为参赞大臣。乙亥,甘肃回匪陷通渭县,寻复之。以舒亮为领队大臣。庚辰,李侍尧坐玩误褫职,以福康安为陕甘总督。刚塔以失机褫职逮问。辛巳,调庆桂为兵部尚书,复兴为工部尚书。以阿扬阿为左都御史。癸未,江南巡抚郝硕坐贪婪逮问。是月,免山东衮州等三府州属上年水灾额赋。

六月庚寅,免甘肃本年额赋。甲午,赈湖南茶陵、攸县水灾。壬寅,东阁大学士三宝卒。戊申,以书麟为安徽巡抚。是月,免安徽怀宁等十三州县卫上年水旱额赋。

秋七月甲寅朔,日食。丁巳,礼部尚书曹秀先卒,以姚成烈为礼部尚书。调李绶为湖北巡抚,以陆耀为湖南巡抚。己未,赐郝硕自裁。甲子,甘肃石峰堡回匪平,俘贼首张文庆等。予阿桂轻车都尉,晋封福康安嘉勇侯,擢海兰察子安禄二等侍卫,授伍岱都统,俱给骑都尉,和珅等给轻车都尉,余各甄叙有差。丙寅,以常青为乌鲁木齐都统。癸酉,以伍弥泰为东阁大学士。调和珅为吏部尚书、协办大学士,兼管户部。以福康安为户部尚书,仍留陕甘总督任。戊寅,命颁行军纪律。癸未,李侍尧论斩。宥刚塔罪,戍伊犁。是月,免陕西榆林等八州县上年旱灾额赋。

八月己丑,河南睢州河决,命阿桂督治之。癸巳,免甘肃积年通赋银三十五万两、粮四十七万石各有差。乙未,以河南偃师县任天笃九世同居,赐御制诗御书扁额。己亥,上幸木兰行围。辛丑,张文庆等伏诛。甲辰,暹罗国长郑华遣陪臣贡方物,乞封。

九月癸丑朔,赈安徽宿州等处水灾。乙卯,以回匪平,封和珅一等男。庚申,上驻跸避暑山庄。甲子,调乌尔图纳逊为察哈尔都统,积福为绥远城将军。甲戌,上还京师。丙子,宥绰克托罪。庚辰,命内大臣西明、翰林院侍读学士阿肃使朝鲜册封世子。是月,赈陕西华州等三州县水灾。

冬十月辛卯,命重举千叟宴。戊戌,赈江西南昌等六县水灾。己酉,减京师朝审情实句到逾三次人犯罪。

十一月乙丑,谕秋审、朝审各犯缓决至三次者,分别减等。壬申,睢州河工合龙。庚辰,命留保住为驻藏大臣,以福禄为西宁办事大臣。

十二月甲辰,谕预千叟宴官民年九十以上者,许其子孙一人扶掖;大臣年逾七十者,如步履稍艰,亦许其子孙一人扶掖。

是岁,朝鲜、琉球、暹罗、安南来贡。

五十年春正月辛亥朔,上以五十年国庆,颁诏覃恩有差。丙辰,举千叟宴礼,宴亲王以下三千人于乾清宫,赏赉有差。丁巳,左都御史周煌致仕,以纪昀为左都御史。调吴垣为湖北巡抚,以孙永清为广西巡抚。戊辰,召奎林来京,以拉旺多尔济署乌里雅苏台将军。甲戌,喀什噶尔阿奇木伯克阿里木以潜与萨木萨克交通事觉,处斩。乙酉,赈江西萍乡等三县水灾。丁亥,上释奠先师,临辟雍讲学。戊子,免河南汲县等十四县逋赋。己丑,御试翰林院、詹事府官,擢陆伯煃、吴敬为一等,余升黜有差。试六部升用翰詹等官,擢庆龄为一等,余升黜有差。辛卯,调毕沅为河南巡抚,何裕城为陕西巡抚。甲辰,免江南江宁等六府州逋赋。是月,赈江西萍乡等三县、福建建安等二县水灾,河南汲县等十四县旱灾。

三月壬子,上幸盘山。甲寅,上诣明长陵奠酒。丁巳,上驻跸盘山。辛酉,截河南、山东漕粮三十万石,赈河南卫辉旱灾。甲子,免江苏安东、阜宁逋赋。丙寅,上还京师。丁卯,以永铎为伊犁参赞大臣,常青为西安将军,奎林为乌鲁木齐都统,复兴为鲁里雅苏台将军。以舒常为工部尚书,孙士毅兼署两广总督。乙亥,免直隶霸州等四十九州县逋赋。丙子,免河南商丘等六州县上年水灾额赋。

夏四月甲申,甘肃肃州等处地震,赈恤之。壬辰,上阅健锐营兵。丁酉,刑部尚书喀宁阿、胡季堂,侍郎穆精阿、姜晟以检验失实,降四品顶戴。戊戌,大学士蔡新致仕。是月,免河南汲县等旱灾额赋。赈祥符等州县旱灾。

五月壬子,免河南祥符等十六州县、郑州等三十二州县新旧额赋积欠。甲寅,调永保为江西巡抚,陈用敷为贵州巡抚。己未,拨两淮运库银一百万两交河南备赈。丙寅,上秋狝木兰。丁卯,山西平阳等属饥,给贫民两月粮。壬申,上驻跸避暑山庄。丙子,命梁国治为东阁大学士,兼户部尚书,刘墉协办大学士。以曹文埴为户部尚书。丁丑,柘城盗匪平。是月,赈江苏铜山等十六州县、山东陵县等四十州县旱灾。

六月壬午,以漕运迟误,萨载等下部严议,分别赔偿。乙酉,理藩院尚书博清阿卒。丙戌,以留保住为理藩院尚书。辛丑,以奎林署伊犁将军,永铎署乌鲁木齐都统。乙巳,命再截留江西漕粮十万石于安徽备赈,赈安徽亳州等八州县旱灾。

秋七月己酉,调富勒浑为两广总督,以雅德为闽浙总督,浦霖为福建巡抚。庚戌,调浦霖为湖南巡抚,以徐嗣曾为福建巡抚。辛酉,以李庆棻为贵州巡抚。乙丑,拨户部银一百万两交河南备赈。辛未,赈山西代州等六州县水灾。乙亥,以奎林为伊犁将军,永铎为乌鲁木齐都统。

八月乙酉,命阿桂赴河南勘灾,兼赴江南、山东查办河运。癸巳,上幸木兰行围。庚子,赈陕西朝邑县水灾。癸卯,以伊桑阿为山西巡抚。

九月己酉,命福康安赴阿克苏安辑回众。以庆桂为乌什参赞大臣,署陕甘总督。降海禄为伊犁领队大臣。命明亮以伊犁参赞大臣署乌什参赞大臣。甲寅,上驻跸避暑山庄。戊午,调永保为陕西巡抚,何裕城为江西巡抚。戊辰,上还京师。壬申,赈江苏长洲等五十六州县卫旱灾。

冬十月丁丑朔,召勒保、松筠回京,命佛住驻库伦,会同蕴端多尔济办事。庚辰,赈湖南巴陵等十州县旱灾。辛丑,赈安徽亳州五十一州县并凤阳等九卫旱灾。是月,免甘肃皋兰等十二厅州县卫本年雹水灾额赋。赈直隶平乡等十六州县水旱灾,河南永城等十二州县旱灾。

十一月乙亥,以乾隆六十年乙卯正旦推算日食,宣谕定次年归政。是月,赈山东峄县等九州县旱灾,甘肃河州等七州县水雹灾。

十二月丁丑,以御史富森阿条陈地丁钱粮请收本色,谕斥为断不可行,罢之。丙戌,以明亮为乌什参赞大臣,庆桂为塔尔巴哈台参赞大臣。壬寅,禁广东洋商及粤海关监督贡献。是月,赈陕西朝邑等三县水灾。

　　是岁,朝鲜来贡。

清史稿卷一五
本纪第一五

高宗六

五十一年春正月丙午朔，日食，免朝贺。戊申，命户部拨银一百万两解往安徽备赈。辛酉，礼部尚书姚成烈卒，以彭元瑞代之。丙寅，以普福为驻藏大臣。庚午，江西巡抚何裕城奏粮价日昂，由江、楚贩运过多所致。上以意存遏籴，切责之。命范建中往哈密办事。

二月庚辰，上御经筵赐宴，命工歌新谱《抑戒诗》，岁为例。加福建水师提督黄仕简太子太保。乙酉，上幸南苑行围。辛卯，命尚书曹文埴，侍郎姜晟、伊龄阿往浙省盘查仓库。壬辰，上诣西陵，巡幸五台山，免经过地方额赋十分之三。丙申，上谒泰陵、泰东陵。丁酉，免直隶顺德、广平、大名三府属上年灾欠银米。己亥，以图萨布为湖北巡抚。癸卯，免山西忻州等六县逋赋。

三月丙午，上驻跸五台山。丙辰，两江总督萨载卒，调李世杰代之。以保宁为四川总督，鄂辉为成都将军。己未，上阅滹沱河，阅正定镇兵。壬戌，上祭帝尧庙。癸亥，命李侍尧署户部尚书。甲子，赈陕西庙邑等三县灾民。庚午，上还京师。辛未，以伊龄阿为浙江巡抚。

夏四月己卯，命大学士阿桂往江南筹办河工。乙酉，浙江学政窦光鼐奏嘉兴、海盐、平阳三县亏空各逾十万，郡县采买仓储，俱折收银两，以便挪移。命曹文埴等严查覆奏。赈山西代州等六州县水灾。己丑，命窦光鼐会同曹文埴等查办浙江亏空。

五月丙午,命阿桂赴浙,会同曹文埴等查办亏空,并勘海塘。丙辰,富勒浑褫职,交阿桂等审讯。丁巳,以孙士毅为两广总督,调图萨布为广东巡抚,以李封为湖北巡抚。己未,以李侍尧署湖广总督。辛未,上秋狝木兰。赈四川打箭炉等地震灾。是月,免江苏上元等五十六州县卫上年旱灾额赋。

六月丁丑,上驻跸避暑山庄。乙酉,以福崧署山西巡抚。丁亥,湖南常德府沅江溢。辛丑,调富纲为闽浙总督,以特成额为云贵总督。以毕沅为湖广总督,江兰为河南巡抚。

秋七月戊申,免河南商丘等十二州县上年旱灾额赋。壬子,江苏清河李家庄河溢。丁巳,命阿桂由浙江赴清口,会同李世杰等办理堵筑事宜。己巳,曹锡宝劾和珅家人刘全,不能指实,加恩革职留任。

闰七月庚辰,大学士、伯伍弥泰卒。召刘秉恬来京,以谭尚忠为云南巡抚。己丑,浙江学政吏部右侍郎窦光鼐褫职。庚寅,富勒浑论斩。乙未,命和珅为文华殿大学士,管理户部事。福康安为吏部尚书、协办大学士,仍留陕甘总督任。福长安为户部尚书,绰克托署兵部尚书。戊戌,赈湖南武陵、龙阳水灾。

八月丙辰,上幸木兰行围。庚申,调嵩椿为绥远城将军,积福为宁夏将军。

九月戊寅,上驻跸避暑山庄。丁亥,以勒保为山西巡抚。戊子,以永保为塔尔巴哈台参赞大臣。以巴延三为陕西巡抚。壬辰,上还京师。甲午,调福长安署兵部尚书,以绰克托署户部尚书。乙未,以琅玕为浙江巡抚。己亥,皇长孙贝勒绵德卒。赈安徽五河等十七州县并凤阳等五卫水灾。

冬十月辛丑朔,调富纲为云贵总督,以常青为闽浙总督。丁未,降毕沅仍为河南巡抚,江兰仍为河南布政使,授李侍尧湖广总督。丁巳,免直隶安州等四州县被灾额赋有差。

十一月,赈安徽合肥等十七州县水灾。

十二月辛丑,福建南靖县匪徒陈荐等作乱,捕治之。壬子,大学士梁国治卒。命兵部尚书王杰在军机处行走。戊午,封郑华为暹罗国王。丙寅,福建彰化县贼匪林爽文作乱,陷县城,知县俞峻死之。命常青、徐嗣曾等剿办。

是岁,朝鲜、琉球、暹罗来贡。

五十二年春正月辛未,林爽文陷诸罗竹堑。癸酉,命鄂辉署四川总督。乙亥,宥富勒浑罪。丁丑,调李侍尧为闽浙总督,常青为湖广总督,仍留福建督办军务,命舒常署之。癸未,林爽文陷凤山,知县汤大全死之。甲申,常青以守备陈邦光督义民守鹿仔港,收复彰化奏闻。丁亥,命王杰为东阁大学士,管礼部事。调彭元瑞为兵部尚书,以纪昀为礼部尚书。庚寅,允户部尚书曹文埴终养,以董诰代之。辛卯,命松筠往库伦办事。丁酉,命常青渡台剿匪。

二月壬寅,林爽文复陷凤山,犯台湾府,柴大纪督民兵御之。癸卯,以李绶为左都御史。乙巳,以长麟为山东巡抚。壬子,免台湾府属本年额赋。丙辰,复诸罗。甲子,上诣东陵。丁卯,上谒昭西陵、孝陵、孝东陵、景陵。

三月癸酉,上回跸。丙子,以重修明陵成,上临阅,申禁樵采。辛巳,复凤山。辛卯,以姜晟为湖北巡抚。黄仕简以贻误军机褫职,令其长孙嘉谟袭公爵。乙未,逮黄仕简下狱。

夏四月辛丑,以常青为将军,恒瑞、蓝元枚为参赞。调蓝元枚为福建水师提督,柴大纪署陆路提督。戊午,上诣黑龙谭祈雨。壬戌,赐史致光等一百三十七人进士及第出身有差。甲子,上阅火器营兵。

五月丁卯朔,乌里雅苏台参赞大臣贡楚克扎布病免,以三丕勒多尔济代之。戊辰,授兰第锡河东河道总督。甲戌,上秋狝木兰。庚辰,上驻跸避暑山庄。湖南凤凰厅苗作乱,总兵尹德禧讨平之。

六月庚戌,免浙江仁和场潮冲荡地额课。壬子,授柴大纪福建陆路提督,兼管台湾总兵事。丙辰,召福康安赴行在,以勒保署陕甘总督。

秋七月壬辰,以海兰察为参赞大臣,舒亮、普尔普为领队大臣,率侍卫、章京等赴台湾剿贼。癸巳,赈安徽怀远、凤阳等州县水灾。赈山西丰镇等九厅州县旱灾。

八月,常青免,命福康安为将军,赴台湾督办军务。辛亥,上幸木兰行围。

九月壬申,上回驻避暑山庄。庚辰,上回跸。壬辰,调柴大纪为福建水师提督,以蔡攀龙为福建陆路提督,并授参赞。辛卯,以诸罗仍未解围,催福康安径剿大里杙贼,并分兵进大甲溪。

冬十月丁未,命福长安署工部尚书。戊申朔,修福陵。丁未,睢州下汛决口合龙。丙辰,命阿桂赴江南勘高堰等处堤工。戊午,免江苏清河等二十三州县及淮安等五卫本年水灾漕项漕米有差。辛酉,以福州将军恒瑞剿贼怯懦,召来京,调鄂辉代之。赈直隶保安等七州县旱灾。壬戌,命江苏、浙江拨济福建军需钱各五万贯。

十一月甲子朔,加李侍尧、孙士毅太子太保,柴大纪太子少保。赐台湾广东庄、泉州庄义民御书扁额。壬申,以柴大纪固守嘉义,封一等义勇伯,世袭。免台湾嘉义县五十四年额赋。以巴延三奏达赖喇嘛遣使称"夷使",申饬之。乙酉,奎林以婪赃,褫职逮问,以保宁为伊犁将军。调李世杰为四川总督,以书麟为两江总督,陈用敷为安徽巡抚。

十二月丁未,福康安等败贼于仑仔顶庄等处,解嘉义围,晋封福康安、海兰察公爵,各赏红宝石顶、四团龙补褂。己酉,迁常青福州将军。以舒常为湖广总督,福长安为工部尚书。以福康安劾柴大纪、蔡攀龙战守之功多不确实,谕:"柴大纪坚持定见,竭力固守,蔡攀龙奋勇杀贼,竟抵县城。或在福康安前礼节不谨,致为所憎。岂可转没其功,遽加无名之罪?"以孙士毅调兵运械,不分畛域,赏双眼花翎。戊午,以德成奏称柴大纪贪纵废驰,命福康安、李侍尧据实参奏,并以喀什噶尔办事大臣雅德在福建时徇隐,逮之。庚申,伍拉纳护福建巡抚。以永铎为盛京将军,尚安为乌鲁木齐都统。

五十三年春正月丁卯,免兵差经过之福建晋江等二十县本年额赋有差。辛未,明兴奏山西永宁等处河清。丙戌,柴大纪褫职逮问。福州将军常青以徇隐柴大纪褫职。

二月甲午朔,获林爽文,赏福康安、海兰察御用佩囊,议叙将弁有差。晋封大学士和珅三等伯爵。大学士阿桂、王杰,尚书福长安、董诰议叙。予孙士毅轻车都尉世职。乙未,释黄仕简、任承恩。壬寅,伊犁参赞大臣海禄以劾奎林失实褫职,与奎林俱罚在拜唐阿上效力。乙巳,立先贤有子后裔《五经》博士。辛亥,上巡幸天津。庚申,获台湾贼首庄大田,议叙提督许世亨等有差。辛酉,免天津府属逋赋。壬戌,上御阅武楼阅兵。

三月戊辰,命侍郎穆精阿赴湖北,会同舒常查案。壬申,林爽文伏诛。癸未,再赏福康安、海兰察紫缰、金黄瓣珊瑚朝珠及福康安金黄腰带。

夏四月辛丑,以旱命刑部减徒以下罪。丙午,上阅健锐营兵。庚戌,免江苏清河等十八州县、淮安等五卫上年水灾额赋有差。己未,富勒浑、雅德以失察柴大纪论绞。

五月丁卯,蠲河南商丘等六州县上年水灾额赋有差。癸酉,蠲直隶保安等七州县上年水灾民田旗地额赋。庚辰,上秋狝木兰。癸未,宥常青罪。庚寅,赈台湾难民。

六月丙申,富纲奏缅甸孟陨差头目业渺瑞洞等赍金叶表文进贡,谕护送迅来行在。戊戌,赈湖南溆浦县水灾。免安徽凤阳等四府州卫上年水灾额赋有差。辛丑,赈湖北长阳县水灾。丁未,免陕西华州等三州县五十一年水灾额赋。戊申,安南人阮惠等叛逐其国王黎维祁,维祁来求援。命孙士毅赴广西抚谕之。免山西大同等九州县上年旱灾额赋。

秋七月辛酉朔,以安南牧马官阮辉宿奉黎维祁之母及子来奔,谕孙士毅等抚恤之。壬戌,赈山东胶州、寿光水灾。湖北荆州江溢,府城及满城均浸没,谕舒常等查勘抚恤。丁丑,赏还闽浙总督李侍尧伯爵,予现袭之李奉尧提督衔。戊寅,湖北武昌、汉阳江溢。以毕沅为湖广总督,伍拉纳为河南巡抚,明兴为乌什办事大臣。赈安徽怀宁等州县水灾。柴大纪处斩。召姜晟来京,以惠龄为湖北巡抚。戊子,廓尔喀据后藏济咙、聂拉木,命成德与穆克登阿剿之。

八月甲辰,赈湖北监利、石首水灾。丙午,上幸木兰。庚戌,以木兰大水,停行围。癸丑,廓尔喀复陷宗喀,以鄂辉为将军、成德为参赞大臣剿之。丙辰,安南阮岳等遁,命孙士毅督许世亨进剿,命富纲统兵进驻蒙自。戊午,上回驻避暑山庄。

九月壬戌,缅甸番目细哈觉控等入觐,谕暹罗、缅甸现均内附,二国应修好,不得仍前构兵。戊辰,赈湖北沔阳、黄冈水灾。癸酉,免安徽宿州等二十一州县卫上年水灾额赋。

冬十月庚寅,廓尔喀侵后藏萨喀,命孙士毅出关督剿。甲午,赈湖北潜江水灾。丙申,赈湖北江夏等三十六州县水灾。己亥,以黎维祁暗弱,谕孙士毅选择黎裔入京朝贡。庚子,命云南提督乌大经统兵出关,檄谕阮惠等来归。癸卯,调舒濂为驻藏大臣,以恒瑞为伊犁参赞大臣。调都尔嘉为盛京将军,恒秀为吉林将军。改嵩椿为西安将军,以兴兆代之。琳宁为黑龙江将军。乙卯,李侍尧病,命福康安署闽浙总督。

十一月辛酉,免安徽望江等二十六州县卫本年被水额赋有差。癸亥,李侍尧卒,以福康安代之。以勒保为陕甘总督,海宁为山西巡抚。丙子,修湖北江陵、公安各堤。免湖北江陵等三十六州县本年水灾额赋有差。

十二月己丑,释富勒浑、雅德。孙士毅奏败贼于寿昌江。癸巳,又败贼于市球江。丙申,收复黎城,复封黎维祁安南国王,封孙士毅为一等谋勇公,许世亨为一等子。戊申,命孙士毅班师。

五十四年春正月己未,以元旦受贺,朝班不肃,褫纠仪御史等职,尚书德保摘翎顶,都察院、鸿胪寺堂官均下部严议。庚申,成德以收复宗喀、济咙,克摄拉木奏闻。癸酉,礼部尚书德保卒,以常青代之。甲戌,以缅甸孟陨悔罪投诚,谕令睦邻修好,并赐暹罗国王郑华彩币,令其解仇消衅,免福建淡水等六厅县灾欠额赋。癸未,阮惠复陷黎城,广西提督许世亨等死之。召孙士毅来京,削公爵。调福康安为两广总督。以伍拉纳为闽浙总督,梁肯堂为河南巡抚。以海禄为广西提督。甲申,安南国王黎维祁复来奔,命安插广西。丙戌,褫孙士毅职,命仍以总督顶戴在镇南关办事。

二月庚寅,以京察届期,予大学士阿桂等议叙,内阁学士谢墉等下部议处,理藩院侍郎福禄原品休致,予总督福康安等议叙。丁酉,勒保陛见,以巴延三署陕甘总督。和阗领队大臣格绷额以婪索鞫实,处斩。甲寅,调兰第锡为江南河道总督,李奉翰为河东河道总督。乙卯,以安南瘴疠炎荒,不值用兵,详谕福康安。

三月甲子,免甘肃积年逋赋及未完籽种口粮。免陕西延安等三府州未完仓谷。谕福康安檄阮惠缚献戕害提镇之匪。乙丑,刘墉以上书房师傅旷职,降侍郎衔。以彭元瑞为吏部尚书,孙士毅为兵部尚书。丁卯,上幸盘山。

夏四月戊子,免奉天广宁、凤凰二城属上年水灾额赋,仍赈恤有差。丙申,晋赠许世亨伯爵,令其子承谟袭。召孙士毅回京。庚子,以恒瑞为乌里雅苏台将军,福长安署兵部尚书。谕福康安安插安南黎氏宗族旧臣。予从军出力之谅山都督潘启德以都司用。壬寅,命阿桂覆勘荆州堤工。丁未,宣谕:“安南水土恶劣,决计不复用兵。阮惠已三次乞降,果赴阙求恩可量加封号。朕抚驭外夷,无不体上天好生之德,从未敢穷兵黩武。”辛亥,赐胡长龄等九十八人进士及第出身有差。调都尔嘉为黑龙江将军,嵩椿为盛京将军,恒秀为绥远城将军,琳宁为吉林将军。癸丑,以阮惠不亲来吁恳,遣阮光显入关进贡,谕福康安却之。丙辰,豁直隶宣化等四县上年旱灾额赋。

五月己未,免官兵经过之广西柳州等五府属本年额赋。福康安等奏安南阮惠遣其侄阮光显赍表贡乞降,并吁恳入觐。许之,却其贡。乙酉,增伊犁惠远城、惠宁城官。

闰五月庚寅,上秋狝木兰。辛卯,免奉天广宁等七城上年水灾额赋。甲午,赈云南通海等五州县地震灾民。

六月,免安徽安庆等七府州五十三年水灾额赋。甲子,以管干贞为漕运总督。戊辰,赈直隶蠡县水灾。庚午,命兵部尚书孙士毅军机处行走。壬申,以郭世勋为广东巡抚。癸酉,以陈步瀛为贵州巡抚。丙子,福康安奏,阮惠即阮光平,因赦其前罪,准令降附,具表谢恩进贡,并求于明年到京祝厘。上以其情词肫切,册封为安南国王,并赐敕谕。免湖北江夏等二十四州县上年水灾额赋。

秋七月乙酉朔,以决河下注泗州一带,谕赈恤灾民。丁酉,赈直隶安州等八州县水灾。庚子,户部尚书绰克托卒。丙午,以巴延三为户部尚书,秦承恩为陕西巡抚。戊申,安南贡使阮光显等入觐。

八月乙丑,赈河南永城、临漳等县水灾。戊辰,赈安徽宿州水灾。己巳,上幸木兰行围。甲戌,赈直隶清苑等三十四州县水灾。

九月己丑,廓尔喀贡使入觐,封拉特纳巴都尔王爵,巴都尔萨野公爵。庚寅,上回驻避暑山庄。辛卯,赈江苏铜山等十一州县水灾。丙申,赈吉林属珲春水灾,豁应交义仓粮石及上年借给仓谷。丁酉,上回跸。丙午,安南黎维祁自保乐袭牧马,为阮光平所败。谕福康安,如黎维祁来奔,收纳之。辛亥,左都御史阿扬阿卒,以舒常代之。

冬十月癸丑,察哈尔都统乌尔图纳逊罢,以保泰代之。命伍尔伍逊为科布多参赞大臣。乙卯,以佛住为乌里雅苏台参赞大臣。赈吉林打牲乌拉等处水灾。己未,睢宁决口合龙。辛酉,赈湖南华容等县水灾。

十一月乙酉,安南国王阮光平以受封进谢恩贡物,允之。丙戌,免安徽宿州等十四州县卫遭赋。庚寅,命福康安将黎维祁及其属人送京师,隶汉军旗籍,以黎维祁为世管佐领。癸巳,四川总督李世杰病,命侍卫庆成带医诊视,以孙士毅署之,彭元瑞署兵部尚书。戊戌,免盛京等五城借仓谷。

十二月庚申,追夺故大学士冯铨等谥。辛未,上以来年八旬万寿,命镌八征耄念之宝。

五十五年春正月壬午朔，以八旬万寿，颁诏覃恩有差，普免各直省钱粮。己丑，颁恩诏于朝鲜、安南、琉球、暹罗等国。壬辰，赏大学士和珅黄带、四开䙆袍。赐安南国王阮光平金黄鞓带。乙巳，朝鲜国王李祘表贺万寿，贡方物。己酉，琉球国王尚穆进表谢恩，贡方物。

二月壬子朔，以河南考城城工错缪，降江兰道员，毕沅等褫职，仍留任。癸丑，免直隶永清、武清五十四年水灾额赋。己未，上诣东陵、西陵，巡幸山东，免经过直隶州县钱粮十分之三。壬戌，上谒昭西陵、孝陵、孝东陵。庚午，上谒泰陵、泰东陵。辛未，免直隶各属节年因灾缓征钱粮。壬申，命福康安带同阮光平入觐，郭世勋兼署两广总督。乙亥，免云南通海等五州县五十四年分地震灾田额赋，并除傍海震没田赋。免经过山东钱粮十分之三。降直隶总督刘峨侍郎，以梁肯堂为直隶总督，调穆和蔺为河南巡抚。戊寅，免山东各属因灾缓征银两。以福崧为安徽巡抚。

三月乙酉，上登岱。甲午，上谒少昊陵。至曲阜谒先师庙。乙未，释奠。赐衍圣公孔宪培及孔氏族人等章服银币有差。丙申，上谒孔林。庚子，免乌鲁木齐各州县额征地粮十分之一。乙巳，缅甸国长孟陨遣使表贺万寿，贡驯象，请封号。命封为缅甸国王。免直隶昌平等七州县水灾旗地租银。南掌国王召温猛表贺万寿，贡驯象。己酉，免直隶长卢等五场上年水灾灶课。

夏四月丁巳，上幸天津府。谕伍拉纳查浙江浮收漕粮情弊。己未，大学士嵇璜重与恩荣宴，御制诗章赐之。辛酉，命吉庆会同嵩椿勘明英额边至谖阳边。乙丑，免安徽宿州、灵壁等八州县卫上年水灾额赋。上还京师。丙寅，上诣黑龙潭祈雨。闵鹗元罢，调福崧为江苏巡抚，何裕城为安徽巡抚。庚午，以书麟覆奏欺饰，下部严议，仍留任。闵鹗元褫职逮问。壬申，免河南永城五十四年水灾额赋。癸酉，以孙士毅为四川总督，李世杰为兵部尚书。乙亥，赐石韫玉等九十七人进士及第出身有差。己卯，免山西太原、辽州等十六府州并归化城等处额赋十分之三。

庚寅，上幸避暑山庄。庚子，赏黎维祁三品职衔。壬寅，免西藏所属三十九部落钱粮。己酉，书麟褫职逮问，福崧兼署两江总督。韩铄赴江南帮办河工。

六月壬子，调孙士毅为两江总督，保宁署四川总督，永保署伊犁将军。乙卯，以陈用敷为广西巡抚。闵鹗元论斩。丁巳，免直隶霸州等五十四厅州县并各属旗地上年水灾额赋。戊午，除湖南乾州等五厅县苗民杂粮。

秋七月己丑，安南国王阮光平入觐。庚寅，以朱珪为安徽巡抚。甲午，赈直隶朝阳、天津水灾。丙申，赈奉天锦州九关台，山东平原、禹城等县水灾。丁酉，兵部尚书李世杰以失察书吏休致。己亥，起刘峨为兵部尚书。戊申，上还京师。赈江苏砀山等县，安徽宿州，河南永城、夏邑水灾。江苏砀山王平庄河决。命福崧赴宿州办河工。丁未，赈山东临清水灾。

八月庚戌，暹罗国王郑华表贺万寿，贡方物。琅玕以失察漕粮自劾，罢之。调海宁为浙江巡抚，书麟为山西巡抚。辛酉，上八旬万寿节，御太和殿，王、贝勒、贝子、公、文武大臣，蒙古汗、王、贝勒、贝子、公、额驸、台吉，回部王、公、台吉、伯克，哈萨克、安南国王、朝鲜、缅甸、南掌贡使，各省土司，台湾生番等行庆贺礼。礼成，宁寿宫、乾清宫赐宴如仪。己巳，刑部尚书喀宁阿卒，以明亮代之，命舒常兼署。

九月戊寅，赈安徽泗州水灾。癸未，命安南国王阮光平归黎维祁亲属及旧臣之在其国者。己丑，上阅健锐营兵。甲午，赈山东平原等二十七州县水灾。庚子，长麟以谳狱不实褫职，调惠龄为山东巡抚，以福宁为湖北巡抚，毕沅兼署之。

冬十月丙辰，赈山东平原等二十七州县水灾。甲子，命保宁回伊犁将军，以鄂辉为四川总督。壬申，以福崧为浙江巡抚，起长麟署江苏巡抚。赈甘肃皋兰等三县霜灾。

十一月丁丑朔，以浦霖为福建巡抚，冯光熊为湖南巡抚。丙戌，加大学士王杰太子太保，尚书彭元瑞、董诰、胡季堂、福长安、将军保宁太子少保。乙未，释富勒浑、雅德。戊戌，命庆成同尹壮图往山西盘查仓库。壬戌，赈奉天锦县等三州县水灾。戊辰，命吏部尚书彭元瑞协办大学士。

五十六年春正月丁丑，赈江苏萧县等三县、安徽宿州等三州县上年水灾。己卯，赈直隶文安等三十州县、山东平原等二十七州县水灾。乙酉，以尹壮图覆奏欺罔，褫职治罪。戊戌，袁凤鸣处斩。朝鲜、暹罗、缅甸均遣使谢恩，贡方物。赏赉筵宴如例。己亥，以保宁为御前大臣。甲辰，调刘墉为礼部尚书，纪昀为左都御史。

二月己酉，谕："朕孜孜求治，兢惕为怀。尹壮图逞臆妄言，亦不妨以谤为规。加恩免尹壮图治罪，以内阁侍读用。"戊午，御试翰林詹事等官，擢阮元等二员为一等，余升黜有差。

乙亥，赈奉天锦州等处上年水灾旗地人户，并蠲租有差。戊寅，上幸盘山。甲申，免甘肃皋兰等三县上年霜灾额赋。丁酉，以永保为内大臣。

夏四月丁卯，免山东临清等三十州县卫上年水灾额赋。辛未，彭元瑞以瞻徇降侍郎，命孙士毅为吏部尚书。以书麟为两江总督，长麟暂署。调冯光熊为山西巡抚。以姜晟为湖南巡抚。

五月庚寅，以长麟为江苏巡抚。乙未，上秋狝木兰。辛丑，上驻跸避暑山庄。

六月甲辰朔，免直隶霸州等六十九厅州县上年水灾额赋。

秋七月庚辰，免江苏江宁等五府州属因灾积逋半赋。甲申，以缅甸国王孟陨资送羁留内地人民，嘉赉之。己亥，蠲安徽宿州等十九州县卫上年水灾额赋。辛丑，蠲陕西朝邑等二县逋赋。

八月丁未，命喇特纳锡第为喀喇沁札萨克一等塔布囊。戊午，上幸木兰行围。甲子，上行围，廓尔喀以逋欠诱围喇嘛、噶伦布，扰西藏。命四川总督鄂辉、将军成德剿之。命孙士毅署四川总督。己巳，命福康安来京祝其母生辰，郭世勋署两广总督。廓尔喀陷西藏定日各寨,据济咙。

九月丙子,上回驻避署山庄。庚辰,召嵩椿回京,以琳宁为盛京将军,调恒秀为吉林将军。丙戌,上回跸。戊子,唐古忒兵与达木蒙古兵御廓尔喀失利,唐古忒公札什纳木札勒及达木协领泽巴杰等死之。命乾清门侍卫额勒登保等赴西藏军营。壬辰,以保泰懦怯褫职,命奎林赴藏办事,赏舒濂副都统衔,协同办理。以达赖喇嘛等坚守布达拉,嘉奖之。命刘墉属吏部尚书。甲午,以廓尔喀围扎什伦布,谕鄂辉等进剿。辛丑,豁奉天广宁县逋赋。

冬十月乙巳,宥闵鹗元罪。丁未,廓尔喀入扎什伦布,寻遁去。癸丑,户部尚书巴延三以浮估城工褫职,调福长安代之。以金简、彭元瑞为满、汉工部尚书。丙辰,以安南开关通市,改广西龙州通判为同知。乙丑,谕王大臣不必兼议政虚衔。

十一月癸酉,授福康安为将军,海兰察、奎林为参赞,征廓尔喀。辛巳,鄂辉、成德褫职,以惠龄为四川总督,奎林为成都将军,吉庆为山东巡抚。癸未,以陈淮为贵州巡抚。

十二月辛亥,命海兰察等及索伦、达呼尔兵由西宁进藏。丁卯,召都尔嘉回京。以明亮为黑龙江将军,明兴为喀什噶尔参赞大臣。

五十七年春正月壬申,赏七代一堂致仕上驷院卿李质颖御书扁额。免奉天、直隶、安徽、湖南、广东逋赋。乙亥,以达赖喇嘛复遣丹津班珠尔等私与廓尔喀议和,谕止之。丙子,追论巴忠与廓尔喀议和擅许岁银罪。甲午,以苏凌阿为刑部尚书。

二月壬寅,成德奏败贼于拍甲岭。癸卯,予大学士阿桂等、尚书福长安等、侍郎德明等、总督福康安等、巡抚长麟等叙。裁河东盐政、盐运使等官。移山西河东道驻运城。丁未,命皇十五子嘉亲王祭先师孔子,免奉天锦州府属上年旱灾额赋。己巳,命侍郎和琳管理藏务。鄂辉等奏收复聂拉木,谕以迟延斥之。

三月丁丑,上诣西陵,巡幸五台山,免经过地方本年钱粮十分之三。戊寅,允济咙呼图克图“慧通禅师”法号。以帕克哩营官番众收复哲孟雄、宗木，赉之。辛巳，上谒泰陵、泰东陵。壬午，免直隶大兴等八州县积欠米谷。甲申，加福康安大将军。庚寅，免五台本年钱粮十分之五，大同、朔平二府属未完逋赋。辛卯，上驻跸五台山。

夏四月己亥朔，以和阗办事大臣李侍政失察迈玛特尼杂尔，下部严议。甲辰，上阅滹沱河。以贡楚克扎布为乌里雅苏台参赞大臣。丁未，上祭帝尧庙。甲寅，上还京师。乙卯，上诣黑龙潭祈雨。命刑部清理庶狱，减徒以下罪。

闰四月甲申，以久旱，谕台湾及沿海各省详鞫命盗各案，毋有意从严。蠲河南汤阴等五县上年旱灾额赋。丙申，以久旱，下诏求言。丁酉，雨。以失陷札什伦布，治仲巴呼图克图及孜仲喇嘛等罪。命和琳、鄂辉宣谕达赖喇嘛等。

五月辛丑，定安南国两年一贡，六年遣使一朝。丁未，上幸避暑山庄，免经过地方钱粮十分之五。戊申，调长麟为山西巡抚，以奇丰额为江苏巡抚。辛亥，允霍罕额尔德尼伯克那尔巴图遣使入贡。癸丑，上驻跸避暑山庄。

六月甲戌，福康安奏克廓尔喀所踞擦木要隘。丁丑，赈江西南丰、广昌水灾。福康安奏珍玛噶尔辖尔甲山梁之贼。己卯，福康安等奏克济咙。辛巳，调陈淮为江西巡抚，冯光熊为贵州巡抚。丙戌，福康安等奏攻克热索桥。丁酉，福康安等奏攻克协布鲁寨。

秋七月甲辰，赈直隶河间等处旱灾，顺直宛平、玉田等州县蝗。己酉，福康安等克廓尔喀东觉山梁，并雅尔赛拉等处营卡，成德等克扎木、铁索桥等处。

八月辛未，成德克多洛卡、陇冈等处。命孙士毅驻前藏督粮运。癸酉，命福康安为武英殿大学士，孙士毅为文渊阁大学士。调金简、刘墉为吏部尚书，和琳为工部尚书，纪昀为礼部尚书，窦光鼐为左都御史。庚辰，以博兴为库伦办事大臣。丙戌，福康安等奏克噶勒拉、堆补木城卡，阿满泰、墨尔根保阵亡。成德等克利底、大山贼卡。戊子，福康安奏廓尔喀酋拉特纳巴都尔等乞降。上以其悔罪乞降，许之，命班师。丙申，赈陕西咸宁等六州县旱灾。

九月丁酉,上还京师。己亥,论征廓尔喀功,赏福康安一等轻车都尉,晋海兰察二等公为一等,议叙孙士毅等各有差。丙午,上命福康安、孙士毅等会商西藏善后事宜。命御前侍卫惠伦等赍金奔巴瓶往藏,贮呼毕勒罕名姓,由达赖喇嘛等对众拈定。壬子,复廓尔喀王公封爵,定五年一贡。

冬十月戊辰,廓尔喀贡使入觐。己巳,赈河南安阳等十六县灾民,蠲缓亲旧额赋有差。己卯,免嵇璜、阿桂翰林院掌院学士,以和珅、彭元瑞代之。壬午,赈直隶河间、任丘五州县旱灾,并免顺天等十三府州属被灾旗民额赋。乙酉,郭世勋奏英吉利遣使,请由天津进贡,允之。丁亥,以鄂辉隐匿廓尔喀谢恩表贡褫职,交福康安等严鞫之。赈陕西咸阳等十四州县旱灾。癸巳,调图桑阿为绥远城将军。

十一月丙午,赈山东德州等二十州县旱灾。

十二月庚午,定唐古忒番兵训练事宜。铸银为钱,文曰:“乾隆宝藏。”甲戌,免长卢兴国等五场并沧州等七州县被灾灶地额赋。丙子,以长麟为浙江巡抚,蒋兆奎为山西巡抚。以伊犁回民地亩雪灾,免本年额谷。癸未,赈河南安阳等二十五县旱灾。辛卯,命永远枷号鄂辉等于西藏。

五十八年春正月丙申,赈河南林县等五县、陕西咸宁等三州县旱灾。己亥,赈直隶保定等二十一州县旱灾。庚子,改杭州织造为盐政兼管织造事,改盐道为运司,南北两关税务归巡抚管理。以全德为两浙盐政,恒秀回吉林将军。乙巳,敕谕安南国王阮光平睦邻修好,慎守封疆,赐以彩弊。丙辰,安南国王阮光平卒,以世子阮光缵嗣。乙亥,免河南安阳等二十五县上年旱灾额赋。壬午,命喀什噶尔阿奇木伯克作为喀什噶尔协办大臣。

三月丁酉,上幸盘山。庚子,上驻跸盘山。甲辰,礼部尚书常青卒,以德明代之。戊申,谕于雍和宫设金奔巴瓶,饬理藩院堂官、掌印札萨克喇嘛等,公同掣蒙古所出之呼毕勒罕。丁未,上回跸。乙卯,调冯光熊为云南巡抚,以英善为贵州巡抚。戊午,领侍卫内大臣海兰察卒。

夏四月壬申,命松筠为内务府总管大臣,在御前侍卫上行走。辛巳,通谕设金奔巴瓶于前藏大昭及雍和宫,公同掣报出呼毕勒罕,以除王公子弟私作呼毕勒罕陋习。乙酉,删除大学士兼尚书衔、翰林院掌院学士兼礼部侍郎衔、顺天府府丞兼提督学政衔。丁亥,赐潘世恩等八十一人进士及第出身有差。戊子,命于乾隆五十九年秋特开乡试恩科,六十年春为会试恩科。庚寅,廓尔喀归西藏底玛尔宗地方。以西藏卡外之拉结、撒党两处归廓尔喀。

五月乙未,命广西按察使成林赴安南升隆城,赐奠册封。丁未,上幸避暑山庄。己酉,以明兴未奏遣回人赴霍罕等处办理外藩事件,罢喀什噶尔参赞大臣,调永保代之。以伍弥伍逊为塔尔巴哈台参赞大臣,贡楚克札布为科布多参赞大臣。以特成额为乌里雅苏台参赞大臣。辛酉,加封福康安为一等忠锐嘉勇公。癸丑,上驻跸避暑山庄。

六月己卯,赈四川泰宁地震灾。乙酉,英吉利贡船至天津。戊子,于通州起陆。命在天津筵宴之。

秋七月癸巳,命和琳稽核藏商出入。壬寅,命英吉利贡使等住宏雅园,金简、伊龄阿于圆明园分别安设贡件。己酉,以旱命刑部清理庶狱,减徒以下罪。庚午,上御万树园大幄,英吉利国正使马戛尔尼、副使斯当东等入觐。辛未,调福康安为四川总督,以惠龄暂代,长麟为两广总督,调吉庆为浙江巡抚,惠龄为山东巡抚。壬午,免长卢官台等二场潮灾灶地额赋。丙戌,上还京师。戊子,以庆桂为兵部尚书。庚寅,谕英吉利贡使由内河水路赴广东澳门附船回国。

九月丁酉,加长麟太子少保。命松筠护送英吉利使臣等至浙江定海。甲辰,调福宁为山东巡抚,惠龄为湖北巡抚。丙午,以安徽无为等三州县水灾,赏口粮有差。

冬十月癸亥,安南国王阮光缵表进谢恩,贡物二分,纳其一。戊子,以长麟奏英吉利使称再进表章贡物,呈总督转奏,谕:"系援例而行,并无他意,国王可安心,再来表贡,亦不拘定年限。"

十一月甲午，命和宁赴藏帮同和琳办事。戊午，以上年各省奏报民数三万七百四十六万有奇，较康熙四十九年增十五倍，谕："生之者寡，食之者众，势必益形拮据。各省督抚及有牧民之责者，务当劝谕化导，俾皆俭朴成风，服勤稼穑，惜物力而尽地利，共享升平之福。"己未，以安南等国进象已多，谕云南贵、两广督抚檄却象贡。

十二月癸未，伍拉纳陛见，命吉庆署闽浙总督。

五十九年春正月庚寅，免直隶、山东、河南逋赋十分之三。庚戌，管干贞病免，命书麟兼署漕运总督。乙卯，恒秀以侵帑褫职，调宝琳为吉林将军，松筠署之。戊午，安置安南内附人黎维祜于江南。

二月庚申，以明年元旦上元值日月食，谕修省，毋举行庆典。癸亥，廓尔喀遣使进表贡。丁亥，增造广东水师战船。

三月己丑，恒秀论绞。庚子，上巡幸天津，免经过地方及天津府属额赋十分之三，免天津府属逋赋，免大兴等十三州县逋赋十分之四。壬子，上驻跸天津府。

夏四月壬戌，常雩，命皇八子仪郡王永璇代行礼。癸亥，上还京师。丁丑，上诣黑龙潭祈雨。

五月丙申，京师雨。甲辰，郭世勋病免，调朱珪为广东巡抚，陈用敷为安徽巡抚。丙午，以直隶保定等八十三州县旱，命赏给一月口粮。减奉天商贩豆麦等项经过直隶、山东关津税。辛亥，上幸避暑山庄，免经过地方钱粮有差。

六月丙辰朔，以山东历城等五十一州县旱，给贫民一月口粮，除山东临清州水冲地亩田赋。丁巳，上驻跸避暑山庄。庚午，设唐古忒西南外番布鲁克巴、哲孟雄、作木朗、洛敏汤、廓尔喀各交界鄂博。

秋七月戊子，保定河决。庚寅，河南丹、沁二河决。辛卯，赈山西平定等处水灾。己亥，赈山东临清等州县水灾。辛丑，赈直隶天津等处水灾。癸卯，河南丰北厅曲家庄河决。甲辰，书麟以徇隐盐政巴宁阿交结商人褫职，调富纲为两江总督，命苏凌阿署之。调富康安为云贵总督。以和琳为四川总督，孙士毅署之。以驻藏办事松筠为工部尚书。乙巳，命冯光熊署云贵总督。大学士嵇璜卒，召孙士毅入阁办事。癸丑，停本年及明年木兰行围。免直隶保定等府属、河南卫辉等府属、山东临清等五州县、山西代州等三州县被水额赋。

八月丁巳，以直隶天津河间二府水灾重，免因灾缓征额赋。戊午，永定河南工决口合龙。己巳，以明岁御宇届六十年，普免各省漕粮一次。甲戌，上回跸。调福宁为河南巡抚，穆和蔺为山东巡抚，江兰护之。福康安奏四川大宁教匪谢添秀等传习邪教，蔓延陕西、湖北、河南，谕严为捕治。丁丑，免直隶通州等二十三州县逋赋。甲申，毕沅降山东巡抚，罚缴湖广总督养廉五年。以福宁为湖广总督，穆和蔺留为河南巡抚。

九月己丑，赈湖北沔阳等州县水灾。丙申，以秀林为吉林将军。己亥，赈福建漳、泉二府水灾。减直隶遵化内务府官地租。命福宁驻襄阳，督缉邪教案犯。辛丑，以校正《石经》，加彭元瑞太子少保衔。癸卯，赈广东高要等县水灾。以湖北来凤县教匪段汉荣等纠众拒捕，谕责毕沅废驰。戊申，免齐齐哈尔等三城水灾逋赋。

冬十月丙辰，免河南汲县等九县、山东临清等十州县逋赋。壬戌，勒保奏获邪教首犯刘松。命安徽严缉其徒刘之协。癸亥，荷兰入贡。乙丑，免福建漳州府属四厅州县本年水灾额赋。戊辰，命将科布多威豁尔等七卡移驻原处北界，余地赏杜尔伯特汗玛克素尔札布等游牧。己卯，调陈用敷为湖北巡抚，惠龄为安徽巡抚。辛巳，释恒秀罪。

十一月丙戌，以河南扶沟县知县刘清鼐疏防刘之协潜逃，革逮，穆和蔺下部严议。壬辰，免山东临清等州县本年漕赋。壬寅，命富纲署刑部尚书。甲辰，穆和蔺褫职，发乌鲁木齐效力。以阿精阿为河南巡抚。

十二月丙辰，普免各省积年逋赋。丙子，吏部尚书金简卒，以保宁代之。以明亮为伊犁将军。戊寅，命舒亮为黑龙江将军。改绥远城将军图桑阿为西安将军,以永琨代之。

六十年春正月甲申朔,日食,免朝贺。乙酉,赈直隶天津等二十州县、河南汲县等十四县、山东临清等十州县上年被水贫民有差。丙戌,召苏凌阿来京,调福宁为两江总督,复以毕沅为湖广总督,玉德为山东巡抚。戊子,调陈用敷为贵州巡抚,英善为湖北巡抚,毕沅兼署。乙未,以固伦额驸丰绅殷德为内务府大臣。辛丑,免山东积年逋赋。庚戌,免江苏积年逋赋。免江西应缓征银谷。

二月癸丑朔,免广东积年逋赋。陈用敷以查拿要犯刘之协办理错谬,褫职逮问。调姚棻为贵州巡抚,以成林为广西巡抚。丙辰,免陕西积年逋赋。贵州松桃厅苗匪石柳邓等、湖南永绥苗匪石三保等作乱。戊午,湖南苗匪陷乾州厅,同知宋如椿等死之。命福康安往剿,毕沅驻常德筹办粮饷。庚申,以大学士阿桂等书上谕不能称旨,停甄叙,侍郎成策等下部议处,予总督福康安等议叙。辛酉,贵州苗匪围镇远镇总兵珠隆阿于正大营。免奉天广宁、锦州旗地逋赋。免甘肃皋兰等四十五州县积年逋赋。丙寅,命四川总督和琳赴酉阳州备苗,孙士毅仍留四川办理报销。丁卯,免浙江积年民地灶地逋赋。己巳,苗匪陷永绥厅鸦酉寨,镇筸镇总兵明安图等死之。辛未,湖南永顺苗匪张廷仲等作乱,扰永靖、泸溪。丙子,免安徽积年逋赋。壬午,贵州苗匪扰思南、印江一带,窜入四川秀山。福康安赴铜仁督剿。命德楞泰领巴图鲁侍卫等赴贵州军营。

闰二月乙酉,福康安奏解正大营之围。壬辰,冯光熊留为贵州巡抚,调姚棻为云南巡抚。以苗匪乱,免贵州铜仁府属松桃、正大等处额赋。乙未,上诣东陵,免经过地方钱粮十分之三。戊戌,上谒昭西陵、孝陵、孝东陵、景陵。己亥,福康安奏解嗅脑围。乙巳,福康安奏攻克石城,剿除岩洞苗匪。丁未,上谒泰陵、泰东陵,奠孝贤皇后陵。免两淮场灶积欠。戊申,福康安奏解松桃之围。

三月乙卯,和琳奏肃清秀山后路,命往松桃与福康安会剿。以孙士毅署四川总督。己未,福康安奏殄除长冲、卡落苗匪,进兵楚境。命额勒登保赴福康安军营。己卯，福康安奏解湖南永绥匪围。

夏四月辛卯，台湾彰化匪徒陈周全等作乱，陷县城，寻复之。癸巳，窦光鼐以会试衡文失当，降调。以朱珪为左都御史，仍留广东巡抚任。己亥，以魁伦劾洋盗肆行，命浦霖来京候旨，调姚棻为福建巡抚，以魁伦署之，江兰为云南巡抚。庚子，赐王以衔等一百十一人进士及第出身有差。癸卯，赏会试荐卷文理较优之举人徐炘、傅淦、李端内阁中书。戊申，上诣广润祠祈雨。是夜，雨。丁未，免贵州官兵经过地方本年额赋有差。福康安等奏克黄瓜寨。己酉，以福宁、惠龄经理湖南军务未竣，命苏凌阿仍署两江总督，费淳为安徽巡抚。庚戌，免福建龙溪等四县上年水灾额赋有差。匪首陈周全等伏诛。

五月丙辰，上幸避暑山庄。伍拉纳、浦霖以办理灾赈不善，褫职鞠治。命魁伦兼署闽浙总督。免经过地方本年钱粮十分之三。丁巳，调费淳为江苏巡抚，仍留惠龄为安徽巡抚。福康安等奏克构皮寨及苏皮寨等处。调福康安为闽浙总督，勒保为四川总督。以宜绵为陕甘总督。壬戌，上驻跸避暑山庄。甲子，以福建仓库亏缺查实，申饬科道无人奏及，并命嗣后陈奏地方重大事件，毋忝言责。召阿精阿来京，以景安为河南巡抚。丁卯，召惠龄来京，以汪新为安徽巡抚。戊辰，命苏凌阿驻清江浦，兼署江苏巡抚。辛未，以于敏中营私玷职，褫轻车都尉世职。

六月壬午，以湖南苗匪扰镇篁后路，谕责福宁怯懦，刘君辅株守。命惠龄仍署湖北巡抚，戊子，以旱命刑部清理庶狱，减徒以下罪，承德府如之。庚寅，福康安等奏克沙兜、多喜等处苗寨。乙未，赈广东南海等县水灾。戊申，姚棻以质讯解任，命魁伦兼署福建巡抚，长麟署闽浙总督。

秋七月庚申，德明以挂累滋阳县知县陈照自缢，论绞。乙丑，免湖北江陵等十二州县卫上年水灾额赋。丙寅，以福康安等奏连克苗寨，渡大乌草河，赍珍物。壬申，哲布尊丹巴呼图克图等入觐，召见赐茶。

八月壬午，调永昆为乌里雅苏台将军，恒瑞为绥远将军。癸未，赐南掌国王召温猛、缅甸国王孟陨敕谕,均赉文绮。丙申,允兵部尚书刘峩乞休,以朱珪代之,仍留广东巡抚任。以金士松为左都御史。丁未,免直隶通州等五十二州县积欠旗租。福康安等进驻杨柳坪。

九月辛亥,上御勤政殿,召皇子、皇孙、王、公、大臣等入见,宣示立皇十五子嘉亲王为皇太子,明年为嗣皇帝嘉庆元年。抚恤江苏海州等七州县水灾。壬子,皇太子及王、公、内外文武大臣,蒙古王、公等各奏吁请俟寿跻期颐,再举行归政典礼,不允。丙辰,富勒浑、雅德以前为总督婪赃,均褫职,分别发热河、伊犁效力。己未,上阅健锐营兵。晋封福康安忠锐嘉勇贝子,和琳一等宣勇伯。庚申,上命皇太子谒东陵、西陵。乙丑,黑龙江将军舒亮以婪索,褫职鞫治,调永玮代之。命图桑阿为乌里雅苏台将军。改恒瑞为西安将军,以乌尔图纳逊代之。命博兴为察哈尔都统。调特克慎为库伦办事大臣,策巴克为西宁办事大臣。丙寅,明亮以任黑龙江时侵渔貂皮褫职,命保宁为伊犁将军。己巳,舒亮论绞。明亮留乌鲁木齐效力。癸酉,以奉天、山西、四川、湖南、贵州、广西赋无逋欠,免明年正赋十分之二。乙亥,免福建龙溪等六县,华封、罗溪二县上年被水额赋。

冬十月戊寅朔,颁嘉庆元年时宪书。庚辰,福康安等奏擒匪首吴半生。赏福康安之子德麟副都统衔,和琳黄带,余议叙赏赉有差。甲申,以伍拉纳等贪黩败检,戍其子于伊犁。长麟以徇庇伍拉纳、浦霖褫职,命来京。以魁伦署闽浙总督,姚棻署福建巡抚。乙酉,普免天下嘉庆元年地丁钱粮。丙戌,伍拉纳、浦霖处斩。辛卯,壬辰,以额勒登保、德楞泰剿捕苗匪奋勇,授内大臣。乙未,命定丙辰年传位典礼。癸卯,命明年正月初吉,重举千叟宴。

十一月丁巳,福康安等奏克天生寨等处。加和琳太子少保衔,赏福康安、和琳上用黄里元狐端罩各一。庚申,赈奉天金州、熊岳、锦州三城,宁海等三州县旱灾旗民,免额赋有差。乙丑,上命皇太子居毓庆宫。

十二月戊寅朔,谕曰:"朕于明年归政后,凡有缮奏事件,俱书太上皇帝。"其奏对称太上皇。戊子,赈贵州铜仁被扰难民。福康安等奏克天星等苗寨。壬寅，允朱珪收英吉利国王表贡，赐敕嘉赉，交英商波郎赍回，并以其表言劝廓尔喀投顺，于赐敕内以无须英国兵力告之。甲辰，赐琉球国王尚温敕谕。丁未，以来岁元旦，传位皇太子为嗣皇帝，前期遣官告祭天地宗社。

是岁，缅甸、南掌、暹罗、安南、英吉利、琉球、廓尔喀来贡。

嘉庆元年正月戊申朔，举行授受大典，立皇太子为皇帝。尊上为太上皇帝，军国重务仍奏闻，秉训裁决，大事降旨敕。宫中时宪书用乾隆年号。

三年冬，上不豫。四年正月壬戌崩寿，八十有九。是年，四月乙未，上尊谥曰法天隆运至诚先觉体元立极敷文奋武孝慈神圣纯皇帝，庙号高宗。九月庚午，葬裕陵。

论曰：高宗运际郅隆，励精图治，开疆拓宇，四征不庭，揆文奋武，于斯为盛。享祚之久，同符圣祖，而寿考则逾之。自三代以后，未尝有也。惟耄期倦勤，蔽于权倖，上累日月之明，为之叹息焉。

清史稿卷一六
本纪第一六

仁　宗

　　仁宗受天兴运敷化绥猷崇文经武孝恭勤俭端敏英哲睿皇帝，讳颙琰，高宗第十五子也。母魏佳氏，追尊孝仪皇后。乾隆二十五年十月初六日生。五十四年，封嘉亲王。六十年九月，策立为皇太子，高宗将传位焉，以明年为嘉庆元年。

　　嘉庆元年丙辰春正月戊辰朔，举行内禅。上侍高宗偏礼于堂子、奉先殿、寿皇殿。高宗御太和殿，授玺。上即位，尊高宗为太上皇帝，训政。颁诏天下，赐宴宗藩。庚戌，立皇后喜塔拉氏。宁寿宫举行千叟宴，太上皇帝莅焉。九十以上者，召至御座，赐卮酒如故事。辛酉，祈谷于上帝。癸亥，上奉太上皇帝赐廷臣宴于正大光明殿。凡赐宴皆如之。办理苗疆大学士福康安等奏攻克朗坡，进攻平陇。湖北枝江、宜都教匪起。

　　二月丁丑朔，释奠先师孔子。戊寅，祭社稷。庚辰，初举经筵。辛巳，敕甘肃贵德厅建文庙。戊子，春分，朝日于东郊。己丑，上御乾清门听政，园居则御勤政殿，以为常。己亥，湖北当阳教匪起，戕官。西安将军恒瑞率兵二千剿之。辛丑，祭历代帝王庙。丙午，湖北巡抚惠龄奏获教匪聂杰人。

　　三月庚戌，停四川续征军需银两。辛亥，上耕耤田，四推。壬子，上奉太上皇帝谒陵。丁卯，车驾还京。己巳，皇后祀先蚕。癸酉，恒瑞奏收复湖北竹山。壬申,留保住免。以乌尔图纳逊为理藩院尚书,富锐为绥远城将军,永庆为蒙古都统。

夏四月丙子朔,时享太庙。命宜绵、永保、恒瑞、孙士毅等分剿湖北教匪。辛巳,常雩,祀天于圜丘。以剿来凤功,晋四川总督孙士毅三等男。敕伊犁贡马由草地行。丁酉,上侍太上皇帝祈雨黑龙潭。是日,雨。庚子,赐赵文楷等一百一人进士及第出身有差。

五月戊申,诏额鲁特来京有出痘者,嗣后由草地赴热河觐见。辛酉,祭地于方泽。壬戌,上奉太上皇帝避暑木兰。乙丑,以富纲为漕运总督。壬申,大学士、贝子福康卒于军。

六月乙亥朔,日有食之。以魁伦为闽浙总督,朱珪为两广总督。以纪昀为兵部尚书,金士松为礼部尚书,沈初为左都御史。丙子,调福昌为福州将军。以明亮署广州将军。丁丑,除山西代州三州县水冲田赋。戊寅,和琳奏获苗匪石三保,解京诛之。癸巳,江南丰汛河决。

秋七月辛亥,明亮奏剿平孝感县教匪。大学士、四川总督、三等男孙士毅卒于军。

八月丙子,以雨停秋狝。壬寅,和琳卒于军,命明亮、鄂辉接统军务。

九月乙巳,车驾还京。

冬十月戊寅,上万寿节,诣太上皇帝行礼。礼成,受廷臣贺。己卯,以董诰为大学士。王杰以足疾疏辞军机处、南书房、礼部事,允之。命沈初为军机大臣。辛巳,赠征苗阵亡提督花连布太子少保,予世职。丙戌,调沈初为兵部尚书,以纪昀为左都御史。

十一月庚戌,丰汛河工合龙复决。予湖北死事巡检王翼孙、训导甘杜、典史浦宝光世职。甲子,冬至,祀天于圜丘。乙丑,江西巡抚陈淮有罪,逮问遣戍。己巳,以湖北教匪偷渡滚河入秦,褫永保职逮问,以惠龄统其军。

十二月戊子,湖南苗匪平,封明亮伯爵,额勒登保侯爵,及德楞泰等世职有差。庚子,祫祭太庙。辛丑,上奉太上皇帝御太和殿,赐宴朝正外藩。

是岁,免顺天、江苏、山西、湖南、福建等省三十九厅州县灾赋逋赋各有差。会计天下民数二万七千五百六十六万二千四十四名口,谷数三千七百二十万六千五百三十九石一升二合七勺。朝鲜入贡。

二年丁巳春正月丁卯,贵州南笼仲苗夷妇王囊仙作乱,命总督勒保剿之。庚午,观成奏四川教匪徐添德侵扰达州、东乡,命总兵朱射斗等剿之。

二月癸酉,上御经筵。江南丰汛复报合龙。戊寅,皇后崩,奉太上皇帝诰,素服七日,不摘缨。廷臣如之,近臣常服不挂珠。辛巳,叙景安剿擒教匪功,晋三等伯。戊戌,册谥大行皇后曰孝淑皇后。惠龄奏获匪首刘起等,解京诛之。

三月戊申,上谒西陵。丁巳,还京。癸亥,以刘墉为大学士,调沈初为吏部尚书,朱珪为兵部尚书。以福长安、庆桂为满洲都统,德楞泰为汉军都统。巴克坦布、庆成奏,由应山追贼入豫,查明贼首李全、王廷诏、姚之富均在其内。谕令擒捕。

夏四月壬申,设湖南镇篁镇总兵官,改保靖土县为流官。辛巳,追赠侍郎奉宽太师、礼部尚书,上受书师也。

五月戊辰,上奉太上皇帝避暑木兰。己巳,惠龄奏教匪姚之富等由白马石抢渡汉江入川。诏罢总统庆成、恒瑞等,各降官,以宜绵为总统,明亮、德楞泰为帮办。

六月癸酉,勒保奏,剿办南笼仲苗,迭克水烟坪、卡子河等处。得旨,亟将苗首仙姑等擒获。

闰六月庚子,吉庆奏克西隆州亚槁苗寨。丙午,勒保奏进克普坪,枪毙匪首,解南笼围。诏奖绅民坚守危城,深明大义,改南笼府为兴义府。勒保续报解黄草坝围,滇、黔路通。壬戌,军机章京吴熊光、戴衢亨均加三品卿衔,与侍郎傅森一体在军机大臣上学习行走。

秋七月己巳，永定河决。己卯，命喀什噶尔、英吉沙尔二回城储粮备荒。癸未，都统巴克坦布卒于军。乙酉，免四川运送军糒奉节六州县明年额赋。

八月甲辰，永定河合龙。丙辰，范宜恒卒，调沈初为户部尚书，纪昀为礼部尚书。己未，大学士、诚谋英勇公阿桂卒。丙寅，上奉太上皇帝还京。

九月戊辰，勒保奏攻克仲苗贼巢，获贼首王囊仙等，解京诛之。封勒保三等侯。丁丑，上临奠故大学士阿桂。甲申，以苏凌阿为大学士，李奉翰为两江总督。庚寅，诏宜绵、勒保、秦承恩、景安等分募乡勇入伍剿贼。癸巳，诏曰："闻贼每逼平民入伙，迎拒官军。官军报捷，所称杀贼，多系平民，非真贼也。故日久无攻。领兵大员尚其设法解散，勿令玉石俱焚。"甲午，以湖北恩施、利川，四川奉节士民奋勇杀贼，再免一年钱粮。

冬十月戊戌，明亮、德楞泰请广修民堡，以削贼势。诏斥其迁缓。丙辰，乾清宫、交泰殿灾。辛酉，命勒保总统四川军务。

十一月丙寅朔，予阵亡散秩大臣佛住、护军统领阿尔萨朗世职。

十二月戊申，以康基田为江南河道总督，司马騊为东河河道总督。予阵亡总兵明安图，副将曾攀桂、伊萨纳等世职。甲子，袷祭太庙。

是岁，免顺天、湖广、陕西、云南、甘肃等省五十七州县灾赋有差。朝鲜、琉球、暹罗入贡。

三年戊午春正月庚午，以梁肯堂为兵部尚书，胡季堂为直隶总督。甲申，调勒保为四川总督。乙丑，额勒登保奏获贼首覃加耀。上责其迟延，夺额勒登保爵职；并以疏防夺明亮、德楞泰爵职，夺舒亮、穆克登阿职，籍其家，均随军自效。

二月丁未，上释奠文庙，临雍讲学。以鄂奇泰为黑龙江将军，庆霖为江宁将军。辛亥，柯藩、乌尔图纳逊坐纵陕贼渡汉入楚，褫职。

壬子,以吴省钦为左都御史。乙卯,命内阁学士那彦成在军机处学习行走。

三月丁丑,德楞泰奏,追剿贼首齐王氏、姚之富,投崖死。予明亮副都统衔。己丑,以剿贼迟延,褫观成、刘君辅职。以富成为成都将军。

夏五月丙寅,免福建全省远年逋赋。己巳,截留江西漕粮,接赈山东曹县等十三州县被水灾民。甲戌,上奉太上皇帝避暑木兰。

六月己酉,以剿贼迟延,尽夺德楞泰爵职,予副都统衔自效。甲寅,云贵总督、三等男鄂辉卒。

秋七月庚午,富楞泰卒。以德格楞贵为宁夏将军。以雨停秋狝。

八月,以获教匪王三槐功,晋勒保及和珅公爵,福长安侯爵。己酉,张诚基奏江西西宁州教匪作乱,剿平之。

九月癸亥,上奉太上皇帝还京。己卯,祀明总制袁崇焕于贤良祠。

冬十月庚子,新建乾清宫、交泰殿成。

十一月丁亥,左都御史舒常卒。

十二月乙巳,惠龄奏获贼首罗其清、罗其书。戊午,祫祭太庙。

是岁,免陕西、贵州等省四十八厅州县灾赋有差。朝鲜、琉球、暹罗入贡。

四年春正月壬戌,太上皇帝崩,上始亲政。丁卯,大学士和珅有罪,及尚书福长安俱下狱鞫讯。晋仪郡王永璇亲王,贝勒永璘为庆郡王,绵亿封履郡王,奕纶、奕绅在上书房读书,绵志等各封赏有差。诏:"中外陈奏直达朕前,不许副封关会军机处。"命成亲王永瑆、大学士董诰、尚书庆桂在军机处行走。沈初免直。成亲王永瑆管户部。丁丑,和珅赐死于狱,福长安论斩。己卯,特诏申明军纪。命勒保为经略,明亮、额勒登为参赞,并查询刘清居官,具实保奏。吴省钦免,以刘权之为左都御史。以保宁为大学士,仍管伊犁将军;庆桂协办大学士,书麟为吏部尚书,松筠为户部尚书。叙斩贼首冉文傅功,奖叙惠龄、德楞泰。丙戌,宜绵解任,以恒瑞为陕甘总督。丁亥,赠原任御史曹锡宝副都御史,荫一子。召前内阁学士尹壮图来京。

二月己丑,以松筠为陕甘总督,布彦达赉为户部尚书。辛卯,诏曰:"自教匪滋事以来,迫胁良民,焚毁田舍。民非甘心从贼,欲逃无归,归亦无食。亟宜招抚解散,而非空言所能收效。应如何绥辑安插,令勒保询之刘清及其他良吏,筹议良法,俾可施行,速具以闻。"甲午,弛私售和阗玉禁。辛丑,秦承恩以贻误军事,褫职逮问。李奉翰卒,以费淳为两江总督。乙巳,复宗室乡会试例,增部院郎官宗室额缺。壬子,释回徐述夔、王锡侯子孙缘坐发遣者。丁巳,录用故大学士朱轼、孙嘉淦子孙。

三月己未朔,苏凌阿免,以庆桂为大学士,成德为刑部尚书,傅森为左都御史。庚申,户部尚书沈初卒,以范建中为户部尚书。癸亥,以书麟为闽浙总督、协办大学士。甲子,调庆霖为福州将军,福昌为江宁将军。戊辰,许直省道员密折上奏。庚午,解景安任,以倭什布为湖广总督,吴熊光为河南巡抚。丙子,额勒登保奏剿灭教匪萧占国、张长更,上嘉之,予二等男。叙奖裨将朱射斗、杨遇春等。戊寅,定侍卫军政。壬午,追赠皇四兄履端郡王永珹为亲王,皇七兄悼敏皇子永琮为哲亲王,皇十二兄永玑为贝勒。癸未,勒保奏剿灭教匪冷天禄。得旨:"旬日之内,连馘三酋,深为可嘉,额勒登保晋一等男。"免河南被匪之邓州二十州县新旧额赋。甘肃布政使广厚奏剿毙贼目张世龙。

夏四月己丑朔,钦天监言四月朔日,日月合璧,五星联珠。上曰:"躔度偶逢,兵戈未息,何足言瑞。"予尹壮图给事中,准回籍养亲。丙申,恭上大行皇帝尊谥,礼成,颁诏覃恩。丁酉,免陕西被贼之孝义等三十五厅州县新旧额赋。己亥,免四川被贼之奉节等三十六厅州县新旧额赋。辛酉,诏遵奉皇考敕旨,于庚申、辛酉举乡会恩科。癸丑,赐姚文田等二百二十人进士及第出身有差。丙辰,以庆成为成都将军。

五月戊午朔，停本年秋决。甲子，免湖北被贼之孝感等四十七州县卫新旧额赋。庚午，江兰罢，以初彭龄为云南巡抚。庚辰，以傅森为兵部尚书，阿迪斯为左都御史。辛巳，克勤郡王恒谨以不谨削爵。甲申，以董诰为大学士。丁亥，敕费淳访劾贪吏。诏免伯德尔格回民增纳金钱及葡萄折价。

六月己丑，增设步军统领左右翼总兵官。庚寅，诏曰："朕闻湖北随州未被贼扰，因民人掘沟垒山，足资捍御。民间村堡，尽可照办。勒保、松筠、吴熊光即晓谕百姓知之。"辛卯，吴熊光、吴璥请加征河工皆料运费银。得旨申饬，下部议处。庚戌，恤陕西阵亡总兵官保兴等世职。

秋七月辛酉，调山西兵三千赴湖北，盛京兵三千，额勒亨额统之，赴四川剿贼。癸亥，勒保奏获贼首包正洪，予朱射斗骑都尉世职。壬申，经略勒保以玩误军务夺职逮问，以明亮为经略，魁伦为四川总督。乙亥，削景安伯爵，遣戍伊犁。免甘肃被贼陇西等四十八州县新旧额赋。辛巳，停中秋节贡。

八月己丑，富俊免，以兴奎为乌鲁木齐都统。壬辰，调盛京兵二千，吉林、黑龙江兵各一千，赴湖北剿贼。癸巳，以长麟为云贵总督。乙未，勒保奏德楞泰生擒贼目龚文玉，给骑都尉世职。癸卯，罢明亮经略，命额勒登保以都统衔为经略。乙巳，命修撰赵文楷、中书李鼎元册封琉球国王尚温。己酉，庆成、永保以督军不力逮问。命那彦成往陕西督办。癸丑，编修洪亮吉致书成亲王私论国政，遣戍伊犁。

九月丙辰朔，恤阵亡贵州副将孙大猷世职。丙寅，怡亲王永琅薨。庚午，大行梓宫发引，上恭送启銮。庚午，葬高宗纯皇帝于裕陵。癸酉，还京。甲戌，高宗纯皇帝、孝贤纯皇后、孝仪纯皇后升祔太庙，颁诏覃恩。辛巳，故湖广总督毕沅坐滥用军需削世职，夺荫官。壬午，明亮以剿贼不力罢参赞，褫都统，予副都统剿贼。

冬十月壬辰，调朱珪为户部尚书，刘权之为吏部尚书，范建中为左都御史。丁酉，明亮奏获贼首张汉潮。湖北道员胡齐仑以侵盗钱粮处斩。壬寅，德楞泰奏获贼首高均德、高二。予德楞泰二等男。

丁未,成亲王永瑆免值军机处。命傅森仍为军机大臣。辛亥,命廷臣保举贤良。壬子,勒保论斩,解京监候。

十一月甲子,故超勇公海兰察子公安禄于四川剿贼阵亡,诏优恤之,名其子恩特赫默扎拉芬,袭超勇公。癸酉,免直隶积年逋赋。戊寅,兴肇、庆成以带兵不力遣戍。赏额勒登额银一万两,德楞泰银五千两。庚辰,冬至,祀天于圜丘。奉高宗纯皇帝配享,颁诏覃恩。

十二月壬辰,漕运总督蒋兆奎以率请加赋济运罢。恤阵亡副将丁有成、德亮等世职。甲午,福宁以杀降报捷,景安以纵贼殃民,俱褫职逮问。丙申,额勒登保奏获教匪王登廷。辛丑,姜晟奏获湖南苗匪吴陈受。得旨嘉奖,加太子少保。壬子,祫祭太庙。

是岁,免河南、湖北被兵六十七州县新旧额赋。征兵经过直隶、河南、湖北田赋。又除江苏、湖北各一县坍田额赋。吉林三姓、黑龙江、云南石屏州灾赋。普免天下积年逋赋。朝鲜,暹罗入贡。

五年庚申春正月甲寅朔,上谒陵。丙辰,诣裕陵,行初期祭礼。庚申,上还京。命额勒登保剿办陕西教匪,德楞泰、魁伦剿办四川教匪。辛酉,以松筠为伊犁将军,仍留陕西剿贼。调长麟为陕甘总督,以玉德为闽浙总督,阮元为江苏巡抚。壬戌,诏清查库款,从容弥补,勿以严急而致累民。金士松卒,以张若淳为兵部尚书。辛未,祈谷于上帝,奉高宗纯皇帝配享。解倭什布任,以姜晟为湖广总督,移松筠剿湖北贼。戊寅,以景熘为黑龙江将军。

二月丁亥,命那彦成参赞甘肃军务。辛卯,以汪承需为左都御史。癸巳,敕新疆铸乾隆钱。壬寅,恤四川阵亡副将关联升等世职。丁未,追论纵贼诸臣,秦承恩、宜绵戍伊犁。庚戌,予告大学士蔡新卒。

三月庚申,上谒陵。辛酉,解七十五任,逮京治罪。甲子,清明节,上行敷土礼。乙丑,阿迪斯以拥兵玩误逮问,起勒保护成都将军。丁卯,上幸南苑。德楞泰奏截剿渡江教匪,获匪首冉添元,晋三等子。壬申,上谒西陵。乙亥,还京。辛巳,甄录贤良祠大臣后裔。

以纵贼渡嘉陵江,复过潼河,夺魁伦职逮问。以勒保署四川总督,起明亮蓝翎侍卫从军。

夏四月癸未朔,日有食之。乙酉,阿迪斯遣戍伊犁,以德楞泰为成都将军。庚子,云南猓夷平,加书麟太子太保。

闰四月甲寅,命刑部查久禁官犯及禁锢子孙与久戍者宽减之。丙午,上步祷祈雨。乙卯,释洪亮吉回籍。丙辰,释安南人黎侗等于狱,安置火器营,给月饩。是日,雨。丙寅,恤四川阵亡提督达三泰世职。戊辰,以那彦成不任戎务,罢直军机处,召回京。

五月壬戌朔,夏至,祀地于方泽,奉高宗纯皇帝配享。己丑,经略额勒登保以剿办匪目刘允恭等功,晋三等子。丙午,那彦成到京,奏对无状,降为翰林院侍讲。

六月壬戌,额勒登保奏获贼首杨开甲。丁卯,以张若淳为刑部尚书,汪承霈为兵部尚书,冯光熊为左都御史。甲戌,赐魁伦自尽,戍其子扎拉芬于伊犁。

秋七月辛卯,命右翼总兵长龄统吉林、黑龙江兵赴湖北协剿教匪。琅玕奏青苗杨文泰作乱,剿平之。马慧裕奏获传教首犯刘之协,解京诛之。丙申,礼部尚书德明卒,以达椿为礼部尚书。己酉,额勒登保奏获贼目陈杰。

八月丙辰,固原提督王文雄剿贼阵亡,予三等子。

九月壬午,上谒东陵。戊子,还京。丁未,恤四川阵亡副将李锡命世职。

冬十月戊辰,胡季堂卒,以姜晟为直隶总督,书麟为湖广总督,琅玕为云贵总督。

十一月乙酉,睿亲王淳颖薨。己亥,恤阵亡革职将军富成等世职。

十二月甲寅,陕西教匪徐添德窜湖北,湖北教匪冉学胜窜陕西,降责德楞泰、勒保等。丁巳,德楞泰奏获教匪杨开第等。丙子,祫祭太庙。

是岁,免顺天、江苏、四川、云南、甘肃等省七十厅州县灾赋,及兵差经过、坍田额赋各有差。朝鲜、琉球入贡。

　　六年辛酉春正月壬午，以傅森为户部尚书，明安为步军统领。辛卯，遣少卿窝星阿、裘行简犒额勒登保、德楞泰军。丁酉，德楞泰以剿山阳教匪功，复一等子。甲辰，德楞泰奏获贼首高二、王儒。乙巳，勒保奏获黄、蓝、白三号贼目徐万富等。

　　二月乙卯，勒保奏获贼首王士虎，丙辰，书麟奏明亮获贼目卜兴昂。戊午，赐贤良后裔尚书魏象枢六世孙煜、尚书李名时曾孙景曾、巡抚徐士林孙从旭举人。戊辰，上谒陵，行敷土礼。壬申，上还京。改湖广提督为湖南提督，置湖北提督，驻襄阳。改襄阳镇总兵为郧阳镇总兵。癸酉，傅森卒，以成德为户部尚书、军机大臣。乙亥，额勒登保奏获贼首王廷诏。

　　三月庚辰，诏："被贼裹胁匪徒多系良民，凡投出者悉贷其死。军前大臣仰体朕意，广为宣示，务使周知。"恤阵亡总兵多尔济扎布、李绍祖等世职。丁酉，赐贤良后裔大学士李光地四世孙维翰、尚书汤斌四世孙念曾举人，巡抚傅弘烈六世孙县丞征珑知县。己亥，诏："朕将谒陵，春苗畅发，令大臣监护民田，勿许践踏禾苗。"叙江西士民协剿教匪刘联登功。改西宁州为义宁州。辛丑，上谒陵。乙巳，行释服礼。

　　夏四月丁未朔，上还京。己未，以四川民人输资急公，免遂宁等八十六厅州县明年额赋。辛酉，册立皇后钮祜禄氏。壬戌，协办大学士湖广总督书麟卒，以吴熊光为湖广总督。德楞泰奏获贼首张允寿。丙寅，以获王廷诏、高二、马五功，晋额勒登保二等子，杨遇春骑都尉。戊辰，以两广总督吉庆协办大学士。辛未，赐顾皋等二百七十五人进士及第出身有差。

　　五月己卯，赐贤良后裔大学士王熙曾孙元洪举人。甲申，上祭文昌庙，始命列入祀典。乙酉，恤四川阵亡总兵朱射斗视提督，予世职。丙戌，命总兵官轮入觐。奉天府丞视学政，三年更任。乙巳，以额勒登保为理藩院尚书。

六月壬子，大雨。永定河决，分遣卿员抚恤被水灾民。以水灾停本年秋狝。姜晟免，发永定河效力。起陈大文署直隶总督。丙辰，复雨。西安将军恒瑞卒。辛未，上步祷社稷坛，祈晴。是日，晴。勒保奏东乡青、蓝号匪悉数歼除。

七月庚辰，特发在京兵丁口粮一月。甲申，命那彦宝、巴宁阿修筑永定河工。勒保奏获匪目徐添寿、王登高。戊戌，赈热河水灾。

八月丁巳，额勒登保奏获匪首王士虎、冉添泗。勒保奏七十五获贼目刘清选、汤步武等。甲子，勒保奏获贼首冉学胜等，封三等男。

九月己丑，续修大清会典。

冬十月丙午，永定河合龙。癸丑，额勒登保奏获贼首辛斗。德楞泰奏毙贼首龙绍周。癸亥，诏甄叙川、陕军劳，晋额勒登保三等伯，德楞泰二等伯，赛冲阿骑都尉，温春云骑尉。

十一月甲申，贵州巡抚伊桑阿以骄蹇欺罔赐死。癸巳，诏曰："军务即日告藏，安插乡勇为善后要事。其通筹详议以闻。"乙未，额勒登保奏获贼首高见奇。戊戌，七十五以纵贼夺职逮问。己亥，升四川达州为绥定府，太平营为太平协。

十二月癸卯朔，庆成奏获苟文明股匪。丁未，诏曰："前奉皇考特旨，查考本朝殉节诸臣未得世职者，业经查出一百四十余员，补给恩骑尉世职。兹又续查得九百九十余员，开单呈览，均系抗节效忠之臣。其子孙俱即给与恩骑尉世职，支给俸饷。除投标当差外，有愿应试者，准作文武生员，一体应试。"癸亥，诏奖刘清，特授四川建昌道。壬申，额勒登保奏剿办通江贼匪，毙匪目苟朝献。辛未，袷祭太庙。

是岁，免直隶、山西、浙江、安徽、四川、云南、甘肃等省二百三十一厅州县卫额赋有差。朝鲜、暹罗入贡。

七年壬戌春正月癸酉朔，上谒裕陵，行三期祭礼。赐所过贫民棉衣。甲戌，定祭社稷坛用上戊。戊寅，上还京。壬午，以松筠为伊犁将军。甲午，额勒登保奏获首逆辛聪，余党悉平。吴熊光奏获匪首张允寿子得贵，扑灭监号贼股。明安以贪黩褫职，遣戍伊犁。以禄康为步军统领，解刑部尚书。额勒登保以疏防苟文明窜渡汉江，降男爵。庚子，上御经筵。

二月癸卯，以苟文明窜南山老林，饬领兵大臣堵剿，地方官严密查拿，勿令蔓延。丁未，释奠先师孔子。壬戌，优恤阵亡副将韩自昌与其弟副将韩加业，饬地方官为建双烈祠，赐其母银三百两。丙寅，额勒登保奏刘清获贼首李彬、辛文，加按察使衔花翎。

三月癸酉，勒保奏获贼首张添伦、魏学盛、陈国珠。丁丑，德楞泰奏获匪首龚其尧、李世汉、李国珍，余党悉平。壬午，上谒泰陵。庚寅，还京。壬辰，成德卒，以禄康为户部尚书。

夏四月戊申，以颜检为直隶总督。乙丑，赐吴廷琛等二百四十八人进士及第出身有差。本卯，庆在奏获贼首魏洪升、张喜、白庸。

五月己卯，睿亲王宝恩薨。琅玕奏获猓匪首逆腊者布。壬午，勒保奏获匪首庹向瑶、徐添陪、张思从。甲午，庆成奏搜捕余匪，获康二麻、张昌元，加太子太保。

六月己酉，德楞泰奏教匪樊人杰溺水死，俘其妻孥，余匪歼尽，晋封三等侯。甲寅，命刘权之、德瑛为军机大臣。乙卯，达椿卒，以长麟为礼部尚书。命保宁管理兵部。以禄康、恭阿拉为汉军统都。

秋七月辛未，勒保奏剿歼黄、白、青、蓝四号贼匪，晋一等男。庚辰，陕西贡生何泰条陈黜奢崇俭，挽回风气。得旨可采，赏大缎二匹。甲申，大学士王杰致仕，加太子太傅，在籍食俸。戊子，上秋狝木兰。癸巳，诏曰："广东博罗监犯越狱一案，经朕朱谕查询，始据该督抚据实陈奏。则天下事之不发觉者多矣，殊堪感叹，更深懔畏。除分别惩治外，尚其大法小廉，用副澄叙官方至意。"以兴奎为西安将军，明亮为乌鲁木齐都统。甲午，额勒登保奏获逆首苟文明。谕："适到木兰，便闻捷音。教匪起事诸犯，只余此贼。今既授首，不难肃清。额勒登保晋一等伯，杨遇春以下，各优予叙赉。"张若淳卒，以熊枚为刑部尚书。转汪承需为左都御史，戴衢亨为兵部尚书。

八月己亥朔，日有食之。诏曰："月朔日食，月望月食，天象示儆，竞惕时深。朕躬有阙失欤？剿捕邪匪，余孽未尽，其应靖以兵威，或迪以德化欤？政事有不便于民者，或一时行之，日久则滋流弊欤？其各谠言无隐。至月食修刑，惟当于明法敕罚，力求详慎，所当与内外诸臣交勉焉。"以朱珪协办大学士。癸卯，以嵇承志为东河河道总督，以刘清为四川按察使。乙卯，上行围。越南农耐、阮福映率属内附，缴前藩敕印。诏许其入贡。辛酉，德楞泰奏获贼首蒲添宝。

九月庚辰，上回銮。戊子，上谒陵。辛卯，还京。丙申，吴熊光奏毙黄呈匪首唐明万。

冬十月己酉，杭州将军弘丰卒，以张承勋为杭州将军。壬子，勒保奏获白号贼首张简、蓝号贼首汤思蛟。丁巳，德楞泰奏毙贼首戴四，获贼目赵鉴。

十一月戊辰朔，德楞泰奏获贼首陈传学。庚午，诏以吉庆办理博罗会匪，奏报不实，免协办大学士，命那彦成查办。寻解总督，敕瑚图理署理。丙戌，额勒登保奏获贼首景英，晋三等侯。

十二月戊戌朔，安徽宿州盗匪作乱，费淳等讨平之。癸丑，诏额勒登保、德楞泰、勒保、惠龄、吴熊光会报川、陕、楚教匪荡平。封额勒登保、德楞泰一等侯，勒保一等伯，明亮一等男，赛冲阿、杨遇春以次封赉。并推恩成亲王永瑆等、军机大臣庆桂、董诰等。乙丑，祫祭太庙。

是岁，免直隶、陕西、江西、四川等省五十六厅州县灾赋。除江苏、福建、山东十县卫坍田额赋。朝鲜入贡。

八年癸亥春正月庚午，以倭什布为两广总督。丁丑，命伊犁广开民田。张诚基以剿办义宁州土匪陈奏不实，论绞。乙酉，赐贫民棉衣。甲午，上御经筵。

二月己未，上谒东陵。

闰二月戊寅，上还驻圆明园。乙酉，还宫，入顺贞门，奸人陈德突出犯驾。定亲王绵恩、额驸拉旺多尔济及丹巴多尔济等擒获之，交廷臣严鞫。奖赉绵恩等有差。丁亥，祀先农，上亲耕耤田。己丑，诏曰："陈德之事，视如猘犬，不必穷鞫。所惭思者，德化未昭，始有此警予之事耳。即按律定拟。"是日，陈德及其二子伏诛。予告大学士王杰陛辞，赐玉鸠杖，御书诗章，驰驿回籍。庚寅，严申门禁。

三月丙申，御试翰林。甲辰，甘肃提督穆克登布以剿捕余匪阵亡，赠二等男。恤湖北阵亡总兵懋赏等世职。庚申，皇后行躬桑礼。

四月丙戌，上祈雨。丁亥，雨。

五月乙未，建宗室觉罗住房。癸丑，以富俊为吉林将军。

六月戊子，尚书彭元瑞乞休，允之，仍总裁高宗实录。以费淳为兵部尚书，陈大文为两江总督。己丑，封阮福映为越南国王。

秋七月乙巳，以那彦成为礼部尚书。丁未，以三省余匪肃清，优叙额勒登保、德楞泰及军机大臣。壬申，上巡幸木兰。

八月壬午，调富俊为盛京将军。以停止行围回銮。辛卯，上还京。

九月戊申，致仕尚书、前协办大学士彭元瑞卒。

冬十月壬甲，琅玗奏获首犯恒乍纲，猓猓匪平。癸未，葬孝淑皇后于山陵。

十一月戊戌，朱珪等请磨敬一亭明代碑文，上不许。

十二月己丑，祫祭太庙。

是岁，免直隶、山东、河南、江苏、安徽、陕西、湖北、四川、云南、甘肃等省四百十八厅州县卫灾赋逋赋有差。朝鲜、越南入贡。

九年甲子春正月丁未，调兴奎为宁夏将军，赛冲阿为西安将军。

二月壬戌，上御经筵。癸亥，上临幸翰林院，赐宴，赋柏梁体诗。戊子，上谒东陵。

三月壬辰，幸盘山。壬寅，诣明陵，奠酒长陵。甲辰，上还京。

夏四月己巳，上阅健锐营兵。丙子，召秬承志来京，以徐端署河东河道总督。

五月甲午，上祈雨黑龙潭。丁酉，雨。丁未，铁保奏进八旗诗一百三十四卷，赐名《熙朝雅颂集》。

六月壬戌，玉德等奏海盗蔡牵扰及鹿耳门，突入汕木寨。得旨："追擒务获。"戊辰，以禄康协办大学士，明亮为工部尚书，长麟为刑部尚书，费淳为吏部尚书。德瑛罢直军机处，以那彦成、英和为军机大臣。乙亥，惠龄卒，以那彦成为陕甘总督。恤捕海盗阵亡总兵胡振声，赠提督，予世职，录用其子。

秋七月丙午，上巡幸木兰。庚子，初彭龄以诬参吴熊光褫职。癸丑，以岁周浃甲，停本年决囚。

八月己未，清查湖北滥支军需，追罚福康安、和琳之子并毕沅等。丁丑，上回銮谒陵。

九月庚寅，上幸南苑行围。辛卯，以搜捕三省余匪净尽，甄叙额勒登保以次有差。甲午，上还京。

冬十月癸酉，广西武缘知县孙廷标匿伤纵凶，特旨处绞，臬司公峨遣戍乌鲁木齐。己卯，上御惇叙殿，赐宴宗室诸王。

十一月戊申，调那彦成为两广总督，倭什布为陕甘总督。

十二月丁卯，调徐端为江南河道总督。庚辰，大学士刘墉卒。甲申，祫祭太庙。

是岁，免直隶、湖北、四川等省二十一厅州县灾赋有差。朝鲜、暹罗入贡。

十年乙丑春正月乙未，予告大学士王杰因赐寿来京卒，优诏恤赠。辛亥，以朱珪为大学士，纪昀协办大学士，以铁保为两江总督。诏内务府大臣严行约束内监，稽其出入，纂入《宫史》，著为令。

二月己未，上御经筵。己巳，礼亲王永恩薨，子昭连袭。协办大学士纪昀卒，调刘权之礼部尚书、协办大学士。

三月己丑，上幸南苑行围。己亥，上谒泰陵。丙午，回銮，阅健锐营兵。戊申，上还京。以弘康为广州将军。

夏四月辛巳，御史蔡维钰疏请查禁西洋人刻书传教。得旨："一体查禁。"戊寅，赐彭浚等二百四十三人进士及第出身有差。

五月甲申朔，诏内务府大臣管理西洋堂，未能严切稽查，任令传教，下部议处。其经卷检查销毁，习教之佟澜等罪之。戊申，追叙削平教匪清野功，加勒保太子太保，明亮一等子。

六月庚申，颜检以失察亏帑黜免，调吴熊光为直隶总督，百龄为湖广总督。丁丑，永定河决。

闰六月癸未，刘权之免，以费淳协办大学士，秦承恩为左都御史。戊戌，永定河合龙。乙巳，以清安泰为浙江巡抚。

秋七月壬辰，上诣盛京谒陵，启銮。

八月丙戌，上祭北镇庙。乙未，上谒永陵。丙申，行大飨礼。阅吉林官兵射。庚子，上谒福陵，行大飨礼。辛丑，上谒昭陵，行大飨礼。临奠克勤郡王岳托、武勋王扬古利、宏毅公额亦都、直义公费英东墓。上驻跸盛京，诣宝册前行礼。甲辰，诣天坛、地坛行礼。乙巳，上御崇政殿受贺。御前大臣、三等公额勒登保卒，建祠京师。以庆成为成都将军。丙午，上御大政殿，赐扈从王、大臣及朝鲜陪臣宴。御制《盛京颂》八章。赐朝鲜国王李松御书匾额。戊申，上回銮。

九月己巳，上谒东陵。壬申，还京。丙子，临奠额勒登保。

冬十月甲午，命戴均元驰赴南河勘工。丙申，英吉利国王入贡，赐敕并文绮。辛丑，那彦成免，调吴熊光为两广总督，裴行简署直隶总督。癸卯，以赛冲阿为广州将军。

十一月丙辰，百龄免，以全保为湖广总督。己未，以庆溥为湖北提督。

十二月丁未，祫祭太庙。

是岁，免直隶、山西、陕西等省三十四州县灾赋及两淮十一场额课有差。会计天下民数三万三千二百一十八万一千四百三名口，谷数二千九百四十一万一千九百九十九石七升三合二勺。朝鲜、英吉利入贡。

十一年丙寅春正月壬子，海盗蔡掌陷凤山县，命玉德剿办，调广州将军赛冲阿驰往督办。丙子，那彦成以在署演戏，滥收海盗，夺职，戍伊犁。二月癸未，上御经筵。辛卯，上谒东陵。甲辰，上幸南苑行围。戊申还京。

三月己丑，台湾总兵爱新泰克复凤山县，予世职。

夏四月辛卯，上阅健锐营兵。癸巳，李亨特免，以吴璥为河东河道总督。丙申，续编《皇清文颖》。

五月丙寅，玉德罢，以阿林保为闽浙总督。

六月戊寅，调姜晟为工部尚书。秦承恩为刑部尚书。庚辰，庆成以奏对失实削职，戍黑龙江。以特清额为成都将军。庚寅，以戴均元为江南河道总督，徐端为副总河。庚子，命德楞泰管理兵部。

秋七月癸亥，宁陕镇新兵陈逢顺纠党戕官，陷洋县，扰及宁羌。命德楞泰统巴图鲁侍卫、索伦兵剿之。丁卯，上巡幸木兰。

八月庚寅，上行围。甲辰，李长庚奏剿歼蔡牵匪党多名，蔡牵逸。

九月乙巳，发巴图鲁侍卫、索伦等兵赴陕西。癸丑，论直隶失察侵帑案，颜检戍乌鲁木齐，降姜晟、陈大文、熊枚四品京堂。起初彭龄为安徽巡抚。庚申，起刘权之为左都御史。癸亥，上还京。

冬十月丁丑，德楞泰奏剿平洋县叛兵。甲申，以全保为陕甘总督，汪志伊为湖广总督，曹振镛为工部尚书。丁亥，以温承惠为直隶总督。起阮元署福建巡抚，以病辞。调张师诚为福建巡抚，金光悌为江西巡抚。癸巳，以和宁为乌鲁木齐都统。大学士保宁乞休，优诏致仕，予食公俸。

十一月庚申，以禄康为大学士，长麟协办大学士，文宁为步军统领。诏以德楞泰剿办叛兵，宽大受降，切责之，降杨遇春宁陕镇总兵，杨芳遣戍伊犁，即押降兵赴戍。

十二月戊寅，大学士朱珪卒。己卯，上临第赐奠。庚辰，特诏旗民力求节俭。辛丑，袷祭太庙。

是岁，免直隶、四川等省三十五厅州县灾赋有差。朝鲜、琉球入贡。

十二年丁卯春正月丙午,以费淳为大学士,戴衢亨协办大学士。癸亥,诏曰:"从前剿办邪匪,乡勇过多。追事平遣散为难,多令入伍充兵。今陕之宁陕,川之绥定,迭报新兵滋事,随时剿平。此等犷悍之徒,必须随时惩创,勿令别生事端。"戊辰,陕西瓦石坪新兵滋事,讨平之。

二月甲戌,上御经筵。戊子,积拉堪罢,削爵。壬辰,上谒东陵。

三月壬辰,上幸南苑行围。辛亥,谒西陵。甲寅,还京。丁巳,《高宗实录》、《圣训》成。辛巳,上祈雨。甲子,雨。

夏四月丙戌,上阅健锐营兵。庚子,上祈雨。

五月己丑,雨。己未,以长龄为陕甘总督,萨彬图为漕运总督。丙寅,增定河工料价。雍正以来,常年工费率六十万。自此驯增百六十万。

六月乙未,禁督抚幕友朦保入官。

秋七月乙巳,命编修齐鲲、给事中费锡章册封琉球国王。戊午,上巡幸木兰。

八月乙酉,上行围。

九月丙午,上还驻木兰。暹罗私招商人贸易,降敕训止之。辛亥,上回銮。甲寅,阅古北口兵。丙辰,还京。

冬十月乙未,令武乡、会试内场罢策论,默写《武经》。

十一月辛丑,塞陈家浦坝口,导黄河由故道入海。

十二月癸未,调清安泰为河南巡抚,以阮元为浙江巡抚。癸巳,祫祭太庙。

是岁,免直隶、江苏、四川、甘肃等省四十七州县灾赋盐课。除江苏、福建、山西五县水冲坍田额赋。朝鲜、琉球、南掌入贡。

十三年戊辰春正月戊午,浙江提督李长庚追击海盗,卒于军,赠伯爵。以部将王得禄为浙江提督。

二月丁卯,命皇次子释奠先师孔子。庚午,上御经筵。丙子,予告大学士保宁卒。戊寅，特诏奖叙湖南辰沅永靖道傅鼐，加按察使衔。

三月庚子，上谒东陵。壬午，上巡阅天津长堤。丙辰，以徐端为南河河道总督。己未，上阅天津镇兵。丙寅，上幸南苑行围。命长麟、戴衢亨勘察南河。

夏四月戊辰，上还京。辛卯，赐吴信中等二百六十一人进士及第出身有差。

五月癸卯，长麟、戴衢亨奏查勘河工，请用一百三十余岁张姓老民指出靳辅旧于天然闸东建闸二座，验有坝基，拟请修复。得旨，照准，赏老民银缎。庚申，修阙里孔庙。

闰五月壬午，湖南提督仙鹤翎以表贺生皇长孙失辞，罢。

六月甲辰，御制《耕织图诗》，刊于《授时通考》。乙巳，秦承恩免，以吴璥为刑部尚书。

秋七月庚辰，上巡幸木兰。

八月己酉，上行围。甲寅，恤广东捕盗被戕总兵林国良世职。

九月己卯，上还京。

冬十月癸巳朔，日有食之。

十一月壬午，吴熊光罢，以永保为两广总督。庚寅，以兴肇为杭州将军。

十二月壬辰朔，命皇次子诣大高殿祈雪。己亥，上祈雪。乙巳，雪。以周兴岱为左都御史。己未，祫祭太庙。

是岁，免直隶、四川等省十三厅州县灾赋逋赋。除直隶、江苏、浙江、福建、云南、甘肃等省十一厅州县冲田额赋，浙江、福建二场坍地额课。朝鲜、琉球入贡。

十四年己巳春正月辛酉朔，上五旬万寿节，颁诏覃恩，加封仪亲王永璇子绵志、成亲王永瑆孙奕纶为贝勒，加恩藩臣、廷臣有差。丁卯，以百龄为两广总督。壬申，广兴有罪处斩，子蕴秀戍吉林，籍其家。缘以降黜者多人，长龄戍伊犁。以和宁为陕甘总督。

二月壬辰，上御经筵。壬寅，上制《崇俭诗》、《义利辨》，颁示廷臣。丁未，上谒东陵。丁巳，福建总兵许松年歼毙海盗朱渍，予世职。己未，上还京。

三月癸亥，上谒西陵。丙子，还京。西安将军、三等公德楞泰卒。己卯，松筠奏遣戍叛兵蒲大芳、马友元等一百余人在戍不法，均分起诛讫。上责其滥杀，夺职。以晋昌为伊犁将军，兴肇为荆州将军。

夏四月甲寅，赐洪莹等二百四十一人进士及第出身有差。吴熊光戍伊犁，百龄劾之也。孙玉庭罢。

五月丁丑，特诏切责廷臣泄沓。戊寅，巡漕御史英纶以贪婪卑污处绞。

六月乙未，仓场黑档盗米事发，责黜历任侍郎有差。丁未，以松筠为陕甘总督。

秋七月戊辰，诏停本年秋决。江苏查赈知县李毓昌为山阳知县王伸汉毒毙，下部鞫实，王伸汉立斩，知府王毂立绞，家丁李祥等均极刑，总督铁保夺职遣戍，巡抚汪日章夺职。上制《悯忠诗》。赐其嗣子李希佐举人、控诉得申武生李清泰武举。调阿林保为两江总督，以方维甸为闽浙总督。壬申，给事中花杰以参劾军机大臣戴衢亨徇私不得直降官。乙亥，诏曰："朕恫瘝在抱，每直省报灾，无不立需恩施，多方赈恤。乃督抚不加查察，致有冒赈之事。如近日宝坻、山阳二案，竟谋毙持正委员，岂可不加以惩治，非有所靳惜也。御史周锳因请报灾之处，另委道府详查。不知道府又安尽贤能。见在宝坻一案，该管东路同知归恩燕即向索银三千两。山阳一案，该管知府王毂收银二千两。设遇此类道府，又可信乎？道府亦不能遍历村庄，仍委之委员，益不足凭矣。其要惟在督抚得人耳。至若以查灾为难，因而相率讳灾，则其咎更重矣。将此通谕知之。"壬午，上巡幸木兰。

八月庚戌，浙江学政、侍郎刘凤诰以监临舞弊褫职，戍黑龙江。巡抚阮元以徇隐夺职。

九月己未，以庆成为福州将军。庚申，上还京。己巳，张师诚疏报王得禄、邱良功合剿海盗蔡牵,紧逼贼船,冲断船尾,蔡牵落海淹毙。予王得禄子爵,邱良功男爵。壬申,百龄疏请粤盐改陆运,从之。

冬十月癸巳,上万寿节,御太和殿受贺,赐宴。庚戌,阿林保疏请漕粮加折收纳,上严斥之。

十一月壬辰,以松筠为两江总督,那彦成为陕甘总督。

十二月戊戌,以失察工部书吏冒领户部、内务府官银,禄康、费淳以次降黜。甲寅,祫祭太庙。

是岁,免直隶、江苏等省二十四州县灾赋。除顺天文安洼地、浙江钱清场、湖南茶州坍地田赋。朝鲜、琉球、暹罗、越南、南掌入贡。

十五年庚丙子,以刘权之为协办大学士。

二月己丑,上御经筵。壬辰,长麟以疾免,以瑚图礼为刑部尚书,托津为工部尚书。丙申,召勒保来京,以常明为四川总督。丙子,诏以鸦片烟戕生,通饬督抚断其来源。

三月甲子,上谒东陵。戊寅,上幸南苑行围。癸未,还京。

夏四月丁酉,上阅健锐营兵。

五月癸亥,勒保以不奏匿名书,罢大学士,降工部尚书。复以禄康为大学士,明亮协办大学士。以戴衢亨为大学士,费淳为工部尚书。

六月戊戌,改热河副都统为都统,以积拉堪补授。壬子,百龄以擒解海盗乌石二功,予轻车都尉世职。

秋七月甲寅,永定河溢。壬申,上巡幸木兰。辛巳,以徐端为南河河道总督。修改云梯关海口,命马慧裕督办。

八月戊戌,上行围。壬子,以皂保为蒙古都统。设广东水师提督,阳江镇水师总兵。

九月己未,以汪志伊为闽浙总督,马慧裕为湖广总督,恭阿拉为工部尚书。甲子,永定河漫口合龙。己巳,上还京。乙亥,增河南秸料价银。

冬十月甲午,江南高堰、山旴两堤决坝。丁酉,定部院直日例。

十一月壬戌，前吉林将军秀林以盗用参银，赐死。

十二月丙申，广西疏报寿民蓝祥一百四十二岁，特赐御制诗章、御书匾额、六品顶戴、银五十两。丁酉，马慧裕奏云梯关大工合龙，河归正道入海。得旨嘉奖。己亥，以陈凤翔为江南河道总督。壬寅，调兴肇察哈尔都统。己酉，祫祭太庙。

是岁，免直隶七州县灾赋。除江苏坍徒、上海坍田，安徽无为州废田田赋。朝鲜、暹罗入贡。

十六年辛未春正月戊午，以云梯关马港新筑长堤，增设淮海道，海安、海阜二厅同知。癸酉，以百龄为刑部尚书，松筠调两广总督，勒保为两江总督。

二月壬午，上御经筵。丁亥，释奠先师孔子。诏曰：“朕因连年南河河工糜费至四千余万，特命托津、初彭龄前往查察。兹据奏覆，查勘工帐银款出入尚属相符，而工程未尽坚固。此实历任河臣之咎，吴璥、徐端俱降革有差。在工人员一并斥革。其未发银六十万，并著停发。”

三月丙寅，上谒西陵。壬午，谒陵礼成，西巡五台山。乙亥，工部尚书费淳卒，赠大学士。以肃亲王永锡为蒙古都统。

闰三月庚辰，上驻跸五台山。乙酉，上回銮。丙申，上谒尧母陵，帝尧庙行礼。戊戌，上阅直隶绿营兵。幸莲池书院，遣官祭明臣杨继盛祠。癸卯，上还京。

夏四月戊申，大学士戴衢亨卒。甲子，上祈雨。致仕协办大学士长麟卒。壬申，赐蒋立镛等二百三十七人进士及第出身有差。以福庆为汉军都统，崇禄为蒙古都统。

五月辛巳，以刘权之为大学士，邹炳泰协办大学士，刘镮之兵部尚书。丁亥，上再诣天神坛，祈雨。庚寅，雨。

六月壬午，明亮以覆奏不实，降副都统。以松筠为协办大学士。癸丑，禄康以覆奏不实，降副都统。以勒保为大学士，管理吏部，吉纶为工部尚书，步军统领。乙丑，湖南按察使傅鼐卒，赠巡抚，许建专祠。

秋七月戊寅，命光禄寺少卿卢荫溥入直军机处，加四品卿衔。壬辰，禁西洋人潜居内地。丙申，上巡幸木兰。癸丑，江南李家楼河决。乙巳，兴肇以老免，起贡楚克扎布为察哈尔都统。

八月壬戌，上行围。

九月己卯，建兴安大岭神祠，春秋致祀。戊子，上回銮。乙未，以松筠为吏部尚书，蒋攸铦为两广总督。丁酉，上谒陵。庚子，上还京。辛丑，四川十二支岭夷向化，改土归流。

十一月庚子，敕改运河邳、宿工程复归河员管理。

十二月癸丑，以和宁为盛京将军。癸酉，祫祭太庙。

是岁，免顺天、江苏、河南等省八州县灾赋。除甘肃逋赋，又除喀什噶尔回庄田赋。朝鲜、琉球、暹罗、缅甸入贡。

十七年壬申春正月壬午，时享太庙，命皇次子行礼。

二月甲辰朔，上御经筵。

三月丙子，上谒东陵。己丑，上幸南苑行围。辛卯，以明亮为西安将军。壬辰，上御晾鹰台，大阅八旗官兵。丙申，上还京。

夏四月甲辰，诏曰："八旗生齿日繁，亟宜广筹生计。朕闻吉林土膏沃衍，地广人稀。柳条边外，参场移远，其间空旷之地，不下千有余里，多属腴壤，流民时有前往耕植。应援乾隆年间拉林成案，将闲散旗丁送往吉林，拨给地亩，或耕或佃，以资养赡。农暇仍可练习骑射，以备当差，教养两得其益。该将军等尽心筹画，区分栖止，详度以闻。"丙辰，上阅健锐营兵。癸亥，护军统领扎克塔尔卒，予银三百两。

五月戊子，温承惠奏滦州孥获金丹、八卦邪教董怀信等。得旨："从严惩办。"

六月乙巳，移闲散宗室于盛京居住，筑室给田给银。

秋七月戊子，上巡幸木兰。

八月壬子，陈凤翔以不职免，以黎世序为江南河道总督。甲寅，以阮元为漕运总督。丙辰，上行围。

九月戊子，上还京。甲午，庆桂以年老罢，以松筠为军机大臣。

冬十月丁卯，以恭阿拉为礼部尚书。

十一月辛未，以景安为理藩院尚书，兼汉军都统。

十二月壬子，以铁保为礼部尚书，潘世恩为工部尚书。甲寅，以兴肇为江宁将军。

是岁，免顺天、奉天、直隶、河南、安徽等省二十七州县灾赋、逋赋、旗租，台湾噶玛兰水冲田赋。朝鲜、暹罗入贡。

十八年癸酉春正月乙亥，军机大臣松筠罢为御前大臣，以勒保为军机大臣。

二月庚子，上御经筵。

三月丁丑，上幸南苑行围。丙戌，上谒西陵。丙申，上还京。

夏四月己亥，以明亮为蒙古都统。甲寅，上祈雨。癸亥，以富俊为黑龙江将军。

五月庚辰，上祈雨。壬辰，雨。

六月乙卯，赐进书生员鲍廷博举人。庚申，以松筠为伊犁将军。

秋七月甲戌，申严贩运鸦片烟律，食者并罪之。丁丑，御史冯大中疏言：“中外臣工办事迟延怠缓，请旨稽核。”上是之。壬午，上巡幸水兰。

八月庚戌，上行围。

九月甲子，上以阴雨减围。癸酉，上回銮。乙亥，河南睢州河溢。河南滑县八卦教匪李文成纠众谋逆，知县强克捷捕系狱。其党冯克善、牛亮臣陷县城，克捷死之。直隶长垣、山东曹县贼党咸应。上命高杞、同兴防堵，温承惠佩钦差大臣关防剿之。召杨遇春统兵北上。贼党徐安幗陷长垣，戕知县赵纶。金乡知县吴皆捕贼崔士俊等。戊寅，上行次苹髻山。是日，奸人陈爽数十人突入紫禁城，将逼内宫，皇次子用枪殪其一人。一贼登月华门墙，执旗指挥，皇次子再用枪击之坠，贝勒绵志续殪其一。王大臣率健锐、火器营兵入，尽捕斩之。己卯，诏封皇次子为智亲王，绵志郡王衔。论捕贼功，各予奖叙。夺吉纶职，以英和为步军统领。庚辰，诏曰："朕绍承大统，不敢暇逸，不敢为虐民之事。自川、楚教匪平后，方期与民共享承平之福，乃昨九月十五日，大内突有非常之事。汉、唐、宋、明之所未有，朕实恧焉，然变起一朝，祸积有素。当今大患，惟在因循怠玩。虽经再三诰诫，舌敝笔秃，终不足以动诸臣之听，朕惟返躬修省耳。诸臣愿为忠良，即尽心力，匡朕之咎，正民之志，切勿依前尸位，益增朕失。通谕知之。"命那彦成为钦差大臣，剿贼河南。以提督杨遇春、副都统富僧德、总兵杨芳带兵协剿。辛巳，首逆林清就擒。壬午，上还京。癸未，以松筠、曹振镛为大学士，托津、百龄协办大学士，铁保、章煦为吏部尚书。丙戌，首逆林清、通逆内监刘进亨等伏诛。

冬十月丙申，祖之望免，以韩崶为刑部尚书。癸卯，山东盐运使刘清大破贼于扈家集，侍卫苏尔慎复定陶、曹县。御史张鹏展疏陈，百姓不敢不出首邪匪，由于地方官规避处分，不为受理，或反坐诬。上是之。己酉，那彦成奏各路调兵，再行进剿。上严斥之。甲寅，命托津往督河南军务，桂芳入直军机处。丁巳，恤禁城拒贼伤亡侍卫那伦等世职。己未，禄康、裕瑞失察属人从逆，发盛京禁锢。辛酉，谪降汉军籍、直隶籍之科道官。壬戌，以明亮为兵部尚书。

十一月甲子朔，那彦成奏攻克道口贼巢，进围滑城。丙寅，敕删减公罪则例。壬申，通逆都司曹纶伏诛。戊子，那彦成奏杨芳等攻克司寨山贼寨，歼毙首犯李文成。

十二月丙申，命松筠、长龄筹议新疆经费。丙午，那彦成奏攻克滑城，贼渠宋元成等伏诛，生擒牛亮臣等。予那彦成三等男，杨遇春等以次奖叙有差。命托津留办长垣贼匪。

是岁，免直隶、河南、湖南等省二十六州县灾赋。除江苏、河南、湖南废田田赋。朝鲜、琉球、越南、暹罗入贡。

十九年甲戌春正月壬午，以吴璥为河东河道总督。

二月甲午，上御经筵。乙未，以晋昌为盛京将军。壬寅，成都将军赛冲阿以剿陕西贼匪苗小一等,予三等男,长龄轻车都尉,杨遇春晋一等男。壬子,以富俊为吉林将军,特依顺保为黑龙江将军。丙辰,铁保免,以英和为吏部尚书,奕绍为汉军都统。以戴均元为左都御史。

闰二月甲子,以和宁为礼部尚书。己丑,予死事滑县知县强克捷、教谕吕秉钧、巡检副斌等世职。

四月乙亥,上阁健锐营兵。豫亲王裕丰失察属人祝现入教,谋逆已发觉,不入奏,削爵。以其弟裕兴袭封。以兴肇为汉军都统。壬午,漕运总督桂芳卒。丙戌,赐龙汝言等二百二十六人进士及第出身有差。

五月癸亥,以和宁为热河都统。

六月庚申朔,日有食之。庚辰,以刘镮之为户部尚书,初彭龄为兵部尚书,署江苏巡抚。

八月甲子,上御经筵。辛未,大学士、威勤伯勒保再乞致仕,许之。命食伯俸。以托津为大学士,明亮协办大学士。戊寅,上谒陵。甲申,上还京。

九月乙未,以景安为户部尚书。

冬十月乙丑,以庆溥为左都御史。己巳,江西巡抚阮元以擒捕土匪,加太子少保。

十一月癸丑,命开垦伊犁、吉林荒地。

十二月癸未,百龄罢协办大学士,以章煦为协办大学士。乙酉,祫祭太庙。

是岁,免直隶二县、河南二县、黑龙江各城灾赋。除奉天岫岩、浙江西安四县废田田赋。朝鲜、琉球入贡。

二十年乙亥春正月甲午,时享太庙,命智亲王行礼。

二月己未,上御经筵。

三月庚寅,上谒东陵。戊申,上还京。甲午,初彭龄以参劾百龄不实,又代茅豫乞病,降官。旋经百龄查覆参奏,夺职。己酉,两广总督蒋攸铦疏陈查禁鸦片烟章程。得旨："洋船到澳门时,按船查验,杜绝来源。官吏卖放及民人私贩者,分别治罪。"

夏四月己巳,上阅健锐营兵。壬午,上制官箴二十六章,宣示臣工。

五月丁亥,刑部疏,审明知府王树勋即僧明心,朦混捐保职官。得旨："枷号两个月,遣戍黑龙江。"入教侍郎蒋予蒲褫职。

六月戊辰,上制《勤政爱民论》,宣示中外。己卯,常明奏中瞻对土番洛布七力滋事,改委总兵罗思举由下瞻对前往剿办。其剿办不力之总兵罗声皋及捏禀之都司图棠阿均褫职逮问。

秋七月甲午,总兵罗思举剿办瞻对土番洛布七力竣事,下部议叙。癸卯,上巡幸木兰。

八月戊辰,上行围。百龄以捕获编造逆词首犯方荣升功,晋三等男。

九月己亥,上还京。

冬十月庚申,召松筠来京,以长龄为伊犁将军。癸亥,命侍郎那彦宝往勘山西地震灾。

十一月丁亥,礼亲王昭梿以刑比佃丁欠租,削爵圈禁,以麟趾袭。

十二月己卯,祫祭太庙。

是岁,免直隶等晋二县灾赋。除江苏宝山、靖江,山西静乐废田田赋。会计天下民数三万二千六百五十七万四千八百九十五名口,存仓谷数三千八十万二千八百六十九石和九斗一升七合五勺。朝鲜、琉球、暹罗入贡。

二十一年丙子春正月丙戌,特诏诸亲王、郡王勿令内监代为奏事,致开交结之端。

二月壬子,上御经筵。甲戌,上谒东陵。庚辰,上还京。

三月庚寅,上谒西陵。辛丑,上临故大学士朱珪墓赐奠。丁未,上还宫。

夏四月丙子,张师诚以父疾具奏,不候旨即回籍,罢。以胡克家为江苏巡抚。

五月辛卯,以马慧裕为左都御史,孙玉庭为湖广总督。丁未,以鄂勒哲依图为御前大臣。

六月丁丑,休致大学士庆桂卒。戊寅,那彦成缘事褫职逮问,以方受畴为直隶总督。

闰六月戊戌,释昭梿于禁所。壬寅,以戴均元为吏部尚书。

秋七月乙卯,和世泰、穆克登额、苏楞额以带领英吉利国使臣,不谙事体,不克入觐,俱黜降。以松筠为满洲都统,和宁为工部尚书。乙丑,上巡幸木兰。

八月壬辰,上行围。

九月戊午,上回銮。阅古北口兵。壬戌,上还京。

冬十月戊子,命松筠署两江总督,章煦为军机大臣。

十一月壬子,百龄卒,调孙玉庭为两江总督,阮元为湖广总督。丙辰,以绵志为领侍卫内大臣。

十二月癸卯,祫祭太庙。

是岁,免直隶、河南、浙江、湖南等省五十六州县灾赋有差。朝鲜、琉球、英吉利入贡。

二十二年己卯春正月壬申,上御经筵。

二月丁丑,释奠先师孔子。癸未,以长龄为陕甘总督,晋昌为伊犁将军,富俊为盛京将军。

三月甲辰朔,以董教增为闽浙总督。戊申,增设天津水师营总兵官,专辖水师两营。壬子,上谒东陵。己巳,上还京。辛未,章煦免,以戴均元协办大学士,卢荫溥为兵部尚书,汪廷珍为左都御史。

夏四月丁亥,上阅健锐营兵。庚寅,停伊犁仲夏进马。辛卯,云南夷匪平,加伯麟太子少保。戊戌,赐吴其浚等二百五十五人进士及第出身有差。

五月辛酉,上祈雨。壬戌,雨。以玉麟为驻藏大臣。丁卯,福建布政使李赓芸被诬自缢,遣熙昌、王引之鞫其事,得实。奉旨:"总督汪志伊、巡抚王绍兰俱夺职。"壬申,上制望雨省愆说。

六月甲戌,松筠疏请停止明年奉谒祖陵。奉旨严斥,罢大学士,黜为察哈尔都统。以明亮为大学士,伯麟协办大学士,和宁为兵部尚书。以赛冲阿为御前大臣,德宁阿为成都将军。

秋七月庚申,上巡幸木兰。以苏楞额为工部尚书,和世泰为理藩院尚书。

八月丁亥,上行围。壬辰,积拉堪罢,以毓秀为杭州将军。

九月癸丑,常明卒,以蒋攸铦为四川总督,阮元为两广总督,庆保为湖广总督。庚申,上还京。庚午,上制谏臣论,颁都察院。

冬十月辛未朔,日有食之。

十一月乙丑,以伊冲阿为热河都统。

十二月甲戌,免云南铜厂逋银。丁酉,祫祭太庙。

是岁,免直隶八县、黑龙江三城灾赋。除奉天承德,直隶定州,江苏丹徒、江阴,江西丰城,河南孟县,福建侯官等县水冲、河压田赋。朝鲜、琉球、越南入贡。

二十三年戊寅春正月戊申,特诏松筠勿沽名市惠,以保桑榆。甲寅,诏明亮年逾八旬,宜节劳颐养,勿庸常川入直,并免带领引见承旨。

二月庚午,命戴均元、和宁为军机大臣。大学士董诰致仕,命食全俸。庚辰,上御经筵。己丑,上阅火器营兵。

三月庚子,上谒西陵。庚戌,以章煦为大学士,汪廷珍为礼部尚书,吴芳培为左都御史。戊午,上还京。

四月戊辰朔,日有食之。乙亥,风霾。丙子,诏曰:"昨日酉初三刻,暴风自东南来,尘霾四塞,燃烛始能辨色。其象甚异。朕心震惧惕,思上苍示警之因,稽诸《洪范》咎征,蒙恒风若之义,皆朕莅事不明、用人不当之所致也。有言责者,体朕遇灾而惧之心,剀切论列,无有所隐。即下民有冤抑者,亦可据事代为直陈,以副朕修德弭灾之意。"给事中卢浙疏言:"风沙示警,请禁员弁贪功妄捕,扰累平民。"得旨:"所奏甚是。林清案内逸犯饬缉,承缉员弁辄以他犯塞责。番役兵丁,乘机肆虐,诬陷索掳,无所不至。比到官审明,业已皮骨仅存,资产荡尽,甚有因而殒命者。冤苦莫诉,宜致斯灾。所有次要五十余犯,概令停缉。即祝现等六犯,亦只交刑部存记,获日办理。嗣后捕役有犯前情,该管官严刑重惩,以其家产付诸被诬之家,庶可儆恶习而安良懦。"己卯,钦天监疏言:"谨按《天文正义》,天地四方昏濛,若下尘雨,名曰霾。故曰天地霾,君臣乖;大旱,又主米贵。"得旨:"初八日之事,正与《正义》之象相同。惟朕恪遵成宪,日日召见臣工,前席周咨,似不致于乖离。但此其迹也,其实与朕同心望治,有几人哉!不敢面诤,退有后言,貌合而情暌,是即乖也。其于同寮,不为君子之和而为小人之同,是亦乖也。我君臣其交儆焉。"庚辰,上祈雨。戊子,上再祈雨。辛卯,雨。

五月戊戌,诏曰:"馆臣呈进敕修《明鉴》,于万历、天启载入先朝开创之事,又加按语颂扬,于体例均为未合。副总裁侍郎秀宁降为侍卫,前往新疆换班。正总裁曹振镛等各予薄罚,另行纂缉。

六月壬申,武涉沁河溢,旋报合龙。

七月甲子,上东巡启銮。

八月丁卯朔,诏以取道民田,免经过奉天承德四州县额赋。戊子,颁行《皇朝通礼》。壬午,上祭北镇。辛卯,谒永陵,行大飨礼。

九月丙申朔,谒福陵。丁酉,谒昭陵,均行大飨礼,诣宝册前行礼。上制《再举东巡庆成记》。临奠克勤郡王岳托、武勋王扬古利、宏毅公额亦都、直义公费英东墓。加恩额亦都后裔五人,费英东后裔一人。庚子,上诣天坛、堂子行礼。辛亥,上回銮。丁巳,以富俊为吉林将军,赛冲阿为盛京将军。

冬十月庚午,上驻跸兴隆寺。辛未,万寿节,行宫受贺。癸酉,上谒东陵。丙子,上还京。辛巳,予告大学士董诰卒,上临第赐奠。

十一月戊申,以奕灏为蒙古都统。辛亥,诏曰:"国家临御年久,宜加意于人心风俗。而人心之正,风俗之醇,则系于政教之得失。其间消息甚微,系于国脉甚重,未可视为迂图也。天下事有万殊,理归一是。从严、从宽,必准诸理。施行所及,乃能大畏民志。民志定,民心正矣。凡我君臣,当以忧盛危明之心,不为苟且便安之计。其于风俗之淳薄,尤当时时体察,潜移默化,整纲饬纪,正人心以正风俗。亮工熙绩,莫重于斯。期与内外臣工交勉之。"

十二月戊辰,上祈雪。戊子,以八十六为广州将军,松筠为礼部尚书。以刘镮之为左都御史。壬辰,祫祭太庙。

是岁,免顺天、直隶、山东、安徽、甘肃、云南等省七十九州县灾赋有差。朝鲜、琉球入贡。

二十四年己卯春正月甲午朔,上六旬万寿,颁诏覃恩,赐廷臣宴。封皇三子绵恺为惇亲王,皇四子绵忻为瑞亲王,皇长孙奕纬为贝勒。晋封绵志,奕绍等有差。丁巳,和宁免直军机,以侍郎文孚为军机大臣。

二月甲子,上御经筵。

三月己亥,上谒东陵。壬子,上幸南苑行围。己未,上谒西陵。

夏四月甲子,上还京。庚辰,上阅健锐营兵。丙戌,赐陈沆等二百二十四人进士及第出身有差。戊子,罢凤阳、九江两关监督,由巡道兼理。己巳,上祈雨。庚寅,以松筠为内大臣。

闰四月己酉,上诣天神坛,祈雨。是日,雨。

五月乙酉,成亲王永瑆以告祭礼愆,罢职削俸归第。以英和、和世泰俱为满洲都统。

六月癸卯,调松筠为工部尚书。

秋七月壬戌,以郑亲王乌尔恭阿为汉军都统。庚申,上巡幸木兰。壬午,永定河决,命吴璥、那彦宝勘筑。

八月辛卯,河南兰阳北岸河溢。予告大学士威勒伯勒保卒,赠一等候。

九月壬戌,上还京。癸酉,罢松筠御前大臣为盛京将军。

冬十月乙未,万寿节,上御太和殿受贺。侍郎周系英因参劾湖南客民焚杀,兼致私书,革职,并斥革其子举人。

十一月乙巳,晋封明亮三等侯。

十二月庚子,吴邦庆以奏覆湖南客民焚杀案不实,降官。丙午,董教增疏请洋船准贩茶叶。得旨斥驳。丙辰,祫祭太庙。

是岁,免直隶、浙江、湖南等省三十九州县卫灾赋旗租有差。除江苏川沙厅、宝山县废地田赋。朝鲜、琉球、越南、暹罗、南掌入贡。

二十五年庚辰春正月壬申,诏优恤老臣明亮、和宁等,毋庸来园带领引见。

二月己丑,上御经筵。癸卯,章煦以疾致仕,以戴均元为大学士,吴璥协办大学士。戊申,上阅火器营兵。乙卯,庆郡王永璘有疾,上临视,晋封亲王。

三月甲子,上谒东陵。兵部遗失行印,事闻,明亮以次罚降有差。乙丑,上诣明成祖、宣宗、孝宗陵奠酒。己巳,庆亲王永璘薨。戊寅,上还京。临故庆亲王第赐奠,命其子绵慜袭郡王。

夏四月甲午,上诣八里庄庆僖亲王殡所赐奠。庚戌,赐陈继昌等二百四十六人进士及第出身有差。

六月癸卯,禁王公私设谙达及买民女为妾。松筠黜为骁骑校。

秋七月壬申,上巡幸木兰。方受畴等疏呈嘉禾。戊寅,驻跸避暑山庄。己卯,上不豫,向夕大渐。宣诏立皇次子智亲王为皇太子。日加戌,上崩于行宫,年六十有一。

八月乙巳,奉移梓宫还京。

十月甲辰,恭上尊谥曰受天兴运敷化绥猷崇文经武孝恭勤俭端敏英哲睿皇帝,朝号仁宗。道光元年三月癸酉,葬昌陵。

论曰:仁宗初逢训政,恭谨无违。迨躬莅万几,锄奸登善,削平逋寇,捕治海盗,力握要枢,崇俭勤事,辟地移民,皆为治之大原也。诏令数下,谆切求言。而吁咈之风,未遽睹焉,是可慨已。

清史稿卷一七
本纪第一七

宣宗一

宣宗效天符运立中体正至文圣武智勇仁慈俭勤孝敏宽定成皇帝，讳旻宁，仁宗次子。母孝淑睿皇后，乾隆四十七年八月初十日，生上于撷芳殿。幼好学，从编修秦承业、检讨万承风先后受读。又与礼部右侍郎汪廷珍、翰林侍读学士徐颐朝夕讲论。

乾隆五十六年八月，高宗行围威逊格尔，上引弓获鹿，高宗大喜，赐黄马褂、花翎。嘉庆元年，娶孝穆成皇后。四年四月戊戌，仁宗遵建储家法，亲书上名，缄藏鐍匣。十三年正月，孝穆成皇后薨，继娶孝慎成皇后。

十八年九月，从幸秋狝木兰，上先还京师，而教匪林清党犯阙之变作。是月戊寅，贼入内右门，至养心殿南，欲北窜。上御枪毙二贼，余贼溃散，乱始平。飞章上闻。仁宗欣慰，封上为智亲王，号所御枪曰“威烈”。谕内阁曰：“忠孝兼备，岂容稍靳恩施。”上谦冲不自满假，谢恩奏言：“事在仓猝，又无御贼之人，势不由己，事后愈思愈恐。”其不矜不伐如此。

二十五年秋七月，仁宗秋狝热河，上随扈。戊寅，仁宗不豫，己卯，大渐，御前大臣赛冲阿、索特纳木多布斋，军机大臣托津、戴均元、卢荫溥、文孚，总管内务府禧恩、和世泰公启鐍匣，宣示嘉庆四年御书，立上为皇太子。仁宗崩，即日奉大行皇帝梓宫回京。辛巳，尊母后为皇太后，晋封惇郡王绵恺为惇亲王，绵愉为惠郡王。癸未，奉皇太后懿旨："大行皇帝龙驭上宾，皇次子智亲王，仁孝聪睿，英武端醇，见随行在，自当上膺付托，抚驭黎元。但恐仓卒之中，大行皇帝未及明谕，而皇次子秉性谦冲，予所深知。为降谕旨，传谕留京王大臣，驰寄皇次子，即正尊位。"上奉懿旨，恭折覆奏，并将御前大臣等启镭匣所藏嘉庆四年四月立皇太子朱谕进呈。召在籍翰林院侍讲秦承业来京。

八月乙酉，命遵古制行三年之丧，臣民仍照定例持服。免直隶承德府属及经过宛平等五州县明年额赋。癸巳，允王大臣请，持服百日。乙未，大行皇帝梓宫还京师。御史袁铣疏陈定规模、正好恶七事。上优诏嘉纳之。加方受畴太子太保。戊申，大学士、九卿等奏上大行皇帝庙号尊谥曰仁宗受天兴运敷化绥猷崇文经武孝恭勤俭端敏英哲睿皇帝。颁大行皇帝遗诏于朝鲜、琉球、暹罗、越南、缅甸诸国。庚戌，上即皇帝位于太和殿，告祭天地、太庙、社稷，颁诏天下，以明年为道光元年。加恩中外，非常赦不原者，咸赦除之。加黄钺、刘镮之、赛冲阿、孙玉庭、蒋攸铦太子少保。辛亥，停本年秋决。是月，赈河南许州地震灾。贷盛京彰武台边门等处被淹兵丁一年钱粮，并给修屋费。贷巨流河等处一月口粮。

九月己未，尊大行皇帝陵曰昌陵。庚申，切责军机大臣，以拟遗诏错误，罢托津、戴均元军机大臣，文孚、卢荫溥仍留军机大臣，均下部严议。斌静奏冲巴噶什爱曼布鲁特比苏兰奇纠萨木萨克之子张格尔作乱。命庆祥兼程赴喀什噶尔剿之。命大学士曹振镛，尚书黄钺、英和在军机大臣上行走。壬戌，以那彦成为理藩院尚书。命吏部尚书、协办大学士吴璥督理河南仪封河工。调刘镮之为吏部尚书，茹棻为兵部尚书，卢荫溥为工部尚书，黄钺为户部尚书，汪廷珍为礼部尚书，顾德庆为左都御史。起松筠为左副都御史。戊辰，以秦承业为翰林院侍讲学士，命在上书房行走。庚午，上始御西厂崱次，引见廷臣。诏开乡会试恩科。命臣工切实言事。丁丑，豫亲王裕兴以罪夺爵圈禁。壬午，加提督杨遇春太子少保，赏双眼花翎。是月，赈河南睢州等七州县水灾，并给睢州等四州县一月口粮。

冬十月戊子，调英和为户部尚书，那彦成为吏部尚书，穆克登额为工部尚书，普恭为礼部尚书，和世泰为理藩院尚书，松筠为左都御史。辛丑，上大行皇帝尊谥庙号。翌日，颁诏天下，覃恩有差。甲辰，赈江苏被水江宁等八州县、安徽被水凤阳等府所属州县。戊申，以德英阿为乌鲁木齐都统。是月，赈江南海州、安徽泗州等八州县及屯卫水旱灾。给浙江萧山等三十三县贫民口粮。

十一月丙辰，上奉皇太后居寿康宫。戊辰，以魏元煜为江苏巡抚，左辅为湖南巡抚。庚午，冬至，祀天于圜丘。自是每岁如之。癸酉，以诚安为左都御史，松筠为热河都统。甲戌，诚安改镶黄旗汉军都统。以文孚为左都御史。丁丑，翰林院侍讲学士顾莼奏松筠宜置左右，忤旨，下部严议。

十二月甲申，上皇太后徽号曰恭慈皇太后。翌日，颁诏天下，覃恩有差。谕奉皇太后懿旨，立皇帝继妃佟佳氏为皇后。丙戌，和世泰改福州将军。以晋昌为理藩院尚书。调庆保为闽浙总督。以史致光为云贵总督，韩克均为云南巡抚，颜检为福建巡抚。庚寅，河南仪封决口合龙。癸巳，加上孝敬宪皇后、孝圣宪皇后、高宗纯皇帝、孝贤纯皇后、孝仪纯皇后尊谥。英和罢军机大臣，照旧供尚书等职。丙申，以汪廷珍、汤金钊、方受畴、蒋攸铦言查陋规不便予议叙，孙玉庭奏尤为剀切，温谕褒之。起李鸿宾为安徽巡抚。召张映汉来京，以陈若霖为湖广总督，帅承瀛为浙江巡抚。

是岁，朝鲜、琉球来贡。

道光元年春正月癸丑，御太和殿受朝，乐设而不作，不读贺表。丙辰，赏刑部员外郎初彭龄礼部侍郎衔。裁浙江盐政，以巡抚兼管。己未，以文孚为礼部尚书，那清安为左都御史。丁卯，越南进香，表贺，贡方物，诏止之。丙子，朝鲜国王李玜奉表慰唁；廓尔喀王热尊达尔毕噶尔玛萨野奏仁宗升遐成服，贡金缎，赐敕嘉赉之。

二月壬午朔，日食。班禅额尔德尼进贡物，赐敕褒嘉赉之。戊戌，协办大学士吴璥予告。庚子，命孙玉庭为协办大学士，仍留两江总督。加陕甘总督长龄太子少保。甲辰,免江西丰城等六县民借籽种口粮逋谷。

三月辛亥朔,钦天监奏,本年四月初一日,日月合璧,五星联珠。诏:"益励寅恭,与内外臣工共图上理,不必宣付史馆。"壬子,以送仁宗睿皇帝梓宫至山陵,命庄亲王绵课等留京办事。癸丑,再免经过地方本年旗租,并给麦田籽种。辛酉,仁宗睿皇帝发引,上奉皇太后送至昌陵。壬戌,廓尔喀进登极表贡,命与道光二年例贡同进。丙寅,上谒泰陵、泰东陵、昌陵、隆恩殿,上孝淑睿皇后尊谥曰孝淑端和仁庄慈懿光天佑圣睿皇后。丁卯,命成都将军呢玛善赴云南帮办军务。癸酉,葬仁宗睿皇帝于昌陵。加托津、曹振镛太子太傅。丁丑,上奉皇太后还京师。戊寅,仁宗睿皇帝、孝淑睿皇后升祔太庙。己卯,以升祔礼成,颁诏天下,覃恩有差。命贵州提督罗思举赴云南军营协剿。是月,贷山西岢岚等十州县、甘肃狄道等五州县上年灾民仓谷口粮。

夏四月丙戌,常雩,祀天于圜丘,仁宗睿皇帝配享,自是岁以为常。庚寅,授呢玛善为钦差大臣,督办云南永北军务。授那清安左都御史。大学士、三等侯明亮致仕。命戴均元、穆克登额、阿克当阿相度万年吉地。甲辰,云南大姚拉古贼平。丁未,上诣大高殿祈雨。戊午,拨江苏海州等州县赈银四十五万六千两。命伯麟为大学士,管兵部。以长龄为协办大学士,仍留陕甘总督任。癸亥,诏停本年秋决。甲子,授伯麟体仁阁大学士,曹振镛武英殿大学士。丙寅,封阮福晈为越南国王。以松筠为兵部尚书,庆惠为热河都统。壬申,夏至,祭地于方泽。仁宗睿皇帝配享,自是岁以为常。癸酉,云南永北大姚贼平。

六月辛巳,以张师诚为广东巡抚。甲申,安定门灾。庚寅,上御太和门,命郑亲王乌尔恭阿、顺承郡王伦柱赍册宝诣孝穆皇后殡宫行册谥礼。戊戌,召成龄来京,以李鸿宾为漕运总督,孙尔准为安徽巡抚。除河南新乡县地赋。以琦善为山东巡抚。

秋七月庚戌,刑部尚书和瑛卒,调那彦成为刑部尚书,松筠为吏部尚书,晋昌为兵部尚书。以穆克登布为理藩院尚书。己未,严烺以三品顶戴署河东河道总督。丁卯,调毓岱为江西巡抚。以杨懋恬为湖北巡抚。庚午,上奉皇太后谒西陵,免经过地方额赋十分之三。壬申,上奉皇太后还京师。是月,赈甘肃宁夏等四县水旱灾,并免上年额赋。

八月庚辰,展顺天乡试于九月举行。丁亥,命松筠在军机大臣上行走。以特依顺保为乌里雅苏台将军。癸巳,兵部尚书茹棻卒。以初彭龄代之。乙未,霍罕遣使请入觐,却之。丙午,调张师诚为安徽巡抚,孙尔准为广东巡抚。

九月戊辰,暹罗国王郑佛遣使进香、贡方物,温谕止之。己巳,召长龄来京,以朱勋署陕甘总督。是月,赈安徽宿州等三州县水灾。

冬十月己卯,上御乾清门听政,自是岁以为常。丁亥,调孙尔准为安徽巡抚,嵩孚为广东巡抚。

十一月己未,贵州巡抚陈若霖奏请岁减民、苗佃租二万二千石,给苗疆会试举人川费,允之。壬戌,以河防功加黎世序太子太保衔。

十二月戊子,以邱树棠为山西巡抚。癸巳,吏部尚书刘镮之卒,调卢荫溥为吏部尚书,免军机大臣。调初彭龄为工部尚书。以戴联奎为兵部尚书。

是岁,朝鲜、越南、琉球来贡。

二年春正月丁未朔,方受畴病免,以颜检为直隶总督,长龄署之。以叶世倬为福建巡抚。辛酉,祈谷于上帝,仁宗睿皇帝配享,自是每岁如之。庚午,召特依顺保来京。调奕颢为乌里雅苏台将军,松筠为黑龙江将军。以晋昌为盛京将军,那清安署兵部尚书。辛未,以三载考绩,予曹振镛等议叙,罢侍郎那彦宝、善庆、吴芳培,降左都御史顾德庆。以王鼎为左都御史。命长龄回陕甘总督。以松筠署直隶总督,那彦成署吏部尚书。

二月丁亥,以谒陵命庄亲王绵课等留京办事。癸巳,兵部尚书戴联奎卒,以王宗诚代之。

三月丙午,拨江苏上元等二十州县赈银五十四万两。丁未,上谒东陵,免经过地方额赋十分之三。庚戌,上谒昭西陵、孝东陵、景陵、裕陵,诣端慧皇太子园寝奠酒。调穆克登额为礼部尚书,文孚为工部尚书。癸丑,上还京师。甲寅,上奉皇太后谒西陵,免经过地方额赋十分之三。乙卯,以裕陵工程不慎,降庄亲王绵课为郡王,解戴均元太子太保及管刑部,褫苏楞额职,令在工次听差,仍分成赔缴有差。戊午,上谒泰陵、泰东陵、昌陵。己未,清明节,上诣昌陵行敷土礼。壬戌,上诣孝穆皇后殡宫前奠酒。奉皇太后还京师。

闰三月戊寅,穆克登布免理藩院尚书。乙酉,以禧恩为理藩院尚书。庚子,赐戴兰芬等二百二十二人进士及第出身有差。是月,蠲缓奉天宁远等三州厅额赋。

夏四月辛未,上孝敬宪皇后、孝圣宪皇帝、高宗纯皇帝、孝贤纯皇后、孝仪纯皇后尊谥,藏册宝于太庙、盛京太庙,并藏仁宗睿皇帝、孝淑睿皇后册宝于盛京太庙。壬午,青海番贼平。以阿霖为江西巡抚。乙酉,以仓场侍郎莫晋奏事妄言,朱批驳斥,降内阁学士。是月,蠲缓河南睢州等十六州厅县沙压、堤占、水占地赋,直隶沧州等五州县并严镇、海丰二场被水赋课。

六月癸丑,大学士伯麟原品休致。命戴均元仍管刑部。己未,命那彦成署陕西巡抚。调嵩孚为贵州巡抚。以罗含章为广东巡抚。以那清安署刑部尚书。壬戌,褫松筠吏部尚书、军机大臣,命以六部员外郎候补。戊辰,命长龄为大学士兼管理藩院。以英和协办大学士。调文孚为吏部尚书,禧恩为工部尚书。以那清安为兵部尚书,玉麟为左都御史。己巳,以富俊为理藩院尚书,松筠为吉林将军,德英阿为黑龙江将军,英惠为乌鲁木齐都统。是月,赈山西兴县水灾。

秋七月,以程祖洛为河南巡抚,王鼎署之。以程国仁为陕西巡抚。是月,赈直隶霸州等二十一州县水灾。

八月癸卯,召云贵总督史致光来京,以明山代之。河南新蔡县教匪朱麻子作乱,命程祖洛捕诛之。戊申,召庆保来京,以赵慎畛为闽浙总督，卢坤为广西巡抚。庚戌，以卢坤署陕西巡抚。戊辰，赏廓尔喀国王宝石顶戴，噶箕毕木兴塔巴三品顶戴。辛未，召长龄、松廷来京，以那彦成署陕甘总督。是月，给河南安阳等三县，直隶霸州等十二州县，山西归化城、萨拉齐二厅，山东恩县等三县水灾口粮。贷土默特被水蒙古口粮。蠲缓山东高唐等四十一州县卫，云南鹤庆、剑川二州灾歉赋课。

九月壬申朔，允暹罗进本年例贡。甲戌，拨通仓米十万石赈直隶被水灾民。乙酉，四川果洛克番贼平。授严烺河东河道总督。庚寅，以蒋攸铦署刑部尚书。调陈若霖为四川总督，李鸿宾为湖广总督。以魏元煜为漕运总督，韩文绮为江苏巡抚。庚子，调卢坤为陕西巡抚。以成格为广西巡抚。是月，给江西瑞昌县，河南武陟、原武二县灾民口粮。

冬十月丙午，谒陵。命庄亲王绵课等留京办事。授那彦成陕甘总督，蒋攸铦刑部尚书。乙卯，上以释服奉皇太后谒西陵，免经过地方额赋十分之三。己未，上谒泰陵、泰东陵、昌陵。庚申，上谒昌陵行释服礼。癸亥，上奉皇太后还京师。是月，赈甘肃河州、安徽宿州、直隶霸州等四十三州县，江苏海州、湖北天门二县水灾。贷给盛京广宁县，山东濮州等五州县，黑龙江城库木尔等二站水灾口粮。蠲缓甘肃静宁等六州县、河南仪封等二十三厅县、湖北沔阳等十三州县、山东濮州等五十一州县卫、直隶通州等十八州县、江苏海州等三十四厅州县卫被水灾新旧额赋。墨尔根、布特哈旧欠粮石，长芦及江苏松江府属正溢盐课。

十一月辛未朔，以玉麟署礼部尚书。癸未，抚恤广东省城火灾贫民蛋户。乙酉，以玉麟为礼部尚书，庆保为左都御史。丙戌，立继妃佟佳氏为皇后。翌日，颁诏天下，覃恩有差。戊子，起松筠为光禄寺少卿。壬辰，上诣大高殿祈雪。丁酉，以册立皇后礼成，上皇太后徽号曰恭慈康豫皇太后。翌日，颁诏天下，覃恩有差。是月，赈安徽宿州等七州县及屯坐各卫、河南武陟县水灾旱灾。给安徽泗州等八州县、甘肃河州等十一州厅县灾民口粮。蠲缓安徽宿州等十七州县及屯坐各卫,河南武陟、阳武二县,甘肃狄道等六州厅县,江西南昌等七县并南昌、九江二卫,湖南沣州、浙江海宁等四州县被灾新旧额赋。长芦被水引地、两淮板蒲等九场被水新旧额赋。

十二月丙午,上诣大高殿祈雪。癸丑,上以祈雪未应,命再祷七日。热河都统成德卒,以庆保代之。赏松筠二品顶戴,为左都御史。调程含章为山东巡抚。以陈中孚为广东巡抚。甲寅,河南虞城县匪徒卢照常等作乱,捕诛之。庚申,免江苏、安徽嘉庆二十三年以前民欠摊征银。调德英阿为绥远城将军,禄成为黑龙江将军。乙丑,内阁汉票签处火。是月,给直隶大城县水灾口粮。贷直隶驻扎灾区兵丁饷银。蠲缓直隶隆平等三县、江苏山阳等四县水灾旱灾额赋。

是岁,朝鲜、暹罗、琉球来贡。

三年春正月壬申,御重华宫,宴群臣及内廷翰林。调孙尔准为福建巡抚。以陶澍为安徽巡抚。以廓尔喀额尔德尼王遣噶箕达纳彭咱邦礼等来贺登极进表贡,赐诏嘉勉,仍优赉之。壬午,幸圆明园。乙未,命大学士长龄在军机大臣上行走。以史致光为左都御史。是月,赈奉天小黑山白旗堡旗户、直隶霸州等三十六州县、江苏海州水灾。给江苏邳州等八州县卫水灾、安徽宿州等十二州县卫水灾旱灾、河南武陟县水灾、山东濮州等六州县灾民一月口粮。贷浙江海盐、长兴二县旱灾,陕西留坝等十一厅州县雹灾水灾,甘肃静宁等十七州县地震灾,两淮板浦等九场水灾,河南武陟等三县,黑龙江齐齐哈尔、墨尔根城旗丁水灾籽种粮石。

二月辛丑朔,命以原任大学士阿桂配飨太庙。调嵩孚为湖南巡抚。以程国仁为贵州巡抚。丁未,释奠先师孔子。辛亥,以原任尚书汤斌从祀文庙。癸丑,上诣文庙释奠,临辟雍讲学。加礼部尚书汪廷珍太子太保衔。是月,加给直隶大城县口粮。

三月壬申,上御勤政殿听政。乙亥,上亲耕耤田,加一推。丙子,上奉皇太后幸南苑。上行围。辛巳,上奉皇太后还宫。甲午,上奉皇太后阅健锐营兵。戊戌,调程含章为江西巡抚,以琦善署山东巡抚。是月,加给直隶文安县灾民一月口粮。

夏四月甲辰,召颜检来京,以蒋攸铦为直隶总督。调那清安为刑部尚书,玉麟为兵部尚书,以户部左侍郎穆克登额为礼部尚书。癸亥,上祷雨于觉生寺。甲子,赐林召棠等二百四十六人进士及第出身有差。

五月辛未,赈直隶霸州等州县灾。是月,赈直隶霸州等三十六州县灾民。

六月,命署工部侍郎张文浩会同蒋攸铦查勘南北运河并永定、大清、滹沱各河。戊午,以果勒丰额为乌里雅苏台将军。永定河决。壬戌,北运河决。是月,加给直隶静海、青县二县灾民两月口粮。贷河南汝阳、正阳二县仓谷。

秋七月戊辰,以陆以庄为左都御史。己巳,以直隶霸州等十州县被淹较重,饬拨银米先行抚恤。饬琦善扑蝗。壬午,以江苏水灾,免各关商米税银。免河南应摊川楚及卫案军需四百六十万两。是月,给江西德化县、湖北黄梅县、江苏太仓等十七州厅县水灾一月口粮。加赈直隶通州等二十一州县水灾。

八月己亥,初举经筵。乙卯,以浙江杭州等三府属水灾,免海运商米船税,并留各关税银备赈。是月,赈安徽无为等十六州县水灾。给河南浚县等十三县水灾一月口粮。

九月壬申,以谒陵命托津、英和、卢荫溥、汪廷珍留京办事。丁丑,永定河决口合陇。壬午,上奉皇太后谒西陵。丙戌,谒泰陵、泰东陵、昌陵。丁亥,免直隶通州二十七州县水灾额赋。己丑,奉皇太后还京师。壬辰,以松筠为吉林将军,穆彰阿为左都御史。是月,赈直隶通州等四十州县、山东临清等五州县水灾。加赈江西德化县、湖北黄梅县、河南武陟等五县水灾。给江苏仪徵等四县、湖北江陵等三县水灾口粮。蠲缓山东临清等十六州县卫、直隶蓟州五十州县水灾新旧额赋,河南武陟县、湖北黄梅县水灾额赋,及屯坐各卫应征新旧额赋,并给修屋费。

冬十月,赈湖北江陵等三县卫水灾,并免新旧额赋,给修屋费。

贷奉天锦州旗民、山东武城县水灾一月口粮,直隶天津镇三营及紫荆关各汛被水兵丁银米。乙亥,以毓岱为广西巡抚。是月,贷甘肃静宁等十六州县灾民口粮。蠲缓湖南沣州等五州县等水灾,甘肃宜禾县旱灾新旧额赋。癸丑,以缉盗功,加陕西陕安道严如煜按察使衔。是月,贷江苏苏州等五府驻扎灾区兵丁银米。

是岁,朝鲜、琉球、暹罗、缅甸来贡。

四年春正月壬申,命停今岁木兰秋狝。癸酉,享太庙,命皇子奕纬代行礼。癸未,拨户部银八万两贷直隶贫民口粮。是月,赈直隶通州等三十八县上年雹灾,河南武陟县、浚县旱灾各一月。给江苏太仓等三十州县卫,安徽无为等十七州县卫,浙江海宁等十二州县、横浦等四场,两淮安丰等九场水灾,山东临清等五州县雹灾一月口粮。贷河南武陟等十二县上年水灾籽种口粮仓谷,江西德化等十四县、湖北黄梅等三县及各屯卫、湖南沣州等四州县、甘肃秦州等十州县、齐齐哈尔等三城被灾军民籽种口粮,江苏泰兴营兵丁两月钱粮。

二月丁酉,召松筠为都察院左都御史。以富俊为吉林将军,穆彰阿为理藩院尚书、军机大臣。江南河道总督黎世序卒,以张文浩代之。己亥,御经筵。甲寅,上奉皇太后幸南苑。丁巳,上行围。己未,上奉皇太后还宫。是月,给江苏铜山县灾民一月口粮。调毓岱为江西巡抚,以康绍镛为广西巡抚。丁亥,上阅健锐营兵。初彭龄罢,以陈若霖为工部尚书。

夏四月壬戌,贷湖北武昌府属道士洑营、荆州城守等营兵丁仓谷,江南徐州镇标中营等驻扎灾区两月钱粮。

五月己巳,上诣黑龙潭祈雨。甲戌,雨。增致祭堂子礼。戊寅,增皇太后万寿告祭太庙后殿礼。

六月癸巳朔,日食。乙巳,以张师诚为山西巡抚。甲寅,暹罗国王郑佛卒。

秋七月丙子,韩封免,以陈若霖为刑部尚书,陆以庄为工部尚书,姚文田为左都御史。辛巳,大学士戴均元致仕。是月,贷湖北卫昌、德安二营兵丁仓谷。

闰七月辛丑，江苏巡抚韩文绮降调，调张师诚为江苏巡抚，以朱桂桢为山西巡抚。壬寅，以韩克均兼署云贵总督。丁未，命孙玉庭为大学士，以蒋攸铦为协办大学士，均仍留总督任。成都将军呢玛善卒。以奕颢为绥远城将军。辛亥，福绵为山西巡抚。乙卯，免安徽无为等三十一州县上年水灾旱灾额赋。是月，贷江南二营银米。

八月壬戌，命江苏按察使林则徐浚浙江水道。己巳，御试翰林、詹事等官，擢朱方增五员一等，余升黜有差。戊寅，御经筵。庚辰，以苏明阿为贵州巡抚。丙戌，予告大学士伯麟卒。丁亥，以成格为江西巡抚。是月，蠲缓长芦兴国等七场、沧州等七州县上年水灾灶课，甘肃宣禾县旱灾额赋。

九月壬寅，以黄鸣杰为浙江巡抚。癸卯，免安徽无为等十一州县被灾学田租银。是月，给陕西宁羌等四州县灾民口粮。贷江苏瓜州营被灾兵丁银米，陕西安定等县水灾雹灾仓谷。

冬十月乙丑，回酋张格尔入乌鲁克卡伦，官军失利，侍卫花山布等阵亡。丙子，巴彦巴图等率兵剿张格尔，败之。张格尔奔喀拉提锦。甲申，予告大学士章煦卒。以孙玉庭奏开王营减水坝，命相机速办。

十一月己酉，以高堰十三堡决口，张文浩交部严议。辛亥，命文孚、汪廷珍往江南查看高堰决口。调严烺为江南河道总督。以张井署河东河道总督。甲寅，孙玉庭坐徇隐张文浩，免两江总督，以魏元煜署。命兵部尚书玉麟在军机大臣上行走。是月，给安徽宿州、灵璧县及屯坐各卫灾民口粮。贷江宁八旗、两江督标协标兵丁饷银，甘肃静宁等十三州县及东乐县丞所属灾民口粮。

十二月己未朔，上复诣大高殿祈雪。戊辰，授魏元煜两江总督，以颜检为漕运总督。己卯，召明山来京，以长龄为云贵总督。高堰决口合龙。以庆保为乌里雅苏台将军，那清安为热河都统，明山为刑部尚书，穆彰阿署。是月，给云南太和等三县灾民、景东厅属盐川灶户一月口粮,及修屋费,江苏高邮等五州县灾民并清河厅灾民一月口粮。

是岁,朝鲜、琉球来贡。

五年春正月,授戴三锡四川总督。辛亥,以三载考绩,予托津、长龄、曹振镛、黄钺、英和、汪廷珍、蒋攸铦、那彦成、严烺议叙。加琦善总督衔。是月,给江苏高邮等四州县,安徽天长县、泗州卫上年水灾旱灾军民口粮。贷直隶文安、大城二县,河南汝阳、淮宁二县、陕甘宁羌等七州县,甘肃狄道等四十州厅县及肃州州同、庄浪等县丞所属水灾旱灾雹灾籽种口粮,两淮中正场水灾灶户口粮,云南景东厅被水盐井修费,并免上年额课。

二月庚申,御经筵。甲子,以谒陵命庄亲王、托津、卢荫溥、汪廷珍留京办事。戊寅,上奉皇太后谒陵,免经过地方额赋十分之三。上谒昭西陵、孝陵、孝东陵、景陵、裕陵,至宝华峪阅视万年吉地,回銮。甲申,辛南苑行围。是月,给安徽天长县灾民一月口粮。

三月戊子朔,上还京师。以琦善为山东巡抚。甲辰,以程含章为浙江巡抚。壬子,王鼎以一品衔署户部左侍郎。丙辰,免河南积年民欠并河工加价摊银。是月,贷直隶宝坻、静海二县,甘肃洮州厅十七厅州县及庄浪县丞所属灾隶籽种口粮,齐齐哈尔被灾旗人耕牛银。

夏四月乙丑,免直隶积年逋赋。辛未,以伊里布为陕西巡抚。是月,贷驻扎歉区山西宁武等二营,湖北安陆等三营,荆州水师营、提标后营兵丁仓谷。

五月甲午,太监马进喜以在浒墅关伪称奉旨进香,交刑部治罪。谕各督抚,凡遇通缉太监,当认真缉捕。有伪称奉差者,迅即奏办。丁酉,黄钺以年老免军机大臣,专办部务,仍直南书房。命王鼎在军机大臣上行走。调张师诚为安徽巡抚,陶澍为江苏巡抚。戊申,孙玉庭、颜检罢,调魏元煜为漕运总督,以琦善为两江总督。调伊里布为山东巡抚,以鄂山为陕西巡抚。甲寅,以本年漕运迟误,谕切责孙玉庭等。玉庭交部严议,魏元煜、颜检议处。是月,赈贵州镇远府属州县水灾,并免额赋,贷兵丁饷银,给城衙修费。贷湖北荆州驻守等四营驻扎灾区兵丁仓谷。

六月,命蒋攸铦为大学士,仍留直隶总督任。以礼部尚书汪廷珍协办大学士。丁卯,降魏元煜三品顶戴,仍留漕运总督任。孙玉庭、颜检均交琦善督令挑浚运河,工费命玉庭、检、元煜分偿。甲戌,魏元煜卒,以理藩院尚书穆彰阿署漕运总督,前江宁将军普恭署理藩院尚书。乙酉,以陶澍奏,停江南折漕,仍议河海并运。是月,贷福建提标五营、泉州城守营谷价。

秋七月丁未,以德英阿为乌里雅苏台将军,和世泰为察哈尔都统。是月,减免直隶等七州县积水地额赋。

八月,以嵩孚为刑部尚书,调康绍镛为湖南巡抚,以苏成额为广西巡抚。己未,御经筵。以陈中孚为漕运总督,调成格为广东巡抚,以武隆阿为江西巡抚。

九月乙酉,召那彦成,以鄂山署陕甘总督。调长龄为陕甘总督,赵慎畛为云贵总督,以孙尔准为闽浙总督。调韩克均为福建巡抚,以伊里布署云南巡抚。调武隆阿为山东巡抚,韩文绮为江苏巡抚,以嵩溥为贵州巡抚。庚子,以张井为河东河道总督。甲辰,以德英阿署伊犁将军,松筠署乌里雅苏台将军,普恭署左都御史。喀什噶尔帮办大臣巴彦巴图等率兵剿张格尔,妄杀布鲁特部人。其酋汰列克纠众围巴彦巴图等于喀什噶尔,庆祥使穆克登布等援之。命庆祥缓来京。是月,赈陕西绥德等四州县雹灾。蠲直隶开州等十五州县旱灾雹灾新旧额赋。

冬十月庚辰,以长龄署伊犁将军,杨遇春署陕甘总督,鄂山回陕西巡抚。命德英阿赴乌里雅苏台。召松筠来京。辛巳,召蒋攸铦,以那彦成为直隶总督。是月,赈陕西榆林等三县雹灾。

十一月壬辰,以暹罗国贡船漂没。诏免其补贡,封世子郑福为暹罗国王。庚子,免托津管刑部,以蒋攸铦代之,并命为军机大臣。乙巳,上诣大高殿祈雪。丙午,除直隶昌黎县捍御滦河地额赋。丁未,雪。命庆祥以将军衔署喀什噶尔参赞大臣。壬子,以庆祥为喀什噶尔参赞大臣,兼镶黄旗汉军都统,未任前,以穆克登布署之。授长龄伊犁将军。是月,赈甘肃岷州等六州县水灾雹灾。

十二月己巳,免山东章丘、邹平二县被水逋赋。戊寅,命科尔沁郡王僧格林沁御前行走。是月,赈奉天锦州府旱灾虫灾。

是岁,朝鲜、琉球、暹罗、越南入贡。

六年春正月甲申,以双城堡屯田,加富俊太子太保。是月,赈奉天锦州、中前所等处旗户水灾。给江苏沛县灾民口粮。贷奉天宁远州旗民,河南鄢陵等七县,甘肃岷州等十二州县,山西襄垣县,直隶宝坻等三县水灾旱灾雹灾籽种口粮仓谷。

二月戊午,以谒陵命托津、英和、汪廷珍、卢荫溥留京办事。甲戌,上谒西陵,免经过地方额赋十分之三。戊寅,谒泰陵、泰东陵、昌陵。辛巳,上还圆明园。

三月癸巳,调张井为江南河道总督。庚戌,赏潘锡恩三品顶戴,为南河副总河。是月,贷山西灵邱县、湖北荆州等五营被灾兵丁仓谷。

夏四月甲子,上诣黑龙潭神祠祈雨。甲戌,以邓廷桢为安徽巡抚。丙子,赐朱昌颐等二百六十五人进士及第出身有差。是月,给江苏沛县灾民口粮。贷江苏徐州镇三营,湖北德安、宜都二营灾区兵丁钱谷。

五月乙未,礼部尚书穆克登额免,以松筠代之。以那清安为左都御史。以明山为热河都统。戊戌,云贵总督赵慎畛卒,调阮元代之。以嵩孚为湖广总督,明山为刑部尚书,庆惠为热河都统。壬寅,免直隶河间等五县积水地亩逋赋。是月,给山东堂邑等十二县旱灾口粮。贷直隶广平等五县、山东堂邑等十二县、河南临漳等十二县、山西隰州营口粮籽种仓谷。

六月,赈湖北江陵、当阳二县水灾。给河南临漳等七县旱灾口粮。贷直隶大名镇标等七营被旱兵饷。

　　秋七月癸巳,张格尔纠安集延、布鲁特回众入卡,喀什噶尔回众响应之。命杨遇春为钦差大臣剿之。鄂山署陕甘总督。命武隆阿为钦差大臣赴台湾。己亥,以德英阿为伊犁参赞大臣,伦布多尔济署乌里雅苏台将军。庚子,张格尔陷和阗城,领队大臣奕湄、帮办大臣桂斌等死之。甲辰,命长龄为扬威将军,以武隆阿为钦差大臣,与杨遇春参赞军务。乙巳,以德英阿署伊犁将军。是月,赈江苏高邮等六州县水灾。给湖南醴陵等三州县、山西归化城水灾口粮。贷陕西西乡、盩厔二县水灾籽种,奉天锦州府属各驿马乾银。

　　八月,回酋巴布顶等陷英吉沙尔。甲戌,张格尔陷喀什噶尔城,参赞大臣庆祥、帮办大臣舒尔哈善等死之。进陷叶尔羌,办事大臣音登额、邦办大臣多隆武等死之。是月,赈江苏海州等五州县水灾。给拉萨齐厅水灾口粮。贷山西绥远城浑津黑河水灾口粮。

　　九月己卯朔,黄钺免,以王鼎为户部尚书。辛巳,幸南苑。命固原提督杨芳、甘肃提督齐慎赴阿克苏军营。丁亥,还圆明园。戊子,以博启图为察哈尔都统。辛卯,召穆彰阿来京,以杨懋恬署漕运总督。乙未,以长清为阿克苏办事大臣。己亥,庆廉奏败贼于阿察他克台。辛丑,免阿克苏附近回庄本年应交麦石。癸卯,调格布舍为乌里雅苏台将军。是月,给贵州松桃厅、山西归化厅、江苏山阳、盐城二县,江西莲花等七厅县水灾口粮银谷。

　　冬十月庚申,赠喀什噶尔死事参赞大臣庆祥太子太保。壬戌,免两淮富安等十四场水灾灶课。甲子,拨江苏藩关道库银一百四十五万两赈高邮等二十州县水灾。是月,给安徽宿州等八州县卫被灾口粮。蠲缓江苏高邮等四十七州厅县卫灾民新旧额赋。

　　十一月戊子,长龄等奏败贼于阿克苏之柯尔坪。己丑,以台湾平,加孙尔准太子少保。是月,赈湖南茶陵等三州县灾民。贷甘肃秦州等十三州县灾民口粮。蠲缓盛京牛庄等处水灾粮租,湖南茶陵等五州县水灾新旧额赋。

　　十二月戊申朔,在杨健为湖北巡抚。以讷尔经额为漕运总督。丙辰,四子部扎萨克亲王伊什楚克鲁布以僭妄削爵。戊午,调英和为理藩院尚书,禧恩为户部尚书,穆彰阿为工部尚书。

是岁,琉球、朝鲜入贡。

七年春正月丁酉,和阗回众降,命优赍之。寻复为张格尔所陷。庚子,以惠显为驻藏办事大臣。是月,展赈江苏高邮等二十三州县卫军民、两淮丁溪等九场灶户水灾。给安徽泗州、五河县及屯坐各卫,奉天白旗堡、小黑山二处灾歉口粮。贷直隶开州等十州县、甘肃秦州等十七州厅县、河南原武等四县、两淮富安等五场、江西莲花等五厅县灾歉口粮籽种,河南修武、封邱二县,山西萨拉齐厅灾民仓谷,江苏川沙厅等三营、青村等八营银米。

二月甲戌,上诣黑龙潭祈雨。是月,贷江苏狼山等三营毗连灾区兵饷。

三月己丑,赈江苏高邮等州县水灾。丙申,长龄等奏败贼于洋阿尔巴特。晋长龄太子太保。丁酉,上诣黑龙潭祈雨。己亥,长龄等败贼于沙布都尔,获安集延回目色提巴尔第。命蒋攸铦、穆彰阿查勘南河。以那清安署工部尚书。癸卯,以惠显为驻藏大臣。甲辰,雨。是月,赈江苏高邮等州县灾民。贷甘肃张掖等三县、直隶开州等六州县贫民口粮。

夏四月丙午朔,日食。戊申,长龄等奏败贼于阿克瓦巴特。予长龄紫缰,加杨遇春太子太傅,武隆阿太子少保。壬子,长龄等克喀什噶尔,张格尔遁。辛酉,进克英吉沙尔。以张格尔未获,褫长龄紫缰、杨遇春太子太傅、武隆阿太子少保。

五月庚辰,杨芳克和阗,获回目噶尔勒等,诛之。壬午,陆以庄免,以王引之为工部尚书。癸未,琦善、张井、潘锡恩严议。琦善免两江总督,以蒋攸铦代之。以托津管刑部。丁亥,命穆彰阿在军机大臣上学习行走。

闰五月乙巳朔,免回疆八城新旧额赋。丙午,命杨遇春回,以杨芳为参赞大臣。戊申,调奕颢为盛京将军,晋昌为绥远城将军。是月,贷湖北黄州协道士洑营兵丁谷石。

六月壬午，上诣黑龙潭祈雨。丙戌，雨。

秋七月壬子，协办大学士、礼部尚书汪廷珍卒。晋昌免正黄旗领侍卫内大臣，以郑亲王乌尔恭阿代之。丙辰，以姚文田为礼部尚书，汤金钊为左都御史。丁巳，命卢荫溥协办大学士。己未，英和以失察家丁，褫协办大学士、理藩院尚书、紫缰。召富俊为理藩院尚书、协办大学士。以博启图为吉林将军。以安福为察哈尔都统。辛酉，热河都统昇寅免，以那清安代之。癸亥，那清安仍为左都御史。英和褫太子太保，降二品顶戴，为热河都统。乙丑，以武隆阿为喀什噶尔参赞大臣，以卢坤为山东巡抚。戊辰，免甘肃兵差过境之各州县额赋，协济军需之甘肃、陕西各州县额赋十分之六。庚午，论喀什噶尔等四城收复功，复杨遇春太子太保，加鄂山、卢坤太子少保。壬申，以再定回疆，晋曹振镛太子太师，蒋攸铦、文孚太子太保，加王鼎、玉麟太子少保。是月，给奉天锦州等三府州县水灾旗民口粮。

八月癸未，万寿节，停筵宴。丙申，调卢坤为山西巡抚，以琦善为山东巡抚。是月，赈陕西略阳县，湖北江陵、监利二县水灾。给江淮等处被灾帮丁月粮。蠲缓江苏高邮等四十七州县卫厅被水新旧额赋。

九月癸丑，以孝穆皇后梓宫移宝华峪，命皇长子奕纬祖奠。丙辰，上诣孝穆皇后梓宫前奠酒。授伊里布云南巡抚。戊午，免兵差过境之陕西华州等二十二州厅县额赋十分之六。庚申，上谒东陵，免经过地方本年额赋十分之五。癸亥，谒昭西陵、孝陵、孝东陵、景陵、裕陵。召长龄，以德英阿为伊犁将军。晋戴均元太子太师。是日，回銮。庚午，以杨国桢为河南巡抚。免兵差过境之盛京省城及所属开原等十四处旗民额赋十分之四。是月，加赈陕西略阳县水灾。

冬十月庚辰，免嘉庆二十五年至道光五年各省民欠正杂钱粮。壬午，皇太后万寿圣节，奉懿旨停筵宴。丙戌，礼部尚书姚文田卒，以汤金钊代之。以潘世恩为都察院左都御史。庚寅，巴绷阿免，以额勒津为科布多参赞大臣。丁酉，以纶布多尔济为库伦蒙古办事大臣。是月,赈湖北江陵、监利二县及屯坐各卫水灾。给奉天广宁县被水站丁口粮。贷山西定襄、潞城二县旱灾雹灾仓谷,黑龙江墨尔根城歉收口粮。

十一月乙巳,命长龄督同杨芳办理回疆善后事宜。丙午,召那彦成。庚戌,授那彦成钦差大臣,会同长龄筹办回疆善后事宜。以屠之申署直隶总督。己巳,免奉天辽阳等七州厅县地丁银十分之四。是月,赈甘肃岷州等六州县水灾雹灾。

十二月,以彦德为乌里雅苏台将军。

是岁,朝鲜、琉球、暹罗入贡。

八年春正月丙午,以松筠署热河都统,那清安署礼部尚书。戊申,授刘彬士浙江巡抚。壬戌,长龄奏获张格尔。癸亥,封长龄威勇公,授御前大臣。封杨芳果勇侯。调果齐斯欢为绥远城将军。乙丑,晋曹振镛太傅,文孚太子太傅,玉麟太子太保。加穆彰阿太子少保,并充军机大臣。授杨遇春陕甘总督。丙寅,晋蒋攸铦太子太傅。复英和太子太保。命那彦成仍以钦差大臣赴喀什噶尔,偕杨芳办善后。丁卯,加禧恩太子少保。是月,给江苏沛县贫民口粮。贷直隶沧州等九州县灾歉口粮。湖北江陵、监利二县及屯坐各卫籽种,山西定襄等四县仓谷,江苏江宁、京口驻防修屋费。

二月乙亥,群臣以再定回疆,上尊号,却之。命议上皇太后徽号。都察院左都御史史致光卒。

三月庚子朔,日食。乙巳,上行围,至丁巳皆如之。戊申,上还宫。是月,贷直隶开州等六州县贫民口粮。

夏四月,调果齐斯欢为黑龙江将军,以特依顺保为绥远城将军。是月,贷山西代州等二十四州县歉收,湖北驻兵灾区、荆州水师各营仓谷。

五月己酉,以获张格尔,遣官告祭太庙、社稷,行献俘礼。庚戌,御午门受俘。晋长龄太保。加杨芳太子太保。壬子,上廷讯张格尔罪,磔于市。丁巳,命图平定回疆四十功臣及军机大臣曹振镛、文孚、王鼎、玉麟像于紫光阁。是月,贷湖北驻扎歉区黄州协兵丁仓谷。

六月癸酉,扬威将军、大学士长龄凯旋,命郑亲王乌尔恭阿等迎劳。丙子,命长龄管理藩院。

秋七月甲辰,朝鲜国王李玜以回疆平定,遣使表贺进方物。丙午,以升寅为热河都统,以那清安署礼部尚书。

八月丁丑,万寿节,停止筵宴。己卯,以成格为热河都统。调卢坤为广东巡抚。以徐炘为山西巡抚。甲申,命奕绍、托津、富俊、陈若霖留京办事。是月,给浙江淳安等四县水灾口粮。贷长芦被淹灶户工本。蠲缓浙江淳安等四县新旧额赋。

九月戊戌朔,日食。丙午,上谒东陵,免经过地方额赋十分之三。丁未,以宝华峪工程不慎,褫英和职,降戴均元三品顶戴。己酉,谒昭西陵、孝陵、孝东陵、景陵、裕陵,并祭孝穆皇后殡宫。褫戴均元职。庚戌,谒裕陵,行大飨礼。辛亥,下英和于狱,籍其家。癸丑,上还圆明园。甲寅,上谒西陵,免经过地方额赋十分之三。丁巳,谒泰陵、泰东陵、昌陵。戊午,谒昌陵,行大飨礼。庚申,逮戴均元下狱,籍其家。辛酉,上还圆明园。调特依顺保为黑龙江将军。以那彦宝为绥远城将军,达凌阿为塔尔巴哈台参赞大臣。是月,赈两淮海州属中正等三场灶户水灾。贷回疆西四城兵丁茶价银。

冬十月庚午,英和遣戍黑龙江。甲午,复惇郡王绵恺为惇亲王。是月,赈江苏海州等三州县卫、浙江建德等五县水灾。给江苏高邮等九州县、安徽泗州等二十六县水灾旱灾一月口粮。贷奉天广宁等处水灾旗民口粮,浙江富阳县贫民谷石,齐齐哈尔等处旗营官庄银粮。蠲缓江苏海州等三十六州厅县卫、安徽泗州等二十六州县、浙江海宁等十三州县旱灾水灾新旧额赋。

十一月甲辰,上皇太后徽号曰恭慈安豫康成皇太后。乙巳,以加上皇太后徽号礼成,颁诏天下,覃恩有差。己未,释戴均元。是月,赈浙江富阳县水灾。给盛京宁古塔等处水灾口粮。

十二月辛巳,那彦成奏招降附霍罕之额提格讷部落。谕嘉之,令妥为抚驭。

是岁,琉球、朝鲜入贡。

九年春正月丁未,希皮察克爱曼布鲁特阿仔和卓来降。壬子,杨芳加太子太傅。是月,给安徽泗州等五州县并屯坐卫、江苏海州等十五州县卫灾民口粮。赈两淮板浦等三场被灾贫丁。贷山西代州、解州水灾籽种,河南上蔡县水灾仓谷。

二月己巳,御经筵。庚午,上奉皇太后幸圆明园。霍罕西南达尔瓦斯部落遣使内附。谕嘉奖却之。甲午,命吉林将军博启图为御前大臣,以瑚松额代之。

三月丙午,上幸南苑。丁未,上行围,至辛亥皆如之。辛亥,西藏徼外拉达克部长呈进奏表。壬子,上还圆明园。甲寅,上御阅武楼阅京营兵。戊午,召琦善,以讷尔经额为山东巡抚,朱桂桢为漕运总督。

夏四月癸酉,召戴三锡,以琦善为四川总督。壬午,屠之申以谳狱错误降,松筠署直隶总督。丙戌,奉皇太后御含辉楼阅皇子及侍卫等骑射。戊子,赐李振钧等二百二十一人进士及第出身有差。是月,贷湖南乾州等五厅州县上年旱灾口粮籽种、山西朔州等二十三州厅县歉收仓谷。

五月丁酉,移孝穆皇后梓宫于宝华峪正殿,神牌于东配殿。是月,贷湖北荆州城守、水师二营及宜都营被水仓谷。

六月乙丑,以福绵为科布多参赞大臣。己巳,免西藏喀喇乌苏等处雪灾番族贡马银,并抚恤达木八旗被灾官兵户口。甲戌,伊犁将军德英卒,以玉麟代之。调松筠为兵部尚书。以博启图为礼部尚书。丁丑,召安福,以福克精额署察哈尔都统。是月,贷三姓地方上年被水仓谷。

七月己亥申,严粤海关官银出洋、私贷入口禁。以扎隆阿为喀什噶尔参赞大臣。丁巳,越南国王以母老乞参芪,上嘉赍之。是月,赈广西雒容、永福二县水灾。免安徽泗州五河县,凤阳、泗州二卫上年被水钱粮十分之一。

八月癸亥，以谒盛京祖陵，命奕绍、托津、汤金钊、明山留京办事。庚辰，上奉皇太后谒盛京祖陵。

九月壬辰朔，日食。免跸路经过之承德等五厅州县本年额赋，及帮办差务之岫岩等九厅州县额赋十分之五。壬寅，朝鲜贡使李相璜等迎觐。乙巳，上亲射，并阅盛京官兵等骑射。丁未，上谒永陵。戊申，行大飨礼。阅兴京城。己酉，博启图降调，以耆英为礼部尚书。上谒福陵，临奠弘毅公额亦都墓，加恩后裔博克顺等。癸丑，行大飨礼。上至盛京，诣太庙宝册前行礼。乙卯，上诣天坛、堂子。奉皇太后幸嘉荫堂。临奠克勤郡王岳托墓。朝鲜国王李玜遣使贡方物。戊午，诣地擅。临奠直义公费英东墓。己未，上御大政殿，赐扈从王、公、大臣，蒙古王、贝勒、贝子、公及盛京文武官员宴赏有差。

十月，以潘世恩署礼部尚书。辛未，皇太后圣寿节，上率扈从王、公、大臣诣皇太后行宫行庆贺礼。上奉皇太后幸澄海楼。壬午，谒裕陵。甲申，以吴光悦为江西巡抚。乙酉，上奉皇太后还宫。是月，给安徽泗州等五州县卫一月口粮。

十一月丁巳，召英惠，调成格为乌鲁木齐都统。以裕恩为热河都统。是月，赈奉天辽阳等五处被灾旗民口粮。

十二月甲子，缅甸国王孟既遣使表贺。乙亥，抚恤西藏三十九族成灾番民。是月，赈山东益都、临朐二县地震灾。蠲直隶隆平、宁晋二县洼地额赋之五。

十年春正月丁巳，暹罗国王郑福遣使表贺，并贡方物。是月，赈江苏沛县、安徽盱眙等六州县卫旱灾水灾。贷直隶沧州、盐山二州县，甘肃皋兰等十四州县旱灾水灾银谷。

二月壬戌，上御经筵。丁卯，命缉捕河南枭匪、捻匪。丁丑，命缉捕江西上犹县会匪。

三月庚寅，以谒西陵，命奕绍、托津、长龄、卢荫溥留京办事。己亥，免湖南沣州滨湖淤田额赋并前借籽种银。壬寅，上奉皇太后谒西陵。以升寅为绥远城将军。甲辰，调瑚松额为盛京将军，以福克精阿为吉林将军，武忠额为察哈尔都统。丙午，上谒泰陵、泰东陵、昌陵。己酉，上幸南苑。庚戌，上行围，至壬子如之。壬子，以哈萨克汗阿勒坦沙喇等请遣其子入觐，命至热河陛见。

四月辛未申，禁外省才不胜任之员改京职。

五月辛酉，河南、直隶毗连十四州县地震，命加意抚恤。

六月辛卯，蒋攸铦有疾，以陶澍署两江总督。乙未，以程祖洛为湖南巡抚。

七月丙子，暹罗遣使贺万寿，贡方物。免江苏海州四州县旧欠额赋。

八月乙未，万寿节，停筵宴。庚戌，召蒋攸铦来京，授陶澍两江总督。调卢坤为江苏巡抚。以朱桂桢为广东巡抚。命吴邦庆以三品衔署漕运总督。是月，加赈湖北监利等四县水灾。

戊午，安集延回匪复入喀什噶尔，帮办大臣塔斯哈战败，死之。遂围喀什噶尔城。命玉麟等往剿。命杨遇春驻肃州，杨芳、胡超率陕甘兵协剿。以鄂山署陕甘总督。徐炘署陕西巡抚，阿勒精阿署山西巡抚。己未，以杨遇春为钦差大臣，督办军务。以英惠署黑龙江将军。丁卯，命长龄为钦差大臣，率桂轮、阿勒罕保等赴新疆。辛未，以玉英署黑龙江将军。乙亥，上阅火器营兵。丁丑，大学士蒋攸铦以谳狱误，降侍郎。召徐炘来京，以颜伯焘署陕西巡抚。以卢荫溥为大学士，李鸿宾协办大学士，仍留两广总督任。调汤金钊为吏部尚书，王引之为礼部尚书，潘世恩为工部尚书，朱士彦为左都御史。是月，赈直隶磁州等三州县地震灾、四川彭城等二县水灾。

十月，以卢荫溥为体仁阁大学士。戊子，以富呢扬阿为浙江巡抚。乙未，仍授长龄为扬威将军，命哈哴阿、杨芳参赞军务。庚子，以乐善为乌里雅苏台将军。辛丑，以军事迟误，褫伊犁参赞大臣容安职并所袭子爵。壬寅，以恩铭为乌里雅苏台参赞大臣。癸卯，回匪犯叶尔羌，壁昌等击败之。丁未，逮容安。壬子，召富呢扬阿来京。是月，赈直隶大城、文安二县灾民。给安徽芜湖等五州县卫口粮。贷黑龙江等三处旗民仓谷、甘肃皋兰等十一州县贫民口粮。

十一月，以杨怿为湖北巡抚。乙亥，申谕李鸿宾等查办广东会匪。丁丑，谕吴光悦查办江西赣南会匪。壬午，嵩孚降调，以富坤为湖广总督。调程祖洛江苏巡抚，苏成额湖南巡抚。以祁𡊋为广西巡抚。以阿勒精阿为江西巡抚。是月，赈河南安阳等三县地震灾。给江西庐陵县水灾修屋费。

十二月癸巳，托津免管刑部，以卢荫溥代之。丙申，喀什噶尔、英吉沙尔回匪平。予死事喀什噶尔帮办大臣塔斯哈都统衔。是月，赈云南嵩峨县水灾。贷江苏苏州等四府州属驻近灾区兵丁银米。

清史稿卷一八
本纪第一八

宣宗二

十一年春正月辛酉，扎隆阿兔，以哈啷阿、杨芳护理喀什噶尔参赞大臣。乙丑，容安论斩。丙子，以魏元烺为福建巡抚。朝鲜国王李玜请封其孙奂为世孙，贡方物。是月，给江苏沛县、安徽芜湖等八州县卫、浙江富阳县被灾口粮。贷三姓、双城堡兵民，直隶磁州等九州县，湖南安乡、华容二县，河南武安县，甘肃会宁等五县被灾口粮、屋费、籽种。蠲缓吉林等四处兵民新旧额赋。

二月己丑，御经筵。辛卯，以谒西陵，命奕绍等留京办事。那彦成以驱逐安集延回民启衅，褫太子太保，并褫其子容照侍郎。乙未，褫那彦成职，调琦善为直隶总督，王鼎署。以鄂山为四川总督，那彦宝署，史谱为陕西巡抚。戊戌，申禁各省种鸦片。辛丑，上谒西陵。乙巳，谒泰陵、泰东陵、昌陵。上阅视万年吉地，赐名龙泉峪。丙午，上再谒昌陵，行敷土礼。御隆恩殿行大飨礼。是月，贷湖北荆门营上年被水兵丁仓谷。

三月癸丑朔，释英和并其子奎照、奎耀回京。广东黎匪作乱，命李鸿宾剿之。辛酉，以广东贸易英吉利人违禁令，命李鸿宾等查复。是月，贷湖北督标、抚标暨武昌、黄州各营兵丁仓谷。

夏四月戊子，上阅健锐营兵。癸卯，上诣黑龙潭神祠祈雨。广东黎匪平。

五月丙寅，汤金钊缘事降，并罢上书房总师傅。调潘世恩为吏部尚书,朱士彦工部尚书,白熔都察院左都御史。戊辰,命长龄赴喀什噶尔商办剿抚及善后事宜。辛未,雨。

六月丙申,申定官民买食鸦片烟罪例。己亥,赈安徽泗州等二十五州县水灾。庚戌,以湖北沔阳等二十州县水灾,命平粜仓谷,免湖北关津米税。是月,给江苏上元等九县卫水灾口粮。贷江苏淮安卫灾屯籽种。

秋七月戊午,命陶澍偕程祖洛办江苏灾赈。以安徽水灾,准邓廷桢买邻省米麦平粜,并备兵糈。癸酉,以诬陷回王伊萨克叛逆,扎隆阿论斩。辛未,移回疆参赞大臣及和阗领队大臣驻叶尔羌,添设总兵驻巴尔楚克。己卯,命穆彰阿、朱士彦往江南查办赈务。是月,给湖南武陵等五州县,贵州岷梓县、石岘卫水灾口粮。贷江苏江宁等六营灾区兵饷。

八月己丑,万寿节,上诣皇太后宫行礼。御正大光明殿,王以下文武各官,蒙古王公、外藩使臣等行庆贺礼,停筵宴。辛卯,晋长龄太傅。乙未,松筠病免,调穆彰阿兵部尚书,富俊工部尚书。以博启图为理藩院尚书。辛丑,暹罗国王遣贡使载内地遭风官民回广东,温谕奖赉之。癸卯,以保昌为热河都统。以吴荣光为湖南巡抚。是月,给江苏甘泉等十一州县、湖北江夏等十六州县、江西德化等二十县水灾口粮籽种。贷江南江宁驻防及溧阳营兵米。

九月甲子,福克精阿缘事褫职,以宝兴为吉林将军。丁丑,越南国王遣使送遭风难民回福建,温谕奖赉之。

冬十月,严烺病免,以林则徐为河东河道总督。己丑,改喀什噶尔帮办大臣为领队大臣。乙未,截留江西漕米八万石赈南昌、九江饥民。是月,赈安徽无为等二十三州县卫、江苏上元等二十六州县、浙江仁和等七县卫、两淮丁溪等六场水灾。给安徽桐城等十州县,湖南武陵等五县,江西德化县口粮、修屋。贷甘肃皋兰等十八州厅县口粮,湖南武陵、龙阳二县民堤修费。

十一月丙辰,大学士托津病免。授吴邦庆漕运总督。己巳,松筠罢内大臣,降三品顶戴休致。是月,贷奉天铁岭等五州厅及巨流河四处口粮,江西南昌等六县修堤费。蠲缓宁古塔、双城堡雹灾霜灾新旧额赋。

十二月乙酉,以富俊为大学士,管兵部,文孚协办大学士。调穆彰阿为工部尚书。以那清安为兵部尚书,升寅为都察院左都御史,彦德为绥远城将军。乙巳,以吴邦庆为江西巡抚,苏成额为漕运总督。是月,展赈湖北江夏等十六州县水灾。给江苏上元等二十五州县卫,及丁黏十五场水灾口粮。贷江苏镇江等二十七营,湖南常德、沣州各营水灾兵饷。

十二年春正月辛酉,免浙江杭州等三府商船米税。丁卯,陈若霖免,以戴均元署刑部尚书。癸酉,王引之丁忧,以汪守和为礼部尚书。是月,赈安徽怀宁等二十一州县水灾旱灾,并给怀宁等十七县卫贫民口粮。贷直隶大名等四州县、河南商丘等三县灾民米谷,陕西葭州等四州县、江西南昌等十六县、湖北江夏等二十州县卫、湖南武陵等十州厅县卫、甘肃渭源等七州县、贵州桐梓县灾民口粮籽种。

二月戊寅,湖南江华县瑶贼赵金龙作乱,命卢坤等剿之。己卯,御经筵。甲申,梁中靖奏查办邪教株连冤抑,谕斥之。辛卯,钟昌降调。授戴均元刑部尚书。乙未,闽浙总督孙尔准卒,以程祖洛为闽浙总督,林则徐为江苏巡抚,吴邦庆为河东河道总督,周之琦为江西巡抚。丙申,命李鸿宾剿瑶贼。壬寅,以谒东陵,命奕绍等留京办事。

三月己酉,湖南提督海陵阿、副将马韬等剿瑶贼于宁远,失利,死之。壬子,上谒东陵,免经过地方额赋十分之三。乙卯,上谒东陵、孝陵、孝东陵、景陵、裕陵。丙辰,召瑚松额,以奕颢署盛京将军。己未,上幸南苑行围。庚申,召长龄。癸亥,上还京师。庚午,命户部尚书禧恩赴湖南剿瑶贼,以文孚署户部尚书。是月,展赈湖北江夏、汉川二县水灾。给安徽青阳县灾民口粮。贷甘肃皋兰等七州县灾民、湖南乾州等五州县屯丁口粮籽种,湖北督标、提标及武昌城守营被灾兵丁仓谷。

夏四月癸巳，祈雨。戊戌，雨。辛丑，赐吴钟骏等二百六人进士
及第出身有差。乙巳，卢坤等败瑶贼于羊泉，尽歼之，获赵金龙子及
贼首五十余人。是月，再给江苏扬州水灾仓谷。

五月丁未，减福建水陆各营及浙江马步兵有差。壬子，以赵金
龙已毙，余贼悉平，赏卢坤、罗思举双眼花翎、一等轻车都尉世职，
加湖南提督余步云太子少保。乙卯，教匪尹老须等伏诛。庚申，上
祈雨于黑龙潭。戊辰，上诣天神擅，祈雨。己巳，诏刑部清厘庶狱。
是月，贷山西大同等三县被灾兵民仓谷。

六月庚辰，上步诣社稷坛，祈雨。壬午，求直言。丁亥，上诣黑
龙潭，祈雨。壬辰，以广东提督刘荣庆剿连州瑶贼失利，褫职，李鸿
宾褫职留任。癸巳，上步诣方泽，祈雨。乙未，富俊以旱乞罢。不允。
丙申，霍罕遣使进表，归所掳喀什噶尔回民。丁酉，复松筠头品顶
戴。癸卯，上自斋宫步诣圆丘，行大雩礼。是日，雨。甲辰，命禧恩、
瑚松额自湖南赴广东剿瑶贼。是月，贷江苏淮安卫水灾屯田籽种。

秋七月丁未，宥容安，遣戍吉林。戊申，以钟昌为科布多参赞大
臣。命程祖洛清理浙江盐政。和阗回塔瓦克等纠众作乱，捕诛之。
乙丑，广西贺县瑶盘均华等作乱，祁㵲剿平之。是月，赈福建澎湖厅
风灾。给湖北天门县水灾口粮。

八月，陶澍奏英船再入内洋，或不遵约束，当严惩。谕以启衅斥
之。甲午，李鸿宾褫职，并提督刘荣庆逮问。调卢坤为两广总督。命
阮元协办大学士，仍留云贵总督任。以讷尔经额为湖广总督，钟祥
为山东巡抚。是月，赈山西朔州水灾。蠲缓安徽怀宁等二十九州县
卫上年水灾旱灾额赋。

九月甲辰朔，以尹济源为山西巡抚。丙午，南河龙窝汛堤盗决，
命穆彰阿会同陶澍查办，张井褫职留任。丁未，以英吉利船阑入内
洋，命沿海整饬水师。甲寅，以特依顺保为伊犁将军。戊午，广东连
州瑶平。湖南瑶赵幅金等伏诛。是月，给江苏桃源县、湖北天门县
等七县卫水灾口粮。贷山西山阴县歉收仓谷。

闰九月丁亥,上简阅健锐营兵。壬寅,以朝鲜国王李玜却英吉利贸易,下诏褒奖之。是月,赈直隶阜平等十州县灾民。贷河南祥符等七州县、陕西兴安府水灾口粮。贷齐齐哈尔等处被旱兵丁银谷。

冬十月乙巳,广东曲江、乳源两县盗匪作乱,剿平之。丙午,命朱士彦、敬征往江南查办事件。乙丑,命穆彰阿至湖北会同讷尔经额查办事件。是月,赈直隶吴桥、东光二县,江苏桃源等三州县,湖北汉川等四县卫、安徽五河县,两淮板浦等三场水灾旱灾。给江苏海州等四州县,安徽五河县,两淮板浦等三场水灾旱灾。给江苏海州等四州县,安徽五河等十一县卫,湖南安乡、华容二县,奉天锦州府属旗民口粮。贷山西大同镇灾区驻防仓谷。蠲缓直隶吴桥等十七州县,江苏桃源等六十三州厅县卫,安徽五河等三十九州县卫,浙江海宁等二十二州县卫、仁和场、两淮富安等十四场,湖南安乡等七州县卫,山西隰州等六州县,湖北汉川等二十六州县卫水灾旱灾雹灾新旧额赋。

十一月戊寅,命署福州将军瑚松额为钦差大臣,都统哈哪阿为参赞大臣,赴台湾剿匪。丙申,拨京仓米一万石赈顺天府武清等八州县灾民。丁酉,李鸿宾遣戍乌鲁木齐,刘荣庆遣戍伊犁。是月,贷陕西汉中等五府州厅属、甘肃宜和县被灾口粮,吉林等七处籽种。蠲缓甘肃宜禾县逋租。

十二月甲辰,拨浙江、江西仓谷二十万石济福建民食。丙午,庐荫溥予假,命王鼎管刑部。己巳,以孝顺岱为科布多参赞大臣。是月,贷直隶灾区各营兵饷,山西丰镇等六州厅县灾民仓谷。

是岁,朝鲜、南掌、琉球、暹罗入贡。

十三年春正月丁丑,台湾嘉义匪首陈办伏诛。己卯,升寅等查覆西安将军徐锟赃款属实,褫职。丁酉,以麟庆为湖北巡抚。桃南厅决口合龙。

二月甲辰,上御经筵。己未,四川越嶲等处夷匪作乱,命那彦宝、桂涵剿之。庚申，赈被灾多伦诺尔租种蒙古地贫民，并谕此后口外偏灾不得援请。壬戌，以汪守和兼署吏部尚书。是月，赈直隶蓟州等七州县灾民。贷陕西汉中等五府州厅贫民仓谷。

三月丙子，大学士卢荫溥致仕。辛巳，上阅火器营兵。丙申，卢坤奏获越南盗陈加海等，洋面肃清。戊戌，以麟庆为江南河道总督。以鄂顺安为湖北巡抚。庚子，雨。是月，贷直隶紫荆关营兵，奉天锦州府属兵丁，湖南乾州等五厅县屯丁、苗佃仓谷。

夏四月壬寅，调鄂顺安为山西巡抚，尹济源为湖北巡抚。乐善迁福州将军。调庆山为乌里雅苏台将军。丁未，雨。戊申，瑚松额迁成都将军。调宝兴为盛京将军，保昌为吉林将军。以苏成额为热河都统，贵庆为漕运总督。己酉，命潘世恩为体仁阁大学士，管户部。调朱士彦为吏部尚书。以白熔为工部尚书，汤金钊为左都御史。乙卯，免道光十一年、十二年喀什噶尔、叶尔羌额贡。己巳，皇后佟佳氏崩。是月，贷盛京义州兵米、湖南新田县民瑶籽种。

五月辛未朔，赐汪鸣相等二百二十人进士及第出身有差。丁丑，杨芳剿越巂夷匪，大败之，进剿峨边夷匪。己丑，峨边匪首桑树格等伏诛。丁酉，禧恩免御前大臣、户部尚书，改为理藩院尚书。命大学士长龄管户部，潘世恩管工部。调穆彰阿为户部尚书，博启图为工部尚书。己亥，四川峨边夷匪平。

六月庚子朔，日食。是月，贷直隶博野等三县雹灾籽种。

七月庚午，甲申，御试翰林、詹事官，擢田嵩年三员为一等，余升黜有差。壬辰，册谥大行皇后为孝慎皇后。调祁𡐭广东巡抚，以惠吉为广西巡抚。是月，赈贵州古州等四厅县水灾。

八月，是月，赈贵州都江等二厅水灾。

九月庚午，移孝慎皇后梓宫于田村，上临送。乙亥，晋杨芳一等侯。壬辰，以贵庆为热河都统。调嵩溥为漕运总督。调史谱为贵州巡抚。以杨名飏为陕西巡抚。甲午，免云南昆明等十州县地震灾本年额赋，并赈之。是月，赈江苏上元等六县水灾。

十月戊午，调布彦泰为伊犁参赞大臣，常德为塔尔巴哈台参赞大臣。己未，以汤金钊为工部尚书，史致俨为左都御史。是月，赈江苏上元等十二县卫，湖南安乡、华容二县，直隶曲阳县，黑龙江三处灾民。赈湖北武昌等六县水灾。给安徽怀远等六县灾民口粮。

十一月丙戌，上诣大高殿，祈雪。以裕泰为贵州巡抚。丁亥，以武忠额为热河都统。以凯音布署察哈尔都统。

十二月丁巳，减免直隶河间等五县水淹地赋。是月，赈江苏上元等十二县卫水灾。

是岁，朝鲜、越南、琉球、缅甸入贡。

十四年春正月丁卯朔，辛未，文孚免正黄旗领侍卫内大臣，以载铨代之。丁丑，缅甸贡使聂纽耶公那牙卒于京师。庚辰，广东儋州黎匪作乱，饬卢坤剿之。甲申，以浙江杭州等府灾，免外商及浙民运米关税。福建永安等县土匪掳人勒赎，捕治之。允浙江杭州、湖州两府所属漕粮红白兼收，籼粳并纳。丁亥，命潘世恩在军机大臣上行走。戊子，以三载考绩予长龄等议叙。命松筠以都统衔休致。祁𡎴奏越南谅山解围，七泉夷州知州阮文泉等求入关，拒之。是月，赈直隶曲阳县贫民。给江苏上元等八县、浙江海宁等四州县、江西南昌等二十二县上年灾歉口粮籽种。贷山西朔州等十州县、陕西葭州等十四州厅县、江西南昌等六县、湖北武昌等十八州县卫、湖南沣州等四州县、甘肃皋兰等九州厅县上年被灾仓谷口粮籽种。

二月丙申朔，朱士彦给假省亲，以汤金钊署吏部尚书。改巴尔楚克换防总兵为副将。己亥，上御经筵。癸卯，升寅等查办山东、河南事件，以敬徵署左都御史。乙巳，释李鸿宾、刘荣庆回籍。丙午，以江苏粮价增昂，免四川、湖广商米各关船税。戊申，以广东学政李泰交自缢，命卢坤彻查。己酉，定山东运河查泉章程。庚戌，以谒西陵，命奕绍等留京办事。壬子，命凯音布查办乌里雅苏台事件。以苏勒通阿署察哈尔都统。辛酉，朱士彦忧免，调汤金钊为吏部尚书，以汪守和为工部尚书，史致俨为礼部尚书，何凌汉为左都御史。乙丑，大学士富俊卒。是月，给江苏上元等八县卫上年被灾口粮。贷贵州古州厅上年被灾籽种。

三月庚午,明山病免,以成格为刑部尚书,那清安兼署。以长清为乌鲁木齐都统,兴德为叶尔羌参赞大臣。癸酉,上谒西陵,诣田村孝慎皇后梓宫前奠酒。免经过额赋十分之三。丁丑,上谒泰陵、泰东陵、昌陵。庚辰,上还京师。壬午,上临故大学士富俊第赐奠。乙酉,以喀尔喀游牧被灾,准凯音布请,缓勘地界。免四川夷匪滋扰之清溪等三厅县,并宁越、越嶲两营上年额赋。

夏四月丁酉,以给事中黄爵滋奏,命各省督抚兴复书院,选择山长,查保甲,修水利,筹积贮,严禁扣饷派兵积弊,查究偷漏洋税,并禁纹银出洋及私铸洋银。戊戌,除直隶乐亭县水冲官地租赋。丁未,仪郡王绵志卒。甲寅,临故仪顺郡王绵志第赐奠。以其子奕绀袭贝勒。丁巳,命侍郎赵盛奎、在籍前河督严烺会同富呢扬阿查勘浙江塘工。辛酉,以苏清阿为伊犁参赞大臣。甲子,上诣田村孝慎皇后梓宫前行周年祭礼。是月,贷山西岳阳等十二州厅县歉收民屯仓谷。

五月己巳,以恩铭署漕运总督。壬申,授凯音布察哈尔都统。癸酉,免云南昆明等十州县上年地震灾赋。辛巳,上至田村孝慎皇后梓宫前奠酒。丙戌,命庐坤等驱逐英吉利贩鸦片趸船,勿任停泊。庚寅,修山东阙里至圣孔子林、庙。甲午,申谕多尔济喇布坦等与俄罗斯交涉事件务遵旧章。是月,贷淮安、大河二卫歉收屯田籽种。

六月戊申,以福建省城水灾,准运古田、福清二县仓谷及厦门商贩米平粜。癸丑,以鄂尔多斯达拉特旗私租蒙地民人拒捕伤台吉,命鄂顺安捕治之。壬戌,实授恩铭漕运总督。是月,蠲缓叶尔羌等三城回户逋粮。

秋七月乙丑,饬查漕运亏短积弊,并申禁京城私贩接济回漕。丁卯,博启图给假,以奕颢署工部尚书。戊辰,霍罕伯克以准通商免税,遣使表贡,并请年班入觐,允之。庚午,命苏清阿查勘巴尔楚克、喀什噶尔垦田。免福建台匪滋扰之四县,暨淡水厅抄叛各产租谷。壬申,命特依顺保等妥议沿边会哨章程。程祖洛奏获洋盗刘四等诛之。甲戌，四川峨边厅支夷作乱，命瑚松额、杨芳等查办。赈江西水灾。丙子，工部尚书博启图卒，调耆英为工部尚书，升寅为礼部尚书，敬征为左都御史。壬午，以桂良为河南巡抚。戊子，东河朱家湾决口。是月，赈江西南昌等十三县水灾。给湖南武陵等七县卫被水军民口粮并修屋费。

八月己酉，改建浙江北海塘为石塘。癸丑，以武忠额为乌里雅苏台将军，伦布多尔济署。以嵩溥为热河都统。庚申，四川峨边支夷平。卢坤奏英商律劳卑来粤，致书称大英国，请暂停贸易。谕是之。辛酉，上诣孝慎皇后梓宫前奠茶酒。是月，赈盛京盖州等三处，浙江建德、淳安二县，江西南昌等二十五县水灾。贷甘肃皋兰等六县旱灾仓谷。蠲缓江西南昌等二十五州县新旧额赋。

九月乙丑，英吉利兵船入广东内河，褫卢坤职留任。庚午，上阅健锐营兵。癸酉，英吉利兵船出口，复卢坤太子少保，仍革职留任。是月，赈直隶宛平等七州县水灾，奉天新民等四州县厅水灾。贷广东广州、肇庆二府水灾籽粮，打牲乌拉被水旗民仓谷。蠲缓直隶大城等五十一州县、山西太原县水灾新旧额赋。

十月己酉，立皇贵妃钮祜禄氏为皇后，颁诏加恩有差。壬子，上皇太后徽号曰恭慈安豫康成庄惠皇太后，颁诏覃恩有差。辛酉，那清安病免，以敬征为兵部尚书，奕颢为左都御史。是月，赈湖北黄梅等三县卫、湖南安乡等四县卫水灾。贷甘肃皋兰等八州县旱灾雹灾口粮。

十一月乙丑，调汪守和为礼部尚书，史致俨为工部尚书。壬申，礼部尚书升寅卒，以奕颢为礼部尚书，恩铭为左都御史。调朱为弼为漕运总督。丙子以棍楚克策楞为塔尔巴哈台参赞大臣。己卯，刑部尚书戴敦元卒，调史致俨代之。以王引之为工部尚书。庚辰，以乌尔恭额为浙江巡抚。丙戌，以文孚为大学士，管吏部。调穆彰阿为吏部尚书、协办大学士，耆英为户部尚书，敬征为工部尚书，奕颢为兵部尚书。以载铨为礼部尚书。工部尚书王引之卒。丁亥，以何凌汉为工部尚书，吴椿为左都御史。是月，赈浙江丽水县水灾。蠲缓浙江建德等十六州县卫水灾新旧额赋。

十二月癸巳,霍罕复侵色埒库勒,命兴德等谕之。命文孚为东阁大学士。丙申,四川峨边夷匪复叛,降杨芳二等侯,褫御前侍卫,以总兵候补。甲辰,黑龙江将军富僧德调西安将军,以奕经代之。癸丑,上诣大高殿祈雪。是月,贷直隶灾区各营兵饷,江宁八旗官兵银米,广东南海等九县籽种并围基修费。

是岁,朝鲜、琉球、缅甸、暹罗入贡。

十五年春正月甲子,大学士曹振镛卒。壬午,长龄以受霍罕馈送,罢御前大臣管户部事。丙戌,陕甘总督杨遇春致仕,仍温谕来京。以瑚松额为陕甘总督。调宝兴成都将军。以奕经为盛京将军,保昌为黑龙江将军,苏清阿为吉林将军。是月,赈奉天牛庄等三处被灾旗户。给江西南昌等九县,甘肃靖远等六州县口粮。贷山西太原等三州县,江西南昌等二十六州县,湖南安乡等四州县,甘肃秦州、靖远县被灾仓谷籽种。

二月丙申,以阮元为大学士,管刑部;王鼎协办大学士,伊里布为云贵总督,何煊为云南巡抚。庚子,以奇明保署黑龙江将军。丁未,命长龄管理藩院,文孚管户部,潘世恩管工部,阮元改管兵部,王鼎管刑部。以朝鲜世孙李奂袭封朝鲜国王。戊午,吉林将军苏清阿卒,调保昌代之。以祥康为黑龙江将军。

三月,山西赵城县匪曹顺作乱,知事杨延亮死之,遂围霍州。命鄂顺安剿办。乙亥,上亲耕耤田。幸南苑行围。庚辰,上还京师。是月,给甘肃皋兰等五州县厅灾歉口粮。

夏四月,四川峨边支夷平,晋鄂山太子太保,赏双眼花翎。甲寅,赐刘绎等二百七十六人进士及第出身有差。丁巳,上诣黑龙潭神祠,祈雨。

五月丁卯,致仕陕甘总督杨遇春晋封一等侯,予食全俸。辛未,赵城县匪首曹顺等伏诛。丁丑,上复诣黑龙谭神祠,祈雨。以栗毓美为河东河道总督。庚辰,雨。是月,贷山西凤台、沁水二县被旱仓谷。

六月丙午,减江苏丹徒被水芦田额赋。

闰六月丁卯,敬徵降调,以载铨为工部尚书,恩铭为礼部尚书,武忠额为左都御史。调保昌为乌里雅苏台将军,祥康为吉林将军,哈丰阿为黑龙江将军。己巳,停本年秋决。

秋七月甲辰,文孚免军机大臣,仍命以大学士管吏部。改潘世恩管户部,穆彰阿管工部。命刑部右侍郎赵盛奎、工部右侍郎赛尚阿在军机大臣上学习行走。是月,给陕西沔县、洛川县被水,湖南华容等三县卫被旱口粮。

八月甲子,以皇太后六旬万寿,普免积省逋赋。庚辰,谕:"科道中冯赞勋、金应麟、黄爵滋、曾望颜擢任京卿,所以广开忠谏,务当不避嫌怨,于民生国计用人行政阙失,仍随时据实直陈,以资采纳。"两广总督卢坤卒,以邓廷桢为两广总督,祁𤯝署,色卜星额为安徽巡抚。甲申,上谒西陵。是月,移孝慎皇后梓宫由田村启行,免经过地方额赋十之五。是月,给陕西谷县雹灾口粮。

九月己丑,孝穆皇后、孝慎皇后梓宫至龙泉峪,上临奠。庚寅,上回銮。戊戌,授麟庆江南河道总督。丙午,朱为弼病免,以恩特亨额为漕运总督。是月,给两淮板浦、中正二场被水灶丁口粮。缓征陕西榆林县、葭州雹灾,江西金谿等九县旱灾额赋。

冬十月戊午,以毓书为科布多参赞大臣。甲子,以皇太后六旬圣寿,上徽号曰恭慈康豫安成庄惠寿禧皇太后。乙丑,皇太后六旬圣寿节,上率王、公、大臣诣寿康宫行庆贺礼。上御太和殿,群臣进表行庆贺礼。诏天下覃恩有差。以富呢扬阿为乌鲁木齐都统。癸未,御史汤鹏以劾载铨忤旨罢。予告大学士托津卒。是月,给山西阳曲等五州县、湖南岳州卫州、浙江海宁等十三州县被灾口粮。贷奉天金州水师营兵谷。缓湖南华容等十四州县卫,浙江海宁等三十一州县卫被灾新旧额赋杂款。

十一月戊戌,临大学士托津第赐奠。是月,给吉林等三处歉区口粮。

十二月己未,上再诣大高殿,祈雪。乙丑,孝穆皇后、孝慎皇后梓宫奉安地宫。乙亥,以乐善为吉林将军。是月,贷江苏抚标及城守、刘河二营灾区兵饷。蠲缓贵州松桃厅被水额赋。

是岁,朝鲜、琉球入贡。

十六年春正月乙未,以车伦多尔济为库伦蒙古办事大臣。壬寅,拨山东司库银五万两赈登、莱、青三府饥。乙巳,调裕泰为湖南巡抚。以贺长龄为贵州巡抚。是月,赈浙江义乌等三县水旱灾。给奉天广宁等处水灾旗民口粮。代甘肃金州等十四州县、江西莲花等五十一厅县、陕西葭州等九州厅县、湖南沣州等四州县、山西保德等十五州县水旱雹灾口粮籽种仓谷。

二月丙辰,调周之琦为湖北巡抚。以陈銮为江西巡抚。己未,以谒东陵,命肃王等留京办事。己巳,上阅火器营兵。癸酉,上谒东陵,免经过地方额赋十分之三。丙子,上谒昭西陵、孝陵、孝东陵、景陵、裕陵。湖南武冈州匪蓝正樽等作乱,命吴荣光会同讷尔经额剿之。戊寅,免四川峨边厅逋赋。己卯,上还京师。

夏四月癸亥,以梁章钜为广西巡抚。丁丑,赐林鸿年等一百七十二人进士及第出身有差。是月,贷甘肃秦州等八州县被灾口粮。

五月丙申,上诣黑龙潭,祈雨。戊戌,礼部尚书汪守和卒,以吴椿为礼部尚书,李宗昉为左都御史。丁未,上诣静明园龙王庙,祈雨。是月,贷直隶宝坻县歉收口粮。

秋七月癸未,以钟祥为闽浙总督,经额布为山东巡抚。乙酉,以哈丰阿举发都统高喀㴋干预公事书信,加太子太保。己丑,高喀㴋褫职,遣戍热河。丙申,大学士文孚致仕。庚子,命穆彰阿为大学士,管工部;琦善协办大学士,仍留直隶总督任。调耆英为吏部尚书,奕颢为户部尚书,禧恩为兵部尚书,武忠额为理藩院尚书,凯音布为左都御史,乐善为察哈尔都统。壬寅,恩铭免尚书、都统,赵盛奎免军机大臣及侍郎。以贵庆为礼部尚书。

九月壬寅,以富呢扬阿为陕西巡抚,廉敬为乌鲁木齐都统。庚子,上阅健锐营兵。戊申,圆明园三殿灾。己酉,以耆英受太监属托,褫尚书、都统、内务府大臣。以奕经为吏部尚书,宝兴为盛京将军。左都御史凯音布迁成都将军,以敬征代之。是月,赈盛京白旗堡等处、山西朔州等十一州厅县、贵州松桃厅灾民。展赈陕西神木县灾民。蠲免山西朔州等十一州厅县、陕西榆林府属被灾新旧额赋。

冬十月丙辰,加长清太子太保。贷甘肃泾州等八州县、山西山阴县灾歉口粮仓谷籽种。蠲缓直隶景州等十二州县水旱灾新旧额赋。

十一月壬午,以敬征为工部尚书。调武忠额为左都御史。以奕纪为理藩院尚书。癸卯,上诣大高殿,祈雪。是月,给陕西府谷等四县霜雹灾口粮。蠲缓直隶安州等三州县水灾额赋。

十二月丁巳,上再诣大高殿,祈雪。癸亥,雪。

是岁,朝鲜、暹罗来贡。

十七年春正月己卯朔,命奕纪为御前大臣。赏长龄四开绰袍。加潘世恩太子太保。壬辰,兵部尚书王宗诚卒,以朱士彦代之。丁酉,山东潍县教匪马刚等作乱,捕获之。庚子,降讷尔经额湖南巡抚,以林则徐为湖广总督,调陈銮为江苏巡抚,裕泰为江西巡抚。是月,贷山西朔州等十一州厅县、陕西葭州等九州县、甘肃金州等十三州县水灾旱灾蝗灾雹灾霜灾仓谷口粮籽种。

二月乙卯,福建台义县教匪沈知等作乱,捕诛之。是月,贷山西吉州等七州县仓谷。

三月戊寅朔,以诣芎髻山,命惇亲王绵恺等留京办事。庚寅,上奉皇太后幸芎髻山,免经过地方本年额赋十分之三。甲午,上奉皇太后还圆明园。以耆英为热河都统。乙未,上诣明陵。丙申,上诣明长陵、献陵、泰陵、景陵、永陵奠酒。以明裔延恩侯书桂为散秩大臣。丁酉,上还圆明园。

夏四月庚申,命彦德鞫治茂明安署札萨克贝勒丹丕勒等讦控盟长之狱。甲子,以颜伯焘为云南巡抚。是月,贷山东濮州等二十四州县卫、山西宁武县仓谷。

五月戊寅,贵庆病免,调奕纪为礼部尚书。以武忠额为理藩院尚书,奎照为左都御史。以周天爵署漕运总督。

六月庚戌,以御史朱成烈奏广东海口每岁出银三千余万,福建、浙江、江苏各海口出银不下千万,天津海口出银亦二千余万,命沿海各督抚及各监督严饬稽查。戊午,命左都御史奎照、户部侍郎文庆在军机大臣上学习行走。已未,命琦善署直隶总督。壬申,四川马边厅夷匪作乱,命鄂山剿之。甲戌,奕山等奏获霍罕贼目阿达那等诛之。是月,贷江苏淮安、大河二卫被灾籽种。

秋七月丙子朔,命侍郎倭什纳等册封朝鲜王妃。壬午,乐善迁荆州将军,以赛尚阿为察哈尔都统。辛卯,谕栗毓美,东河砖工改办碎石。丁巳,西宁办事大臣德楞额迁荆州将军,以苏勒芳阿代之。甲戌,廓尔喀年贡逾例,温谕却之。

九月庚寅,授周天爵漕运总督。癸巳,召讷尔经额来京。甲午,以钱宝琛为湖南巡抚。甲辰,免直隶邢台、阜城二县被旱额赋十分之五。

冬十月丙午,上临大学士长龄第视疾。辛未,停吉林珠贡。是月,给陕西保安县被灾籽种口粮,并贷绥德等四州县仓谷。蠲缓山西应州等十州县、齐齐哈尔等三城被灾新旧额赋。

十一月辛卯,晋封长龄一等威勇公。是月,贷甘肃金州等九州县贫民。江西南昌等十三县、陕西葭州等五州县被灾籽种口粮仓谷。

十二月丁未,凉山夷匪平。已巳,李宗昉忧免,以卓秉恬为左都御史。庚午,彦德以年老留京,以棍楚克策楞为绥远城将军。是月,贷陕西定边、安定二县来春口粮籽种。

是岁,朝鲜、琉球、暹罗、越南来贡。

十八年春正月甲戌朔,命奎照、文庆为军机大臣。乙亥,太傅、大学士、一等公长龄卒。丙子,上临长龄第赐奠。乙酉,四川夷匪平。

是月,贷甘肃固原等十四州厅县、山西平定等五州县灾民口粮籽种仓谷。

二月癸卯朔,命琦善为大学士,仍署直隶总督。以云贵总督伊里布协办大学士,仍留任。乙巳,史致俨病免,以祁寯为刑部尚书,怡良为广东巡抚。壬戌,修喀喇沙尔城。戊辰,修浙江海塘。是月,贷陕西怀远、府谷二县歉收籽种。

三月乙亥,以谒陵,命肃亲王等留京办事。戊子,上奉皇太后谒西陵,免经过地方额赋十分之三。壬辰,上谒泰陵、泰东陵、昌陵,诣孝穆皇后、孝慎皇后陵寝奠酒。乙未,上奉皇太后还京师。丙申,上幸南苑行围,至戊戌皆如之。庚子,上还京师。辛丑,噶勒丹锡埒图萨玛第巴克什入贡。是月,贷山西辽州等十三州厅县上年歉收仓谷。

夏四月庚申,以富呢扬阿等建乌鲁木齐书院,议处有差。申命新疆将军、都统、大臣认真教练,使人人习于战阵、毋舍实政务虚名。甲子,以伍长华为湖北巡抚。丙寅,赐钮福保等一百九十四人进士及第出身有差。辛未,以奕山为伊犁将军,湍多布为伊犁参赞大臣。

闰四月丙子,上诣黑龙潭,祈雨。辛己,雨。鸿胪寺卿黄爵滋奏请将内地吸食鸦片者俱罪死。命盛京、吉林、黑龙江将军,直省督抚各抒所见议奏。己丑,襏禧恩太子太保衔、兵部尚书,调成格为兵部尚书。以鄂山为刑部尚书,宝兴为四川总督,耆英为盛京将军,惠吉为热河都统。庚寅,调奕纪为户部尚书,成格为礼部尚书,奕颢为兵部尚书。

五月丙午,上诣黑龙潭,祈雨。己酉,雨。癸丑,大学士阮元致仕。命王鼎为大学士,仍管刑部。汤金钊为户部尚书、协办大学士。朱士彦为吏部尚书,卓秉恬为兵部尚书,姚元之为左都御史。戊辰,惇亲王绵恺免内廷行走、宗令,罚亲王俸三年。

六月辛未,免四川马边、雷波二厅逋赋及各厂应解铜铅。丁丑,降惇亲王绵恺为郡王。己卯,命湍多布为塔尔巴哈台参赞大臣,关福为伊犁参赞大臣。是月,给贵州镇远府属被水兵民口粮。

秋七月戊申,刑部尚书鄂山卒,以宝兴为刑部尚书。苏廷玉署四川总督。

八月丙戌,以林则徐等奏查获烟贩收缴烟具情形,谕嘉之。己丑,成格免,以奎照为礼部尚书,恩铭为左都御史。命奕纪管理藩院。以赛尚阿署理藩院尚书,布彦泰为察哈尔都统。九月,给陕西安定、府谷二县灾民口粮。

九月丙午,庄亲王奕赍等坐食鸦片革爵。丁未,上阅健锐营兵。己酉,太常寺少卿许乃济请弛鸦片禁,命休致。召林则徐来京,以伍长华署湖广总督。辛酉,调钱宝琛为江西巡抚,裕泰为湖南巡抚。吏部尚书朱士彦卒,调汤金钊为吏部尚书,吴椿为户部尚书,以龚守正署礼部尚书。是月,给山东潍县灾民口粮。

冬十月庚寅,以盛贵为乌里雅苏台参赞大臣。是月,蠲缓直隶深州等十三州县、江西南昌等二十二县、安徽寿州等三十四州县卫、河南内黄等十一县、湖南沣州等八州县卫、奉天宁远州被灾新旧额赋。

十一月壬寅,命伊里布等查禁云南种罂粟。壬子,以宝兴为四川总督,恩铭为刑部尚书,裕诚为左都御史。癸丑,命林则徐为钦差大臣,查办广东海口事件,节制该省水师。以周天爵署湖广总督,铁麟署漕运总督。丁巳,上诣大高殿祈雪。以固庆为科布多参赞大臣。乙丑,兵部尚书奕颢褫职,调裕诚为兵部尚书,以隆文为左都御史。丙寅,召哈丰阿来京,以舒伦保署黑龙江将军。是月,赈陕西怀远、安定二县,宁古塔三姓地方兵民口粮。

十二月戊辰朔,贵州仁怀县匪谢法真等作乱,命伊里布剿之。辛未,惇郡王绵恺卒,追复亲王爵。上亲临其丧三次赐奠。乙亥,上再诣大高殿祈雪。丙戌,上复诣大高殿祈雪。庚寅,移库伦帮办大臣驻科布多,为科布多帮办大臣。辛卯,授赛尚阿理藩院尚书。乙未,左都御史姚元之免,以龚守正代之。以匪乱平,赏伊里布双眼花翎,晋余步云太子太保。

是岁,朝鲜、琉球、暹罗来贡。

十九年春正月戊戌朔,晋封惠郡王绵愉为亲王。戊午,召奕山来京,以关福署伊犁将军。是月,贷湖南武陵县、陕西葭州等九州县、甘肃固原等五州县水旱灾雹灾口粮籽种。

二月壬午,御试翰林、詹事等官,擢李国杞四员为一等,余升黜有差。丙戌,以谒东陵,命肃亲王敬敏等留京办事。命林则徐赴虎门、澳门,防外海洋船进口及内匪出洋。

三月庚子,上谒东陵,免经过地方额赋十分之三。辛丑,吴椿病免,调何凌汉为户部尚书,以陈官俊为工部尚书,龚守正为礼部尚书,廖鸿荃为右都御史。癸卯,上谒昭西陵、孝陵、孝东陵、景陵、裕陵,诣端慧太子园寝奠酒。乙巳,陶澍病免,调林则徐为两江总督,以陈銮署之,裕廉署江苏巡抚,以桂良为湖广总督,朱树为河南巡抚。丙午,上幸南苑行围。辛亥,上还京师。乙卯,林则徐等奏趸船呈缴烟土,谕嘉之,予奖叙。准林则徐等奏,暂缓议断互市。乌鲁木齐都统廉敬迁成都将军,以惠吉代之。以恩铭为热河都统,隆文为刑部尚书。丙辰,以铁麟为左都御史。

夏四月辛未,以吴文熔为福建巡抚。丁丑,调周天爵为河南巡抚,朱树为漕运总督。戊子,上诣万寿山殿,祈雨。丁酉,以直隶旱,免奉天、山东、河南来直米税。

五月辛丑,雨。予告大学士卢荫溥卒。是月,赈云南浪穹、邓川二州县地震灾额赋。

六月丙寅,闽浙总督钟祥以关防被窃褫职,以周天爵代之。以牛鉴为河南巡抚。丁亥,太子少保、前两江总督陶澍卒。辛卯,调周天爵为湖广总督。

秋七月壬子,命林则徐以禁贩鸦片檄谕英吉利国及各国在粤洋商。是月,给湖南华容县水灾口粮。

八月庚午,经额布迁成都将军,以托浑布为山东巡抚。召乌里雅苏台将军保昌来京,以廉敬代之。是月,给陕西葭州等三州县被灾口粮。

九月庚子,命托浑布查办山东登州海贼,整顿水师。辛丑,上阅健锐营兵。己酉,哈丰阿迁广州将军,调棍楚克策楞为黑龙江将军,德克金布为绥远城将军。

冬十月,山西巡抚申启贤卒,赐恤如尚书例。以杨国桢为山西巡抚。是月,赈安徽无为等十一州县及屯坐各卫水灾。赈湖北黄梅等三县灾民。给湖北沔阳等九州县,山东蒙阴县,陕西府谷、神木二县,湖南华容县九州卫水灾旱灾口粮。蠲缓安徽无为等三十二州县、湖北沔阳等二十六州县、河南睢州等二十一州县、湖南沣州等九州县卫水灾新旧额赋。

十一月庚子,英船入广东海港,林则徐督官军击走之,停其贸易。以程楙采为安徽巡抚。戊申,德克金布迁广州将军。以松溥为绥远城将军,舒伦保为黑龙江将军。庚戌,命济克默特赴库伦,迎哲布尊丹巴呼图克图来觐。是月,给江西德化等七县、山西应州等四州县灾民口粮。蠲免江西南昌等二十三县、山西应州等八州县、直隶安州等五州县被灾新旧额赋。

十二月癸亥,署两江总督陈銮卒,调邓廷桢为两江总督,林则徐为两广总督,裕谦为江苏巡抚。癸酉,哲布尊丹巴呼图克图等觐见。调伊里布为两江总督,邓廷桢为云贵总督。癸未,命刑部尚书隆文在军机大臣上行走。调邓廷桢为闽浙总督,桂良为云贵总督。戊子,陈官俊免,以廖鸿荃为工部尚书。军机大臣文庆免。

是岁,朝鲜、琉球入贡。

二十年春正月壬辰朔,加王鼎太子太保。戊戌,以阿勒精阿为热河都统。己亥,理藩院禁哲布尊丹巴呼图克图用旗伞,并未奏明,奕纪褫御前大臣、户部尚书、总管内务府大臣,并紫缰,免管理藩院。赛尚阿降二品顶戴。调隆文为户部尚书。壬寅,皇后钮祜禄氏崩。戊申,谥大行皇后为孝全皇后。庚戌,奕纪逮问。庚申,以奕纪收沙布朗馈送银,遣戍黑龙江,赛尚阿等均下部严议。

二月癸亥,以阿勒精阿为刑部尚书,讷尔经额为热河都统,哈丰阿为西宁办事大臣。丁卯,户部尚书何凌汉卒,以卓秉恬代之。以祁寯藻为兵部尚书,沈岐为左都御史。丁丑,河东河道总督栗毓美卒,以文冲为河东河道总督。是月,给安徽桐城县贫民口粮。贷山西河保等营兵丁谷石。

三月,命何汝霖在军机大臣上学习行走。召奕山来京,以布彦泰为伊犁将军。辛亥,以壁昌为察哈尔都统。是月,贷山西吉州等九州厅县仓谷。

夏四月辛酉朔,册谥孝全皇后,翼日颁诏。己巳,调经额布为吉林将军。丙子,以祥康为库伦办事大臣。戊寅,上诣黑龙潭,祈雨。乙酉,赐李承霖等一百八十人进士及第出身有差。戊子,上诣广润祠,祈雨。是月,贷直隶紫金关及所属浮图峪等三营弁兵仓谷。

六月丁卯,以色克津阿为绥远城将军。丁丑,林则徐等奏击毁载烟洋艇。庚辰,英船入浙洋,围定海县城。命余步云会乌尔恭额等援之。甲申,英人陷定海县,知县姚怀祥等死之。褫乌尔恭额及浙江提督祝廷彪职,仍留任。调瑚松额为热河都统,讷尔经额为陕甘总督。

秋七月癸巳,英船犯浙江乍浦海口。命奇明保率兵御之。英师犯福建厦门炮台,参将陈胜元等击却之。丙申,褫浙江巡抚乌尔恭额职,以刘韵珂代之。丁酉,命伊里布为钦差大臣,赴浙江剿办。以裕谦兼署两江总督。以湍多布为伊犁参赞大臣,花山太为塔尔巴哈台参赞大臣。甲辰,英船泊天津口外,递信与琦善诉屈。命琦善接收,仍饬勿进口。丙午,花山太迁喀什噶尔办事领队大臣,调湍多布为塔尔巴哈台参赞大臣,以福兴阿为伊犁参赞大臣。庚戌,林则徐等奏续获贩烟人犯,谕以空言搪塞。切责之。乙卯,英船至山海关等处。丙辰,命伊里布等,英人如有投递书信,即接受驰奏。是月,赈湖北沔阳等三州县水灾。

八月甲子,以邵甲名署浙江巡抚。丙子,英人复侵福建厦门,提督陈阶平等击走之。己卯,命琦善为钦差大臣,赴广东查办,并谕伊里布及沿海督抚防守要隘,洋船停泊外洋勿问。调讷尔经额署直隶总督,以瑚松额署陕甘总督。庚辰,谦敬迁成都将军,以德楞额为乌里雅苏台将军。辛巳,裕谦奏英人呈递原书,不敢上闻。谕切责之。是月,给江苏上元等十四县水灾口粮并修屋费。

九月庚寅,林则徐、邓迁桢命交部严加议处。以琦善署两广总督。辛卯,以托浑布奏英船南去,命耆英、托浑布酌撤防兵。召邓迁桢来京,以颜伯焘为闽浙总督,张泲中为云贵巡抚。甲午,谕周天爵等,恤湖北各州县水灾。乙未,褫林则徐、邓迁桢职,命赴广东候查问。己亥,英船入浙江慈溪、余姚二县内洋,伊里布等击走之。以乌尔恭额不代奏英人书信,逮问。是月,给江苏泰兴县水灾口粮。

十月壬申,以谒陵命庄亲王等留京办事。壬午,以孝全皇后梓宫奉安龙泉峪,上诣观德殿行祖奠礼。乙酉,调禄普为乌里雅苏台将军。是月,赈直隶沧州等三州县灾民。给安徽东流、含山二县军民口粮。贷奉天白旗堡、小黑山水灾口粮。蠲缓直隶沧州等三十三州县、湖北沔阳等八州县卫水灾新旧正杂额赋。

十一月庚寅,上谒西陵,免经过地方额赋十分之五。甲午,上谒泰陵、泰东陵、昌陵,并诣孝穆皇后、孝慎皇后陵寝奠酒,孝全皇后梓宫前行迁奠礼。乙未,孝全皇后梓宫奉安地宫,上临视,命皇子行礼。己亥,上还京师。癸卯,禄普改荆州将军,调奕湘为乌里雅苏台将军。英人陷定海。戊申,乌尔恭额论绞。壬子,伊里布奏英人要求澳门、定海贸易。谕琦善,令英人退还定海。癸丑,以周天爵擅用非刑,褫职,遣戍伊犁。以裕泰为湖广总督,以吴其浚为湖南巡抚。是月,赈江苏上元等十六县、直隶天津县水旱灾。贷江苏江宁驻防及督饬各营驻札灾区兵饷、黑龙江墨尔根城水灾屯丁口粮屋费。蠲缓江苏泰州等七十二州县卫、直隶天津县、山西河曲县新旧额赋。

十二月,以孝全皇后升祔奉先殿,上亲诣告祭。翼日,命皇四子行礼。戊辰,调余步云为浙江提督。以铁麟为察哈尔都统,恩桂为左都御史。以壁昌为伊犁参赞大臣。己卯,调吴文熔为湖北巡抚,以刘鸿翱为福建巡抚。癸未,召瑚松额来京,以恩特亨额署陕甘总督。是月,给福建龙溪、南靖二县水灾口粮屋费。贷江苏江阴等三营兵饷。蠲缓浙江长兴等四县水旱灾新旧正杂额赋。

是岁,朝鲜入贡。

清史稿卷一九

本纪第一九

宣宗三

二十一年春正月己丑,英人寇广东虎门,副将陈连陞及其子举鹏死之。庚寅,以奕山为御前大臣。辛卯,琦善以虎门陷,下部严议,褫提督关天培顶戴。命奕山为靖逆将军,隆文、杨芳为参赞大臣,督办广东海防。命赛尚阿在军机大臣上行走。庚子,命讷尔经额驻天津,督办海防。命哈哴阿赴山海关,督办海防。命耆英等勤哨探。己巳,命伊里布回两江总督任,以裕谦为钦差大臣,办浙江军务。辛亥,琦善褫大学士,仍下部严议。是月,赈奉天白旗堡水灾旗户。给江苏江都、丹徒二县水灾仓谷,奉天小黑山站丁,江苏庙湾场灶丁,安徽东流、繁昌二县水旱灾口粮。贷湖北沔阳等八州县卫、湖南武陵县、甘肃金州等五州厅县水灾籽种,江苏上元等十一县,甘肃皋兰县水灾口粮,山西河曲县雹灾仓谷。

二月庚申,以伊里布迁延不进,下部严议。辛酉,琦善逮问,仍籍其家。以祁𡎴为两广总督,怡良兼署;李振祜署刑部尚书,授讷尔经额直隶总督,恩特亨额陕甘总督。丙寅,越南国王阮福晈卒,诏停贡方物。戊辰,英人去定海,以伊里布庸懦,褫协办大学士,留两江总督任。命宝兴为大学士,仍留四川总督。以奕经协办大学士。戊寅,命齐慎为参赞大臣,赴广东会剿。壬午,英人陷广东虎门炮台及乌涌卡边,广东水师提督关天培、署湖南提督祥福等死之。是月,展赈江苏江宁、通州二府州灾民。

三月丙戌朔，释周天爵赴广东军营。甲午，上谒西陵，免经过地方额赋十分之三。乙未，致仕大学士文孚卒。丙申，英人兵船入广东内港，杨芳等击走之。戊戌，上谒泰陵、泰东陵、昌陵，至龙泉峪孝穆皇后、孝慎皇后、孝全皇后陵寝奠酒。己亥，上再谒昌陵，行敷土礼。诣隆恩殿，行大飨礼。壬寅，上还京师。丙午，上临故大学士文孚第赐奠。戊申，准米里坚等国通商。庚戌，以裕谦奏命沿海通商口岸照旧准商民贸易。壬子，杨芳等请仍准英国商船在广东贸易。不许，命将杨芳、怡良严议。

闰三月乙卯朔，褫杨芳、怡良职，仍留任。丙寅，汤金钊降调，调卓秉恬为吏部尚书、协办大学士，祁寯藻为户部尚书，以许乃普为兵部尚书。丁卯，召伊里布来京，以裕谦为两江总督，命定海防务交刘韵珂办理。调梁章钜为江苏巡抚，以周之琦为广西巡抚。乙亥，谕奕山等抚恤各国洋商。是月，贷山西吉州等十州县暨和林格尔厅上年歉收仓谷。蠲缓江苏宿迁县被水滩租。

夏四月己丑，命裕谦仍为钦差大臣，督办浙江海防。英人陷广东城外炮台。甲辰，礼部尚书奎照病免，以色克精额为礼部尚书。赐龙启瑞等二百二人进士及第出身有差。辛亥，命睿亲王等、大学士、军机大臣、各部尚书会同刑部讯伊里布。癸丑，以广东省城围急，准奕山等奏，令英人通商。是月，缓徵山西朔州等六州厅县逋赋。

五月丙辰，英船入浙洋，命裕谦申严各海口兵备。癸亥，邓廷桢、林则徐遣戍伊犁。癸酉，英船去广东虎门。穆彰阿免管理藩院，命赛尚阿代之。参赞大臣、户部尚书隆文卒于军。庚辰，调敬征为户部尚书，赛尚阿为工部尚书，恩桂为理藩院尚书。壬午，调吴文熔为江西巡抚，钱宝琛为湖南巡抚。以奕兴为绥远城将军。

六月，准祁埙等奏定商船赴天津等处章程。庚寅，褫伊里布职，发军台效力赎罪。准奕山等奏，分期撤兵。戊戌，琦善论斩。癸卯，河南下南厅河决。辛卯，褫文冲职，仍留河东河道总督任，牛鉴下部严议。

七月丙辰，命王鼎等赴东河督工。壬戌，以李振祜为刑部尚书。

丁卯，以达赖剌嘛于四月坐床，颁敕书。戊辰，命前宁夏将军特依顺为参赞大臣，赴广东。辛未，以河水泛滥，命牛鉴移民赈恤。己卯，南掌入贡。庚辰，英人陷福建厦门，总兵江继芸等死之。以故越南国王阮福皎子阮福暶为越南国王，命广西按察使宝清往册封。

八月癸未，以桂轮为热河都统。丁亥，英人寇浙江。庚寅，以朱襄为河东河道总督。辛卯，万寿节，上诣皇太后宫行礼。御正大光明殿，皇子及王以下文武大臣，蒙古使臣、外藩王公行庆贺礼。褫文冲职，枷号河干。以王鼎署河东河道总督。英人去厦门。丁酉，英人寇浙江双澳、石浦等处，裕谦督兵击走之。命怡良赴福建查办军务。以梁宝常署广东巡抚。庚子，以赵炳言为湖北巡抚。辛丑，英人复大举寇浙江。戊申，英人再陷定海，总兵王锡朋、郑国鸿、葛云飞等死之。裕谦、余步云下部严议。是月，免陕西华州、大荔二州县，河南睢州等八州厅县水灾额赋。

九月乙卯，英人陷镇海，钦差大臣裕谦死之，提督余步云遁。命奕经为扬威将军，哈哴阿、胡超为参赞大臣，督办浙江海防。命怡良为钦差大臣，会同颜伯焘、刘鸿翱督办浙江海防。以牛鉴署两江总督，鄂顺安署河南巡抚。丁巳，命文蔚为参赞大臣，赴浙江，胡超仍驻天津。命特依顺为参赞大臣赴浙江，哈哴阿仍驻山海关。命祁寯藻在军机大臣上行走。授牛鉴两江总督。辛酉，英人陷浙江宁波府。己巳，上阅火器营兵。是月，赈奉天辽阳等六州县水灾。

冬十月戊子，命僧格林沁等巡视天津海口。辛卯，英船人台湾海口，达洪阿等击退之。命王得禄赴台湾协剿。是月，赈湖南华容县、岳州卫，江西德化等十县水灾。加赈湖北沔阳等九州县、山西萨拉齐厅灾民、江苏上元等十五县卫灾民，并免额赋。给安徽无为等十二州县水灾口粮屋费，并免额赋。

十一月庚午，以程矞采署江苏巡抚。以青海玉树番族雪灾，免应征银二年。戊寅，英人陷浙江余姚县，复入慈溪。是月，赈江苏上元、江宁二县灾民。

十二月戊子，褫颜伯焘职，以杨国桢为闽浙总督。己丑，以梁萼涵为山西巡抚。癸巳，英人陷浙江奉化县。壬寅，湖北崇阳县匪钟人杰作乱，攻陷县城，命裕泰等督兵讨之。以程矞采为江苏巡抚。丙午，英船寇浙江乍浦。戊申，英船寇台湾淡水、鸡笼，达洪阿等击退之。是月，赈江苏新阳县灾民。展赈河南祥符等六县、江苏上元等十县灾民。贷河南睢州、柘城县贫民籽种口粮，并平粜淮宁县仓谷。缓征江西南昌等二十二县逋赋，浙江横浦、浦东二场灶课。

是岁，朝鲜、琉球、南掌入贡。

二十二年春正月丙辰，杨国桢病免，以怡良为闽浙总督，梁宝常为广东巡抚。甲子，盛京将军耆英改广州将军，以禧恩署之。己巳，湖北崇阳贼匪陷通山，裕泰遣兵击败之。丁丑，克复湖北崇阳县，获匪首钟人杰。是月，赈安徽无为等十二州县卫、奉天辽阳等六处、新民等四厅县灾民。给安徽泗州等二十二州县卫、浙江海宁等七州县水灾口粮。贷江西德化等七县、湖南武陵县、湖北嘉鱼等九县卫、陕西葭州等五州县水灾籽种口粮，山西萨拉齐厅歉收仓谷，江苏灾区京右等营兵饷。蠲缓浙江海宁等九州县卫水灾新旧额赋。

二月丙戌，命林则徐仍戍伊犁。丙申，奕经等进攻宁波失利。释伊里布赴浙江军营。命耆英署杭州将军。王鼎乞假，命齐慎仍为参赞大臣，办理浙江军务。丙午，命耆英为钦差大臣，会同特依顺守浙江省城，并命刘韵珂会办防务，责成奕经等守沿海各口岸。是月，赈盛京辽阳等处、江苏上元等八县灾民。

三月壬子，上幸南苑。癸丑，上行围，翼日如之。丁巳，上还圆明园。恩特亨额卒，以富呢扬阿为陕甘总督，壁昌为陕西巡抚。以庆昌为伊犁参赞大臣。是月，蠲缓河南郑州积涝地亩逋赋。

夏四月癸未，英人复寇台湾，达洪阿等击走之。加达洪阿太子太保。己丑，英人去宁波府。甲午，上诣黑龙潭神祠，祈雨。乙未，英人陷浙江乍浦，同知韦逢甲死之。庚子，褫余步云职，逮问。丙午，钟人杰伏诛。是月，贷湖南凤凰等五厅县屯丁苗佃籽种口粮，山西吉州等十四州县仓谷。缓征山西阳曲县、萨拉齐厅逋谷。

五月己酉,大学士王鼎暴卒。丙辰,降汤金钊为光禄寺卿。丁巳,汤金钊乞休,允之。戊午,奕山以查奏不实,褫左都御史,并祁𡎚、梁宝常褫职留任。己未,礼部尚书色克精额卒,以恩桂代之。以吉伦泰为理藩院尚书。以奎照为左都御史。壬戌,英人陷江苏宝山县,提督陈化成死之。命耆英、伊里布赴江苏,会同牛鉴防剿。丁卯,英人陷上海县,典史杨庆恩死之。命赛尚阿为钦差大臣,会同讷尔经额防剿。是月,贷江苏山阳县及淮安等二县卫歉收籽种。

六月戊寅朔,日食。蠲缓湖北被匪滋扰之崇阳等五县卫新旧额赋。己丑,辛卯,以文庆为库伦办事大臣。壬辰,蠲缓浙江被扰之定海等十二县新旧额赋。癸巳,英船寇京口。丙申,英船寇镇江,齐慎等遁。丁酉,英人陷镇江,副都统海龄死之。

秋七月甲寅,英船寇江宁省城。命伊里布等议款。命奕经进驻常州。己未,耆英奏与英兵官玛礼逊等议罢兵。谕"朕以民命为重",令妥行定议。癸亥,耆英等请与英兵官定约,钤御宝。谕"朕因亿万生灵所系",允所请。庚午,江南桃北厅河决。是月,赈巴里坤地震灾。

八月戊寅,耆英奏广州、福州、厦门、宁波、上海各海口,与英国定议通商。戊子,麟庆以贻误河防,褫职留任。命敬征、廖鸿荃赴江南查勘河工。是月,贷巴里坤地震灾修屋费。

九月丁未,沈岐乞终养,允之。以李宗昉为左都御史。己酉,授禧恩盛京将军。戊午,朱树乞终养,允之。命周天爵以二品顶戴署漕运总督。己未,两江总督牛鉴褫职,逮问,命耆英代之。召奕山来京。以伊里布为钦差大臣、广州将军,办理善后事宜。辛酉,河东河道总督朱襄卒,以慧成署之。癸亥,召奕经、文蔚来京。命齐慎回四川提督。甲戌,命伊里布议通商税课事宜。乙亥,璧昌迁福州将军,以李星沅为陕西巡抚。

冬十月庚辰,上阅圆明园八旗枪兵。丙戌,奕山、奕经、文蔚交刑部治罪,特依顺、齐慎下部严议。庚寅,减免江苏滨海被兵太仓等四十厅州县卫新旧额赋有差。甲午,奕山、奕经、文蔚均夺职论斩,特依顺、齐慎褫职留任。乙未,命户部尚书敬征协办大学士,调恩桂为吏部尚书,以麟魁署礼部尚书。戊戌,庆郡王奕彩缘事夺爵,不入八分辅国公绵性夺爵,发盛京。是月,赈江苏桃源、沭阳二县水灾。给湖北江陵等四县、山西保德等三州厅县灾民口粮。贷奉天牛庄等处灾民口粮。蠲缓江苏海州等五州县、湖南沣州等八州县卫新旧额赋。

十一月丁未,召科布多参赞大臣固庆来京,以果勒明阿代之。召乌里雅苏台参赞大臣盛贵来京,以乐斌代之。召驻藏大臣孟保来京,以海朴代之。以潘锡恩为江南河道总督。授慧成河东河道总督。丙辰,允周天爵回籍守制,以廖鸿荃署漕运总督。甲子,命怡良查办达洪阿等妄杀被难洋人。丁卯,牛鉴论斩。甲戌,给江苏滨江被兵等丹徒六县贫民口粮屋费,并免通州等十三州县厅额赋有差。是月,给江苏萧县、徐州卫水灾口粮。蠲缓浙江淳安等三县新旧额赋。

十二月辛巳,召廖鸿荃来京,以李湘棻署漕运总督。己丑,设通永镇总兵,驻芦台,以向荣为通永镇总兵。庚寅,召程矞采来京,以孙善宝为江苏巡抚。乙未,托浑布病免,以程矞采为山东巡抚。戊戌,申命大学士、九卿、科道议余步云罪,处斩。己亥,调梁宝常为山东巡抚,程矞采为广东巡抚。是月,给福建峰市等三县厅水灾口粮屋费。

是岁,廓尔喀、朝鲜、琉球来贡。

二十三年春正月辛亥,命李僡、成刚赴南河,会同潘锡恩督工。壬子,英兵官朴鼎查回香港,留马礼逊等候议约。命伊里布等筹办通商事宜。命李湘棻会同耆英筹办江北善后事宜。是月,赈江苏萧县、桃源县灾,并给沭阳等六县卫口粮。贷湖北江陵等三县卫,湖南沣州、洞庭二营水灾籽种口粮。

二月乙未,钦差大臣、广州将军伊里布卒,命祁𡏖接办通商税则。丁酉,乌里雅苏台将军奕湘改广州将军,以禄普代之。辛丑,调奕兴为乌里雅苏台将军,禄普为绥远城将军。是月,贷湖北荆州被水驻防仓谷。

三月庚戌,命耆英为钦差大臣,办理江浙通商事宜。壁昌署两江总督。丁巳,御试翰林、詹事等官,抉万青藜五员为一等,余升黜有差。乙丑,禄普迁镶红旗蒙古都统,调奕兴为绥远城将军,以桂轮为乌里雅苏台将军,起琦善为热河都统。丙寅,起文蔚为古城领队大臣。起奕经为叶尔羌帮办大臣。丁卯,怡良奏达洪阿、姚莹并无战功,命褫职逮问。寻免达洪阿、姚莹治罪。是月,贷山西绛州等六州县、湖北荆州驻防被灾仓谷,江宁驻防暨督协各营灾歉兵丁银,湖南凤凰等五厅县苗佃屯丁籽种口粮。

夏四月甲戌朔,以维勤为乌鲁木齐都统。丙子,授麟魁礼部尚书。丁丑,以御史陈庆镛劾,仍夺琦善、文蔚、奕经职。奎照病免,以特登额为左都御史,萨迎阿为热河都统。庚子,命耆英与英人会议通商。戊辰,怡良病免,以刘韵珂为闽浙总督,调吴其濬为浙江巡抚,以陆费瑔为湖南巡抚。

六月乙亥,湖南武冈州贼匪曾如炷作乱,戕知州徐光弼,命吴其濬讨捕之。甲午,曾如炷伏诛。

秋七月乙巳,河决东河中牟九堡,慧成下部严议。允耆英奏,定通商税则,先在广州市易。改命敬徵、何汝霖赴东河查勘。丙午,命鄂顺安赈沿河被水灾民。

闰七月戊寅,直隶永定河决。乙酉,中牟决口未塞,命枷慧成河干。以钟祥为河东河道总督。丙戌,召法丰阿来京,以德兴为西宁办事大臣。丁亥,命廖鸿荃往河南,会同督办河工。己丑,起麟庆赴东河督办河工。庚寅,命敬征等议制纸钞。甲午,调吴其濬为云南巡抚,以管畟群为浙江巡抚。

八月乙巳,申谕程懋采抚恤安徽被水各州县灾民。是月,赈陕西沔县等三县水灾雹灾。

九月甲午,命李湘棻以三品顶戴署漕运总督。是月,赈山东福山县水灾。蠲缓直隶景州等二十七州县、山东福山县水灾雹灾正杂额赋。

冬十月己酉,耆英奏通商事竣,命回两江总督任,办善后及上海通商事宜,祁墫等办粤省未尽事宜。庚戌,起琦善为驻藏办事大臣。甲子,起达洪阿为哈密办事大臣。是月,赈安徽太和等三县、山西岢岚州水灾雹灾。贷安徽太和等四县、齐齐哈尔等四处歉收口粮。蠲缓奉天辽阳等六州厅县、沈阳等三处,齐齐哈尔等四处,山东临清等二十七州县卫,安徽泗州等三十七州县卫,山西岢岚等七州县,湖南沣州等六州县卫被灾新旧正杂额赋。

十一月己巳朔,日食。己卯,以王植为浙江巡抚。壬午,调程楙采为浙江巡抚,以王植为安徽巡抚。丁酉,上诣大高殿,祈雪。是月,赈江苏沭阳县、大河卫灾民。贷江西南昌等十五县、陕西绥德等九州县籽种口粮仓谷。蠲缓直隶新河等四县、江苏高邮等六十八州厅县卫水旱灾新旧额赋。

十二月辛丑,议定意大利亚国通商章程。甲辰,调梁宝常为浙江巡抚,以崇恩为山东巡抚。丙午,雪。丁巳,命刘韵珂办宁波通商事宜。礼部尚书龚守正病免,以陈官俊代之。是月,蠲缓河南睢州等十六州县被水新旧正杂额赋。

是岁,朝鲜、缅甸、暹罗入贡。

二十四年春正月辛卯,贷陕西葭州等四州县、山西大同等三县水灾雹灾籽种。

二月戊戌朔,祁墫病免,调耆英为两广总督,以璧昌署两江总督。庚子,以谒东陵,命肃亲王敬敏等留京办事。庚戌,以中牟坝工复蛰,褫麟魁、廖鸿荃职,给七品顶戴,仍留河工,钟祥褫职,留东河总督任。鄂顺安降三品顶戴。以特登额为礼部尚书,文庆为左都御史,调陈官俊为工部尚书。以李宗昉为礼部尚书,杜受田为左都御史。癸丑,甲寅,命穆彰阿留京办事。以程矞采奏米利坚使欲来天津朝觐,并议通商章程命耆英赴广东,会同程矞采妥办米利坚等国通商事宜。丁卯,免经过地方田赋十分之三。是月,给江苏海州等三州县卫民屯口粮。

三月壬申,命耆英为钦差大臣,办理通商善后事宜。仍令程矞
采谕止米里坚使来京。丙戌,钟祥等奏河工善后事宜,谕:"一夫失
所,辜在朕躬。卿等善为之。"是月,贷山西平定等十一州厅县歉收
仓谷。

夏四月己酉,修广东虎门各内洋炮台。壬子,台湾匪平。辛酉,
赐孙毓溎等二百有九人进士及第出身有差。是月,加给河南睢州等
十五州县水灾三月口粮。

六月丁酉,直隶永定河决。壬寅,湖南耒阳县匪杨大鹏等作乱,
命陆费瑔等讨捕之。己酉,定米利坚通商条约。是月,缓征山东临
清等二十二州县并德州东昌二卫被灾新旧额赋有差。

秋七月辛巳,富呢扬阿及提督周悦胜下部严议。甲申,湖南耒
阳县匪平,匪首杨大鹏伏诛。戊子,湖北荆州万成堤决。辛卯,召奕
兴来京,以铁麟署绥远城将军,阿彦泰署察哈尔都统。是月,加给河
南中牟等九县水灾三月口粮。贷陕西葭州雹灾籽种。

八月,赈山西汾阳县水灾雹灾,并蠲缓汾阳等三县额赋。

九月,给河南淮宁等三县三月水灾口粮。

冬十月甲午朔,准布鲁特阿希木袭四品翎顶。己酉,叶尔羌参
赞大臣奕经改伊犁领队大臣,以麟魁代之。壬戌,伊犁参赞大臣达
洪阿病免。命林则徐赴阿克苏、乌什、库车、和阗等处勘议开垦事
宜。癸亥,以舒兴阿为伊犁参赞大臣。是月,赈直隶霸州、永清二州
县旗民。给奉天锦州等八州厅县水灾口粮。蠲缓直隶霸州等三十
七州县、奉天金州等八州县厅、湖北沔阳等二十九州县卫水旱灾雹
灾新旧额赋。

十一月乙丑,允桂良来觐,以吴其浚兼署云贵总督。前刑部侍
郎黄爵滋以员外郎等官用。甲申,上诣大高殿,祈雪。是月,贷盛京
金州水师营歉收口粮。

十二月癸巳朔,上再诣大高殿,祈雪。庚子,申命林则徐赴喀什
噶尔查勘开荒。辛丑,上诣大高殿,祈雪。命卓秉恬为大学士,以陈
官俊为礼部尚书、协办大学士,杜受田为工部尚书,祝庆蕃为左都

御史。是月，加给河南睢州等十五州县被灾口粮，并贷籽种仓谷。贷江宁驻防兵丁、江苏各营兵匠银米。

是岁，朝鲜、暹罗入贡。

二十五年春正月乙丑，河南中牟河工合龙。庚午，调李星沅为江苏巡抚，惠吉为陕西巡抚，以程矞采为漕运总督，黄恩彤为广东巡抚。戊子，召容照来京，以麟庆为库伦办事大臣。是月，给直隶霸州，永清二州县灾民口粮。贷江西德化等五县，湖北江陵等六县卫，湖南沅江、安乡二县军民籽种。庚戌，以福济为总管内务府大臣。癸丑，睿亲王仁寿坐滥保海朴，褫宗人府左宗正、领侍卫内大臣、内廷行走。敬征坐滥保孟保，褫协办大学士、户部尚书。命两广总督耆英协办大学士。调赛尚阿为户部尚书，裕诚为工部尚书。以文庆为兵部尚书，成刚为左都御史。调僧格林沁为镶黄旗领侍卫内大臣。以车登巴咱尔为正黄旗领侍卫内大臣。甲寅，调惠吉为福建巡抚，以邓廷桢为陕西巡抚。乙丑，颁发五口通商章程。己巳，上阅圆明园八旗枪兵。癸未，麟庆病免，以成凯为库伦办事大臣。是月，贷山西忻州等十七州县厅歉收仓谷。

夏四月癸卯，桂良留京，以贺长龄为云贵总督。甲辰，调吴其浚为福建巡抚，惠吉为云南巡抚，以乔用迁为贵州巡抚。丙午，上诣黑龙潭，祈雨。壬子，富呢扬阿卒，以惠吉为陕西巡抚，邓廷桢署之，以郑祖琛为云南巡抚。乙卯，赐萧锦忠等二百十七人进士及第出身有差。丙辰，裕诚、许乃普降调，以敬征为工部尚书，何汝霖为兵部尚书。

五月丙戌，雨。丁亥，上再诣黑龙潭，祈雨。是月，给山东乐安等六县水灾口粮。

六月甲午，允比利时国通商。诏停本年秋决。丙申，命崇恩剿捕濮州、郓城等处捻匪。辛丑，赈台湾彰化县地震灾民。癸丑，阿克苏办事大臣辑瑞以垦荒未奏率即兴工，褫职。己未，江苏中河厅桃源汛河决。甘肃西宁镇总兵庆和遇番贼于金羊岭，死之。命惠吉剿捕番贼。是月，缓征山东滨州等四十二州县卫被灾逋赋。

秋七月辛未，允丹麻尔国通商。命大学士卓秉恬管兵部。丙戌，命达洪阿赴甘肃查办番贼。

八月壬辰，诏皇太后七旬万寿，免道光二十年以前实欠正杂田赋。辛丑，调郑祖琛为福建巡抚，梁萼涵为云南巡抚，吴其浚为山西巡抚。敬征病免，调特登额为工部尚书，以保昌为礼部尚书。丙戌，召林则徐回京，以四五品京堂候补。禧恩病免，调奕湘为盛京将军。

冬十月甲午，加上皇太后徽号曰恭慈康裕安成庄惠寿禧崇祺皇太后。上进册宝，率皇子及王、公、大臣等行庆贺礼。戊戌，皇太后七旬圣寿，上率皇子、王、公、大臣行广贺礼。辛丑，李宗昉病免，以祝庆蕃为礼部尚书，魏元烺为左都御史。癸卯，以上皇太后徽号礼成，颁诏覃恩有差。丙午，免直隶道光二十年以前民欠各项旗租。是月，赈直隶宝坻等四县灾民。

十一月辛酉，陕甘总督惠吉卒，以布彦泰为陕甘总督，林则徐署之。萨迎阿为伊犁将军，桂良为热河都统。癸亥，御史陈庆镛降调。是月，贷热河围场歉收兵丁银。

十二月辛卯，上诣大高殿，祈雪。戊戌，免台湾道光二十年以前民欠租谷粮米。癸卯，上再诣大高殿，祈雪。癸丑，上复诣大高殿，祈雪。

是岁，朝鲜、越南入贡。

二十六年春正月庚辰，命赛尚阿、周祖培查勘江防。辛巳，弛天主教禁。以陆建瀛为云南巡抚。是月，给奉天凤凰城、岫岩厅旗民，直隶宝坻等四县口粮。贷甘肃静宁等十三县灾民籽种。

二月己丑，云南永昌回匪作乱，命提督张必禄剿之。乙卯，以谒陵命定郡王载铨等留京办事。

三月癸亥，上谒西陵，免经过地方额赋十分之三。丁卯，上谒泰陵、泰东陵、昌陵，至孝穆皇后、孝慎皇后、孝全皇后陵奠酒。庚午，上幸南苑行围。辛未，上行围，翌日如之。乙亥，上还京师。兴平仓火。乙酉，上诣黑龙潭，祈雨。以林则徐为陕西巡抚。是月，贷山西平定等九州县歉收仓谷。

夏四月辛丑，以云南永昌回民藉端寻衅，命贺长龄查办。丙午，上诣黑龙潭，祈雨。庚戌，以瑞元为科布多参赞大臣。

五月壬戌，上诣黑龙潭，祈雨。乙丑，张必禄败回匪于永昌。以上年杀永昌内应回民过多，贺长龄下部议处。丁卯，上复诣黑龙潭，祈雨。英人退出舟山。

闰五月乙酉朔，青海黑错四沟番作乱，命布彦泰剿之。癸巳，永昌回匪遁入猛庭，贺长龄督兵剿之。戊申，以麟魁为乌里雅苏台参赞大臣。

六月戊午，命祁寯藻、文庆查办天津盐务。壬午，以予告大学士阮元重逢乡举，晋太傅，食全俸。癸未，达洪阿剿窜匪果岔番贼，败之。

秋七月辛卯，禧恩以失察奸民，褫公爵，降镇国将军。壬寅，上阅吉林、黑龙江官兵马步射。癸卯，以云南汉、回积嫌未释，命贺长龄持平办理，勿分畛域。辛亥，申严门禁。是月，赈三姓及宁古塔等处水灾。

八月壬申，命盛京、直隶、江南、浙江、福建、山东、广东七省将军、督、抚筹办练兵储饷。癸酉，上阅火器营兵。乙亥，贺长龄以防剿无功，降河南布政使。命李星沅为云贵总督，调陆建瀛为江苏巡抚，以张日晸为云南巡抚。丙子，布鲁特匪入喀什噶尔卡伦，命赛什雅勒泰剿之。

九月己亥，湖南新田县匪王棕献等作乱，捕诛之。戊申，以杨殿邦署漕运总督。辛亥，江苏昭文县匪金得顺等作乱，捕诛之。是月，赈山东东平、莱芜二州县灾民。赈三姓、珲春水灾旗民。给山东汶上等四县灾民口粮。蠲缓奉天辽阳等十三州厅县、直隶霸州等三十五州县、山东东平等四州县灾歉新旧额赋。

十月丁巳，免黑错四沟番民额赋。丙寅，以徐继畬为广西巡抚。是月，给河南汲县等八县，陕西府谷、神木二县灾民口粮。蠲缓湖南沣州等五州县暨岳州卫被灾额赋。

十一月乙酉,桂轮改荆州将军,以特依顺为乌里雅苏台将军。乙未,上诣大高殿,祈雪。丙午,命壁昌等筹议江苏漕粮酌分海运。己酉,黄恩彤以奏请赐应试年老武生职衔,下部严议。辛亥,命山东严缉房人勒赎匪。是月,赈山西垣曲县灾民。蠲缓山西保德等六州县暨归化城等三处、浙江余杭等四十四县卫、直隶安州等六州县被灾新旧额赋。

十二月癸丑,黄恩彤褫职,调徐庆缙为广东巡抚,以程矞采为云南巡抚,杨殿邦为漕运总督。癸亥,云南猛统回匪窜入缅宁,命陆建瀛查办。甲子,西宁办事大臣达洪阿病免,以哈勒吉那代之。戊辰,以王兆琛为山西巡抚。庚午,命清厘刑部及直隶、山东、山西、河南、陕西、甘肃各省庶狱。命宝兴留京管刑部。赏琦善二品顶戴,为四川总督。丙子,调郑祖琛为广西巡抚,徐继畬为福建巡抚。是月,给浙江缙云、宣平二县水灾口粮。

是岁,朝鲜、琉球入贡。

二十七年春正月癸未,调成凯为塔尔巴哈台参赞大臣。乙酉,铁麟迁荆州将军,以裕诚为察哈尔都统。是月,给浙江富阳等六县卫、安徽五河等三县、江苏桃源等五县卫上年灾歉口粮,河南河内等十三县水旱灾口粮籽种,并贷辉县等八县仓谷。贷陕西葭州等三州县、直隶霸州等三十九州县灾歉籽种口粮仓谷。

二月己未,云南云州回匪作乱,命李星沅剿之。癸亥,以谒陵命载铨等留京办事。丙子,以福建海盗劫杀洋商,命刘韵珂等搜捕。戊寅,上谒东陵,免经过地方额赋十分之三。是月,给河南汲县等五县被灾口粮。乙未,壁昌迁内大臣,调李星沅为两江总督,以林则徐为云贵总督,杨以增为陕西巡抚。戊戌,英船退出虎门。乙巳,以魏元烺为礼部尚书,贾桢为左都御史。

夏四月戊午,布鲁特匪复攻色埒库勒,伯克巴什等击走之。赛什雅勒泰等奏英人据音底、努普尔,各部咸附之。丙寅,免热河丰宁县逋赋及旗租银。癸酉,赐张之万等二百三十一人进士及第出身有差。是月,贷江西上高、新昌二县,湖南凤凰等五厅县屯丁苗佃籽种口粮。

五月丙戌,御试翰林、詹事等官,擢王庆云四员为一等,余升黜有差。何汝霖忧免,调魏元烺为兵部尚书,以贾桢为礼部尚书,孙瑞珍为左都御史。丁亥,命文庆、陈孚恩在军机大臣上行走。辛卯,以广东民情与洋人易启衅端,命择绅士襄办交涉事宜。丁未,擢曾国藩为内阁学士。

六月,理藩院奏俄罗斯达喇嘛请在塔尔巴哈台、伊犁、喀什噶尔通商,不许。

秋七月己卯,命林则徐讞云南回民控诉香匪杀无辜一万余人之狱。乙未,命林则徐讞云南回民杜文秀控诉被诬从逆之狱。癸卯,以河南旱灾,发库银十万两,并拨邻省银二十万两赈之。

八月己酉,安集延匪犯喀什噶尔,吉明等击走之。赛什勒雅泰自杀,调奕山为叶尔羌参赞大臣。癸亥,以布彦泰赴肃州调度,命杨以增署陕甘总督,恒春署陕西巡抚。甲子,以喀什噶尔卡外布鲁特、安集延匪作乱,命布彦泰为定西将军,奕山为参赞大臣,讨之。以善焘为乌里雅苏台参赞大臣。以吉明署叶尔羌参赞大臣。戊辰,奕湘改杭州将军,调奕兴为盛京将军,以英隆为绥远城将军。以河南灾广,再拨内帑银三十万两,并命户部拨银三十万两赈之。丙子,安集延匪围英吉沙尔城,命布彦泰驻肃州,遣兵讨之。是月,赈甘肃西宁县水灾。缓征山东卒,乐安等六县被水额赋,并永利等四场灶课。

九月丁丑朔,日食。戊寅,命文庆、张沨中赴河南查赈。辛巳,吉明等遣兵援喀什噶尔,击安集延匪,大败之。乙巳,以法兰西兵船入朝鲜,命耆英言于法使,令其退兵。是月,给河南禹州等四十一州县旱灾口粮。蠲缓直隶安州等三十六州县水旱灾雹灾新旧额赋。

冬十月辛酉,湖南新宁县瑶人雷再浩等作乱,陆费瑔等捕讨之。乙丑,上阅健锐营兵。戊辰,奕山等剿安集延匪于叶尔羌之科科热依瓦特,大败之。庚午,又败之于英吉沙尔。壬申,安集延匪遁走。喀什噶尔办事领队大臣开明阿等褫职逮问。是月,蠲缓安徽泗州等三十九州县水旱灾新旧额赋。

十一月甲申,调英隆为黑龙江将军,成玉为绥远城将军。壬辰,以张沣中为山东巡抚。乙未,湖南新宁贼平。庚子,湖南道州匪窜广西灌阳县,命郑祖琛剿捕之。是月,给山西绛州等十一州厅县口粮。蠲缓直隶安州等三州县、山西绛州等十一州厅县、河南禹州等六十四州县被灾新旧正杂额赋。

十二月戊午,湖南乾州厅苗匪作乱,命裕泰等剿捕之。甲戌,召耆英还,以徐广缙署两广总督及钦差大臣,办理通商。是月,给河南祥符等十七县水灾口粮,并贷郑州等仓谷。

是岁,朝鲜、琉球来贡。

二十八年春正月丁丑,加潘世恩太傅,宝兴太保,保昌、阿勒精阿、李振祜、成刚太子太保。甲申,湖南乾州厅苗匪降,命裕泰分别惩办,仍搜余匪。辛卯,命廓尔喀使附朝鲜、暹罗使筵宴。戊戌,越南国王阮福暶卒,停本年例贡。免喀什噶尔民、回各户正杂逋赋。是月,展赈直隶盐山等五县灾民。给安徽凤阳等三县水旱灾口粮。贷湖南安乡县、山西宁远等四厅县、甘肃皋兰等七县灾民口粮籽种。

二月壬子,吏部尚书恩桂卒,文庆罢军机大臣,调为吏部尚书。以麟魁为礼部尚书,桂良改正白旗汉军都统。以惠丰代为热河都统,以保昌为兵部尚书。壬戌,江西长宁、崇义两县匪作乱,命吴文熔剿捕之。甲子,以谒陵命睿亲王仁寿等留京办事。

三月戊寅,云南赵州匪作乱,命林则徐剿捕之。以奕山为伊犁参赞大臣,吉明为叶尔羌参赞大臣。壬午,上谒西陵,免经过地方额赋十分之三。丙戌,上谒泰陵、泰东陵、昌陵,诣孝穆皇后、孝慎皇后、孝全皇后陵寝奠酒。庚寅,上还京师。癸卯,裕诚迁荆州将军,以双德为察哈尔都统。是月,贷山西吉州等七州县歉收仓谷。

夏四月戊辰,云南保山匪平。辛未,广西灌阳、平乐、朔县等县匪平。

六月癸卯朔,以徐泽醇为山东巡抚。丙午,命耆英留京管礼部。授徐广缙两广总督、钦差大臣,办理通商。以叶名琛为广东巡抚。癸丑,调耆英管兵部。甲寅,上诣黑龙潭,祈雨。戊辰,以傅绳勋为江西巡抚。庚午,调吴文镕为浙江巡抚。

秋七月庚寅,加林则徐太子太保,赏花翎。

八月丁巳,河南巡抚鄂顺安褫职,以潘铎代之。辛酉,俄罗斯商船请在上海贸易,却之。

九月甲戌,潘锡恩免,以杨以增为江南河道总督,陈士枚为陕西巡抚。召成玉来京,以盛堭署绥远城将军。赈江宁等三府水灾。乙酉,赈湖北水灾。癸巳,召乔用迁来京,以罗绕典署贵州巡抚。是月,给湖南武陵等四县水灾口粮屋费。

冬十月甲寅,文华殿大学士宝兴卒。丁卯,修巴尔楚克城。是月,赈直隶通州等七州县、安徽无为等十六州县水灾。给安徽和州等十四州县,湖南华容县、岳州卫灾民口粮。贷湖南安乡县、沣州灾民籽种。蠲缓直隶通州等五十二州县、湖北沔阳等三十九州县卫、湖南沣州等九州县、安徽泗州等二十四州县被灾新旧额赋。

十一月乙亥,封故越南国王阮福暶子福时为越南国王。己卯,命耆英为大学士,管兵部。以琦善为协办大学士,仍留四川总督任。召瑞元来京,以慧成为科布多参赞大臣。御史张鸿升请铸大钱,下部议。辛巳,命定郡王载铨、侍郎季芝昌查办直隶盐务,大学士耆英、侍郎朱凤标查办山东盐务。丁亥,授耆英文渊阁大学士。丁酉,以托明阿为绥远城将军。是月,给江西德化等二十县水灾口粮。贷湖南提标及常德等协营灾区兵饷。蠲缓江苏泰州等七十七州厅县卫、两淮吕泗等二十场、江西德化等二十二县、直隶安州等六州县水灾新旧额赋。

十二月丙午,上诣大高殿祈雪。甲寅,上诣大高殿祈雪。辛酉,上诣天坛祈雪。壬戌,以侍郎陈孚恩前署山东巡抚不收公费,赏一品顶戴,并御书扁额。乙丑,以倭什讷为吉林将军,陕西巡抚成刚为礼部尚书,柏葰为左都御史。丙寅,以张祥河为陕西巡抚。是月,赈直隶通州等十四州县灾民。

是岁,朝鲜、琉球、暹罗、越南入贡。

二十九年春正月癸未,以奕格为乌里雅苏台将军。辛卯,命耆英、季芝昌查阅浙江营伍及仓库。是月,加赈安徽无为等十四州县卫水灾。给湖南沣州等六州县、安徽和州等十三州县水灾口粮。贷江西南昌等十二县、湖南沣州等六州县水灾籽种。

二月庚子朔,日食。辛丑,命刘韵珂抚恤台湾北路水灾震灾。丙午,谕李星沅办江苏赈务。辛亥,穆彰阿、潘世恩、陈官俊免上书房总师傅。命祁寯藻、杜受田为上书房总师傅。受田仍授皇四子读。丙辰,四川中瞻对番工布朗结作乱,命琦善剿之。以裕诚兼署四川总督。是月,贷江苏灾区京左等八营一季兵饷。

三月庚寅,徐广缙等奏,兵民互相保卫,内河外海,现饬严防,英人进省城一事,万不可行。谕嘉纳之。

夏四月壬寅,李星沅病免,以陆建瀛为两江总督,调傅绳勋为江苏巡抚。以费开绶为江西巡抚。丙午,陆建瀛等奏南漕毋庸改折,从之。丁未,徐广缙奏英人罢议进城。封徐庆缙子爵、叶名琛男爵,均一等世袭。谕嘉奖粤人深明大义。

闰四月辛未,以颜以燠署河东河道总督。癸酉,调赵炳言为湖南巡抚,以罗绕典为湖北巡抚。辛巳,琦善剿中瞻对番,败之。壬午,以德龄为叶尔羌参赞大臣。

五月乙巳,移广东澳门税口于黄埔。己酉,云南腾越厅野夷作乱,林则徐讨平之。己未,山西巡抚王兆琛以受赇褫职逮问,以季芝昌为山西巡抚。是月,贷山东滕县雹灾仓谷。

六月丙子,广东阳山、英德等县匪平。己丑,礼部尚书成刚卒。庚寅,调毓书为乌鲁木齐都统,以惟勤为热河都统。

秋七月丙申朔,福建闽县匪林仕等作乱,捕诛之。戊戌,协办大学士、吏部尚书陈官俊卒。调贾桢为吏部尚书。以孙瑞珍为礼部尚书,王广荫为左都御史。以冯德馨为湖南巡抚。己亥,命祁寯藻协办大学士。辛亥,命湖南布政使万贡珍赈武陵等县被水灾民。丙辰,王兆琛遣戍新疆。已未,林则徐病免,以程矞采云贵总督。张日晸为云南巡抚。降侍郎戴熙三品顶戴休致。是月,给江西德化等五县、湖南沣州等九州县卫水灾口粮。蠲缓江苏川沙等二十二厅县新旧额赋。

八月丁丑,陆建瀛奏办赈及水退情形。谕:"臣民之福,即朕之福。"丙戌,召季芝昌来京,以龚裕署山西巡抚。是月,给奉天锦州旗民、江西鄱阳等九县、湖南沣州等十州县卫水灾口粮。

九月甲辰,布彦泰病免,以琦善署陕甘总督,裕诚署四川总督。丙午,授颜以燠河东河道总督。戊申,命署吏部右侍郎季芝昌在军机大臣上行走。已酉,授琦善陕甘总督。以徐泽醇为四川总督,陈庆偕为山东巡抚。癸丑,云南保山界外小宇江等处野夷作乱,程矞采剿平之。戊午,命服阕尚书何汝霖仍在军机大臣上行走。是月,给贵州桐梓县水灾口粮,并蠲缓额赋。

冬十月庚午,以故朝鲜国王李奂子升袭爵,命瑞常、和色本往册封。甲申,大学士潘世恩请开缺,命免军机大臣。庚寅,以赓福署热河都统。是月,给湖南沣州等七州县、山西徐沟县被灾口粮。蠲缓直隶蓟州等三十七州县、浙江富阳等二十一县、山西萨拉齐等三厅县被灾新旧额赋。

十一月甲午朔,湖南新宁县匪李沅发作乱,命冯德馨剿之。丙申,太傅、予告大学士阮元卒。甲辰,调龚裕为湖北巡抚,以兆那苏图为山西巡抚。乙巳,阿哥所火。庚戌,台湾嘉义县匪徒吴玩等作乱,捕诛之。是月,赈江西德化等十四县水灾。给齐齐哈尔等六城旗民、浙江仁和等八场灶丁口粮。蠲缓江苏泰州等七十三州厅县卫、江西德化等二十一县被灾新旧额赋,浙江海沙等十四场灶课。

十二月庚午,湖南道州匪黄三等作乱,命裕泰剿之。以扎拉芬泰为塔尔巴哈台参赞大臣。辛未,皇太后不豫,上诣慈宁宫问安,自是每日如之。甲戌,皇太后崩。乙亥,奉安大行皇太后梓宫于慈宁宫。上居倚庐,席地寝苫。诸王大臣请还宫,不允。甲申,移皇太后

梓宫于绮春园迎晖殿。自是上居慎德堂苫次。乙酉,李振祜病免,
以陈孚恩为刑部尚书。丁亥,湖南新宁贼分窜广西,郑祖琛遣兵防
剿。

是岁,朝鲜、琉球、越南入贡。

三十年春正月甲午朔,日食。丙申,以祁寯藻等查覆陕甘总督
布彦泰清查关防不密,下部严议。丁酉,以王大臣再请停止亲送大
行皇太后梓宫,谕从之。戊戌,上大行皇太后尊谥曰孝和恭慈康豫
安成熙圣睿皇后。庚子,上诣迎晖殿孝和睿皇后梓宫前行大祭礼。
甲辰,上诣梓宫前行周月祭礼。乙巳,尊孝和睿皇后陵曰昌西陵。丙
午,上不豫。丁未,上疾大渐。召宗人府宗令载铨,御前大臣载垣、
端华、僧格林沁,军机大臣穆彰阿、赛尚阿、何汝霖、陈孚恩、季芝
昌,总管内务府大臣文庆公启镡匣,宣示御书"皇四子立为皇太
子"。是日,上崩于圆明园慎德堂苫次。朱谕封皇六子奕欣为亲王。
四月甲戌,上尊谥曰效天符运立中体正至文圣武智勇仁慈俭勤孝
敏成皇帝,庙号宣宗。咸丰二年二月壬子葬慕陵。

论曰:宣宗恭俭之德,宽仁之量,守成之令辟也。远人贸易,构
衅兴戎。其视前代戎狄之患,盖不侔矣。当事大臣先之以操切,继
之以畏葸,遂遗宵旰之忧。所谓有君而无臣,能将顺而不能匡救。国
步之濒,肇端于此。呜呼,悕矣!

清史稿卷二〇
本纪第二〇

文　宗

　　文宗协天翊运执 中垂谟懋德振武圣孝渊恭端仁宽敏显皇帝,讳奕𬣞,宣宗第四子也。母孝全成皇后钮祜禄氏,道光十一年六月初九日生。二十六年,用立储家法,书名缄藏。

　　三十年正月丁未,宣宗不豫,宣召大臣示朱笔,立为皇太子。宣宗崩。己未,上即位,颁诏覃恩,以明年为咸丰元年。尊皇贵妃为孝慈皇贵妃,追封兄贝勒奕纬、奕纲、奕继为郡王。封弟奕欣恭亲王,奕𬣎醇郡王,奕诒钟郡王,奕谯孚郡王。定缟素百日,素服二十七月。

　　二月戊辰,命左都御史柏葰、内务府大臣基溥营建昌西陵,为孝和皇后山陵。初宣宗遗诏,毋庸升配,升祔。交廷臣议。议上。诏曰:"先帝谦让,所不敢从。曲体先怀,宜定限制。即以三祖五宗为断,嗣后不复举行。"湖南土匪李沅发作乱。诏:"惠亲王系朕之叔,免叩拜礼,示敬长亲亲。"庚辰,敕沿海整顿水师,认真巡缉。壬辰,大理寺卿倭仁应诏陈言,上嘉其直谏。

　　三月癸巳朔,保昌卒,以柏葰为兵部尚书,花沙纳为左都御史。壬寅,通政使罗惇衍应诏陈言,上优诏答之。癸卯,副都御史文瑞疏陈四事,并录进乾隆元年故大学士孙嘉淦《三习一弊疏》,礼部侍郎曾国藩疏陈用人三事,均嘉纳之。辛亥,浚江苏白茅河,移建海口石闸于老闸桥。壬戌,礼亲王全龄薨,子世铎袭。

夏四月乙丑,俄罗斯请于塔尔巴哈台通商,允之。己巳,内阁学士车克慎疏陈敬天继志、用人行政凡十条,优诏答之。癸酉,户部疏陈整顿财政,胪陈各弊。得旨:"实力革除。"庚辰,英吉利国船至江苏海口递公文,却之。乙酉,船至天津。

五月丙申,起碇南旋。丁酉,诏曰:"州县亲民之官,责任綦重。近年登进冒滥,流品猥杂,多倚胥吏而朘闾阎,民生何赖焉?督抚大吏其加意考察,荐进廉平,锄斥贪茸,庶民困渐苏,以副朕望。"获湖南逆首李沅发,解京诛之。诏郑祖琛:"广西会匪四起,应时捕剿,疏报勿得讳饰。"辛亥,改山东登州镇为水师总兵,兼辖陆路。癸丑,诏东南两河勘筹民堰。甲寅,以固庆为吉林将军。

六月癸亥,永定河溢。大学士潘世恩致仕,食全俸。以祁寯藻为大学士,杜受田协办大学士,孙瑞珍为户部尚书,王庆荫为兵部尚书,季芝昌为左都御史。甲戌,除甘肃民、番升科畸零地银。甲申,敕督抚举劾属员,胪列事实,勿以空言。是月,广东花县人洪秀全在广西桂平县金田起事。

秋七月辛卯,敕沿海督抚筹防海口。丙辰,尚书文庆坐延请妖人薛执中治病,免。

八月丁卯,洪秀全窜修仁、荔浦,敕郑祖琛剿之。调向荣为庆西提督剿贼。甲申,诏曰:"各省纠众滋事,重案层见叠出,该地方官所司何事?即如河南捻匪结党成群,甚至扰及邻省,横行劫掠,自应合力捕治,净绝根株。若封疆大吏玩纵于前,复讳饰于后,以致酿成巨患,朕必将该督抚从重治罪。凛之!"

九月丙申,以广西贼势蔓延,调湖南、云南、贵州兵各二千赴剿,并劝谕绅民举办团练。辛丑,命林则徐为钦差大臣,剿贼广西。甲辰,以广东游匪滋事,命徐广缙剿之。丙午,大行梓宫发引。辛亥,暂安宣宗成皇帝于隆恩殿。

冬十月壬午,以弥缝酿患,夺郑祖琛职,林则徐署广西巡抚。甲子,永定河漫口合龙。丙戌,诏曰:"大学士穆彰阿柔佞窃位,倾排异己,沮格戎机,罔恤国是,即行褫职。协办大学士耆英无耻无能,降员外郎。颁示中外。"以赛尚阿协办大学士。

十一月戊戌，以奕山为伊犁将军。庚子，钦差大臣林则徐道卒，以周天爵署广西巡抚，命前两江总督李星沅为钦差大臣，赴广西剿贼。乙巳，敕各省藩库积存杂款，拨充军需，暂缓开捐。刘韵珂免，以裕泰为闽浙总督，程矞采为湖广总督，吴文熔为云贵总督。获广西匪首钟亚春，诛之。

十二月己巳，孝德皇后册谥礼成，追封后父富泰为三等公。敕奕山酌定俄罗斯通商条例以闻。庚午，敕江苏四府漕粮暂行海运。甲戌，向荣剿贼横州，败之。己卯，恤广西阵亡副将伊克坦布等世职。丙戌，祫祭太庙。

是岁，免直隶、浙江、湖南等省六十七州县灾赋有差。朝鲜、琉球入贡。

咸丰元年辛亥春正月戊子朔，御太和殿受朝贺。诏直省查明道光三十年以前正耗钱粮实欠在民者，开单请旨。命赛尚阿为大学士。壬寅，上谒慕陵，行周年大祭礼。庚戌，还京。辛亥，诏翰、詹诸臣分撰讲义进呈。给事中苏廷魁疏请推诚任贤，慎始图终。上嘉纳之。

二月乙丑，诏免直省民欠钱粮已入奏销者，及于江苏民欠漕粮，悉予蠲免。杜受田疏陈整军威、募精勇、劝乡团、察地形四事，发军前大臣。庚午，李星沅奏剿贼金田获胜。己卯，诏曰："今年节过春分，寒威未解。朕返躬内省，未能上感天和。因思去冬礼部汇题烈妇一本，内阁票拟双签，遂用不必旌表之签发下。该烈妇等舍生取义，足激薄俗而重纲常，所有烈妇彭氏等三十七口，准其一体旌表，以慰贞魂。"命广州副都统乌兰泰带所制军械赴广西剿贼。

三月丙申，命大学士赛尚阿佩钦差大臣关防，驰往湖南办理防堵；都统巴清德、副都统达洪阿随往。庚子，上御紫光阁阅射。辛丑，御拱辰殿步射，阅大臣、侍卫射。己酉，河南巡抚潘铎奏拿获捻匪姚经年二百余名。庚戌，调广东、湖南、四川兵赴广西助剿。壬子，发内帑银一百万两备广西军储,发四川仓谷碾运湖南。

夏四月戊午,命赛尚阿驰赴广西接办军务。己未,命户部左侍郎舒兴阿为军机大臣。庚申,上御乾清门听政。恤广西中伏阵亡副将齐清阿等世职。诏以李星沅等毫无成算,中贼奸计,切责之。以郑祖琛养痈贻患,遣戍伊犁。丙寅,周天爵奏:"洪秀全等众皆散处,山险路熟,伺间衡突,即败不足以大创。此时兵力不足,专饬防守。须兵有余力,乃可连营逼剿。"得旨:"务当严防,勿令窜逸。"赛尚阿师行,赐遏必隆刀,命天津镇总兵长瑞、凉州镇总兵长寿从征。庚午,免直隶道光三十年民欠钱粮。周天爵奏劾右江镇总兵惠庆、右江道庆吉剿贼不力,均夺职。甲戌,李星沅奏剿灭上林墟会匪。癸未,李星沅卒。乌兰泰奏:"四月初三日,抵武宣军营。查询贼势,类皆乌合。惟武宣东乡会匪有众万余,蓄发易服,有伪王、伪官名目,实广西腹心之患。"得旨:"贼情狡猾,务当持重。"

五月戊子,周天爵奏,武宣东乡逸贼窜入象州。诏切责之,各予薄谴。诏湖南提督余万清协同堵剿。庚寅,卓秉恬奏请行坚壁清野之法,下赛尚阿及督抚知之。甲午,周天爵奏,剿平泗城股匪,陈亚等投诚,追贼入合浦。丁酉,乌兰泰奏,四月十七日,驰至象州,堵截逸贼。甲辰,陕甘总督琦善以剿办番族,率意妄杀,夺职逮问。乙巳,以季芝昌为闽浙总督,以户部尚书裕诚协办大学士。己酉,诏停中外一切工程。命工部右侍郎彭蕴章为军机大臣。乙卯,上诣大高殿,祈雨。

六月丁巳,赛尚阿报抵长沙。诏曰:"象州之贼,宜重兵合围。分窜南宁、太平之贼,应分兵追剿。其尚审度地势人材,联络布置。粮台尤关紧要,并宜分置,以利转输。"丙寅,乌兰泰:"五月初十日,贼陷贵州兵营,当日夺回。其南山屯集之贼,亦经迎击南窜。阵亡官十五员,兵二百余名,附单请恤。首先败退之贵州参将佟攀梅等褫职。"辛未,拨江海关税银十五万两,解备湖北过境兵差。乙亥,赛尚阿奏:"六月初四日,驰抵桂林,通筹全局。"上嘉其均合机宜。丁丑。河南南阳捻匪四出滋扰,诏所司捕之。辛巳,西宁番匪抢掠,敕萨迎阿遣将剿捕。

秋七月丙戌，赛尚阿奏："贼由象州回窜东乡，派兵堵剿"。庚寅，御史焦友瀛疏言吏治因循，宜综核名实。得旨："如果牧令得人，何至奸宄潜聚，酿成巨患?嗣后有似此者，惟督抚是问。"庚子，赛尚阿奏进，剿新墟贼匪，七战皆捷。赏还乌兰泰、秦定三花翎。命湖广、四川督抚严查会匪、教匪。丁未，敕南河岁修工程，以三百万为率。己酉，赛尚阿奏："查明军将功过，乌兰泰先胜后败，由于猛追中伏，贼人壅流设伏，后军死流湍者百余。向荣初到桂时，连获胜仗，每胜赏兵银人各一两。李星沅既至，减为三钱。众兵哗然，誓不出战。现已分别汰除，务知持重。"安徽巡抚蒋文庆奏，寿州匪犯程六麻与合肥捻匪高四八作乱。庚戌，调鲍起豹为湖南提督，荣玉材为云南提督，重纶为贵州提督。

八月乙卯，赛尚阿奏，进剿新墟贼巢，夺占猪子峡、双髻山。得旨，嘉奖。乙丑，山东巡抚陈广偕奏："登州水师船被贼掳，副将落水"。得旨："速往追剿。"并敕奕兴、讷尔经额严防海口。礼部尚书惠丰卒。

闰八月甲申朔，新墟众首洪秀全陷永安州，踞之，僭号太平天国。陆建瀛奏请禁天主教。得旨："与外夷交涉，当慎之于始。原约所有者，仍应循守旧章。"戊子，程矞采奏，阳山贼匪窜扑宜章、乳源，饬总兵孙应照往剿。予广西殉难巡检冯元吉世职，建祠，其子澍溥附祀。甲午，南河丰北三堡河决。庚子，定考试军机章京例。壬寅，赛尚阿奏，新墟贼翻山窜出，陷永安州。诏切责之，下部议处。己酉，命河北镇总兵董光甲、郧阳镇总兵邵鹤龄驰赴广西剿贼。庚戌，常大淳奏盗船在石浦肆劫，知府罗镛击走之。辛亥，以舒兴阿为陕甘总督。

九月庚午，赛尚阿奏，巴清德、向荣托病诿卸，进兵迟延。得旨："均夺职自效。"丙子，诏议河海并运漕米章程。

冬十月戊戌，敕建定海阵亡总兵葛云飞、郑国鸿专祠。

十一月己卯，叶名琛奏，剿办英德贼匪净尽。加太子少保。

十二月丁酉，赛尚阿奏，向荣进扎龙眼塘。己酉，陆建瀛奏，海盗布兴有缴械投诚，拨营安插。庚戌，祫祭太庙。

是岁，普免道光三十年以前民欠钱粮。又免直隶六十一州县民欠旗租，浙江五十一州县带征银米。又免奉天十五厅州县，吉林四城，黑龙江一城，湖南七厅州县灾赋。又免浙江、福建盐场欠课。又免广西被贼八十六州县额赋。朝鲜、琉球入贡。

二年壬子春正月壬子朔，封奕匡贝子，奉庆亲王永璘祀。乙卯，以裕诚为大学士，讷尔经额协办大学士，禧恩为户部尚书。壬戌，赛尚阿奏，距永安州城三里安营督战。辛未，命侍郎全庆、副都统隆庆册封朝鲜国王妃。

二月丁亥，陈庆偕病免，以李惠为山东巡抚。辛丑，上诣西陵。

三月壬子，大葬宣宗成皇帝于慕陵。丁巳，上还京，恭奉宣宗成皇帝、孝穆、孝慎、孝全三皇后神牌升祔太庙，颁诏覃恩。庚申，邹鸣鹤奏："永安踞匪全数东窜，乌兰泰追贼不利，总兵长瑞、长寿、董光甲、邵鹤龄均死之。"得旨："赛尚阿等下部议处，敕程矞采派兵在湖南防堵，恤长瑞等四总兵世职，建祠。"广州副都统乌兰泰卒于军，赠都统，照阵亡例赐恤。丙子，恤广西死事副将阿尔精阿等世职。庚辰，内阁学士胜保疏言："游观之所，焕然一新。小民窃议，有累主德。"上优容之。

夏四月壬午，常雩，祀天于圜丘，恭奉宣宗成皇帝配享。甲申，府尹王庆云疏陈河东盐务，永禁签商，可募巨款。下部议行。丙戌，上谒慕陵，行释服礼。命徐广缙为钦差大臣，接办广西军务。辛卯，程矞采奏郴州匪徒刘代伟作乱，参将积拉明捕诛之。癸巳，常大淳奏，盐枭拒捕，戕毙副将张蕙、知县德成，经提督善禄、知府毕承昭派兵攻击，斩擒百余，余匪逃散。予张蕙、德成世职。太仆寺少卿徐继畬疏陈释服之后，宜防三渐："一、土木之渐，一、宴安之渐，一、壅蔽之渐。"得旨："置诸座右，时时省览。"己亥，减乾隆朝所增名粮兵六万六千余名。庚子，程矞采奏："洪秀全扑全州，进扑永州，分股窜永福、义宁，檄提督鲍起豹、刘长清分御之，并咨照赛尚阿一同堵御。"辛丑，特登额免，以桂良为兵部尚书。乙巳，赐章鋆等二百三十九人进士及第出身有差。琦善遣戍吉林。丙午，邹鸣鹤以留兵守城，不令追贼，夺职。以劳崇光为广西巡抚。己酉，命截留漕米六十万石，分运江苏、山东备赈。

五月辛亥，布彦泰奏，库存回布四十万匹，请变通折征。允之。甲寅，夏至，祭地于方泽，恭奉宣宗成皇帝配享。庚申，贼陷湖南道州。赛尚阿留守桂林，檄江忠源、张国梁移兵湖南。

六月甲申，查办山东赈务。杜受田、怡良疏言："漕船入东，先行起卸，以资散放。"丙戌，命赛尚阿赴湖南督办军务，徐广缙接办广西军务。丁亥，策立皇后钮祜禄氏。癸巳，僧格林沁奏劾御前大臣郑亲王端华修改大考侍讲学士保清试卷，阻止不听，骄矜亢愎，难与共事。诏端华退出御前大臣，保清褫职。戊戌，以慧成为河东河道总督。

秋七月己未，广东罗镜凌十八股匪剿平，上嘉奖之。乌什办事大臣春熙奏，回匪铁全库里霍卓窜扰乌什，官兵击退。诏参赞详查以闻。甲子，诏军务未竣，需材孔亟，其有知兵之人，所在保举录用。诏直省修整城垣。丙寅，协办大学士杜受田卒。丁卯，罗绕典奏："行抵长沙，闻知贼由道州窜出江华、永明、桂阳、嘉禾，诚恐衡郡有失，省垣亦应预防。"得旨："即妥筹办理。"戊辰，给事中袁甲三劾定郡王载铨，尚书垣春、侍郎书元，迭查有迹，各予谴责，其题咏载铨《息肩图》各员，并下部议处。庚午，奕山、布彦泰奏，回匪倭里罕纠约布鲁特奕入卡伦，官兵击却之。壬申，洪秀全攻陷郴州。甲戌，常大淳奏，岳州宜筹防堵，诏徐广缙拨兵前往。以麟魁为刑部尚书。

八月己卯朔，向荣以称病规避夺职，遣戍新疆。寻留军自效。以福兴为广西提督。癸未，初举经筵。甲申，诏湖广督抚："湖南之洞庭湖、湖北之大江，均有捕鱼小船及经商大船数千百只，亟宜收集，免为贼用。其各船水手习于风涛，堪充水勇，其即留心招集。"己丑，罗绕典、骆秉章奏，贼匪陷安仁、攸县，进图省城。敕赛尚阿速解省围。庚寅,命廷臣会筹军储。调常大淳为山西巡抚,以罗绕典为湖北巡抚,张芾署江西巡抚。甲辰,命暂免四川、江西商贩运往湖北米税。调福建、浙江兵一千名赴江西防堵。

九月己酉,诏赛尚阿视师无功,贻误封疆,褫职逮问,籍其家。辛亥,以载铨为步军统领,以讷尔经额为大学士,禧恩协办大学士。甲寅,获西宁番贼阿里克公住,斩之。命骆秉章暂留湖南会办。戊午,上谒东陵。恤湖南阵亡总兵福诚等世职。己未,常大淳奏,贼将北窜,防御兵单。命徐广缙拨兵赴岳州助防。丁卯,上还京。

冬十月辛巳,上临赠大学士杜受田第赐奠,加其父杜堮礼部尚书衔。甲申,黄宗汉奏请浙江新漕改由海运,从之。壬辰,季芝昌免,以吴文镕为闽浙总督。

十一月丁未朔,日有食之。丁巳,贼陷岳州。戊午,起琦善署河南巡抚。辛酉,诏徐广缙分兵防守武昌、汉阳、荆州,陆建瀛、蒋文庆各就地势扼要严防。癸亥,以贼近湖北,敕琦善严防河南边境。诏张芾严防沿江要隘。甲子,以文庆为户部尚书。癸酉,贼陷汉阳,命陆建瀛驰赴上游防堵。乙亥,复向荣提督衔。诏在籍侍郎曾国藩督办团练。调福珠洪阿为江南提督。

十二月丁丑,敕各省绅士在籍办理团练。命四品京堂胜保从军河南。癸巳,贼陷武昌,巡抚常大淳死之。上切责督军大臣不筹全局,拥兵自卫,逮徐广缙治罪。以向荣为钦差大臣,督办军务,张亮基署湖广总督。以叶名琛为两广总督,柏贵为广东巡抚。癸卯,向荣奏:"贼连陷武、汉,搭有浮桥,必须多备炮船,将桥焚毁,方可进剿。"得旨:"刑部郎中卢应翔所带炮船,曾在长沙击贼,即迅赴军前。"甲辰,吉林、黑龙江征兵到京。得旨:"每起间二日起行,带兵官严守纪律,不得多索车辆,骚扰驿站。"祫祭太庙。

是岁,免直隶四十二州县、山西一府灾赋,浙江四十八州县缓征银米各有差。朝鲜、暹罗入贡。

三年癸丑春正月丁未,调青州副都统常青兵移防豫、楚。戊申,张亮基奏："贼目萧朝贵实在长沙城外轰毙,起获尸身,验明枭剽。己酉,蒋文庆奏城薄兵单,移调东西梁山兵勇来城防御。癸丑,向荣奏,武昌踞贼抬炮上船,意欲逃窜。陆应谷奏,侦得贼匪开年有东窜安庆、江宁之信。敕向荣多方侦备,迎击兜剿。甲寅,敕步军统领、前锋统领整备军实,盘诘奸宄。甲子,贼陷九江,陆建瀛退守江宁。赛尚阿论斩,革其子崇绮等官职。丁卯,命工部左侍郎吕贤基回安徽办防,加周天爵侍郎衔,会办防务。壬申,陆建瀛褫职逮问,以祥厚为钦差大臣。癸酉,以山西、陕西、四川三省绅民捐输军饷,加乡试中额、生员学额。甲戌,贼陷安庆,蒋文庆死之。命周天爵署安徽巡抚。予江西阵亡总兵恩长世职。

二月丙子朔,诏:"京师八旗营兵十五万之多,该管大臣勤加训练。"赠恤湖北殉难学政冯培元加侍郎,谥文介,布政使梁星源谥敏肃,按察使瑞元谥端节,及知府以下官各予世职、建专祠,提督双福、总兵官王锦绣附常大淳祠。丁丑,释奠先师孔子。遣少卿雷以諴、侍讲学士晋康往南河,少詹事王履谦赴东河,会办防务。癸未,上临雍讲学,加衍圣公孔繁灏太子太保。丁亥,敕文臣三品以上养廉以四成、武臣二品以上以二成充军饷。户部讲办商捐、户输,上不许。壬辰,贼陷江宁,将军祥厚、提督福珠洪阿等死之。以怡良为两江总督,命慧成驰赴江南防剿。调托明阿为江宁将军,文斌为绥远城将军,瑞昌为杭州将军,邓绍良为江南提督。丙申,命琦善会防淮扬。敕湖北行盐暂用川盐二千引。敕李惠查拿山东兖、沂、曹三府捻匪。命内阁学士胜保帮办江北防务。

三月乙巳,贼陷镇江、扬州。丙午,孝和睿皇后升祔太庙。辛亥,上耕耤田。壬子,命湖北按察使江忠源帮办江南军务。丙辰,敕侍郎奕经统密云兵赴山东会防。丁巳,敕各省团练格杀土匪勿论。以骆秉章复为湖南巡抚。敕江宁布政使陈启迈在徐州设立粮台。庚申,向荣击贼于江宁,败之。以施得高为福建水师提督。壬戌,以庐州为安徽省会。周天爵剿贼妥速,琦善进攻连获胜仗,均嘉赍之。敕直隶、奉天备防海口。丙寅,向荣奏迭胜城贼,进据钟山。上优奖之。

命奕经、托明阿赴清江防剿。命瑞昌统盛京兵赴淮、徐会防,恩华统吉林兵驻防直隶。辛未,敕广东招募红单船,遴将带赴江南剿贼。以罗济为漕运总督。

夏四月庚辰,日见黑晕。己丑,贼陷浦口、滁州。甲午,命琦善统制江北诸军。逮治杨文定。库伦喀尔喀蒙古哲布尊丹巴喇嘛进马三千匹,及西林盟长进马,均温谕止之。己亥,赐孙如仅等二百二十二人进士及第出身有差。癸卯,贼陷凤阳。安徽捻匪窜扰蒙城。

五月戊申,始制银钞。壬子,王懿德奏海澄会匪陷同安、安溪、厦门,严饬之。周天爵奏收复凤阳。癸丑,李嘉端奏金陵贼船上窜。得旨,此与向荣疏报不同,令确切查探。骆秉章奏,江西上犹县匪首刘洪义聚众在桂东滋扰,毗连广东、湖南。得旨,三省会剿。丙辰,陆应谷奏亳州失守,贼扑汴梁。敕江忠源驰赴河南剿贼。王懿德奏漳州镇、道被贼戕害,永安、沙县先后失守。丁巳,命胜保统兵驰赴河南。戊午,释赛尚阿、徐庆缙于狱,从军自效,杨殿邦、但明伦均留清江浦办防。周天爵奏凤阳逸匪窜扰而西,即日赴援。得旨:“周天爵素称勇敢,所保臧纡青练勇可当一面,独不能与贼决一死战耶?”陆应谷、恩华奏窜贼由曹河抢渡,犯及山东。得旨,调陕西兵应援,仍令固守潼关门户。贼陷归德。己未,贼复陷安庆。诏江忠源防守九江。征蒙古兵及其所进马五千匹集于热河。壬戌,诏以贼匪北窜,劝谕北地绅民练团自卫,如能杀贼出力,并与论功。命僧格林沁、花纱纳、达洪阿、穆荫督办京城巡防。癸亥,以许乃普为刑部尚书,翁心存为工部尚书。甲子,以河南兵民固守省城,优诏嘉勉。丁卯,命讷尔经额防守河北。桂良赴保定办理防守。己巳,开封解严,贼南窜中牟、朱仙镇,敕托明阿等追之。辛未,始铸当十大钱。

六月乙亥,福建绅商克复漳州,优诏嘉之,查明给奖。戊寅,河南贼犯汜水,分股渡河陷温县。托明阿击之,复汜水。己卯,金陵贼船上陷南康,进围南昌。辛巳,温县绅勇败贼,复其城,复会官军败贼于武陟。命讷尔经额为钦差大臣,督办河南、河北军务,恩华、托明阿副之。黄河再决丰北。甲申,云南东川回匪作乱。福建台湾土匪作乱。戊子,美国使人求入觐,诏止之。河南贼围怀庆。官军解许州围,贼走罗山。福建官军收复永安、沙县。托明阿等败贼于怀庆。乙未,镇江官军失利,夺提督邓绍良职,以和春署江南提督。戊戌,优恤扬州攻城伤亡总兵双来世职银两。广西全州土匪作乱。

秋七月甲辰朔,广西土匪陷兴安、灵川,分扑桂林,官军败之,复灵川、兴安。丙午,敕慧成回清江浦防剿。丁未,命胜保帮办河南军务。丙辰,敕东南河臣收撤渡船,防贼偷渡。恤江西阵亡总兵马济美世职。丁巳,诏江西、湖广新漕折价解京。辛酉,贼窜湖北、安徽。敕怡良于上海设关收税。癸亥,恤提督福珠洪阿世职。甲子,诏绅士办团御贼捐躯者,一体恩恤。乙丑,福建官军复尤溪。

八月丙子,官军解怀庆围,贼窜山西。戊寅,调吴文镕为湖广总督,裕瑞为四川总督,乐斌为成都将军。庚辰,贼陷垣曲。癸未,李惠卒,以张亮基为山东巡抚,骆秉章授湖南巡抚。甲申,江西贼陷饶州郡城,吉安土匪遥应之。丙戌,贼陷绛县、曲沃,进围平阳。哈芬免,以恒春为山西巡抚。庚寅,贼陷平阳,胜保兵至,败之,复平阳。贼由洪洞东窜。癸巳,命胜保为钦差大臣,赐神雀刀,恩华、托明阿副之。丁酉,托明阿败贼于陈留。

九月癸卯朔,再败之潞城、黎城,贼窜直隶,入临洺关。夺讷尔经额职逮问,以桂良为直隶总督。丙午,贼陷柏乡。江西南昌围解,贼复窜踞安庆。丁未,调魁麟为礼部尚书,花沙纳为工部尚书,以胜保为汉军都统。江苏土匪陷清浦、宝山,官军复之。戊申,命截留漕粮备山东灾赈。以军务方急,缓修丰北河工。辛亥,命惠亲王为奉命大将军,赐锐捷刀;科尔沁郡王僧格林沁为参赞大臣,赐讷库尼素刀,恭亲王奕欣、定郡王载铨、内大臣壁昌会办巡防。乙卯,贼由赵州、稿城陷深州。命于河间、涿州、通州设防。辛酉,李嘉端罢,以江忠源为安徽巡抚。甲子,僧格林沁复深州。丙寅,陆应谷罢,以英桂为河南巡抚。己巳,周天爵卒于军。辛未,贼陷献县、交河、沧州,进扑天津,知县谢子澄督带练勇迎击,死之,所部败贼三十里。特赠谢子澄布政使,并建祠,优奖练勇。警闻,京师戒严,僧格林沁驻军于武清。

冬十月甲戌，命曾国藩督带练勇赴湖北剿贼。丙子，贼陷黄州，汉黄德道徐丰玉死之，连陷汉阳，进围武昌。丁丑，贼踞独流镇，胜保督军至，连击败之。戊寅，命恭亲王奕䜣在军机处行走，解麟魁军机大臣，以瑞麟、穆荫为军机大臣。乙卯，加给事中袁甲三三品卿衔，剿办安徽捻匪。壬辰，武昌解严，江忠源赴皖。命署臬司唐树义江面剿贼。癸巳，贼陷桐城。戊戌，豫征山西、陕西、四川省粮赋，寻止之。

十一月壬寅朔，以王庆云为陕西巡抚。丙午，福建官军克复厦门。安徽贼陷舒城，办团大臣侍郎吕贤基死之。庚戌，贼陷仪征。癸丑，命侍郎曾国藩督带水师剿贼安徽。丁卯，胜保剿贼独流，不利，阵殁副都统佟鉴赠将军赐恤。

十二月甲戌，扬州贼溃围出，官军复其城，琦善、慧成等均褫职从军。乙亥，诏以黄州贼踪麇集，饬吴文镕出省剿贼。戊子，琦善复仪征。己丑，贼陷卢州，江忠源死之。以福济为安徽巡抚，邵灿为漕运总督。丙申，以侍郎杜翰为军机大臣。翁心存罢，以赵光为工部尚书。己亥，祫祭太庙。

是岁，免奉天、直隶、山东、山西、浙江、湖北、湖南、广西、云南、甘肃等省三百四十四厅州县卫灾赋。又免甘肃中卫地震银粮、草束各有差。朝鲜、琉球、暹罗、越南、缅甸、南掌入贡。

四年甲寅春正月辛丑朔，蒙古各盟长亲王、郡王迭次报效军需银两，温旨嘉奖，均却还之。乙巳，拨内库银三十万两解赴胜保军营。庚戌，官军克独流镇，踞匪回窜。壬子，张芾罢，以陈启迈为江西巡抚。王履谦疏陈河南吏治废弛，军需浮冒，河工糜费。下英桂查覆。丙辰，浙江海运漕米改由刘河口放洋，命江苏派员设局。己未，命福济经理淮北监务。以王懿德为闽浙总督，吕佺孙为福建巡抚。辛酉，袁甲三疏请事关筹饷，由军机处径交所司，勿发内阁，从之。乙丑，命广东购办夷炮运赴武昌。丙寅，贼踞东村，严诏僧格林沁、胜保迅速剿擒。丁卯,湖北进攻黄州兵溃,总督吴文镕,署按察使、前布政使唐树义死之。户部议覆四川学政何绍基捐廉疏上违式用骈文,上责祁寯藻曰:"当阅何绍基疏时,卿亦议其迂拘,何为尤而效之?大学士管部,乃不能动司官稿一字乎!"贼窜献县东城庄,僧格林沁、胜保合军击之。贼窜陷阜贼,分股窜山东。己巳,江苏六合县绅转力保危城,诏嘉之,免一年钱粮。

二月丁丑,上御经筵。己卯,许乃普罢直南书房,降内阁学士。以朱凤标为刑部尚书,周祖培为左都御史。起翁心存为吏部左侍郎。辛巳,以台涌为湖广总督。壬午,曾国藩奏统带水陆师万七千人。自衡州起程驰赴湖北。癸巳,奕兴罢,以英隆为盛京将军。曾国藩疏请前巡抚杨健之孙杨江捐银二万两,准杨健入祀乡贤祠。得旨:"杨健系休致之员,乡贤巨典,非可以捐纳得之。曾国藩不应遽为陈请,下部议处。"军兴以来,饷空事棘,而帝于名器犹慎之如此。予殉难安徽布政使刘裕钐世职,谥勤壮。癸未,前协办大学士汤金钊、兵部尚书特登额重宴鹿鸣,加宫衔,赐御书匾额。丙戌,张亮基奏,获戕害大员之贼目五小涌,摘心遥祭。得旨:"即传知佟鉴、谢子澄家属告祭。"命托明阿帮办僧格林沁军务。癸巳,以青麟为湖北巡抚,崇纶丁忧,仍同守城。戊戌,张亮基奏,捻贼渡河由丰县窜入单县,官兵迎击获胜,复陷金乡。

三月庚子朔,张亮基奏,贼陷巨野、郓城。辛丑,命载龄带兵一千驻防河间,桂良、台禄带马步兵千五百驻防德州。骆秉章奏贼陷岳州,曾国藩回省防堵,留候补道胡林翼、楚南剿贼。壬寅,贼陷阳谷,知县文颖莅任五日,死之,优恤建祠。甲辰,贼由阳谷、冠县窜至清河之小滩,又分窜至临清之李官屯。乙己,命胜保迎击山东窜贼,布政使崇恩奏带兵扼守临清州。辛亥,上耕耤田。丁巳,贼陷临清。越十日,官军复之,溃匪南窜,胜保追击。曾国藩奏剿贼岳州失利,回守长沙。下部议处。

夏四月庚辰,顺承郡王春山薨。阜城贼窜连镇,僧格林沁追击围之。壬午,胜保奏,马队追剿临清溃匪,全数殄灭。得旨嘉奖,加太子少保,德勒克色楞、善禄黄马褂。己丑,予告大学士潘世恩卒。内大臣壁昌卒。辛卯,鲍起豹罢,以塔齐布署湖南提督,曾国藩夺职剿贼。曾国藩克复湘潭,塔齐布、彭玉麟、杨载福剿贼大胜,靖港贼退。

五月己亥朔,葛云飞祠成,赐御书匾额。廓尔喀国王表请出兵剿贼。温诏止之。辛丑,孙瑞珍免,以朱凤标为户部尚书,赵光为刑部尚书,彭蕴章为工部尚书。副都统绵洵追贼于丰县,败之,赐巴图鲁勇号。乙巳,连镇贼首李开方窜陷高唐州,胜保督兵追之。壬申,上祈雨大高殿。丁巳,祈雨天神坛。庚申,荆州将军官文奏官军收复监利县、宜昌府城。敕塔齐布统军赴湖北剿贼。前湖北巡抚崇纶以托病夺职。壬戌,雨。癸亥,和春、福济奏收复安徽六安州城。

六月戊辰朔,赐临清冠县被贼难民一月口粮。江西贼窜湖北德安。庚辰,许乃钊免,以吉尔杭阿为江苏巡抚。诏曰:"中国海口,除通商五口外,夷船向不驶入。近日乃有兰入金陵、镇江之事,意欲何为?叶名琛即向各国夷酋正言阻止。"辛巳,诏直省团练杀贼者,建立总坊,入祀忠义祠;妇女遇难捐躯者,入祀节孝祠。癸未,贼陷武昌。台涌罢,以杨霈为湖北巡抚,署总督。命曾国藩由岳州进剿,英桂赴信阳防堵。副都统达洪阿卒于军,赠都统。辛卯,敕叶名琛剿捕广东会匪盗船。铸铁钱、铅钱。

秋七月辛丑,湖北贼陷岳州,连陷常德。壬子,诏:"青麟弃城逃走,远赴长沙,饬官文传旨正法。"副都统特尔清额卒于军。庚申,湖南水师克复岳州,予革职侍郎曾国藩三品衔。命道员胡林翼攻剿常德。壬戌,杨霈奏克笔沔阳,贼陷安陆。

闰七月戊辰,湖北官军克复安陆。丁丑,钦差大臣琦善卒于军,以托明阿为钦差大臣,督办扬州军务。庚辰,杨霈奏克复京山、孝感、天门、黄陂、麻城等城。向荣奏官军收复高淳。丙申,和春奏克复太平。

八月庚子,官文奏运复嘉鱼、蒲圻。癸卯,广东土匪陷肇庆,调湖南、福建兵剿之。甲寅,湖南官军由城陵矶进攻通城。癸亥,英美二国兵船抵天津海口,命桂良莅事。

九月辛未,湖北、湖南官军攻克武昌、汉阳。授李霨湖广总督,曾国藩以二品衔署湖北巡抚,塔齐布赐黄马褂,李孟群、罗泽南、李续宾并升叙有差。殉难布政使岳兴、署按察使李卿谷均予谥建祠。壬午,湖北官军克复黄州。命曾国藩以兵部侍郎衔会塔齐布督军东下。甲申,裕瑞罢,以黄宗汉为四川总督,何桂清为浙江巡抚。戊子,安徽官军收复卢江。乙未,魏元烺卒,以翁心存为兵部尚书。

冬十月丙辰,以花沙纳为吏部尚书,全庆为工部尚书,领国子监。调文庆为满洲都统,奕兴为汉军都统,奕山为内大臣。丁巳,曾国藩奏水陆军攻半壁山贼,毙贼万余。戊午,以扎拉芬泰为伊犁将军。甲子,曾国藩等奏攻克田家镇,予杨载福、彭玉麟升叙。湖北军收复蕲州。

十一月丁丑,上诣大高殿祈雪。庚辰,杨霨奏克复广济、黄梅。戊子,罗绕典卒,以恒春为云贵总督,王庆云为山西巡抚,吴振棫为陕西巡抚。绥远城将军善禄卒于军。庚寅,大学士军机大臣祁寯藻致仕。以贾桢为大学士,翁心存为吏部尚书,周祖培为兵部尚书,许乃普为左都御史。癸巳,湖北贼陷安徽英山。安庆贼窜九江、湖口,及于吴城。

十二月乙未,曾国藩奏攻克小池口,上嘉奖之,赐狐腿黄马褂。戊戌,和春奏克复英山。以克复英、霍两县均资民力,免三年漕粮。辛丑,袁甲三奏举人臧纡青进攻桐城,力竭阵亡,赠三品衔,予世职。乙卯,封奕纪之子载中贝勒,嗣隐志郡王,改名载治。贵州官兵击贼,败之,解兴义城围。辛酉,安徽官军克复含山。僧格林沁奏攻毁西连镇贼巢。癸亥,袷祭太庙。

是岁,免河南、山东、山西、福建、湖南、广西等省一百二十九州县,又广西土州县十二灾赋有差。朝鲜、琉球入贡。

五年乙卯春正月己巳,四川官军克复贵州桐梓。壬申,贵州官军剿匪雷台山,擒匪首陈良模。甲戌,以江、浙漕米不敷京仓支放,命怡良开办米捐解京。戊寅，吉尔杭阿奏克复上海县城。诏嘉奖之。
辛巳，湖北贼由黄梅回窜汉口，杨霈退守德安，夺职，仍留任。癸未，
江西官军克复武宁。乙酉，僧格林沁奏攻克连镇，首逆林凤祥就擒。
封僧格林沁亲王，移军山东，攻高剿唐踞匪。

钦差大臣胜保师久无功。褫职逮问。丙戌，浙江乐清土匪滋事，
剿平之。叙连镇功，西凌阿、瑞麟、庆祺、绵洵、拉木棍布扎布、棍楚
克林布各予优赉。

二月甲午朔，王懿德奏夷商来闽贩茶，租凭民房久居，藉收茶
税，从之。以法将剌尼乐助攻上海，赍绸四端、银一万两，从吉尔杭
阿请也。己亥，上御经筵。僧格林沁奏克复高唐州，余匪窜入冯官
屯。辛丑，福建匪徒作乱，剿平之。戊午，鄂贼北窜，敕僧格林沁调
拨马步兵三四千赴河南助防。

三月甲子，广东官军复海丰。皖贼陷徽州。乙丑，上谒西陵。贼
陷武昌，巡抚陶恩培死之，以胡林翼署湖北巡抚。辛未，上还京。辛
卯，贵州匪首杨凤捕诛，余匪平。

夏四月乙未，安徽官军收复婺源。以额驸景寿为御前大臣。丁
未，江西贼陷广信。庚戌，僧格林沁等奏攻克冯官屯贼巢，擒获首逆
李开芳，余匪尽歼。得旨："欣慰，僧格林沁即以亲王世袭，许乘肩
舆，德勒克色楞加贝勒衔，余各升叙。"江西官军复弋阳。浙江贼陷
开化。己未，西安将军扎拉芬在湖北剿贼阵亡，优恤之。褫杨霈职，
以官文为湖广总督，绵洵为荆州将军，瑞麟为西安将军。以西凌阿
为钦差大臣，赴湖北剿贼。庚申，江西官军复饶州、广信及兴安。辛
酉，广东官军剿匪获胜，水陆股匪悉平。

五月丙寅，恤福建阵亡知县高鸿飞，入祀京师昭忠祠，并于台
湾建祠。丁卯，向荣奏剿贼三山，胜之。戊辰，广东官军复河源等县，
歼贼于三水。辛未，上御乾清门，奉命大将军惠亲王绵愉、参赞大
臣、亲王僧格林沁恭缴大将军印、参赞关防。壬申，诏曰："兴办团
练，原以保卫乡闾。而河南迭有抗粮、抗官之事。似此相率效尤，流
弊甚大。各督抚其尚加意整顿，勿令日久酿患。"是时，山东已有黑

团之害,尚未上闻。其后卒以兵力平之。乙亥,以柏葰为热河都统。戊寅,杨霈军复随州。癸未,河南军收复光山。丁亥,胡林翼奏分督水陆各军力攻武、汉,四战四胜。得旨,迅图克复。诏曰:"朕闻云南回民易滋事端,屡有聚众抗粮之事。春恒、舒兴阿务将首要各犯惩处,勿令日久蔓延。"以李钧为东河河道总督。

六月乙未,江西贼陷义宁。丁酉,提督邓绍良克复休宁。乙巳,广东官军收复封川,歼贼于虎门洋面。丙辰,河南兰阳河溢。己未,敕安徽徽宁池广道照台湾道专摺奏事。辛酉,官文奏官军克复云梦、应城。

秋七月壬戌朔,尊皇贵太妃为康慈皇太后。广东贼陷湖南郴州、宜章。癸亥,陈启迈夺职,以文俊为江西巡抚。己巳,向荣奏克复芜湖。庚午,皇太后崩。丁丑,西凌阿进剿德安贼匪不利,退守随州。命都兴阿自冯官屯移军剿之。辛巳,恭亲王奕䜣罢直军机,回上书房读书。以文庆为军机大臣。癸未,广东官军收复肇庆府、德庆州。甲申,山西阳城土匪滋事,剿平之。丁亥,官文奏克复汉川。

八月辛卯朔,胡林翼督军攻克汉镇,进围汉阳。甲午,英桂奏邱联恩擒获捻首易添富、王党等诛之。乙亥,湖南提督塔齐布卒于军,赠将军。庚子,上大行皇太后尊谥曰孝静康慈皇后。喀什喀尔回匪入卡,倭什珲布派兵逐出之。戊申,广东官军连复连州、三山、连山,解永安城围。

九月甲子,大学士卓秉恬卒。乙丑,以刘钲为汉军都统。庚午,命文庆、叶名琛协办大学士。癸酉,发内帑十万两续赈直隶、山东灾民。壬午,四川马边厅夷匪滋事,官军剿平之。癸未,捻首张洛行由归德南窜,命提督武隆额剿之。乙酉,命官文为钦差大臣,督办湖北军务。浙军克复安徽休宁、石埭。戊子,调邓绍良为固原提督。

冬十月丁酉,和春、福济奏克复庐州府城。得旨嘉奖,赐和春黄马褂,福济太子少保。免合肥三年额赋。辛丑,贵州苗匪陷都江。壬寅,官文奏克复德安。戊申,石达开回窜湖北,胡林翼堵剿之。壬子,永免河南摊征河工加价银四十万两。

十一月甲子,胡林翼奏,罗泽南、李续宾迎击石达开、韦俊于羊楼洞,败之,请购洋炮击贼。救叶名琛采购洋炮六百尊,由湖南水运湖北应用。辛未,廓尔喀夷人占踞后藏济咙。德兴卒,调麟魁为刑部尚书,以瑞麟为礼部尚书。戊子,官文奏攻克咸宁、金口,并报江西贼陷义宁,檄饬罗泽南回剿。得旨:"罗泽南正在攻剿,武汉吃紧,不可回剿。"诏令曾国藩等遣周汝筠前赴崇、通,为罗泽南后路援应。和春等奏捻匪李兆受窜踞英山,道员何桂珍密谋会捕,不克,死之。

十二月辛卯,上诣大高殿,祈雪。丙申,江西贼陷临安、瑞州,救曾国藩拨兵剿之。戊戌,留江苏漕米二十万石济江南军。癸卯,广西官军收复兴安。贵州贼徐廷杰陷镇算,分陷思南。乙巳,命文庆、叶名琛为大学士,桂良、彭蕴章协办大学士,柏葰为户部尚书,奕兴为盛京将军,英隆为热河都统。丙午,以郑亲王端华为满洲都统,奕兴为黑龙江将军。命西凌阿赴河南防剿。庚戌,捻匪张洛行回窜归德。癸丑,命英桂督剿豫、东、皖三省捻匪。景淳奏陈防夷情形,上嘉奖之。驻藏大臣赫特贺奏驰抵后藏筹御大略。得旨:"江孜、定日、马布加各地,均属中道要害,即宜扼守。噶布伦中择其为夷情信仰者,令协同办事,以辅兵力之不及。生擒夷人,暂留营中,令来往通信,以示羁縻。乐斌等所拟六条,下该大臣知之。"丁巳,祫祭太庙。

是岁,免直隶、山东、湖北、广西、贵州等省二府一百五十八州县,又广西三十八土州县灾赋,江苏盐场场课各有差。朝鲜、琉球入贡。

六年丙辰春正月己未朔,享郡王奕谅复亲王。以奕山为御前大臣,贝勒载治御前行走。壬戌,杨以增卒,以庚长为江南河道总督。壬申,贼扰湖南晃州、麻阳,官军击走之,斩贼首何禄。乙亥,诏骆秉章檄知知府刘长佑赴江西剿贼。戊寅,广东提督昆寿剿归善贼,平之。辛巳,提督秦定三攻克舒城。

二月壬辰,诏湖南苗弁剿匪出力,准其留营序补。戊戌,上御经筵。辛丑，顺天府尹蒋琦淳疏进《克己》、《复礼》二箴，上嘉纳之。丙午，英、美二国求改条约，下叶名琛知之。丁未，调吉林、黑龙江、察哈尔、绥远城兵赴山东、河南剿贼。己酉，酌增直省文员减成养廉。壬子，命福兴帮办江南军务。丙辰，廓尔喀请罢兵。丁巳，贵州官军攻克铜仁。

三月己未，瓜州贼出窜运河，托明阿追剿之。奕湘免，以庆祺为盛京将军。壬戌，湖南官军克复永明、江华。刘长佑军入江西，复萍乡。江西贼陷吉安。癸亥，上耕耕田。甲子，江南贼再陷扬州，夺托明阿、雷以诚职，授德兴阿钦差大臣，少詹事翁同书副之。乙丑，石达开陷瑞州，诏广东堵剿。丁卯，释赛尚阿、讷尔经额于戍所。乙亥，提督邓绍良力攻扬州，克之。命帮办德兴阿军务。贼窜江浦。丁丑，罗泽南力攻武昌，阵亡，赠巡抚，赐恤予谥。戊寅，贼陷江西建昌。命浙江学政万青藜、布政使晏端书督辨三衢防务。庚辰，穆宗生母懿嫔那拉氏晋封懿妃。曾国藩攻贼樟树失利，下部议处。癸未，恒春奏军务省分督抚，请许单衔奏事，从之。丙戌，张国梁军攻克浦口。

夏四月戊子，粤贼复陷仪征，官军寻复之。甲午，贵州军复郎岱。丙申，云南楚雄汉、回构衅。己亥，江西军复进贤。辛丑，奉天金州地震。癸卯，安徽贼陷宁国。丙午，前协办大学士、致仕光禄寺卿汤金钊卒，赠尚书。辛亥，赐翁同和等二百十六人进士及第出身有差。丙辰，德兴阿奏官军攻贼三汊河，毁其巢。

五月辛酉，以穆克德讷为广州将军，都兴阿为江宁将军。壬戌，湖北通城官军失利，道员江忠济死之。江苏巡抚吉尔杭阿击贼镇江之黄泥州，不胜，死之，赠总督。以赵德辙署江苏巡抚。甲子，江南贼扑九华山营盘，陷之。河南军复光州。复西凌阿都统。袁甲三复三品卿。丁丑，贼陷溧水。

六月丙戌朔，金陵贼扑陷大营，官军退守丹阳，夺向荣、福兴职。戊子，以按察使徐宗干帮办安徽防务。命怡良雇募火轮船入江剿贼。敕河南、广东拨兵，和春、傅振邦赴援江南。丁未，叶名琛奏英、美、法各国公使以定约十二年，请赴京重修条约。诏酌允变通，阻止来京。辛亥,永定河溢。江西贼陷饶州。

秋七月辛酉,广东援军连复江西上犹、雩都,解赣州城围。王懿德呈进美国国书,得旨:"更换条约,难以准行,仍令回广东商订。"丁卯,命总兵张国梁帮办向荣军务。壬申,江西官军连复南康、饶州。癸酉,钦差大臣向荣卒于军。丙子,甘肃撒拉回匪滋事,官军剿平之。命和春驰赴丹阳剿贼,郑魁士接办安徽军务。湖北援军克复江西新昌、上高。赫特贺奏廓尔喀与唐古忒和成,撤回戍兵。

八月戊子,黄宗汉罢,以吴振棫为四川总督,谭廷襄为陕西巡抚。癸巳,命舒兴阿严办回匪,举行乡团。癸卯,广西官军复上思州、贵县。丁未,贵州贼陷都匀、施秉,进陷古州。戊申,安徽官军攻克三河。己酉,江西会匪攻陷广昌、南丰、新昌、泸溪。

九月乙卯朔,日有食之。戊午,京师米贵,开五城饭厂,并拨仓谷制钱赈固安六州县饥民。己巳,云南土匪陷浪穹。庚午,江南官军攻高淳,克之。癸酉,安徽官军复无为州。丁丑,文庆等疏进孟保缮译《大学衍义》,命校刊颁行。壬午,西宁黑番族滋事,提督索文剿平之。易棠病免,以乐斌为陕甘总督,有凤为成都将军,东纯为福州将军。

冬十月丙戌,贵州贼陷台拱、黄平。庚寅,官文剿襄阳匪徒,平之。甲午,命英桂、秦定三会剿涡河、蒙城捻匪。丁酉,安徽官军克复和州。云南大理回匪戕官踞城。壬寅,襄樊贼犯邓州。河南贼由夏邑趋扰徐州。甲辰,浙江官军再复休宁。予前巡抚张芾三品卿。丁未,广西右江镇标兵变,劳崇光讨平之。壬子,何桂清奏浙军进克黟县,徽州肃清。邵灿奏官军击退捻匪,徐州解围。以常清为伊犁将军。

十一月乙卯朔,《宣宗实录》成。以彭蕴章为大学士,翁心存协办大学士,许乃普为工部尚书,朱嶟为左都御史。辛酉,云南官军克复姚州。乙丑,升文昌入中祀。命郑魁士移军会英桂剿捻匪,秦定三会福济剿皖匪。丙寅,命胜保赴安徽军营。辛未,大学士文庆卒。英人在广东以查船构衅,放炮攻城。绅团愤击之,歼数百人。敕叶名琛相机办理。壬申,命柏葰为军机大臣。乙亥,江西贼陷抚州。戊寅,楚军道员刘长佑连复江西袁州、分宜,加按察使衔,予其父母三品封典,予巡抚骆秉章花翎。英桂奏攻破雉河集贼巢。庚辰,上临大学士文庆第赐奠。壬午,胡林翼克复武昌,癸未,官文克复汉阳,均得旨嘉奖。贵州军攻克都匀。

十二月乙酉,湖北官军攻克老河口。丙戌,上祈雪。戊子,以肃亲王华丰为内大臣。己丑,诏曰:"湖北累为贼踞,小民兵燹余生,疮痍可念。现在武、汉既复,亟宜援救民瘼。钱粮分所蠲缓,灾黎作何抚恤,其速筹议以闻。"湖北官军连复武昌县、黄州府城。甲午,胡林翼奏陈湖北兵政吏治。得旨:"既能确有所见,即当实力举行。"丙申,官文奏剿办随州土匪,匪首就擒。续报官军连复兴国、大冶、蕲水、蕲州、广济。辛丑,皖、浙官军克复宁国,赐何桂清花翎。癸卯,以湖南官军剿除湖北崇、通贼匪,加候选道王鑫按察使衔。甲辰,官文奏官军在九江焚毁贼船。诏曾国藩激励将士,由湖出江,以便合剿。戊申,山东官军剿毙捻首王方云。湖北官军克复黄梅。己酉,命桂良为大学士,柏葰协办大学士。以谭廷襄为直隶总督,曾望颜为陕西巡抚。壬子,祫祭太庙。

是岁,免直隶、江苏、山东、山西、河南、湖南、贵州等省一百六十五州县被灾、被贼额赋,又免江苏六场盐课各有差。朝鲜入贡。

七年丁巳春正月庚午,怡良奏傅振邦克复高淳,张国梁进取句容。何桂清奏浙省援剿,内防本境,外保邻封。得旨嘉奖。调全庆为兵部尚书,文彩为工部尚书,肃顺为左都御史。广西太平府土匪平。丙子,召西凌阿、崇安回京。加胜保副都统衔,帮办剿匪事宜。王履谦回籍,命李钧接办河防。己卯,叶名琛奏防剿英夷获胜。得旨:"控制外夷,非内地可比。定海前事,可取为鉴。其务操纵得宜,勿贻后悔,朕不为遥制也。下苏、直、闽、浙各督抚知之。"

二月乙酉,曾国藩奏克复建昌。丙戌,上御经筵。辛卯,湖北官军收复宜昌。甲午,云南贵州回匪作乱。甲辰,湖北贼陷远安、荆门,官军击走之。丁未，安徽贼匪上犯黄梅，都兴阿击败之。安徽匪陷六安。壬子，英桂、胜保奏剿办捻匪，夺回乌龙集，进规固始。

三月癸巳朔，曾国藩丁父忧，给假治丧，命杨载福暂统水军，彭玉麟副之。丙辰，湖北官军唐训方、巴扬阿剿南彰匪徒，败之，贼首刘尚义降。贵州提督孝顺兵溃于都匀，死之。己未，襄樊贼陷河南内乡，官军击复之。诏怡良"密查张国梁是否与和春意见不合。军中统帅，全在能得人心，倘驾驭无方，使健将不肯出力，贻误非轻。"癸亥，上耕耤田。丁卯，以耆龄为江西巡抚。庚午，叙克复武、汉功，协领多隆阿以副都统用。辛未，恒春奏回匪滋扰，将领乏员，请调郧阳镇总兵王国材来滇协剿。从之。壬申，江西官军攻景德镇，不利，都司毕金科战殁，刘长佑复败于新喻。辛巳，广西横州土匪滋事，广东官军剿平之。叶名琛奏英船退出省河。得旨："总宜弭此衅端，不可使生边患。"

夏四月甲申，恒春奏迤西回匪降。德勒克多尔济奏俄国请遣使来京，诏止之。丁亥，江西贼窜福建，陷邵武、光泽。癸巳，怡良以病免，命何桂清为两江总督。乙未，遵州贼陷永从。丁酉，湖南援军刘长佑攻克江西新喻。

五月丙辰，萨迎阿卒，以刘钲署西安将军。湖北官军克复江西奉新、靖安、安义。癸亥，李孟群奏赴援庐州，克复英山。福建贼陷汀州。丙子，德勒克多尔济奏俄使由天津来京，敕谭廷襄羁縻之。

闰五月甲申，和春奏克复溧水。乙酉，曾国藩奏请终制，温旨留之，仍令迅赴江西视师。庚寅，云南武定州回匪滋事，官军剿平之。李孟群奏击败霍丘窜贼，得旨嘉奖。丁酉，胜保攻正阳关，不利，道员金光箸死之，赠布政使。庚子，俄人以兵至海兰泡，建营安炮，要求通商。命奕山拒之。辛丑，何桂清奏请知府温绍原复官，办理六合乡团。诏吉林、黑龙江兵久劳于外，酌量撤回。壬寅，庆英奏浩罕勾结回匪，占踞英吉沙尔城，集兵剿之。以张国梁为湖南提督。癸卯，福建官军收复光泽、汀州，踞匪出窜连城，击败之。

六月壬子，召舒兴阿来京，以桑春荣为云南巡抚。癸丑，福建官军收复邵武。乙卯,江南官军克复句容,加和春太子少保,赐张国梁黄马褂。辛酉,王鑫援江西吉安,连战胜之,赐巴图鲁勇号。丁卯,河南南阳土匪平。癸酉,福建官军收复泰宁、建宁。俄夷至天津递国书,命文谦却之。永定河决。乙亥,云南回匪犯省城,恒春自尽。事闻,调吴振棫为云贵总督,以王庆云为四川总督,恒福为山西巡抚。丙子,江西官军收复龙泉。戊寅,命许乃钊帮办江南军务,张亮基予五品衔,帮办云南剿匪事宜。

秋七月乙酉,李孟群奏收复霍山。己丑,河南官军收复邓州。癸巳,命奕山会集俄使勘定黑龙江两岸边界。甲午,贵州官军收复锦屏。湖北官军攻剿黄梅大胜,总兵王国材力战阵殁,赠提督,赐恤建祠。甲辰,命都兴阿帮办官文军务。

八月己酉朔,日有食之。壬子,福建官军收复宁化。癸丑,江西官军克复瑞州。丁丑,法福理奏克复英吉沙尔回城,解汉城围。戊寅,官文、胡林翼奏湖北全境肃清。得旨:"胡林翼亲督所部攻克小池口贼城,即乘此声威规复九江,以振全局。"先是,林翼密奏欲保鄂省而复金陵,惟有先取九江,次复安庆,始握要领,故明诏从之。

九月庚辰,湖南援赣道员王鑫卒于军,赠布政使。壬午,胜保奏克复正阳关,又奏凤台生员苗沛霖藉团聚众。得旨:"正当示之不疑,藉消反侧。"丙戌,法福理奏收复喀什噶尔回城。庚寅,湖北贼陷舒城。河南捻匪陷南阳。丙申,江西官军克复东乡。丁未,湖南援黔官军克复黎平。

冬十月戊申朔,官文、胡林翼奏,李续宾等水陆齐进,攻克江西湖口县城。胜保、袁甲三奏,总兵朱连泰、史荣椿等攻剿捻匪,平毁韩圩贼巢。蒋霨远、佟攀梅奏,剿办苗匪、教匪,斩擒多名,都匀贼退。河南官军败贼于南召,进剿裕州、泌阳余匪。己未,李孟群剿捻匪于独山,不利,兵溃。乙丑,湖北援军李续宾等攻克彭泽。广西官军收复南宁。戊辰,胡林翼奏漕粮积弊,请改章征收,以济军需。从之。庚午,河南贼入武胜关,直扑商南,陕西官军击走之。甲戌,以杨载福为福建陆路提督。以李续宾为浙江布政使。

十一月戊寅朔，英桂奏德楞泰败贼于卢氏，邱聊恩败贼于淅川。安徽贼陷和州、霍山。杨载福克复望江、东陵、铜陵。乙酉，骆秉章奏蒋益沣、江忠睿援剿广西，连战获胜，进围平乐。戊子，胡林翼疏荐布衣万斛泉、宋鼎、邹金粟等。甲午，廓尔喀奉表输诚，颁赏珍物。丙申，德兴阿等奏克复瓜州。得旨嘉勉，赐双眼花翎、骑都尉世职。翁同书以侍郎用，鞠殿华加提督衔。戊戌，和春奏同张国梁克复镇江，赐和春双眼花翎、轻车都尉世职，张国梁骑都尉世职，何桂清太子太保。庚子，英桂奏败贼于汝州，豫西肃清。辛丑，永定河合龙。

十二月辛亥，耆龄奏曾国荃攻克吉水。骆秉章、劳崇光会奏官军攻克平乐。广西贼陷庆远。丙辰，督办三省剿匪副都统胜保奏请皖兵悉归节制。得旨："胜保尚属勇敢，若平其躁气，敛其骄心，可为有用之材，何庸自行决请？"庚申，英人入广东省城，劫总督叶名琛以去。诏革名琛职，以黄宗汉为两广总督，柏贵署理。乙亥，李孟群奏豫捻合股东窜，逼近商、固。命胜保严防之。丙子，祫祭太庙。

是岁，免直隶、江苏、山东、山西、河南、陕西、湖南、广西等省二百三十五厅州县卫，广西四土县被灾、被贼额赋有差。朝鲜、琉球入贡。

八年戊午春正月己卯，佟攀梅罢，以蒋玉龙为贵州提督。丙戌，敕王懿德筹备海防。庚寅，江西官军收复临江。

二月庚午，官军克复秣陵关，进围金陵，加和春太子太保，张国梁双眼花翎，阵亡总兵虎坤元优恤世职。

三月丁丑朔，胜保奏剿贼获胜，固始解围。得旨嘉奖。戊寅，俄船至天津。敕谭廷襄防堵。癸未，江北官军克复江浦，道员温绍原复官。庚寅，福济奏收复和州。贵州贼陷都匀，前提督佟攀梅死之。

夏四月丙午朔，谭廷襄奏俄人不守兴安旧约，请以乌苏里河、绥芬河为界，使臣仍请进京。得旨："分界已派大员会勘，使臣非时不得入京，驳之。"丁未，江西贼窜入福建，陷政和、松溪。戊申，俄人请由陆路往来,英人、法人请隔数年进京一次,诏不许。胜保奏捻首李兆受乞降,许之。己酉,安徽贼陷麻城,另股陷蒙、亳、怀、宿,诏袁甲三剿之。诏许俄人通商,不许进京。庚戌,贼陷和州。云南大理回匪陷顺宁。戊申,诏谭廷襄告知英人、法人,减税增市,俟之粤事结日,彼时再议来京。庚戌,江西贼陷常山、开化,命总兵周天受加提督衔,专办浙防,道员饶廷选防守衢州。辛亥,谭廷襄呈进美国国书,诏许减税率、增口岸,仍不许入京。乙卯,英、法兵船入大沽,官军退守。命僧格林沁备兵通州。戊午,江西官军复雩都、乐安、崇化、宜黄。辛酉,英、法船抵津关。命大学士桂良、尚书花沙纳往办夷务。江西贼窜浙江,陷处州及永康。壬戌,湖北官军克复九江,加官文、胡林翼太子少保,李续宾加巡抚衔。乙丑,英、法兵退三汊河,与俄、美来文,请求议事大臣须有全权便宜行事,始可开议。桂良等以闻,诏许便宜行事。丙寅,命僧格林沁佩带钦差大臣关防,办理防务。戊辰,胜保奏克复六安。乙巳,敕各省军营挑练马队。庚午,命和春兼办浙江军务。英船开出大沽。桂良等奏英人之约于镇江、汉口通商,长江行轮,择地设立领事,国使驻京。上久而许之。

五月丙子,皖匪陷湖北黄安。桂良、花沙纳奏,英使坚逼立约,不见耆英。耆英请回京,诏止之。戊寅,捻匪陷怀远。己卯,奕山奏请黑龙江左岸旷地割界俄人。甲申,桂良等奏俄允代转圜,先允俄人陆行。丁亥,命廷臣集议和战二者,两害取其轻。戊子,桂良等奏英人谓我徒事迁延,即弃和言战。大学士裕诚卒,上亲临赐奠。庚寅,桂良等奏进英、法订约五十一款,并请先订俄、美条约。壬辰,湖北官军复黄安、麻城。福建官军复光泽。广东官军复广西梧州。敕耆龄檄调萧启江、张连兰、王开化各军由祁门进援浙江。癸巳,耆英擅回京,赐自尽。太傅杜鄂卒,上亲临赐奠。乙未,命曾国藩办理浙江军务。丁酉,桂良、花沙纳奏进俄、美、英、法四国条约。得旨:"既已盖用关防,今复朱批క议,宜示四国照此办理。至通商税则,在上海议之。"庚子,江北官军克复江浦、来安。甲辰,夷船全数退出内河。命吏部侍郎匡源、内阁学士文祥在军机大臣上行走。

六月己酉,命桂良、花沙纳、侍郎基溥、武备院卿明善前往江苏会议通商税则。江西官军复新城、金奚。癸丑,福建匪陷建宁。福兴罢,以周天受统其军赴援福建。召桑春荣来京,以张亮基为云南巡抚。甲寅,广西军复象州。丁巳,浙江贼陷寿昌,官军寻复之。福济以不职,夺宫衔,解任。以翁同书为安徽巡抚。庚申,论天津失事状,谭廷襄解任,提督张殿元遣戍。以庆祺为直隶总督,玉明为盛京将军。丁卯,福建道员赵印川剿匪,死之。浙江官军复常山、开化。江西援军复浙江武义、永康、衢州,绍兴城围解严。瑞麟请筹款修筑天津营垒炮台,下僧格林沁办理。辛未,俄人请停办驿踣羊只,诏库伦大臣援旧事拒之。壬申,赏刑部员外郎段承实五品卿衔,帮办会议税则。曾国藩奏由九江登陆赴浙,诏嘉勉之。浙江军复缙云。

秋七月甲戌朔,奕山、景淳奏俄人闯越黑河口,欲入松花江,于乌苏里建屋安炮。诏勘明吉、黑地界,据理拒绝。乙亥,以李孟群署安徽巡抚。丁丑,从法福理请,升喀什噶尔领队大臣为办事大臣。周天受攻复浙江处州,移军福建。癸未,诏曾国藩衢、严肃清,改援福建。乙酉,杨载福收复安徽建德。癸巳,湖北巡抚胡林翼丁母忧,诏在任守制,给假、给银治丧。丙申,贼陷庐州,李孟群夺职留军,以胜保为钦差大臣,督办安徽军务。袁甲三援剿三省捻匪。丁酉,福建军复建阳、光泽,贼陷宁化。庚子,召晏端书来京,以胡兴仁为浙江巡抚。壬寅,张芾军复龙泉,赐花翎。

八月癸卯朔,复设天津水师。甲辰,福建军复政和、松奚。胜保奏发逆伪英王陈玉成窜店埠、梁围,直扑定远。庚戌,李定太剿贼玉山,胜之,解其围。辛亥,蒋益沣援军复广西庆远,擢按察使。丙辰,周天受援福建,克复浦城,进克宁化。捻匪陷丰县。辛酉,捻匪窜山东,陷单县。调英桂为山西巡抚,恒福为河南巡抚。乙丑,官军复丰县。拎匪陷曹县,寻复之。何桂清请以海关盈余用充军饷,允之。壬申,江北军在浦口失利,夺德兴阿、鞠殿华职。和春奏:"浦口失利,已飞调援浙之师径赴六合。探闻闽省回窜之贼,将由宁、太以援金陵,明系城贼围急,令其部众到处窜扰,以分我兵力。请饬各路自行援剿,勿致掣动全局。"上是之。

九月癸酉朔,湖北官军多隆阿克复太湖。乙亥,诏:"以天长、仪征相继失陷,六合危急,温绍原虽素得民心,日久亦恐难支。即调周天培一军分援六合、德安,一军前往援应。"辛巳,官文、胡林翼奏李续宾、都兴阿分路克复桐城、潜山,多隆阿进攻石牌,鲍超力攻雷公埠,均属得手。诏令联络水师进规安庆。湖南官军克复吉安,予同知曾国荃等升叙有差。壬午,明谊奏俄案议结,互换文凭,开办通商。贼陷扬州,夺德兴德阿世职。命柏葰、翁心存为大学士,官文、周祖培协办大学士。调瑞麟为户部尚书,肃顺为礼部尚书,朱凤标为户部尚书,陈孚恩为兵部尚书,瑞常为理藩院尚书,绵森为左都御史。敕总兵毛三元、成明帮办德兴阿军务。甲午,张国梁攻克扬州,续复仪征。庆瑞奏功克邵武,闽省肃清。戊戌,荆州将军绵洵卒,调都兴阿为荆州将军。和春为江宁将军,张国梁为江南提督。己亥,贼陷六合,知县温绍原死之。绍原孤守危城,数年百余战,力竭而陷。上悼惜之,赠布政使,优恤,建祠予谥。

冬十月癸卯朔,浙江宁海土匪滋事,提督阿麟保剿平之。乙巳,胜保奏克复天长,李兆受在事出力。得旨:"李兆受赐名李世忠,予三品衔、花翎,以参将补用。"己酉,御史孟传金奏劾举人平龄朱墨不符,派载垣、端华认真查办。丁巳,僧格林沁奏天津炮台工竣。上嘉之,赐御服。己未,江南官军复溧水。壬戌,命李续宾帮同胜保办理安徽事务。戊辰,诏本年乡试主考、同考官荒谬已极,覆试应议之卷,竟有五十本之多,正考官柏葰先革职,副考官朱凤标、程庭桂暂行解任,听候查办。命庄亲王奕仁在御前大臣上学习行走。

十一月壬申朔,移吉林马队益袁甲三军。乙亥,袁甲三请于山东东三府抽厘助饷,许之。己卯,徐泽醇卒,以朱嶟为礼部尚书,张祥河为左都御史。乙酉,援闽、浙军复浦城、顺昌,予周天培提督衔。丙戌,恒福奏官军剿捻大胜,豫境肃清,总兵傅振邦擢提督,编修袁保恒赐巴图鲁勇号。丁酉,内阁副本库被盗。己亥,吴振棫以病免,以张亮基为云贵总督,徐之铭为云南巡抚。庚子,予阵亡提督邓绍良优恤建祠。

十二月丁未，以宋丞相陆秀夫从祀文庙。庚辰，提督李朝斌收复安徽东流、建德，赐巴图鲁勇号。永州镇总兵樊燮以乘肩舆劾免。丙辰，以郑魁士为浙江提督，督办宁国军务。己未，李续宾进剿安徽，败绩于三河集，死之。赠总督，建祠，予谥。同知曾国华赠道员，予谥。丁卯，以何桂清为钦差大臣，办理通商事宜。赵德辙免，以徐有壬为江苏巡抚。庚午，以瑞麟为大学士，调肃顺为户部尚书，麟魁为礼部尚书，瑞常为刑部尚书。祫祭太庙。

是岁，免直隶、安徽、福建、湖北、贵州等省九十二厅州县被灾、被贼额赋，又免江苏六场盐课各有差。朝鲜、琉球入贡。

九年己未春正月壬申朔，桂良等奏英人藉口广东有事，罢议回粤。乙亥，召袁甲三来京，以搏振邦督剿三省捻匪，伊兴阿副之。壬午，江西官军复瑞金，解安远围，别贼陷南安。桂良等奏和约四事。敕俟英使回沪妥议。庚寅，福建匪周灿燨等降，遂复连城。乙未，安徽官军复建德。丁酉，敕湖北采买马匹，训练马队。戊戌，桂良等奏英使坚欲进京。敕僧格林沁严防海口。辛丑，都兴阿请假，以多隆阿接统其军。诏海连漕船探避夷轮。

二月丁未，捻匪薛之元举江浦降，会李世忠攻克浦口，赐名薛成良，予花翎、三品衔，擢李世忠副将。癸丑，筑奉天沿海炮台。郑魁士攻克湾沚、黄池贼垒。甲寅，上召廷臣，宣示戊午科场舞弊罪状，依载垣、端华所拟，主考官、大学士柏葰坐家人掉换中卷批条，处斩。同考官浦安坐听从李鹤龄贿属，罗鸿绎行贿得中，均处斩。乙卯，张芾奏官军攻克婺源，贼目张淙相等乞降。丁巳，翁同书奏贼陷六安。庆祺卒，以恒福为直隶总督，瑛棨为河南巡抚。癸亥，张国梁奏攻克扬州、仪征，回军连克溧水。特诏嘉奖，予轻车都尉世职，李若珠赐黄马褂。乙丑，曾国藩奏军抵南康，萧启江克复南安。得旨嘉奖，予萧启江巴图鲁勇号。诏编修李鸿章交伊兴阿差委。

三月辛未朔，前布政使李孟群兵溃于官亭，死之，复官予恤。甲戌,奕山、景淳奏俄人径至乌苏里江、绥芬河,择地建屋,并请会勘,诏不许。丙子,捻匪犯河南西华、舞阳,前总兵邱联恩死之,赠提督,予恤。丁丑,桂良等奏英使兵船北上,阻止不听。己卯,四川里塘头人作乱,恩庆讨平之,诛其夷目邓珠。甲申,上祈雨。庚寅,以旱求言。辛卯,李钧卒,以黄赞汤为东河河道总督。乙未,俄人在黑龙江通商,许免征税,不许阑入乌苏里、绥芬。

夏四月辛丑朔,胜保奏克复六安。伊兴阿解帮办,以关保帮办傅振邦军务。壬寅,调王庆云为两广总督,黄宗汉为四川总督。江西贼窜湖南郴州、桂阳,刘长佑击走之。癸卯,胜保奏捻匪张元龙降,收复凤阳府县,并复临淮关。筑宁河炮台。戊申,浙江余姚土匪作乱,讨平之。甲寅,俄使赛善由察哈尔陆路入京,请助枪炮,致于恰克图。丙辰,上再祈雨。己未,邵灿病免,以袁甲三署漕运总督,调劳崇光为广东巡抚,兼署总督。贼陷天长,前提督德安死之,复官予恤。辛酉,奕山奏俄船由黑龙江入松花江东驶入海。得旨:“不许入绥芬,令特普钦派员阻之。”壬戌,王懿德免,以庆端为闽浙总督,罗遵殿为福建巡抚。癸亥,雨。乙丑,赐孙家鼐等一百八十人进士及第出身有差。戊辰,广东官军复嘉应,窜贼扰连平,陷乐昌。

五月丙子,诏骆秉章仍令田兴恕回援贵州,兆琛一军撤回。己卯,敕奕山更正俄人条约。辛巳,敕庆昀密查张家口、白城居住俄人。壬午,以周天受督办宁国军务。甲申,俄人请赴三姓贸易。诏责奕山办理软弱,革副都统吉拉明阿职,枷号乌苏里地方。庚寅,官文奏探闻石达将犯四川,诏曾国藩移军夔州。辛卯,桂良、花沙纳奏英酋于本月十三日起碇入京,桂良等即日驰驿回京。大学士翁心存乞休,允之。复以贾桢为大学士。调许乃普为吏部尚书,张祥河为工部尚书,沈兆霖为左都御史。癸巳,骆秉章奏石达开窜湖南,刘长佑、江忠义、田兴恕诸军击走之。丙申,僧格林沁奏英船鸣炮闯入大沽,我军开炮轰击,击沉多船,并有步队上岸搠战,我军径前奋击,击毙数百名,其兵头赫姓并被炮伤。我军亦伤亡提督史荣椿、副将龙汝元等。夷船即时出口。得旨:“将弁齐心协力,异常奋勇,先奖赏银五千两,并查明保奏。"戊戌,诏夷人虽经惩创,仍宜设法抚驭,即派恒福专办抚局,僧格林沁仍办防务。

六月己亥朔,赐僧格林沁御用珍服。庚子,捻匪陷盱眙,官军寻复之。壬寅,特普钦奏俄人在三姓者,倔强不肯折回。命景淳前往查办。癸卯,广西官军复上林,匪陷宾州。甲辰,张亮基奏回匪马凌汉伏诛。丙午,恒福奏美人进京换约,许之。癸巳,英、法兵船全数开行。庚申,以李若珠为福建陆地提督。辛酉,何桂清奏英、法陆续回沪。乙丑,陈玉成陷定远。丙寅,和春奏水师剿贼获胜。

秋七月庚午,曾国藩奏克景德镇,复浮梁。戊寅,胜保奏翁同书溃败情形。得旨:"汝为统帅,只知炫己之长,不愿援人之失。日日聚讼,庸何济乎?"己卯,美使华若翰递国书,和约用宝,在北塘交换。庚辰,诏曰:"朕闻胜保专以招降为能事。降众未尽剃发,张元滩且四外打粮。又报克复盱眙,该县并无城池,贼因无粮退出,虚报邀功。此次姑不深究。即约束反侧,力改前非。凛之!"癸未,御史赵元模奏:"黄河北流,涸出滨河田亩三四千顷,请办屯田,寓兵于农,较胜团练。"上是之,下袁甲三、庚长议奏。乙酉,诏曰:"王大臣续陈审明科场舞弊之大员父子,及褫送关节之职员,分别定拟。此案程炳采于伊父程庭桂入闱后,接收关节,令家人转递场内,程庭桂并不举发。程炳采处斩,程庭桂免死,遣戍军台。谢森墀、潘祖同、潘敦俨等俱免死,发遣新疆。"己丑,骆秉章奏石达开围宝庆,李续宜援之,立解城围。癸巳,命李若珠帮办江南军务。

八月戊戌朔,崇恩罢,以文煜为山东巡抚。己亥,上御经筵。乙巳,敕恒祺留办广东通商。胜保奏李世忠剿贼获,解定远、滁州围。诏擢李世忠总兵。广东官军复连山、开建。庚戌,命曾国藩驻军湖口。命都兴阿莅江宁将军视事,多隆阿接统所部,总理前敌事务。甲寅,景淳奏俄人船在三姓者,现令折回。在乌苏里者,未肯听命。诏体察舆情,妥为办理。己未,美人请先开市,以英、法约议未定,却之。辛酉,骆秉章奏石达开南陷江华、永明,将入广西。现饬刘长佑统军追剿。得旨,田兴恕一军援黔,李续宜一军回湖北备调。壬戌,发逆、捻匪会攻寿州,官军击却之。御史陈庆松奏科场案内大员子弟陈景彦等赎罪太骤,请仍发遣,严旨斥之。甲子,广东官军复灵山。

九月戊辰,安徽贼陷霍山、盱眙,胜保击退之。胜保丁母忧,留营视军。甲戌,胡兴仁罢,调罗遵殿为浙江巡抚。戊寅,王庆云病免,以劳崇光为两广总督。庚辰,官文、胡林翼奏多隆阿攻破安徽石牌,击破援贼,获贼目霍天燕、石廷玉,得旨嘉奖。己丑,傅振邦奏追剿捻匪,败之。甲午,曹澍钟奏石达开围广西省城,萧启江、苏凤文会合蒋益沣分途剿击,败之,立解城围。

冬十月丁酉朔,时享太庙,上亲诣行礼。骆秉章奏贼中投出难民,给予免死护照,资遣回籍,愿效力者,准其留营。得旨,各省均可照办。戊戌,云南官军克复嵩明,阵斩贼首孙汉鼎。庚子,以曾望颜署四川总督,谭廷襄署陕西巡抚。辛丑,以袁甲三为钦差大臣,督办安徽军务。以侍郎匡源、内阁学士文祥为军机大臣。癸卯,河南捻匪陷兰仪,围考城、通许,扰尉氏,分窜直隶、山东。戊申,命总兵田在田帮办傅振邦军务。乙卯,授袁甲三漕运总督。丙辰,胜保克复怀远。江苏官军剿六合失利,夺李若珠职。戊午,美使请开潮州、台湾通商口岸。庚申,河南官军剿平鄢陵捻匪,西路肃清。壬戌,以明谊为乌里雅苏台将军,景廉为伊犁参赞大臣,崇实为驻藏大臣。己丑,命官文、曾国藩、胡林翼妥筹四路规皖。

十一月戊辰,滇匪犯叙州,夺万福职,以皂升为四川提督。辛未,何桂清奏,探闻英、法明春必来寻衅。恒祺奏英兵续行至粤。诏僧格林沁加意津防。丁丑,贼陷浦口,总兵周天培死之,予世职。癸未,特普钦奏俄人在黑龙江左岸占踞五十余屯,请调西丹墨尔根、布特哈兵交那尔胡善训练,联络旗民参夫,有事抵御,从之。丙戌,命张芾督办皖南军务。己丑,曾国藩奏韦志俊以池州降。滇匪陷叙州,另股陷酉阳、秀山。庚寅,四川官军复筠连、庆符、高县。己未,户部灾。

十二月丙申朔,蒋惣远奏石达开纠党十余万由桂犯黔,将以窥蜀。诏田兴恕剿之。戊戌，上诣大高殿祈雪。云南丘北土匪滋事戕官，官军讨平之。庚子，和春奏官军攻破江浦贼垒，扬州西界肃清。壬寅，吏部尚书花沙纳卒。丙午，何桂清报英、法兵船到沪。以田兴恕为贵州提督。辛未，援黔湘军攻复镇远。庚申，景淳奏请招集流民参夫，给地设卡，以助边防，从之。壬戌，袁甲三奏攻克临淮关，得旨嘉勉，下部议叙，穆腾阿加都统衔。甲子，祫祭太庙。

是岁，免直隶、河南、山东、浙江、贵州等省一百五十七州县被灾、被贼额赋有差。朝鲜、琉球入贡。

十年庚申春正月丙寅，上三旬万寿，颁诏覃恩。诏先朝寿节有告祭之礼，升殿之仪，本年勿庸举行，外史、外藩并停来京祝嘏。加恩亲藩，惇郡王奕誴晋亲王，贝子奕劻晋贝勒，余各封赉，及于廷臣、疆臣。戊辰，前宁夏将军托云保卒。己巳，解胜保钦差大臣，专办河南剿匪，袁甲三专办安徽。丁丑，瑛启以迟解京饷降官，以庆廉为河南巡抚。己丑，刑部主事何秋涛呈进所纂《北徼汇编》八十卷，上嘉与之，赐名《朔方备乘》，入直懋勤殿。壬辰，有凤免，以全亮为成都将军，占泰为四川提督。甲午，御史白恩佑言津防重大，请预筹后路，以保万全。得旨："所奏固是，然驻兵筹饷，甚觉为难。现在津防周备，可勿庸议。"特普钦奏请召集鄂伦春人入伍。从之。扎拉芬泰奏请与俄、廓合攻印度。上曰："俄非和好也，廓岂英敌。"

二月丁酉，上御经筵。庚子，以刘源灏为贵州巡抚。袁甲三奏克复凤阳，赐黄马褂。辛丑，何桂清奏上海英人经华商开导，索兵费一百万。津约不能更易，入京换约。如不见许，即开船北驶。诏僧格林沁严备津防后路。海运漕粮，暂缓放洋。丙午，湖南官军克复贵州镇远。庚戌，捻匪陷桃源，上窜清江，庚长退守淮安。壬子，援桂湘军克复柳州、柳城，加道员刘坤一按察使衔。甲寅，张芾奏官军复建德，匪陷泾县、旌德，连陷太平。己巳，以倭什珲布为礼部尚书，春佑为热河都统。辛酉，诏和春分兵援浙。

三月乙丑朔，袁甲三奏官军复清江。庚子，命提督张玉良统军援浙。丙子，贼陷杭州，巡抚罗遵殿死之。越六日，将军瑞昌复其城。重赉瑞昌、张玉良等。以王有龄为浙江巡抚。丁亥，上耕耤田。辛卯，浙江官军克复长兴、临安、孝丰。甲午，何桂清奏夷船北犯。

闰三月癸卯，四川官军克复蒲江，贼陷名山。丙午，命曹澍钟督军四川，以刘长佑为广西巡抚。丁未，贼陷溧水，连陷句容。以张玉良为广西提督，留苏督军，寻令折回杭州。庚申，和春等奏陈玉成率众突犯大营，城贼出而合犯，官军力不能支，退守镇江。壬戌，以王梦龄为漕运总督。

夏四月丙寅，以明儒曹端从祀文庙。癸酉，贼陷丹阳，张国梁死之，和春走常州。戊寅，诏直省举办团练。命都兴阿督办江北军务。癸未，诏两江总督何桂清屡失城池，褫职逮问。以曾国藩署两江总督。擢兵部郎中左宗棠四品京堂，襄办曾国藩军务。乙酉，贼犯常州，和春迎战受伤，卒。以魁玉署江宁将军，会巴栋阿扼守镇江。辛卯，贼陷建平，张玉良兵溃于无锡。壬辰，赐钟骏声等一百八十三人进士及第出身有差。癸巳，贼陷苏州，巡抚徐有壬死之。

五月甲午朔，以薛焕为江苏巡抚，暂署总督。己亥，江苏常熟县知县周沐润招募沙勇，克复江阴。辛丑，贼陷浙江长兴，围湖州，萧翰庆赴援失利，死之。甲辰，曾国藩奏陈三路进兵，规苏保浙，并调沈葆桢差遣。上嘉允之。以东纯兼署四川总督。丙午，贼陷吴江、崑山及浙之嘉兴。玉明奏金州、岫岩海口有洋船六十余停泊，劫掠牲畜。庚戌，敕王梦龄督同乔松年开办江北粮台。辛亥，恤殉难在籍侍郎戴熙，赠尚书，予世职，建专祠，谥文节。甲寅，命毛昶熙办河南团练，杜翻办山东团练。戊午，李若珠奏薛成良投诚复叛，捕诛之。己未，曾国藩奏随调鲍超、朱品隆进驻祁门，鄂军不宜再调。从之。玉明奏洋船到金州海面一百余艘，文煜奏英、法兵到烟台者约有万人，探闻有由海丰大山北犯之说，均下僧格林沁知之。

六月癸亥朔，敕准巴尔虎旗人一体考试，甲子，英船驶入北塘。丙寅，贼陷青浦、松江。己巳，刘长佑奏复庆远，石达开南窜。庚午，瑞昌奏复广德。辛未，万寿节，御殿受贺。壬申，大学士彭蕴章罢直军机,命邵灿、刘绎、晏端书、庞钟璐各在原籍举办团练。戊寅,王有龄奏在籍道员赵景贤克复湖州。薛焕奏克复松江。庚辰,英、法兵登岸,遂踞北塘。裁南河河道总督暨淮海道各官。壬午,僧格林沁奏英、法势大志骄,难议和。得旨:"以抚事责之恒福,以顾大局。"丙戌,命曾国藩为钦差大臣,实授两江总督。己丑,夷人犯新河,官军退守塘沽。命骆秉章驰赴四川督办军务。辛卯,手诏僧格林沁曰:"握手言别,倏逾半载。大沽两岸危急,谅汝忧心如焚。惟天下大本在京师不在海口。若有挫失,总须退保津、通,万不可寄身命于炮台,为一身之计。握管凄怆,汝其勉遵!"敕西凌阿固守天津,瑞麟、伊勒东阿赴通州防堵。

秋七月癸巳,命巴栋阿援金坛。戊戌,大沽炮台失守,提督乐善死之,优恤建祠。庚子,僧格林沁退守通州。辛丑,英人陷天津。浙江贼陷临安、余杭。四川贼陷邛、蒲、新津。甲辰,江苏贼复陷松江。丁未,以崇实署四川总督。己酉,裕瑞奏浩罕请依前通商,许之。以常清为伊犁将军。辛酉,金坛陷,知县李淮守三年,援兵不至,力竭死之,绅民从死者逾千人。命胜保督马队守通州。

八月癸亥,洋兵至通州,载垣诱擒英使巴夏礼解京。戊辰,瑞麟等与洋兵战于八里桥,不利。命恭亲王奕欣为钦差大臣,办理抚局。己巳,上幸木兰,自圆明园启銮。丁丑,上驻跸避暑山庄。李世忠以擒叛将薛成良擢授江南提督。戊寅,诏曰:"江南提督张国梁谋勇兼优,忠义奋发。在军十年,战功卓著,东南半壁,倚为长城。本年大营溃散,回援击贼,受伤没水。先后奏报,朕犹冀其不确。迄今数月,其为效死捐躯无疑。若使张国梁尚在,苏、常一带,何至糜烂苦此。追念尽劳,益深怆恻。赠太子太保,入祀昭忠祠,分建专祠。子孙几人,送部录用。"己卯,命都兴阿带兵入卫,从官文请也。命玉明、成凯、乐斌、文煜、英桂督兵入卫。辛巳,命恒福驻古北口备防,吴廷栋接转文报。壬午,浙江官军克复平湖、嘉善。广东官军克复乐昌、仁化。癸未,江苏贼陷常熟。圆明园灾,常嫔薨,内务府大臣、尚书文丰死之。庚寅,恭亲王奏请还巴夏礼于英军。薛焕奏劼冯子材赴援金坛,拥兵不进,致令城陷。诏薄谴之。

九月壬辰,命胜保为钦差大臣,总统援军。敕恭亲王奕欣照会英人,勿修城北炮台,速行议约。甲午,英使、法使入城。大学士彭蕴章、尚书许乃普以病乞免,许之。己亥,命庆廉、英桂兵驻直备调。辛丑,贼陷宁国,周天受死之。甲辰,命左宗棠督办浙江军务。乙巳,抚局成。恭亲王奕欣奏请宣示中外,如约遵行。许俄人驻乌苏里、绥芬。停各省援兵。敕英桂来京。议西巡。戊申,李若珠奏克复江阴。辛亥,贼陷徽州,守城道员李元度弃城走。癸丑,直隶、山东、河南贼匪并起,命僧格林沁讨之。庚申,恭亲王奕欣奏洋人退至天津,吁请回銮。

冬十月辛酉朔,诏天气渐寒,暂缓回銮。以田兴恕为贵州提督。予阵亡提督周天受、周天培世职,建祠予谥,附祀道员福咸等。壬戌,以刘源灏为云贵总督。邓尔恒为贵州巡抚。甲子,敕文谦、恒祺办理通商事宜,吴廷栋督办防务。以文安为湖南提督。以冯子材督办镇江军务。丙寅,恭亲王奕欣奏换俄人和约,请用御宝,从之。辛未,俄罗斯致枪炮。癸酉,敕乐斌、英桂回任。庚辰,以严树森为河南巡抚,毛昶熙督办河南捻匪。辛巳,命都兴阿督办江北军务,李若珠副之。以总兵田在田接办徐、宿剿匪,淮徐道吴棠帮同办理。

十一月辛卯,胜保奏以大顺广道联英专办河防,准其奏报,从之。癸巳,翁同书奏陈谨天戒,固邦本,收人才,练京营,争形势。得旨:“收人才一条,利少弊多。余留览。”甲午,浙疆贼陷新城、临安、富阳。乙未,王梦龄奏剿贼获胜,三河肃清,并请节制黄开榜水师,从之。庚子,曾国藩奏鲍超等克复黟县。辛丑,李若珠乞养亲,以曾秉忠代之。癸卯,以杭州解严,优赉瑞昌、王有龄等。瑞昌奏陈庆端力保浙疆,请加优奖。得旨:“不分畛域,皆尔大吏分内之事。甄叙督抚,出自朝旨,非汝所得擅请。”戊申,命成琦会景惇查勘俄罗斯东界。癸卯,浙军张玉良攻复严州。甲寅,官文、胡林翼奏陈玉成图犯怀、桐,多隆阿会合李续宜迎剿,大败之,杀贼万余。多隆阿赐黄马褂,李续宜加二品衔。

十二月辛酉,命西凌阿、国瑞帮办僧格林沁军务。丙寅,命张亮基留办云南军务。己巳,始置总理各国通商事务衙门,命恭亲王奕欣、桂良、文祥管理。以崇厚充三口通商大臣,薛焕兼办上海等处通商事务。准旗人学习外国语言文字。己巳,以田兴恕为钦差大臣,督办贵州军务。丙子,左宗棠奏督军克复江西德兴、安徽婺源,予三品京卿。乙酉,以官文、周祖培为大学士,肃顺协办大学士,沈兆霖为户部尚书,朱凤标为兵部尚书。戊子,祫祭太庙。

是岁,免江苏、浙江、安徽三省额赋遇赋,又直隶、山东、河南、江西、湖北、湖南、福建、广西等省四百一州县卫被灾、被贼额赋有差。会计天下民数二万六千零九十二万四千六百七十五名口,存仓谷数五百二十三万一千九百二十石四斗六升五合一勺。朝鲜入贡。

十一年辛酉,上在木兰。春正月庚寅朔,上御绥成殿受贺。辛酉,诏二月十三日回銮。乙未,曾国藩奏杨载福剿贼,克都昌,解南陵围。田在田奏捻匪犯砀山,击走之,加提督衔。丙申,召翁同书来京,以李续宜为安徽巡抚。丁酉,以福济为成都将军。辛丑,贼陷孝丰,杭州戒严。壬寅,诏:“纪年开秩,应予特赦,非常赦所不原者咸减除之。”癸卯,左宗棠兵复饶州暨都梁。乙巳,恒福以病免,以文煜为直隶总督,谭廷襄为山东巡抚,邓尔恒为陕西巡抚,何冠英署贵州巡抚。丁未,僧格林沁奏捻匪窜入山东,派队追剿,及于荷泽,失利。得旨:“僧格林沁督带重兵,北地倚为屏障。乃以饥疲之卒,追方张之寇,旁无援应,宜其败也。勇往有余,未能持重。尚其汰兵选将,扼要严防,谋定后动,勿再轻进。”戊申,诏袁甲三等:“捻匪裹胁良民,未便概行诛戮,可剀切晓谕,设法解散。投诚者免罪,杀贼者叙功。并传知李世忠一体招抚。”辛亥,贵州官军克复独山。壬子,翁同书奏陈抚练苗沛霖劫扰寿州,跋扈异常。诏李续宜酌办。河南捻匪窜扰东明、长垣。

二月己未朔,云南官军克复晋宁。壬戌,复置奉天金州水师营。丙寅,诏准山东抵还法国教堂地基,并敕直省遇有交涉,即行酌办请旨，勿许推诿。丁卯，张玉良军克复江山、常山。庚午，曾国藩奏左宗棠败贼于景德镇，鲍超败贼于石门洋塘。壬申，浙军克复富阳。热河朝阳盗匪陷城，命克兴阿剿之。命明谊、明绪会勘俄界，英蕴、奎英办理俄人通商。捻匪扑汶河，副都统伊兴阿、总兵滕家胜逆战阵殁。乙亥，陈玉成纠合捻匪由英山犯湖北蕲水，诏胡林翼回兵击之。庚辰，诏曰："前经降旨，订日回銮。旬日以来，体气未复。缓俟秋间再降谕旨。"壬午，朝鲜国王遣使朝觐行在。温谕止之，颁赐文绮、珍器，及其使臣。癸未，诏挑选兵丁演习俄国送到枪炮。甲申，裁撤黑龙江团丁归农。

三月己丑朔，诏派办约大臣崇纶、崇厚给与全权便宜行事。敕侍郎成琦赴兴凯湖会勘俄人分界事宜。予道员联捷四品京卿，办理河防。壬辰，恭亲王奕䜣请赴行在祗叩起居。上手诏答之曰："别经半载，时思握手而谈。惟近日咳嗽不止，时有红痰，尚须静摄，未宜多言。且俟秋间再为面话。"丙申，诏皇长子于四月七日入学，以李鸿藻充师傅。戊戌，都兴阿奏镇、扬水师船只年久损坏，请饬广东购运红单船应用，从之。庚子，命胜保督办直隶、山东剿匪。以贾臻署安徽巡抚。庚戌，英、法两国兵退广东省城。辛亥，以前大学士彭蕴章署兵部尚书。甲寅，浙江贼陷海盐、平湖、乍浦，副都统锡龄阿死之。丙辰，广西土匪陷太平、养利州。

夏四月己未朔，严树森奏贼犯汝宁，道员张曜击走之。戊辰，山东捻匪、教匪连陷馆陶七县。僧格林沁入滕县固守，诏胜保分兵援之。甲戌，诏曰："朕闻各处办捐，有指捐、借捐、炮船捐、亩捐、米捐、饷捐、堤工捐、船捐、房捐、盐捐、板捐，活捐，名目滋多，员司猥杂。其实取民者多，归公者寡。近年军饷浩繁，不得已而借资民力商力。然必涓滴归公，撙节动用，始得实济。若似此征求无艺，朘薄民生，尚复成何政体？各大臣、督抚，尚其严密稽查，剔除奸蠹，以副朕意。"乙亥，左宗棠败贼于乐平。庚辰，山东教匪扑围大名，联捷击走之。癸未，皖贼复窜浙江，陷常山、玉山，进逼衢州。

五月癸巳，田在田奏苗练犯符离，敕僧格林沁分兵援之。甲午，

邓尔恒被戕于曲靖。饬刘源灏查办。以瑛棨为陕西巡抚。庚子,胜
保奏克复馆陶。辛丑,命贾臻、李世忠帮办袁甲三军务。甲辰,命多
隆阿帮办官文、胡林翼军务。乙巳,贼陷浙江寿昌、金华、龙游、汤
溪、长兴,进陷兰溪、武义。诏催左宗棠赴援。

　　六月戊午朔,日有食之。庚申,曾国藩、胡林翼奏:"安庆省城自
我军长围,逆酋陈玉成率党回援安庆,于集贤关外赤冈领坚筑四
垒。经鲍超、成大吉会合多隆阿马队奋力进剿,昼夜轰击。五月初
一日,三垒俱降。释去胁从,将长发老贼概行正法。其踞第一垒之
贼刘沧琳,乘夜潜遁。经鲍超歼于马踏石,余马水师斩戮殆尽,并将
刘沧琳验明支解枭示。"得旨嘉奖。布鲁斯亚国换约通商。辛酉,许
俄人在库伦、恰克图通商。乙丑,钦天监奏八月初一日,日月合璧,
五星联珠。得旨,不必宣付史馆。甲戌,贼陷浙江遂昌、松阳、永康。
丙子,回匪扑扰喀什噶尔。诏景廉赴阿克苏防剿。丙戌,浙江官军
克复长兴。

　　秋七月丁亥,诏每年秋间王公致祭两陵,如遇山水涨发,可在
途守候,道路通时,即行前往。届其不到,由守护之贝勒、公等行礼。
甲午,曾国藩奏收复安徽徽州。戊戌,予四川阵亡侍卫昭勇候杨炘
建祠。

　　辛丑,上不豫。壬寅,上大渐,召王、大臣承写朱谕,立皇长子为
皇太子。癸卯,上崩于行宫,年三十一。十月,奉移梓宫至京。十二
月,恭上尊谥。同治四年九月,葬定陵。

　　论曰:文宗遭阳九之运,躬明夷之会。外强要盟,内孽竞作,奄
忽一纪,遂无一日之安。而能任贤擢材,洞观肆应。赋民首杜烦苛,
治军慎持驭索。辅弼充位,悉出庙算。响使假年御宇,安有后来之
伏患哉?

清史稿卷二一
本纪第二一

穆宗一

穆宗继天开运受中居正保大定功圣智诚孝信敏恭宽毅皇帝，讳载淳，文宗长子，母孝钦显皇后那拉氏，咸丰六年三月二十三日生于储秀宫。

十一年，就学编修李鸿藻授读。七月，文宗不豫，壬寅，疾大渐，召御前大臣载垣、端华、景寿、肃顺，军机大臣穆荫、匡源、杜翰、焦佑瀛宣谕立为皇太子。命载垣、端华、景寿、肃顺、穆荫、匡源、杜翰、焦佑瀛赞襄政务。

癸卯，文宗崩，召陈孚恩、文煜赴行在。甲辰，尊皇后及圣母并为皇太后。谕军机处于各摺片后署赞襄政务王大臣。乙巳，免惇亲王、恭亲王、醇郡王、钟郡王、孚郡王寻常召对及宴赉叩拜。停各省贡献方物。

丙午，展顺天文乡试于九月举行，恩科武会试于十月，顺天武乡试于十一月。授骆秉章四川总督，督办军务。召云贵总督刘源灏来京，以福济代之。以崇实为成都将军，旋命协办四川军务。湖北官军复武昌、咸宁、通城等县及江西义宁州。戊申，以景纹为驻藏办事大臣。己酉，允恭亲王赴行在叩谒梓宫。庚戌，薛焕请招商试运淮盐济饷。议行。辛亥，粤匪陷吉安。广西官军复宾州。癸丑，加上宣宗帝后尊谥。甲寅，粤匪陷靖安、武宁、义宁各州县。乙卯，定年号祺祥。

八月丁巳朔，日月合璧，五星联珠。粤匪陷严州，旋复之。戊午，官军复新昌、奉新、瑞州、上高。己未，命景廉赴叶尔羌查办英蕴敛钱擅杀事。允曾国藩请，以上海见舶轮船驶往皖江，归其军练习。辛酉，湖北官军复德安。壬戌，江西官军复武宁、靖安。癸亥，颁大行皇帝遗诏。胜保军复濮州。丁卯，捻匪渡运河，谕胜保与僧格林沁等截剿，毋任北窜。戊辰，胡林翼以疾乞假，命李续宜暂署湖北巡抚。庚午，御史董元醇请皇太后权理朝政，简亲王一二人辅弼。载垣等拟旨驳饬。甲戌，曾国荃军复安庆。戊寅，广西官军复浔州。庚辰，四川番贼陷松潘。辛巳，论复安庆功，加官文、曾国藩太子少保，胡林翼太子太保，并予骑都尉世职，赏李续宜黄马褂，杨载福、多隆阿云骑尉世职。癸未，上大行皇帝尊谥曰协天翊运执中垂谟懋德振武圣孝渊恭谦仁宽敏显皇帝，庙号文宗。苗沛霖陷正阳、霍丘，围寿州。

九月丙戌朔，上母后皇太后徽号曰慈安，圣母皇太后徽号曰慈禧。辛卯，杨载福军复池州。壬辰，捻匪窜汜水、巩县，官军击退之。召张亮基来京。金州地震。甲午，川军剿平会理回匪。丁酉，允乐斌等奏，撒拉回匪降，撤回官军。庚子，川军复名山。壬寅，多隆阿、曾国荃等复桐城、宿松、蕲州、黄梅、广济。彭玉麟、成大吉等复黄州。湖北巡抚胡林翼卒，调李续宜为湖北巡抚，仍驻鄂、皖交界，督办军务。擢彭玉麟为安徽巡抚。癸卯，浙江官军复于潜、昌化。粤匪窜严州，张玉良等军溃。甲辰，英、法撤广州驻兵，英撤驻天津马队。乙巳，僧格林沁剿平青州等处窜捻，赏还御前大臣并黄缰。戊申，上奉大行皇帝梓宫返京师，免承德及宛平各府县田赋。己酉，苗沛霖反，命袁甲三会贾臻诸军讨之。甲寅，上奉母后皇太后、圣母皇太后还宫。乙卯，以擅改谕旨，力阻垂帘，解载垣、端华、肃顺任，罢景寿、穆荫、匡源、杜翰、焦佑瀛军机。命恭亲王会同大学士、六部、九卿、翰、詹、科道按律核奏。贾桢、周祖培、沈兆霖、赵光疏请政权操之自上，并议皇太后召见臣工礼节及办事章程。胜保疏请皇太后亲理大政，并简亲王辅政。命王、大臣、大学士等定议以闻。召醇郡王奕镯来京。是日夺载垣、端华、肃顺爵职，逮问议罪。命睿亲王仁寿、醇郡王奕镯逮肃顺解京。诏文武各衙门自十月十六日以后轮班值日。鲍超军复铅山。是月，免西宁碾伯被扰额赋。

冬十月丙辰朔，命恭亲王奕䜣为议政王，在军机处行走；大学士桂良、户部尚书沈兆霖、侍郎宝鋆、文祥并为军机大臣，鸿胪寺少卿曹毓瑛在军机大臣上学习行走。召盛京户部侍郎倭仁来京。丁巳，谕求言，申严门禁。戊午，大行皇帝梓宫至京，奉安于乾清宫。庚申，诏改祺祥为同治。辛酉，恭亲王等拟请载垣、端华、肃顺照大逆律凌迟。诏赐载垣、端华自尽，肃顺处斩，褫景寿、穆荫、匡源、杜翰、焦佑瀛职，穆荫遣戍军台。壬戌，褫陈孚恩、黄宗汉、刘崐、成琦、德克津太、富绩职。谕不究既往，诸臣毋再请察办党援。申诫王公、内外文武大臣招权纳贿。甲子，上御太和殿即皇帝位，受朝。颁诏天下，以明年为同治元年，加恩中外，罪非常赦所不原者，咸赦除之。免惇亲王、恭亲王、醇郡王、钟郡王、孚郡王谕旨及奏疏称名。乙丑，懿旨以物力维艰，诫内务府，宫闱器用，力行节俭。赏还僧林格沁博多勒噶台亲王。命刑部核结五宇钞票案。通谕中外清理庶狱。丙寅，苗沛霖陷寿州。东南方有声如雷。谕热河未竟工程即时停止。丁卯，申诫各路统将粉饰迁延，纵寇殃民。补行咸丰十年恩科武会试。己巳，命总兵冯子材督办镇江军务。庚午，谕议政王等赞理庶务，毋避小嫌。壬申，谕统兵大臣实核功罪，信赏必罚。癸酉，粤匪陷严州、馀杭。命曾国藩统辖苏、皖、赣、浙军务，节制巡抚、提督以下各官。瑞昌帮办浙江军务，太常寺少卿左宗棠赴浙江剿贼，调遣提、镇以下官。丙子，申谕郊配仍以三祖五宗为定，皇考祔庙称宗。起用予告大学士祁寯藻、翁心存，前太常寺卿李棠阶。籍陈孚恩家，下狱治罪。官军复无为及随州。丁丑，申诫廷臣遇事因循。谕官文、曾国藩等妥筹剿抚苗练。粤匪陷萧山、绍兴及江山、常山，趣左宗棠军速援。己卯，释贝子德勒克色楞于狱。辛巳，廷臣议上垂帘章程，懿旨依议。诏开恩科。初，乌拉停捕珠八年。至是，谕仍停办。壬午，陈孚恩戍新疆。命侍郎宝鋆、董恂在总理各国事务衙门办事。甲申,法兵去天津。

十一月乙酉朔,上奉慈安皇太后、慈禧皇太后御养心殿垂帘听政。丙戌,谕各省习教交涉,分别良莠,持平办理。丁亥,谕定户部五字钞票侵款者罪。复熙麟等官。庚寅,命各军保荐将才。壬辰,山东教匪作乱,成禄等剿平之,匪首延秀轮伏诛。甲午,先是,张亮基言云南副将何有保戕邓尔恒,疑徐之铭主使。至是,之铭饰奏军功,为有保请奖。谕福济察办,撤任严参。乙未,石达开窜绥宁。庚子,谕中外举人才,以曾国藩、胡林翼、骆秉章为法。辛丑,粤匪陷绍兴、诸暨,褫王履谦职逮问。壬寅,福济以畏葸取巧褫职。赏潘铎二品顶戴,署云贵总督。僧格林沁剿寿张等处会匪,大捷。癸卯,命彭玉麟帮办袁甲三军务。官军复来安。乙巳,给事中高延祜劾徐之铭贪淫荒谬,及滇省练党纵恣。谕潘铎查办。丁未,诏各省察举循良,并访学行该备之士。庚戌,以吴棠为江宁布政使,兼署漕运总督,督办江北粮台。癸丑,粤匪陷处州。

十二月甲寅朔,谕曾国藩通筹进剿机宜。乙卯,谕谭廷襄赴东昌筹河防。濮、范教匪平。丁巳,胜保奏收抚匪首刘占考、宋景诗。戊午,国瑞军复范县。粤匪陷宁波、镇海暨绍兴各属。己未,谕整顿盐务。辛酉,命左宗棠迅速援杭,张运兰归调遣,得专奏军事。壬戌,命江宁副都统魁玉帮办镇江军务。以毛鸿宾言,谕督抚及统兵大臣因地选将,毋专恃楚勇。袁甲三军复定远。允廓尔喀例贡丁卯年呈进。乙丑,福建会匪陷福鼎,寻复之。河南捻匪窜枣阳。丁卯,曾国藩辞节制四省军务,不允。己巳,上孝德皇后尊谥曰孝德温惠诚顺慈庄恭天赞圣显皇后。兵部侍郎庆英有罪褫职,戍新疆。以青海札萨克贝勒纲僧却多布为左翼盟长。辛未,褫毓科职,擢沈葆桢为江西巡抚。命恭亲王、醇亲王督瑞麟、文祥等管理神机营。曾国藩奏派道员李鸿章统水陆军赴镇江规复苏、常,允之。定登莱青道驻烟台,监督东海关税务。壬申,降端华、载垣世爵为不入八分辅国公。甲戌,免安徽、江苏、浙江被贼来年额赋。乙亥,允江忠义终制,田兴恕兼署贵州巡抚,旋以韩超署任。命张亮基督办云南军务,徐之铭免云南巡抚，以亮基署之。丁丑，多隆阿军进攻庐州。石达开窜沅江、黔阳，逼川境，谕骆秉章、田兴恕合击之。两淮、粤匪陷杭州，瑞昌、王有龄死之。褫闽浙总督庆端职，留任。以左宗棠为浙江巡抚。彭玉麟辞巡抚，请专办贼，许之，以为水师提督。调李续宜为安徽巡抚，严树森为湖北巡抚。以郑元善为河南巡抚。戊寅，祁寯藻以大学士衔，为礼部尚书。改彭玉麟以兵部侍郎候补。庚辰，捻匪围颍州。胜保论劾严树森，谕令"反躬自责，保全名节，副皇考委任之意"。以薛焕言，谕总理各国事务衙门与英、法筹商借兵剿贼。壬午，追封皇弟二阿哥为悯郡王。趣左宗棠进取浙江。命胜保率部赴颍州。癸未，僧格林沁击窜匪于曹州河南岸，殄之。

　　同治元年壬戌春正月甲申朔，慈安皇太后、慈禧皇太后御慈宁宫，上率王、大臣行礼。御乾清宫受贺。自是每岁皆如之。命麟魁、曾国藩协办大学士。乙酉，诏酌撤亩捐、厘捐，拊循从征将士家室，抚慰伤亡兵勇子孙。以江西肃清，赏鲍超黄马褂。李世忠复六合，赏亦如之。丙戌，谕曾国藩、左宗棠保衢州，进解徽州围。命曾国藩选将保上海。调蒋益沣部赴左宗棠军。庚寅，胜保移军颍州，命副都统遮克敦布、道员王榕吉接办防务。辛卯，川军复丹棱，匪首蓝潮鼎伏诛。官军复平越。壬辰，李世忠军复天长。癸巳，粤匪李秀成陷奉贤、南汇、川沙。命都兴阿以艇师厄吴淞口。丙申，乐斌以纵匪殃民，解任讯办。命麟魁署陕甘总督，与沈兆霖剿抚撒回。粤匪窜逼上海。薛焕言英、法各员协同防剿。上嘉之。丁酉，初，绵性请改徵回赋，景廉赴阿克苏勘办之。及是，景廉覆劾，绵性坐褫职，寻戍吉林。回子郡王爱玛特解回库车管束。申诫回疆各大臣勿再摊徵。命英蕴察禁私典阿克苏各城回地。戊戌，粤匪犯镇江，冯子材军击退之。捻匪窜沭阳。谕僧格林沁南北兼顾。官军复莘县。己亥，麟魁卒。李世忠军克江浦、浦口。撤庆端任，命耆龄赴闽接办援浙军务。庚子，擢鲍超为浙江提督，冯子材为广西提督。癸卯，命乔松年督办沿江团练。丙午，前安徽巡抚翁同书以失寿州、定远，褫职逮问，寻论斩。丁未，加铸阿克苏钱。戊申，文煜等上北塘防守事务，允行。英、法留兵驻大沽炮台。云南官军复丽江，回匪窜昆明。庚戌，粤匪窜松江，官军合外兵迎剿，大败之。洋将美人华尔愿隶中国籍，赏四品顶戴、花翎。壬子，命张亮基募军赴滇。癸丑，谕遮克敦布等会剿河套捻匪。

二月甲寅朔，官军复来凤。乙卯，懿旨皇帝在弘德殿入学读书，祁寯藻、翁心存授读。丙辰，擢曾国荃江苏布政使，并令办理军务，毋庸回避。丁巳，粤匪陷黄岩。官军解镇江、徽州围。辛酉，西宁办事大臣多慧、提督成瑞以饰言撤匪投诚，并褫职议罪，寻论斩。乐斌以庇护褫职，戍新疆。壬戌，命都兴阿遣兵驻天长、六合，李世忠移军江浦、浦口，和衷共济。粤匪陷安义，旋复之。癸亥，捻匪围杞县。甲子，以倭仁所进古帝王事迹及古今臣工奏议，陈弘德殿讲肆。乙丑，僧格林沁军击捻匪大捷，贼由杞县窜通许，追剿之。戊辰，石达开窜丰都。允田兴恕请解钦差大臣，率部赴川，归骆秉章节制。命韩超筹贵州防剿事。己巳，薛焕言会英、法军剿高桥贼垒，克之。美人白齐文愿入华籍，赏四品顶戴、花翎。壬申，金陵粤匪渡江扰江浦等处。谕曾国藩、都兴阿抽调师船截击之。癸酉，多隆阿军进攻庐州。丙子，以上海洙泾陷，褫提督曾秉忠职。上海官军会英、法军剿除萧塘贼垒。命崇厚、成明督办天津海防。丁丑，复郑亲王、怡亲王世爵。谕李续宜安集皖北流亡。是月，免汀州等处被扰额赋。

三月癸未朔，捻匪窜太和。甲申，允英、法派师船往长江协同防剿。丙戌，粤匪窜上海，薛焕军击败之。戊子，贼陷青田。允郑元善请，以丁忧布政使张曜专办剿匪。庚寅，自正月以来不雨，诏修省，求直言。左宗棠复遂安。宋景诗降众叛于兰仪。壬辰，粤匪犯庐、和及江浦。甲午，胜保军进援颍州，大捷。丙申，郑元善言招回宋景诗，令带罪图效，允之。戊戌，命李续宜、郑元善帮办胜保军务。辛丑，前府尹蒋琦龄应召，陈崇正学，疏通正途、限制津帖、抽厘、筹军实等十二策。议行，惟停养廉、查陋规，以妨政体不许。诏各省举孝廉方正，务求真儒。癸卯，命沈兆霖督军赴西宁剿撒匪。乙巳，万寿节,停受贺。丙午,趣曾国藩分军援湖州。丁未,汇纂帝王政治及前史垂帘事迹书成,名治平宝鉴。己酉,命副都御史晏端书赴广东督办厘金,吴棠督办江北团练。命薛焕以头品顶戴充通商大臣。以李鸿章署江苏巡抚。京口副都统海金剿贼失利,死之。壬子,免回疆新旧应进贡物。是月,上躬诣大高殿祈雨者三。

四月甲寅,谕统兵大臣慎重饷糈,汰除浮费。景其濬上历代君鉴,上嘉纳之。乙卯,允骆秉章奏留田兴恕仍办贵州军务。丁巳,粤匪陷宜阳,寻复之。戊午,雨。鲍超军复青阳。曾国荃军复巢县、含山、和州。己未,普承尧戍军台。曾国藩等言苏绅请借英、法兵规复苏、常,断不可行。上韪其议。令李鸿章裁制华尔常胜军。粤匪李世贤窜江西,沈葆桢赴广信督办防剿。比利时请换约,谕薛焕妥酌筹办。庚申,上孝静成皇后尊谥曰孝静康慈懿昭端惠弼天抚圣成皇后。壬戌,命薛焕为全权大臣,办理比国通商事务。癸亥,贼陷汉中。乙丑,川军复青神。左宗棠解衢州、江山围。丙寅,捻首张洛行北窜,谕僧格林沁等筹防。以闽军失利,庆端讳报,切责之。戊辰,曾贞干复繁昌,鲍超复石埭、太平、泾县。上海军会英、法军平南翔贼垒,复嘉定。庚午,都兴阿击败扬州窜匪。官军复颍上。粤匪陷孝义、镇安。豫军复永宁。辛未,以叶尔羌阿奇木克伯郡王阿克拉伊都违例摊捐,擅杀回众,夺郡王,治英蕴罪。壬申,西安副都统乌兰都剿贼失利,谕官文、郑元善分兵赴陕。丙子,台湾会匪陷彰化。粤匪窜逼西安,趣官文、郑元善饬兵会剿。丁丑,上慈安皇太后、慈禧皇太后徽号,颁诏覃恩有差。戊寅,多隆阿军克庐州,匪首陈玉成遁至寿州境,苗沛霖诱擒之。命免沛霖罪。己卯,张运兰军复旌德。曾贞干军复南陵。撤回围攻巴燕戎格,沈兆霖援剿之。上海官军复青浦。庚辰,何桂清逮至京,命大学士会刑部审拟。是月,免安州等州县被水逋赋。

五月壬午朔,官军复宁波、镇海。癸未,郑元善移军汝宁。粤匪陷陕西山阳。命多隆阿督办陕西军务。甲申,雨。命吴振棫趣山西协办防剿。乙酉,命明谊速赴塔城与俄会勘地界,徐宗干剿台湾匪。

丙戌,赐徐郙等一百九十三人进士及第出身有差。丁亥,以诸暨农民包立身练勇杀贼,谕左宗棠酌用之。李世忠军截剿江南援贼,大捷。己丑,广西官军复太平,刘长佑赴浔州督剿。粤匪陷渭南。壬辰,戍王履谦新疆。粤匪围温州、瑞安,谕庆端等进援,并令左宗棠兼顾。粤匪犯潼关,谕沈兆霖檄马德昭援陕。乙未,彭玉麟、曾国荃各军复太平暨芜湖城、金柱关、东梁山各隘,赏李成谋黄马褂。官军会英、法军克南桥、柏林、奉贤各城。南桥攻克时,法提督卜罗德阵没,上嘉悼之,赐祭,赏其家属珍物。丙申,粤匪窜陕州。以铜仁、石阡苗、教各匪猖獗,谕毛鸿宾、韩超会剿。戊戌,命侍郎恒祺会崇厚办理葡国通商事务。时英国拟调印度兵助剿,谕曾国藩等迅克金陵、苏、常,以杜觊觎。己亥,粤匪陷兴义,官军复霍丘。庚子,前太常寺少卿李棠阶疏请于师傅匡弼之余,预杜左右近习之渐,并讲御批通鉴辑览及大学衍义,优诏答之。辛丑,官军复台州府仙居、黄岩等六县。贼目吴建瀛等以南汇降。官军复川沙。贼陷嘉定。免直隶积欠旗租。壬寅,官军进攻雨花台。甲辰,允曾国藩议,仍以安庆为省治,设长江水师提督,驻芜湖。命恒祺为办理葡国通商全权大臣。总理各国事务衙门言法使照会,田兴恕虐害教民,命骆秉章、劳崇光查办。乙巳,陈玉成解京师,诏於中途磔之。汝州练目李瞻谋叛,官军剿灭之。丙午,李世忠军渡江克龙潭等处贼垒,进攻九洑洲,谕曾国藩节制。谕明谊按条约地图与俄剖析界务,锡霖襄办北路分界事宜。丁未,官军复陕西山阳。戊申,踞山阳贼窜郧西。戍英薀盛京。川匪陷太平厅,窜扰陕西定远。张芾抚叛回于临潼县,被执,死之。辛亥,彭玉麟、曾国荃等军克秣陵关诸隘,进逼金陵。粤匪陷湖州,在籍福建粮道赵景贤死之。

　　六月壬子朔,耆龄以援浙逗留。褫职,仍留任。乙卯,谕李续宜调度淮北剿捻事,并约束苗沛霖。丙辰,僧格林沁等军克金楼贼垒。戊午,命六部、九卿再议何桂清罪。庚申,川匪陷西乡。官军复定远。李鸿章督程学启等军剿粤匪,大败之。西安、同州汉、回械斗,烧杀渭北村镇。谕分别剿抚,但办曲直,不论汉、回。壬戌,川军复太平。

癸亥，粤匪陷郿西。甲子，何桂清论斩。乙丑，直隶蝗。丙寅，粤匪由伊、洛南窜，命胜保督剿之。陕回扑西安及同州，趣雷正绾入关。戊辰，申诫统兵大臣欺饰滥保，督抚严禁州县藉灾请缓，仍复私征。庚午，贼匪陷天柱。癸酉，大学士桂良卒，赠太傅。颁廓尔喀王奖励敕书。甲戌，诏难民陷贼来归者，概予免罪。申严失守城池律。定比利时通商条约。常清等言俄人称哈萨克汗阿克坦沙拉已属俄。谕查实酌办，令各台吉别举袭汗爵者。乙亥，严谕文煜等缉直隶马贼。谕谭廷襄赴兖、沂督剿各匪及窜捻。丙子，官军复青田。丁丑，允僧格林沁请，收抚苗沛霖。己卯，石达开窜綦江，官军大败之，遂窜珙、高等县。庚辰，趣多隆阿援西安剿回匪，毋为抚议所误，仍解散被胁良回。是月，免直隶、河南逋欠及杂粮。

秋七月壬午朔。甲申，安集延匪倭里罕入喀什噶尔卡滋扰，官军剿败之。浩罕乱，伯克迈里被杀。丁亥，命景纹调达木蒙古兵及伙尔等族番兵赴藏。己丑，以陕回惨杀汉民，促多隆阿等入关。寻谕责其迁延，令胜保分军援陕。袁甲三以病免，命李续宜为钦差大臣，督办军务。庚寅，李鸿章军克金山卫。辛卯，甘肃撤回降。安集延贼遁出卡。俄人称哈萨克、布鲁特为其国地，命常清察核，总理各国事务衙门剖理，明绪会明谊勘西界事宜。壬辰，命倭仁协办大学士。甲午，川匪陷洋县。戊戌，川军复长宁。命爱仁、王茂荫密察陕西吏治。擢知州秦聚奎大顺广道，会遮克敦布办直、东防务。己亥，以纵兵劫掠，褫总兵田在田职。庚子，沈兆霖督剿撤回，还至平番，山水暴发，卒。粤匪窜南阳，命胜保入陕督办军务，节制各军。命熙麟为陕甘总督。允冯子材请，简汰镇江军。癸卯，毛鸿宾剿黔匪连捷，谕韩超规复失地，刘长佑解散瑶人，毛鸿宾会剿黔、桂各匪。甲辰，闽军复宣平、松阳、瑞安。以庆端为福州将军，耆龄为闽浙总督。乙巳，李续宜母丧，诏夺情署安徽巡抚。丙午，彗星见西北方。中、葡商约成。命僧格林沁统豫、鲁军务，节制督抚以下，与李续宜商办安徽剿匪事宜。总理各国事务衙门请设同文馆，习外国语言文字，允之。丁未，鲍超军复宁国。官军复景宁、云和。鄂军复郿西。谕刑部清理庶狱。初，广东恩平、阳春、新兴等县土、客互斗，九年未解。至是，谕劳崇光谕止之，豫筹善后。戊申，以星变诏求直言。庚戌，林福祥、米兴朝以失守逃避处斩。谕都兴阿实核沿江厘税。云南回匪陷永昌、龙陵、腾越。是月，免江西义宁等州县逋赋芦课。

八月辛亥朔，以台州民团克复郡县，诏蠲同治元、二年钱粮。壬子，李鸿章军克青浦。申谕督抚痛除捐输、抽厘、逼勒诸弊。癸丑，准京官俸减成搭放现金。甲寅，回匪围咸阳等城，谕胜保入潼关督剿。乙卯，襥呼徵呼图克图名号及黄缰。以藏事敉平，停调番兵及川饷。诏顺直捕蝗。己未，徐之铭请阻张亮基带兵入滇。谕责其为回人挟制，不允。辛酉，谕严防陕匪句结甘回。壬戌，谕胜保分兵赴山西，英桂筹晋省防务。癸亥，谕胜保剿渭北，多隆阿剿渭南回匪，兼顾镇平。甲子，资遣林自清练众回滇。乙丑，陕回围朝邑。特普钦等言呼兰垦民日众，请设理事同知等职，议行。命傅振邦襄办谭廷襄军务。丙寅，谕各省清查流品。丁卯，李续宜给假治丧，以唐训方暂代。命福济会景纹办理藏事。命僧格林沁节制淮北军，剿抚苗、捻。辛未，陕回西窜同州，朝邑路通。逆酋洪容海诣鲍超军降，率所部克广德。壬申，北新泾围解，沪防肃清。癸酉，甘回窜凤翔。粤、捻合犯浙川，陷竹溪、竹山。甲戌，允王大臣请，停送奉移山陵，命议近支亲王恭代典礼。镇江设关徵洋税。丙子，谕胜保檄马德昭军驻长武一带，防回匪窜甘。擢雷正绾陕西提督。丁丑，台湾军解嘉义围。官军复处州及缙云。命总兵黄开榜接统田在田军。戊寅，允直隶增募马勇缉马贼。官军复青溪。命耆龄专办援浙军务。己卯，山东军剿捻匪，大捷。胜保奏败回匪於斜口，西安解围，匪窜渭北。谕以自便责之。命雷正绾襄办胜保军务。复浙江馀姚，广西阳朔。以粤匪窜闽乡，促郑元善军赴河、洛。

闰八月辛巳朔，庆端军复缙云。甲申，多隆阿军克荆紫关。乙酉，鄂军复竹山、竹溪。黔军复天柱、邛水。粤匪窜老河口。回匪围泾阳，饬雷正绾军进剿。西安解严。丁亥，法库门回民互斗，玉明等解散之。趣文煜、谭廷襄捕直、东界马贼。戊子，回匪复攻西安。滇匪由川窜砖坪。粤匪由闽乡窜永宁。允河南收长芦监厘济饷。己丑，洪容海降众复叛，踞广德。辛卯，多隆阿军剿捻匪，大捷，解商南围。调驻南苑吉、黑马队赴山西。壬辰，谕韩超与提督江忠义商办贵州军务，堵截林自清拥众入黔。命李棠阶为军机大臣。以德勒克多尔济等增兵巡河防。甲午，谕各省裁革州县浮费。命京控案件专责按察使讯鞫。乙未，诏荐举人才。命薛焕、李鸿章办理普国换约事宜。饬各省迅解京饷。丙申，命倭仁为大学士。谕多隆阿扼守武关。戊戌，多隆阿剿亳、颍西窜捻匪，大捷，赏黄马褂。粤匪复陷慈溪，官军合英、法军复之，华尔没於阵。庚子，谕劳崇光等筹济京仓米谷，江苏等省新漕征收本色解京。张亮基劾徐之铭、岑毓英跋扈。允法将勒伯勒东留防宁波。谕潘铎安抚云南汉、回。辛丑，允衮甲三回籍，命唐训方赴临淮接办军务，马新贻暂统甲三军。曾国藩请简大臣会办军务，上不许，仍慰勉之，并传旨存问疾疫将士。谕景纶等严缉吉林教匪。壬寅，命富明阿驰赴扬州襄办都兴阿军务。癸卯，胜保请抚三原等处回匪，不许。甲辰，以刘长佑为两广总督。允田兴恕暂留贵州剿匪。乙巳，石达开窜綦江等处，官军剿击败之。回匪窜邠州、宝鸡等处。丙午，河南捻匪李如英降。戊申，石达开窜仁怀。己酉，命官文为文华殿大学士，倭仁为文渊阁大学士。

九月辛亥，孝静成皇后升祔太庙，颁诏覃恩有差。豫捻窜内乡、新野。壬子，御史刘庆请以招流亡、垦地亩课州县治绩，从之。甲寅，允沈葆桢请，挑练额兵，酌筹津贴。乙卯，以文宗奉移山陵，蠲经过州县额赋。谕文煜选良有司筹办畿辅水利。丙辰，直隶妖人王守青等编告逆书，事发伏诛。丁巳，谕郑元善、毛昶熙夹剿西南两路捻匪。曾国藩言驭苗沛霖，宜赦其罪而不资其力，韪之。戊午，广东土匪黄金笼、李植槐等倡乱，官军讨平之。趣多隆阿督所部入陕，其窜随、枣之匪，令穆图善军剿之。己未，胜保请调苗沛霖入陕助剿，不许。川匪窜宁陕，官军败之于子午谷。庚申，石达开窜桐梓。癸亥，以闽、粤、鲁省玩视军饷，予疆臣严议，并严定欠解京饷处分。甲子，粤酋李秀成大举援金陵。陈得才陷应城、孝感，官军复之。安徽军克湖沟贼巢。丙寅，僧格林沁军克亳州捻巢。陕回围凤翔。庚午，冯子材克汤冈贼巢。灵州回乱。趣李续宜赴军。壬申，回众扑同、朝，谕胜保亲往督剿，雷正绾督剿咸阳以北。癸酉，浙军复寿昌。甲戌，以勒索回商，褫库伦大臣色克通额职，戍新疆。革库伦茶票陋规。李鸿章军合英、法军复嘉定。允荷兰立约通商。乙亥，鄂军复京山。粤匪窜黄陂、黄安。谕曾国藩等选武弁在上海、宁波习外国兵法，令闽、越等省仿行。丙子，豫军克龙井贼巢。召苏廷魁、曾望颜、刘熙载、黄彭年、朱琦等来京，仍命各省举行团练。丁丑，诏畿辅行坚壁清野法。谕曾国藩等豫选将弁演习外国船炮。己卯，享太庙。

冬十月庚辰朔，川军克龙窍场，匪首李咏和等伏诛，赏提督胡中和黄马褂。辛巳，粤匪大股围南翔等处沪军。胜保赴潼关剿匪。癸未，湖南援军会复修仁。命劳崇光赴黔察办田兴恕杀教民案。以张凯嵩接办广西军务。丙戌，文宗显皇帝、孝德显皇后升祔奉先殿，上亲诣行礼。戊子，命瑞常协办大学士。己丑，命曹毓瑛为军机大臣。庚寅，豫军剿捻胜之，解临颍围。趣胜保赴同、朝剿匪。胜保仍请调苗沛霖赴陕，谕严斥之。官军复奉化。徐之铭言招抚兴义回匪。谕称其为滇回所制。令潘铎截回委员，毋俾之铭预黔事。辛卯，延安回匪作乱。英桂办河曲、保德团防。命李鸿章选将统常胜军，实授江苏巡抚。甘回窜逼花马池。癸巳，黔军剿败石达开，遵义围解。石达开窜仁怀。乙未，谕奉天严缉盗匪。裁故洋将华尔所部兵勇。准俄兵船在上海助剿，毋入江。定嗣后外人领兵毋易服色例。德楞额军溃于山东，诏褫职查办。丙申，宁夏军剿回失利。陕回窜清水。戊戌，命僧格林沁剿山东幅匪。己亥，江南军击退金柱关贼。庚子，谭廷襄罢。命丁忧按察使阎敬铭署山东巡抚，办理军务。癸卯，命穆腾阿襄办胜保军务。乙巳，谕刑部："今年例停句决，何桂清统兵失律，仅予斩候，已属法外之仁。兹已届期，若因停句再缓，久稽显戮，何以谢死事者暨亿万生灵，著即处决。自后如遇停句之年，情罪重大之犯，仍特奏闻取旨。"初，徐之铭委回人马联升署安义镇，回匪因踞普安城。至是，事闻。谕之铭撤回马联升，迅查酿变情形具奏。

十一月己酉朔，日有食之。以沈宏富署贵州提督，接办田兴恕军务。庚戌，擢长沙知府丁宝桢署山东按察使。壬子，郑元善以废弛，降道员。命张之万署河南巡抚。谕毛昶熙裁所部兵勇。台湾会匪陷斗六门。甲寅，褫黄彬职，撤其帮办，命吴全美接统水师，归曾国藩、都兴阿节制。丙辰，翁心存卒，赠太保。曾国荃军剿金陵援贼，大捷，赏国荃及萧孚泗黄马褂。戊午，官军合英、法军复上虞、嵊、新昌。己未，彭蕴章卒。庚申，金陵粤匪窜扰高资，冯子材军击退之。壬戌，胜保坐骄恣欺罔，褫职逮问。谕直隶举行保甲。谕瑞麟严缉热河匪徒。癸亥，秦聚奎剿匪寇县没于阵。九伏洲贼复陷和州、含山、巢县。乙丑，宣示胜保罪状，籍其赀，赏所部兵勇。授多隆阿钦差大臣，接统胜保所部各军。丙寅，川匪陷佛坪，官军复之。川匪复陷略阳。己巳，粤匪窜陷祁门。平罗回匪乱。辛未，阎敬铭请终制，不允。乙亥，山东降众叛，陷濮州。命张亮基以总督衔署贵州巡抚，兼署提督，撤署巡抚韩超、署提督田兴恕任，候查办。丙子，石达开陷筠连。川匪陷两当，旋复之。丁丑，法使以教士被戕，责田兴恕抵偿，不许。

十二月戊寅朔，谕："江、浙等处被贼胁从，诚心归顺者，无论从贼久暂，均许投诚。"谕曾国藩、唐训方分军驻正阳关、寿州。庚辰，白齐文有罪褫顶带，逮治之。辛巳，多隆阿破回匪于同州。壬午，命荆州副都统萨萨布赴直、鲁剿贼。癸未，江南军复绩溪、祁门。鲍超丁母忧，命改为署职，仍留营。官军复濮州。乙酉，左宗棠军复严州。丙戌，命雷正绾帮办多隆阿军务，将军穆腾阿会瑛启办理省城防守事宜。丁亥，谕左宗棠等保举湘籍人才。广西匪陷西宁。戊子，回匪陷泾阳。宋景诗叛于山西。调阿拉善、鄂尔多斯蒙部兵助剿宁夏平罗回匪。申谕举孝廉方正。粤匪窜平利。河州回匪肆扰，恩麟剿之。允普鲁士换约。滇匪陷景东。改令席宝田军援江西。谕江忠义节制援桂各军。山东窜匪扰冀州、枣强，谕文煜等合剿。甲午，广东举人桂文灿进经学丛书，诏嘉勉。丙申，官军复新宁，复霍丘。石达开再陷高县,旋复之。丁酉,命侍郎崇厚帮办直隶防剿。召刘长佑来京,命晏端书、昆寿商办广东军务。戊戌,粤匪由郧阳窜兴安,谕多隆阿等会剿。庚子,贼目骆国忠等以常熟、昭文降。壬寅,谕穆腾阿、瑛启办理西安防剿,多隆阿兼顾省防。甘匪窜陷陇州,知州邵辅死之。癸卯,召薛焕来京,以李鸿章暂署通商大臣。甲辰,贼匪窜永年、邯郸等处,以迁延贻误褫文煜、遮克敦布职,并遣戍。以刘长佑为直隶总督,晏端书署两广总督。谕提督宝山接办直、东交界事务。乙巳,祫祭太庙。丙午,粤匪复窜宁陕。丁未,粤匪围兴安,分窜汉中。是月,免四川荣昌等县、福建瓯宁等县被扰额赋,江南湖滩积欠地租。

是岁,朝鲜、琉球入贡。

二年癸亥春正月戊申朔,免朝贺。授张之万河南巡抚。辛亥,予绍兴伤亡洋将勒伯勒东优恤。甲寅,诏曾国藩、都兴阿等举堪胜水师总兵者。匪陷武邑,官军旋复之。广西军复莲塘。戊午,粤匪陷兴安府、镇两城。陕西回匪窜鄠县,从瑛棨请,留马德昭办省防。丙寅,鲍超等军复青阳。戊辰,命李恒赴陕,接办汉南军务。庚午,瞻对酋纠德尔格忒土司扰巴塘、里塘。辛未,畿南窜匪平。甲戌,以凤翔困守半年,诏责瑛棨贻误,趣雷正绾驰救解围。

二月丁丑朔,左宗棠军复金华、汤溪、龙游、兰溪。戊寅,以李鸿章言,谕两湖用漕折购米运京,免其税。庚辰,李秀成等渡江北犯,官军击败之。川军剿石达开,破之。贵州回匪陷安南、兴义。辛巳,吉林军败朝阳流匪于兴凯湖,谕毋令窜入俄界。多隆阿剿回匪大捷,克羌白镇等贼巢。壬午,陕西团勇复兴安。粤匪窜汉阴、紫阳。李世忠请褫职赎胜保罪。不许。粤匪窜陷褒城,旋复之。癸未,复永康、武义。乙酉,谭廷襄赴东昌剿匪。丁亥,左宗棠移军兰溪。东阳、义乌、浦江踞贼均遁。己丑,僧格林沁军克雉河集贼巢,捻首张洛行伏诛。得旨嘉奖,仍以亲王世袭罔替。免蒙、亳等属钱漕二年。庚寅。宁夏平罗回匪投诚。辛卯,以庆昀为宁夏将军。癸巳,畿南匪张锡珠窜大名,以崇厚失机切责之,趣刘长佑赴直隶。冯子材败贼于镇江。乙未,左宗棠军复绍兴、桐庐。丙申,满庆等剿办瞻对逆匪。黄国瑞军克郏城县长城匪巢。以追贼迟延,褫崇厚职,留任。东匪窜曲周、平乡。庚子,谕恩麟等,甘肃回匪毋轻议抚。壬寅,允平瑞请,垦乌鲁木齐等处闲荒马厂,升科济饷,以屯田之地,分给屯兵。癸卯,粤匪陷江浦。广东匪踞信宜,昆寿剿之。甲辰,浙东肃清,蠲新复各府州县钱漕二年。乙巳,趣阎敬铭赴东昌办理军务。回匪马化龙纠党围灵州,旋赴固原投诚。石达开由滇窜叙永。丙午,诏疆臣慎选牧令,薄赋轻徭,删除烦苛,与民更始。是月,免青神兵扰二年逋赋。

三月戊申中,禁河南豫征钱粮。辛亥,命崇厚回三口通商大臣任。壬子,命刘长佑节制直隶诸军。谕沈葆桢办交涉当持平,毋令绅民生衅。癸丑,谕曾国藩统筹江北军务。乙卯,陕南粤匪陷紫阳,旋复之。云南迤西逆匪犯昆明,潘铎死之。以贾洪诏为云南巡抚。丙辰,李鸿章军克福山口。命英将戈登约束常胜军。丁巳,捻匪陷麻城。戊午,逼武昌省垣。饬楚、豫合军攻剿。己未,蠲浙江西安钱粮二年。庚申,丹国遣使拉斯那弗议立商约。洋将达耳第福阵亡,优恤。回匪围平凉。以甘肃剿贼迁延,褫署提督定安职,逮问。甲子,耆龄迁福州将军。以左宗棠为闽浙总督,节制两省军务。以曾国荃为浙江巡抚,仍统兵规金陵,宗棠兼署之。停福建本年例贡。乙丑,命王大臣覆核胜保情罪。宁国粤匪窜东流、建德。予秦儒毛亨、明儒吕枏从祀文庙。丙寅,蒙城捻首贾文彬伏诛。陕南粤匪陷沔县。贵州总兵罗孝连军复定番、长寨、独山、荔波。丁卯,曾国藩以失守江浦等城镌级,褫李世忠帮办。实授吴棠漕运总督,仍节制江北军务。谕拊循江北难民。己巳,万寿节,停受贺。庚午,苗沛霖复叛。官文等截剿蕲州窜贼。癸酉,褫徐之铭职,逮问。予潘铎世职。以雨泽稀少,诏清理庶狱。甲戌,命福济、景纹查办西藏启恤事。乙亥,李鸿章军复太仓。隆德回匪乱。黄国瑞军平沂州棍匪。丙子,诏察恤陕、甘殉难被害良善回众,寻诏云南亦如之。是月,上连诣大高殿祈雨。

夏四月戊寅,御史吴台寿以疏奏祖胜保,褫职。苗沛霖陷怀远。山东匪刘得培踞淄川。己卯,官军剿畿南匪,张锡珠等窜高唐,寻伏诛。庚辰,粤捻各匪窜扰卢江、桐、舒及黄州。谕曾国藩驻守安庆,勿撤金陵之围。壬午,多隆阿军克孝义匪巢。饬刘蓉统军援陕。免浙江被陷各地额粮。甲申,苗沛霖围寿州、六安,趣僧格林沁讨之。粤匪踞太平、石埭,左宗棠、沈葆桢会防。多隆阿军克仓头匪巢,陕东肃清。苗沛霖陷颍上,犯蒙城。命刘长佑督办直、鲁、豫交界剿匪事务。乙酉,刘典军复黟县。命侍郎薛焕在总理各国事务衙门办事。戊子,允英桂回驻太原。庚寅,刘长佑言匪首杨明岭等投诚。甘肃回匪陷盐茶,犯静宁,马德昭赴庆阳进剿。壬辰,赣军败贼祁门,逆酋胡鼎文伏诛。癸巳,李续宜请开署缺,允之。以唐训方为安徽巡抚。李鸿章遣程学启等军薄昆山。泾州军击回匪,胜之。甲午,礼部议定先贤、先儒祀典位次,颁行各省。乙未,开垦直隶新城一带稻田。阎敬铭赴淄川督剿。捻匪回窜河南,总兵余际昌等死之,命张曜接统其军。丁酉,以皖匪纷窜江、鄂,安庆可虞,诏曾国藩揩挂艰难,倍加谨慎。左宗棠军复黟县。以劳崇光为云贵总督。逮治田兴恕以谢法人。庚子,粤、捻各匪犯凤台、定远,官军击退之。辛丑,赐翁曾源等二百人进士及第出身有差。停四川亩捐。癸卯,程学启等军复昆山、新阳。官军败贼酋李秀成于石涧埠。乙巳,回匪复犯西安,击退之。是月,连祈雨。免太仓等州县额赋。

五月戊申,苗沛霖围蒙城。己酉,鲍超军复巢县。庚戌,赏郎中李云麟京卿,节制汉南防兵及川省援兵。壬子,粤、捻合犯天长,官军击败之。甲寅,命江忠义统军援江西。丁巳,邹县教匪平,获匪首刘双印。粤匪陷古州。戊午,俄兵入科布多境,执台吉。壬戌,雨。癸亥,粤匪扰富阳,官军击退之,总兵熊建益等阵没。官军援平凉失利,趣多隆阿分军速援。乙丑,宁夏抚回再叛。鲍超军复克巢、和、含山。召晏端书来京,以毛鸿宾为两广总督,恽世临为湖南巡抚。予明臣方孝孺从祀文庙。戊辰,谕购置轮船归曾国藩、李鸿章节制。己巳,曾国藩为弟国荃辞浙江巡抚,上褒勉,不允所辞。西宁回句结撒匪攻丹噶尔厅。惠远回匪乱,官军捕诛之。定丹国通商条约。壬申,彭玉麟等军复江浦、浦口及九伏洲。乙亥,广西军复浔州。

六月丙子朔,黔军复普安、安南。丁丑,命明谊赴塔城会明绪等办分界事。戊寅,诏曾国藩、左宗棠等议减江苏常、镇,浙江杭、嘉、湖属漕粮。庚辰,以复城池功,赏李朝斌等及宋国永等黄马褂。停陕西例贡。丁亥,川军剿贼于大渡河,获石达开,诛之。晋骆秉章太子太保衔,擢总兵唐友耕提督。辛卯,平罗回众复叛。瓦亭回匪围隆德,击退之。河决开州、考城、菏泽。甲午,苗沛霖陷寿州,知州毛维翼死之。乙未,陕军复宁羌。己亥,以俄人强占住牧,趣常清等定界,劝俄兵撤回,抚绥求内附之哈萨克、布鲁特。壬寅,官军复淄川,获刘得培等诛之。甲辰,宝庆土匪平。命四川布政使刘蓉督办汉南军务。是月,免福建顺昌等县属被扰额赋,江西义宁等州县属逋赋杂课。

秋七月乙巳,苗沛霖逼临淮,唐训方击之。丙午,李鸿章军复吴江、震泽。豫军克张冈匪巢。瑛棨有罪,褫职。命刘蓉为陕西巡抚,张集馨署之。甲寅,命李鸿暂兼南洋通商大臣。戊午,黔军复古州。辛酉,袁甲三卒于军。壬戌,赐胜保自尽。甲子,官军克沙窝等处匪巢。允江北漕米仍征折色。乙丑,命刘蓉并节制湖北援军。丁卯,官军击退狼山苗众,蒙城路通。命崇厚为全权大臣,办理荷兰通商条约。滇回陷平彝,岑毓英军复之。癸酉,命明谊等会同俄使办分界诸务。山东白莲池教匪平。文煜予释。捻匪逼开封。是月,免都匀等府厅州县属被扰新旧额赋,并凤凰等厅县滩地积欠租银。

八月丙子,程学启等军大破贼于太湖、枫泾等处,进逼苏州。丁丑,陕西曹克忠军克附省等处贼巢。戊寅,西宁、狄道、河州汉、回互斗。哈萨克句结俄兵扰伊犁。趣四川何胜必军援甘。庚辰,皖军克长淮卫。辛巳,以畏葸褫马德昭职。多隆阿军抵西安,渭南肃清。命陈国瑞帮办吴棠军务。丙戌,苏军克江阴。丁亥,戍瑛棨新疆。都兴阿遣军援临淮。己丑,以剿办台湾贼匪调度乖方,褫吴鸿源职,逮问。辛卯,李鸿章赴江阴督剿。谕陈国瑞援蒙城。调善庆部马队援临淮。熙麟遣军援平凉。乙未,允多隆阿请,以曹克忠补河州总兵,并令嗣后提镇缺勿擅请简。宋景诗窜开州。命张集馨会穆腾阿筹办西安防守。丁酉,黔军克桐梓贼巢。普安陷,旋复之。命刘蓉节制毛震寿、李云麟各军。调乌鲁木齐、阿克苏兵助伊犁军御俄。允哈萨克绰坦承袭汗爵。己亥,趣林文察渡台剿匪。庚子,回匪陷平凉。辛丑,阎敬铭移军东昌。定荷兰换约。刘长佑赴景州督剿。是月,免沁州等州厅县属通赋。

九月乙巳朔,命马德昭赴庆阳营。沈葆桢乞病,慰留给假。戊申,允李鸿章调知县丁日昌来沪督制火器。石泉知县陆坤联团剿贼,诏嘉之。庚戌,浙军克富阳。辛亥,粤军克广海寨城。癸丑,谕僧格林沁以炮队赴蒙城助剿。甲寅,粤匪陷城固。捻首张总愚等由汝州南窜。乙卯,多隆阿军复高陵。丙辰,穆隆阿以覆奏失实褫职。调多隆阿为西安将军。以富明阿为荆州将军。辛酉,多隆阿军克苏家沟、渭城贼巢。甲子,粤匪陷会同、绥宁,旋复之。陕西兵团复沔县。乙丑,李秀成援无锡,程学启等击退之。己巳,僧格林沁剿宋景诗股匪悉平。景诗遁。以援陕川军败,褫提督萧庆高职,留营。以汉中失事,褫布政使毛震寿职。谕刘长佑、阎敬铭办直、鲁善后。庚午,御史马元瑞条陈薄赋税、慎讼狱、善拊循、勤晓谕四事,如所请行。是月,免直隶沧州等州县,山东海丰等场未完灶课。

冬十月乙亥,阎敬铭请终制,不许。官军获直、东股匪朱登峰等,悉诛之。丙子,捻首张总愚由鲁山、南召南窜。己卯,陶茂林军解凤翔围,实授茂林甘肃提督。命丁忧总兵成禄留营。撤退李泰国,以赫德办理总税务司。辛巳,粤匪窜龙胜,总兵胡元昌死之。甲申,谕骆秉章分军剿瞻对,疏通藏路。谕阻法教士入藏传教。丁亥,朝阳馀匪窜扰昌图。诏臣工力求节俭。趣贾洪诏赴昭通。以捐备马匹赏扎萨克台吉明珠尔多尔济贝子衔。戊子,李云麟军失利,粤匪陷陕西山阳。张总愚窜邓州。赖、曹诸酋窜凤县、两当。庚寅,左宗棠军击败杭州、余杭踞贼。壬辰,蓝逆陷盩厔。癸巳,上释服逾期,祁寯藻、倭仁、李鸿藻请黜浮靡以固圣德。懿旨："屏斥玩好游观兴作诸务，祁寯藻等其各朝夕纳诲，养成令德，以端治本而懋躬行。"逆酋古隆贤就抚，收复石埭、太平、旌德。曾国荃等军复秣陵关。丙申，桂军复容县。丁酉，程学启等军攻克浒墅关。己亥，官军剿昌图匪失机，谕责玉明讳饰。辛丑，英桂迁福州将军，以沈桂芬署山西巡抚。癸卯，李秀成援苏州，李鹤章等军击败之。命富明阿帮办僧格林沁军务。是月，免广西永安等州厅县被扰新旧额赋。

十一月丙午，奉天匪窜吉林，玉明等会剿。皖军复怀远及蚌埠。丁未，僧格林沁督诸军攻剿苗沛霖，诛之。李鸿章督军复苏州，粤酋郜云官等降。加鸿章太子少保衔，程学启世职，并赏黄马褂。戊申，逆酋杨友清等以高淳、宁国、建平、溧水降。李云麟等复山阳。粤军复信宜。己酉，刘典等军复昌化。庚戌，蓝逆窜商南。癸丑，张总愚窜淅川。甲寅，僧格林沁军复下蔡、寿州。丙辰，李鸿章诛郜云官等，遣散降众。丁巳，李鹤章军克无锡、金匮。庚申，李续宜卒。丘县匪张本功等纠众抗粮，捕诛之。实授阎敬铭山东巡抚。洴阳回众降。壬戌，官军复颍上、正阳。癸亥，马化龙陷宁夏、灵州。论平苗逆功，复李世忠职。曾国荃军克淳化等隘，进驻孝陵。丙寅，官军克嘉善张泾汇。丁卯，逆回围宁夏满城。庚午，苏军复平湖。贼目以乍浦、嘉善降。是月，免山东泗水等州县灾扰钱粮，直隶武清等州县被灾额赋。赈吉林打牲乌拉灾。

十二月丁丑，提督江忠义卒于江西军次。庚辰，苏军克平望。辛巳，唐训方罢，以乔松年为安徽巡抚。戊子，以唐友耕为云南提督，令赴昭通。辛卯，谭廷襄言统筹黄河下游地势，请浚支渠以减涨水，培土埝以卫民田。谕刘长佑、阎敬铭会同筹办。癸巳，陕回、粤匪纷窜甘境。甲午，允苏、松、太漕粮减价折徵。乙未，上御抚辰殿大蟆，赐蒙古王公宴，赏赉有差。每岁皆如之。复彰化，台湾两路贼平。丙申，翁同书加恩遣戍。命左宗棠剔除浙东地丁积弊。饬陕、鄂、川会剿汉南逆匪。是月，免山东、陕西被扰州县新旧额赋，并孝义等厅县仓粮。

是岁，朝鲜入贡。

三年甲子春正月癸卯朔，上率王、大臣庆贺两宫皇太后，礼成，御太和殿受朝。自是每岁皆如之。甲辰，李鸿章军击常州援贼於奔牛镇，大捷。丙午，凤翔回民乞抚，许之。商南匪窜郧西。调湖北石清吉军赴陕。援陕川军失利於青石关。庚戌，河南捻匪窜随州。癸丑，豫军剿张总愚於赵庄山口，失利。己未，官军复修文及册亨。庚申，调直、晋兵援宁夏。谕阿拉善旗禁蒙民与回匪勾结。甲子，李世贤窜绩溪。丙寅，命都兴阿赴绥远会办防务。富明阿赴扬州接办军务。己巳，浙军复海宁。彰化匪首戴万生伏诛。粤匪窜石泉、汉阴、宁陕。是月，免安州等处歉收逋赋

二月壬申朔，官军复汉中留坝。黔军复龙里。乙亥，粤匪窜广信、建昌。庚辰，宁夏回匪犯中卫等处，熙麟分兵援之。壬午，广东三山土匪平。癸未，粤匪陷镇安，旋之。丁亥，多隆阿围盩厔久未下，切责之。停山东亩捐，从阎敬铭请也。戊子，桂军克苍梧等县。庚寅，曾国荃等军克钟山石垒，合围金陵。蒋益沣军复桐乡。粤匪逼闽境，张运兰军援之。壬辰，豫军克息县、光州贼寨。甲午，粤匪窜广丰、弋阳。庚子，陕南匪窜内乡。

三月壬寅，程学启等军克嘉兴。赣军复金溪。江南军复溧阳。陕军克盩厔。多隆阿以伤殒假，穆图善暂督军务。雷正绾等军进剿逆回。川匪蓝二顺窜洵阳。丙午，僧格林沁统全军赴豫，进至许州。江南军复广德。嘉义匪首林赣晟伏诛。己酉，戈登攻金坛受创，命慰问。岑毓英等军克他郎、镇沅。庚戌，命多隆阿督办陕、甘军务。壬子，蒋益沣各军克复杭州及馀杭。加左宗棠太子少保衔，赏益沣黄马褂，寻予世职。甲寅，免杭、嘉新复各地钱粮二年。命穆图善帮办多隆阿军务，暂署钦差大臣。川军攻松潘匪，复叠溪营城。丁巳，滇军复景东、元谋及楚雄。癸亥，赣匪窜福建。乙丑，逆首蓝大顺伏诛。丙寅，浙军复武康、德清、石门。谕左宗棠收养杭州难民。己巳，提督程学启卒於军。庚午，张总愚窜镇平。甘肃回匪马三娃陷赤金

堡,官军剿平之。是月,免贵州各府厅州县被扰逋赋。

夏四月辛未朔,日有食之。壬申,鲍超军复句容。丙子,命都兴阿赴定边接统讷钦所部各军,进剿宁灵踞匪。丁丑,李世贤等窜江西。鲍超军复金坛。捻、粤各匪合窜枣阳。陕南匪窜河南,陷荆子关。戊寅,湘军会复古州。辛巳,核减绍兴浮收钱粮,著为永例。甲申,李鸿章督军克常州。冯子材等军复丹阳。以故朝鲜王李昪世子熙袭爵,命侍郎皂保、副都统文谦往封。丙戌,以侍郎薛焕、通政使王拯互讦,均予降调,并申诫臣工。官文赴安陆督师,严树森办省城防守。庚寅,多隆阿卒於军。命都兴阿督办甘肃军务,雷正绾帮办之。辛卯,赣军解玉山围。癸巳,严树森以官文劾降,以吴昌寿为湖北巡抚,唐训方署之。命杨岳斌督办江西、皖南军务。辛卯,僧格林沁会楚军剿粤、捻于随州,大败之。丁酉,以江防下游肃清,裁汰师船,并弛封江之禁。戊戌,粤匪陷弋阳。陕南粤逆窜德安府,僧格林沁军追剿之。己亥,申诫统兵大臣奏报粉饰。是月,免武进、阳湖本年额赋。

五月庚子朔,黔匪陷长寨、定番、广顺,旋复之。甲辰,粤匪窜天门、应城、德安、随州。乙巳,粤匪陷宁化,旋复之。熙麟病免,以杨岳斌为陕甘总督,都兴阿署之。丁未,允日斯巴尼亚立约通商,命薛焕、崇厚充全权大臣,妥为办理。谕李鸿章拨劲旅助攻金陵。己酉,李世贤犯抚州,官军击走之,复弋阳。赏戈登黄马褂、花翎,并提督章服,汰留常胜军,撤遣外国兵官。辛亥,官军复都江、上江等城。粤匪窜逼西安。癸丑,褫刘蓉、李云麟职,留任。命穆图善留西安会筹防剿。黔匪窜秀山。戊午,鲍超乞假葬亲,诏慰留。李世贤陷宜黄、崇仁,南昌戒严。庚申,回匪陷狄道,旋复之。壬戌,粤匪窜黄陂,官文移军孝感。癸亥,懿旨瑞常、宝鋆、载龄、单懋谦、徐桐轮直进讲治平宝鉴。粤匪再陷建宁、宁化,旋复之。丁卯,雷正绾军复平凉。戊辰,谕疆吏不分畛域,会辑边匪。命李恒嵩、刘郁膏与丹使璧勒在上海换约。己巳,桂军克贵县贼巢,浔州肃清。

六月壬申申,诫各部院大臣毋得仍前泄沓。癸酉,粤匪窜麻城、黄冈。丁丑，雨。苏军复长兴。黔军复普安。马如龙、岑毓英各军剿迤西回匪，复中甸、维西、思茅、威远及石膏井等贼巢。戊寅，库车汉、回乱，办事大臣文艺、回子郡王爱默特死之。安置哈萨克众于齐桑淖尔东南。戊子，赣军克贵溪贼垒。曾国荃军克金陵外城。辛卯，雨。回匪陷布古尔、库尔勒。谕撤讷钦等军。癸巳，浙军复孝丰。戊戌，官军克复江宁，洪秀全先自尽，其子福瑱遁，获贼酋洪仁达、李秀成，江南平。遣醇郡王诣文宗几筵代祭告。上诣两宫贺捷。论功，晋封曾国藩一等侯，曾国荃一等伯，加太子少保衔；提督李臣典一等子，赏黄马褂；萧孚泗一等男，均赏双眼花翎。按察使刘连捷等赏世职，升叙有差。命戮洪秀全尸，传首各省。论各路剿贼功，封僧格林沁子伯彦讷谟祜为贝勒，官文一等伯，李鸿章一等伯，骆秉章一等轻车都尉，均赏双眼花翎；加杨岳斌、彭玉麟太子少保，并鲍超均一等轻车都尉，都兴阿、富明阿、冯子材骑都尉，魁玉云骑尉。回逆陷喀喇沙尔，办事大臣依奇哩等均死之。是月，免福建建宁等县属被扰逋赋。

　　秋七月庚子，以江南平论功，晋封议政王恭亲王子载澄贝勒，载浚不入八分辅国公，载滢不入八分镇国公，加军机大臣文祥太子太保衔，宝鋆、李棠阶太子少保衔，加恩宗亲及御前大臣、内务府大臣，馀赉录有差。辛丑，以岁逢甲子，诏停句情实人犯。谕：“江南新复，民生凋敝，有司扫徕抚恤之。其军务未靖诸省，统兵大臣、督、抚等须激厉将士，奋勉图效。”俄兵入科布多卡伦，执委员及扎萨克。壬寅，禁宗室、觉罗潜住外城。甲辰，追论附苗沛霖罪，总兵博崇武等戍新疆，按察使张学醇戍军台。粤匪窜踞罗田。桂匪陷归顺。己酉，诏修明太祖陵。裁江北厘金。复两淮醝务。庚戌，实授沈桂芬山西巡抚。以郑敦谨为河东河道总督。辛亥，丹国换约成。壬子，洪仁达、李秀成伏诛。汪海洋窜踞许湾。癸丑，洪福瑱入湖州。盐茶、固原回匪复叛，北窜宁灵，扰中卫、靖远，撒回句结陷循化厅，吐鲁番属托克逊汉、回亦变乱。甲寅，户部侍郎吴廷栋言金陵告捷，请益回敬惧，嘉纳之。丁巳，以广西道梗，止越南入贡。奇台汉、回作乱,古城、乌鲁木齐同时不靖。文永等军进援库车,失利,覆于乌沙塔克拉,死之。庚申,狄、河回匪结撤回扰河州。赣军复崇仁、东乡。辛酉,复金溪。壬戌,祁寯藻因病乞休,命仍以大学士衔直弘德殿。官军获昌图盗匪刘发好等,诛之。癸亥,复郑亲王、怡亲王袭爵。录已故诸臣功,予胡林翼一等轻车都尉,李续宾二等轻车都尉,塔齐布、张国梁、江忠源、程学启三等轻车都尉,加赏江忠济、罗泽南、多隆阿、曾国华一云骑尉。赣军复宜黄,甲子,克许湾。乙丑,僧格林沁败贼麻城。曾国荃乞病,温谕止之。李臣典以伤卒于军。是月,免江苏、安徽各属被扰逋赋。

八月己巳朔,定诸王位次,著为令。赣军复南丰。庚午,乌鲁木齐参将反,提督业普冲额死之。伊犁危急,调塔尔巴哈台喀尔喀蒙兵援之。谕刘蓉专办陕西军务,穆图善统所部赴甘,与雷正绾筹办军务。趣杨岳斌即赴陕甘任。辛未,谕张集馨赴固原、盐茶办抚回事宜。癸酉,苏、浙官军会克湖州及安吉。乙亥,赣军复新城,陈炳文降。辛巳,官军复广德。赏郭松林世职,杨鼎勋、周盛波黄马褂。贵县匪平。擢刘铭传为直隶提督。壬午,回匪陷古城汉城。癸未,雷正绾军克张家川贼巢。甲申,僧格林沁剿罗山窜贼失利,都统舒通额等死之。丁亥,云南巡抚贾洪诏以藉病规避,褫职。己丑,调土谢图汗、车臣汗蒙兵赴乌重木齐等处助剿。壬辰,浙军追贼于昌化、淳安,擒贼酋黄文金等诛之。以林鸿年为云南巡抚。癸巳,诏新疆各路大臣分别剿抚。以回郡王伯锡尔联络各城杀贼,嘉奖之。库尔喀喇乌苏等处回匪乱,官军失利。甲午,命麟兴办乌里雅苏台立界事宜。乙未,僧格林沁剿贼失利,总兵巴扬阿等死之。丙申,雷正绾攻莲花城不利,回匪复陷固原。丁酉,河、狄回匪窜犯兰州及金县。

九月己亥朔,刘铭传各军击败宁国等处窜匪。庚子,赣军复雩都。以李云麟乞病规避,褫职,撤所统陇军。壬寅,曾国荃以疾乞免,允之。命马新贻为浙江巡抚,留办安庆防守事宜。癸卯,命穆图善帮办都兴阿军务。甲辰,杨岳斌乞病,温谕止之。李世贤犯南安,官军击走之。乙巳,回匪陷叶尔羌,署参赞奎栋死之,喀什噶尔、英吉沙尔武弁同叛。己酉,西宁回众降。庚戌,张家川回匪犯庆阳。辛亥,赣贼窜南雄。壬子,粤匪陷开化,窜江西。黄、麻匪窜商城。乙卯,日斯巴尼亚换约。丙辰,谕内务府力求撙节。命札克通阿署哈密大臣。丁巳,西宁回匪复叛。戊午,粤匪蔡得荣等窜陷阶州。庚申,诏修曲阜圣庙及各省学宫。辛酉,修浙江海塘。甲子,捻匪窜蕲水,鄂军失利,总兵石清吉死之。乙丑,俄兵兰入阿尔泰淖尔。丁卯,沈桂芬请筹费移屯以恤旗民。

　　冬十月戊辰朔,允杨岳斌回籍省亲,并募勇赴甘。命刑部尚书绵森、户部侍郎吴廷栋往治察哈尔狱。己巳,改乌鲁木齐提督文祥名为文祺。辛未,褫将军常清职,命明绪代之,以联捷为参赞大臣。命武隆阿统援救乌鲁木齐各军,节制领队大臣以下。壬申,鲍超军击贼大捷,赏双眼花翎。席宝田军获贼酋洪仁玕等。皖南北肃清。乙亥,回匪陷乌鲁木齐满城及绥来,都统平瑞等死之。哈密汉、回乱。命保恒署乌鲁木齐都统,李鸿章署两江总督,吴棠署江苏巡抚,富明阿署漕运总督。戊寅,获洪福瑱於石城,诛之。赏沈葆桢一等轻车都尉。封鲍超一等子。论恢复全浙功,封左宗棠一等伯,赏蒋益沣骑都尉。粤匪陷瑞金,旋复之。庚辰,粤匪陷漳州、龙岩、南靖、武平,按察使张运兰等死之。刘蓉分军守玢州等处。乙酉,明谊与俄使换分界约,科布多城卡外蒙古,阿尔泰淖尔乌梁海均属俄。给鲍超假,所部宋国永等军援闽,归左宗棠节制。丁亥,雷正绾军克莲花城,赏曹克忠黄马褂。僧格林沁剿贼大捷,赏郭宝昌等黄马褂,贼首马融和以众降。己丑,四川援军复仁怀。庚寅,粤匪陷平和。辛卯,陷嘉应、大埔。丙寅,谕曾国藩仍驻金陵,李鸿章等回本任。是月,免河南信阳等处被扰额赋,浙江西安等县逋赋。

　　十一月己亥,豁江宁所属粮赋三年。壬寅,回匪陷河州。癸卯,筑濮州金堤。乙巳,文祺、伯锡尔剿平哈密回。己酉,免江苏历年州县摊赔银两,永禁派摊名目。壬子,沈葆桢请饬援闽,兼防贼回窜。甲寅,粤军复武平,命闽、浙赣军会剿,毋纵入海。回匪陷阿克苏、乌什,办事大臣富珠哩、文兴等死之。癸亥,僧格林沁击襄、枣窜匪不利,发、捻各匪遂窜邓州。甲子,谕饬刘连捷、刘铭传各军前进,归僧格林沁调遣。乙丑,雷正绾等军剿败固原回匪。丙寅,文祺等剿巴里坤回匪,平之。回匪陷库尔喀喇乌苏,伊犁戒严。丁卯,满庆言汪曲结布卒,请赏青饶汪曲诺们罕名号,协理西藏商上事务,允之。是月,免江苏上元等县被扰逋赋。

十二月戊辰朔,闽军剿漳州匪失利,林文察等死之。己巳,命吴棠仍兼管江北事务。庚午,肇庆客匪平。都兴阿等军克清水堡。甲戌,停河南例贡枣实。筑浙江海塘。乙亥,回匪陷金县。曹克忠军克盐关。戊寅,伊犁官军败绩,领队大臣托克托奈等死之。允明绪请借俄兵助剿。己卯,济木萨官军失利。庚辰,予诸暨义民包立身等优恤。允吴棠请,试行河运。乙酉,陶茂林军复金县。丙戌,戍李元度军台。己丑,僧格林沁移军宝丰剿贼,胜之。甲午,官军剿回匪大捷,伊犁解围,赏明绪黄马褂。是月,免浙江瑞安被扰逋赋,江苏太仓等州厅县,淮安等卫被扰灾赋。

是岁,朝鲜、琉球入贡。

四年乙丑春正月丁酉朔,官军克静宁贼巢。回匪陷古城汉城。庚子,巴彦岱城被围,官军不利。释陈孚恩、乐斌,命襄办伊犁兵饷事。壬寅,从曾国藩请,调刘铭传军赴闽,鲍超募川军赴甘。追予死事道员何桂桢、知州刘腾鸿、游击毕金科。甲辰,乌鲁木齐提督文祺卒于巴里坤。回匪陷木垒等处。丁未,张集馨以罪褫职。复已革提督马德昭原官。平、固回匪窜扰灵台及泾阳、陇州。戊申,命伯锡尔署哈密帮办大臣。辛亥,台湾会匪平。甲寅,粤匪陷永定、云霄。丙辰,复设淮扬河务兵备道,改设徐海河务兵备道。丁巳,粤、捻并窜鲁山,护军统领恒龄等死之。癸亥,回匪陷济木萨。甲子,黔匪陷定番,旋复之,又陷黔西。乙丑,回匪窜永昌。

二月辛未,以蒙兵援古城,战不利,谕撤已调各兵均回旗。壬申,陕军败回匪于醴泉,命胡中和总统进剿。戊寅,以云南临安官绅不附回逆,谕嘉之。己卯,允沈葆桢假归省。癸未,以直隶诸省雷雹

灾异,诏修省。雷正绾军复克固原等处。贵州参将曹元兴谋逆,伏
诛。甲申,长阳土匪平。丙戌,复永定、龙岩。武隆额等军援巴彦岱
城,失利。己丑,黔西匪陷大定。苗匪陷天柱、古州。以马如龙、岑
毓英肃清曲靖、寻甸,擒斩逆首马联升等,奖叙有差。癸巳,福建官
军剿李世贤、汪海洋各股于古田、漳州,大捷。

　　三月丁酉,以田兴恕玩视军务,惨杀教民,遣戍新疆。辛丑,陶
茂林剿平郭家驿等处回匪。谕僧格林沁驻军指挥调度,勿轻临前
敌,致蹈危机。壬寅,恭亲王罢军机,撤议政。命文祥等办总理各国
事务衙门事宜。粤匪陷诏安,知县赵人成死之。癸卯,凉州回众叛,
剿平之。允英、法在江宁通商。命鲍超筹备西征,准专奏。惇亲王
言恭亲王被参不实,下王公、大学士等详议以闻。乙巳,塔城回乱。
锡霖乞病,罢之,命赴伊犁,由明绪调遣。提督谭胜达以克扣勇粮褫
职,仍命赴鲍超军。以武隆额署塔尔巴哈台参赞大臣。丁未,巴里
坤领队大臣色普诗新以兵援古城,遇贼,失利,死之。己酉,闽军败
汀州、连城踞贼。庚戌,甘军击退古浪、平番回匪。辛亥,从王大臣
请,命恭亲王仍在内廷行走,并管总理各国事务衙门。丙辰,谕官文
简汰兵勇。己未,命杨岳斌赴甘。沈葆桢丁母忧,诏夺情署江西巡
抚。辛酉,西宁回匪复叛,陷大通。壬戌,桂军复永淳。癸亥,命毛
昶熙回京。是春,免直、苏、皖、赣灾扰诸处额赋及逋课。

　　夏四月乙丑朔,禁热河围场垦红桩内地。肃州回匪踞嘉峪关,
围州城,抚彝回匪亦起。丁卯,彭玉麟疏辞漕督,请专办水师,允之。
留吴棠漕运总督任,办清、淮防务。已巳,官军复盐茶厅,免已革提
督成瑞罪。庚午,回匪陷古城,领队大臣惠庆等死之。乙亥,台湾肃
清。丁丑,黔军复玉屏、天柱。命恭亲王仍直军机,毋复议政。甘州
回匪陷永固堡。壬午,粤匪再陷沭、宿。霆军十八营不愿西征,溃于
金口。止鲍超西征,命招集溃勇赴闽剿贼。乙酉,宁夏官军剿贼大
捷。丙戌,粤、捻并陷宷兖、济,命刘铭传赴直隶设防。己丑,赐崇绮
等二百六十五人进士及第出身有差。壬辰,以山东贼势蔓延,命曾
国藩出省督师,会僧格林沁军南北合击。癸巳,僧格林沁剿贼于菏

泽南吴家店,失利,与内阁学士全顺、总兵何建鳌等均死之。事闻,
辍朝三日,特予配飨太庙。命曾国藩督师剿贼,李鸿章署两江总督。

五月乙未朔,谕成禄进剿肃州踞匪。霆营叛勇由江西窜福建。
粤、捻并窜开州、东明。丙申,陶茂林军溃,回匪围安定,兰州戒严。
戊戌,命曾国藩节制直、豫、鲁三省军防。甘肃溃勇窜扰陕西。乙巳,
免李元度遣戍。丁未,粤、捻并渡运河,东窜济宁、兖、泰。戊申,严
谕盛京、吉林剿办马贼。己酉,以剿贼无功,褫官文、张之万、毛昶熙
职,均留任,并撤官文宫衔。趣鲍超赴江西。辛亥,命侍读学士卫荣
光赴东昌督办沿河民团。壬子,官军克漳州、南靖。允沈葆桢终制。
曾国藩辞节制三省军务,不许。回匪陷肃州。粤、捻分窜丰、沛。谕
整顿沿海水师。窜陕溃勇平。谕刘长佑驻直境,崇厚驻东昌,部署
沿河防务。黔匪陷广顺,旋复之。甲寅,雨。粤匪围永定。乙卯,苏
军复漳浦。以刘坤一为江西巡抚。庚申,以防剿迟延,褫提督刘铭
传职,仍留任。杨岳斌请开缺,不允,仍命赴甘。壬戌,奇台官军复
济木萨。癸亥,官军复阶州。

闰五月甲子朔,起沈葆桢督办江西防剿。乙丑,粤匪由福建窜
嘉应。戊辰,粤军复平和、诏安。川军复正安。壬申,泗城匪平。甲
戌,减杭、嘉、湖属漕米二十六万石。丁丑,汪海洋回窜永定,官军失
利,总兵丁长胜等死之。己卯,回匪踞阜康。张总愚南窜至雄河集。
谕刘铭传、吴棠等会剿。粤匪陷广东镇平。遵义匪降。丙戌,鄂尔
多斯蒙兵击退花马池回匪。黔匪陷绥阳。己丑,上临僧忠亲王丧,
赐奠。赏其孙那尔苏贝勒、温苏都辅国公。曾国藩驻军临淮。特克
慎卒,命皂保查巴尔虎争界事。恩合为吉林将军。庚寅,以久旱,谕
修省求言。癸巳,谕耆英获咎,毋庸昭雪。禁肃顺之子出仕。以耆
英子庆锡鸣冤,谓其死由肃顺也。

六月甲午朔,增设安徽安庐滁和道。改凤卢颖道为凤颖六泗
道,仍兼凤阳关监督。命刘长佑回保定,潘鼎新军驻济宁。丙申,甘
肃民勇复嘉峪关。以安西、玉门诸县回匪乱,谕杨岳斌进驻兰州。己
亥,申谕各省甄别牧令。壬寅,塔尔巴哈台回匪诱戕参赞锡霖等,围

城,为喇嘛棍噶札拉参兵击退。调武隆额为塔尔巴哈台参赞大臣。以额腾额为叶尔羌参赞大臣。丙午,雨。论载华等办工侵蚀罪,夺载华贝子、恩弼辅国公,仍圈禁二年。己酉,沈桂芬以忧免,命曾国荃为山西巡抚。黔匪复陷天柱,扰湖南会同,劳崇光、李瀚章合剿之。黔军复黔西,在独山失利。壬子,岷州回匪乱,戕知州增启等,扰洮州。乙卯,援黔川军复正安。丁巳,奇台、哈密陷,哈密办事大臣札克当阿死之。文麟退巴里坤。谕杨岳斌、成禄、联捷军进击肃州匪。回子台吉陆布沁投诚。丁巳,御史穆缉香阿请慎选侍御仆从。谕内务府稽察有便僻侧媚者,举实严惩。是夏,免陕西、浙江、福建等州县被扰额赋,及哈密兵扰粮课。

秋七月癸亥朔,谕刘蓉严防定边、鄜、延、邠、陇,杨岳斌防犯回酋赫明堂。甲子,回匪陷巴燕岱,伊犁领队大臣穆克登额等死之。褫助逆伯克都鲁素等职。官军复库尔喀喇乌苏。命布尔和德署领队大臣,援塔城。雷正绾各军攻金积堡失利,退至韦州。丁卯,武隆额剿礼拜寺回逆,平之。黔匪陷古阡,知府严谨阵没,官军旋复其城。癸酉,命董恂、崇厚为全权大臣,办理商约事务。己卯,赏科尔沁亲王伯彦那谟祜世袭博多勒噶台亲王号。壬午,御史蔡寿祺以妄言褫职。黔匪陷大定,旋复之。己丑,奉天马贼扰遵化、蓟州,罢玉明,予严议。以恩合署盛京将军。换荷兰约。庚寅,谕禁法教士干预军事。壬辰,陈国瑞罢帮办军务。

八月庚子,以议抚贻误,褫恩麟职,戍成瑞黑龙江。祁寯藻致仕。粤、捻各逆窜皖、豫境。壬寅,设机器局于上海。癸卯,回匪犯巴里坤,讷尔济击走之。文麟军于奎苏失利。甲辰,襄塘夷务竣。予四川总督骆秉章假,命崇厚署之。严谕麟兴亲勘唐努乌梁海立界。乙巳,命左宗棠驻粤,节制赣、粤、闽三省各军。丙午,命曾国藩进驻许州,会剿豫捻。辛亥,令伊犁捕诛从逆官兵。予剿贼出力额鲁特总管蒙库巴雅尔等奖叙有差。癸酉,褫玉明职。郭嵩焘请开缺,以语多负气,严饬之。减江西丁漕浮收。裁州县捐摊繁费。粤酋汪海洋杀李世贤。乙卯,粤匪陷广东长乐。英、法还天津海口炮台。丙辰,都兴阿辞督办军务,不许。丁巳,谕李鸿章等妥议江北新漕河海并运。庚申,苏、松、杭、嘉、湖属水,赈恤之。予龙溪乡团殉难男妇建祠,赐名忠义乡。辛酉,谕崇实等查办酉阳教案。

九月甲子,上躬送定陵奉安,命肃亲王华丰等留京办事。长乐贼以城降粤军。丙寅,免定陵奉安经过地方田赋。戊辰,以捻首张总愚及赖、任各逆窜扰豫、鲁,命李鸿章会剿。吴棠署两江总督,李宗义署漕运总督。命曾国藩仍驻徐州。己巳,允招商办云南铜厂。庚午,调江南炮船赴山西河防教习水战。壬申,好水川回众降。官军解南阳围。陶茂林军再溃。甲戌,官军复镇平。丙子,雷军部将胡大贵、雷恒叛,围泾州,提督周显承击退之。马化龙与胡大贵等分窜陕境。授张之万河东河道总督。己卯,上奉两宫皇太后启銮。粤匪犯龙南,刘坤一赴赣州督剿。甲申,葬文宗于定陵。乙酉,回銮。奇台知县恒颐以民勇复奇台、济木萨、古城三城。丁亥,上还宫。戊子,文宗帝后升祔太庙,翼日颁诏覃恩有差。庚寅,褫甘肃提督陶茂林职,以曹克忠代之,逮治总兵陶生林等。左宗棠辞节制三省,不允。是秋,免陕西孝义、浙江兰溪等处被扰逋赋。

冬十月壬辰朔,藏兵克瞻对。回匪犯庆阳,官军击退之。癸巳,定比利时条约。甲午,命徐继畬以三品京堂在总理各国事务衙门行走。命廓尔喀例贡俟六年并进。庚子,减浙江漕米南米浮收。壬寅,粤匪陷和平。乙巳,王榕吉言潞盐壅滞,请分别停减续加课票,议行。丁未,回匪围巩昌、宁远。己酉,浙军克南田贼垒。辛亥,命刘蓉署陕西巡抚。壬子,以升祔礼成,祫祭太庙。醇亲王辞八旗练兵。谕仍稽察校阅,勤加训练。甲寅,马贼逼奉天,官军失利。庚申,命福兴统吉、黑马队及神机营兵赴剿。辛酉,释绵性。

十一月癸亥,赖、任各匪窜舞阳、郾城,与张总愚股合,谕鄂、豫夹击。丙寅,减徵苏、松、常、镇太仓米豆五十四万石有奇。壬寅,奉军剿马贼失利。李棠阶卒。命李鸿藻在军机大臣上学习行走。湖北巡抚郑敦谨入为户部侍郎,以李鹤年代。乙亥,治不顾主将罪,成保论斩,戍郭宝昌新疆。丙子,奉天匪首徐点复叛于广宁。庚辰,粤匪陷嘉应。巩昌解围。丙戌,官军失利于济木萨,恒颐死之。丁亥,谕刘长佑驻边隄督剿马贼。己丑,川军剿松潘番贼,平之。黔匪犯叙永、綦江。庚寅,命左宗棠亲往嘉应视师。

十二月壬辰朔,曾国藩移军周家口。允明绪遣荣全如俄借兵贷粮。甲午,黔匪陷清镇县城,旋复之。命周达武为贵州提督。乙未,联捷坐贪扰,撤帮办军务,以侍卫隶成禄军。己亥,黎献军溃于肃州。辛丑,马贼回窜昌图。允户部请,拨盐课诸款增内廷用费三十万。壬寅,热河军复朝阳。癸卯,命伯彦讷谟祜回旗会各盟长檄蒙兵协剿马贼。以文麟为哈密办事大臣。乙巳,瞻对逆酋工布朗结等伏诛,三瞻均归达赖管理。丙午,金州匪伪降,窜铁岭。命文祥等办奉天防守事宜。壬子,以雪泽愆期,诏清理庶狱,瘗暴露骸骨。乙卯,恩合以贻误军事褫职。提督成大吉军溃于麻城。丙辰,粤军会复越南宁海府城。调都兴阿为盛京将军。命穆图善督办甘肃军务,接统都兴阿所部各军。庚申,上御保和殿,赐朝正外藩等宴。自是每岁皆如之。滇军复丽江、鹤庆。

是冬,免四川松潘、湖南茶陵等厅州县被扰逋赋。

五年丙寅春正月辛酉朔,停筵宴。甲子,捻匪扰鄂,曾国藩檄刘铭传援黄州。马化龙乞抚,献宁夏汉城。乙丑,桂军复那檀。免福建例贡。己巳,命穆图善办抚回善后事宜。庚午,云南巡抚林鸿年赴昭通。乙亥,马贼入踞伯都讷,旋及双城堡,吉林危急。文祥、宝善檄黑龙江兵暨马队之。己卯,黄岩总兵刚安泰巡洋,遇艇匪,死之。癸未,林鸿年坐畏葸贻误褫职,刘岳昭代之。左宗棠督诸军复嘉应,粤匪平。左宗棠以次论功赏叙。丙戌,马贼窜陷阿勒楚喀及拉林城,富明阿往吉林剿之。命特普钦回黑龙江布防守。吴昌寿降,调李鹤年为河南巡抚,曾国荃为湖北巡抚。戊子,奉军复八面城。己丑,谕严缉军营哥老会匪。

二月辛卯朔,诏左宗棠等缓撤江、闽各军,备调北路助剿捻、回诸匪。黔回陷永宁,旋复之。壬辰,命兆琛赴镇远办军务。辛丑,官军复黄陂。丁未，都兴阿坐部勇肆杀褫职，留任。戊申，命广东陆路提督高连升赴任剿办土匪。伯彦讷谟祜剿马贼于郑家屯，大捷。谕马新贻筹办海塘。辛亥，定安军剿马贼于长春，胜之，诏复副都统。壬子，德英忧免，以富明阿为吉林将军。丙辰，召郭嵩焘来京，以蒋益沣署广东巡抚。己未，湖南军击退黔苗。

三月壬戌，曾国藩移军济宁，督剿张总愚。乙丑，复阿勒楚喀、伯都讷、双城堡三城。己巳，奉军剿南北路马贼，大败之。蠲奉天、吉林被扰诸地银米。庚午，明谊乞病，命麟兴统蒙兵援伊犁。乙亥，赖文光等窜逼开封。戊寅，免随征黑龙江牲丁贡貂。谕内外臣工讲求律例。己卯，马贼窜扰热河。庚辰，允马化龙等投诚。甲申，张总愚窜濮、范，赖文光等由豫窜郓城、巨野，谕曾国藩等守运河，乔松年军截剿。乙酉，马贼陷牛庄。丙戌，曹毓瑛卒。丁亥，闽军复崇安、建阳。戊子，命李鸿藻为军机大臣，胡家玉在军机学习。是春，免河南积欠钱粮，直隶安州、奉天新民等州县被水、被扰额赋。

夏四月己丑朔，奉天北路匪首马傻子伏诛，降其余众。官军复牛庄。粤、捻犯直隶河岸，击退之。辛卯，允曾国荃请裁兵并饷，并调刘联捷、彭毓橘、朱南桂、郭松林赴湖北。丙申，回目以洮州降曹克忠军。戊戌，命马如龙署云南提督。庚子，召文祥、福兴回京，命都兴阿接办奉天军务，节制各军。辛丑，讷尔济复木垒、奇台、古城，诏募民勇防守。癸卯，官军复绥阳。甲辰，回匪陷靖远。戊申，谕奉天、吉林会剿山内外贼匪。己酉，谭玉龙军溃，命曹克忠兼统其军。壬子，回匪回窜庆阳。披楞大举悉兵众迫布鲁克巴，命景纹赴边隘查办。甲寅，武缘匪平。丙辰，粤、捻扰铜、沛及泗州、灵璧。劳崇光进驻昆明。杜文秀复陷丽江、鹤庆、剑川。戊午，回匪犯兰州，官军击退之。

五月壬戌，黔匪复陷兴义、贞丰、永宁。俄使坚请黑龙江内地通商。谕特普钦整顿营伍。乙丑，大考翰、詹擢，孙毓汶四人一等，余升黜有差。戊辰，马朝清降，灵州复。辛未，回匪霍三等回窜凤、岐，官军击退之，谕杨岳斌、刘蓉合击，毋再任入陕。甲戌，回匪陷塔尔巴哈台,武隆额死之。以德兴阿为参赞大臣,奎昌署科布多参赞。严谕成禄迅速出关。乙亥,回匪陷伊犁,明绪等死之。以荣全署伊犁将军。命库克吉泰督办新疆军务。丁丑,诏清庶狱。壬午,以久不雨,诏求直言,禁凌虐罪囚。甲申,谕保举尽心民事官吏。丁亥,官军复荔波。是月,免广东嘉应等处被逋赋。

六月庚寅,雨。允左宗棠请,在闽建厂试造轮船。壬辰,谕内外大臣勤职。辛丑,成禄军进围肃州。壬寅,谕富明阿搜捕山场余匪。甲辰,灵山匪平。戊申,乌里雅苏台将军明谊病免。己酉,以德勒克多尔济为乌里雅苏台将军,福兴为绥远将军。庚戌,盐、固回匪投诚。辛亥,凌云、阳万土匪平。乙卯,谕杨岳斌剿狄、河回匪。

秋七月庚申,褫广凤、图尔库职,逮讯。命侍郎魁龄等使朝鲜,册封王妃。壬戌,官军复哈密。甲子,谕整顿广东吏治、军务、厘税。乙丑,李鸿藻丁母忧,懿旨令百日后仍直弘德殿、军机处。庚午,湘军克思南贼巢。壬申,李鸿藻请终制,不许。癸酉,减苏、松、常、太浮收米三十七万余石,浮收钱百六十七万余贯。丙子,崇厚会日斯巴尼亚使换约。己卯,黔匪陷石阡,旋复之。庚辰,免乌梁海七旗应纳半贡。乙酉,河南河决胡家屯。

八月戊子,刘蓉病免,调乔松年为陕西巡抚,以英翰为安徽巡抚。己丑,濮州河决。庚寅,浔、郁匪平。裁山海关监督,改设奉锦山海道。辛丑,赏李云麟头等侍卫,帮办新疆军务。癸卯,杨岳斌病免,调左宗棠为陕甘总督,吴棠为闽浙总督,张之万为漕运总督。实授瑞麟两广总督。甲辰,官军克大孤山贼巢,徐宗礼伏诛。乙巳,官军剿败张、牛诸捻。以月食示儆,饬廷臣修省。丁未,从御史庆福请,积粟张家口、绥远城、转运新疆,以济民食。

九月丁巳朔,命谭廷襄会崇厚办义国商约事务。癸亥,福建兴化土匪平。甲子,谕李云麟与麟兴等整顿北路防军。命皂保赴归化督运新疆饷款。回匪陷阜康。祁寯藻卒。辛未,滇回陷安宁等州县。癸未,左宗棠请将闽、浙绿营减兵加饷,就饷练兵。允之。是秋,免贵州、广东、山东、福建被扰,江西被灾等处额赋,浙江等县逋赋。

冬十月辛卯，命刘长佑严核畿辅兵额。癸巳，张总愚由陕州窜平陆，官军击退之。乙未，命沈葆桢总司福建船政事务。命刘典帮办左宗棠军务。己亥，张总愚西窜，陷华阴、渭南。甘回窜宜君、三水。诏责曾国藩任贼蔓延。辛丑，允李鸿藻病假。命富明阿办吉林善后事宜，汪元方为军机大臣。壬寅，黔回陷兴义，旋复之，并复安平、镇宁。乙巳，曾国藩乞病，请开各缺，在营效力，并注销侯爵，谕慰之，命病痊陛见。谕穆图善援应陕西。丙午，修海宁石塘。是月，免安徽、寿州等州县被水新旧额赋。

十一月丙辰，命曾国藩回两江总督，署通商大臣。授李鸿章钦差大臣，节制湘、淮各军，专任剿匪。戊午，予山东巡抚阎敬铭假，以丁宝桢署之。庚申，刘铭传等剿任、赖各匪于金乡，大捷。乙丑，三札、两盟西征蒙兵溃，李云麟回乌城。谕库克吉泰统吉、黑军速进。丁卯，川军克桐梓贼巢。丁酉，曾国荃劾官文贪庸骄蹇。命撤任查办。己卯，定福建船政章程。

十二月丁亥，以给事中寻銮炜参劾失实，切责之，因谕科道慎重言事。己丑，郭松林等大破任、赖诸匪于德安。庚寅，以黄河趋北，谕苏廷魁周历履勘，并会同直、鲁、豫三省筹办堤工。甘回复陷哈密。罢胡家玉军机，褫职留任。以受官文贿也。甲午，曾国藩复疏请开缺。温旨慰留。己亥，雷正绾军复平凉。呼兰匪平。庚子，援黔、湘军剿苗匪于铜仁，大捷。己酉，回匪围庆阳，提督周显承等力战死之。甲寅，陕西剿张总愚，失利于灞桥，总兵萧德阳等死之。以捻势披猖，命曾国藩等广筹方略。

是岁，朝鲜、琉球入贡。

清史稿卷二二
本纪第二二

穆宗二

六年丁卯春正月己未,任、赖诸匪窜孝感、德安,官军失利,总兵张树珊死之。壬戌,复靖远。丙寅,革官文总督,召来京。以李鸿章为湖广总督,调李瀚章为江苏巡抚,以刘瀚为湖南巡抚。己巳,张锡嵘剿捻匪于西安鱼化镇,死之。刘松山军大捷。命乔松年专办陕西军务。辛未,命左宗棠为钦差大臣,督办陕、甘军务;赏刘典三品衔,帮办军务。乙亥,哈密回匪窜巴里坤,官军击退之。讷尔济病免,以伊勒屯为巴里坤领队大臣。丙子,命徐继畬仍在总理各国事务衙门行走,管新设同文馆事务。己卯,官军复镇雄。

二月乙酉朔,刘铭传追剿任、赖于钟祥,失利。鲍超进击,大败之。庚寅,命李鸿章督军赴豫。壬辰,京师疫。甲午,擢刘松山为广东陆路提督。丁酉,陕回马生彦等降。减广州属徵收米折银十九万有奇,著为令。乙巳,桂军复泗城。庚戌,以丁宝桢为山东巡抚。辛亥,洮州复陷。壬子,云贵总督劳崇光卒,以张凯嵩代之。

三月丁巳,鄂军剿贼于蕲水,失利,道员彭毓橘等死之。癸亥,总兵段步云军溃于郧州。戊辰,鲍超累乞病,谕仍赴黄州。乙亥,命倭仁在总理各国事务衙门行走,辞,不允。丁丑,谕李云麟等安顿新疆难民。辛巳,曹克忠军复洮州。壬午,回匪马占鳌等犯西宁。是春,免浙江仁和等场被扰逋课、山西平定等处民欠仓谷。

夏四月丁亥,允琉球国子弟入监读书。予鲍超病假。戊子,何瑄军复哈密。己丑,周祖培卒。癸巳,吉林马贼平。丙申,日斯巴尼亚使来换约。壬寅,刘松山大破捻、回于同州。丙午,赠哈密殉难扎萨克郡王伯锡尔亲王,建祠。德勒克多尔济病免,命麟兴为乌里雅苏台将军,调荣全为参赞。丁未,瞻对番目大盖折布伏诛。庚戌,贵德回匪叛,陷厅城。

五月甲寅,哈蜜回匪窜玉门,官军击退之。以旱,命恤难民、育婴孩、掩暴露、赡阵亡者家属。戊午,谕广购书籍,并重刊御纂钦定经史,颁发各学。己未,郭宝昌、刘松山两军破张总愚于朝邑。免郭宝昌遣戍。辛酉,命曾国藩为大学士,骆秉章协办大学士。丙寅,诏清理庶狱。丁卯,桂军复荔波、义宁。戊辰,诏求直言。核减宫廷用款。己巳,捻匪渡运河,予丁宝桢严议。庚午,贼窜长垣,官军击退之。癸酉,以剿贼无功,褫曾国荃顶戴,与李鹤年下部严议。谕李鸿章戴罪图功。京师地震。庚辰,董福祥陷陕西甘泉。

六月甲辰,总理各国事务衙门言俄人窥伺新疆,下大学士、尚书、左都御史会总理王大臣妥议。丙戌,申禁州县浮收漕粮。甲午,倭仁乞病,罢职务,仍以大学士直弘德殿。乙未,官军败捻匪于即墨。庚子,顺直久旱,饥,赈恤之。允鲍超回籍。辛丑,李鸿章檄刘铭传、潘鼎新等军防运河,扼胶、莱。命成禄节制黄祖淦、王仁和两车。以畿内亢旱,拨闽、广、赣厘捐三十万,浙、闽海关洋税三十五万备赈需。癸卯,甘回陷陕西华亭,旋复之。丁未,免昌平例贡果品。己酉,自三月不雨以来,上频祈雨。至是日,雨。是月,免陕西乾州等属灾扰额赋。

秋七月己未,雨。陕军复甘泉。庚午,永定河决。己卯,以捻匪过胶莱河,谕各路扼守河、运两防,夺丁宝桢职,仍留任。是月,免湖南晃州被扰逋赋。

八月丙戌,停奉天冬围。戊子,湖北匪首刘汉忠伏诛。庚寅,命黎培敬会办贵州剿抚及屯田事宜。壬辰,奉军剿平孤山、法库等处贼匪。辛卯,署贵州提督赵德光剿贼于安平,死之。丙申,穆隆阿等军剿枭匪于文安,失利。济阳土匪作乱,剿平之。丁酉,迤西回犯姚州。戊戌，贵州巡抚张亮基开缺严议，命曾璧光署之，布政使严树森以逗遛褫职。壬寅，召陈国瑞来京。丙午，以淮、楚各军所至骚扰，谕李鸿章严申军律。己酉，裁热河木税。庚戌，创建福建船坞。

九月壬子，允左宗棠调曹克忠赴陕。丙辰，赖、任诸匪犯运河，牛师韩军击退之。丁巳，河、狄、西宁回众投诚。庚申，停山东例贡。辛酉，安置额鲁特游牧于额尔齐斯河。甲子，总理各国事务衙门言预筹修约事。谕曾国藩等各抒所见以闻。己巳，命丁日昌赴上海办理义国换约。壬申，抚恤巫山被水灾民。丁丑，命荣全与棍噶札拉参筹办哈萨克剿抚机宜。己卯，命冯子材赴左江，专办南、太军务。赈襄阳等府灾民。

冬十月癸未，谕各路统兵大臣及各督抚严申军律。甲申，察哈尔都统色尔固善卒，以库伦办事大臣文盛代之。乙酉，以张廷岳为库伦办事大臣。丙戌，陕军复宁条梁及宜君。饬席宝田军赴沅州，统援黔军务。壬辰，迤西回陷定远、大姚。癸巳，汪元方卒。命沈桂芬在军机大臣上学习行走。丙申，曾国荃病免，以郭柏荫为湖北巡抚，苏凤文为广西巡抚。赈山东被水灾民。乙巳，派美前使蒲安臣往有约各国办理中外交涉。己酉，回匪陷宝鸡、正宁，旋复之。

十一月庚戌朔，命道员志刚、郎中孙家谷往有约各国充办理交涉事务大臣。壬子，刘铭传等军剿赣榆，大捷。任柱伏诛。癸丑，以枭匪蔓延，褫刘长佑职，仍责自效。命官文署直隶总督。丙辰，陕军剿捻洛川，遇回匪，失利，提督李祥和死之。癸亥，张总愚陷延川、绥德。甲子，增设布伦托海办事大臣，以李云麟为之，明瑶为帮办。福济为科布多帮办。甲寅，刘铭传军剿贼于诸城，大捷。丁丑，陕军复延川、绥德。

十二月壬午，张总愚窜吉州，左宗棠、赵长龄均褫职留任。成禄剿回匪于肃州，失利，总兵黄祖淦死之。癸未，赏陈国瑞头等侍卫，隶左宗棠军。刘铭传等剿贼于寿光，大捷。迤西回陷禄丰、广通、元谋。己丑，官军复吉州。壬辰，直隶枭匪平。甲午，赏刘长佑三品顶戴，命率所部回籍。永定河堤工合龙。丙申，命蒋益沣以按察使候补,隶左宗棠军,率楚勇回籍。丁酉,骆秉章卒。刘松山等败张总愚於洪洞。调吴棠为四川总督,以马新贻为闽浙总督,李瀚章调浙江巡抚,丁日昌为江苏巡抚。戊戌,淮军剿贼高邮,大捷,获赖文光等,诛之。辛丑,东捻平,加赉李鸿章、曾国藩世职,赏刘铭传、英翰及郭松林、杨鼎勋、善庆世职有差,复曾国荃顶戴。壬寅,以左宗棠督师入晋,命库克吉泰、乔松年、刘典督办陕西军务。甲辰,命杨占鳌署甘肃提督,接办西路军务。戊申,左宗棠檄喜昌、刘松山等赴磁州迎剿。谕张曜、刘铭传等会剿。己酉,命郑敦谨往山西查办事件。是月,免浙江仁和等场未垦灶课、云南嵩明等属歉收额粮。

是岁,朝鲜、琉球入贡。

七年戊辰春正月庚戌朔,捻首李允等率众降于盱眙,诏诛之,遣散余众。命朱凤标协办大学士。乙卯,回匪复陷正宁。丙辰,喜昌等击张总愚于河内,大捷。西宁回陷北川。李云麟乞病。不许。以锡纶为布伦托海帮办大臣。辛酉,张总愚北窜定州,保定戒严,官文、左宗棠均褫职留任。谕玉亮统神机营兵剿贼。壬戌,张总愚犯清苑,刘松山、郭宝昌等军绕贼前剿之,予优叙。陈国瑞、宋庆、张曜均以军至保定。达赖请宥里塘犯东登工布死罪,允之。命贾桢等设团防总局。癸亥,谕令天津洋枪、练军各队赴河间,与山东军联络防剿。甲子,李鸿章遣周盛波等军北援。趣左宗棠赴保定北方督剿。命恭亲王会同神机营王大臣办巡防。壬申,允英翰入卫畿疆,命统牛师韩军驻黄河以南。饬程文炳军赴河间会剿。癸酉,张总愚陷饶阳,旋复之。贾桢以病致仕。乙亥,命左宗棠总统各路官军。

二月辛巳,官军复渭源。癸未,命恭亲王节制各路统兵大臣。戊子,回匪复陷宁条梁。己丑,回匪窜伊克巴沙尔,官军击退之。褫赵长龄、陈湜职,遣戍。壬辰,陕军复宝鸡。癸巳,滇军解镇雄围。迤西回陷楚雄。乙未,豫、皖各军败张总愚于束鹿。庚子,左宗棠、李鸿章等军剿贼,迭破之。回匪陷怀远、神木。壬寅,白泥岊苗匪降。乙巳,以朝鲜请严边禁,命延煦、奕榕赴奉天,会都兴阿勘展边事宜。

三月壬子,张凯嵩乞病,谕责其逗留规避,褫职。回匪陷鄜州,刘典驻三原督剿。癸丑,以刘狱昭为云贵总督,岑毓英为云南巡抚。乙卯,陕军复鄜州。癸亥,谕庶吉士散馆仍试诗赋。戊辰,张总愚窜延津、封邱,刘松山、郭宝昌击败之。辛未,命沈桂芬为军机大臣。乙亥,命朱凤标为大学士。丙子,迤西回陷易门。丁丑,张总愚窜滑县,击败之。是月,免直隶安州等处涝地逋赋。

夏四月己卯朔,哈密回陷五堡,官军击退之。甲申,张总愚陷南皮。丁亥,谕左宗棠、李鸿章、丁宝桢等,督各军于运河东西分路防剿。己丑,苗匪何正观降。庚寅,陕军剿回匪于邠州,失利,谭玉龙死之。己巳,永定河决。乙未,召都兴阿来京。戊戌,黎平苗犯晃、沅各境,官军击退之。辛丑,宁条梁回扰鄂尔多斯游牧,贝子札那格尔济击退之。回匪犯哈密,伊勒屯等会击退之。癸卯,赐洪钧等二百七十人进士及第出身有差。是月,免四川各土司三年租赋。

闰四月戊申朔,迤西回窜陷昆阳、新兴、晋宁、呈贡、嵩明。戊午,回匪复陷神木。癸亥,陕军复延长。甲子,董福祥投诚,谕立功自赎。乙丑,回匪踞乌审旗,分扰准噶尔旗,逼托克托城。丁卯,程文炳、陈国瑞、刘松山等军击张总愚于高唐、茌平、博平,大捷。贼窜东光。己巳,回匪再陷庆阳及宁州、合水,知县杨炳华死之。辛未,命都兴阿为钦差大臣,会同左宗棠、李鸿章剿捻,调遣春喜、陈国瑞、张曜、宋庆四军,崇厚帮办军务。

五月戊寅,刘松山等军剿张总愚于盐山、海丰,大捷。己卯,创设长江水师,置岳州、汉阳、湖口、瓜州四镇总兵官。癸未,陕军击退窜邠、凤回匪。壬辰,北山土匪犯延安,官军失利,副将刘文华等阵没。庚子,滇军复元谋、武定、禄劝、罗次。是月,免湖南晃州被扰逋赋。

六月己未,郭松林等剿捻于临邑、滨州、阳信,大捷。谕水师严扼运防。辛酉,桂军复归顺。癸亥,金匪窜宁古塔界,官军剿平之。甲子,陕军克宜川。丙寅,张总愚犯运河岸,官军击败之,捻众多降。

戊辰，又击之于商河，大捷。乙亥，李云麟褫职查办。命明瑶为布伦托海办事大臣。浙江海塘工竣。

秋七月丁丑，蠲直、鲁、豫被扰各州县田赋。己卯，春寿以欺饰褫职。壬午，抚恤沧州等处被扰难民。乙酉，张总愚赴水死，捻匪平。加李鸿章、左宗棠太子太保衔，鸿章以湖广总督、协办大学士，丁宝桢、英翰、崇厚并加太子少保衔，复官文衔翎，晋刘铭传一等男，郭松林一等轻车都尉，赏宋庆、善庆二等轻车都尉，刘松山黄马褂、三等轻车都尉，郭宝昌、张曜、温德勒克西骑都尉，黄翼升加一云骑尉，复陈国瑞提督世职，余升叙有差。命惇亲王祭告定陵。允彭玉麟回籍终制。丙戌，召左宗棠、李鸿章入觐。丁亥，荥泽河决。辛卯，毛昶熙言军务渐平，宜益思寅畏，旋御史张绪楷疏请保泰持盈，及时讲学，并嘉纳之。壬辰，允左宗棠请，资遣降众回籍。癸巳，武陟沁河堤决。乙未，调曾国藩为直隶总督，马新贻为两江总督，以英桂为闽浙总督。命彭玉麟赴江、皖会筹长江水师事宜。戊戌，谕苏、皖、豫、鲁各属修圩寨，饬乡围。庚子，予宋儒袁燮从祀文庙。援黔川军复龙里、贵定。川军剿越㑩夷匪，胜之，俘其酋勒乌立。授曾璧光贵州巡抚。辛丑，布伦托海变民窜乌陇古河。德勒克多尔济卒。癸卯，抚恤荥、郑灾民。甘回扰白水、邰阳，陕军击退之。甲辰，援黔湘军复瓮安。

八月乙巳朔，褫御史德泰职，以奏请修理园庭也。库守贵祥安陈希利，发黑龙江为奴。永定河决。己酉，谕明瑶等规复布伦托海旧制。命马新贻兼办理通商事务大臣。壬子，延安土匪扈彭降。癸亥，谕左宗棠兼顾山西军务。戊辰，谕吉林严定开垦围荒界限。辛未，谕金顺专办援陕军务。是月，免皖、苏、鲁、豫、鄂被扰积年逋赋。

九月壬午，官军复庆阳。甲申，肃州回攻敦煌，官军击退之。谕伊勒屯等筹办巴里坤屯田。乙酉，援黔川军会复平越。辛卯，命延煦出关查办奉天展边事宜。癸巳，滇军复晋宁、呈贡。是月，免浙江横浦等场歉收灶课。

冬十月丁未，回匪犯泾州、灵台，击退之。乙卯，文麟抵哈密，谕兴办蔡巴什湖等处屯田。丙辰,穆图善克河州。赈济南、武定水灾。
丁巳,戍李云麟黑龙江。戊午,命李鸿藻仍直弘德殿及军机。庚申,
以守科布多功,加土尔扈特郡王凌札栋鲁布亲王衔。己巳,黔苗复
陷兴义,旋复之。

十一月甲戌,援黔川军复麻哈。丁亥,凉州总兵周盛波以不戢
所部,褫职。回匪扰鄂尔多斯等旗,窜榆林。谕定安等截剿。壬辰,
谕除吏胥积弊。己亥,黔军克都匀,赏张文德黄马褂。庚子,台湾英
领事纵洋将掠船,踞营署,焚局库,勒兵费。谕总署诘办,饬英桂等
遴员交涉。壬寅,热河匪平。免吉林双城堡被水屯田租赋。

十二月甲辰朔,川军剿西昌夷匪,连捷,各夷部降。援黔湘军复
天柱。丙午,回匪犯包头,蒙军失利。丁未,热河匪首弥勒僧格林伏
诛。甲寅,以曾国藩言川私病楚,谕筹止川盐济楚章程,撤局停税。
丁巳,滇军复澄江。庚申,申谕各省禁种罂粟。壬戌,黔苗窜扰河池,
官军击退之。乙丑,谕朝审缓决三次以上者并减等。永定河工竣。
戊辰,麒庆罢,以庆春为热河都统。庚午,刘松山剿贼大理川,大捷。
壬申,截鄂饷二十一万赈河南灾。是月,免江苏荒地粮赋,山东泰
安、河南汝宁等属被扰逋粮。

是岁,朝鲜入贡。

八年己巳春正月癸酉朔,停筵宴。丁丑,川、湘、黔、桂各军会剿
苗匪,黔军复长寨。戊寅,滇军克富民。已丑,刘松山等军击土、回
各匪,败之于清涧。成禄克肃州,与杨占鳌并赏黄马褂。甲子,荥工
合龙。丙申,刘松山军败贼于靖边,董侍有等以镇静堡及靖边降。迤
西回犯昆明,岑毓英等击退之。辛丑,雷正绾克泾州董家堡。

二月戊申,命袁保恒督办西征粮饷。

三月癸酉朔,林自清戕兴义知县,提督陈希祥诱诛之,赏希祥
黄马褂。甲戌,援黔、湘军复镇远府、卫两城。戊寅,甘肃提督马连
升部兵变,戕连升,部将周绍濂击逆党于同官,珍之。乙酉,谕督抚
于克复州县慎选牧令,拊循流亡。庚寅,回匪陷磴口。甲午,吐鲁番

回匪犯哈密，官军迭败之。乙未，桂军克凭祥。己亥，懿旨，大婚典礼，力崇节俭。

是春，免江苏山阳、直隶安州等属灾、扰额赋，两淮富安等场逋欠灶课。

夏四月癸卯朔，迤西回陷杨林营，刘岳昭退守曲靖，严责之。乙巳，麟兴以畏事褫职。以福济为乌里雅苏台将军。文硕为布伦托海办事大臣。己酉，雷正绾、黄鼎军复镇原、庆阳。援黔川军复瓮安。己未，援黔、湘军会复清江。庚申，允刘铭传乞病。辛酉，免陈堤遣戍。是月，免山东东昌等属逋赋。

五月庚辰，援黔、湘军复施秉，进攻黄飘贼垒，失利，按察使黄润昌、道员邓子垣、提督刘长槐死之。壬午，回匪陷澄江。甲申，杜嘎尔等军大破贼于杭锦旗。辛卯，命李鸿章赴四川察办吴棠劾案。申诫岑毓英任用通贼练目，苛敛民捐。以马如龙为云南提督。丙申，官军剿匪于保安，大捷，匪首袁大魁等伏诛。自春正月不雨至于是月，上频祷祈。丁酉，雨。

六月辛亥，援军会克寻甸。壬子，命董恂、崇厚办理奥斯马加换约。甲寅，永定河决。戊午，予黄飘死事提督荣惟善、总兵罗志宏等世职加等。辛酉，武英殿灾。癸亥，倭仁、徐桐、翁同龢请勤修圣德，以弭灾变，上嘉纳之。丙寅，谕督抚考课农桑。庚午，回匪犯阿拉善定远营，蒙兵失利。

秋七月辛未朔，日有食之。癸酉，张曜等军败回匪于察汉淖尔。命吴坤修赴沿江各属抚恤灾民。甲戌，滇军复嵩明，克白盐井。甲申，桂军会越南军克九葑、洛阳等隘。乙酉，谕锡纶赈恤额鲁特人众。丙戌，朝鲜请鸭绿江北禁游民建屋垦田。趣都兴阿等妥办。壬辰，何璿军败贼于木垒河等处。是月，免晃州被扰逋赋。

八月庚子朔，俄商船泊呼兰河口，求吉、黑内地通商，谕总署按约止之，禁军民私与贸易。癸卯，内监安得海出京，丁宝桢奏诛之。黔匪复陷都匀。丙午，桂军会复越南高平。庚戌，申谕约束太监。壬子，官军剿平杭锦旗属窜回。癸丑，宁夏官军剿贼失利，副将方大顺阵亡。戊午,棍噶札拉参军复布伦托海,贼首张愚等伏诛。己未,官军剿达拉特旗窜匪,殄之。是月,赈浙江杭、湖各属,湖南安乡等县水灾。

九月庚午,高台勇溃,褫成禄职,留任。壬申,拨京饷三十万济武、汉等属工赈。甲戌,马化龙复叛,袭陷灵州。官军复威戎堡、水洛城。戊寅,滇军复易门。壬午,免暹罗补历年贡品。庚寅,乌鲁木齐匪窜哈密,何琯等击败之。乙未,福建新造第一轮船成,命崇厚勘验。戊戌,谕福济等额鲁特各安旧居,僧众居阿尔泰山南,俗众居青格里河。

冬十月庚子,刘松山败回匪于吴忠堡等处。辛丑,金顺又败之于纳家闸。命杨占鳌署甘肃提督,办肃州善后事宜。法使罗淑亚与其水师提督以兵船赴赣、鄂、川省查教案,谕所在按约待之。乙巳,雷正绾、黄鼎败回匪于固原、盐茶。丁未,命毛昶熙、沈桂芬在总理各国事务衙门行走。辛丑,命文硕等会勘布伦托海分界事宜,董恂办理美国换约。甲寅,滇军复楚雄、南安、定远。刘岳昭移军昆明。己未,哈密官军剿西路回匪,大捷。甲子,凤凰城匪首王庆等伏诛。乙丑,刘松山军复灵州。是月,赈云南水灾,直隶旱灾。

十一月丙子,茌平教匪孙上汶等谋逆,捕诛之。丁丑,裁新设布伦托海办事大臣。庚辰,辰江宁水灾。癸未,免科布多属贡貂。甲申,滇军复昆阳。丙戌,甘军复靖远。庚寅,永定河口合龙。乙未,命文硕来京,改奎昌办理分界。是月,免直隶东明被淹、被扰,安徽无为等州县卫被水逋赋。

十二月庚子,援滇川军克鲁甸。乙巳,刘松山军攻金积堡,总兵简敬临等死之。乙卯,披楞侵占哲孟雄各地,廓尔喀与唐古特构嫌,谕恩麟防维开导。布鲁克巴内哄,并谕恩麟解释抚绥。丁巳,越南匪平。谕苏凤文严申边禁。癸亥,赈畿南灾。

是岁,朝鲜、越南、琉球入贡。

九年庚午春正月丁卯朔,停筵宴。癸酉,滇军复禄丰。甲戌,甘军击败援贼于王家疃。己卯,回匪陷定边。癸未,神武门木库火,诏修省。庚寅,回匪陷安定。陕军复定边。甲午,马德昭留办潼关防务。

二月辛丑,刘松山督剿金积堡回匪,中炮卒。赏道员刘锦棠三品卿衔,接统其军。以俄官往齐齐哈尔、吉林商界务,谕富明阿、德英据约待之,毋迁就。乙巳,回匪分窜安边、清涧,陕军击走之。丙午,又分窜花马池、榆林,宋庆军剿之。戊申,官军击败米脂窜匪。壬子,命李鸿章赴陕西督办军务。甲寅,回匪窜同官、宜君,陕军剿败之。丙辰,法使因教案藉兵要挟,谕各疆吏通商大臣迅结交涉事宜。辛酉,宁夏各堡降回复叛。

三月丁卯朔,回匪窜准噶尔旗,马玉崑击败之。辛巳,雷正绾以疏防峡口,褫职留营。谕诫西征各军贪功锐进。乙酉,滇军复弥渡、宾川、丽川、缅宁。辛卯,回匪分扰岐、凤,李辉武击败之。

夏四月甲辰,谭廷襄卒。

五月庚午,命崇实赴贵州,会同曾璧光查办教案。癸酉,始允英国设置沿海各口电线。甲戌,援黔川军克黄飘、白堡等苗寨。庚寅,天津人与天主教启衅,焚毁教堂,殴毙法领事。命曾国藩与崇厚会商办理。乙未,谕疆吏饬禁播谣惑众,保护通商传教各区。李鸿章督军入关,请调郭宝昌军,允之。命崇厚为出使法国大臣。以成林署三口通商大臣。是月,免直隶安州等属逋赋。

六月戊戌,奎昌赴塔尔巴哈台,与俄使勘办立界。壬寅,赛音诺颜部蒙兵剿回匪失利。丁未,滇军复威远。己酉,命彭玉麟赴江南,会同沿江督抚整顿长江水师。庚戌,甘军败回匪于巩昌。乙卯,永定河决。庚申,以疏防民教启衅,褫天津知府张光藻、知县刘杰职,下部治罪。辛酉,滇军复姚州。癸亥,命毛昶熙会同曾国藩查办教案。曾国藩言:"善全和局,为保民之道。备御不虞,为立国之基。"谕旨嘉勉。命丁日昌赴天津帮办洋务。

秋七月戊辰,以珲春边务事繁,加协领副都统衔,为定制。丙子,法使罗淑亚以曾国藩不允府、县论抵,回京。谕曾国藩迅缉原

凶,从速办结。丁丑,召崇厚还。命毛昶熙署三口通商大臣。甲申,
周盛传等剿散北山余匪。丙戌,谕曰:"海上水师,与江上水师截然
不同。欲捍外侮图自强,非二十年之久,未易收效。然因事端艰巨,
畏缩不为,则永无自强之日。近年内外臣工,值事急时,徒事张皇。
祸患略平,又为苟安之计。即创立战守章程,而奉行不力,使朝廷谋
议均属具文。积习因循,焦忧曷释。兹闽、沪两厂轮船告成,马新贻、
丁日昌、英桂、沈葆桢各择统将出洋,穷年练习,以备不虞。广东亦
应筹备轮船,瑞麟、李福泰务切实办理。将校有熟谙风涛沙线者,随
时择保,即山野中或长于海战,亦当随时物色,量材超擢。各督抚其
统筹全局,以副委任。"庚寅,南路甘军复渭源、狄道。是月,免晃州
被扰逋赋。

八月丁酉,汝阳人张汶祥刺杀马新贻。命曾国藩为两江总督,
李鸿章调直隶总督,李瀚章为湖广总督。戊戌,设黄河水师。庚子,
北山匪首李凡觉伏诛。壬寅,命张之万会同魁玉讯张汶祥。己酉,
召毛昶熙还。命李鸿章会曾国藩查办天津教案。癸丑,桂军剿平安
边、河阳贼匪,梁添锡伏诛。允越南进方物及驯象。己未,命李成谋
为新设轮船统领。

九月戊辰,滇军复新兴。庚午,谕崇实仍赴遵义办教案。甲戌,
治天津民教启衅罪,张光藻、刘杰遣戍,诛逼凶杀害之犯十五人。

是秋,川东、荆州、热河被水,赈抚之。

冬十月乙未,沈葆桢丁忧,命百日后仍经理船政。丙申,命刘铭
传督办陕西军务。谕严禁四川州县苛派。拨款续赈北山难民。辛
丑,以江北漕船阻浅,由陆路转运临清。甲辰,天津制造局成。庚戌,
日本请立约通商,允总署遴员议约。辛亥,免科布多贡貂。壬子,裁
三口通商大臣,命直隶总督经理,如南洋大臣例,给钦差大臣关防。
严谕疆吏慎密交涉,有漏泄者立诛之。丙辰,以水旱叠见,诏修省。
戊午,移周盛传军卫畿辅。陕回禹生彦等窜平番,官军失利,提督张
万美等死之。庚申,设直隶津海关道。刘锦棠各军克汉伯等堡,合
围金积堡。

闰十月乙丑,俄使倭退嘎哩来京。庚午,湘潭会匪平。乙亥,滇军复永北、鹤庆、镇南、楚雄。回匪陷乌里雅苏台。丙子,永定河合龙。谕曾国藩筹河运。戊寅,越南吴亚终等伏诛。

十一月癸巳,命郑敦谨会鞫张汶祥狱。寻定谳,磔张汶祥于江宁。丁酉,回匪窜凉州,副将谢元兴阵没,王仁和击退之。辛丑,援黔湘军复台拱。戊申,福济、荣全以匪入乌里雅苏台,褫职留任。命曾国藩兼通商大臣。庚戌,甘肃总兵周东兴侵赈,命斩于军前。庚申,刘坤一以漏泄密谕,褫职留任。

十二月甲子,谕严禁河工偷减侵蚀诸弊。辛未,滇军复邓川、浪穹。回目马源发戕提督丁贤发等,捕诛之。

是冬,免贵州兴义等州县卫、陕西绥德等州县灾扰逋赋。

是岁,朝鲜入贡。

十年辛未春正月辛卯朔,停筵宴。壬辰,官军克河西王疃贼垒,赏金顺黄马褂,加张曜一云骑尉。乙未,黔军平贵定等处贼垒,克都匀,赏提督林从泰、总兵何雄辉黄马褂。己亥,谕冯子材赴太平进剿牧马、谅山匪。壬寅,官文卒。是月,免直隶安州等属被水额赋。

二月壬戌,刘锦棠等军克金积堡,匪首马化龙等伏诛。加左宗棠一骑都尉,赏刘锦棠云骑尉、黄马褂,开复雷正绾处分,及陈湜原官,赏黄鼎、金运昌黄马褂。置就抚陕回于华亭之化平川,设通判、都司以绥靖之。前知灵州彭庆章坐为贼主谋,处斩。壬午,获叛将宋景诗,诛之。丁亥,调江苏按察使应宝时赴津,筹办日本通商事。命瑞常为大学士,文祥协办大学士。

三月癸巳,金顺等军克宁夏,匪首马万选伏诛。己丑,滇军复澄江,克江那土城,匪首马和等伏诛。辛丑,普使李福斯致国书,以德意志各国及自主之三汉谢城共复一统,受尊称为德意志皇帝,复书贺之。丁未,以倭仁为文华殿大学士,瑞常为文渊阁大学士。自春初至于是月,上连祈雨。庚戌,雨。

夏四月丙寅,援黔湘军复新城、岩明司等城,克高坡等苗寨。己巳,宁夏纳家闸回众降。已卯,陕回窜扰平番、碾伯,官军击退之。辛巳,倭仁卒。甲申,赐梁耀枢等三百二十三人进士及第出身有差。筑大沽、北塘炮台。乙酉,福济革职,以金顺为乌雅苏台将军。

丙戌,回匪复窜扰赛音诺颜部,焚掠固尔班赛汗等处。

五月庚寅朔,雨。乙未,左宗棠请禁绝回民新教,不许。戊戌,苗酋闻国兴等降,八寨等城俱复。壬寅,回匪扰乌拉特,杜嘎尔、萨萨布军合击之。丙午,援黔湘军复丹江,凯里等城,赏苏元春黄马褂。已酉,以李世忠寻仇斗很,陈国瑞演剧生事,褫世忠职,降国瑞都司,并勒回籍,畀有司管束。辛亥,郑亲王承志有罪,褫爵逮讯。命李鸿章办日本商约,应宝时、陈钦为帮办。乙卯,金顺乞假守制葬亲。不许。已未,滇军复云龙。

六月壬戌,太白昼见。益阳等处会匪平。已巳,陕回白彦虎结西宁回众扰河州。庚午,黔军克永宁、镇宁、归化苗寨,破郎岱、水城各峒寨。乙亥,命瑞麟为大学士,仍留两广总督任。已卯,阜阳匪扰沈丘、汝阳,官军捕诛之。辛巳,以广东盗贼横行,谕饬严缉。丁亥,德宗生于醇邸。戊子,赈天津灾。

秋七月已丑朔,桂军剿越南窜匪,克长庆,斩匪首赵雄才。壬辰,杜嘎尔军剿贼于布拉特,胜之。甲午,永定河复决。丙申,穆图善赴北山剿贼。金运昌军剿乌拉特窜匪,胜之。丁未,河内沁河决。乙卯,昌图贼匪窜扰,都兴阿遣军剿平之。

八月壬申,以副都统庆至袭封郑亲王。甲戌,桂军克安世贼寨,追剿太原窜匪,苏国汉赴广东乞降。丁丑,诏各省设局收养流寓孤寡。

九月丙申,革高邮征粮弊习。丁酉,甘军克康家崖要隘。趣荣全赴伊犁。给刘铭传假三月。壬寅,谕奉、吉整顿吏治,严缉盗贼。命恩锡往上海办奥国换约。丁未,乔松年等会堵侯家林决口。

是秋,赈顺直各属及菏泽等州县灾,免濮州被水、晃州被扰逋赋。

冬十月戊午朔,达尔济以撤营纵贼,褫职逮治。命曹克忠接统刘铭传军,赴肃州防剿。庚申,以湖南匪变,命李鸿章查办。壬辰,命景廉为乌鲁木齐都统。癸未,诏免伊犁被胁官吏军民等罪。以参领贡果尔接统达尔济军。

十一月癸巳,甘军克河州,禹得彦等降。丁未,西宁回匪窜乌拉特及中卫,张曜军击退之。乙卯,肃州回匪复犯敦煌,文麟援剿之。

十二月辛未,予先儒张履祥从祀文庙。丁丑,番山匪徒曾大鹅幅等作乱,捕诛之。

是岁,朝鲜、琉球、越南入贡。

十一年壬申春正月丙戌朔,停筵宴。己丑,以纪年开秩谕减刑。文硕以乞病褫职。辛卯,桂军复越南从化,克镇山。癸巳,甘军连破甘坪、大贝坪等处贼垒,进攻太子寺。庚子,黔军克清平、黄平、重安。辛丑,援黔湘军克黄飘、白堡苗寨。辛亥,命侍郎崇厚、太常寺少卿夏家镐在总理各国事务衙门行走。

二月庚申,允江苏办米试行河运,漕白二粮仍由海运。丙寅,曾国藩卒,赠太傅。戊辰,褫刘铭传职,以前功仍留一等男爵。庚午,起彭玉麟巡阅长江水师。甲申,侯家林决口合龙。越南匪首苏国汉等伏诛。是月,赈四川各属灾。

三月乙酉朔,黔军复贞丰。丙戌,甘军剿太子寺回匪失利,提督傅先荣、徐文秀死之。褫提督杨世俊黄马褂,降参将。甲午,免达尔济等罪,仍褫职效力。丁酉,以奉匪扰朝鲜境,严缉之。辛丑,瑞常卒。

是春,免湖北黄陂、直隶安州、甘肃河州等处被扰逋赋。

夏四月丙辰,回匪窜定边、靖边,陕军击退之。己未,西宁回目马占鳌、陕回崔三、米拉沟回目治成林等,先后乞降。丙寅,停淮关传办活计。谕内务府力求撙节。己卯,通政司副使王维珍疏陈先意承志,孝思维则。予严议,寻褫职。是月,免贵州兴义等属被扰逋赋。

五月甲申朔,日有食之。免热河腾围旗民租课三年。乙酉,自三月初旬,慈禧太后弗豫,月余不视朝。至是,御史李宏谟请勤召对。谕责其冒昧,严饬之。癸巳,徐占彪军剿肃回屡捷。左宗棠劾成禄縻帑迁延,命穆图善查办。乙未,贵州苗匪平。赏席宝田骑都尉。丙申,陕回宋全德等降。予伊犁殉难已革尚书陈孚恩暨其眷属旌恤加等。庚子,命李鸿章为大学士,仍留直隶总督任。乙巳,滇军克永平及云南。

六月甲午,朱凤标致仕。命文祥为大学士,全庆协办大学士。丁卯,谕停本年秋审、朝审句决。以单懋谦协办大学士。

秋七月癸未朔,滇军会克兴义。己丑,免廓尔喀例贡。赈达木蒙古及三十九族被灾兵民。戊戌,回匪窜扰宁夏西路及阿拉善旗,官军击退之。己亥,直隶呈进瑞麦,御史边宝泉疏论之。谕李鸿章勤恤民隐,补救偏灾,毋铺张瑞应。庚子,永定河北下汛溢。是月,免湖南晃州被扰逋赋。

八月庚午,截江北漕米十万余石赈畿辅被水灾民。癸酉,金顺以迁延罢,常顺署乌里雅苏台将军。辛巳,以单懋谦为大学士。

九月癸未,滇军克赵州、蒙化并大理上下关,赏杨玉科、李维述黄马褂。左宗棠言地产瑞麦瑞谷,谕却之。乙未,册立皇后阿鲁特氏,自王大臣以次推恩加赉,颁诏天下,覃恩有差。永定河工合龙。丙午,允彭玉麟乞病回籍,仍命每年巡阅长江水师。庚戌,荣全请令庆符招抚缠民,英廉等马队驻库尔喀喇乌苏,酌募民勇,允之。

十月丁巳,甘肃溃勇首犯冯高等伏诛。己未,加上两宫皇太后徽号。戊辰,广西隆安、岑溪土匪,西隆苗匪平。壬寅,谕统兵大臣约束委员,治骚扰逾限者罪。允恭亲王请,复军机处旧制。丙子,何璟忧免,以张树声署两江总督。

十一月乙酉,朝鲜匪船越境侵扰,都兴阿等水师缉剿之。回匪扰哈密东山,官军剿胜之。禁殿廷、乡、会、考试请托冒替。己卯,琼州土匪平,诛匪首何亚万等。辛卯,滇军剿馆驿等踞匪,迤东、迤南肃清。乙未,肃回窜扎萨克汗各旗,官军击走之。黔军会克新城。下江苗匪乱,张文德军剿除之。全黔底定。丙申,捻匪窜扰太湖,水师剿平之。允军民入哥老会者自首免罪。丁酉,申禁各省种罂粟。辛丑,刘锦棠等军剿回匪,大捷。丁未,陕军剿陕北二道河等处窜匪,殄之。李鸿章奏设招商局,试办轮船分运江、浙漕粮。

十二月己未,驻藏帮办德泰坐事褫职回旗。丙辰,谕吏部、兵部、理藩院:"亲政后,各署有请旨及军务摺片,均用汉文。"丁卯,释田兴恕回。丙子,左宗棠乞病,温旨不许,己卯,祫祭太庙。

是岁,朝鲜入贡。

十二年癸酉春正月辛巳朔。癸未,官军击回匪于那玛特吉干昭,败之。丙戌,以李宗义为两江总督,兼通商大臣。辛酉,成禄以苛捐诬叛,褫职逮问,趣金顺接统其军。甲辰,滇军克大理,目酋杜文秀、杨荣、蔡廷栋等伏诛。赏岑毓英黄马褂、骑都尉世职,开复刘岳昭处分,赏杨玉科骑都尉。乙巳,两宫皇太后以亲政届期,懿旨勉上"祗承家法,讲求用人行政,毋荒典学"。勖延臣及中外臣工:"公忠尽职,宏济艰难"。丙午,上亲政,诏:"恪遵慈训,敬天法祖,勤政爱民"。己酉,谕内务府核实撙节,于岁费六十万外,不得借支。

二月庚戌朔,军机大臣、六部九卿会议黄、运两河办法。谕李鸿章悉心筹办奏闻。下诏修省,求直言。谕直省举贤才,杜侵蠹。戊午,加上两宫皇太后徽号,翌日颁诏覃恩有差。刘锦棠军克大通向阳堡。庚午,以谒东陵,命惇亲王等留京办事。乙亥,金顺军抵肃州剿回匪,败之。

三月癸未,上奉两宫皇太后谒东陵。丁亥,回銮。免跸路经过本年额赋。己丑,大通、巴燕戎格及五工撒拉各回众降。西宁匪首马桂源等伏诛。庚寅,上奉两宫皇太后还宫。丙申,回匪白彦虎等窜甘州。命议定各国公使觐见礼节。荣全乞病,不许。庚子,以英廉为塔尔巴哈台参赞大臣。丁未,滇军克顺宁。

是春,免江苏邳州、陕西郧州等属被扰逋赋。

夏四月乙卯,设廉州等北海关。丙辰,日本换约成。乙丑,回匪窜阿拉善旗及阿毕尔米特,谕定安遣军会防兵夹击。己巳,官军克肃州塔尔湾贼巢。

五月庚寅，滇军克云州。丁酉，允各国公使觐见。癸卯，成禄交刑部治罪。丙午，命成瑞署乌鲁木齐提督。

六月壬子，上幸瀛台，日使副岛种臣、俄使倭艮嘎哩、美使镂斐迪、英使威妥玛、重热福哩、荷使费果苏觐见于紫光阁，呈递国书。庚申，严趣金顺出关。丁卯，甘军复循化，匪目马玉连等伏诛。

闰六月甲申，李鸿章覆陈黄、运两河淮、徐故道难复，请仍海运。其旧河涸地，酌重升课。议行。丙戌，朱凤标卒。滇军克腾越，予岑毓英一等轻车都尉，赏刘岳昭黄马褂，杨玉科一等轻车都尉。以云南军兴十有八年，郡县多为贼蹂躏，诏免十一年以前积欠粮赋，并永远停徵济军厘谷。谕刘岳昭慎选牧令，察吏安民。甲午，京畿久雨，上祈晴。丙申，诏查各省亩捐、厘捐及丁漕违制者，次第豁除。庚子，甘军剿白彦虎等于敦煌，失利，副将李天和等死之。永定河决。免阿尔泰乌梁海七旗贡貂。

秋七月辛亥，桂军剿西宁、西隆匪，平之。甲子，赈顺天灾。是月，免山东青城被水新旧额赋。

八月丁丑朔，都兴阿乞病，慰留之。辛巳，直隶运河堤决。荣全复以病乞免，不许。富和有罪褫职。戊子，白彦虎等陷马莲井营堡。召刘岳昭入觐，以岑毓英兼署云贵总督。壬辰，白彦虎等围哈密，犯巴里坤，官军失利。乙未，谕景廉督军赴援，调锡纶为乌鲁木齐领队大臣，以明春为哈密帮办大臣。是月，赈直隶各属、永顺府属暨公安水灾。

九月丙寅，命军机大臣会刑部审拟成禄罪。癸酉，永定河合龙。

冬十月丙子朔，御史沈淮疏请缓修圆明园。谕令内务府仅治安佑宫为驻跸殿宇，余免兴修。己亥，官军克肃州，匪逆马文禄伏诛。上诣两宫皇太后贺捷。庚子，论功，命左宗棠以陕甘总督、协办大学士，加一等轻车都尉；复金顺职，赏还黄马褂；予徐占彪、穆图善云骑尉。

十一月己未，越南王疏请会剿河阳、兴化、山西、宣光边地诸匪。谕刘长佑、冯子材议奏。辛酉，法、越构衅，法兵破河内省，越匪扰北宁。越人求援。谕瑞麟饬军由钦州出关,会桂军援剿之。甲子,御史吴可读请将成禄明正典刑。己巳,岑毓英奏整顿吏治营伍,并请撤勇停捐,自云南始。诏嘉之。庚午,疏浚运河。壬申,成禄论斩,吴可读坐刺听朝政降调。

十二月甲申,回匪窜扰乌梁海等部,锡纶军追剿,败之。戊子,以磨勘顺天举人徐景春试卷荒谬,考官尚书全庆、都御史胡家玉等降黜有差。辛卯,命额勒和布赴乌里雅苏台查办事件。丙申,赏故提督刘松山一等轻车都尉。命张曜、金顺分军西进。壬寅,以慈禧皇太后四旬庆典,推恩近支王公及中外大臣,赉叙有差。

是岁,朝鲜入贡。

十三年甲戌春正月乙巳朔,停筵宴。甲寅,湘军剿古州苗匪,平之。丙辰,命编修张英麟、检讨王庆祺直弘德殿。辛酉,以刘坤一、胡家玉互参,降坤一三品顶带,褫职留任,家玉镌五级调用。癸亥,谕筑东明长堤。己巳,官军援沙山子击回匪,胜之,赏福珠哩黄马褂。

戊寅,回匪扰巴里坤境,明春等会剿之。丙申,以法取越南地,越匪扰山西,逼滇疆,谕岑毓英部署边防。禁京师私铸。丁酉,上奉两宫谒西陵。

三月甲辰,还宫。乙巳,赈奉天灾民。丙午,命宝鋆协办大学士。己酉,修海宁石塘。辛酉,论肃清贵州功,复陶茂林提督,赏提督何世华等世职。辛未,日本兵舰泊厦门,谕沈葆桢统兵轮往,相机筹办。命李鸿章与秘鲁公使会议华工事宜。

夏四月甲戌,诏拨帑十万抚恤乌里雅苏台灾扰部落。丁丑,上幸瀛台。单懋谦因病乞休,允之。觐见俄使布策等于紫光阁。辛巳,上幸圆明园还宫。癸未,玛那斯回匪犯奎屯等处,官军进剿失利,景廉兵援之。丙戌,日本兵船抵台湾登岸,与生番寻衅。命沈葆桢办海防,兼理各国事务大臣,江、广沿海各口轮船,以时调遣。辛卯,长顺缘褫职,命额勒和布为乌里雅苏台将军,庆春为察哈尔都统,托伦布为科布多参赞大臣。丁酉,赐陆润庠等三百三十七人进士及第出身有差。辛丑,景廉再乞病,不许。

五月壬寅朔,法、越和议定,谕边将安辑内迁难民。壬子,上幸圆明园还宫。日本攻台湾番社。丁巳,以慈禧太后圣节,予在京旗官六十以上者恩赏,停本年秋审、朝审人犯句决。己未,慧星见。乙丑,诏赈奉天灾民。丙辰,允沈葆桢请,建台湾海口炮台,抚番社,撤疲兵。戊辰,日本师船游弋福建各海口。日使柳原前光与总署王大臣商台湾兵事。

六月乙亥,谕饬总兵孙开华接办厦门防务。己卯,召杨岳斌、曾国荃、阎敬铭、赵德辙、丁日昌、鲍超、蒋益沣、郭嵩焘来京。壬午,乌索寨降众复叛,滇军剿平之。癸未,允李鸿章请,以徐州唐定奎军渡海赴台。乙酉,谕户部撙节不急之需,豫筹海防经费。谕沈葆桢部署南北路防守。丁酉,命翁同龢仍直弘德殿。

秋七月丁未,李鹤年请闽省陆路选立练军,议行。庚戌,玛纳斯回匪犯西湖,官军击退之。壬子,命左宗棠为大学士,仍留陕甘总督任,景廉为钦差大臣,督办新疆军务,金顺帮办军务。庚申,觐见比使谢恩施等于紫光阁。甲子,内务府大臣贵宝以任郎中时,于知府李光昭报效木植,欺罔奏陈,严议褫职。乙丑,马贼陷宁古塔,旋复之。允福建军饷借用洋款二百万,由海关税分年抵还。己巳,停修圆明园工程。庚午,谕责恭亲王召对失仪,夺亲王世袭,降郡王,仍为军机大臣,并革载澄贝勒郡王衔。白彦虎等犯济木萨,官军击败之。

八月辛未朔,懿旨复恭亲王世袭及载澄爵衔,训勉之。谕修葺三海工程,力求撙节。丙戌,河南蝗。戊子,李光昭论斩。庚寅,谕各省整顿捕务。乙未,命左宗棠督办西征粮台转运事宜,以内阁学士袁保恒为帮办。诏各省酌裁厘局,禁种罂粟。丁酉,上幸南苑。戊戌,阅御前王大臣、乾清门侍卫射。己亥,上行围。

九月庚子朔,上幸晾鹰台,撤围。辛丑,上幸晾鹰台,阅神机营兵。壬寅,阅王大臣、侍卫等射。丁未,瑞麟卒,以英翰为两广总督。

庚戌,日本续遣大久保利通来,与总署王大臣论台湾番社兵事。丙辰,宁古塔匪首王文拴伏诛。辛酉,王大臣与日使成议,退兵回国,给日本难民恤金及台湾军费共五十万。乙丑,贾桢卒。丙寅,谕李鸿章等于总署条奏海防、练兵、简器、造船、筹饷、用人、持久诸事,详议以闻。

十月辛未,以慈禧皇太后四旬万寿,复刘铭传提督。己卯,上庆贺礼成,赏废员职衔,免王公、文武官处分,余进叙有差。庚辰,恤广东飓灾。癸巳,命广寿、夏同善赴陕西查事,己亥,上不豫,命李鸿藻代阅章奏。

十一月甲辰,命恭亲王代缮批答清文摺件。丁未,赈徐、海水灾。己酉,命内外奏牍呈两宫披览。以宝均为大学士。壬子,日本退兵。癸丑,冬至,祀天园丘,遣醇亲王代。颁部帑百五十万筑石庄户堤工。甲寅,上以两宫调护康吉,崇上徽号,诏刑部及各省罪犯分别减等。庚申,议行河南练军。甲子,以石庄户堤难就,允丁宝桢请,于贾庄一带建坝筑堤。

十二月辛未,诏蠲免云南被扰荒地钱粮十年。甲戌,李宗义病免,以刘坤一署两江总督。上疾大渐,崩于养心殿,年十九。

慈安皇太后、慈禧皇太后召惇亲王奕誴、恭亲王奕訢醇亲王奕譞,孚郡王奕惠、惠郡王奕详,贝勒载治、载澂,公奕谟,御前大臣伯彦讷谟祜、奕劻、景寿,军机大臣宝均、沈桂芬、李鸿藻,内务府大臣英桂、崇纶、魁龄、荣禄、明善、贵宝、文锡,直弘德殿徐桐、翁同龢、王庆祺,南书房黄钰、潘祖荫、孙诒经、徐郙、张家骧入奉懿旨,以醇亲王之子承继文宗为嗣皇帝。

光绪元年二月戊子,皇后阿鲁特氏崩。三月己亥,上尊谥曰继天开运受中居正保大定功圣智诚孝信敏恭宽毅皇帝,庙号穆宗。五年三月庚午,葬惠陵。

论曰:“穆宗冲龄即阼,母后垂廉。国运中兴,十年之间,盗贼划平,中外乂安。非夫宫府一体,将相协和,何以臻兹?洎帝亲裁大政,不自暇逸。遇变修省,至勤也。闻灾蠲恤,至仁也。不言符瑞,至明也。籍使薪至中寿，日新而光大之，庸讵不与前古媲隆。顾乃奄弃臣民，未竟所施，惜哉！

清史稿卷二三
本纪第二三

德宗一

　　德宗同天崇运大中至正经文纬武仁孝睿智端俭宽勤景皇帝，讳载湉，文宗嗣子，穆宗从弟也。本生父醇贤亲王奕𫍽，宣宗第七子。本生母叶赫那拉氏，孝钦皇后女弟。同治十年六月诞于太平湖邸第。

　　十三年食辅国公俸。十二月癸酉，穆宗崩，无嗣。慈安皇太后、慈禧皇太后召惇亲王奕誴、恭亲王奕䜣、醇亲王奕𫍽、孚郡王奕譓、惠郡王奕详，贝勒载澂，镇国公奕谟，暨御前大臣、军机大臣、内务大臣、弘德殿、南书房诸臣等定议，传懿旨，以上继文宗为子，入承大统，为嗣皇帝。俟嗣皇帝有子，即承继大行皇帝。

　　乙亥，王大臣等以遗诏迎上于潜邸，谒大行皇帝几筵。丙子，上奉慈安皇太后居钟粹宫，慈禧皇太后居长春宫。从王大臣请，两宫皇太后垂帘听政。皇太后训敕称懿旨，皇帝称谕旨。诏停三海工程。乙卯，停各省贡方物。壬午，颁大行皇帝遗诏。懿旨，醇亲王奕𫍽以亲王世袭罔替。翰林院侍讲王庆祺有罪，褫职。定服制，缟素百日，仍素服二十七月。伯彦讷谟祜、景寿俱管理神机营。癸未，诏惇亲王、恭亲王、孚郡王谕旨章奏勿书名，召对宴赉免叩拜。甲辰，诏以明年为光绪元年。

　　丁亥，上大行皇帝尊谥曰继天开运受中居正保大定功圣智诚孝信敏恭宽毅皇帝，庙号曰穆宗。戊子，懿旨封皇后为嘉顺皇后，皇贵妃为敦宜皇贵妃。谕中外臣工,于用人行政,据实直陈。饬臣民去奢崇实。敕各督抚求民疾若,慎选牧令,考核属吏,并修明武备。壬辰,颁遗诏于朝鲜。甲午,禁内务府官结纳太监。乙未,内务府大臣贵宝、文锡褫职。丙申,谕左宗棠督剿河州叛回。丁酉,祫祭太庙。

是月,免浙江被灾盐场灶课。

光绪元年乙亥春正月己亥朔,免朝贺。己亥,命吏部尚书英桂、兵部尚书沈桂芬并协办大学士。戊申,予明故藩朱成功建祠台湾,追谥忠节。庚戌,敕沈葆桢勘办琅𤩅筑城建邑,筹开山抚番事宜。辛亥,祈谷于上帝。清江设厂,收养徐、海被水饥民。内阁侍读学士广安疏请廷臣会议大行纪嗣颁铁券,斥之。丙辰,越南匪党窜滇边,巡抚岑毓英剿平之。戊午,上御太和殿,即皇帝位,颁赦诏,开恩科。辛酉,申谕督抚进贤惩贪,除贪缘奔竞。

二月丁丑,谕刑部清厘积案。戊寅,祭大社、大稷,豫亲王本格摄行。由是大祀皆遣代,至十二年冬至圜丘祀天始亲诣。壬午,英翻译官马嘉礼被戕于云南。刘锦棠等复河州。甲申,台湾生番乱,提督唐定奎剿之。丙戌,赐琉球国王缎匹文绮及贡使缎匹。戊子,嘉顺皇后崩。

三月戊戌朔,日有食之。己亥,上大行皇帝尊谥庙号。壬子,山东贾庄河工合龙。丙辰,越南匪党苏亚邓等伏诛。乙丑,召景廉回京,授左宗棠钦差大臣,督办新疆军务,以金顺为乌鲁木齐都统副之。是月,普免各省欠粮,免江西、山西同治六年以前逋赋。

夏四月丁卯朔,享太庙。庚午,命穆图善调所部马队来京,隶神机营,驻南苑。己卯,唐定奎克台湾南路番社。壬辰,以沈葆桢为两江总督,兼通商大臣,督南洋海防,李鸿章督北洋海防。

五月戊戌,兴直隶水利,防军垦咸水沽稻田。庚子,大考翰、詹,擢吴宝恕、瞿鸿禨、钮玉庚、孙诒经一等,余升黜有差。甲辰,停浙江贡绿玉簪镯,并停各织造传制诸品。刘岳昭督攻越南,复同文土州等城。戊申,上嘉顺皇后尊谥曰孝哲嘉顺淑慎贤明宪天彰圣毅皇后。辛亥，工部神库火。壬子，刑部科房火。命李瀚章往云南查马嘉礼案，薛焕继往会按之。乙卯，夏至，祭地于方泽。

六月戊辰，吉林将军奕榕褫职遣戍。庚午，奉天匪据大东沟作乱，崇实讨平之。停甘肃例贡。甲午，免直隶同治十年以前民欠旗租并补征税。懿旨命醇亲王与御前大臣举各署谙绿营、勇营纪律，及侍卫可任统兵者。壬午，以穆宗帝后梓宫奉移山陵，预戒有司毋备御道，旋禁苛扰。

秋七月戊戌，免直隶同治六年以前逋赋并税粮。庚子，永定河决。谕各省详理京控诸狱。贷太原等县仓谷济民食。癸卯，赏刘典三品京堂，帮办陕、甘军务。免湖北米谷厘金。甲辰，秘鲁换约成。谕总署会筹保护华工。丙午，慈安皇太后圣寿节，停筵宴。壬戌，命李鸿章、丁日昌与英使威妥玛就商马嘉礼案。候补侍郎郭嵩焘、候补道许钤身充出使英国大臣。

八月戊寅，免陕西被兵额赋。庚辰，免长芦、两淮盐政应进物品。庚寅，命丁日昌督福建船政。

九月丁酉，谕穆图善整饬吉林吏治、旗营。甲辰，申定外人游历内地条约。吴棠督剿叙永厅窜匪。辛亥，免梓宫经过大兴等州县额赋十之五，遵化十之七，赏平毁麦田籽种银，并免蠲剩钱粮及旗租。甲寅，奉安梓宫于隆福寺。乙卯，上谒诸陵。阅普祥、普陀峪工程。丙辰，阅惠陵工程。丁巳，奉两宫皇太后还宫。庚申，至自隆福寺。辛酉，谕王凯泰区处台湾生番。癸亥，刘长佑剿败越南匪，匪首黄崇英、周建新伏诛。

冬十月甲子朔，享太庙。癸酉，慈禧皇太后圣寿，停筵宴。甲戌，允丁宝桢请，于烟台、威海卫、登州府筑炮台，设机器局。己卯，弛浙江南田岛禁，听民耕作。庚辰，赏京师贫民棉衣银，每岁皆如之。叙永匪李增元等为乱，提督李有恒剿平之。癸未，赏八旗各营一月钱粮，岁以为常。湖南新化、衡、永匪乱，总兵谢晋钧、提督赵联升剿平之。丁亥，委散秩大臣吉合、内阁学士乌拉喜崇阿使朝鲜，封李熙子拓为世子。

十一月戊戌,岑毓英克镇雄大寨,匪首鞠占能伏诛。刘岳昭以玩泄褫职。丁未,予郎中陈兰彬以京常候补,充出使美日秘大臣。乙卯,奉天大通沟匪平。戊午,冬至,祀天于圜丘。己未,免朝贺。庚申,祔穆宗帝后神牌于奉先殿。

十二月丙寅,奉安神御于寿皇殿。丁卯,除盛京养息牧碱地额赋。甲戌,懿旨:"皇帝典学,内阁学士翁同龢、侍郎夏同善授读于毓庆宫,御前大臣教习国语满、蒙语言文字及骑射。"大学士文祥请解机务,慰留之。戊寅,免浙江被灾新旧赋课。甲申,祈雪坛庙。辛卯,祫祭太庙。

是岁,朝鲜、琉球、缅甸入贡。

二年丙子春正月癸巳朔,免朝贺。戊戌,谕各省宣讲圣谕广训。癸卯,免仁和等场未垦灶荡课粮。癸丑,黔匪陷下江,寻复之。丙辰,祈雨。自是频祈雨。辛酉,四川蛮匪平。

二月乙丑,诏自本年孟夏始,未亲政以前,太庙时享及祫祭大祀,俱前一日亲诣行礼。己卯,免海沙、芦沥等场灶额课。壬午,邓川匪首罗洪昌、项和伏诛。免浙江逋赋。庚寅,阳万土州判岑润清作乱,严树森剿平之。壬辰,东乡匪聚众抗官。

三月丙申,以旱故,诏清庶狱。己亥,予吴赞诚三品京堂,督办福建船政。甲寅,已革都司陈国瑞遣戍黑龙江。丙午,免陕西六十六州县逋赋。丁未,诏以慈安皇太后四旬万寿,停本年秋决。贵州四脚牛贼巢及六峒匪平。戊申,以雨泽愆期,谕内外臣工直言阙失。

夏四月乙亥,停陕西进方物,免淮、扬等属同治六年以前逋赋。壬午,上始御毓庆宫读书。丙戌,赐曹鸿勋等三百二十四人进士及第出身有差。戊子,苏热达热毕噶尔玛萨哈进哀表,颁敕答之,并赐缎匹。

五月乙未,文祥卒。乙巳,以近畿亢旱,直隶、山东暨河南、河北等府小民艰食,谕长官抚恤,并捕蝗蝻。丙辰,御史潘敦俨请更上孝哲皇后谥号。予严议,寻褫职。

闰五月辛酉朔,赈近畿旱灾。庚午,赈福建水灾。辛未,以旱敕修省。壬申,孝陵大碑楼灾。自春正月不雨,至于是日雨。甲申,阶州斋匪平。乙酉,谕刘坤一防海练兵,亟图整顿。

六月庚寅朔,谕文焜等严惩传习邪术。壬辰,腾越练军踞城作乱,并陷顺宁、云州。丁酉,以李鸿章为全权大臣,赴烟台与英使威妥玛议结马嘉礼案。庚子,安徽蝗。戊申,开云南实官捐例。辛亥,以江、皖、鲁、豫匪扰,谕沈葆桢等分兵搜剿,解散胁从。丁巳,总兵孔才进攻玛纳斯,斩匪首马得明等。是月,赈南丰、南昌、福建水灾。

是夏,免淮、扬等属逋赋,盛京同治六年以前逋赋,长芦各场同治十年以前灶课,直隶同治十年以来逋赋。

秋七月辛酉,上两宫皇太后徽号。辛未,复淮盐楚岸引地。甲戌,东乡匪首袁廷蛟伏诛。辛巳,刘长佑、潘鼎新复腾越各城,匪首苏开先伏诛。戊子,马嘉礼案议结,免案内官所坐罪。

八月辛卯,刘锦棠、金顺击败回酋白彦虎,复乌鲁木齐、迪化城,寻复昌吉、呼图壁、景化各城。辛丑,许钤身改出使日本大臣。丁未,赈浙江水灾。辛亥,赈江西水灾。孔才等复玛纳斯北城。

九月戊午朔,予上元、江宁、两县一门殉难三十五家百九十五人旌恤建坊。壬戌,顺天增设粥厂。己巳,定出使各国章程。以四川州县民、教讼阋,谕魁玉等持平讯断。壬申,谕文煜等严缉福建、江西、安徽等省邪教匪党。

冬十月丙午,赈皖北旱灾。命景廉、李鸿藻在总理各国事务衙门行走。甲寅,召荣全来京,以金顺为伊犁将军。丁巳,赈口北、山东、安徽、江北饥。

十一月丁卯,金顺、锡纶克玛纳斯南城,匪首何禄、马有财伏诛。壬午,以新疆北路平,发帑汰遣金顺军。甲申,截漕一万石,并提仓谷济苏、常留养灾民。

十二月戊子,命侍讲何如璋充出使日本大臣。甲辰,命督抚严查州县,毋匿灾,各省民、教案持平审理。戊申,赈江北淮、海灾。己酉,回匪窜扰科布多,参赞大臣保英派兵迟缓,切责之。乙卯,免杭、嘉、松各场未垦地灶课。

三年丁丑春正月丁巳朔，免朝贺。戊午，命以都御史景廉为军机大臣。命前藏济龙呼图克图于达赖未出世以前掌商上事务，给“达善”名号。癸亥，以英桂为体仁阁大学士，载龄以吏部尚书协办大学士。免洪泽湖滩欠租。

二月戊子，穆坪夷匪伏诛。己丑，申谕各省垦荒田，禁械斗，慎举劾，整营规。赈直隶、山东、山西、河南、安徽、江西、福建还籍饥民。己亥，免湖北逋赋。庚子，懿旨：“梓宫在殡，皇帝冲龄，除朝贺大典外，其颁庆赏宴外宾典礼暂缓举行。”辛丑，复淮盐引地。壬寅，刑部平反浙江民人葛品连狱，巡抚杨昌浚、侍郎胡瑞澜褫职，知府以下论罪有差。申谕各省理刑，期情真罪当，毋轻率。

三月丁巳朔，上释服。以山陵未安，仍禁官中宴会演剧。辛未，免华阴被水粮课三年。癸酉，以刘锡鸿充出使德国大臣。赈沭阳灾民。辛巳，除台湾府属杂饷，赈内山饥番。

夏四月辛卯，常雩，祀天于圜丘。甲午，马边倮夷结野番、黑夷出扰，魁玉等剿之。乙未，免鄢县被水逋赋。戊戌，刘锦棠等克七克腾木、辟展，复吐鲁番满、汉两城。寻攻克达坂及托克逊贼垒，安集延酋帕夏自杀。己亥，总兵张其光攻台湾率芒番社，克之。庚子，贷义州旗户籽种银。辛丑，赈贵阳地震灾。壬寅，昭通、广南匪作乱，官军讨平之。癸卯，以灾区缓征，吏胥舞弊，谕各省整顿。旌安贫乐道高邮增生韦弼谐。甲辰，越南遣使进方物，赉其国王缎匹。庚戌，赐王仁堪等三百二十九人进士及第出身有差。是月，江苏、安徽蝗。

五月戊辰，日本阻琉球入贡，遣来使归国。癸酉，山西旱，留京饷二十万赈之。甲戌，监利会匪王泮漳等作乱，伏诛。拨帑银一百二十万解西征粮台。戊寅，赈福州水灾。壬午，懿旨以皇上万寿值斋戒期，更定六月二十六日行庆贺礼，著为令。山西大旱，巡抚曾国荃请颁扁额为祷。以非故事，不许。谕曰：“祷惟其诚，当勤求吏治，清理庶狱，以邪和甘。”

六月戊子,诏工噶仁青之子罗布藏塔布克甲木错即作为达赖喇嘛之呼毕勒罕,毋庸掣瓶。辛卯,广东北江堤决,连州大水,诏赈抚灾民。戊戌,先是穆宗祔庙位次,懿旨命大臣会议,醇亲王复请定久远至计,少詹事文治、鸿胪寺卿徐树铭、少卿文硕,内阁侍读学士钟佩贤、司业宝廷并有陈奏。至是,仍命王大臣等详议以闻,并命李鸿章妥议。丙午,以灾祲叠见,诫臣工修省。庚戌,上万寿,御乾清宫受贺。

秋七月丁巳,拨海防经费助山西赈。己未,惇亲王等议上穆宗帝后神牌位次,请于太庙中殿东西各四楹,遵道光初增奉先殿后殿龛座,修葺改饰,并从醇亲王请,自今以往,不援百世不祧之例。戊辰,免江宁、上元等县被灾额赋十之三。己巳,留京饷漕折银赈河南饥。

八月丁亥,谕各省修农田水利。壬辰,拨天津练饷十万济山西赈。甲午,免台湾同治十年供粟及糯米易谷。庚子,谕刘坤一等整顿广东捕务。戊申,拨银四十万赈山西、河南灾,并留江安漕粮输山西、河南各四万石备赈。

九月甲寅,罗田匪首陈子鳌伏诛。戊午,命前侍郎阎敬铭往山西查赈。己未,申禁山西种罂粟,改植桑、棉。辛酉,拨山东冬漕各八万石续赈山西、河南灾。甲子,予汉儒河间献王刘德从祀文庙。乙丑,诏求直言。丁卯,命李鹤年往河南查赈。戊辰,减缓山西、河南应协西征军饷。庚辰,加赈祥符等县灾民口粮。辛巳,赈兴化府属风灾。

冬十月壬辰,赈三姓雹灾。庚子,谕各省安抚转徙饥民。甲辰,免三姓被灾银谷。加赈阳曲等县灾民口粮。乙巳,增设内城粥厂。庚戌,刘锦棠进复喀喇沙尔、库车两城,寻复阿克苏及乌什城。

十一月癸丑,诏戒各部院玩愒因循。乙卯,开山东运漕新河。丁巳,谕督、抚、府尹讲求吏治。

十二月辛卯,缓赫哲贡貂。庚子,豫免山西、河南被灾州县来岁粮。

是冬，连祈雪。拨来年江、鄂漕米凡十二万石赈山西，发帑金赈陕西。

是岁，山、陕大旱，人相食。

四年戊寅春正月辛未，赈河南饥。命郭嵩焘兼出使法国大臣。西军复叶尔羌、喀什噶尔，和阗回众降。己卯，谕各省清理词讼。

二月辛巳朔，修成都都江堰。壬午，谕兴北方水利。乙酉，命署兵部左侍郎王文韶为军机大臣。庚寅，谕举州县能实行荒政者。壬辰，新疆平，匪首白彦虎遁入俄罗斯。论功，进左宗棠二等侯，刘锦棠二等男，予提督余虎恩等世职有差。甲午，谕清庶狱。丁酉，赈呼兰灾。己亥，下诏罪己。赈山西、河南饥。丙午，瘗灾地遗骸。庚戌，免侯官被水丁粮。

三月甲寅，谕被灾各省试行区田法。壬申，赈直隶饥，拨察哈尔牧群马三千匹给贫民耕作。甲戌，谕内务府，减经费，除浮冒。戊寅，英桂致仕。是月，河南雨。

四月壬午，沈葆桢请罢武科，斥之。壬辰，赈广东风灾。

五月庚戌朔，谕直省广植桑、茶。命载龄为体仁阁大学士，管工部事，全庆以刑部尚书协办大学士。辛未，以崇厚为出使俄国大臣。

六月丙戌，免陕西遄禁。庚寅，严私铸禁。甲午，赈台湾风灾。庚子，谕刑部严定州县侵赈罪。

秋七月乙卯，云南官军复耿马土城。辛未，命礼部右侍郎王文韶、顺天府府尹周家楣在总理各国事务衙门行走。壬申，严命案延玩处分。甲戌，以曾纪泽为出使英法大臣。丁丑，免平阳、蒲、解、绛今岁秋赋。是月，赈金、衢、严等府，浮梁等县水灾。

八月己卯，永定河决。丙戌，沁河决。戊子，赈崇安、浦城水灾。

九月丁巳，谕东南疆吏豫救水患，清厘保甲，防会匪煽惑灾民。癸亥，赈山西旱，免阳曲等县遄赋，及徐沟等县秋粮。戊辰，赈蓝田水灾。丙子，修樊口江堤。

冬十月壬午，广西在籍总兵李扬才叛，命冯子材剿之。免通、海各处,淮安四卫通赋并杂课。丁亥,赈濮、范、寿阳水灾。癸巳,沁河复决。赈奉天水灾。乙未,北新仓火。戊戌,台湾后山加礼宛等社就抚,缚献番目,诛之。免贵州被兵新旧额赋。

十一月丙辰,修北运河堤。辛酉,白彦虎寇边,刘锦棠击败之。癸亥,李扬才踞越南长庆,杨重雅剿之。己巳,诏督抚整躬率属。责军机大臣勿避嫌怨,院部大臣力戒因循。甲戌,冬至,祀天於圜丘。乙亥,停朝贺。

十二月己丑,诏永罢捐输事例。

是岁,免仁和盐场通课者二。朝鲜、廓尔喀入贡。

五年己卯春正月乙巳朔,停筵宴。乙丑,申谕停筹饷捐例,修高淳堤。辛未,赈山西饥。

二月壬午,吉州知州段鼎耀以吞赈处斩。癸未,诏复河运。甲午,谕山西清理荒田,编审丁口,均差徭。己亥,梓宫奉安山陵,禁有司科派扰累,赈文安等州县水灾。

三月丙午,贼目钟万新与李扬才合犯宣光,冯子材会师越南击之。壬子,免梓宫所过大兴、通、三河、蓟、遵化额赋。庚申,颁吉咙呼图克图敕书,并赉哈达、蟒缎。布鲁特回酋合安集延贼酋寇边,刘锦棠败之。乙丑,奉两宫皇太后谒东陵。己巳,谒昭西、孝东诸陵。庚午,葬穆宗于惠陵,孝哲后祔。癸酉,至自东陵。

闰三月乙亥,穆宗神主祔太庙,颁诏天下。丁亥,李扬才踞者岩。己丑,修襄阳、沔阳、天门江堤。庚寅,吏部主事吴可读于东陵仰药自尽,遗疏请豫定大统。懿旨,王大臣等集议以闻。乙未,命三品卿衔李凤苞为出使德国大臣。

夏四月戊申,修通州北运河。癸丑,予吴可读恤典。懿旨,以可读原疏及会议摺,徐桐、宝廷、张之洞等摺,并前后谕旨均录存毓庆宫。免河南被灾州县漕银及通课。己巳,先是峄县知县朱永康以谋杀委员高文保论戍,寻下廷议。至是,奏上,诏以罪浮于法,改论死。

五月丙子,夏至,祭地于方泽。己卯,免两淮、泰、海各场通课。

壬午,河南蝗。已亥,官军剿平者岩贼。是月,赈清河、安东风灾。山
西雨。阶、文、西和地震历十有三日。

六月壬子,刑部言东乡狱事,诬叛妄杀,已革知县孙定扬、提督
李有恒论死。寻文格、丁宝桢并坐夺职。命发帑二十万,拨丁厘银
三十万,济山西赈需。已未,谕言事诸臣,交部议奏之事,不得挽越
陈奏,亦不得雷同附和,相率渎陈。普免山西积年民欠仓谷。乌拉
特、阿拉善等旗蝗。甲子,懿旨允醇亲王奕𫍽家居养疾,解职务。赈
邠、乾、汉、凤、地震灾。

七月庚辰,赈直隶水灾。戊子,以星变、地震求直言。谕各省积
谷。免绛、蒲、阳城被灾夏课盐税。庚寅,复海运。

八月戊申,祭大社、大稷。诏各省举文武堪备任使者。壬子,致
仕学大士单懋谦卒。癸丑,赈博山等州县水灾。已卯,江、皖各属蝗。
乙丑,赈阶、文、西和地震及水灾。

九月甲戌,赈直隶水灾。壬辰,加上文宗、穆宗尊谥。已亥,重
庆等府县地震,赈之。

冬十月辛丑朔,免曲沃等州县歉收额赋。乙卯,免奉天旗民站
丁地课抵例赈口粮。丁巳,谕水师并习陆战。癸亥,赈秀山等处水
灾。已巳,英桂卒。免齐齐哈尔、黑龙江、墨尔根屯粮,并原贷籽种。

十一月乙亥,李扬才伏诛。已卯,冬至,祀天于圜丘。庚辰,停
朝贺。壬午,沈葆桢卒。甲申,以刘坤一为两江总督,兼南洋大臣。
庚寅,诏责崇厚与俄人定伊犁约,擅自回京,所议条约,廷臣集议。
壬辰,免山西灾重州县税契银。

十二月已酉,懿旨,廷议俄约覆奏,下王大臣等再议,醇亲王并
预议以闻。乙卯,褫崇厚职,下狱。辛酉,谕修社仓,兴社学。已未,
免永济等州县秋粮。丙寅,祫祭太庙。诏洗马张之洞会商俄约。戊
辰,修山东运河。

是岁,朝鲜、廓尔喀入贡。

六年庚辰春正月已巳朔,停筵宴。辛未,命曾纪泽为出使俄国

大臣,改议条约。甲戌,谕查营伍虚额占役。乙亥,西林苗匪平。丙子,命前工部尚书李鸿藻仍为军机大臣。壬午,寻甸匪乱,官军讨平之。己丑,诏中外举人才,疆吏饬边备海防。命河北道吴大澄帮办吉林军务,通政使刘锦棠帮办新疆军务。辛卯,定崇厚罪,论斩。癸巳,户部奏筹饷十条,诏各省推行。是月,除山西各属荒地丁银,免仁和等场荒荡夏税。

二月乙巳,永免榆次贡瓜。壬戌,甘肃总兵萧兆元侵蚀军粮,论斩。

三月甲戌,赈顺直水灾。乙亥,左宗棠出屯哈密,金顺扼精河,张曜、刘锦棠分进伊犁。己卯,免山西洪洞、忻州各属荒赋三年或四年。

四月庚子,祀天于圜丘。复设科布多昌吉斯台、霍呢迈拉扈等八卡伦官兵。丙午,三姓设厂造轮船。甲寅,阶州番匪哈力等作乱,伏诛。壬戌,赐黄思永等三百三十三人进士及第出身有差。乙酉,调李长乐为直隶提督,统武毅四营,鲍超为湖南提督,召来京。

五月丙子,赈洛阳等县雹灾。乙酉,阶州番匪古巴旦等伏诛。丙戌,以徇俄人请,贷崇厚死,仍系狱。

六月丁酉朔,赈福建水灾。癸卯,畀李鸿章全权大臣,与巴西议约。甲辰,禁征粮浮收勒折。丙辰,赈广州处水灾。丁巳,免交城等县荒地缺课。命曾国荃督办山海关防务。

七月壬申,召左宗棠来京,督办关外事宜。癸酉,出崇厚于狱。癸未,赈扬州风灾。甲申,命前浙江提督黄少春办理浙江防务。

八月己亥,巴西商约成。戊申,召刘铭传来京。庚戌,南北洋初置电线。壬子,江苏捕蝗。癸亥,朝鲜来告与日本交聘。

九月己巳,命浙江提督吴长庆帮办山东防务,节制防军。庚午,免永济贡柿霜。辛未,允朝鲜派工匠来天津学造器械。壬申,赈蒲城等处灾。壬午,给曾国荃病假,命岐元节制各军。癸未,减凉、肃番族马贡。己丑,赈资阳、清溪灾。庚寅,印度进乐器并所撰乐记,赉以金宝星。癸巳,除拉林旗佃租赋。

冬十月丙午,察木多帕克巴拉胡图克图进贡物,以哈达、大缎赐之。己酉,东明河决。辛亥,命前吏部尚书毛昶熙在总理各国事务衙门行走。甲寅,赈围场海龙城及菏泽水灾。甲子,懿旨醇亲王管理神机营事务。

十一月乙丑朔,命侍讲许景澄为出使日本大臣。己巳,以全庆为体仁阁大学士,灵桂以吏部尚书协办大学士。甲申,冬至,祀天于圜丘。丙戌,江华瑶匪平。癸巳,免永平等属逋赋。

十二月丙午,命杨昌浚会办新疆善后。丙辰,免文安被水额赋。庚申,懿旨神机营选弁兵赴天津学制外洋火器。辛酉,浚漕运河道。

是冬,数祈雪。

是岁,朝鲜、喀尔喀入贡。

七年辛巳春正月甲子朔,停筵宴。沈桂芬卒。癸酉,敕各省慎举孝廉方正。乙亥,达赖喇嘛遣人进哈达、佛香,命献惠陵,赉以哈达、缎匹。戊寅,免浙江仁和等场荒坍灶荡,各府州县卫荒地新垦地六年逋课及额粮。辛卯,越南请官兵助剿积匪,不许。免海阳六年逋赋。壬辰,命左宗棠为军机大臣,管兵部,兼总理各国事务衙门行走。除贵筑、兴义、八寨水银等厂逋课。

二月癸巳朔,命李鸿章筹山海关防务,节制诸军。以曾国荃为陕甘总督。戊戌,日本使臣宍户玑来议琉球条款,不协,敕海疆戒备。己酉,修襄阳老龙石堤。辛亥,修济阳坝工。甲寅,通政司参议刘锡鸿以诬劾李鸿章褫职。

三月甲子,除锦州官田租赋。丁卯,改筑焦山都天庙炮台。己巳,命李凤苞兼出使义和奥大臣,黎庶昌为出使日本大臣。辛未,慈安皇太后不豫,壬申,崩于钟粹宫。癸未,上大行皇太后尊谥曰孝贞慈安裕庆和敬仪天祚圣显皇后。

夏四月癸巳,雷波夷匪平。己亥,命吴大澄督办吉林三姓、宁古塔、珲春防务,兼屯垦。免陕西咸宁等六十二厅州县逋赋。辛丑,颁孝贞显皇后遗诰于朝鲜。己酉,曾纪泽与俄国改订新约成。丙辰,永禁明陵私垦。己未,懿旨,恭亲王、醇亲王会同左宗棠、李鸿章议兴畿辅水利。初置珲春副都统。庚申,赈台北地震灾。

五月壬戌朔,日有食之。官军击散越南积匪。丁卯,诏疆臣于命盗重狱按月册报,迟逾者罪之。戊寅,罢乌里雅苏台屯田。己丑,赈盐源水灾。赏郑藻如三品卿,为出使美日秘大臣。

六月己亥,慧星见。诏修省。丙辰,万寿节,停朝贺。己未,命李鸿藻协办大学士。

癸亥,赏学行纯笃广东在籍知县朱次琦、举人陈沣并五品卿衔。戊子,召刘坤一来京,以彭玉麟署两江总督兼南洋大臣。赈阶州等处地震灾。

闰七月壬辰,谕各省统核厘卡出入,酌定撤留。癸巳,赈两淮、泰州各场灶灾。甲午,免榆社等县五年逋赋。己亥,命金顺督办交收伊犁事宜。锡纶为特派大臣,与俄人会商界务。寻命升泰并为特派大臣。甲辰,命鲍超复裁所部营伍。乙巳,初置呼伦贝尔副都统。庚戌,禁州县讳饰重狱。是月,赈江苏、福建、四川水灾,陕西雹灾。

八月甲子,颁帑金二万给养霍硕特流民。辛巳,以皇太后疾愈,命刑部停秋决。其缓决届三次与未届三次,分别差减之。癸未,孝贞显皇后奉安,免所过州县租赋。命刘锦棠为钦差大臣,督办新疆军务,张曜副之。丙戌,除伯都讷硗地赋额。全庆致仕。

九月甲午,赈宁海等县水灾。乙未,允彭玉麟解职,仍巡阅长江。刘坤一罢,以左宗棠为两江总督,兼南洋大臣。丙午,葬孝贞显皇后于定东陵。丁未,汝宁、光州捻匪平。己酉,再减金坛漕额十分之一分四厘。赏附居青海番众八族青稞岁八百余石。辛未,孝贞显皇后神牌祔太庙。丙辰,赈台湾飓风灾。是月,甘肃、台湾地震。

冬十月己巳,皇太后圣寿节,停筵宴。庚午,昭通匪陆松山等作乱,官军讨斩之。癸酉,以灵桂为体仁阁大学士,以刑部尚书文煜协办大学士。甲戌,法人踞越南北境,谕滇、粤合筹弭衅。甲申,诏举行察典,勿有举无劾。赈泰和等县水灾。丁亥,安徽已革提督李世忠擅絷贡生吴廷鉴等,裕禄上其状,诏处斩。

十一月庚寅,免吉林被水官庄及伯都讷地租。丙申,施南会匪杨登峻伏诛。丁酉,浚吴淞淤沙。戊戌,广西果化土州匪首赵苏奇伏诛。赈贵县等处水灾。甲辰,赈台湾、彭湖灾。

十二月乙亥,赏恭亲王子载潢不入八分公,醇亲王子载洸奉恩辅国公。是月,免浙江各府州县卫荒废及新种赋课,仁和等场灶课。免安州、任县、文安涝地额粮。除吉林荒地租赋。

是冬,频祈雪。

是岁,朝鲜、越南入贡。

八年壬午春正月戊子朔,免朝贺。辛卯,修洞庭西湖堤。自去年十一月不雨至于是月。己亥,雪。庚戌,修滹沱新河及子牙河堤。

二月己未,江苏文庙火。壬戌,以朝鲜占种吉林边地开垦历年,令其领照纳租隶籍。癸丑,申严门禁,更定稽察守卫章程。壬午,申禁私伐明陵树木。乙酉,先是江宁疑狱,命麟书、薛允升往勘之。至是讯明,委员胡金传以酷刑论斩。谕疆吏详核重狱,勿冤溢。

三月乙未,命左副都御史陈兰彬在总理各国事务衙门行走。庚戌,李鸿章母忧,连疏请终制,许之;命百日后驻天津练军,仍权理通商事务。辛亥,法、越构兵,谕李鸿章、左宗棠、张树声、刘长佑筹边备。乙卯,筑浙江海口炮台。是月,俄人归我伊犁。

是春,免阳曲逋粮、大城额赋及累年逋赋。

夏四月丙辰朔,永免山西荒地税粮。戊午,免陕西前岁逋赋。己巳,法人入越南东京。起曾国荃署两广总督。甲戌,全庆卒。甲申,朝鲜请遣使来驻京师,不许,惟予已开口岸贸易。

五月丙戌朔,谕金顺经画伊犁,西北边界以长顺勘分,西南以沙克都林札布勘分。戊子,赈汀州风灾。壬辰,召刘长佑来京,以岑毓英署云贵总督。乙巳,初置吉林分巡道。庚戌,直隶蝗。

六月丁巳,翰林院侍读温绍棠奏称时事多艰,请皇太后励精勤政。诏以皇太后尚未康复,饬之。命整顿八旗官学。乙亥,清安言俄兵至哈巴河。谕长顺详慎勘界,以杜觊觎。戊寅,朝鲜匪乱,命张

树声剿平之。寻提督丁汝昌往援,吴长庆率师东渡。癸未,朝鲜焚
日本使馆,日本以兵船至。命李鸿章赴天津部署水陆军前往察办。
是月,赈安徽水灾,浙江、江西水灾。

秋七月乙酉朔,三岩野番就抚。乙巳,懿旨损秋节宫费,赈安
徽、浙江、江西三省灾。丁未,吴长庆军入朝鲜,执其大院君李昰应。
初置新疆阿克苏、喀什噶尔分巡道。癸丑,朝鲜乱平。

八月丙辰,谕:"科布多界务,崇厚贻误于前,曾纪泽力争于后。
兹订新约,应就原图指办,酌定新界。清安等当与俄官量议推展,期
后来彼此相安。"丁巳,谕有司慎核秋审。甲子,诏云南布政使唐炯
出关视边防。乙丑,安置李昰应于保定。寻朝鲜国王乞释归,不许。
丁丑,慧星复见东南,诏内外臣工修省。

九月乙酉,河决山东惠民、商河、滨州。癸巳,郁林匪乱,官军剿
平之。

是秋,赈四川、浙江、山东、陕西、福建、江西、贵州水灾,资州火
灾,台湾风灾、水灾。

冬十月乙卯,谕京师严缉捕,毋讳饰扰累。壬戌,河决历城。甲
子,谕捕啯匪。丁丑,王文韶连疏乞罢。温旨慰留。

十一月丁亥,王文韶仍以养亲乞罢,许之。命翁同龢为军机大
臣。戊子,命潘祖荫为军机大臣。台州匪首王金满日久逋诛,下所
司严缉。乙未,允朝鲜互市。辛丑,开天津塌河淀南新河。壬寅,以
地震诏臣工勤职察吏。庚戌,诏中外保荐人才。是月,开铜山县煤
铁矿。

十二月辛酉,命游百川赴山东勘河工。壬戌,设沪、粤沿海电
线。乙丑,诏中外清理积案。壬申,自上月连祈雪,至是雪。

是冬,赈直隶地震灾,四川、陕西雹灾。免齐齐哈尔、墨尔根歉
地,浙江州县卫新旧屯地,仁和等场灶荡额赋。

是岁,朝鲜入贡。

九年癸未春正月癸未朔,停筵宴。丙申,刘锦棠言沙克都林札

布与俄使勘分新疆南界，不符旧约，谕长顺等按约诘之。寻谕曾纪泽力争重勘。戊戌，命宗人府丞吴廷芬在总理各国事务衙门行走。庚子，谕蠲免钱粮，民已输官者，得抵翌年正赋，勿重征。乙巳，拨鄂漕三万石备赈顺直饥。是月，越南匪覃四娣等降。

二月甲寅，直、鲁流民纷集京师，谕有司抚恤。戊午，山东河决历城，齐河诸县民垫坏，命游百川等赈抚灾民。己未，先是马兰镇总兵景瑞修缮营房，为营兵匿控，总兵桂昂请兵激变，遣伯彦讷谟祜、阎敬铭查办。至是覆陈，褫景瑞职，桂昂寻并褫职。禁各省酷吏非刑。命广西布政使徐延旭出关筹防。戊辰，福建按察使张梦元督办福建船政。癸酉，高州都司莫毓林聚乱，伏诛。庚辰，刑部言河南胡体浍一狱，原谳舛误，覆审回护。诏褫巡抚李鹤年、河东河道总督梅启照职，原审官谴戍有差。

三月戊子，镇国公溥泰收受禁垦淀地，坐削爵，圈禁一年。法人陷南定。乙未，命唐炯统防军守云南边境。谕倪文蔚保北圻。

是春，免潜山等县夏粮，陕西被旱丁粮米折。赈济南、武定水灾，台湾地震灾。

夏四月己未，俄撤伊犁驻兵。甲子，谕严缉畿辅盗贼。甲戌，刘长佑以病免，授岑毓英云贵总督。乙亥，赐陈冕等三百八人进士及第出身有差。

五月辛巳，诏李鸿章回北洋署任，部署海防。壬午，命升泰与俄使勘分塔尔巴哈台西界。丁亥，湖南会匪方雪敖倡乱，擒斩之。辛卯，禁私铸钱。庚子，谕岑毓英等选募边民，与官军扼守滇、越要隘。戊申，懿旨醇亲王会筹法、越事宜。先是，御史陈启泰奏太常寺卿周瑞清包揽云南报销，御史洪良品、给事中邓承修以事涉枢臣景廉、王文韶，相继论劾。先后命惇亲王、阎敬铭、潘祖荫、张之万、麟书、翁同龢、薛允升会同察办。至是覆陈，瑞清等罪如律，户部尚书景廉，前侍郎王文韶、奎润，前尚书董恂，与前云贵总督刘长佑俱镌三级，余处罚有差。

六月庚戌，山东河决，坏历城、齐东、利津民垫，谕堵塞赈抚并行。越将刘永福及法兵战于河内,败之。乙卯,修沁河堤。戊午,法国遣使托利古来议和约。太监王永和盗御用衣物,诏刑部按律拟罪,勿株连。丁卯,浚山东小清河。庚午,山东以水灾开办赈捐事例。

是夏,免云南土司地租,甘肃旧欠粮赋。又免懋功被灾、铜仁被水额粮。留漕粮凡十万石、京饷十六万两赈山东灾。

秋七月己卯,留京饷二十万给广西军。壬午,谕令吴全美、方耀分巡廉、琼洋面及钦州边境。戊子,诏开云南矿。辛卯,台州匪首王金满率众降,诏免死,与余众留营效力。

八月庚戌,法人破顺化河岸炮台,越人停战议和。壬子,永定河决。乙卯,考察部院官。谕修筑沿海堤塘各工,并抚恤灾户。丙寅,诏举谋勇兼优堪备任使者。己巳,诏彭玉麟赴广东,会同张树声布置防务。

九月辛巳,法、越议和,立新约。丙戌,命何如璋督办福建船政,倪文蔚为广东巡抚,徐延旭为广西巡抚。己亥,拨广西库银十万济刘永福军。丁未,唐炯以率行回省褫职,仍留任。

是秋,拨京仓及漕米五万余石,库帑凡十万,赈顺天直隶。留漕五万石,赈山东。赈热河、长阳、崞县等处水灾。赈江南灾。

冬十月戊辰,诏南北洋及沿江沿海诸省严戒备。辛未,河决齐东、蒲台、利津。丙子,诏李鸿章举将才。命岑毓英出关驻山西,唐炯回滇筹饷。

十一月辛巳,命署左副都御史张佩纶在总理各国事务衙门行走。壬午,趣徐延旭出关策应。辛卯,严内外城门禁。壬辰,越南民变,杀嗣王阮福时,命张树声戡定之,寻改命岑毓英往平乱。庚子,懿旨,清江设厂收养灾民,命户部发帑一万接济,并给顺直、山东各四万,湖北三万,安徽二万。壬寅,法人陷山西,刘永福退走。癸卯,诏以尚书文煜被劾,回奏积俸至三十六万,命捐银十万充公。林肇元坐库储空虚夺职。

十二月戊申,祈雪。庚戌,法人进攻北宁,图犯琼州。命彭玉麟檄湘楚军会合吴全美师船严防,起杨岳斌往福建会办海防。官军大

败法人于谅山。己未，以山东、淮、徐灾民聚集清江等处，命所司抚
恤，并随时资遣。庚申，谕江西筹饷二万济王德榜军。丁丑，追复故
总兵陈国瑞世职。

是冬，免顺天直隶等州县秋赋，浙江被灾州县卫所额赋。除山
西凤台等州县荒地租粮。

是岁，朝鲜、越南入贡。

十年甲申春正月庚寅，岑毓英出镇南关赴兴化，节制边外诸
军。

二月丁未朔，法人攻兴化，官军击却之。岑毓英与徐延旭进图
山西。谕严约束，勿扰越境。留江、浙漕米各五万石赈通州、天津水
灾。寻拨京仓粟米三万石赈顺天灾。丁丑，法人陷北宁，官军退守
太原。戊辰，命湖南巡抚潘鼎新赴广西筹防。乙亥，法人陷太原，徐
延旭、唐炯褫职逮问。

三月丁亥，岑毓英请免节制楚、粤诸军，不许。以太原陷，提督
黄桂兰、道员赵沃并褫职逮问。戊子，懿旨以因循贻误罢军机大臣
恭亲王奕䜣家居养疾，大学士宝鋆原品休致，协办大学士李鸿藻、
景廉俱降二级，工部尚书翁同龢褫职仍留任。命礼亲王世铎，户部
尚书额勒和布、阎敬铭，刑部尚书张之万并为军机大臣。工部侍郎
孙毓汶在军机学习。己丑，懿旨军机处遇重要事，会同醇亲王商榷
行之。壬辰，授潘鼎新广西巡抚，张凯嵩云南巡抚。总兵陈得贵失
守炮台，副将党敏宣临阵退缩，诏并斩于军前。以怡亲王载敦为阅
兵大臣。命贝勒奕劻管总理各国事务衙门事，内阁学士周德润在总
理各国事务衙门行走。癸巳，左庶子盛昱、右庶子锡钧、御史赵尔巽
各疏陈醇亲王不宜与闻机务，不报。命刑部侍郎许庚身在军机学
习。甲午，诏李鸿章、左宗棠、曾国荃、岑毓英举部将中沈毅勇敢有
谋略者。己亥，阎敬铭、许庚身并在总理各国事务衙门行走。命潘
鼎新赴镇南关接统徐延旭军。庚子，法人进据兴化。

是春，免仁和荒芜灶荡上年逋课，陕西咸宁等处逋赋及杂欠。

免穆坪土司马匹粮草十年。

夏四月丙午，勘分新疆南界事竣。以侍讲许景澄充出使法德义和奥大臣。庚戌，先是，法、越战事亟，法水师将福禄诸属税务司德璀琳献议媾和息兵。李鸿章以闻，许之，敕其筹定。至是，覆陈“当审势量力，持重待时”。诏集廷议。懿旨醇亲王并与议。允吴长庆兵还。辛亥，利津等决口合龙。癸丑，罢开马颊河，浚宣惠河，修德州运河堤。戊午，命通政使吴大澄会办北洋事宜，内阁学士陈宝琛会办南洋事宜，侍讲学士张佩纶会办福建海疆事宜，皆许专奏。寻加佩纶三品卿衔。福禄诸出私议五条，因李鸿章上闻。敕鸿章“力杜狡谋，常存戒惧”。诏户部裁冗费。庚申，授李鸿章全权大臣，与法使议约。癸亥，免襄城濒江地亩额赋。乙丑，祈雨。丙寅，再发仓米赈顺天。戊辰，吴大澄辞北洋会办。上责其饰词，不许。壬申，张树声以疾请免本职，专治军事，许之。

五月丙子，命李成谋总统江南兵轮。己卯，岑毓英辞节制粤、楚各军，许之。丁亥，授文煜武英殿大学士。戊子，额勒和布、阎敬铭并以户部尚书、协办大学士。己丑，京师久旱，谕有司平粜。赏徽宁太广道张荫桓三品卿衔在总理各国事务衙门学习行走。辛卯，诏中外保荐文武人才。甲午，诏皇太后五旬万寿，停秋决。丁酉，诏中外大臣“率属尽职，勿躭逸乐、尚浮华”。戊戌，诏左宗棠仍为军机大臣，毋庸常川入直，并管理神机营。免武昌、黄州二卫额粮。壬寅，诏举宗室及旗、汉职人才。

闰五月乙巳，命工程尚书福锟、理藩院尚书崑冈、左都御史锡珍、工部侍郎徐用仪、内阁学士廖寿恒并在总理各国事务衙门行走。丁未，命前提督刘铭传督办台湾事务，锡珍、廖寿恒、陈宝琛、吴大澄往天津会商法约。庚戌，命太常卿徐树铭勘献县新开横河。法人犯观音桥，潘鼎新击败之。辛亥，山东河堤工成。甲寅，以法使言和，调潘鼎新诸军回谅山，岑毓英军仍驻保胜。乙卯，自四月不雨，至于是日始雨。颁定蠲缓钱粮章程。庚申，思恩匪首莫梦弼伏诛。丙寅、法舰犯闽海。丁卯，谕曰：“法使延不议约，孤拔要求无理，我军当严阵以待。彼如犯我,并力击之。敢退缩者,立置军法。"庚午,授曾国荃为全权大臣,与法使于上海议约,命陈宝琛会办。

六月癸酉朔,以郧西余琼芳狱事谳不实,下总督卞宝第、巡抚彭祖贤部议,承审各官贬斥有差。甲戌,河决历城等县。以乞援守城,追予沈葆桢妻林氏附祀广信葆桢专祠。丙子,建昌、多伦匪首杨长春伏诛。丁丑,吴长庆卒,旌其子主事保初孝行。己卯,谕直省考察州县官。壬辰,法人陷基隆。诏集廷臣议和战。乙未,刘铭传复基隆。己亥,懿旨,神机营选马步军三千,巡捕五营选练军二千,以都统善庆为总统,前锋统领托伦布为帮统,分防畿东,并抽调直隶练军协守。命曾国荃、陈宝琛回江宁布防。是月,赈顺德、青浦风灾,叶县水灾。

秋七月乙巳,命吴元炳勘山东河工、海防。授张之洞两广总督。丙午,法人袭马尾炮台及船厂,陆军击退之。戊申,醇亲王奏延煦劾左宗棠,斥为蔑礼不臣,肆口妄陈,任情颠倒。懿旨坐延煦夺职留任,罚俸一年。戊申,诏与法人宣战,杨昌浚赴福建督师。癸丑,法人毁长门炮台。丁巳,谕穆图善、张佩纶毋退驻省城。诏授左宗棠为钦差大臣,督办福建军务,福州将军穆图善、漕运总督杨昌浚副之,张佩纶以会办大臣兼署船政大臣。授曾国荃两江总督,兼南洋大臣。丙寅,论北宁失守罪,已革道员赵沃、提督陈朝纲并论斩。戊辰,以杨昌浚为闽浙总督。普赈历城等县灾民。是月,赈浮梁及齐河、长安等处水灾。

八月壬申,命鸿胪寺卿郑承修在总理各国事务衙门行走。论马尾战事功罪,褫何璟职及张佩纶卿衔,下部议,提督黄超群等颁赏进秩有差。建、邵匪首张廷源等伏诛。甲戌,河决东明。赈南海等县水灾。丙子,授李鸿章直隶总督、北洋大臣。戊寅,懿旨赏醇亲王子载沣不入八分辅国公。文煜以病免。命崇厚、崇礼、文锡、文铦输财助饷。庚辰,赈台湾风灾。丁亥,法人复陷基隆。戊子,命道员徐承祖充出使日本大臣。己丑,诏刑部本年情重各案及秋、朝审官犯,并停查办。癸巳,苏元春及法人战于陆岸,败之。命杨岳斌帮办左宗棠军务。赈星子水灾。戊戌，法人犯沪尾，提督孙开华击败之。

九月癸卯，逮唐炯下狱廷讯。乙巳，出帑金五万赉刘永福军。辛亥，严谕南北洋轮船悉援台湾。壬子，刘铭传为福建巡抚，驻台湾督防，苏元春帮办潘鼎新军务，杨昌浚等分防澎湖，张兆栋、何如璋并褫职。诏免云南田税，暂荒缓三年，永荒蠲十年。甲寅，刘铭传自请治罪，诏原之。戊午，留新漕十万备山东冬赈。庚申，以沪尾战胜，予总兵孙开华世职，发帑银一万犒军。授额勒和布体仁阁大学士。乙丑，以刑部尚书恩承协办大学士。丙寅，赈凤凰城潦灾。庚午，官军及法人战于陆岸，又败之，予苏元春世职。辛未，新疆改建行省，置巡抚、布政使各一，裁南北路都统、参赞、办事、领队诸职。

冬十月壬申朔，懿旨晋封奕劻庆郡王，奕谟固山贝子。癸酉，以刘锦棠为甘肃新疆巡抚。戊寅，赈江北厅等处水灾雹灾。辛巳，皇太后五旬圣寿，上率王以下文武大臣等诣慈宁宫庆贺。辛卯，鲍超屡误师期，切责之。癸巳，以托疾规避，夺提督王洪顺职。甲午，张树声卒。乙未，朝鲜复乱，吴大澄往察办，续昌副之。文煜卒。庚子，刘永福及法人战于宣光，败绩。

十一月丁未，命提督孙开华帮办台湾军务。戊申，逮徐延旭下狱廷讯。壬子，李鸿章调军发朝鲜。癸丑，普洱地震。丙辰，禁州县捏报灾荒。丁巳，东明决口合龙。戊午，李秉衡赴龙州部署防运。己未，祈雪。云南巴蛮降。戊辰，谕各省积谷。

十二月戊寅，官军败法人于纸作社。壬午，唐炯、徐延旭并论斩。乙酉，官军复宣光、兴化、山西三省，安平府暨二州五县。壬辰，禄劝夷匪平。丙申，雨雪。张佩纶、何如璋并褫职遣戍。

是岁，免镇西厅荒地逋赋，文安四州县涝地额赋。朝鲜入贡。越南国王阮膺登自杀，法人立其弟为国王。

十一年乙酉春正月癸卯，命冯子材襄办广西关外军务。乙巳，法人陷谅山。丙午，官军围宣光，复美良城。甲寅，法人犯镇南关，总兵杨玉科死之。乙卯，赐英将戈登恤金。甲子，法舰去台湾。左宗棠等兵援浙江。乙丑,命李鸿章为全权大臣,偕吴大澂与日使议朝鲜事。庚午,朝鲜乱平,使来表谢,赍之。

二月甲戌,浙江提督欧阳利见败法人于镇海口。戊寅,褫潘鼎新职,以李秉衡署广西巡抚,苏元春督办广西军务。辛巳,秦州地震。癸未,冯子材、王孝祺大败法人于镇南关关外,遂复谅山。予杨玉科等世职。辛卯,法人请和。允之。壬辰,诏停战撤兵。缅匪平。戊戌,岑毓英奏官军大捷于临洮。

乙巳,命李鸿章为全权大臣,与法使议约,刑部尚书锡珍、鸿胪卿邓承修往津会商。丙午,朝鲜订约成。庚戌,岑毓英复缅旺与清水、清山诸寨,获越南叛臣黄协等,诛之。癸丑,命吴大澂、依克唐阿会勘吉林东界。丙辰,免永平、张家口、顺天等十府州积年民欠租赋。癸亥,命冯子材督办钦、廉防务。乙丑,免陕西咸宁等处前岁逋粮。

夏四月己卯,祈雨。丙戌,趣岑毓英撤军,毋爽约开衅。辛卯,谕除江西丁漕积弊。壬辰,趣刘永福撤回保胜军。天津会订《中法新约》成。

五月丁未,懿旨勘修南北海工程。诏整海军,大治水师,下南北洋大臣等筹议。基隆法兵退,命杨岳斌等部署全台事宜。除福建光绪初年逋赋。辛亥,许乍丫随察木多入贡。癸丑,予苏元春、冯子材三等轻车都尉,王孝祺、岑毓英云骑尉,复王德榜原官优叙。辛酉,复祈雨。壬戌,雨。丁卯,以张曜为广西巡抚。是月,赈基隆兵灾、桐城等县及镇筸水灾。

六月己巳,诏停秋决。庚午,懿旨命文铦、崇礼、崇厚、文锡修建三海工程。许景澄兼出使比利时大臣。辛未,定内附越南民籍。甲戌,曾纪泽订《烟台约》成。丁丑,谕岑毓英察云南铜矿。通谕曾国荃等勘东南各矿。赈裕州水灾。癸未,命工部侍郎孙毓汶、顺天府尹沈秉成、湖南按察使续昌均在总理各国事务衙门行走。召曾纪泽来京,命江西布政使刘瑞芬充出使英俄大臣,张荫桓充出使美日秘大臣。法兵去澎湖。命左宗棠等选将吏调轮船策应。辛卯,《越南新约》成，宣谕中外。诏诫建言诸臣挟私攻讦。追论御史吴峋劾阎敬铭、编修梁鼎芬劾李鸿章俱诬谤大臣，予严议。寻各降五级。甲午，授孙毓汶军机大臣。是月，赈河南、广东、广西、江南、安徽、江西水灾。

秋七月丁酉朔，设广西南宁电线达云南。己亥，懿旨发帑银六万赈两广水灾。庚子，左宗棠连乞病，许之。丙辰，命周德润往云南，邓承修往广西，会同岑毓英、张凯嵩勘中、越界。壬戌，河决山东长清。甲子，开川、滇铜铁矿。是月，赈黔阳、湘潭、辉县、清江、当涂、汾阳等处水灾。

八月丁卯朔，赈奉天水灾。己巳，截漕粮十万石充顺直赈需。赈皋兰等处雹灾水灾。乙亥，赈长沙等处水灾。丁丑，山东历城、章丘等处水，发帑五万赈之。以水灾故，停三海工作。李鸿章与法使议滇、粤陆路通商。戊寅，释李昰应归朝鲜。辛巳，命苏元春存抚越南入关流民。赈襄城水灾。乙酉，左宗棠卒，晋太傅。辛卯，赈福建风灾。

九月庚子，懿旨，醇亲王总理海军事务，奕劻、李鸿章会办，汉军都统善庆、兵部侍郎曾纪泽帮办。改福建巡抚为台湾巡抚，归福建巡抚事于闽浙总督。英使来议印度、西藏通商。谕丁宝桢、色楞额等开导藏番毋生事。壬寅，灵桂卒。甲辰，裁伊犁参赞大臣，改设副都统二。裁塔尔巴哈台满洲领队大臣，仍留额鲁特领队大臣。甲寅，赈宾川、思安等处雹灾。

冬十月丙寅朔，朝鲜王李熙以伏莽未除，来请镇抚。李鸿章遣军防卫之。戊辰，赈朝阳灾。庚辰，截来年京饷银五万充山东冬赈。辛巳，命奕劻、许庚身与法使互换条约，刘瑞芬于英京互换《烟台条约》，并议洋药专条。丁亥，授穆图善为钦差大臣，会同东三省将军办理练兵，节制副都统以下。甲午，拨年节宫用银五万赈给山东灾区。严紫禁城门禁。

十一月壬寅，祈雪。乙巳，云南地震。庚申，裁新疆各城回官。癸亥，懿旨，八旗都统厘剔旗营诸弊。授恩承体仁阁大学士，阎敬铭东阁大学士,户部尚书福锟、刑部尚书张之万并协办大学士。以英人灭缅甸,严四川边备。

十二月丙寅,续设三姓、黑龙江陆路电线。丙子,诏内务府禁止浮冒虚糜。己卯,赵庄决口合龙。

是冬,赈潮州、万县水灾,台湾风灾。免永宁被水丁银,浙江各州县卫荒废并新种地课。减文安、天津洼地粮赋。除徐沟、汾阳被水银税。

十二年丙戌春正月乙未朔,停筵宴。庚子,免湖北逋赋。辛丑,山东滔沟决口合龙。免台湾旧欠供粟。癸卯,免奇台被旱额赋。丙辰,命特尔庆额等随同穆图善练兵。甲子,诏以谒陵,本年会试改三月十日入场。

二月乙丑朔,山东黄河南岸决。甲戌,张曜往勘何王庄决口。己卯,除溆浦积年被水额赋。戊子,设黑龙江绥化厅。辛卯,上奉皇太后谒东陵,免经过州县税粮十分之四。

三月乙未,谒诸陵。上诣定东陵。庚子,至自东陵。癸丑,赈广宁灾。是月,留山东新漕十万石赈何王庄暨章邱、济阳、惠民被水灾民。

夏四月戊子,赐赵以炯等三百三十九人进士及第出身有差。是月,邱北地震及广西州火,赈之。

五月庚子,台湾生番归化四百余社,七万余人。赈临潼等县风雹灾。壬寅,裁阳江镇水师总兵,置北海镇水陆总兵。改高州镇陆路总兵为水陆总兵。

六月壬申,懿旨,钦天监于明年正月择皇帝亲政日期。甲戌,修复海监石塘。丙子,醇亲王暨王大臣等合祠疏请皇太后仍训政,不许。皇帝亲政定于明年正月十五日举行,命枢臣集议,整齐圜法。庚辰,醇亲王暨礼亲王等复申训政之请,尚书锡珍、御史贵贤并以为言。懿旨勉从之。命醇亲王仍措理诸务。

七月甲午,木邦土司请内附,却之。丁酉,金顺卒。辛丑,留江苏漕米五万石备顺、保赈需。乙巳,钱法议定奏上。允行。甲寅,赈太原等县水灾。

八月壬戌,以色楞额为伊犁将军。赈热河水灾。乙丑,礼亲王暨廷臣请加上皇太后徽号,懿旨不许。丁卯,再拨江北漕米五万石赈顺天通州水灾,并发帑金二万散给灾民,免陕西咸宁等处荒田逋赋。戊辰,以北运河决口漫溢,拨库帑十万充永平各府急赈,再发内帑二万济之。丙子,增设广西太平归顺道,移提督驻龙川。增设柳庆镇总兵驻柳州。庚辰,筑怀柔白河漫口。乙酉,御史朱一新奏遇灾修省,豫防宦寺流弊,言醇亲王巡阅北洋,总管太监李莲英随往,恐蹈唐代监军覆辙。懿旨,命回奏。寻奏入,以执谬降主事。

九月辛卯朔,赈奉天、浙江水灾。癸巳,赈甘肃雹灾水灾,留坝、南郑水灾。丁酉,以顺直水灾减各府各旗庄田租及其他租额。庚子,鲍超卒。乙巳,赈光山雹灾。丙午,刘铭传剿苏鲁马那邦叛番。甲寅,赈上饶等县水灾。

十一月庚寅朔,寿张决口合龙。乙巳,宥徐延旭、唐炯罪,延旭戍新疆,炯戍云南。丁未,命曾纪泽在总理各国事务衙门行走。庚戌,再拨京仓粟米三万石备顺天春赈。丙辰,冬至,祀天于圜丘。始亲诣,除隆科城额赋。

十二月甲子,减安州、河间、隆平涝地粮赋。丁卯,祈雪。庚辰,懿旨再敕曾国荃等详议两江河道治法。丁亥,祫祭太庙。

是岁,朝鲜入贡。

十三年丁亥春正月己丑朔,停筵宴。辛丑,以亲政遣官告天地、宗庙、社、稷,祈谷于上帝。癸卯,上始亲政,颁诏天下,覃恩有差。壬子,拨江苏漕米十万石赈顺直灾民。懿旨,购置机器于天津鼓铸,一文以一钱为率,京、外毋得参差。

二月壬戌,雨雪。辛酉,责恭镗严剿马贼,整顿见有练军。川、滇接修电线成。戊辰,祭大社、大稷。辛巳,赏唐炯巡抚衔,督办云南矿务。是月,懿旨,醇亲王以亲王世袭罔替,朝廷大政事,仍备顾问。

三月己丑朔，上初诣奉先殿行礼。乙未，上奉皇太后谒西陵，免经过州县额赋十分之三。己亥，谒陵。甲辰，至自西陵。辛巳，祀先农，亲耕耤田，三推毕，加一推，自是岁以为常。甲寅，刘锦棠请解职省亲就医，不许，给假三月，在任调理。拨直藩库帑八万赈所属饥民。除文安等处无粮地租。

夏四月戊午朔，享太庙。丁卯，命内阁侍读学士林维源督办台湾铁路及商务。己巳，祈雨。丙子，常雩，祀天于圜丘。

闰四月己酉，免江苏各州县卫通赋通课。壬子，赈昆明等县水灾。

五月戊午，夏至，祭地于方泽。己未，命前内阁学士洪钧充出使俄德奥和大臣，大理卿刘瑞芬充出使英法义比大臣。癸未，赈陇州等处水灾。甲申，雨。

六月丁亥朔，赈富阳各属水灾。乙巳，赈怀宁等县水灾。丁未，开州大辛庄河溢，灌山东境，截留新漕五万石赈濮州等处灾民。庚戌，赈罗田、石首水灾。壬子，赈温宿、乌什水灾。癸丑，赈凌云风雹灾。

秋七月丙辰朔，日有食之。庚申，永定河、潮白河先后并溢。甲子，增设福建澎湖镇总兵。乙丑，赈南阳等处水灾。丁卯，除甘肃积年民欠银粮暨杂赋。赈洮州等属雹灾。乙亥，增设云南临安开广道。丁丑，黎匪平。辛巳，命道员黎庶昌充出使日本大臣。

八月戊子，祭大社、大稷。甲辰，沁河决。赈平彝水灾。丙午，沔阳等州县被水，留冬漕三万石赈之。郑州河决，南入于淮，褫河督成孚职，留任。己酉，拨京仓漕米五万石赈顺天通州各属。截留京饷漕折银三十万赈河南。癸丑，懿旨，发内帑银十万赈济水灾。

九月乙卯朔，免陕西各府厅州县前岁通赋。辛酉，以郑州河决，豫留明年江北、江苏河运米粮并运费充赈。辛未，准峙征胡图克图入贡。乙亥，命薛允升赴河南察郑工。丁丑，李鸿藻往河南会察河工。是月，赈武陟、安县、云阳、皖北水灾，汉口、龙州火灾，建水、通海雹灾。

冬十月甲申朔,赈融县火灾。丁亥,冯子材以疾辞职,命留粤办钦、廉防务。乞休,不许。己丑,赈惠、高、廉、雷、琼、赤溪、阳江风灾。己亥,穆图善卒。赈给郑州等灾区贫民口粮。壬寅,以善庆为福州将军,襄办海军事,并管神机营。免顺、直被水各州县秋赋。乙巳,赈镇西厅雪灾。戊申,上侍皇太后临视醇亲王疾,自是频视疾,至于明年七月有瘳。庚戌,赈长安等属水灾。癸丑,赈绥来霜灾。

十一月乙卯,授定安钦差大臣,会同东三省将军办理练兵,节制副都统以下。辛酉,冬至,祀天于圜丘。壬戌,谕文硕访呼毕勒罕,依制掣定。壬申,祈雪。

十二月丁亥,命李鸿藻督办郑州河工。己丑,除恩隆、百色等处荒田额赋。赈桂林等处火灾。壬辰,免阳城等县灾缓税租。丁酉,雨雪。戊戌,懿旨,复阎敬铭、福锟、翁同龢、嵩申、孙诒经、景善、孙家鼐处分。庚子,以皖北被灾,拨安徽漕折、芜湖关常税共银十万,备来年春赈。辛丑,置新疆伊塔道、伊犁府、霍尔果斯厅、塔城厅,设道、府、抚民通判、同知等官。壬寅,石屏、建水地震。己酉,拨山东冬漕五万石备河南来年冬赈。

是岁,朝鲜入贡。

十四年戊子春正月癸丑朔,上亲诣堂子行礼。丙辰,雪。免安徽被淹太和等州县夏粮。己未,开黑龙江漠河金矿。庚申,开广东昌化石绿铜矿。辛酉,展接腾越至云南省垣电线。乙亥,刘锦棠乞疾。慰留,再给假四月。壬午,谕官铸当十大钱,每文重至二钱以上者,一律行用。是月,拨留京仓及海运漕米凡十三万石赈顺、直灾。

二月乙酉,赈梧州火灾。丙戌,赏裴荫森三品京堂,督办福建船政。庚寅,文硕以擅行密疏稿于都察院,褫职。辛亥,祀先农,亲耕耤田。是月,诏修葺颐和园,备皇太后临幸。

三月丙辰,免浙江光绪五年以前逋赋。丙寅,赍班禅额尔德尼转世呼毕勒罕哈达、念珠、如意。

夏四月庚寅，永定河决口合龙。辛卯，上奉皇太后始幸西苑。甲午，展接广东电线自九江至大庾岭。丁酉，雨雹。辛亥，命张曜帮办海军事务。赈惠州等属水灾。

五月乙卯，京师、奉天、山东地震。癸亥，夏至，祀地于方泽。丁卯，祈雨。

六月癸巳，雨。己亥，懿旨，皇帝大婚典礼，明年正月举行。甲辰，彭玉麟以疾免兵部尚书，巡阅长江水师如故。壬寅，懿旨，明年二月初三日归政。

七月庚申，以河工贻误，褫李鸿藻、倪文蔚职，仍留任，李鹤年、成孚并戍军台。甲子，永定河复决。丙寅，阎敬铭罢。丁丑，谕吴大澄察核河工。是月，津沽铁路成。

八月丁亥，赈奉天各厅州县，安徽怀宁等县水灾。己丑，诏直省清庶狱。壬辰，赈苍梧等处水灾。丁酉，截留江北漕米备苏、皖赈。乙巳，醇亲王以归政有日，请解职务。懿旨，海军署、神机营依前管理，归政后奏事勿列衔。

九月丙辰，除陕西去年逋赋。甲戌，永定河决口合龙。

冬十月己卯朔，享太庙。癸未，懿旨，立叶赫那拉氏为皇后。癸巳，拨京漕二万石备顺天冬赈。甲午，免水城等处丁粮。赈丹徒旱灾、南昌等县水灾。庚子，免朝鲜红参厘税。

十一月壬戌，滇越边界联接中法电线成。初置北洋海军提督，以丁汝昌任之。丙寅，冬至，祀天于圜丘。丁卯，免朝贺。戊辰，免静海积水淀地租。

十二月壬午，赈阿迷、蒙自等处疫灾。乙酉，诏光绪十五年举行恩科乡试，十六年恩科会试。辛卯，增设吉林水师营总管各官。癸巳，太和门灾。甲午，诏修省，敕臣工勤职。乙未，免陕西前岁民欠钱粮。丁酉，懿旨，以水灾停减颐和园工作。御史余联沅、屠仁守、洪良品各疏请罢铁路，徐会沣等条奏，同下海军署与军机大臣议。旋翁同龢、奎润、游百川、文治等并言铁路不当修，亦并下议。命太仆少卿林维垣襄办台湾开垦抚番事。庚子，赈威远厅水灾。辛丑，道员徐承祖前使日本,坐浮冒,褫职听勘,籍其家。丙午,郑州决口合龙。授吴大澄河东河道总督,复李鸿藻、倪文蔚原官,并优叙,释成孚、李鹤年还。

十五年己丑春正月丁未朔,停筵宴。庚申,靖远、皋兰地震。辛酉,以张之万为东阁大学士,徐桐以吏部尚书协办大学士。海军署会同军机议驳停铁路诸疏,覆请详议。懿旨:"庆裕、定安、曾国荃、张之洞、黄彭年等,按切时势,各抒所见以闻。"乙丑,惇亲王薨。上奉皇太后临奠。丁卯,御史屠仁守上言:"归政伊迩,时事孔殷,密摺封奏,请仍书皇太后圣鉴披览后施行。"懿旨斥其乖谬,罢御史,下部议,原摺掷还。戊辰,御史林绍年请禁督抚报效。懿旨斥之。癸酉,大婚礼成。

二月戊寅,吴大澄请敕议尊崇醇亲王典礼,懿旨斥之,通谕中外臣民。己卯,皇太后归政。上御太和殿受贺,颁诏天下。丙戌,免江、淮光绪初年灾熟各项税粮。己丑,以齐东等州县水灾,拨山东库帑五万备赈。壬辰,加上皇太后徽号,颁诏覃恩有差。甲午,朝鲜庆贺归政,进方物,赉其国王及王妃缎匹。

三月丙午朔,命侍讲崔国因充出使美日秘大臣。丁未,彭玉麟辞巡阅职。温谕慰留。濮州河决。癸丑,以布鲁克巴部长归化,予封号印敕。甲寅,拨黑龙江库帑二万加赈呼兰属灾民。丁巳,皇后祀先蚕。己未,再加上皇太后徽号。庚午,免云南被匪村寨钱粮。戊辰,上奉皇太后幸颐和园,阅水陆操。允阎敬铭回籍养病。

夏四月戊寅,拨南漕十万石备山东赈。己卯,赈奉天、吉林灾民。辛卯,赏湖南按察使薛福辰三品京堂,充出使英法义比大臣。懿旨发内帑银十万备山东赈。庚子,赐张建勋等三百三十一人进士及第出身有差。

五月癸丑,停秋决。庚申,赈泸州火灾。

六月丙子,岑毓英卒。丁丑,以王文韶为云贵总督。己卯,重修太和门。丁亥,赈周家口火灾。壬辰,永定河道缺,李鸿章举堪任之员。上疑於魁柄下移,予申斥。

秋七月丁未,章邱河决。己酉,除贵州西良山额课。庚午,齐河决。辛未,沁河决。是月,赈莒州、沂水雹灾,周家口水灾,长安、西乡、郿州水灾雹灾。赈云南昆阳、太和,安徽霍邱等州县水灾。

八月乙亥,命李鸿章、张之洞会同海军署筹办芦汉铁路。丁亥,留新漕十万石备山东赈。壬辰,以四川水灾,捐款五万赈灾民。丁酉,天擅祈年殿灾。庚子,赈伊犁、绥定等处地震灾。辛丑,免贵州被贼府厅州县卫未征并民欠税粮。

九月壬子,重修祈年殿。赈温州等处风灾水灾。癸丑,免陕西各属前岁逋赋。赈咸宁等处水灾雹灾。乙卯,赈皋兰等处水灾。壬辰,长垣堤决,黄水浸入滑县。丙寅,谕安定等除东三省练兵弊习。丁卯,定明年祈谷暂于圜丘举行。

冬十月乙亥,赈曲阳等处雹灾水灾。戊寅,设西安至嘉峪关电线。赈杭、嘉、湖属水灾。丁亥,以江、浙雨水为灾,各拨库储五万,并发内帑五万赈济。以张之洞订购机器,遽立契约,诏切责之,嗣后凡创设之事,未先奏明,毋轻举。已丑,拨武昌库储十万备湖北赈需。壬辰,诏各省两司仍专摺奏事。台湾社番乱,副将刘朝带等阵没,敕刘铭传剿办之。甲午,再拨浙江库储十五万赈杭、嘉、湖灾。己亥,山东大寨河工合龙。壬寅,拨苏、皖赈捐余款修运河。赈绥德等属雹灾水灾。

十一月丙辰,允海军署请,户部岁拨二百万开办铁路。丁巳,诏汰冗员,删浮费。戊午,拨安徽漕折银三万备安庆、宁国、泗州赈需。丙寅,浙江发常平仓谷赈天台、仙居等处难民。

十二月壬申朔,免杭、嘉、湖应征漕白粮并地丁税。甲戌,留山东漕米四万石备赈。丁丑,再拨武昌库储五万备湖北赈需。丁亥,山东西纸坊漫口合龙。癸巳,申禁办理蠲缓积弊。免云南匪扰村寨钱粮。丁酉,免郑州、睢宁、尉氏等州县税粮。免仁和等县,杭、严卫所粮课。

是岁,朝鲜入贡。

十六年庚寅春正月壬寅朔,停筵宴。辛酉,免直隶十三年以前灶课。丁卯,谕本年万寿毋庸告祭,停升殿礼,免各省文武大员来京祝嘏。

二月乙酉,张曜言统核山东河工需费二百八十八万有奇。命所司筹给。壬辰,台湾内山番社酋有敏等伏诛。是月,免榆林等州县十三年逋赋。除东川被水官田税粮。免文安、静海、霸州淀泊逋租及伯都讷地课。

闰二月壬寅,赈桂林各属火灾。己酉,命太仆寺卿张荫桓在总理各国事务衙门行走。乙卯,上奉皇太后谒东陵,免所过地额赋十分之三。庚申,上临奠端慧皇太子园寝。癸亥,至自东陵。乙丑,曾纪泽卒,寻予特谥。谕李鸿章整顿北洋水陆军,定安等训练东三省兵。

三月辛未,懿旨,刘铭传帮办海军事务。西宁地震,赈恤之。辛卯,以二旬万寿,颁诏天下,覃恩有差。乙未,浚余杭南湖。瞻对番目撒拉雍珠与巴宗喇嘛结野番作乱,官军剿平之。

夏四月庚寅,彭玉麟卒。庚戌,谕整顿土药税厘。命刚毅详察徐州土药出产及征税实额,严定整理章程。丁卯,赐吴鲁等三百三十六人进士及第出身有差。

五月己巳朔,日有食之。辛未,色楞额卒,以长庚为伊犁将军。丙子,以升泰为驻藏大臣。己卯,上诣大高殿,祈雨。乙酉,御画舫斋阅侍卫步射,至壬辰皆如之。己丑,雨,筑阌乡沿河石坝。赈睢宁等县风灾。

六月己亥朔,徙齐东各州县濒河村民二千余户。丁未,开三姓金矿。戊申,以藏事平,颁给布鲁克巴部长敕印。自癸卯至己酉连祈晴。辛亥,近畿霪雨成灾,京师六门外增设粥厂,命拨京仓米万五千石煮赈,并发内帑五万充赈需。壬子,永定河决口。癸丑,永北属土司章天锡谋逆,官军讨斩之。丁巳,拨奉天运京粟米,并留江北漕米,备天津灾赈。甲子,万寿节,御乾清宫受贺。

秋七月乙亥,镇康土族乱,剿平之。诏责李鸿章堵合永定河决口。己卯,发帑五万两,大钱五十万贯,米十万石,赈顺天各属灾。壬午,谕严惩领放赈款侵冒克扣。庚寅,分拨部库及海关银凡三十万,济永定河工。癸巳,命翰林院侍读许景澄充出使俄德和奥大臣,道员李经方充出使日本大臣。赈湖北、广西、陕西、云南水灾。

八月壬寅,再拨京仓米十万石备顺天赈需。乙巳,上诣醇亲王邸视疾。己酉,刘锦棠乞归。仍予假。壬子,以刘铭传擅兴商矿,章程纰缪,谕止之,予部议。丁巳,留漕米五万石,拨库帑十万,备山东赈。壬戌,以顺、直水患,谕王公各府京旗庄田并减租。是月,免陕西、江西逋赋。赈陕西水灾雹灾,云南水灾,台湾风灾。

九月乙亥,户部言禄米仓亏十五万石,仓场侍郎兴廉、游百川下部议,寻并夺职。丙子,赈珲春、宁古塔潦灾。壬午,御史吴兆泰请停颐和园工程,予严议。永定河决口合龙。甲申,赈甘肃雹灾。壬辰,石埭会匪乱,剿定之。癸巳,拨部帑及仓米于顺天备赈。

冬十月丁未,以刘坤一为两江总督兼南洋大臣。庚戌,曾国荃卒,赠太傅。辛亥,再拨京仓米五万石备顺天赈。免奉、直、鲁、豫商贩杂粮税捐。

十一月乙亥,赈湖南被水州县灾。乙酉,上奉皇太后临醇亲王邸视疾。丁亥,醇亲王薨,辍朝七日,上奉皇太后临邸视殓,皇太后赐奠。命王子镇国公载沣即日袭王爵。上成服,懿旨定称号曰“皇帝本生考”。己丑,懿旨赐谥曰贤。皇帝持服一年。

十二月壬子,懿旨,晋封辅国公载洵入八分镇国公,镇国将军载涛不入八分辅国公。乙卯,醇贤亲王金棺奉移园寓,上送至适园。壬戌,缓南苑工程。甲子,免浙江各厅州县场光绪初年逋赋。

十七年辛卯春正月癸巳,四川雷波夷匪就抚。

二月癸卯,留海运漕米十六万石备顺、直春抚。己巳,御史高燮曾请举行日讲。诏以有名无实,不纳。辛亥,命李鸿章、张曜会阅北洋海军。刘锦棠以忧去,以陶模为新疆巡抚。云南匪乱,陷富民、禄劝县城,讨平之。是月,免湖北、山西十三年以前逋赋。

三月丁卯,谕资遣难民归籍。己巳,皇后祀先蚕。壬申,修宝坻、通、蓟诸州县河工。丁丑,命李鸿章督修关东铁路。庚寅,命沙克都林札布会额尔庆额勘察哈巴河。辛卯,刘铭传以疾免。

夏四月丁酉,立醇贤亲王庙。丙午,复建祠。辛酉,颐和园藏工,上奉皇太后临幸自此始。

五月丁卯至庚午连雨。辛未,皇后躬桑。壬午,赈清江等处风灾。是月,京畿蝗。总理署以各省教案迭出,请饬办。谕曰:“各国传教,载在条约,商民教士,各省当力卫其身家。乃者焚毁教堂,同时并起。显有匪徒布谣生事,各督抚其缉治之,俾勿有所扰害。”

六月戊戌,谕严缉会匪。戊申,诏会匪自首与密报匪首因而缉获者原免之。辛亥,王文韶奏诛附乱参将鲍虎。巧家厅披沙蛮酋禄汶芒伏诛,滇支夷二十一寨就抚。

秋七月癸未,以王文韶言云南猛参、猛角、猛董土司划界息争。予孟定土知府罕忠邦宣抚使衔,土目罕荣高管理猛角、猛董,予土千总准世袭。乙酉,张曜卒。

八月壬辰朔,予乐亭耆儒史梦兰四品卿衔。癸巳,命奕劻总理海军事务,定安、刘坤一襄办。己亥,世祖御制《劝善要言》译汉书成,颁行直省学官,朔望与《圣谕广训》一体宣讲。宝鋆卒。癸丑,谕疆吏饬营伍,除积习,严禁句结包庇。

九月癸未,免陕西前岁逋课。丙戌,初,与国来使,自同治十二年以来,皆见于紫光阁。是月,德使巴兰德谓视如藩属,屡以易地为言。至是,奥使毕格哩本来,遂于承光殿觐见。戊子,云南北胜土州同改土归流。

十月丁酉,免隰、榆次等处逋赋及旗租。癸丑,诏班禅额尔德尼呼毕勒罕明年正月坐床,升泰、苏呼诺门罕往视,颁赍敕书珍物。甲寅,予宋儒游酢从祀文庙。戊午,热河朝阳匪乱,提督叶志超,聂士成剿平之。

十一月丁卯,以热河匪首擒戮,谕民间无论入会否,并许自新,其自拔来归者宥之。乙亥,命户部侍郎崇礼、兵部侍郎洪钧并在总理各国事务衙门行走。己卯,海运仓火。甲申,以喀拉沁旗匪乱,拨库帑三万赈抚之。赈汉口水灾。

十二月丙申,免河南光绪初年逋赋。乙巳,赈热河被匪灾区。戊申,申谕内务府撙撙节用费。

是冬,免浙江、陕西本年民欠税粮。

十八年壬辰春正月丁亥,浚运河。辛卯,拨库帑五万于热河,赈敖罕、奈曼两旗蒙古。癸丑,英兵入坎巨提,回部头目逃避色勒库尔,赈抚之。

三月庚申,阎敬铭卒。

夏四月己酉,葬醇贤亲王。是月,台湾内山番社作乱,剿平之。

五月甲子,阳江匪乱,首逆谭运青伏诛。庚午,祈雨。辛未,赐刘福姚等三百一十七人进士及第出身有差。乙亥,合肥等州县旱蝗,赈之。是月,上林、宾州匪首莫自闲等伏诛。

六月庚寅,祈雨。丙申,雨。壬寅,命编修汪凤藻充出使日本大臣。

闰六月己未,永定河决。庚申,赈汾州及归绥七厅旱灾。甲子,留江苏江北河漕各五万石于顺、直备赈。丙寅,阿克达春以奏对失辞,罢山西巡抚。丁丑,以近畿水灾,拨部帑十万备赈。庚辰,恩承卒。是月,京畿蝗。

秋七月辛丑,发库帑十万备云南各属赈。壬寅,河南蝗。癸丑,谕唐炯整顿铜运。

八月丙寅,命奎焕与英使保尔议印藏商约。甲寅,命福锟为体仁阁大学士,麟书协办大学士。留山东新漕备赈。

九月庚寅,拨江北漕米五万石备镇江各属赈。己亥,福建德化匪首陈拱伏诛。壬寅,免陕西前岁民欠钱粮。

十月乙卯朔,留江南漕米三万石备江宁诸县赈。庚申,醴陵匪首邓海山伏诛。己巳,赈莎车水灾。免直隶通州等处粮租杂课。

十一月乙酉朔,免直隶通州等处逋赋。辛卯,赈台湾等处潦灾。辛丑,谕李鸿章、孙家鼐等察赈,被灾州县有玩视民瘼者,严劾以闻。壬寅,免江苏各厅州县卫逋赋。庚戌,发库帑十万赈太原等属水旱霜雹灾。癸丑,发内帑二万赈顺、直各属灾民。

十二月乙卯朔,诏王大臣承办皇太后六旬庆典,会同户、礼、工部,内务府博稽旧典,详议以闻。丙寅,召刘锦棠来京。丁卯,再发京仓米四万石,赈顺天灾民。乙巳,懿旨,办理庆典,一切撙节,内外臣工例贡免进献。特颁内帑赈济顺、直灾区,每岁准此,畀顺天府、直隶总督永济穷黎。每省各赏银二万,自明年甲午始,俱发内帑畀各省疆吏散给之。谕已故贝勒那尔苏为僧格林沁孙,惓念前劳,追封亲王,后不得援例。丙子,赏徽宁池太广道杨儒四品京堂,充出使美日秘大臣。

是岁,朝鲜入贡。

十九年癸巳春正月乙酉朔,诏以明岁皇太后六旬圣寿,今年举行恩科乡试,翌年举行甲午恩科会试。丙戌,免长洲等州县冬漕米石。己亥,免长沙等州县逋赋。甲辰,诏明年应来京祝嘏蒙古与内札萨克王、公、台吉等,除有年班外,俱止来京。癸丑,以口外七厅及大同等府灾,命直、晋免收运商粮税,拨部帑十万赈之。

二月戊午,留江苏漕米五万石备赈安州等处。戊辰,见德使巴兰德于承光殿。癸酉,留京饷五万赈陕西北山等处灾民。

三月辛卯,命以两湖漕米六万余石变价赈山西灾。

夏四月丙子,祈晴。己卯,以阿拉善札萨克和硕亲王多罗特色楞游牧连年荒旱,颁帑三万赈之。

五月乙酉,北新仓火。乙未,以伊克昭盟长札萨克固山贝子札那吉尔第游牧连年荒旱,颁帑一万赈之。

六月乙卯,命直省择保精晓天文、医理、卜筮、数学及娴于堪舆者,上之内务府。戊午,拨部帑三万备赈醴陵等处灾。庚申,见德使绅珂于承光殿。癸亥,祈晴。丁卯,普安匪首刘燕飞等伏诛。癸酉,京师雨灾,诏于六门外等六处各设粥厂,拨京仓米万石充赈。乙亥,再拨奉天粟米、江南北漕米备顺、直赈需。永定河决,南北汛并溢。丙子,免安徽积年逋赋,暨潜山等县卫前欠夏粮。

秋七月甲申,谕顺天府平粜。甲辰,近畿积潦渐消,谕遣就食贫民归籍。

八月辛亥,赐故总督曾国荃孙广汉四五品京堂。除华侨海禁,自今商民在外洋,无问久暂,概许回国治生置业,其经商出洋亦听之。丁卯,采购奉、豫、鲁省杂粮分备顺、直赈。

九月癸未,山东截留新漕六万石赈濒河州县灾民。再拨江南北漕米十万石改折,复留江苏漕米八万石充赈顺、直,分半给之。癸卯,发京仓米三万石赈顺天。是月,免陕西各属逋赋及额赋。

冬十月己酉朔,修太仓四州县海塘。壬子,赏四川布政使龚照瑗三品京堂,充出使英法义比大臣。己未,命户部岁纳内务府银五十万。乙丑,免通州等处粮赋。

十一月己丑,申,私钱之禁,有销毁改铸或载运者,所司访缉严治之。戊子,甘肃、新疆地震。辛卯,命许振祎与李鸿章会勘永定河。甲午,免大兴等县秋税。

十二月辛亥,命吏部侍郎徐用仪在军机大臣上学习行走。壬子,诏京察严考核。戊午,除内地人民出海禁。辛酉,赈安仁疫灾。壬戌,免归化等七厅租赋。丁卯,免乌拉捕东珠。壬申,拨京东仓米五万石备顺天春赈。癸酉,刑部奏革员周福清于考官途次函通关节,拟杖流,改斩监候。

二十年甲午春正月乙卯朔,懿旨,六旬庆辰,晋封妃嫔名号,增恭亲王护卫,奕劻晋封亲王,醇亲王载沣等赏赉有差。自中外大臣、文武大员、蒙古王公等以次恩锡。丙申,许振祎会勘永定河工程,命与李鸿章会筹。允岁增修费四万,并拨部帑三十万充经费。己亥,库车地震。免镇、迪各属逋赋。庚子,重申科场禁例。辛丑,免鄂伦春贡貂。壬寅,滇缅续约成。

二月辛亥，诏殿廷考试阅卷大臣公慎校取勿滥。浚通惠河，筑闸坝。甲子，命李鸿章阅海军。甲戌，禁州县非时预征及滥用非刑。允许振袷请，芦沟桥置河防局，仿袭曰修成法，设浚船百二十艘。

三月戊寅朔，日有食之。谕疆吏毋滥保属官。戊子，诏停秋决。是春，免新疆各属逋赋，云南各属额赋杂课。

夏四月戊申，韶州南雄匪乱，剿平之。己酉，溆浦匪首谌北海伏诛。甲寅，大考翰、詹，擢文廷式等六人一等，余升黜有差。辛酉，见义使巴尔迪等于承光殿。辛未，赐张謇等三百十一人进士及第出身有差。壬申，谕直省清理京控积案。

五月丁亥，以畿辅多盗，谕严捕务。戊子，诏驻藏办事大臣、帮办大臣三年任满得请觐，著为令。丁酉，初，朝鲜以匪乱乞师，李鸿章檄提督叶志超、总兵聂士成统兵往。上虑兵力不足，因谕绥靖藩服，宜图万全，尚须增调续发，以期必胜。壬寅，除免江苏海运漂没漕粮。乙巳，召刘铭传来京。裁鄂伦春总管，升布特哈总管为副都统。

六月己酉，诏停道、府捐。癸丑，京师霪雨，祈晴。乙卯，见日使小村寿太郎于承光殿。戊午，命翁同龢、李鸿藻与军机、总署集议朝鲜事。壬戌，停海军报效。乙丑，谕："湖南京漕折价，备顺天赈。向有济荒经费，亦报解存储。"皆自今岁始，岁以为常。丁卯，命南澳镇总兵刘永福赴台湾。戊辰，召刘锦棠来京。辛未，上二旬万寿，御殿受贺筵宴。命徐用仪为军机大臣。壬申，召免出使日本大臣汪凤藻回国。

秋七月乙亥朔，日本侵朝鲜，下诏宣战。戊寅，命李瀚章毁南海举人康祖诒所著书。己卯，谕遣道员袁世凯往平壤抚辑。丙辰，命台湾布政使唐景崧、南澳镇总兵刘永福助邵友濂筹防。辛巳，谕李鸿章扩充海军，慎选将才，精求训练，通筹熟计以闻。乙酉，免宾川等州县田租。丙戌，敕神机营兵防近畿，驻通州，旋移南苑。戊子，命端郡王载漪、敬信练旗兵，以满洲火器营、健锐营、圆明园八旗枪营暨汉军枪队充选。载漪寻管神机营。谕停不急工程。允吴大澄请,统湘军赴朝鲜督战。丁酉,赈会同、会乐二县灾。己亥,命叶志超总统驻平壤诸军。敬信、汪鸣銮均在总理各国事务衙门行走。癸卯,重订中外保护华工约。

八月丙午,吴大澂督军出关,自请帮办海军,不许。丁未,始释奠于先师。己酉,刘锦棠卒。戊午,上皇太后徽号,颁诏覃恩有差。壬戌,李鸿章以师久无功,褫三眼孔雀翎、黄马褂。丙寅,懿旨发内帑三百万备军需。命四川提督宋庆帮办北洋军务。丁卯,命承恩公桂祥统率马步各营往驻山海关。戊辰,奉天援军统领高州镇总兵左宝贵及日人战于平壤,败绩,死之。己巳,命吴大澂军驻乐亭。庚午,懿旨,六旬庆辰停止颐和园受贺。拨京仓米三万石赈顺天各属水灾。

九月甲戌朔,懿旨,起恭亲王奕訢直内廷,管总署、海军署事,并会同措理军务。乙亥,命宋庆节制直、奉诸军。罢叶志超总统。丁丑,谕在籍提督曹克忠募津勇驻山海关。召王文韶来京。调黄少春为长江水师提督。庚辰,命兵部侍郎王文锦等办理团练。辛巳,免陕西咸宁等处旱荒田赋。壬午,海军副将邓世昌及日人战于大东沟,死之。癸未,召张之洞来京。丁亥,赈瑞昌等县潦灾。戊子,以临敌溃散,罢叶志超、卫汝贵统领,以聂士成统两军。庚子,日兵渡鸭绿江。辛丑,陷九连城。壬寅,命长顺率吉林军往奉天助剿,丰绅统三省练军防东边。

冬十月甲辰朔,谕裕禄饬金州战备。乙巳,命提督唐仁廉募勇二十营,会定安、裕禄防剿。丁未,诏山西各省入卫。戊申,诏恭亲王督办军务,各路统帅听节制。命王大臣等分办巡防、团防,广西按察使胡燏棻驻天津督粮饷,许专奏。召刘坤一来京,以张之洞署两江总督,兼南洋大臣。宁夏镇总兵卫汝贵以临敌退缩,褫职逮问。己酉,命翁同龢、李鸿藻、刚毅并为军机大臣。壬子,日人陷金州,副都统连顺弃城遁。徐邦道及日人战,败绩。丙辰,赈东省濒河贫民,并拨帑抚恤。丁酉,各国使臣呈递国书,贺皇太后六旬万寿,上见之于文华殿。壬戌,日人陷岫岩州,丰升阿、聂桂林皆弃城走。额勒和布、张之万罢军机。定安以临敌无功,夺钦差大臣、汉军都统,暂留办东三省练兵。依克唐阿以督兵畏葸褫职,戴罪图功。丁卯,日人袭旅顺船坞,总办龚照玙遁烟台,黄仕林、赵怀业、卫汝成继之,徐邦道与张光前、姜桂题、程允和奔复州依宋庆。谕李秉衡严防威海。吴大澄请自任山海关防务,并俟各军会合,规复朝鲜。谕曰:"临事而惧,古有明训。切勿掉以轻心,致他日言行不相顾。"以旅顺失守,责李鸿章调度乖方,褫职留任。壬申,夺丁汝昌海军提督,暂留任。宋庆自请治罪,特原之。诏各路将帅严约束,禁扰累民间,犯者立正军法。褫叶志超职。

十一月癸酉朔,褫龚照玙职,寻逮问。己卯,以金州陷,褫副都统连顺职,程之伟并褫职,赵怀业逮京治罪。庚辰,懿旨恭亲王奕䜣复为军机大臣。辛巳,免顺、直被水州县额赋。丙戌,日本陷复州。戊子,日本兵集金、复二州。谕宋庆率诸军决战。丰升阿、聂桂林自岫岩奔析木城,闻敌至,师复溃,日人取析木城。以程文炳为陆路提督。己丑,宋庆及日人战于海城,败绩,退保田庄台。庚寅,依克唐阿及日人战于凤凰城,侍卫永山死之。命荣禄在总理各国事务衙门行走。壬辰,丰升阿、聂桂林逮问。癸巳,逮叶志超、丁汝昌治罪。戊戌,褫提督程允和、张光前、总兵姜桂题职,俱留营效力。

十二月癸卯,停是月紫光阁、保和殿筵宴。褫提督卫汝成职,逮问。甲辰,御史安维峻以论李鸿章,坐妄言褫职,戍军台。命刘坤一为钦差大臣,关内外各军均归节制。褫提督黄仕林职,逮问。壬子,命张荫桓、邵友濂以全权大臣往日本议和,寻召还。丙辰,拨江苏漕米十二万石备顺、直春赈。丁巳,章高元及日人战于盖平,败绩。奉军复战,提督杨寿山死之,城陷。辛酉,懿旨刘坤一驻山海关筹进止。趣吴大澄率师出关,会宋庆进剿。以近畿米贵,运豫、鲁杂粮平粜。癸亥,卫汝贵处斩。甲子,命宋庆、吴大澄襄办刘坤一军务。乙丑,再拨京仓米三万石备顺天春赈。己卯,日本陷荣成。庚午,命王文韶襄办北洋军务。

是岁,朝鲜入贡。

清史稿卷二四
本纪第二四

德宗二

二十一年乙未春正月癸酉朔,停筵宴。乙亥,日兵寇威海。丁
丑,我海军与战于南岸,败绩。己卯,吴大澄始出关视师。辛巳,威
海陷,守将戴宗骞死之。改命聂士成统兵入关。丁亥,诏责李鸿章。
庚寅,刘公岛陷,水师燔,丁汝昌及总兵刘步蟾死之。谕张之洞、松
椿防海、赣、清江水陆要冲,保淮、淮通运。辛卯,授李鸿章为头等全
权大臣,使日本。壬辰,见各国使臣于文华殿。陶模言喀什噶尔、莎
车、和阗等属户民,英印度部收买为奴,应由公家赎放,从之。丙申,
叶志超、龚照玙俱论斩。己亥,日本陷文登、宁海,逼烟台。宋庆等
及日人战于太平山,败绩,走。

二月乙巳,宋庆、吴大澄败日人于亮甲山,参将刘云桂、守备赵
云奇战死。赈锦州、宁远灾民。丁未,命聂士成总统津、沽海口防军。
乙酉,日兵薄辽阳,长顺、唐仁廉击却之。庚戌,日兵陷牛庄,吴大澄
退走,日人遂袭营口。癸丑,马玉崑败日人于田庄台。甲寅,复战,
败绩。丙辰,日兵陷田庄台。吴大澄奔锦州,宋庆退双台。丁巳,以
吴大澄师徒挠败,切责之。戊午,恭亲王等奏撤海军署。免上元、江
宁等处,淮安等卫赋课。赈直隶水灾。庚申,分神机营兵驻喜峰口。
癸亥,命吴大澄解军务帮办来京,湘、鄂诸军以魏光焘领之。乙丑,
拨库帑十万加赈蓟州等处灾民。庚辰,知州徐庆璋集民团固守辽
阳,命裕禄济饷械。己巳,赈玉田、滦州、乐亭水灾。日人狙击李鸿

章,弹伤其颊。庚午,日人犯澎湖。

三月壬申朔,命吴大澄回湖南巡抚任。癸酉,济阳高家纸坊河决。乙亥,日兵陷澎湖。戊子,褫提督蒋希夷职,逮问。癸巳,命郭宝昌随同刘坤一办防务。己亥,李鸿章与日本全权伊藤博文、陆奥宗光马关会议。和约成,定朝鲜为独立自主国,割辽南地、台湾、澎湖各岛,偿军费二万万,增通商口岸,任日本商民从事工艺制造,暂行驻兵威海。

夏四月戊申,拨京仓米石备顺天平粜。己酉,天津海溢,王文韶自请罢斥,不许。谕曰:“非常灾异,我君臣惟当修省惕厉,以弭天灾。”甘肃撒回叛,陷循化厅,雷正绾剿之。庚戌,命道员联芳、伍廷芳赴烟台与日本换约。乙卯,谕曰:“和约定议,廷臣交章谓地不可弃,费不可偿,当仍废约决战。其言固出忠愤,而未悉朝廷苦衷。自仓卒开衅,战无一胜。近者情事益迫,北可逼辽、沈,南可犯畿疆。沈阳为陵寝重地,京师则宗社攸关。况慈闱颐养二十余年,使徒御有惊,藐躬何堪自问?加以天心示警,海啸成灾,战守更难措手。一和一战,两害兼权,而后幡然定计。其万难情事,言者所未及详,而天下臣民皆当共谅者也。兹将批准定约,特宣示前后办理缘由。我君臣惟期坚苦一心,痛除积弊。”戊午,谕军机大臣及诸臣工,和局已成,勿再论奏。留山东运粮十万石备宁河等处赈。命裕禄接济宁、锦等属赈需。己未,赏前宿松县知县孙葆田五品卿衔。辛酉,达赖喇嘛受戒毕,赍哈达、念珠等物。癸亥,拨湖北漕米三万石,备宁、锦等属赈。乙丑,京师平粜。命李经芳为台湾交地全权委员。丙寅,赐骆成骧等二百八十二人进士及第出身有差。丁卯,召唐景崧来京。

五月辛未朔,赈临漳等县水灾。庚辰,蒋希夷论斩。乙酉,见俄使喀希尼、法使施阿兰于文华殿。壬辰,日本归我辽南地。丁酉,免湖南新化、云南阿迷、保山、昆明上年被灾田赋。赈长武等县水灾雹灾。庚子,唐景崧休致。

闰五月辛丑朔,拨山东库帑二万助赈奉天。壬寅,抚恤江、浙运

漕稽候船户万余人。甲辰,大学士福锟致仕。乙巳,命直隶提督聂
士成总统淮军驻津、沽,江西布政使魏光焘总统浙军驻山海关,四
川提督宋庆总统毅军驻锦州,俱听北洋大臣调度。癸丑,吴大澂罢。
戊午,予惠潮嘉道裕庚四品京堂,充出使日本大臣。丁卯,谕曰:"近
中外臣工条陈时务,如修铁路,铸钞币,造机器,开矿产,折南漕,减
兵额,创邮政,练陆军,整海军,立学堂,大抵以筹饷练兵为急务,以
恤商惠工为本源,皆应及时兴举。至整顿厘金,严核关税,稽察荒
田,汰除冗员,皆于国计民生多所裨补。直省疆吏应各就情势,筹酌
办法以闻。"

六月甲戌,孙毓汶以疾免。丁丑,赈热河饥民。乙酉,军机大臣
徐用仪罢。以麟书为武英殿大学士,崑冈以礼部尚书、协办大学士。
命钱应溥为军机大臣,翁同龢、李鸿藻均兼总理各国事务衙门行
走。戊子,赈钟祥等处水灾。

秋七月甲辰,沁河决。乙巳,荥泽河决。丁未,诏李鸿章入阁办
事。授王文韶直隶总督兼北洋大臣。戊申,赈商州、清涧等处水灾
雹灾。己酉,予宋儒吕大临从祀文庙。寿张、齐东河决。丰升阿遣
戍军台,戊午,赈镇安等县水灾。辛酉,江西巡抚德馨有罪褫职。色
勒库尔地震。壬戌,以回众猖獗,褫总兵汤彦和职,杨昌浚、雷正绾
并褫职留任。丁卯,已革提督黄仕林论斩。

八月壬申,赈富川、容县水灾。丙子,赈阶、文、西宁等州县水
灾。己卯,四川总督刘秉璋以不能保护教堂褫职。丙戌,命工部郎
中庆常以五品京堂充出使法国大臣。癸巳,免云南威远被灾田赋。

九月庚子,赈梧州府属火灾。留山东新漕备濒河诸县灾赈。乙
巳,留湖北冬漕三万石备钟祥等县赈需。丁未,命魏光焘统军援甘
肃。戊申,免望都差徭,及退出圈地额赋五成,著为令。己酉,免陕
西前岁民欠,暨华州开渠占地钱粮。壬子,见英使欧格讷于文华殿。
乙卯,赈甘肃被扰各地难民。戊午,赈临湘蛟灾。拨帑三万购仓谷,
备常德、衡州旱灾。壬戌,见和使克罗伯于文华殿。癸亥,命宗人府
府丞吴廷芬兼总理各国事务衙门行走。丙寅,后藏班禅额尔德尼来

京谒陵,进方物。揭扬、潮阳、普宁等县地震。

十月辛未,杨昌浚罢,以陶模署陕甘总督。辛巳,李鸿章与日使互换归辽条约。甲申,长麟、汪鸣銮并以召对妄言褫职。己丑,初设新建陆军,命温处道袁世凯督练。丙申,免江川被灾田赋二年。赈鹤庆等州县水旱灾。十一月乙酉朔,山东赵家口合龙。丁未,免盛京被淹官庄额赋。戊申,留河南漕折八万备内黄等县工赈。己酉,以湖北布政使王之春充俄皇加冕贺使。庚戌,免奉天被兵各属旗民两年田赋,并积年逋赋。癸丑,刘永福免。癸亥,甘肃提督李培荣以赴援西宁逗留褫职。乙丑,调董福祥为甘肃提督,仍总统甘军,前敌诸将均归节制。赈保山蛟灾。

十二月戊寅,寿张决口合龙。庚辰,拨库帑六万备湖北春赈。癸巳,改命李鸿章使俄,邵友濂副之。是月,免陕西前岁逋赋、奉天上年苇税及官庄税粮。赈盛京、萍乡灾。发帑各十万,赈湖南、云南、陕西各属灾。

二十二年丙申春正月丙申朔,停筵宴。丁酉,以特遣李鸿章使俄,谕止邵友濂、王之春毋往。己亥,赈长沙各府水旱灾。乙卯,见各国公使于文华殿。庚申,命冯子材仍回广东,督办钦、廉防务。

二月庚午,移塔尔巴哈台额鲁克领队大臣驻布伦布拉克,伊犁察哈尔营领队大臣驻博罗塔拉。壬申,始议邮政与各国联会。开龙州铁路。刘铭传卒。丁亥,户部火。

三月戊戌,额勒和布致仕。癸卯,开杭州商埠。丁未,命王文韶、张之洞督办芦汉铁路。辛酉,回匪窥珠勒都斯。癸亥,命董福祥驻西宁,专任剿抚,魏光焘还驻河州,寻命回陕西巡抚任。

夏四月壬申,五台山菩萨顶灾。乙亥,免昆明、丘北被灾夏粮。辛巳,命荣禄往天津阅新建陆军。戊子,授崑冈体仁阁大学士,荣禄以兵部尚书协办大学士。

五月丁酉,谕李秉衡查州县粮赋,浮收者核减之。免恩安被灾额赋。辛丑,郑州文庙灾。是月,上数奉皇太后临醇王邸视福晋疾。

癸卯,醇贤亲王福晋叶赫那拉氏薨,辍朝十一日,上奉皇太后临邸视殓,越日复往奠祭。懿旨,醇贤亲王福晋薨逝,应称曰"皇帝本生妣"。乙巳,上成服。壬子,免安徽历年逋赋。甲子,缓鄂伦春牲丁进貂贡。

六月丙寅,谕奎顺抚恤青海蒙民。丁卯,河决利津。戊辰,免浙江历年各场积欠灶课盐课。庚午,赈浙江风灾。壬申,醇贤亲王福晋金棺奉移,上躬诣临送。甲戌,上奉皇太后如醇王园寓临奠福晋金棺。己卯,谕整顿长江水师。壬午,命裕禄兼充船政大臣。丙戌,松潘番乱,官军剿平之。丁亥,允王大臣请,神机营练兵处仿西制练兵。辛卯,永定河溢。是月,赈大东沟海溢灾,安徽、湖北蛟灾。

秋七月甲午朔,日有食之。丁酉,顺天东南各属水,命孙家鼐等速筹赈需。乙巳,留南漕十万石于天津备赈。

八月乙丑,以关内外回匪渐平,谕陶模、董福祥安辑降众,搜捕余匪。己巳,川军剿瞻对,叠克要隘,进逼中瞻。庚辰,谕鹿传霖:"瞻对用兵,乃暂时办法。事定后仍设番官否,当再审详。不得因此苛责喇嘛,转生他衅,慎勿卤莽而行。"己丑,谕刑部讯狱应速结,毋任延宕。壬辰,禁各省滥用非刑。

九月丙申,福锟卒。免陕西前岁逋赋。己亥,东陵虫灾,丙午,赏盛宣怀四品京堂。先是,王文韶、张之洞请立招商轮船总公司,举盛宣怀督办。至是,旨下,并准专奏。大学士张之万致仕。丁未,见德使海靖、比使费葛于文华殿。庚戌,命李鸿章在总理各国事务衙门行走。癸丑,李秉衡言勘明黄河尾闾,拟由旧黄河东岸挑浚新河,仍导归旧河入海。谕以大举兴办,务期一劳永逸,以副委任。

是秋,赈河南、奉天、湖北、安徽、山东、山西、吉林、黑龙江水灾,湖南蛟灾,及陕、甘水灾雹灾,新疆蝗灾雹灾,广东洋面风灾。

冬十月壬戌朔,赈湖北江、汉水灾。癸亥,办河州冬赈。甲子,增设苏州、杭州、沙市、思茅四关。丙寅,谕陶模选廉明贤吏,和辑汉、回,偶有争执,专论是非,准情理以剂其平,并分别抚恤被兵区域。论平回功,予董福祥骑都尉世职,授陶模陕甘总督,饶应祺新疆巡抚,予奎顺、魏光焘优叙,其余甄叙有差。甲戌,永定河决口合龙。戊寅,定朝鲜设领事,不立条约,不遣使,不递国书,以总领事一人驻其都城。庚辰,命左都御史杨儒充出使俄奥荷大臣,道员罗丰禄充了使英义比大臣,黄遵宪充出使德国大臣,伍廷芳充出使美日秘大臣。癸未,免武清等州县秋赋杂课。乙酉,赈华州等处水灾。己丑,以徐桐为体仁阁大学士,李鸿藻以礼部尚书协办大学士。

十一月戊申,冬至,祀天于圜丘。己酉,免朝贺。辛亥,免河洮等处被灾赋课。丁巳,命工部侍郎许景澄充出使德国大臣。是月,赈山东、四川水灾。

十二月乙丑,初,鹿传霖屡奏瞻对宜剿,拟收回后改设汉官。上虑失达赖心,命鹿传霖、文海等详议。至是,疏陈瞻民向化,藏番震慑各情。因谕剀切劝导达赖,期于保藏、保川两无窒碍。赈四川东乡等属灾。丙子,免辽阳各村屯粮赋,绥德等州县逋粮。

二十三年丁酉春正月辛卯朔,停筵宴。丁酉,免山东光绪初年逋赋。辛亥,留湖北漕米充工赈。乙卯,见美、法、英、德、荷、比、俄、义、日本及日、奥诸国公使于文华殿。

二月壬戌,命户部侍郎张荫桓使英。庚午,河决历城、章邱。己卯,命崇礼、许应骙在总理各国事务衙门行走。

三月癸巳,诏汰冗兵。甲辰,懿旨发内帑十万赈四川,五万赈湖北,并以库帑十万加赈四川夔、绥、忠三属。辛亥,免铜仁、青溪被水田赋。丁巳,初设海参葳委员。

夏四月乙亥,李秉衡奏减山东钱漕。

丙申,诏棍噶札拉参胡图克图嘉穆巴图多普准转世为八音沟承化寺胡图克图。甲辰,张之万卒。赠太保。丁未,上诣本生妣醇贤亲王福晋园寝,周年释服。壬子,予吕海寰四品京堂,充出使德荷二国大臣。

六月己卯,赈崇阳等县水灾。

是夏,见奥使齐干、俄使乌尔他木斯科、英使窦纳乐、日使矢野文雄于文华殿。

秋七月庚寅，李鸿藻卒。丙申，命廖寿恒在总理各国事务衙门行走。辛丑，复故陕西固原提督雷正绾原官。甲辰，免岷州卫二十四寺进骡，并展缓马贡。甲寅，平遥普洞村山陷入地中。

八月己巳，靖西地震。壬申，命翁同龢以户部尚书协办大学士。癸未，弛科布多札哈沁宝尔吉矿禁，许蒙、汉民人开采。乙酉，以鹿传霖于德尔格忒土司措理失宜，罢改土归流议，释土司昂翁降白仁青暨其家属，仍回德尔格忒管土司事。

九月戊子，鹿传霖罢。己丑，命德尔格忒撤兵。戊戌，见挪威使柏固于文华殿。甲辰，达赖喇嘛请还瞻对地。谕恭寿等会商以闻。丙午，利津决口合龙。乙卯，复故陕甘总督杨昌浚官。

是秋，赈陕西雹灾水灾，湖南北、江西、广东、安徽、云、贵水灾，新疆蝗灾。

十月戊午，广西巡抚史念祖坐事褫职。壬申，曹州匪戕害德国教士，命李秉衡察勘之。戊寅，德以兵轮入胶澳。壬午，免乐亭等州县被灾额赋。是月，赈广东风灾，陕西雹灾，湖南、江南水灾。

十一月辛卯，拨江北漕米三万石，备徐、海各属赈。甲午，诏罢三瞻改土归流议，仍隶达赖喇嘛。辛丑，谕安抚江苏各属饥民。丁未，英使窦纳乐久见。癸丑，冬至，祀天于圜丘。甲寅，免朝贺。昭乌达盟旗匪平。

十二月甲子，利津河决。己巳，免安州涝地租。乙亥，三岩野番就抚，改设土千户，隶巴塘。罢朱窝、章谷两土司归流议。戊寅，诏各省保护教堂教士。免狄道、巴燕戎格等处额赋。

二十四年戊戌春正月乙酉朔，日有食之。元旦受礼改于乾清宫，停宗亲宴。戊子，诏各省大吏定议筹饷练兵，速覆以闻。庚寅，定经济特科及岁举法。命中外保荐堪与特科者。乙未，免建水被旱夏粮。己酉，见各国公使于文华殿。壬子，免石屏、昆明夏粮。

二月甲子，命廖寿恒在军机大臣上学习行走。丙寅，免青海阿里克番族马贡银。乙巳,留江北漕米一万石赈徐州灾。丁丑,命神机营选练先锋队。庚辰,诏武科改试枪炮。停默写武经。

三月丁亥,诏立义仓。戊子,俄使巴布罗福觐见。乙巳,除新化被水额赋。是月,开直隶北戴河至秦王岛、湖南岳州、福建三都澳口岸。

闰三月乙卯,召张之洞来京。丙辰,麟书卒。庚申,以德人入即墨文庙,毁圣贤像,下总署察问。乙丑,临恭亲王邸视疾。甲戌,上侍皇太后幸外火器营教场,阅火器、健锐、神机三营及武胜新队操,凡三日。丁丑,以湖北沙市焚毁教堂。谕张之洞回任。续赈徐、海灾。戊寅,见德亲王亨利于玉澜堂。己卯,还宫。免新兴被旱额赋。庚辰,见法使毕胜于文华殿。壬午,安徽凤、颍、泗灾。

是春,以胶州湾租借于德意志,旅顺口、大连湾、辽东半岛租借于俄罗斯。

夏四月壬辰,恭亲王奕欣薨,辍朝五日,素服十五日,临邸赐奠。懿旨特谥曰忠。守卫园寝增设丁户,每祭祀官经理之。孙贝勒溥伟袭。甲午,懿旨,恭忠亲王功在社稷,应配飨太庙。诏中外臣工当法恭忠亲王,各摅忠悃,共济时艰。己亥,授荣禄为文渊阁大学士,刚毅为兵部尚书协办大学士。乙巳,诏定国是,谕:"中外大小诸臣,自王公至于士庶,各宜发愤为雄。以圣贤义理之学植其根本,兼博采西学之切时势者,实办讲求,以成通达济变之才。京师大学堂为行省倡,尤应首先举办。军机大臣、王大臣妥速会议以闻。"丙午,诏各省立商务局。赐夏同龢等三百四十二人进士及第出身有差。己酉,翁同龢罢。选派宗室王公出洋游历。近支王、贝勒等,上亲察之。公以下及闲散人员,由宗人府保荐。召王文韶来京,裁督办军务处。庚戌,召见工部主事康有为,命充总理各国事务衙门章京。辛亥,前藏达赖喇嘛贡方物。

五月癸丑朔,诏陆军改练洋操,令营弁学成者教练,于北由新建陆军,于南由自强军派往。各疆臣限六阅月,举并饷练兵及分驻地,妥议以闻。其军械枪炮,各省机器局酌定格式,精求制造。甲寅,赈栖霞火灾。丁巳,诏自下科始,乡、会、岁、科各试,向用四书文者,改试策论。命孙家鼐以吏部尚书协办大学士,王文韶以户部尚书为军机大臣,兼总理各国事务衙门行走。授荣禄直隶总督,兼北洋大臣。庚申,趣盛宣怀芦汉铁路刻日兴工,并开办粤汉、宁沪各路。甲子,诏以经济岁举归并正科,岁、科试悉改策论,毋待来年。丁卯,诏立京师大学堂,命孙家鼐管理。赏举人梁启超六品衔,办理译书局。戊辰,诏兴农学。谕曰:“振兴庶务,首在鼓励人才。各省士民著有新书,及创新法,成新器,甚资实用者,宜悬赏以劝。或试之实职,或锡之章服。所制器给券,限年专利售卖。其有独力创建学堂,开辟地利,兴造枪炮厂者,并照军功例赏励之。”辛未,免禄劝被水田粮。癸酉,诏八旗两翼诸营,均以其半改习洋枪、抬枪。以奕劻等管理骁骑营,崇礼等管理护军营。甲戌,诏改直省各属书院为兼习中西学校,以省书院为高等学,郡书院为中等学,州县书院为小学。其地方义学、社学亦如之。乙亥,命裕禄为军机大臣。丙子,谕各省州县实力保护教堂。丁丑,命三品以上京堂及各省督抚、学政举堪与经济特科者。颁士民著书、制器暨创兴新政奖励章程。命中外举制造、驾驶、声光化电人才。戊寅,诏各省保护商务。免海康、遂溪上年被灾额赋。赈长安等州县水灾雹灾。

六月癸未朔,诏改定科举新章。丙戌,赈徐、海灾。己丑,诏颁张之洞著劝学篇,令直省刊布。命康有为督办官报。壬辰,命荣禄会同张之洞督办芦汉铁路。郁林、梧州土匪、会匪相结为乱,陷容、兴业、陆川三县,官军剿平之。丙申,饶应祺进回部贡金。丁酉,命翰、詹、科道轮班召对。部院司员条例时事,堂官代陈。士民得上书言事。设矿务铁路总局于京师,王文韶、张荫桓专理之。庚子,湖南设制造枪炮两厂。辛丑,赈宁羌火灾,洵阳等县水灾雹灾。癸卯,命伍廷芳赈古巴华民。乙巳,谕曰:“时局艰难,亟须图自强之策。中外臣工墨守旧章,前经谕令讲求时务,勿蹈宋、明积习,训诫谆谆。惟是更新要务,造端宏大,条目繁多,不得不广集众长,折衷一是。诸臣于交议之事,当周咨博访,详细讨论。毋缘饰经术,附会古义,毋胶执成见，隐便身图。倘面从心违，致失朝廷实事求是本旨，非朕所望也。朕深惟穷变通久之义，创建一切，实具万不得已之苦衷。用申谕尔诸臣，其各精白乃心，力除壅蔽，上下一诚相感，庶国是以定，而治道蒸蒸矣。"谕南北洋大臣筹办水师及路矿学堂。谕各省广开通商口岸。命黄遵宪以三品京堂充驻朝鲜大臣。

是夏，广东九龙半岛、山东威海卫俱租借于英吉利。

秋七月甲寅，诏停新进士朝考，并罢试诗赋。赈奉天被贼各厅县灾。丙辰，诏于京师设农工商总局，以端方、徐建寅、吴懋鼎督理，并加三品卿衔。命出使大臣设侨民学堂于英、美、日本各国。丁巳，河决山东上中游，济阳等六县同时并溢。己未，诏定于九月十五日奉皇太后幸天津阅兵。移沙市关监督、荆宜施道、江陵县并驻沙市镇。壬戌，赈南阳水灾。乙丑，诏裁詹事府，通政司、大理、光禄、太仆、鸿胪诸寺，归并其事于内阁、礼、兵、刑部兼理之。裁湖北、广东、云南巡抚，以总督兼管之。河东河道总督并于河南巡抚。兼裁各省粮道、盐道。庚午，以抑格言路，首违诏旨，夺礼部尚书怀塔布、许应骙，侍郎坤岫、徐会沣、溥颋、曾广汉等职。赏上书主事王照四品京堂。辛未，颁曾国藩州县清讼事宜及功过章程于各省，并增道府功过。谕疏导京师河道沟渠，平治道涂。谕各省实行团练。赏内阁侍读杨锐、中书林旭、刑部主事刘光第、江苏知府谭嗣同并加四品卿衔，参预新政。赈建水水灾。癸酉，罢李鸿章总理各国事务衙门行走。以裕禄为礼部尚书，在总理各国事务衙门行走。乙亥，置三、四、五品卿，三、四、五、六品学士。丙子，赈泰和水灾。丁丑，召袁世凯来京。谕曰："国家振兴庶政，兼采西法，诚以为民立政，中西所同，而西法可补我所未及。今士大夫昧于域外之观，辄谓彼中全无条教。不知西政万端，大率主于为民开智慧，裕身家。其精者乃能淑性延寿。生人利益，推扩无遗。朕夙夜孜孜，改图百度，岂为崇尚新奇。乃眷怀赤子，皆上天所畀，祖宗所遗，非悉使之康乐和亲，未为尽职。加以各国环相陵逼，非取人之所长，不能全我之所有。朕用心至苦，而黎庶犹有未知。职由不肖官吏与守旧士夫不能广宣朕意。乃至胥动浮言，小民摇惑惊恐，山谷扶杖之民，有不获闻新政者，朕实为叹恨。今将变法之意，布告天下，使百姓咸喻朕心，共知其君之可恃。上下同心，以成新政，以强中国，朕不胜厚望焉。"谕各省撤驿站，设邮政。严米粮出口禁。

八月壬午朔，命户部编定岁出入表颁行之。谕出使大臣征送侨民归国备任使。命袁世凯以侍郎候补，专任练兵事宜。丙戌，见日本侯爵伊藤博文、署使林权助于勤政殿。赈射洪等县水灾，略阳等县水灾雹灾。丁亥，皇太后复垂帘于便殿训政。诏以康有为结党营私，莠言乱政，褫其职，与其弟广仁皆逮下狱。有为走免。戊子，诏捕康有为与梁启超。庚寅，户部侍郎张荫桓、翰林院侍读学士徐致靖、御史杨深秀暨杨锐、林旭、刘光第、谭嗣同并坐康有为党逮下狱。辛卯，上称疾，征医天下。召荣禄来京。命逮文廷式，捕孙文。壬辰，诏复设詹事府、通政司、大理、光禄、太仆、鸿胪诸寺。禁官民擅递封章。罢时务官报。各省祠庙毋改学堂。命吏部侍郎徐用仪在总理各国事务衙门行走。癸巳，拨江漕八万石改折，备徐、海赈。赈高州水灾。甲午，杨深秀、杨锐、林旭、刘光第、谭嗣同、康广仁俱处斩。谪张荫桓新疆。徐致靖禁锢。命荣禄为军机大臣。以裕禄为直隶总督，兼北洋大臣。乙未，以康有为大逆不道，构煽阴谋，颁朱谕宣示臣下。罢巡幸天津阅操。命荣禄管兵部事，兼节制北洋诸军及宋庆军。丁酉，籍康有为、梁启超家。命赵舒翘会同王文韶督办矿路总局。谕苏、浙新漕运京，罢改折议。留山东新漕米石备赈。戊戌，赏袁昶三品京堂，在总理各国事务衙门行走。庚子，李端棻以滥保褫职，戍新疆。褫王照职，籍其家，逮捕。辛丑，赏前御史文悌知府。壬寅，黄遵宪以疾免，赏李盛铎四品京堂，充出使日本大臣。陈宝箴以滥保夺湖南巡抚任。癸卯，诏疆臣饬吏治，培人才，开财源，修武备，举劾牧令，整齐营规。诏言责诸臣指陈国计得失，其淆乱是非事攻讦者罪之。乙巳，懿旨，复乡、会试及岁、科考旧制，罢经济持科，罢农工商局。丙午，端方进所编劝善歌，诏颁行。懿旨，命疆臣保卫民生，慎选循良，整饬保甲团练。凡水利蚕桑，及制造贩运,资民间利赖者,以时教导之。申联名结会之禁。授荣禄为钦差大臣。乙酉,命裕禄会办芦汉等处铁路。设上海、汉口水利局。

九月辛亥朔,懿旨,一切政治关国计民生者,无论新旧,仍次第推行。建言诸臣章奏务裨时局,毋妄意揣摩。癸丑,发内帑二十万赈山东水灾。甘肃、新疆地震。丁巳,广西匪平。己未,命军机大臣会大学士及部院议治河之策。辛酉,初,强劫盗案,不分首从。至是,命枢臣暨法司详议区别。代州地震。壬戌,免陕西咸宁等处逋课。戊辰,复武乡、会试及童试旧制,惟营用武进士及投标武举令习枪炮。复置湖北、广东、云南巡抚,河东河道总督。免裁粮道等缺。己巳,命许景澄在总理各国事务衙门行走。甲戌,复刑名解勘旧制,除军务省分及情事重大者,仍就地正法,余不准行。丙子,命胡燏棻在总理各国事务衙门行走。己卯,权停福州船厂制造。庚辰,命李鸿章往勘山东黄河。是月,赈直、陕、川、鄂、苏、滇、晋、新等各省灾。

冬十月辛巳朔,享太庙,礼亲王世铎摄行,是后郊庙祀典皆遣代,至辛丑冬自西安还京,始亲诣。丙戌,命道员张翼督办直隶暨热河矿务,立公司。赈顺天各属灾。丙申,赈韩城等县灾。己亥,命户部拨帑八万金安徽赈。辛丑,追夺翁同龢职。前湖南巡抚吴大澄坐事褫职。济阳决口合龙。壬寅,悬赏购捕康有为、梁启超、王照。甲辰,允荣禄请,以宋庆、聂士成、袁世凯、董福祥所部分立四军,别募万人为中军。乙巳,见俄使格尔思于勤政殿。命胡燏棻督办津镇铁路,以张翼副之。丁未,赈罗平水灾雹灾。

十一月癸丑,谕张汝梅办山东灾赈。赏桂春三品京堂,命在总理各国事务衙门行走。甲寅,命启秀为军要大臣,赵舒翘、联元并在总理各国事务衙门行走。丁巳,留河南漕折于滑县备赈。赈拨库帑二十万于江苏备赈。己巳,命溥良察山东赈。庚午,命裕庚在总理各国事务衙门行走。辛未,命疆臣均兼总理各国事务大臣衔。壬申,赈土鲁番等处水灾蝗灾。丁丑,以称疾停年节升殿筵宴。戊寅,罢直隶练军。

十二月丙戌,湖北巡抚曾铣坐事免。癸巳,命马玉崑往河南办理防剿。罢胡燏棻津芦路督办,以许景澄代之。丁酉,免汉阳等州县被灾额赋。壬寅,改湖北汉口同知为夏口抚民同知。戊申,发内帑五万于于清、淮备赈。

二十五年己亥春正月庚戌,抚恤豫、皖被贼州县灾民。丙辰,诏清庶狱。庚申,免涡阳等州县被贼税粮。辛酉,止各国驻京公使觐贺。壬戌,再拨部帑五万于安徽备赈。丙寅,召李秉衡来京。

二月甲申,申谕各省办积谷、清讼、团练、保甲。丁亥,命武胜新队名曰虎神营。举行京师保甲。戊戌,胶州湾德兵藉词护教,入沂州境。命吕海寰告德国外部,止其进兵。以新建陆军训练有效,予袁世凯优叙。庚子,命副都统寿山募练十六营,为镇边新军。甲辰,德兵至兰山。丁未,陷日照城。

三月乙卯,谕有漕各厅州县,自今冬始,改征本色运京师。丁丑,召苏元春来京。

夏四月癸未,谕曰:“近因时事艰难,朝廷孜孜求治,叠谕疆臣整顿一切。旋据覆陈练兵、筹饷、保甲、团练、积谷各事,虽匪空言,尚虚确效。用再谕令所筹诸务,速即兴办。仍将有无成效,据实以闻。”申谕疆臣切实校阅营伍。又谕察勘荒田,劝导民垦,勿任吏胥讹扰,亦毋遽拟升科。义人以兵舰来,图登三门湾,谕严戒备。己丑,命刚毅往江南诸省核库藏出纳实数。癸巳,命聂士成军马步四营驻热河,实边防。丙申,谕刘坤一等集重兵为备,义兵登陆,即迎击之。丁酉,命按察使李光久督办浙江防剿,长顺往吉林稽察练兵。乙巳,诏:“关税、厘、盐诸课,岁有常经,疆史瞻徇,不能力除积弊。大学士、军机大臣其详核会议以闻。”

五月壬子,命吴廷棻在总理各国事务衙门行走。甲寅,神机营兵厂药库火。乙卯,命太仆少卿裕庚充出使法国大臣。乙丑,命正定总兵杨玉书统练军驻热河。除安化、武冈、新宁被水田赋。己巳,岳州开商埠,移岳常澧道驻之,兼岳州关监督。

六月戊子,免迪化等属逋赋。丁酉,谕整饬海军,除积弊。庚子,赈庐陵等县水灾。

秋七月庚戌，以法人租借广州湾，命苏元春往会勘。乙卯，订《朝鲜通商条约》。丁巳，开秦皇岛商埠。己巳，命刚毅往广东清厘财政。庚午，命苏元春赴淮、徐练兵，听荣禄节制。

八月丁亥，甘肃海城回乱，官军剿平之。己亥，诏各省宣讲《圣谕广训》。甲辰，锦州、广宁匪乱，剿平之。

九月丁未，以旱诏求直言。庚戌，诏清讼狱，缓征输。谕疆吏整躬率属，持公道，顺舆情。己未，副都统寿长以废弛营务，褫职谪戍，荣和褫职逮问。辛酉，命李征庸充督办四川商矿大臣。甲戌，义人兵舰续至，谕直、鲁、江、浙严防。

是秋，赈浙江、湖南、甘肃水灾，陕西旱灾。

冬十月庚寅，命李秉衡巡阅长江水师。丙申，命李鸿章为通商大臣，考察商埠。壬寅，免陕西咸宁等处前岁逋赋。

十一月癸丑，命太仆寺卿徐寿朋充出使韩国大臣。甲寅，廖寿恒罢军机大臣，命赵舒翘在军机大臣上学习行走。免北流被贼上年逋赋。壬戌，再暴康有为、梁启超罪状，悬赏严捕。戊辰，孙家鼐以疾免。己巳，以户部尚书王文韶协办大学士。

十二月甲戌朔，诏停年节升殿筵宴。丙子，举行察典，敕毋冒滥。乙酉，免榆林等处被灾田粮。己丑，罢苏元春江南练兵，回广西提督任。乙未，命陈泽霖募勇驻江北操练，为武卫先锋右军。丁酉，诏以端郡王载漪之子溥俊为穆宗嗣，封皇子。命崇绮直弘德殿，授皇子溥俊读。壬寅，诏来年三旬寿辰，停朝贺筵宴，止文武大吏来京祝嘏。特举恩科，明年庚子乡试，次年辛丑会试。其正科乡、会试，递推于辛丑、壬寅年举行。

是冬，赈山西、云南、陕西、甘肃、山东等属灾。

是岁，广州湾租借于法郎西，并开滇越铁路。

二十六年庚子春正月甲辰朔，诏以三旬庆辰，加宗支近臣恩赉。己酉，命醇亲王载沣直内廷，命侍讲宝丰直弘德殿。停本年秋决。壬子，先是，知府经元善联名上书谏立嗣。至是，诏严捕治罪，寻籍其家。戊子，诏大索康有为、梁启超，毁所著书，阅其报章者并罪之。壬戌，三岩夷平，增设巴塘等处土官各职。癸亥，总署与法人议《广州湾租约》，订期九十九年。甲子，留南漕三万石赈河北灾民。是月，拳匪起山东，号“义和拳会”，假仇教为名，劫杀相寻，蔓延滋害。

二月丙子，河决滨州。乙酉，免昆明等州县被灾额赋。戊戌，定《墨国条约》。

三月戊申，命李盛铎使日本，贺其太子联姻。吕海寰使德，贺其太子加冠。壬子，滨州决口合龙。癸丑，以旱诏中外虑囚。甲寅，赏高赓恩四品京堂，直弘德殿。丁巳，命内阁学士桂春充出使俄国大臣，寻命兼使奥国。拨部帑十万赈山东、贵州各属水灾。己未，靖远夷就抚，置诸夷土官。壬戌，命袁世凯集新兵二十营，增立一军，为武卫右军先锋，全军翼长。

夏四月乙酉，善联罢，以许应骙兼管船政大臣。庚寅，义和拳入京师，诏步军统领等会议防禁以闻。辛卯，免宣威、昆明被水秋赋。丙申，赈重庆等处水旱灾。丁酉，总署言拳会造言煽惑，人心浮动，易肇衅端。谕所司妥议。授李鸿章两广总督。庚子，免新化等州县被水额赋。是月，拳匪焚毁保定铁路，副将杨福同往镇摄，行及涞水，被戕。

五月癸卯，拳匪毁琉璃河、长辛店车站局厂。命聂士成护芦保、津芦两路，防御之。甲寅，命载漪管总理各国事务衙门，启秀、溥兴、那桐同时兼行走，罢廖寿恒。乙卯，拳匪杀日本使馆书记杉山彬于永定门外。丁巳，谕令马玉崑赴京西剿拳匪。大沽戒严。己未，拳匪扰五城，坊市流血。诏步军统领神机、虎神营、武卫中军会巡，大臣巡察街陌，分驻九门监启闭。召李鸿章、袁世凯入卫。庚申，荣禄以武卫中军护各国使馆。命李端遇、王懿荣为京师团练大臣。召李秉衡及马玉崑统兵来京。是夕，拳匪焚正阳门城楼，阗市灰烬。庚申，诏刚毅、董福祥募拳民精壮者成军，自余遣散。辛酉，诏各省以兵入卫。外军攻大沽口，提督罗荣光不能御，走天津，死之，大沽遂陷。裕禄以捷闻，诏发内帑十万犒师。壬戌，命徐桐、崇绮会同奕劻、载濂等商军务。癸亥，命许景澄、那桐往告各国公使速出京。自庚申至于是日，皇太后连召王大臣等入见，咨众论。载漪持战议甚坚。载勋、载濂、载澜、徐桐、崇绮、启秀、溥良、徐承煜等，更相附和。荣禄依违其间。独许景澄、袁昶言匪宜剿，衅不可开，杀使臣，悖公法，辞殊切直。故有是命。甲子，拳匪戕德使克林德于崇文门内。乙丑，诏以中外衅启，饬战备。罢崇礼步军统领，以载勋代之。发仓米开粜济民食。庚午，召鹿传霖来京。

六月辛未朔，谕顺天府五城平粜，瘗教民暴骸。癸酉，命仓场侍郎刘恩溥往天津募水会强壮者，编立成军，与通州、武清、东安团民驻直隶，济之饷械。发仓于通州开粜。长萃等言津通道阻，请暂停漕运，不许。乙亥，谕各省护教士回国，教民悔悟自首者许自新。己卯，南漕运阻，命清江浦置局，采买运京。壬午，调李鸿章为直隶总督，兼北洋大臣，趣兼程来京。乙酉，诏展缓本年恩科乡试，明年三月八日举行，会试八月八日举行，庚子正科乡试及会试以次递推。外兵袭天津，聂士成战于八里台，死之。戊子，以吕本元为直隶提督。天津陷，裕禄、宋庆、马玉崐并退守北仓。庚寅，命顾璜、张仁黼会办河南团防。下户部尚书立山于狱。辛卯，诏缉戕害德使凶犯。额勒和布卒。丙申，上三旬万寿，东华门不启，群臣朝贺皆自神武门入。免疏附、拜城被灾额赋。赈福建水灾。

秋七月庚子朔，命李秉衡帮办武卫军事，张春发、陈泽霖、万本华、夏辛酉诸军并听节制。壬寅，杀吏部侍郎许景澄、太常寺卿袁昶。乙巳，调马玉崐为直隶提督。丁未，命荣禄以兵护各国公使往天津。己酉，外兵据北仓。庚戌，陷杨村，直隶总督裕禄自杀。壬子，授李鸿章全权大臣，与各国议停战。外兵袭蔡村。癸丑，李秉衡战于蔡村，败绩。外兵进占河西坞。甲寅，增祺言盖平、熊岳先后失守。丙辰，杀户部尚书立山、兵部尚书徐用仪、内阁学士联元。李秉衡战败于张家湾，死之。丁巳，外兵陷通州。命刚毅帮办武卫军事。己未,德、奥、美、法、英、义、日、俄八国联兵陷京师。庚申,上奉皇太后如太原,行在贯市。壬戌,次怀来。命荣禄、徐桐、崇绮留京办事。癸亥,广东布政使岑春煊率兵入卫,遂命扈跸。甲子,次沙城堡。懿旨,命岑春煊督理前路粮台。丁丑,次鸡鸣驿,下诏罪己,兼诚中外群臣。丙寅,次宣化。命万本华、孙万林、奇克伸布军听马玉崑节制,驻后路。丁卯,诏求直言。免扈路所过宛平、昌平等处钱粮一年。

八月庚午朔,次左卫。辛未,次怀安。壬申,次天镇。诏奕劻还京,会李鸿章义和。癸酉,次阳高。甲戌,次聚乐镇。太监张天顺骚扰驿站,处斩。乙亥,次大同。命刘坤一、张之洞会议和局。以载漪为军机大臣。戊寅,赏随扈王公暨大小臣工津贴银两。己卯,次怀仁。命京师部、院、卿寺堂官暨内廷行走者,除留京外,均率司员赴行在。辛巳,次广武镇。命程文炳统军驻潼关。壬午,次阳明堡。谕荣禄收集整理武卫中军。癸未,次原平镇。谕廷雍督剿直属拳匪。甲申,次忻州。丙戌,次太原,御巡抚署为行宫。免扈路所过天镇、阳高等州县令岁额赋。丁亥,西安等府旱。戊子,谕荣禄约束武卫中军。癸巳,诏有司劝教民安业,拳民被胁者令归农。乙未,赈四川各属灾。

闰八月庚子朔,赈丽水等县水灾。辛丑,追悼德使克林德,命崑冈往奠之。论庇拳启衅罪,削庄亲王载勋、怡亲王溥静、贝勒载濂、载滢爵。罢载漪、载澜、刚毅、赵舒翘、英年职,并下府部议。命鹿传霖为军机大臣。壬寅,以日书记杉山彬被戕,遣那桐使日本致祭赙。毓贤罢。乙巳,诏幸西安。丁未,启跸。是日,次徐沟。戊申,次祁县。己酉,次平遥。庚戌,次介休。辛亥,次灵石。壬子,次霍州。召荣禄赴行在。甲寅,诏改陕西巡抚署为行宫。乙卯,次平阳。丙辰,次史村驿。谕北五省严捕自立会党。戊午,次闻喜。己未,诏以西幸,陵寝坛庙久疏对越,命奕劻遴近支王贝勒代享太庙及祭东西陵,太常寺派员祭坛庙。寻令今岁除夕、来岁元旦祀典,并遣代行。趣近省解京饷给在京官弁俸粮。授奕劻全权大臣,会李鸿章议和约,刘坤一、张之洞仍会商。辛酉,次临晋。癸亥,次蒲州。谕江苏等省解款百万济京城俸饷。免跸路所过太原、阳曲等属今岁额赋。乙丑,次潼关。赈福州水灾。丁卯,次华阴。命敬信、溥兴管理虎神营。戊辰,次华州。

九月己巳朔,次渭南。壬申,至西安府,御巡抚署为行宫。甲申,以裕钢为驻藏办事大臣。丙子,予殉难祭酒王懿荣世职,并旌其妻谢氏、子妇张氏。乙卯,李鸿章奏诛附匪逗乱道员谭文焕。壬午,德人陷紫荆关,布政使升允退军浮图亿。寻奏德兵退易州,上以其张皇,切责之。己丑,罢保德贡黄河冰鱼。庚寅,削载漪爵,与载勋、溥静、载滢并交宗人府圈禁。载澜、英年镌级。赵舒翘夺职留任。刚毅病故,免议。毓贤戍极边。壬辰,予阖家自焚黑龙江将军廷茂、祭酒熙元、侍读宝丰、崇寿等恤。乙未,赈陕西荒。丙申,免陕西咸宁等县逋赋。戊戌,免云南各厅州县暨土司被灾逋赋。

冬十月戊申,皇太后圣寿节,停筵宴。庚戌,诏董福祥不谙外情,遇事卤莽,夺提督,仍留任。辛亥,发内帑四十万赈陕西饥民,趣江、鄂转漕购粮以济。癸丑,授王文韶为体仁阁大学士,崇礼、徐郙并协办大学士。丁巳,谕廓尔喀、前后藏及各土司暂勿贡献。癸亥,开秦、晋实官捐例赈旱灾。

十一月壬申,免长安额赋十之五。乙亥,清平苗匪王老九等作乱,官军剿擒之。庚辰,命杨儒为全权大臣,与俄议交收东三省事。辛巳,以长沙等府旱灾,开赈捐事例。壬午,免跸路所经山西各州县额赋十之二。癸未,命盛宣怀为会办商务大臣。乙酉,命徐寿朋赴京随办商约。癸巳,安徽开筹饷捐例。丙寅,增祺坐擅与俄人立交还奉天暂行约,予严议,寻褫职。

十二月甲辰,诏免明年元旦礼节。丁未,诏议变法,军机大臣、大学士、六部、九卿、出使大臣、直省督抚参酌中西政要,条举以闻。庚戌,谕直省大小官吏保护外侨,违者重谴。严立会仇教之禁,犯者问死刑。壬子,命左都御史张百熙充专使英国大臣。甲寅,留京大臣奏京师盗风甚炽,权用重典,允之。庚申,赏张佩纶编修,随李鸿章办交涉。壬戌,诏复冤陷诸臣立山、徐用仪、许景澄、联元、袁昶职。再论纵匪肇乱首祸诸臣罪,夺载澜爵职,与载漪并谪新疆禁锢。
褫刚毅职。英年、赵舒翘并褫职论斩。追褫徐桐、李秉衡职。启秀、
徐承煜褫职听勘。董福祥褫职解任。癸亥,下诏自责。以当时委曲
苦衷示天下。并诫中外诸臣激发忠诚,去私心,破积习,力图振作。

　　二十七年辛丑,行在西安。春正月戊辰朔,诏以救济顺、直兵
灾,开实官捐例。罢多伦诺尔岁贡海龙诸皮。庚午,赐载勋自尽。辛
未,毓贤处斩。癸酉,英年、赵舒翘并赐自尽。刚毅、徐桐、李秉衡并
论斩,以前没免。乙亥,启秀、徐承煜处斩。庚辰,免仁和等县荒废
田粮。辛巳,免新会贡橙。

　　二月己亥,拨部帑百万于山西备赈。壬子,广东郎中黎国廉等
进方物,升叙有差。

　　三月戊辰,免跸路所过暨被灾陕西咸宁等处税粮。己巳,诏立
督办政务处,奕劻、李鸿章、荣禄、崑冈、王文韶、鹿传霖并为督理大
臣,刘坤一、张之洞遥为参预。甲戌,免云南临安等处逋粮。丁丑,
论拳匪仇教保护不力罪,夺已故总督裕禄、驻藏大臣庆善原职,褫
浙江巡抚刘树棠职,布政使荣铨、副都统晋昌褫职戍极,边道员郑
文钦、知县白昶、都司周之德并处斩,余褫谪有差。拨山东漕米五万
石赈直隶灾民。壬午,谕免自京来行在各署司员停补扣资。

　　夏四月丁酉,赏在京王公百官半俸,旗、绿营兵丁一月钱粮。辛
丑,命马玉崑剿近畿余匪,瞿鸿机在军机大臣上学习行走。丁未,命
瞿鸿机兼政务处大臣。己酉,赈直隶旱灾。壬子,诏开经济特科,命
中外举堪与试者。免各省例贡,除茶叶药材及关祭品者,一切食物
悉罢之。癸丑,命载沣充德国专使大臣。庚申,诏从各国议,停顺天、
奉天、黑龙江、直隶、山西、河南、陕西、浙江、江西、湖南诸省考试五
年。壬戌,命张百熙等修京师跸路。癸亥,停吉林今岁贡。

　　五月乙丑,命那桐充日本专使大臣。展山西本年恩、正两科乡
试。癸未,赏道员蔡钧四品京堂,充出使日本大臣。甲午,赈墨尔根
等处灾。

六月丙申,命副都统荫昌充出使德国大臣,寻命为荷兰兼使。赏知府许台身道员,充出使韩国大臣。庚子,万寿节,停朝贺筵宴。癸卯,诏置外务部,以总理各国事务衙门改设之,命奕劻总理,王文韶为会办大臣,瞿鸿机任尚书并会办大臣,徐寿朋、联芳为侍郎。庚戌,各国联军去京师。壬子,发内帑五万于江西备赈。赈栖霞火灾。

秋七月甲子朔,命邓增节制随扈诸军。免陕西、河南、直隶跸路所过地额赋。乙丑,诏除漕务积弊,河运海运并改征折色,在京仓采运收储。世铎罢直军机。己巳,河决章邱、惠民。己卯,诏改科举自明年始,罢时文试帖,以经义、时务策问试士,停武科。予罗丰禄三品京堂,充出使俄国大臣。戊子,全权大臣奕劻、李鸿章与十一国公使议订和约十二款成。己丑,展陕西乡试于明年举行。壬辰,诏永罢实官捐例。谕各省建武备学堂。癸巳,谕各省裁兵勇,改练常备、续备、警察等军。

八月甲午朔,以回銮有日,遣官告祭西岳、中岳。跸路所经名山大川、古帝王陵寝、先儒名臣祠墓,并由疆吏遣官致祭。乙未,诏直省立学堂。戊申,废内外各署题本,除贺本外,均改为奏。壬子,命盛宣怀为办理商税大臣。癸丑,诏以变法图强示天下,并以刘坤一、张之洞条奏命各疆吏举要通筹。丁巳,车驾发西安。己未,升允奏临潼知县夏良材误供应,请褫职。皇太后命从轻议。升允自请处分,原之。

九月己酉,李鸿章卒,赠太傅,晋一等侯爵。命王文韶署全权大臣,袁世凯直隶总督兼北洋大臣。

是秋,发帑十五万赈陕西、安徽灾,留漕款十万、漕米六万石备安徽、江苏赈。又赈两湖、安徽、云南水灾,江苏潮灾。

冬十月癸巳朔,日有食之。甲午,次开封。惠民决口合龙。丙申,赏道员张德彝三品卿衔,充出使英国大臣,旋命兼使义比。壬寅,皇太后圣寿节,停朝贺。壬子,懿旨撤溥俊皇子名号。丙辰,诏展会试于癸卯年。其明年顺天乡试及癸卯科会试,权移河南贡院举行。

十一月丙子，特予故大学士李鸿章建祠京师。戊子，命贻谷督晋边垦务。章邱决口合龙。庚寅，上奉皇太后至自西安。辛卯，诏以珍妃上年殉节宫中，追晋贵妃。命翰、詹、科道及各署司员，按日预备召见。

十二月癸巳朔，命王文韶仍督办路矿，瞿鸿禨副之，袁世凯督办关内外铁路事宜，胡燏棻会办。丙申，申谕中外臣工，重邦交，安民教。以比匪误国，附和权贵，褫左副都御史何乃莹、侍讲学士彭清藜、编修王龙文、知府连文冲、曾廉职。丁酉，赈跸路所过三十里内贫民。己亥，祀天于圜丘。自戊戌年八月至于是月，始亲诣。庚子，祭大社、大稷。遣睿亲王魁斌等告祭方泽、朝日坛、夕月坛，恭亲王溥伟、贝子溥伦诣东西陵告祭。壬寅，命袁世凯参预政务处。甲辰，命镇国将军载振充英国专使，贺其君加冕，寻晋贝子衔。免跸路所过河南州县额赋十之三。赈广西火灾。辛亥，两宫见各国公使于乾清宫。免云南铜厂积年民欠。甲寅，以瞿鸿禨为军机大臣。授孙家鼐体仁阁大学士。乙卯，两宫见各国公使暨其夫人等于养性殿。丁巳，免山西州县历年逋赋仓谷。庚申，祫祭太庙。辛酉，上始复御保和殿，筵宴蒙古王公暨文武大臣。免浙江仁、钱等州县，杭严、嘉湖二卫未垦地亩粮赋。

二十八年壬寅春正月庚午，享太庙。辛未，祈谷于上帝。癸酉，四川提督宋庆卒，晋封三等男爵。丁丑，命张翼总办路矿事宜，王文韶、瞿鸿禨为督理，吕海寰会盛宣怀议商约。戊寅，罢河东河道总督。命各省大吏清厘屯地，改屯饷为丁粮，撤卫官归营，屯丁、运军并罢。谕各省立农工学堂。戊子，罢詹事府、通政使司。

二月壬辰朔，命张德彝充日斯巴尼亚专使，贺其君加冕。癸巳，谕各省亟立学堂暨武备学堂，开馆编纂新律。甲午，广西游匪戕法兵官，剿办之。丁酉，释奠于先师。戊戌，祭大社、大稷。庚戌，刘坤一乞疾，慰留。

三月辛酉朔，《交收东三省条约》成。甲子，见义使嘎厘纳于乾清宫。乙丑,祀先农,亲耕耤田。丙寅,上奉皇太后谒东陵,免跸路所过州县额赋十之三。己巳至庚午,谒诸陵。甲戌,幸南苑,驻跸团河行宫。壬午,至自东陵。癸未,皇后祀先蚕。

是春,免宣威、昆明及齐齐哈尔、墨尔根旗屯灾赋。免榆林等处逋赋,西安等厅县秋粮十之二。

夏四月壬辰,见俄使雷萨尔于乾清宫。甲午,常雩,祀天。丙申,命沈家本、伍廷芳参订现行法律。戊戌,李经羲以陈奏失辞,免云南巡抚,下部议。壬寅,命许珏充出使义国大臣,吴德章充出使奥国大臣,杨兆鋆充出使比国大臣。癸卯,皇后躬桑。甲辰,裁银、缎匹、颜料三库,罢管库大臣。乙卯,免滦平被灾地课。

五月壬戌,授袁世凯直隶总督兼北洋大臣。免双城逋赋。甲子,见各国公使等于乐寿堂。丙寅,广西匪陷广南之皈朝,云南官军击走之,复其城。丙子,夏至,祭地于方泽。戊寅,见美使康格等于乾清宫。

六月己丑朔,免鹤庆、宾川被灾杂赋。丙申,命孙宝琦充出使法国大臣,胡维德充出使俄国大臣,梁诚充出使美日秘大臣。庚戌,见美使康格及博览会长巴礼德于乾清宫。辛亥,命张之洞为督办商务大臣。癸丑,赈四川南充、简等属灾。

秋七月庚午,颁行《学堂章程》。

八月甲申,移云南迤西道驻腾越,兼监督关务。戊戌,袁世凯请裁陋规加公费,命他省仿行。癸卯,河决利津、寿张等处。己酉,见德使葛尔士等于仁寿殿。庚戌,河复决惠民。

九月癸巳,两江总督刘坤一卒,追封一等男,赠太傅。命张之洞署两江总局督,兼南洋大臣。免天津被兵新旧额赋。丁酉,见法使贾斯那等于仁寿殿。甲辰,见各国公使于仁寿殿。壬子,命袁世凯充督办商务大臣,伍廷芳副之,兼议各国商约。

是秋,发库帑三十万,续拨义赈十二万,并于四川备赈。又赈山东、广东、云南、福建、贵州等属水灾。

冬十月戊子,中英商约成。己丑,湖南都司刘长儒坐不保护教士处斩。是月，赈山、陕各属灾。云南剑川、鹤庆州，新疆疏勒等厅县俱地震。

十一月戊午，诏自明年会试始，凡授编、检及改庶常与部属中书用者，胥肄业京师大学堂，俟得文凭，始许散馆及奏留。分省知县亦各入课吏馆学习。己未，以有泰为驻藏大臣。辛酉，发内帑、部帑各五万于山东备赈。壬戌，调魏光焘为两江总督，兼南洋大臣。丙寅，免临潼被水地课五年。庚辰，冬至，祀天于圜丘。是月，见法使吕班、美使康格于乾清宫。

十二月癸卯，命袁世凯充督办电务大臣。辛亥，旌殉亲异域使俄大臣杨儒子锡宸孝行。是月，免江、浙各厅州县卫额赋，宜良被水租粮。

二十九年癸卯春正月丁巳朔，停筵宴。以明岁皇太后七旬圣寿，诏开庆榜，本年为癸卯恩科乡试，来年为甲辰恩科会试，其正科乡、会试并于下届举行。乙丑，见美使康格等于养乾清宫。丁卯，命荣庆同管大学堂事。己巳，见各国公使等于养性殿。丁亥，免镇西、疏附被灾粮赋。

二月壬子，惠民决口合龙。

三月丙辰朔，日有食之。庚申，见德亲王亨利、公使葛尔士等于乾清宫。诏以谒陵取道铁路，禁摊派差徭，扈从并免供给。辛酉，裁官学满、汉总裁及教习。癸亥，祀先农，亲耕耤田。上奉皇太后谒西陵。乙丑，幸保定府驻跸，免跸路所过州县额赋十之三。己巳，荣禄卒，赠太傅，晋一等男。罢印花税及一切苛细杂捐，科派侵渔者论如律。庚午，命奕劻为军机大臣。癸亥，幸南苑。甲戌，幸团河驻跸。庚辰，命奕劻、瞿鸿机会户部整理财政。立银钱铸造总厂于京师。命载振、袁世凯、伍廷芳参订商律。辛巳，至自南苑。是月，免陕西庚子年逋赋。

夏四月己亥，见各国公使于仁寿殿。己酉，云南匪陷临安府城。庚戌，免跸路所过州县旗租。辛亥，命崇礼为东阁大学士，敬信协办大学士。

五月癸亥，命铁良会袁世凯练京旗兵。戊辰，户部火。甲戌，命杨枢充出使日本大臣。乙亥，云南猓夷平。壬午，赐王寿彭等三百一十五人进士及第出身有差。

闰五月甲申朔，命冯子材会岑春煊办理广西军务。丙戌，命张之洞会张百熙、荣庆厘定大学堂章程。庚寅，滇军复临安府城，石屏匪首周云祥伏诛。壬辰，自四月不雨，至于是日雨。丙申，广西巡抚王之春、提督苏元春并褫职，以柯逢时为广西巡抚，刘光才为广西提督。己亥，御试经济特科人员于保和殿。壬寅，命马玉崑巡缉近畿盗贼。甲辰，《中英续订商约》成。

六月壬戌，予考取特科袁嘉谷等升叙有差。癸亥，逮苏元春下狱。丁卯，世铎等请加上皇太后徽号。懿旨以广西兵事方殷，民生困苦，不许。丁丑，河决利津。是月，见日使内田康哉等、义使嘎厘纳等于仁寿殿。山东烟台水灾，赈之。

秋七月乙酉，开厦门、鼓浪屿为各国公地。辛卯，赏郑孝胥四品京堂，督办广西边防，得专奏。崑冈致仕。戊戌，初置商部，以载振为尚书。

八月壬子朔，王公百官豫请来年皇太后七旬万寿报效廉俸申祝，懿旨止之。癸丑，免灵州濒河地粮。丁卯，《日本商约》成。庚寅，见各国公使于仁寿殿。壬申，以敬信为体仁阁大学士，裕德协办大学士。丁丑，见法使吕班、德使穆默于仁寿殿。

九月丙申，命荣庆在军机大臣上学习行走。调那桐为外务部尚书，兼会办大臣。丁酉，命那桐与奕劻、瞿鸿机 整理户部财政，荣庆充政务处大臣。戊戌，命孙家鼐、张百熙并充政务处大臣。

是秋，赈湖北、陕西等属水灾，怀柔雹灾，云南各属水旱灾雹灾，镇浙、绥来蝗灾冻灾。

十月辛亥朔，见荷使希特斯于乾清宫。戊午，以英秀接收阿勒台借地，率议展缓，命瑞洵往按之。丙寅，置练兵处，命奕劻总理，袁世凯、铁良副之。甲戌，命岑春煊总统广西诸军。乙亥，赏杨晟四品卿衔,充出使奥国大臣。丙子,袁世凯劾张翼擅售开平煤矿暨秦王岛口岸于外人。诏褫职,责令收回。

十一月丙午,谕曰:"兴学育才,当务之急。据张之洞同管学大臣会订学章所称,学堂、科举合为一途,俾士皆实学,学习实用。令自丙午科始,乡、会中额,及各省学额,逐科递减。俟各省学堂办齐有效,科举学额分别停止,以后均归学堂考取。"丁未,改管学大臣为学务大臣,以孙家鼐任之。

十二月丙辰,广西匪首覃志发等伏诛。戊午,诏内务府再减宫廷用费,罢一切不急工作。己巳,置翰林学士撰文,并增员缺,更定品级。丙子,以日、俄构兵,中国守局外中立例,宣谕臣民。己卯,授荣庆军机大臣。是月,免安州被涝、昆明被旱地亩租粮。

是冬,赈甘肃、云南各州县水灾,南州、新化蛟灾,泸州水灾。

三十年甲辰春正月癸未,移广西盐道驻梧州,兼关监督。河决利津王庄。甲申,见美、英、法、德、日、义、比、荷、葡各使康格等于乾清宫。己丑,云南提督张春发有罪,褫职戍军台。甲午,以皇太后七旬圣寿,上御太和殿,颁诏天下,覃恩有差。己亥,云南总兵高德元坐玩寇殃民处斩。己酉,诏停本年秋决。

二月庚戌朔,日有食之。己未,见葡使白朗谷于乾清宫。丙寅,利津决口合龙。

三月庚辰朔,见德使穆默等于乾清宫。癸未,御史蒋式瑆以疏劾奕劻语无根据,责还本官。戊子,下王照于狱。庚寅,免榆林等州县逋课。丁未,张德彝与英订《保工条约》成。

夏四月辛亥,见德亲王阿拉拜尔、公使穆默于乾清宫。乙亥,苏元春戍新疆。是月,免邓川上年灾粮,新化被蛟,呼兰、绥化等属被兵逋赋。

五月辛巳,命道员袁大化办理安徽矿务。乙酉,热河行宫灾。丙戌,懿旨特赦戊戌党籍,除康有为、梁启超、孙文外,褫职者复原衔,通缉、监禁、编管者释免之。戊戌,广西叛勇陷柳城,斩统领祖绳武于军前。乙亥，旌九世同居邢台贡生范凤仪。癸卯，赐刘春霖等二百七十三人进士及第出身有差。乙巳，懿旨，本年七旬寿节停筵宴，将军、督、抚等毋来京祝嘏，并免进献。罢粤海、淮安关监督，江宁织造。

六月己酉，谕曰："时艰民困，官吏壅蔽，下情不通。甚至州县钱粮浮收中饱，以完作欠，百弊丛生，大负朝廷恤民之意。各督抚速将粮额几何？实征几何？正耗收米或折色几何？具列简明表册。此外有无规费，一一登明声叙，毋饰毋漏，据实奏闻。"壬子，命铁良往江南考求制造局厂，筹画所宜，并察出入款目，及各司库局所利弊。戊午，趣岑春煊赴桂、柳督师。癸亥，青海住牧盟长车琳端多布等，请藉年班赍贡物赴京祝嘏。懿旨嘉奖，仍却之。癸酉，永定河决。丙子，河决利津薄庄。

秋七月戊寅，见比使葛飞业于乾清宫。罢福建水师提督，归并于陆路提督，移驻厦门。甲申，永定河北下汛复决。戊子，发内帑十万赈四川水旱灾。壬辰，英兵入藏境，达赖逃，褫其名号，命班禅额尔德尼摄之。甲午，甘肃黄河决，皋兰被灾，命崧蕃赈济。乙未，停九江进瓷器。丙申，命李兴锐署两江总督，兼南洋大臣。是月，赏汤寿潜四品卿衔，督办浙江铁路。

八月丁未朔，裁并内务府司员。癸亥，赏唐绍仪副都统衔，往西藏查办事件。辛未，见义使嘎尼纳于仁寿殿。癸酉，见墨使郇华于乾清宫。

九月丙子朔，见英使萨道义于乾清宫。癸未，敬信以疾免。己亥，李兴锐卒，命周馥署两江总督，兼南洋大臣。以英兵入藏，达赖求救，命德麟安抚之。英兵旋退。敕唐绍仪为议约全权大臣。癸卯，改湖北粮道为施鹤兵备道。

是秋，免吉林被兵、云南水旱兵灾逋赋，武威、金州额赋。赈云南、顺天、福建、甘肃、江西水灾，山西、浙江、广东等处灾。

冬十月丙午，吕海寰续订《中葡商约》成。以裕德为体仁阁大学士，世续协办大学士。庚戌，见奥、美、德、俄、比诸使齐干等于皇极殿。永定河决口合龙。壬子，上奉皇太后御仁寿殿，赐近支宗藩等宴，率王、贝子、贝勒、公等进舞。甲寅，皇太后圣寿节，上诣排云殿进表贺。辛酉，见英、日、法、韩诸使萨道义等于皇极殿。丙寅，懿旨，禁各省藉新政巧立名目，苛细私捐。一切学堂工艺有关教养者，当官为劝导，绅民自筹，毋滋苛扰。除浙江堕民籍，准入学堂，毕业者予出身。

十一月乙亥朔，命荫昌仍充出使德国大臣，曾广铨充出使韩国大臣。四川打箭炉地震。丁丑，见义使巴乐礼于乾清宫。壬午，广西匪首陆亚发伏诛。戊子，定新军官制。甲辰，谕增祺赈抚东三省难民。

十二月戊申，见义使巴乐礼、荷使希特斯、葡使阿梅达等于皇极殿。甲寅，裁江安粮道，改江南盐道为盐粮道。丁巳，发内帑三十万赈奉天难民。壬戌，直隶始行公债票。丙寅，罢漕运总督，置江淮巡抚。丁卯，立贵胄学堂。戊辰，置黑龙江巡道兼按察使衔，兰绥海兵备道，呼兰、绥化二府。辛未，修四川都江堰。

是冬，裁湖北、云南巡抚，湖南、陕西粮道。免石屏、赵州秋粮，陈留等州县逋赋，朝邑被水额赋。

三十一年乙巳春正月丁丑，见德、英、日本、法、荷、比、义、日、葡、墨、美、韩、奥诸使于乾清宫。达赖喇嘛请于库伦建庙讽经，不许。命仍还藏，善抚众生。癸巳，铁良言察阅诸省营伍，湖北陆军为最优，诏嘉奖。江南各军统领惩罚有差。命唐绍仪充出使英国大臣。

二月乙巳，懿旨发内帑三十万抚恤东三省难民。庚戌，命长庚、徐世昌考验改编三镇新军。丙寅，景隆恩殿灾。庚午，见美使康格于海晏堂。壬申，赈阿拉善游牧。癸酉，免陕西前岁逋粮。

三月乙亥，奉天饥。俄兵入长春，据之。丙子，巴塘番人焚毁法国教堂，驻藏帮办凤全剿捕，遇伏死。饬四川提督马维骐剿之。命柯逢时管理八省土膏统捐事宜。丁丑，见德亲王福礼留伯、公使穆默于乾清宫。己卯，诏督抚举堪胜提镇官者。己丑，云南省城开商埠。庚寅，罢新置江淮巡抚，改淮扬总兵为江北提督。癸巳，谕更定法律。死罪至斩决止，除凌迟、枭首、戮尸等刑。斩、绞、决候者以次递减。缘坐各条，除知情外，余悉宽免。刺字诸例并除之。甲午，以禁止刑讯，变通笞、杖，清查监狱羁所，谕督抚实力奉行。乙未，犍为匪徒作乱，官军剿平之。丙申，命周馥往江北筹画吏治，海防、河工、捕务。

夏四月甲辰，以俄舰至南洋，谕所在预防，并禁商人运煤接济。更定窃盗条款。凡应拟笞、杖者改罚工作。乙巳，谕各省府州县立罪犯习艺所。丙午，赏刘永庆侍郎衔，署江北提督、镇、道以下归节制。丁未，裁广东粮道，置廉钦兵备道。己酉，命程德全署黑龙江将军。壬子。德兵舰突至海州测量，饬严诘。

五月丁亥，见日使贾思理、美使柔克义于乾清宫。癸巳，见墨使胡尔达于皇极殿。庚子，王文韶罢军机大臣，命徐世昌在军机大臣上学习行走，兼政务处大臣，铁良、徐世昌会办练兵事。

六月丙午，见俄使璞科第于仁寿殿。免中牟等州县逋赋。甲寅，予考试留学生金邦平等进士举人出身有差。命载泽、戴鸿慈、徐世昌、端方往东西洋各国考察政治。戊午，诏置盛京三陵守护大臣。裁盛京户、礼、兵、刑、工五部侍郎。己未，以世续为体仁阁大学士，那桐协办大学士。癸亥，裁广东巡抚。庚午，黔匪陷都匀之四寨，官军克复之。

丙子，罢御史巡视五城及街道厅，改练勇为巡捕。乙酉，续派绍英为出洋考察政治大臣。己丑，以巴塘兵事，开实官捐一年。丙申，赏廷杰侍郎，往奉天办垦荒事务。常德、湘潭开商埠。丁酉，命铁良在军机大臣上学习行走，寻兼政务处大臣。

八月壬寅，谕："各省工商抵制《美约》，既碍邦交，亦损商务。疆吏当剀切开导，以时稽察之。"甲辰，诏废科举。丙午，裁奉天府尹、府丞，改置东三省学政。命刘式训充出使法日大臣，黄诰充出使义国大臣，周荣曜充出使比国大臣。荣曜旋罢，改任李盛铎。丁未，免奉天北路被兵额赋。辛亥，发内帑三万于江苏备急赈。癸丑，诏各省学政专司考校学堂，嗣后学政事宜，归学务大臣考核。戊午，新疆巡抚潘效苏坐侵款褫职，戍军台。己未，命袁世凯、铁良校阅新军秋操。壬戌，命汪大燮充出使英国大臣，杨晟充出使德国大臣，李经迈充出使奥国大臣。甲子，开海州商埠。乙丑，改命李经方为商约大臣。丁卯，载泽等启行，甫登车，有人猝掷炸弹。事上，诏严捕重惩。己巳，巴塘乱平，匪首刺麻阿泽、隆本郎吉等伏诛。

九月丙子，以三品京堂周荣曜旧充关书，侵盗巨帑，褫职逮治，籍其赀。庚辰，初置巡警部，以徐世昌为尚书。庚寅，北新仓火。辛卯，论肃清广西功，晋岑春煊太子少保衔，李经羲优叙。丙申，见德使穆默于勤政殿。戊戌，命尚其亨、李盛铎会同载泽等赴各国考察政治。

是秋，赈贵州、云南各属水灾，太康风灾，镇番暨巴燕戎格雹灾风灾。

冬十月癸卯，见日本公使内田康哉等于勤政殿。置吉林哈尔滨道。丙辰，芦汉铁路成。英兵入藏，索赔款一百二十余万。谕国家代给，以恤番艰。壬戌，订铸造银币及行用章程。乙丑，以陆征祥充出使荷国大臣，兼理海牙和平会事。戊辰，置考察政治馆，择各国政法宜于中国治体者，斟酌损益，纂订成书，取旨裁定。诏："近有不逞之徒，造为革命排满之说，假借党派，阴行叛逆。各疆臣应严禁密缉。首从各犯，论如谋逆例。"

十一月庚午朔，陕、洛会匪平。辛未，裕德卒。丙子，罢驻韩使臣，改置总领事。己卯，诏置学部，以国子监归并之，调荣庆为尚书。乙未，《中日新约》成。

十二月辛亥，授那桐体仁阁大学士，荣庆协办大学士。癸亥，置京师内外城巡警总厅。罢工巡局。命徐世昌、铁良并为军机大臣。是月，免盛京各旗、陕西各属被兵逋赋，安州积涝、韩城水冲地租。

是冬，赈会泽潦灾，荆州水灾，英吉沙尔水灾雹灾。

三十二年丙午春正月丙子，缓布特哈贡貂。丁丑，见德、英、法、美、日本、荷、义、俄、奥、比、葡、墨诸使穆默等于乾清宫。丁亥,漳浦匪首张婴伏诛。壬辰,徐郙以察典罢。甲午,命瞿鸿机协办大学士。

二月戊辰,诏各省保护教堂及外人身家。乙丑,见德使穆默等于勤政殿。是月,颁帑十万助赈日本灾。

三月戊辰朔,以忠君、尊孔、尚公、尚武、尚实五大纲为教育宗旨,宣诏天下。庚午,罢选八旗秀女。丙子,命汪大燮往贺日君婚礼。丙戌,开江苏通州商埠。丁酉,美国旧金山地震,颁帑十万赈华民。是月,奥使顾新斯基、义使巴乐礼等、德使穆默等、法使吕班先后觐见。

是春,免浙江仁和等场与各州县,杭、严、衢三所灶课及荒地山塘杂课,云南、湖南、新疆灾粮,陕西逋赋。

夏四月戊戌朔,命陆征祥往瑞士议红十字会公约。己亥,裁各省学政,改置提学使。庚子,见日本公使内田康哉于勤政殿。癸丑,命铁良充督办税务大臣,唐绍仪副之。丁巳,发湖南库帑十万赈水灾。

闰四月丙戌,以旸雨失时,偏灾屡告,懿旨饬君臣上下交儆。戊子,唐炯以衰疾解云南矿务。

五月戊戌,发库帑五万赈广东水涝灾。癸卯,河南沁河溢,赈灾民。是月,见法使巴思德、义亲王费尔迪安德等于乾清宫。

六月丁卯,德国减直隶驻兵,归我郎坊、杨村、北戴河、秦王岛、山海关地。庚辰,沅陵匪首覃加位伏诛。

是夏,免浪穹旧逋,莎车复荒额赋,甘肃、云南被灾逋赋。赈武陟水灾,朝阳火灾。

秋七月戊戌,置川滇边务大臣,以赵尔丰任之,赏侍郎衔。沁河决口合龙。庚子,江苏水陆各营旗防军改编巡防队。辛丑,考察政治大臣载泽等还京,上封事。命醇亲王、军机政务处大臣、大学士、北洋大臣公阅,取进止。乙巳,奉天开商埠大东沟,置海关,以东边道兼监督。戊申,谕曰:"载泽等陈奏,谓国势不振,由上下相暌,内外隔阂。官不知所以保民,民不知所以卫国。而各国所由富强,在实行宪法,取决公论。时处今日,惟有仿行宪政,大权统于朝廷,庶政公诸舆论。预备立宪基础,内外臣工切实振兴。俟数年后规模粗具,参用各国成法,再定期限实行。"己酉,谕立宪预备,须先厘定官制,命大臣编纂,奕劻、孙家鼐、瞿鸿机总司核定,取旨遵行。调端方为两江总督,兼南洋大臣。甲子,发江苏库储十万赈徐、海、淮西水灾。

八月丁亥,除临川水冲地额赋。庚寅,见日本王爵博恭、公使林权助于仁寿殿。是月,赈安徽水灾,广东风灾,湖州涝灾。

九月癸卯,见各国公使等于仁寿殿。丙午,赐游学毕业陈锦涛等各科进士、举人出身有差。甲寅,诏更定官制。内阁、军机处、外务、吏、礼、学部、宗人部、翰林院等仍旧。改巡警部为民政部,户部为财政部,兵部为陆军部,刑部为法部,工部并入商部,为农工商部,理藩院为理藩部。各设尚书一人,侍郎二人,不分满、汉。都察院都御史一人,副都御史二人。改六科给事中为给事中,大理寺为大理院。增设邮传部、海军部、军咨府、资政院、审计院。以财政处归度支部,太常、光禄、鸿胪三寺归礼部。太仆寺、练兵处归陆军部。各部尚书俱充参预政务处大臣。命世续为军机大臣,林绍年军机大臣上学习行走,鹿传霖、荣庆、徐世昌、铁良并罢军机,专理部务。乙卯,发广东库储十万赈香港及潮、高、雷、钦、廉属风灾。丁巳,改政务处为会议政务处。戊午,命曾广铨以三品京堂充出使德国大臣。

冬十月癸酉,皇太后圣寿节,停筵宴。癸未,见英使朱迩典、比使柯霓雅于乾清宫。乙酉,裁并广东陆路、水路提督为广东提督。丁亥,见日本公使林权助等于勤政殿。戊子,浏阳、醴陵匪首王永求、陈显龙倡乱,官军擒斩之。己丑,拨漕折三十万备赈江苏。辛卯,立官报局于京师。

十一月己亥,留广东京饷十万备赈。壬寅,免广西锑矿出井税。甲辰,拨陕西官帑八万助赈江苏。戊申,诏升孔子为大祀,所司议典礼以闻。癸丑,诏各省议币制。丁卯,建曲阜学堂,发内帑十万济工。是月,见墨使胡尔达于勤政殿,德使雷克司、法使巴思德、英使朱迩典于乾清宫。

十二月癸亥朔，日有食之。丁卯，加京官养廉。甲戌，改驻各国公使为二品实官。

是冬，赈普宁、赵州、罗平、师宗灾，江宁、扬州水灾。免滦平、安州涝灾粮赋，永城额赋，陕西咸宁等处逋赋，永平、太和、昆明灾地欠粮。

三十三年丁未春正月甲辰，见各国公使于乾清宫。庚戌，裁各部小京官。

二月甲子，有泰以贻误藏事褫职，谪戍军台。壬申，留苏漕十五万备赈。

三月丙申，见日本公使林权助等于勤政殿。戊戌，长春、哈尔滨辟商埠。己亥，改盛京将军为东三省总督，裁吉林、黑龙江将军，改置奉、吉、黑三巡抚，授徐世昌钦差大臣，为东三省总督。壬寅，命府尹孙宝琦充出使德国大臣。壬子，命天津道梁敦彦充出使美墨秘古大臣。丙申，命陆征祥充保和会专使大臣，李经方充出使英国大臣，钱恂充出使荷国大臣。丁巳，崑冈卒。

是春，名中卫被水及榆林等属逋赋，云南旱灾等州县逋粮及额赋。

四月甲子，裁各省民壮捕役，改设巡警。绥来地震。乙丑，御史赵启霖坐污蔑亲贵褫职。辛未，更定东三省官制，奉天、吉林、黑龙江各设行省公署，以总督为长官，巡抚为次官，置左右参赞，分领承宣、咨议两厅，分设交涉、旗务、民政、提学、度支、劝业、蒙务七司，各置司使，及提法使、督练处等官。己卯，祈雨。辛巳，以江北水灾，严米粮出口禁。丁亥，定陆海军官制，陆军部设两厅十司，军咨处五司，海军部六司。戊子，命衍圣公孔令贻稽察山东学务。

五月癸巳，巴塘等属喇嘛胁河西蛮作乱，官军讨平之。乙未，命王士珍以侍郎衔署江北提督。丙申，西陵禁山火。丁酉，瞿鸿机罢。己亥，授鹿传霖军机大臣。命醇亲王直军机。辛丑，王文韶罢，命张之洞协办大学士。癸卯,崇礼卒。丁巳,改按察使为提法使,置巡警、劝业道,裁分守、分巡各道,酌留兵备道,及分设审判厅,备司法独立,增易佐治员,备地方自治,期十五年内通行。戊午,诏:"宪法,官民均有责任,凡知所以预备之方、施行之序者,许各条举,主者甄采以闻。"安徽候补道徐锡麟刺杀巡抚恩铭,锡市捕得伏诛。

六月辛酉,命李家驹充出使日本大臣。丙寅,复御史赵启霖官。壬申,自四月不雨,至于是日雨。授张之洞体仁阁大学士,鹿传霖协办大学士。乙酉,停万寿筵宴。永定河决。

是夏,免新化被水额赋,伊通被贼逋课,云南旱灾等州县银米。赈云南饥及直隶水灾。

秋七月辛卯,诏中外臣工议化除满、汉。甲午,改考查政治馆为宪政编查馆。其军机大臣、大学士、参预政务大臣会议事,于内阁行之。壬寅,懿旨,遣杨士琦赴南洋各埠考察,奖励华侨。免赵州、禄丰被灾额赋。赈顺天等属灾民,及浏阳、邵阳蛟灾。甲辰,诏以匪徒谋逆,往往假革命名词,巧为煽诱。各督抚当设法解散。获犯拟罪,分别叛逆、盗匪科论,被胁及家属不知情者勿株连。命张荫棠为全权大臣,与英人议藏约。敬信卒。己酉,定限年编练陆军三十六镇。丙辰,命张之洞、袁世凯并为军机大臣,以袁世凯为外务部尚书。丁巳,命杨士骧署直隶总督,兼北洋大臣。戊午,李经迈以母病免,命雷补同充出使奥国大臣。己未,河决孟县。

八月辛酉,上不豫,诏各省荐精通医理者。命汪大燮使英国,达寿使日本,于式枚使德国,俱充考察宪政大臣。壬戌,置京师高等审判厅。己巳,置总检察厅。庚申,立资政院,以贝子溥伦、孙家鼐为总裁。乙亥,命伍廷芳充出使美国大臣,萨荫图充出使俄国大臣。己卯,诏以各省驻防习为游惰,命各将军等授田督耕,归农后,一切归有司治理。庚辰,裁奉天驿站,设文报局。壬午,诏中外臣工研究君主立宪政体。谕定自治章程。甲辰,见德使雷克司、日使阿部守太郎于仁寿殿。谕神机营卫队及官兵归陆军部管辖。

九月辛卯,诏议定满、汉礼制、刑律,考定度量权衡画一制度章程。是日，以烟习未除，敕责庄亲王载功、睿王魁斌、都御史陆宝忠、副都御史陈名侃解职，迅速戒断。并谕内外文武，限三月净尽，否即严惩。癸巳，命沈家本、俞廉三、英瑞充修订法律大臣。己亥，命各省立咨议局，公举议员，并筹设州、县议事会。壬寅，日本以水灾来告籴，输江、皖、浙、鄂诸省米粮六十万石济之。甲辰，命各省立调查局，各部、院设统计处。予游学华业生章宗元等进士、举人出身有差。戊申，湖北按察使梁鼎芬言挽回时局，莫亟于禁贿赂，绝请托，劾奕劻、袁世凯等夤缘比附，贪私误国。廷旨以有意沽名，斥之。是月，免云南旱伤等州县税粮。赈怀宁等县水灾。

冬十月乙丑，命派孙家鼐、荣庆、陆润庠、张英麟、唐景崇、宝熙、朱益藩进讲经史及国朝掌故。永定河合龙。戊辰，皇太后圣寿，停筵宴。壬申，见日使林权助等于勤政殿。丙戌，哲布尊巴丹胡图克图进方物。

十一月庚寅，广西匪踞南关炮台，责张鸣岐督剿，寻复之。戊申，严聚众开会演说之禁。谕各省整顿学堂，增订考核劝戒法。壬子，见俄使璞科第等于乾清宫。以内外臣工条议币制，用两用元，互有利害，谕各督抚体察筹议以闻。发帑五十万济广西军。

十二月戊午朔，复分置广东陆路提督、水师提督。癸亥，裁吉林副都统，置交涉、民政、度支三司使暨提法使、劝业道。予进士馆游学毕业学员杨兆麟等进叙有差。壬申，裁山东粮道，置巡警、劝业二道。甲戌，谕热河围场办屯垦，裁驻防官兵。乙亥，命吕海寰充督办津浦铁路大臣。丙子，那桐兼督办税务大臣。辛巳，赏总税务司赫德尚书衔。丙戌，再停布特哈贡貂一年。

是冬，免云南被旱、直隶被潦暨陕西逋赋。赈云南等属蛟灾，四川水灾，广东风灾水灾。

三十四年戊申春正月丁亥朔，授醇亲王载沣为军机大臣。庚寅，见各国公使于乾清宫。己亥，以京师银价骤高，物直踊贵，发帑五十万，命顺天府尹贬价收钱，并令各省厂铸当十铜元，定额外加铸三成一文新钱,以资补救。甲寅,建兰州黄河铁桥。丙午,见奥使顾新斯基于勤政殿。是月,免云南昆明等县逋赋,浙江仁和等场灶课,湖南邵阳额赋。

二月戊午,祭大社、大稷,是后祀典不克亲行,皆遣代。庚申,赏赵尔丰尚书衔,为驻藏大臣,仍兼边务大臣。癸亥,诏增给满大臣暨各旗官十成养廉,更定御前大臣以下等员津贴。丙寅,谕京、外清庶狱。甲戌,京师劝工陈列所灾。癸酉,谕:以"禁烟议成,英人许分年减运,见已实行褫减。相约试行三年,限满再为推减。转瞬期至,其何以答友邦。民政、度支二部迅订稽核章程,责成督抚饬属将减种、减食,切实举办以闻"。丁丑,召达寿还,命李家驹为考察宪政大臣,胡惟德充出使日本大臣。壬午,黄诰罢,调钱恂为出使义国大臣,以陆征祥为出使荷国大臣。

三月壬辰,命恭亲王溥伟、鹿传霖、景星、丁振铎充禁烟大臣,立戒烟所,专司查验。丙午,廓尔喀贡方物。甲寅,以湛深经术,赐湘潭举人王闿运检讨。是月,免云南被灾新旧额赋。

夏四月丙辰,见日使林权助等于勤政殿。绥远城将军贻谷有罪褫职,逮下刑部狱,寻籍其家命。信勤充垦务大臣,兼署绥远城将军。丁巳,裁安徽安卢滁和道。己未,越匪陷河口,命刘春霖以三品京堂帮办云南边防,前敌诸军归节制。戊辰,裁贵州粮道、贵西道。己巳,见各国公使希特斯等于仁寿殿,赐宴。庚辰,云南官军败匪于田房,复四隘,旋克大小南溪及河口,发帑犒军。

五月乙酉朔,滇匪平。丁亥,裁巴塘、襄塘土司,置流官。壬辰,上疾复作,命直省荐精通医理者。癸巳,录中兴功臣多隆阿、向荣、江忠源、罗泽南、骆秉章、张国梁、李续宾、彭玉麟、杨岳斌、鲍超、李孟群、程学启、刘松山、冯子材等后,升叙有差。甲午,修曲阜孔子庙。癸卯,襄河决,飓风为灾。庚戌,郎中曹元弼进所著《礼经校释》,赏编修。癸丑,广东大雨,东西北三江并溢,冲决围堤。

六月丁巳,前祭酒王先谦进所著《尚书孔传参正》、《汉书补注》、《荀子集解》、《日本源流考》,赏内阁学士衔。甲子,免广西矿地出井、出口两税五年。庚午，予进士馆游学毕业学员黎湛枝等进叙有差。甲戌，命张之洞兼督办粤汉铁路。乙亥，允达赖喇嘛入觐。丙子，以美国减收赔款，命唐绍仪充专使致谢，兼赴东西洋考察财政。议免厘加税。乙卯，授杨士骧直隶总督，兼北洋大臣。辛巳，法部主事陈景仁等请三年后开国会。诏以景仁倡率生事，褫职交管束。

是夏，免云南水旱雹灾，奉天水灾荒地额赋。赈江苏风雹灾，湖北水灾。发部帑五万赈察哈尔蒙旗及两翼牧群灾。又部帑十万赈广东广州、肇庆、阳江各属水灾。

秋七月壬辰，裁黑龙江爱珲等三副都统，增置瑷珲道、呼伦贝尔道。丙申，释苏元春回。己亥，免铁路公私税三年。庚子，以各省设政闻社敛财结党，阴扰治安，谕所在严禁。辛丑，修浙江海塘。癸卯，广西巡勇叛变，戕杀统将，张人骏督剿之。丙午，命三品卿衔胡国廉总理琼、崖垦矿事。庚戌，置云南交涉使。是月，山东、安徽蝗。

八月甲寅朔，宪政编查馆、资政院上宪法、议院、选举各纲要，暨逐年筹备事宜。诏颁行京、外官署，依限举办，每六阅月，胪列成绩以闻。辛未，命姜桂题总统武卫左军。戊寅，见俄使廓索维慈、荷使希特斯等于仁寿殿。己卯，命阴昌、端方校阅秋操。庚辰，马玉崑卒，晋二等轻车都尉。辛巳，命阴昌充出使德国大臣。壬午，遣御前大臣博迪苏往保定迎劳达赖喇嘛。

九月癸未朔，予先儒顾炎武、王夫之、黄宗羲从祀文庙。乙酉，美军舰游历至厦门，遣贝勒毓朗、梁敦彦往劳问。己丑，开宁夏渠垦田。庚寅，达赖喇嘛至京，寻于仁寿殿觐见。癸巳，颁画一币制。丙申，允邮传部请，试办本国公债。戊戌，予进士馆毕业陈去诰等叙进有差。庚子，见英使朱迩典等于仁寿殿。癸卯，予游学毕业陈振先等出身，进士馆毕业叶光圻等叙进各有差。己酉，裁四川成绵龙茂道，增置巡警、劝业两道。辛亥，诏以前筹备宪政事宜尚有未尽，谕各部院依前格式，各就职司所系，分期胪列奏，交编查馆覆核，取旨遵行。

是秋，免云南会泽被水逋赋，楚雄等县及湖南溆浦被水额粮。

发帑十万赈湖北、湖南灾民。复赈甘肃灾,广东风灾水灾,广西、浙江、黑龙江、福建水灾。

冬十月甲寅,见日使伊集院彦吉于勤政殿。广州、肇庆等属飓风为灾,谕施急赈。戊午,赐达赖宴于紫光阁。壬戌,皇太后圣寿节,停筵宴。达赖祝嘏,进方物,懿旨,加封诚顺赞化西天大善自在佛,岁赐禀饩万金。遣归藏。

壬申,上疾甚。懿旨,醇亲王载沣之子溥仪在宫中教养,复命载沣监国为摄政王。癸酉,上疾大渐,崩于瀛台涵元殿,年三十有八。遗诏摄政王载沣子溥仪入承大统,为嗣皇帝。皇太后懿旨,命嗣皇帝承继穆宗为嗣,兼承大行皇帝之祧。宣统元年正月己酉,上尊谥曰同天崇运大中至正经文纬武仁孝睿智端俭宽勤景皇帝,庙号德宗,葬崇陵。

论曰:德宗亲政之时,春秋方富,抱大有为之志,欲张挞伐,以湔国耻。已而师徒挠败,割地输平,遂引新进小臣,锐意更张,为发奋自强之计。然功名之士,险躁自矜,忘投鼠之忌,而弗恤其罔济,言之可为于邑。洎垂帘再出,韬晦瀛台。外侮之来,衅自内作。卒使八国连兵,六龙西狩。庚子以后,怫郁摧伤,奄致殂落,而国运亦因此而倾矣。呜呼,岂非天哉!